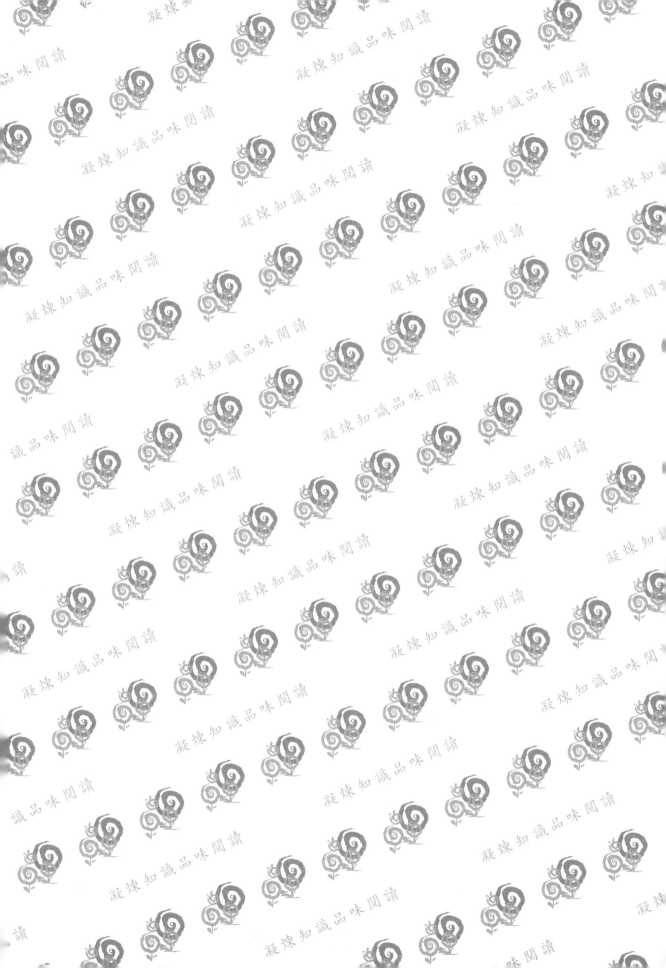

目　錄

基　礎

第一章

科學與社會工作研究

在社會工作研究和實務有效性評估中，人們面臨的最大的問題，不是方法論的問題，不是統計的問題，也不是倫理的問題，而是學習如何進行概念化、操作化，選擇合適的測量工具的問題。

—— 聖路易士大學教授John Stretch, 1982

　　不管我們是否感覺到，社會工作研究這個話題一直與我們的生活密切相關。教育工作者、行政管理人員、政府官員、商界領袖、社會服務部門的工作人員，以及醫療健康工作者，都會將社會工作的研究成果和原則運用到自己的日常工作中。社會工作研究成果可以指導我們養育子女、減少犯罪、提高公眾健康水準、銷售產品，甚至理解自己的生命意義。社會工作的研究論文在書報雜誌上和廣播電視節目中隨處可見。最近，本書的作者之一從每天的報紙新聞中可以得到下列各種資訊：學校開設的反對暴力的課程效果很好；抵制毒品濫用教育計畫（DARE）中的反對毒品計畫和為罪犯提供的「新兵宿舍」計畫收效甚微；公路上的戒酒檢查站有效地降低了酒後駕車的比例；31%的青少年在學校中受到了威脅和身體傷害；根據保護性政策獲得行醫資格的醫生，他們的從業表現不亞於參加正式考試獲得行醫資格的醫生。

　　我們知道，研究方法不同，蒐集資料的方法不同，就會產生完全不同的研究結果。1998年，美國的新聞報導中出現了一個與法律有關的爭議，即在2000年的人口普查時，究竟是採用社會科學家們發展出來的隨機抽樣的方法，還是採用傳統的方法。在一家很流行的雜誌上，我們看到有篇文章說，有人支援男女分校，也有人反對男女分校，爭論雙方都提出了有力的證據來支持自己的觀點，該文的作者認為，爭論雙方使用了不同的研究方法，所以就會得出不同的結果。還有一篇文章指出，美國政府採用的測量失業率和貧困的工具有問題，這導致了我們對經濟和社會發展狀況的理解出現偏差。[1]

　　本書主要論述的是社會工作研究，簡言之，研究是一種為問題尋找答案的途徑。社會工作研究是一種由社會工作者、社會學家、社會科學家和其他學者為尋求有關社會問題答案而開展的一種研究。讀者可能已經知道了社會研究的內涵。首先，我們來澄清一些誤解，當我們問學生研究的內涵是什麼時，我們可能會得到以下答案：

　　——只以事實為依據，沒有理論和判斷

　　——只供專業人士和大學教授來運用和閱讀

　　——只有大學裡的博士才能做

　　——去圖書館針對某個主題查找文章

　　——徘徊在一些特殊的場所並進行觀察

　　——做一些實驗，哄騙實驗對象做一些事情

　　——召集一群人，讓他們填寫問卷

　　——從政府的報告或書籍中查找若干表格

　　——使用電腦，進行資料統計、製作圖表等

　　前面三個答案是錯誤的，後面的答案只是片面地描述了社會工作研究的構成部分，我們不能將部分與整體混為一談。這些答案就好像是某人衣服褲子穿得很整齊，卻沒有穿鞋，我們應該對社會工作研究中的每一個要素做到瞭若指掌。

　　社會工作研究的內容十分豐富，它包含了人們如何發掘人類社會新的獨創性的知

識。爲了勝任這個工作，研究人員需要運用邏輯思維，遵循一定的規則，多次重複某些步驟。研究人員需要系統地將理論與事實結合起來，發揮自己的想像力和創造性，需要學會細緻地組織和策劃研究計畫，選擇合適的技巧來解決問題。研究人員還必須尊重研究倫理，小心謹慎地處理與研究對象之間的關係。此外，研究人員還需要知道如何與他人溝通。

　　社會工作研究指的是人們用來創造知識的一整套方法。這是一個令人振奮的探索過程，它需要研究者具有毅力、正直、寬容，能夠與他人互動和具有從事高難度工作的勇氣。在第二章中我們將系統介紹社會工作研究的多樣性。

　　請記住，不要期望本書能夠將你造就成一名社會工作研究專家。本書只是教你如何運用研究成果，理解研究過程，幫助你自己開始進行小規模的研究。讀完本書後，你會理解研究的意義、研究的優點和缺點，以及研究在社會生活中所能發揮的作用。

社會工作研究的不同選擇

　　人們並不是通過社會工作研究而獲得社會知識的，大部分的社會知識來自於父母和旁人的傳授，當然，個人的經驗和社會實踐也是知識的來源，我們閱讀的書報雜誌、觀看的電影和電視節目等，也爲我們提供知識和資訊，同時，常識也是我們認識社會的重要途徑。

　　社會工作研究是一個創造社會知識的過程，與上述了解知識的途徑相比，它是一個結構完整的、組織系統的過程。[2] 從上述途徑了解的知識當然是正確的，但是，通過研究所得出的知識更加眞實可信，更少有誤差。需要指出的是，研究並不總是創造完美的知識，但是，與其他知識創造途徑相比，研究的誤差最小。在探討社會工作研究之前，我們先來看看其他知識創造的途徑。

權威

　　我們不但從父母、老師、專家那裡獲得知識，同時也通過書本和電視等媒體學習知識。我們之所以認爲自己接受的知識是正確的，是因爲某些權威人士說它們是正確的，或者，一些權威性機構宣稱它們是正確的，我們把信仰權威當成了信仰知識的基礎。信仰權威的優點在於獲得知識的過程快捷、簡單、代價小。權威們經常花時間和精力來獲取新知識，他們的經驗和知識的確對我們很有幫助。

　　過分信仰權威有時也會出差錯，人們經常會高估計權威人士的專業性，有時權威出了差錯，我們也會認定他們是正確的。當權威對自己不了解的領域發表言論時，可能

會出現誤導他人的情況，也就是說，某一個領域的專家可能會將自己的權威性運用到另一個不了解的領域。在電視廣告中，你是否見過一個足球專家運用自己的專家意見來說服你購買一輛小汽車？此外，還有類似的問題出現：比如說，誰是權威，誰不是權威？當權威意見不一時，你相信誰？例如，也許過去我們曾把某個中學的物理老師當成了物理權威，但是，現在我們明白這個權威根本無法與諾貝爾物理獎得主的權威地位相提並論。

歷史上出現了很多我們現在看來根本就不是專家的專家。比如，過去的一些「專家」通過計算頭蓋骨上的隆起部來測量智商，還有一些「專家」採用放血的方法來治病。在今天看來，他們很明顯是錯誤的，但是，你能夠保證今天的專家不會成為明天的「傻瓜」嗎？還有一點，過分依賴權威對民主社會來講是非常危險的，如果過分依賴權威，會使我們被誤導，而「專家」會設法通過自己的權威強化自己的權力和地位。當我們不了解專家是如何獲得知識的，我們就無法進行判斷。

傳統

人們有時依靠傳統來獲取知識，傳統是一種特殊形式的權威，一種過去的權威。傳統意味著我們認定某些事情是正確的，因為「從來就是這樣的」。例如，祖父說「喝威士忌能治感冒」，如果你問這句話是否正確，他會說，他在孩童時代，就聽他父親這樣講，這種知識就是這樣代代相傳的，這個傳統成為治感冒的知識基礎。

下面還有一個關於社會生活的例子。很多人相信，孩子在家裡由母親照顧，與其他環境中長大的孩子相比，成人後他們的適應能力更強，出現個人問題的機會更少。人們都「知道」這一點，但是他們是怎樣獲得這個知識的？大多數人會認為，這是因為他們（正確或錯誤地）相信過去一直是這樣經歷的，或者說過去人們一直這樣說的。

有些傳統的社會知識實際上是一種偏見。有些觀念，比如，「那條路上出來的人沒有一個有成就的」，「你不能相信那個種族的任何人」，這些都是從過去流傳下來的說法。即使傳統知識曾經是正確的，但是隨著時間的推移，可能變成了錯誤的知識。人們可能會在沒有完全理解的時候，堅持傳統知識，因為他們相信，過去正確的東西現在也是正確的。

常識

人們還從日常推理和常識中學習知識。人們通常相信大多數人認可的觀點以及合理的推理，例如，在取消死刑的國家謀殺率會更高，因為如果殺人不要償命的話，人們就敢殺人了，這聽起來非常合理的。其實，有很多常識性觀點看起來是合理的，但其實是

錯誤的：如與中產家庭的青年人相比，貧窮家庭的青年人更容易出現偏差行為，大部分天主教徒不採取避孕措施等等。

常識在日常生活中隨處可見，但是，它也會將一些邏輯謬論帶進我們的思維。例如，「賭徒謬論」認為，「如果我在六合彩中一直都輸的話，那麼，下一次我中獎的機會就會很高」。從機率的角度和事實的角度來看，這個觀點是錯誤的。同時，常識中有時還會包含自相矛盾的內容，這一點一直沒有引起人們的重視，因為人們在不同的場合使用不同的內容，典型的例子就是「異性相吸」和「物以類聚」。常識可能來自傳統，有時它是正確的、有用的，但同時它也可能包含錯誤、矛盾和偏見，也會提供錯誤的資訊。

媒體

電視節目、電影、報紙雜誌文章是我們了解社會生活的重要管道。比如，大部分人沒有機會與罪犯直接接觸，但是他們可以通過電視、電影和報紙，了解犯罪的情況。電視劇和電影的編劇們可能因為他們對現實情況不了解，也可能因為他們過分依賴權威、傳統和常識，這使得他們在電視中對犯罪以及其他事件的描述，往往不能準確地反映社會現實。當然，或許他們的初衷就是娛樂大眾，而非準確地再現現實。還有，為報紙或雜誌寫作的作家雖然盡自己的努力描述現實生活，但他們在編寫故事時還是受到各種因素的制約，例如時間的限制、掌握的資訊不夠充分、報紙雜誌的限制等。

令人遺憾的是，媒體一直在維持一個文化的神話。例如，媒體宣傳說，大部分接受社會福利的人是黑人（實際上大部分是白人）；大部分精神有問題的人很野蠻、危險（實際上只有很少一部分會這樣）；大部分老年人體弱多病，住在老人院（只有很少一小部分人住老人院）。大眾傳媒可以大肆宣傳一種感受，即某些嚴重的問題會出現，但是實際上這些問題並不會出現（參見方框1-1）。視覺內容很容易誤導人們的思想，就是說，電影和電視節目中出現的故事和刻板印象會對大眾產生深遠的影響。例如，電視反覆播映低收入、住在舊城中、非洲裔美國青年人大多吸毒。慢慢地大部分人就「知道」在美國城區，黑人吸毒的比例最高，實際上，這個概念是錯誤的。

方框1-1　難道「馬路之火」是一個媒體神話嗎？

美國人聽到過很多關於「馬路之火」（行車時某一個司機對另一個司機不滿而產生的憤怒）的事件，《新聞週刊》和《時代》週刊以及大多數城市的報紙都曾經以大標題來刊登這樣的新聞。全國很多政黨的官員們就此召開過很多聽證會，聯邦政府撥出了成千上萬的經費來支持執法部門和交通部門，努力減少這些事件的發生。加州一位專門從事騷亂研

究的心理學家也曾出現在多家電視臺，來討論這個問題。

「馬路之火」這個詞第一次出現在1988年，到了1997年，平面媒體每年會發表超過4,000篇有關的文章。儘管媒體關注的是「攻擊性駕駛」和「車輪後面的憤怒」，但是依然沒有科學的證據來界定「馬路之火」這個概念。這個概念比較籠統，它可能會指完全不同的事件，諸如車內槍戰、使用手勢、將騎自行車的人擠出馬路、緊跟前車行駛，甚至是對著修車的帳單大發脾氣！所有的撞車和交通事故的資料表明，「馬路之火」炒作最熱鬧的時候，交通事故反而有明顯下降，這說明當時的「馬路之火」並不像媒體宣傳的那麼嚴重。

也許是媒體報導將「馬路之火」這個概念炒作起來了。在多次聽說、閱讀相關報導之後，人們開始給這個行為貼上一個「馬路之火」的標籤，於是就開始注意到一些野蠻駕駛的行為，同時也進行了一些選擇性的觀察。如果不進行研究，我們就無法清楚地了解這個現象，但是這些研究和了解並不能導致這些行為的改變。可能研究結果會發現，全國流行的「馬路之火」情況完全是由媒體的報導所堆砌出來的一個神話〔要了解更多資訊，請參閱 Michael Fumento：《「馬路之火」與現實》，《大西洋月刊》（1998年8月刊）〕。

個人經歷

當我們經歷某件事，親眼目睹或親身體驗時，我們就會相信這是真的。個人經歷，或者說，「眼見為實」，這個詞影響深遠，它成為知識最有說服力的來源。不幸的是，個人經歷有時會將人引入歧途，長期下去就會出現錯覺或幻覺，事實上，誤入歧途可能是因為判斷上的偏差和錯誤所致，情景性和直接的人際交往對個人誤入歧途的影響力會更大。儘管人們都知道這一點，但是人們還是常常會犯錯誤，或者說陷入錯覺之中。很多情況下，人們更願意相信自己的眼睛和經歷，而不願意相信精心設計的、可以避免錯誤的研究結果。

個人經歷可能會導致四個方面的錯誤，它們互相強化，可能還會出現在其他領域中。它們會通過宣傳、反對或欺騙、魔法、刻板印象和廣告的方式來誤導公眾。

第一個錯誤，也是最常見的錯誤就是「過分推廣」。當我們有一些證據並且相信這些證據是可信的時候，我們會假定這個證據也可以運用到其他情景當中。有限的推廣是可以的，在某些特定的情況下，一些小證據可以解釋更大的情境。問題在於人們常常會把有限的證據用來進行無限的推廣。這種情況的出現，是因為今天人們對很多人、很多領域和情境依然一無所知，人們習慣於把已知的知識向無知的領域推廣。

第二個錯誤就是「選擇性觀察」。它指的是人們只關注某些人或某些事件，然後將其概括推廣。人們常常關注或觀察一些極端的個案或情境，特別是當這些個案和情境滿

足自己預設的想法時。我們常常會尋找證據，來證明我們已知的知識，而忽視那些正常的個案和自相矛盾的資訊。我們只關注那些證明自己想法是對的內容，而往往忽視另一些內容。例如，我們相信肥胖的人都很友善，這個觀點可能建立在一些刻板印象之上，或者是從父母那裡聽說的。我們觀察肥胖人士時，往往下意識地關注他們的微笑和笑聲等等，下意識地注意那些支持我們預設觀點的人和情境。心理學家們的研究表明，人們傾向於「尋找」和歪曲自己的記憶，使得記憶能夠與自己的想法保持一致。我們「過分解釋」了肥胖人士的手勢和微笑，忽視了一些矛盾性的細節，不去觀察他們不友好的行為。

第三個錯誤是「過早下結論」。它與上述兩個錯誤並存，彼此強化。過早下結論指的是，你覺得自己已經獲得了正確的答案，不需要再傾聽、了解資訊，或者提出更多的問題了。不幸的是，我們在這裡就表現出了惰性，以及對日常生活經驗的粗心。因為我們只蒐集了部分資訊，然後，就認為自己已經掌握了正確的答案了；我們只尋找那些支持或反對我們觀點的證據，當獲得少量證據後，我們就停止不前了，然後匆忙地得出一個結論：如我們發現有3個人每天抽6包菸，活到了80歲，由此可見，抽菸很多的人能夠活到80歲。

最後一個錯誤就是「暈輪效應」。它的表現形式多種多樣，但基本上它指的還是我們將自己解釋為積極的和有影響的觀點進行過度推廣。我們經常會給自己尊重的事物或人物帶上光環，這個光環使我們不太了解該事物或該人物的本質。例如，我們抽取某個名牌大學老師寫的報告，如哈佛大學或劍橋大學，我們相信這個學者聰明、才華橫溢，這份報告也是完美無缺的，人們通常不會對一個來自無名大學的學者報告做出同樣的高度評價。這說明，人們經常會預設一種看法，預先判斷這份報告，而不是根據報告的內容優劣做出判斷。

科學的運作過程

社會工作研究與其他了解社會生活的方式最大的區別在於，社會工作研究運用了科學的方法。社會工作研究不只是一系列研究方法，一個創造知識的過程，它還是運用科學的方法，創造社會生活新知識的過程。下面我們來看看「科學」意味著什麼，在第四章中，我們還將進行詳細的討論。

科學

大多數人聽到科學這個詞時，腦中出現的第一個印象就是試管、電腦、太空船，以及實驗室中身穿白袍的人等。這些外在的特點只是科學的一個部分。某些科學，如自然

科學中的生物學、化學、物理和動物學，涉及的是物理和物質世界（如：岩石、植物、化合物、行星、血液、電學等）。自然科學是新技術的基礎，具有很大的影響力。因此，當人們聽到科學一詞時，首先聯想到的就是自然科學。

圖1-1　「蜜雪兒，我是一個社會科學家，這就是說，我不解釋電學之類的東西，但是如果你想了解人類，找我算是找對人了。」

資料來源：The New Yorker Collection 1986, J. B. Handels-man from cartoonbank. Com. All rights reserved. Reprinted by permission.

　　社會科學，如人類學、心理學、政治學和社會學都涉及對人的研究，研究人的信念、行為、互動、結構等。人們通常不把這些學科與科學聯想在一起。這些學科有時被稱為軟科學，這樣說並不是因為這些學科缺乏嚴謹性，而是因為人類的社會生活是流動的、大規模的，難以觀察，難以用實驗室的工具進行嚴格測量。科學的主題（如人類態度、原生質或星系）決定了研究需要採用的技術和工具（如調查、顯微鏡和望遠鏡等）。科學是一個社會制度，一種創造知識的方法。它並不是與史俱存的，而是人類創造出來的。人們今天稱之為科學的東西，產生於西歐17世紀至19世紀的文藝復興時代，是人類思想解放的產物。文藝復興激發了新思維的浪潮，它包括相信邏輯推理，重視物質世界的經驗，相信人類的進步，對傳統的宗教權威提出挑戰等，這場革命從自然世界開始，很快就擴展到了社會生活領域。

　　科學在現代社會中的重要性，以及作為一個知識追求的基礎，是與當時的一場社會變革聯繫在一起的，即工業革命。科學的進步，或者說科學中的各個學科的發展，比如社會學的發展，不是自然出現的，它是學者們不懈的鬥爭和努力的結果，同時它也受到

了當時重要的社會事件，如戰爭、大蕭條、政府政策、公眾支持的改變等的影響。[3]

在某一段時間內，人們運用前科學或非科學的方式來創造新知識。這些方式包括上面提到的各種了解知識的途徑，以及一些在現代社會不太使用的方法（如神諭、神祕教、魔術、占星術或神靈）。在科學沒有成形之前，類似的前科學被人們廣泛接受，它們成為真實知識創造的一個毫無疑問的管道。今天，這些方法依然存在，只是處在一個從屬於科學的地位。有些人採用非科學的方法來研究一些超出了科學範圍的課題（如宗教、藝術或哲學）。在發達的現代社會，人們相信社會和自然社會的大部分內容都在科學範圍之內。今天，幾乎所有的人都相信科學是創造現代社會知識的一個合法途徑。

科學既指知識創造系統，又指這個知識系統所創造的知識。這個系統經過很多年的演變，正在緩慢地、不斷地變化著。它包括對自然和知識的假設，即知識的方向，還包括一系列獲得知識的程式、技術和工具。所有這些都可以在一個社會機構中得到體現，這個機構被稱為學術界（the scientific community）。

科學知識是以理論的方式組合起來的，在今天，社會理論被定義為一個相互聯繫的抽象概念或思想體系，它濃縮了有關社會生活的知識。在第三章中，我們將討論社會理論的幾種形式。社會理論就像社會生活的地圖，它幫助人們將複雜的社會直觀化，並且解釋事件發生的原因。

科學家們採用特殊的技術來蒐集資料，運用資料來支援、驗證某些理論，或者反對某些理論。資料就是人們根據規則和程式蒐集的經驗性證據或資訊。資料可能是量化的（即用數字表示），也可能是質化的（用語言、圖畫或實物表示）。經驗性證據指的是人們通過自己的感官所進行的觀察，如觸、聽、看、嗅和嘗等。這一點很容易引起誤解，因為研究人員不可能運用自己的感官來直接觀察社會生活的各方面，從而尋找問題的答案（例如智商、態度、看法、感受、情感、權利和權威等），研究人員運用很多專門的技術進行觀察，間接地對社會生活的不同側面進行測量。

偽科學

我們必須警惕那些披著自然科學和社會科學外衣的偽科學。公眾不斷地通過電視、報紙雜誌、電影、特殊的講座和工作坊等手段，接受很多偽科學知識。一些個人或是出於商業需要，或是出於信仰，建造了一個又一個帶有華麗的科學外表的陷阱（例如技術術語、外表奇特的機器的公式和資料，甚至是白色的實驗室外套等），這些陷阱包括一些科學事實外加一些神話色彩、希望，還有一點邏輯悖論。他們把這些稱為「神奇療法」、「新的奇跡治療」、「革命性學習計畫」、「創造性科學」、「外星球來的證據」，或者是什麼「新世紀精神能量」。偽科學還包括一些所謂的專家，他們所得到的學位是「郵購的」博士學位，與科學研究領域毫不相干，還有一些人可能獲得其他一些

令人懷疑的證書，甚至有些人還是應用學科的從業人員，如醫生、心理學家等，他們在自己的職業邊緣從業。

不幸的是，大眾傳媒與科學界一樣到處充斥著偽科學。有時，商界、政府和地方學校的官員也被所謂的貌似科學的「神奇療法」和「革命性理論」所朦騙，錯將冒牌科學當成了真正的科學。偽科學中有些觀點完全是惡作劇，或者說就是反欺詐廣告法中列舉的一些花樣。還有一些觀點是借助文化傳統而編造出來的現代神話。由於大眾傳媒缺乏一個界定科學和非科學的規則，同時，還因為很多人自己也無法辨別貌似科學的陷阱與科學之間的區別，這使偽科學得以存在和發展。

大眾流行的社會科學書籍有時很容易滑向偽科學的範疇。有些書籍是社會科學家創造的知識的大眾化表現，有一些書籍則是在非專業人士看來是科學的，但實際上是對社會科學的歪曲或者是對社會科學的濫用和誤解。它們在社會科學的外衣下，傳播著某些特定的政治價值觀或社會價值觀，這類書籍通常品質低劣，根本無法滿足學術界的基本標準。例如，關於女性性行為的海蒂性學報告就是一個名副其實的、由非科學家主持、漏洞百出的研究，它完全歪曲了社會關係，而這本書卻是在大眾中引起極大反響的暢銷書。「貝爾曲線」（Bell Curve）的情況與海蒂報告也相似（Herrnstein and Murray, 1994）。

可悲的是，很多人，包括一些政治領袖和社團領袖，經常從一些偽科學的書籍中得到資訊，從而進行決策。在美國，從20世紀80年代中期開始，宣導某種意識形態觀念的人們，捐出大量資金，建立智囊團或成立政策研究所，這使得情況變得更加複雜了。這些機構資助了一批研究人員，其中有些人擁有博士學位，他們專門寫文章向大眾宣傳政府的政策。智囊團不斷出版書籍，吸引公眾支持自己的政治思想。在某些情況下，這種大眾普及的情況就滑向了偽科學的範疇。在電視或廣播中宣傳的社會科學書籍缺乏一個品質控制，對報紙中引用的文章，書攤上出售的書籍，也缺乏品質控制。那些包含了很多個人觀點或政治思想的書籍都被包裝成了「有模有樣」的社會科學書籍。

學術界

科學的生命力主要通過學術界的活動來體現，學術界維護了一整套科學的假設、態度和技巧。學術界指的是遵循一定的規範，用來指導自己的行為和態度的一群人，他們走到一起，共同維護科學風氣。它是一個團體，因為它由一群人組成，他們擁有並遵守相同的倫理原則、信念和價值觀，採用相同的方法，接受相同的培訓，走相同的職業發展道路。它不是一個地域社團，而是一個職業社團，其成員都對科學研究持有一致的觀點，並全力投身於科學研究。在很多時候，學術界既包括自然科學界，又包括社會科學界。【4】

很多置身於學術界之外的人，也運用科學的方法從事科學研究。有很多實務工作者和技術員，採用了學術界發展出來並不斷完善的研究方法開展工作，他們運用學術界發展出來的知識和程式，例如，很多人未必擁有深入全面的研究知識，未必可以發明新的研究方法，未必能夠推動科學的發展，但是，他們還是可以採用學術界創造的研究方法（如社會調查）。儘管這樣，如果他們在運用這些科學的方法和結論時，能夠更多地了解學術界的原則和過程，那就更好了。

判斷是否屬於某個學術界的成員有時很困難，因為他們既沒有會員卡，也沒有會員的花名冊。很多人將在某個學科中獲得博士學位，當成了進入某個學科領域的學術界的「門票」。博士學位是在碩士學位基礎上獲得的一個高級學位，它培養人們開展獨立研究的能力。有些研究人員沒有博士學位，而獲得博士學位的人也未必都進入研究領域，他們可以從事其他很多職業（如教學、管理、諮詢、臨床實踐、顧問等），事實上，大約有一半的人在獲得博士學位之後從事的職業都與研究無關。

研究人員是學術界的核心，他們通常在助手的幫助下從事全職或兼職研究工作。很多研究助手是碩士研究生，也有一些本科系的學生。承擔研究助手的工作，就成為很多科學家真正開始了解如何從事研究的主要途徑。

高等院校聘用了很多學術界的精英，有些科學家在政府或私營企業和機構工作，例如貝爾實驗室、全國民意研究中心、蘭德公司等。大部分科學家還是在大約200個研究性大學和研究所工作，這些大學分布在五、六個工業發達國家。從這個角度來看，學術界是有一定的地域分布的，但是，學術界的成員還是以小團體的方式進行合作研究的。

學術界有多大？這個問題很難回答。我們採用最廣義的定義（將科學家和從事與科學相關領域的職業，如工程師計算在內），在發達國家，大約在勞動人口中有15%是學術界的成員。另一個測算方式，就是將學術界按照學科進行分類，如社會學、生物學、心理學等。科學家的淵博知識通常限於某個專業。在美國，大約有70萬名社會工作者、1.7萬名社會學家、123.2萬名建築師、65萬名律師、125.7萬名會計師。每年還有150人獲得社會工作專業博士學位、1.6萬人獲得醫學學位、3.8萬人獲得法學學位。

差不多有一半的博士不把從事研究作為謀生手段。大部分研究人員一生當中只完成了一至兩個研究，只有少數人會完成更多的研究，這些人不會超過100人，他們主要集中在一些特殊專業領域中（如離婚研究或死刑研究）。學術界的研究成果影響了無數人的生活。當然，有的研究有數百人參加，通過這樣的研究而產生的新知識，完全是大家共同努力的結果。

學術界的規範

人類社會的個人行為完全受到社會規範的約束。學術界同樣受到一系列專業規範價

值觀的制約，研究人員在長期的求學過程中，不斷地學習這些規範和價值觀，並逐漸將其內化。這些規範一方面約束科學家，同時科學家不斷發展和完善規範，從而充實和完善科學家自身的角色和作用。[5] 研究人員的工作環境，以及他們按照科學系統進行操作的過程會不斷強化這些規範。[6] 與其他社會規範一樣，科學研究的專業規範成為某種職業操守的理想狀態，因為研究人員也是普通老百姓，他們的偏見、自我、野心、個人生活等因素都可能影響他們的行為。科學的規範在實踐中並非總是能夠得到完美的體現，有時可能也會出現違規現象。[7] 因此，人們必須記住，科學的運作並非遠離現實生活在真空中進行的。多元化的社會、政治、經濟因素影響了科學的發展進程，同時也影響了它的運作。

　　科學的五個基本規範都列在方框1-2中。它們與社會其他機構的規範完全不同（如商業和政府管理），因此科學家也分成了不同類型。科學家們通常會互相監督，以保證規範得以遵循。例如，為了堅持普遍性原則，科學家會尊重某位聰明的、具有創造性的研究人員，即使他／她有一些奇怪的個人習慣，或者外表看上去不修邊幅。基於組織結構化的懷疑主義原則，科學家可以彼此之間展開爭論，甚至可以撕毀一個研究報告。他們通常會傾聽新的觀點，不管這些觀點有多麼奇怪。根據公正無私的原則，科學家應該將研究結果看成是實驗性的，在更好的結果還沒有產生之前，要接受這些結果。他們應該樂於讓同行閱讀自己的研究報告，並提出回饋意見，也有人對學術審查制度提出了反對意見。這與共有原則是保持一致的。共有原則並不總是有用，特別是當它與利益目標有衝突時，就很難發揮作用。從事菸草業、製藥業和電腦軟體業研究的科學家在發表論文時，常常受到企業官員的壓制和阻撓。在官員眼中，企業的利益目標高於科學的地方自治主義的規範。[8] 科學家期望在從事研究、報告研究結果時，要堅持誠實的原則，絕對不能容忍欺騙行為的出現。

方框1-2　學術界的規範

1. 普遍性。無論誰開展研究（如老年或青年，男性或女性），無論在什麼地方進行研究（如美國或法國，哈佛大學或其他無名大學），必須按照同樣的學術標準來評價研究人員。

2. 組織結構化的懷疑主義。科學家們在接受新的觀點或證據的時候，需要保持一種謹慎的、批評的態度。他們應該對所有新的證據進行論證和評估，對每一個研究進行嚴格複查。這樣做的目的在於保證研究中所採用的方法經得起認真、仔細的推敲和批評，而不是對某個個人進行攻擊。

3. 公正無私。科學家們應該對意外的觀察或新的觀點保持中立、不偏不倚，採取接納和

開放的態度，不要過分依賴某些說法和觀點，應該接納甚至尋找一些反駁自己觀點的
證據，坦誠地接受高品質的研究結果。

4. 共有原則。科學知識應該與他人分享，科學知識屬於所有人。創造科學知識是一種公
衆行爲，科學發現是公衆的財產，可以爲大家所用。因爲，研究是如何開展的，需要
提供一個詳細的說明。一般來講，新的知識在沒有得到其他研究人員的回顧和評論之
前，往往得不到承認，要得到公衆的接納和使用，必須以某種形式來呈現。

5. 誠實。這是一個普遍性的文化規範，在學術界顯得尤爲重要。科學家在開展研究時，
必須保證誠實的態度，不誠實或者欺騙是學術界的大忌。

科學的方法和態度

　　大家可能聽說過科學方法這個概念，可能想知道它的內涵是什麼。科學方法指的不
是單一概念，它指的是思想、規則、技巧以及學術界運用的觀點。這個方法建立在學術
界內部的共識基礎上。第四章中，我們將討論科學研究的一些基本方法。

　　我們首先來看科學態度，科學態度是看待世界的方法。科學態度重視技術性、創造
性、堅持高標準、鼓勵勤奮工作。正如Grinnell（1987:125）所述：

　　大部分人學習的是「科學方法」，而非科學態度。「科學方法」是一種理想的建
構，而科學態度是人們看待世界的方式。從事科學研究，需要很多種方法，而使這些方
面具有科學性，則取決於學術界對它們的接納程度。

科學的學術刊物論文

　　大家可能對社會工作的一些學術性刊物或專業雜誌比較熟悉。當學術界創造新知識
時，最早就出現在學術書籍或學術刊物上。在第十六章中，我們將具體討論學術雜誌的
問題。研究成果和新知識最早是以學術刊物論文的形式出現的，它們成爲科學家互相溝
通、傳播研究成果的主要管道，也是目前討論較多的，所謂知識爆炸的一個部分。每個
學科或專業都有100多個刊物，每年會刊登很多論文。例如，美國全國社會工作者協會
主辦的一份社會工作的頂尖雜誌，叫做《社會工作》，每年會刊登幾百篇論文。學術論
文是研究過程和學術界的一個重要內容，但是，這一點很多人至今還不大清楚。[9]

　　讓我們來看看研究人員完成一項研究後會做些什麼，首先，他／她會按照特定的格
式寫出一份研究報告或研究論文，介紹自己的研究和成果。通常，研究人員會在專業協
會的會議上，比如美國社會學學會，進行一個口頭發言，介紹自己的論文和研究成果，

然後，他們會將自己的論文發給其他科學家，聽取他們的評論和建議。接著，研究人員會向一些學術雜誌投稿，比如《社會學季刊》或《社會科學季刊》等。學術雜誌的編輯通常都是由科學家推選出來的、把握雜誌品質的、受人尊重的研究人員，他們會將投稿的首頁去掉，因為在首頁上有作者的個人資料，然後，將稿件送給幾位匿名審稿人進行評審。這些審稿人都是相關領域中的知名學者。審稿過程是「匿名的」，因為審稿人不知道文章的作者是誰，而作者也不知道是誰審閱了自己的文章。這種做法符合普遍性原則，因為審稿人是根據文章的優劣來進行評判的。他們的評判標準主要是：明確性、獨創性、傑出性，以及對知識創造的貢獻。一般的雜誌都希望能夠刊登優質文章，推動知識創造。審稿人將自己的意見回饋給編輯，由編輯來決定是退稿？或是讓作者修改？還是直接採用刊登。

差不多所有的學術雜誌都會採用審稿制，但是，並非所有的審稿都是匿名的。社會學、心理學和政治科學的所有學術雜誌都會採用匿名審稿制，他們通常會請3～4名學者來審閱一篇文章。相反，在生物學、歷史學和經濟學的學術刊物採用混合審稿制，有時，審稿人知道作者是誰，一篇文章只請1～2名學者來審閱。多人參加的匿名審稿會使審稿期拉長，同時會降低稿件的採用率（Clemens and Powell, 1995:446）。匿名審稿是一個謹慎的方法，能夠有效地保證文章品質，充分體現了組織結構化的懷疑主義和普遍性原則。

有些學術雜誌讀者很多，影響也很大。他們每年會收到很多稿件。比如，幾個主要的社會科學雜誌，如《美國經濟評論》、《社會科學評論》、《社會工作研究》、《美國社會學評論》、《美國政治科學評論》、《社會問題》，採用的稿件只是投稿的10%～15%左右。即使是一些學術地位不高的雜誌，基本上也都只採用一半的來稿。因此，編輯會嚴格篩選文章的品質，文章的發表意味著作者得到了學術界的接納。書籍的出版與文章的發表略有不同，因為涉及費用和銷售的問題，採用率會更低，通常在3%～6%之間（Clemens and Powell, 1995:444）。

與為流行雜誌撰文的作者不同，科學家在學術雜誌上發表文章是沒有報酬的。事實上，有時他們還需要支付審稿的費用。研究人員非常樂意通過學術雜誌，讓同行了解自己的研究成果。同樣，審稿人也是免費審稿的，他們認為能夠參加審稿是一種榮譽，同時也是學術界成員的責任所在。學術界對那些每年發表很多論文的研究人員非常崇拜，因為這些文章表明，這些學者領導大家實現科學研究的最終目標——為科學知識的積累而做出貢獻。

研究人員正是通過論文的發表，在學術界獲得了聲譽和同行的尊重，成為成就突出的學者。研究人員都希望得到同行的尊重，因為這些同行都是某個領域的專家。此外，論著等身的研究人員會得到更多的研究基金、獲取高薪工作和優越的工作環境，擁有大量的學生，工資也會增多。[10]

你可能還沒有在學術雜誌上發表過論文，但你可能讀過這些論文。這些文章成為科學研究系統中的一個重要組成部分。大部分研究成果首先發表在學術刊物上，它們都是最新的科學知識。研究人員通過閱讀這些論文，了解他人的研究、他人的研究方法，以及他人的研究成果。

你也可以參與這個新知識的溝通過程。

科學是一個轉換的過程

我們可以把研究看成是運用科學方法，將想法、預感、問題，甚至所謂的假設，轉換成科學知識的過程。本書將為大家展示社會工作研究中的這個轉換過程。在研究過程中，研究人員首先從猜想和問題入手，運用專業的方法和技巧來分析原始資料。這個過程結束時，就會出現有價值的產品，這就是科學知識。一個高產的研究人員能夠不斷創造新的知識，提高人們對世界的理解和認識。

你可能會感到研究太難掌握了，因為它畢竟涉及複雜的技術，還有深不可測的學術界。然而，大部分人都掌握了研究過程的很多基本技巧。經過學習和實踐，你也可以學習開展科學研究。在學習和吸收科學態度和文化的同時，你還需要掌握在什麼條件下如何運用科學研究的方法。讀完這本書後，你就能夠掌握這些技巧，很快你就能夠自己開展小型的科學研究。

研究過程的幾個步驟

步驟

研究過程是由幾個相互聯繫的步驟所組成的。不同的研究方法採用不同的步驟，但是大部分的方法都會採用以下七個步驟（至於不同類型的研究，將在第二章和第四章中討論）。

研究過程首先由選擇研究題目開始，如離婚、犯罪、無家可歸者或權力精英等，當然，確立研究題目，只是研究的第一步。第二個步驟是，研究人員需要將某個研究題目具體化，將題目縮小到成為自己研究中的一個具體的研究問題（例如，年紀輕輕就結婚的人是否離婚率很高？）將問題聚焦之後，研究人員通常會針對某個具體問題進行文獻回顧（第十六章將會討論如何進行文獻回顧），研究人員還會發展出一個可能的回答，即假設，第三章會詳細介紹理論指導在這個階段的重要性。

明確了研究問題之後，研究人員就可計畫如何開展研究了。第三步就是決定具體的

研究過程（例如是採用調查的方法還是實地觀察，需要多少被訪者，問什麼問題等）。到這時，研究人員可以進入資料和證據的蒐集（例如問問題，記錄答案等）這一步。研究人員蒐集了資料後，下一步就是資料分析，以發現一些模式。這些模式和證據可以幫助研究人員賦予資料以意義，或者解釋資料（例如，「年紀輕輕就結婚的人在城中離婚率會很高，但是在農村地區中離婚率並不高」）。最後，研究人員寫出論文，向世人報告自己的研究背景、研究方法和主要的發現。

圖1-2清楚地描述了這七個步驟。實際上，研究人員很少按部就班地完成第一步，然後進入第二步。研究是一個互動的過程，每個步驟與其他步驟經常是糅合在一起的，後一步可能會誘發我們對前一步進行反思，研究的過程不是一個簡單的線性過程，它可能會朝著不同的方向同時發展，最後才實現目標。研究不會突然在第七步結束，它是一個不斷進行的狀態，研究的結束經常會引發新的想法和有創意的研究問題。

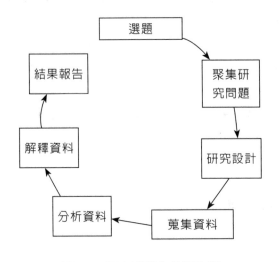

圖1-2　研究過程的各個步驟

在同一個研究課題中，通常需要遵循這七個步驟。研究人員在一項獨立的研究中，會採用這個過程。每個研究都建立在前人的研究基礎之上，都會對廣泛的知識創造有所貢獻。科學探索和新知識的積累需要成千上萬的研究人員同時開展研究。一個獨立的研究人員可能會同時開展幾項研究，或者，幾個研究人員合作開展一項研究。同樣，某項研究可以寫出一篇或幾篇論文，有時，幾項研究也只能寫一篇論文。下面我們來通過幾個例子，進一步說明圖1-2的步驟。

案例

如果將研究步驟分解成研究文章中的各個部分，可能比較容易理解。下面的四個案

例就是分成了不同的部分。前兩個案例是量化研究（一個是調查，一個是實驗），後兩個是質性研究（一個是歷史性研究，一個是深度訪談）。

例1　霍普金斯縣青少年日間治療計畫的Gary Whitfield（1999）主持了一個題爲「學校社會工作有效性：運用認知──行爲療法降低校園暴力的評估」的研究。

選題

作者希望了解認知行爲療法中控制憤怒是否能夠對校園暴力發揮作用。通過深入的文獻檢索，作者發現認知行爲療法在減少暴力行爲、提高憤怒控制方面，療效顯著。

決定研究問題

作者的目的在於運用以理論爲基礎的干預方法，記錄學校社會工作者影響改變校園暴力的能力。三個主要的研究問題是：（1）社會工作者運用認知行爲療法降低校園暴力的有效性是如何的。（2）在憤怒控制中，具體的方法還是一般的方法更爲有效？（3）6個月後，研究對象學習到的控制憤怒的方法還會發揮作用嗎？

研究設計

研究人員從自己目前工作的學校中抽取研究對象。每位參與者都同意參與研究，並根據各自的情況和行爲程度，分成了兩人一組。每兩人組都按照隨機的方法，決定是參加實驗組還是控制組。控制組不接受任何技巧的訓練，實驗組除了接受日常的治療之外，還學習新的技巧，包括放鬆練習、憤怒的排解、思維控制和解決問題技巧等。

資料蒐集

資料蒐集的手段包括自我報告的評分量表、憤怒表達量表、行爲觀察量表、員工和父母報告等。控制組和實驗組在幾個星期的小組活動中，採用同樣的測量工具反覆進行測量。舉例來說，如果有16名研究對象參與了整個實驗，則8名劃入實驗組，8名劃入控制組。

資料分析

兩個組的研究對象每週都要進行測量，測量的基線資料和結果都被記錄下來，所有資料都畫成圖表。所有研究對象都在組後進行了測量，在6個月後的跟蹤測量中，有些研究對象已經不再參加學校社會工作者的服務計畫了。

解釋資料

作者發現，那些參加了憤怒控制訓練的研究對象，發生了明顯的變化。他們的行爲問題明顯少於那些沒有參加訓練的研究對象，同時他們能夠積極地表達自己的憤怒。

作者同時也指出，這個組的樣本數很小，另外，也還存在一些本研究無法控制的影響因素。

結果報告

本研究結果發表在1999年7月的《社會工作實務研究》上。

例2　倫敦經濟學院、卡內基大學和奧利根大學的Matthew Mulford, John Orbell, Catherine Shatto和Jean Stockard（1998）主持了一個實驗，他們發表了題為「日常交往中的外表吸引力、機會和成功」的論文。

選題

作者們希望了解在日常交往中，人的外表吸引力是否會影響人際交往，影響獲得經濟回報的機會。根據過去的研究和交換理論（參見第三章），作者們指出，人們相信有吸引力的人會表現出責任心和合作性，這些看法都是依據他們的長相而得出的。

研究問題聚焦

作者的目的是對過去的研究中發現的「暈輪效應」（這個發現認為，長得漂亮的人具備了更多與成功不相干的能力）進行延伸研究。他們特意回顧了經濟學理論中的有關吸引力對決策情景的影響，並使用了「囚徒困境」博弈，因為這個博弈強調的是為了獲得利益，在決策時是與他人合作還是單打獨鬥。作者們希望得到確認，長相漂亮的人的決策過程是否受到更大的經濟利益的驅使。

研究設計

為了招收研究對象，在奧利根大學的學生報紙上刊登了一個廣告。每名研究對象將獲得20美元的報酬。如果參加第二個研究，他們就能再得20美元，根據博弈結果，他們也可能得不到附加的20美元，但是參加第二個研究，他們最低可以獲得5美元。大部分研究對象是大學本科系的學生，也有一些城市居民。大約有58%的人是女性。

資料蒐集

首先，每個研究對象可以選擇與別人玩一個遊戲。如果他們同意，兩個人就可以開始遊戲，如果商量不好，就一個人玩遊戲。遊戲玩得越多，就意味著得到的獎勵越多。如果雙方都不合作，雙方的獎勵都少。如果雙方同意合作，獎品雙方平分，如果一方想合作，而另一方不肯合作，那麼，合作方的獎品少於不肯合作方。研究對象自己給自己打分，六名研究對象都按照1～11分打分數，1分表示非常有吸引力，11分表示非常沒有吸引力。

資料分析

作者們分析了決定的結果、獎品的總數，以及吸引力打分情況。那些給自己打分較低的女性得到的獎品只有那些給自己打分較高的人的一半。不管性別如何，認為自己不太漂亮的研究對象都期望與別人合作，而長得漂亮的人則不太期望與別人合作。

資料解釋

作者們發現，人們喜歡跟長得漂亮的人做遊戲，比較願意與他們合作。但是長得漂亮的人不太願意與別人合作，但他們還是得到了更多的獎品，這是因為別人過高估計了他們的合作性。當別人期望合作時，長得漂亮的人通過不合作和獨來獨往而獲得了更多的利益。

結果報告

作者們來自美國、德國和英國的政治學和社會學界，在《美國社會學期刊》上發表了本論文。

例3　1991年，加州大學桑塔巴巴拉分校的John Sutton發表了一篇題為「瘋狂的政治經濟學：前進中的美國的庇護所的迅速發展」的論文。

選題

本研究關注的是精神病患者庇護所的人數不斷增加，以及與此相關的社會政策問題。

研究問題

本研究重點是研究了1880～1920年美國精神病患者庇護所中人數迅速增加的現象，是以Gerald Grob的兩本有關美國精神疾病史的著作作為基本資料。這兩本書指出，在19世紀80～90年代，很多犯罪學家、慈善家和醫生批評監獄、精神病院、救濟院和矯正機構的一些不人道行為，要求進行改革。1880～1923年，儘管在懲戒機構和救濟院中進行了一些改革，入住精神病患者庇護所的人數還是從4萬人猛增到了26萬人，人們開始擔心「瘋病流行」。Grob指出，為窮人開設的救濟院由於受到激烈的批評而導致大部分關閉了，然而，由於缺乏一個相應的社會福利制度來解決那些貧困老人的生活問題，在這個階段，精神病患者的庇護所成為這些貧困老人的主要去處。無可奈何之下，成千上萬的窮人被當成了精神病人，以獲得食物、住處和照顧。

Sutton的研究是以Grob的著作為基礎的，他採用的理論是，政府試圖通過回應公共危機，來擴大政府官員的影響力和權威。Sutton指出，20世紀30年代之前，政府的大部分資源是由各州政府掌握的，而這些資源都由在位的黨派控制支配，以擴大自己的影

響力。他的假設是,精神病患者庇護所人數增加的情況,由於各州掌權的黨派擴大影響的需求水準以及他們能掌握的資源多寡而在各州表現不同。

研究設計

Sutton深入研究了當時的歷史背景以及當時精神病院運作的情況。他還查找了一些統計資料來測量各州的經濟、政治特點。

資料蒐集

Sutton回顧了對當時的精神病學、精神病院和政府政策的歷史性研究的文獻。他還蒐集了有關精神病患者數量、政治競爭、各種資源和財富數量以及各州特點的量化資料。

資料分析

Sutton對各州精神病患者庇護所人數的描述是根據各州的政治經濟特點得出的。在那些資源豐富的州,具有這樣的特點:精神病患者的人數增長很快,黨派之間的爭鬥很激烈,老人的數量很大,城市人口也很多。同時,在一些州,人們可以得到聯邦政府的補貼,因為這些人,或者他們的家人在美國內戰期間支持過聯邦政府軍。Sutton發現,在那些得到聯邦政府補貼人數較多的州,精神病患者庇護所的人數的增長速度相對較慢。

結果解釋

Sutton認為,精神病患者庇護所人數猛增,是因為政府沒有辦法來解決貧困問題。他同意Grob提出的觀點,即貧困的老人被診斷為精神病,是因為精神病診斷的標準不夠準確。他進一步指出,這個情況在全國各地並不普遍。精神病患者庇護所數量增長最快的地區具有一些特點,即得到聯邦政府援助最少;而州政府又有很多人力和物力投入到精神病患者庇護所;黨派之爭非常激烈;州政府中掌權的官員投資建設精神病患者庇護所,並提供了工作機會等。州政府為了解決因救濟院關閉而無處可去的貧困老人的問題,建立了這些精神病患者庇護所。他們這樣做的目的就是想擴大自己的影響力,獲得機會連任,同時也為部分人解決了就業問題。精神病患者庇護所的擴建成為解決貧困問題的一個方法,同時也讓在位的黨派有機會控制更多的就業機會。

結果報告

在正式發表在《美國社會學評論》之前,作者曾經將本文在史丹福大學召開的一個美國社會學協會的研討會上做過發言。

例4 2000年,密歇根大學的Jo Ann McFall和Paul Freddolino發表了一篇題為「遠端

教育計畫對社區機構的影響」的論文。

選題

鑒於過去的學者已經對遠端教育的影響做過很多研究，本文作者從一個不同的角度來研究遠端教學計畫。他們選擇研究遠端教育計畫對學生、實習督導、合作機構，以及與遠端教育有關的網路機構的影響。

研究問題

過去對遠端教育的研究發現，接受遠端教育的社會工作碩士（MSW）的學生比較傾向於鼓勵自己的機構支持社區中有特別需要的人群。他們還會將一些特別的服務計畫放進自己的機構中去。本文作者將選擇密歇根地區的兩個遠端MSW的計畫進行研究。

研究設計

在這個研究前一年，為了更好地理解這個問題，作者主持了一系列焦點小組訪談。為了測量焦點小組的結果設計了一個問卷調查。問卷調查由4個版本組成：一個面對實習督導，一個面對機構負責人，一個面對一年級的MSW學生，一個面對二年級的MSW學生。這個調查包括了14個李克爾特式問題，涉及內容包括：學生現狀、新知識、網路、資訊技術和總體影響。

資料蒐集

調查問卷加上回寄的郵費一同寄給機構負責人、實習督導和參予遠端計畫學習的學生。學生的回覆率為37.5%，實習督導的回覆率是55.6%。在確定的362名被訪者中，有266人接受了調查並寄回問卷。蒐集的資料輸入SPSS進行分析。

資料分析

問卷中的14個問題是根據焦點小組中討論出來的5個部分進行分析的，當然，很明顯，有幾題實際上是可以交叉分類的，這樣使得被訪者在填寫時產生一些困惑。

結果解釋

在機構中，如果有學生在進行遠端的MSW的學習，他們會增加向當事人提供的服務專案和內容。對學生所需要的督導時間，以及機構對這些學生的工作計畫的需要程度上，問卷設計中常會出現過高的估計，得出的結論比較負面。被訪者認為在學生和機構員工之間存在著知識分享，但是在檢測到遠端計畫中學習到的新技術和方法運用時，在學生和督導之間存在明顯差距。所有被訪者一致認為，學生與督導之間的關係需要加強，同時他們也認為，機構中有人參加遠端的MSW的學習會大大提高機構的專業化水準。作者指出，遠端教育計畫實現了向全國的學生提供高品質教育的目的，同時也改善

了社區的資源分配。

結果報告

本文發表在《社會工作實務研究》上。

社會工作質性研究和量化研究

本書將系統介紹從量化和質性的角度如何開展社會工作研究。在後面幾章中，我們會將兩種方法穿插在一起進行介紹。每個方法都包含了一些特別的研究技巧（比如，問卷調查、訪談和歷史研究），當然，它們在資料的分類和研究方法上會存在一個交叉的內容，所以，質性研究人員會分析量化的資料，同樣，量化研究人員也需要處理質性資料。無論如何，兩種方法在社會工作研究中都得到廣泛運用，而每個方法都植根於不同的社會科學的邏輯和方法（詳見第四章）。

不幸的是，支持質性研究和支持量化研究的研究者之間存在著很多的誤解和偏見，很多人認為對方的方法難以接受和理解。Levine（1993:xii）指出，他將「量化的社會科學」稱為「真正的社會科學」，這種說法曾受到了質疑，但最終還是獲勝了。但Denzin和Lincoln（1994）還是堅持認為，質性研究方法得到迅速發展，正在取代過時的量化研究方法。

儘管量化研究和質性研究這兩種方法都具備了科學的基本原則，但是兩者之間的區別依然十分明顯（見表1-1）。每個方法都有各自的長處和不足，它們針對不同的主題，從不同的角度對社會生活提出了重要的見解。我們同意King, Keohane和Verba（1994:5）的觀點，即最傑出的研究就是「集兩者之長為一體」的研究。

表1-1　質性研究與量化研究

量化研究	質性研究
測量客觀事實	建構社會現實、文化內涵
強調變數	強調互動過程和事件
信度是關鍵	真實性是關鍵
價值中立	價值明顯具體
獨立於環境之外	完全受情境限制
很多個案和研究對象	個案和研究對象數量很少
統計分析	主題分析
研究人員與研究分離	研究人員與研究關係密切

資料來源：Cresswell (1994), Denzin and Lincoln (1994), Guba and Lincoln (1994), Mostyn (1985), and Tashakkori and Teddlie (1998)

　　無論使用哪種方法，研究人員都會儘量避免出現本章中討論過的錯誤，在蒐集資料中做到系統性，認真深入地對資料進行比較。通過對兩種方法的學習，讀者可以更多地了解研究領域，能夠互補性地運用這兩種方法。Ragin（1994:92）是這樣解釋這兩種方法的互補性的：

　　質性研究的特點可以通過與量化研究的對比體現出來。大部分量化研究的資料蒐集技術是對資料進行濃縮。濃縮的目的在於看到現象的全貌……相反，質性研究的方法可以理解爲資料的放大，放大的目的在於清楚地了解個案的方方面面。

為什麼開展社會工作研究

　　什麼人要從事社會工作研究？學生、教授，大學、研究中心和政府部門的專業研究人員以及科學家，他們借助研究助手和技術人員，從事大部分的社會工作研究工作，儘管這些研究成果不是面向普通讀者的，只發表在專業刊物上，但是，專業研究人員創造的基本知識和使用的研究方法，已成爲社會科學其他領域的基礎。

　　除了大學之外，報紙、電視工作者、市場調查公司、學校、醫院、社會服務機構、政黨、諮詢公司、政府機構、人事部門、公共利益組織、保險公司和律師事務所的工作人員也將研究作爲自己工作的一個部分。很多人都會使用社會工作研究技巧。研究結果將促成資訊豐富的、沒有偏差的決策，避免了建立在猜測、預感、推論和個人經驗之上的決策（見方框1-3）。令人遺憾的是，在研究中，研究往往過分集中在某些研究對象上，例如，在大選期間，媒體開展過多的民意測驗引起了選民的反感，他們有的拒絕參加投票，從而引發了對這種民意測量需要採取法律限制的爭論。

方框1-3　實務工作者和社會科學

　　科學沒有也不可能向人們提供固定的、絕對的真理，因爲科學是一個緩慢的、不完整的剖析非真理的過程。它是一個探索最接近真理的答案的過程，需要很多願意投入，以開放的、認真的、系統的方式努力勤奮工作的仁人志士的參與。很多人無法接受科學的這種艱辛的付出、舉步維艱的過程和結果的不確定性，他們希望立即得到權威性的答案，所以有些人就轉向宗教宣傳或政治煽動，這些活動通常會提供大量的、絕對的、結論性的真理。

　　對於那些在日常工作中需要做決定的勤勉的實務工作者（例如，社會服務機構的工作人員、健康專業人士、司法機構的工作人員、記者和政策分析家）來說，這意味著什麼？

這意味著他們必須放棄科學思維，而依賴常識、個人信念和政治教條來指導決策嗎？當然不是，他們也能使用科學思維。實際上，他們任重而道遠，他們必須有意識地充分利用現有的知識，運用認真仔細的推理，避免謬誤，防止任何教條帶來絕對的完整的答案。實務工作者要時刻保持開放的頭腦，接受新觀點，採用不同管道的資訊，不斷對支援某個行動的證據提出質疑。

　　此外，還有些人誤用和濫用社會工作研究，表現為研究方法粗糙、錯誤地解釋結果、操縱研究以證明預設的結果的正確性等等。這樣，所造成的結果是，人們對這類濫用研究的反感，經常會導致他們對所有的研究反感。

　　人們從事社會工作研究的目的各異。有人希望回答一些實際問題（例如，庇護所向無家可歸的家庭提供健康保健服務是否會減少這些家庭使用醫院急診室的機會？），有人希望對某種治療方法的有效性進行評估（例如，在學習如何與施暴的配偶相處中，既參加小組活動，又接受個案輔導的婦女，跟那些只接受個案輔導的婦女效果相比是否會有所不同呢？），還有人可能希望促進社會變革（例如，怎樣才能減少酗酒？），還有一些學者希望建立一些有關社會的新知識（如我們應該怎樣理解日益增長的老年當事人的不同需求？）。社會工作教育協會（CSWE）明確要求社會工作教育關注當事人、實務工作者、社會工作學生和教育者的不同需求和利益。因此，在本書中，我們將不斷提供一些材料，像方框1-4一樣，來反映不同的問題和需要。

方框1-4　科學與社會工作各種問題資料來源範例

Appadurai, A. (1990). Disjuncture and difference in global cultural economy, *Public Culture*, 2(2):10.

Barton, J. (1998). Culturally competent research protocols, in J. Green, *Cultural awareness in the human services*: A multi-ethnic approach. Boston: Allyn & Bacon, 285-303.

Cowger, C. (1994). Assessing client strengths: Clinical assessment for client empowerment. *Social Work*, 39:262-268.

Davis, L., and J. Marsh. (1994). Is feminist research inherently qualitative, and is it a fundamentally different approach to research? In W. Hudson and P. Nurius (Eds.), *Controversial issues in social work research* (pp.63-74). Boston: Allyn & Bacon.

Ewalt, P., and N. Mokuau. (1995). Self-determination from a Pacific perspective. *Social*

Work, 40(2): 168-176.

Ghali, S. B. (1977). Cultural sensitivity and the Puerto Rican client. *Social Casework*. 58:459-468.

Haj-Yakia, M. (1997). Culturally sensitive supervision of Arab social work students in western universities. *Social Work*, 42(2):166-174.

Johnson, A. and L. Kreuger. (1988). Toward a better understanding of homeless women. *Social Work*, 34 (6): 134-138.

Matsouka, J., and D. Ryujin. (1991). Asian American immigrants: A comparison of the Chinese, Japanese, and Filipinos. *Journal of Sociology and Social Welfare*, 18(3): 123-133.

Nakanishi, M., and B. Rittner. (1992). The inclusionary cultural model. *Journal of Social Work Education*, 28:27-35.

Rap, C., W. Shera, and W. Kisthardt. (1993). Research strategies for consumer empowerment of people with severe mental illness. *Social Work*, 38 (6):727-735.

Saleebey, D. (1997). *The strengths perspective in social work practice*. New York: Longman.

結語

　　在本章中，讀者了解了社會工作研究的內容和範圍、研究過程的程式，以及研究者是誰。同時，還了解了另類的研究形式——簡單快捷的獲取知識的方式，當然通常也包含了謬誤、錯誤的資訊和悖論。讀者看到了學術界運作的過程、研究與學術界的關係、科學的規範和學術文章在學術研究中的重要性和地位，以及研究的各個步驟。社會工作研究是由人開展的、以人為研究對象，以改善人的生活品質為目標的研究。儘管在研究過程中，需要遵循一系列的原則、規則和程序，但是，請記住，研究是一項人類的活動，研究人員也是人，與你我一樣的凡人，他們熱心於創造和發現知識，很多人認為研究給他們帶來無窮的樂趣。他們從事研究的目的就是探索發現新知識，對人類社會有更多的認識和了解。無論我們是否成為專業研究人員，將研究變成自己的主要工作，或者將研究成果運用到自己的工作中去，了解研究過程都將使自己受益。如果我們能將自己與研究過程有機結合在一起，那麼，我們的知識水準和能力就得到了豐富和提高。

　　Mills（1959:196）在他的《社會學的想像力》一書中提出了下列有價值的建議：你應該學會把自己的生活經歷運用到自己的知識性工作中去，不斷地檢討、反思和解

釋。從這個意義上講，熟練掌握研究技術就成為你的核心所在，你的個人經歷與自己的知識創造工作就緊密地聯繫在一起了。

關鍵字

blind review匿名審稿

communalism共有原則

data資料

disinterestedness公正無私

empirical實證

halo effect暈輪效應

organized skepticism有組織的懷疑

overgeneralization過分推廣

premature closure不成熟的袒露

pseudoscience偽科學

qualitative data質性資料

quantitative data量化資料

scholarly journal article學術雜誌論文

scientific attitude科學態度

scientific community學術界

scientific method科學方法

selective observation選擇性觀察

social theory社會理論

universalism普遍主義

複習思考題

1. 社會工作研究的另類知識來源是什麼？

2. 為什麼社會工作研究比另類知識來源更好？

3. 社會工作研究是否永遠正確？它可以回答所有問題嗎？請解釋。

4. 在不同的領域中，科學和神諭怎樣發揮不同的作用的？

5. 學術界指的是什麼？它有什麼作用？

6. 學術界的規範是什麼？有什麼影響？

7. 怎樣才能在社會工作學術刊物上發表論文？

8. 開展研究的主要步驟是什麼？

9. 為什麼說研究步驟不是一成不變的？

10. 什麼人會從事研究？目的是什麼？

11. 社會工作研究人員怎樣才能保證在研究過程中將不同背景的人包括進來？

注釋

【1】 See Wendy Kaminer, "The Trouble with Single Sex Schools," *Atlantic Monthly*, 281 (April 1998); John E. Schwarz, "The Hidden Side of the Clinton Economy," *At-lantic Monthly*, 282 (October 1998); Ethan Bronner, "Study of Doctors Sees Little Effect of Affirmative Action on Careers, "*New York Times* (October 8, 1998); "Anti-Violence Course in Schools Does Its Job, Researchers Find," *New York Times* (May 28, 1997); Fox Butterfield, "Most Efforts to Stop Crime Fall Far Short, Study Finds," *New York Times* (April 16,1997); "Excerpts from Ruling on Planned Use of Statistical Sampling," *New York Times* (August 25, 1998); Bob Whitby, "Truth or Dare," *Isthmus* (Madison, WI), (November 8, 1996); *Economist*, "Lies, Damned Lies, and...," (July 19, 1997); "Sobriety Checkpoint Is Effective, Study Says," *New York Times*, (September 1, 1998); James Brooke, "Homophobia Often Found in Schools, Data Show," *New York Times* (October 13, 1998); and Wysong, Aniskiewicz, and Wright (1994).

〔2〕For more on alternatives, see Babbie (1998:20-21), Kaplan (1964) and Wallace (1971).

〔3〕The rise of science is discussed in Camic (1980), Lemert (1979), Merton (1970), Wuthnow (1979) and Ziman (1976). For more on the historical development of the social sciences, see Eastrope (1974), Laslett (1992), Ross (1991) and Turner and Turner (1991).

〔4〕For more on the scientific community, see Bloom (1978), Cole (1983), Cole, Cole, and Simon (1981), Collins (1983), Collins and Restivo (1983), Grinnell (1999), Hagstrom (1965), Heineman-Pieper (1985), Hudson (1982), Meinert, Pardeck, and Kreuger (2000), Merton (1973), Reid (1994), Rubin and Babbie (2000), Stoner (1966), and Ziman (1968).

〔5〕For more on the social role of the scientist, see Ben-David (1971), Camic (1980), and Tuma and Grimes (1981).

〔6〕Norms are discussed in Hagstrom (1965), Merton (1973), and Stoner (1966).

〔7〕Violations of norms are discussed in Blume (1974) and Mitroff (1974).

〔8〕See Lawrence K. Altman, "Drug Firm, Relenting, Allows Unflattering Study to Appear," *New York Times* (April 16, 1997); John Markoff, "Dispute over Unauthorized Reviews Leaves Intel Embarassed," *New York Times* (March 12, 1997); and Barry Meier, "Philip Morris Censored Data About Addiction," *New York Times* (May 7, 1998).

〔9〕The communication and publication system is described in Bakanic and colleagues (1987), Baker and Wilson (1992), Blau (1978), Cole (1983), Crane (1967), Epstein (1992), Gusfield (1976), Hargens (1988), Kreuger (1997), Lindsey (1999), Mullins (1973), Pardeck (1992), Singer (1989), Stoesz (1997) and Ziman (1968).

〔10〕For more on the system of reward and stratification in science, see Cole and Cole (1973), Cole (1978), Fuchs and Turner (1986), Gaston (1978), Gustin (1973), Karger (1986), Long (1978), Meadows (1974), and Reskin (1977).

第二章

社會工作研究維度

社會工作研究維度研究能夠創造知識指導實踐，研究發展概念、修改概念，爲結果推廣和理論發展提供證據，同時還檢測實務方法的有效性。

—— William Reid，《社會工作百科全書》，20-40頁

Tim和Sharon大學畢業三年後，再次見面了，他們一起共進午餐時，Tim問Sharon：「你在社會資料公司做研究的工作怎樣？具體做些什麼？」Sharon答道：「目前我正在做一項日間照顧的研究，在進行一項跨部門調查，蒐集描述性資料，開展評估研究。」Sharon這裡描述的有關日間照顧的研究，涉及了社會工作研究的四大維度，本章將討論這些問題。第一章中對社會工作研究的描述只是一個框架。其實，實際的研究要複雜得多，研究具有不同的規模和類型，在真正開始研究之前，研究人員需要決定自己採用什麼樣的研究類型。有經驗的研究人員非常清楚每一類型的研究的優點和缺點，最後才能決定採用哪種方法。

本章中我們將介紹社會工作研究的四個面向：（1）研究的目的；（2）研究的用途；（3）時間的安排；（4）採用的研究技術。這四個面向互相作用，也就是說，研究目的要配合某種技術和用途。研究的類型很多，但是這四個面向把研究過程的複雜性簡化了。在開始研究之前，研究人員需要做出某些決定。只有了解了研究的不同面向，才能做出決定。同時，了解研究的類型，以及不同研究類型具備什麼樣的研究過程，這些都會幫助人們更好地閱讀和理解研究性的文章。

研究面向

研究目的

如果我們問別人為什麼從事研究，得到的回答可能是：「我老闆讓我做的」，「是課堂作業」，「我好奇」，「我的室友認為這個想法很好」等等。的確，研究人員從事研究的目的五花八門，但是，根據社會科學研究者的目的，大致可以分成三類：探索一個新題目；描述社會現象；解釋某種現象產生的原因等。[1] 研究可能有多個目的（如探索和描述），但其中應該有一個主導的目的。

探索性研究

可能為了更多地了解某個問題，你需要進行探索。如果某個問題是新出現的，研究人員沒有涉及過的，你就需要從頭開始研究，這就是探索性研究。探索性研究的目的就是提出很多具體的問題，讓後人的研究來回答這些問題。探索性研究在研究系列中是一個初級階段，研究人員開展探索性研究，為的是了解更多的資訊，以設計和開展一個更為系統的深入的研究。

對愛滋病（acquired immune deficiency syndrome, AIDS）的研究說明探索性研究的過程。在1980年前後，當愛滋病剛剛出現時，人們不清楚它到底是不是疾病，是一種什麼疾病，發病的起因是什麼，傳播途徑是什麼，以及為什麼會傳播。官員們只知

道，發病的人住進了醫院，其症狀是過去從沒見過的，醫院對此束手無策，病人很快就去世了。在經過很多的醫學和社會科學的探索性研究之後，研究人員才真正認識這種疾病，並設計出方案來深入研究這種疾病。

探索性研究的成果常常很難有機會發表。研究人員會將這些成果放進下一步的系統研究之中，然後才將它們公開發表。1985年，Loewenstein在《社會學季刊》上的一篇文章就是一個很好的將探索性研究成果與後期的研究成果結合的例子，文章的題目是「新的下層階級：當代社會學的困境」。研究的目的是探索這個觀點，即「一個新的下層階級在美國正在形成，這個階級由流動的勞動階級組成」。由於作者感興趣的這個新階級形成於20世紀80年代，作者剛開始研究的時候，對這個階級幾乎是一無所知。Loewenstein想要知道是否有一個新的階級正在興起。他參閱了社會階級理論和研究，研究了勞動力市場的資料，訪談了年紀在18～30歲之間、申請政府公共援助的申請人，花了18個月的時間與一群勞動階級的青年人的社交小組在一起。最初，作者與朋友之間的非正式交往之中隱隱約約形成了有個新階級產生的想法，在研究過程中，這些想法變得越來越清晰和完整。

探索性研究通常不會產生明確的答案，它只回答「什麼」的問題，例如，社會現實到底是怎樣的？這類研究比較困難，因為沒有什麼可以參考的。與研究題目有關的任何內容都非常重要，研究步驟不確定，研究方向變化多端。研究人員有時感到非常沮喪，因為他們感到心中沒有底，自己把自己搞得「暈頭轉向」。

探索性研究人員需要具備創造性、頭腦靈活，要有一個調查的立場，深入研究各種管道的資料。研究人員通常會提出創造性的問題，充分利用各種機遇和運氣，即那些意料之外的、機遇性可能帶來深遠影響的因素。例如，研究人員希望發現，孩子在移民去國外的年紀越小，當這個孩子上大學時，移民給他帶來的負面影響就越小。他們還意外地發現，在某個年齡階段（6～11歲）兒童移民時，比其他年齡組的兒童，更容易受到移民負面的影響。[2]

探索性研究人員常常使用質性研究資料。質性研究資料蒐集的方法很少受到某個理論和研究問題的限制。質性研究比較開放地接受使用多種管道的資料，發現新的問題（見方框2-1）。

方框2-1　研究的目的

探索性研究	描述性研究	解釋性研究
熟悉基本的事實、背景和關注點	提供一個詳細的準確的圖畫	檢驗理論的假設或原則

探索性研究	描述性研究	解釋性研究
對研究現象建立一個基本的印象	提出與過去研究不同的資料	闡述和豐富一個理論解釋
提出和形成未來研究的問題	建立一系列的分類標準和類別	將理論運用到新的問題或新領域
提出新的思想、聯繫和假設	明確一系列的步驟和階段	支援或反對一個解釋和假設
確定研究的可行性	記錄一個因果關係處理機制	將問題與通則聯繫起來
發展出方法來測量和規劃未來的資料	報告背景或情況實況	指出哪些解釋最合理

描述性研究

　　人們可能會對某個社會現象有一個比較成熟的看法，希望能夠系統地描述這個現象。描述性研究就是對某個社會現象、社會環境或社會關係進行的詳盡的描述。在學術刊物上發表的社會工作研究，或者為政策制定而開展的社會工作研究都屬於描述性研究。

　　描述性研究和探索性研究有很多相似之處，在實踐中二者常常混合在一起。在描述性研究中，研究人員通常是從一個明確的主題出發，然後開展研究，對其進行準確的描述。描述性研究的成果展現了一幅某個研究對象的詳細具體的圖畫，例如，結果會表明持某種觀點或具備某種行為的人口比例，諸如10%的父母會對子女進行身體方面的或性方面的虐待。

　　描述性研究展現了不同類型的人們從事社會活動的場景。Donald McCabe（1992）研究了大學生中的各種作弊行為。他重點研究人們如何將異常行為理性化的過程。他認為，為了保護自己的形象，降低自責感，人們經常會發展出各種合理化途徑，將社會道德感中立化，或者改變道德標準。他做了一個6,000名大學生參加的大問卷調查，結果發現，有2/3的人承認在考試和完成家庭作業時至少有一次作弊行為。他還發現，大家常用的作弊手段有六種。當McCabe研究學生為什麼要作弊時，他發現，學生們採用了四種主要的中立化測量。其中一半以上的人都採用的、最常見的策略就是否定責任。學生們認為，外在的、他們無法控制的因素，例如功課繁重、同伴都作弊等，使得他們不得不這樣做。學生們提出了其他合理化解釋，包括：作弊無害他人、教師的刁難、出於哥兒們義氣等。第一章中舉的有關學生宗教態度的研究，也是一個描述性研究，它描述了學生對宗教的態度如何隨著時間而改變的過程。

　　描述性研究重視「怎樣」和「誰」一類的問題（如它是怎樣發生的？誰參與了？）探討新問題，而解釋問題產生的原因（如學生為什麼將作弊行為中立化，或者學生為什

麼會持有不同的宗教信仰的問題），通常不是描述性研究需要回答的問題。

　　很多社會工作研究都是描述性研究。研究人員在開展描述性研究時，會運用資料蒐集的方法──問卷調查、實地研究、內容分析、歷史比較研究等，很少使用實驗性研究方法（參見方框2-1）。

解釋性研究

　　如果我們碰到某個熟悉的問題，前人已對這個問題有詳盡的描述，這時就需要了解它們的成因。探討「為什麼」的問題就是一個解釋性研究了，解釋性的研究是建立在探索性和描述性研究之上的，它發掘事件發生背後的原因，尋求誘因和理由。例如，描述性研究發現，10%的家長虐待自己的孩子，解釋性研究重點放在為什麼家長要虐待子女（見方框2-1）。

　　South和Lloyd（1995）做了一個解釋性研究來解釋離婚率。他們檢驗了一個理論假設，這個理論認為，如果某個社會存在大量的非婚人數，而且這些人又是已婚人士的潛在的伴侶，這時，離婚的機會就會增加。換言之，人口因素（例如，可供選擇的對象很多）與婚姻的穩定性是負相關的。結果表明，在最近離婚的人當中，有相當部分的人與第三者發生過關係。South和Lloyd還發現，在那些男女性別比失衡、未婚女性就業率很高的地區，離婚率很高。他們的解釋是，今日的高離婚率與已婚男性和未婚女性在工作場所的社會交往機會密切相關。這種社會交往主要發生在一個寬鬆的社會環境中，他們重視個人實現和個人的選擇，從而容許離婚成為結束不幸福婚姻的主要手段。

研究的運用

　　在過去的一個多世紀中，社會工作主要沿著兩個方向發展：一是獨立的，科學的學術導向；另一個是行動取向的，實用的和改革的導向，兩者之間並不存在截然分離的關係。兩個導向的研究人員相互分工合作，彼此建立良好的依存關係，在自己研究生涯的不同時期中，研究人員會從一個導向轉向另一個導向。這兩個導向的不同點在於如何運用社會工作研究成果。簡而言之，一個導向認為應該運用研究來增加人類的知識積累，另一個導向則認為應該運用研究結果來解決具體的社會問題。這些堅持追尋理解社會現實本質的導向主要從事的是基礎性研究（也稱為學術研究或純研究）。運用性研究人員，主要希望運用自己的研究和知識來提出、解決具體的現實問題，他們希望回答政策問題和解決一個迫切的社會問題。

基礎性研究

　　基礎性研究會增加人們對人類社會認識的基本知識，基礎性研究主要重視理論和假設驗證，解釋人類社會運作過程、事件發生的原因、社會關係的構成，以及社會變革的

原因等。基礎性研究導致了新的科學觀點的出現和認識世界的思維方式的產生。這類研究可能是探索性的、描述性的，也可能是解釋性的研究，而解釋性研究是最常見的。

很多人批評基礎性研究，他們提出了這樣的問題：「這類研究的價值在哪裡？」他們認為基礎性研究是浪費時間和金錢，因為它沒有直接的用途，無助於解決現實問題。的確，基礎性研究產生的知識，從短期來看，通常缺乏實用性。然而，基礎性研究為很多政策方面的問題和研究領域提供了知識基礎和認識基礎。基礎性研究是研究人員運用的很多工具的源泉，例如方法、理論和思想等。事實上，知識系統中很多重要的認識和發現的突破，都受益於基礎性研究。運用性研究人員希望在數月內為解決現實問題而找到答案，與此相反，基礎性研究人員可能需要花上一個世紀來尋找那些會影響人類思維方式的問題的答案。

基礎性研究人員提出的問題都是些不太現實的問題。例如，在愛滋病出現前十幾年有一個毫不相干的研究，即雞得癌症的原因的研究，而這項研究現在為研究愛滋病病毒提供了重要的基礎。1975年諾貝爾獎獲得者Howard Temin從事的基礎性研究，為人們理解病毒的機制提供了堅實的基礎，而他當時開始研究的時候，根本看不到自己的研究會對尚未出現的現代問題產生如此大的啟發，具有如此大的指導意義。如果沒有一個世紀前開展的數學基礎性研究，這在當時是根本沒有任何現實意義的，今天的電腦也就不可能出現。

在預防青少年犯罪方面，警官、官員和青少年懲戒官從基礎性研究中，根本找不到這個問題的答案：為什麼會出現違法犯罪行為？基礎性研究無法直接幫助實務工作者，但是，基礎性研究卻激發人們從新的角度來看待違法行為，這可以潛在地改革實務工作者看問題的觀點和解決問題的方式。儘管決策者和社會服務提供者都知道，基礎性研究無法指導自己的工作，但是，如果他們缺乏一些基層知識和認識的話，他們將事倍功半，甚至會走上歧途。

新的思想和基礎知識並不僅僅靠基礎性研究而產生，運用性研究也可以創造新知識。然而，基礎性研究是培養和傳播知識的主要途徑。在學術界，很多處在重要地位的研究人員都會從事大量的基礎性研究。

應用性研究

應用性研究旨在解決具體的政策問題，幫助實務工作者完成任務。[3] 對他們而言，理論遠遠不如在某個領域中為具體問題尋找答案重要（如果學生團體支持反對酗酒的政黨，那麼，因學生酗酒而造成的交通事故是否會減少）。應用性研究基本上是描述性研究，它的優勢在於它有很強的應用性。

商人、政府機構、社會服務機構、健康機構和教育機構雇用了很多研究人員從事應用性研究，這些研究常常會影響我們的日常生活。例如，決定是否開發一個新產品，在

若干個政策中做出選擇、繼續或結束某個服務計畫等，都需要實用性研究來支援。

　　學術界是基礎性研究的最大的受益者，而應用性研究的受益者則是實務工作者，諸如理事會理事、教師、諮詢師、個案工作者，還有諸如經理官員之類的決策者。還有一些人也會使用應用性的研究結果，至於誰會使用這些研究結果已經大大超出了研究人員的預測，也就是說，應用性研究人員有責任將自己的研究成果，從學術語言翻譯成通俗語言，從而方便決策者和實務工作者的使用。

　　應用性研究成果可以通過公開發表的方式，爲廣大公眾所使用。有些研究成果可能只對部分決策者和實務工作者開放，他們來決定是否將研究成果應用到實務當中，以及怎樣應用，或者根本就不採用這些研究結果。例如，Neuberg（1988）發現，報紙在轉載中對著名的西雅圖—丹佛20世紀60、70年代的「負所得稅」實驗進行了曲解和歪曲。儘管本研究存在一些不足和問題，政治家還是運用這個研究結果來證明政府必須縮減一些他們不喜歡的計畫。

　　鑒於應用性研究對一些有爭議的問題具有直接的啓發，這些研究結果通常會引發爭論，這樣的事情時有發生。例如，1903年Ellwood在密蘇里州主持了一個有關監獄和救濟院的研究，發現了很多問題，他的研究結果引起了公眾對政府的憤慨。但同時，也有一部分人指責他，說他拿著政府的錢來誹謗政府（Turner and Turner, 1991:181）。

　　Whyte（1984）對奧克拉荷馬州的一家工廠的研究，以及對芝加哥餐館的研究結果有爭議。在對工廠的研究中，他發現，管理層感興趣的是怎樣戰勝工會，而不是勞資關係。在餐館研究中，他發現，公眾看到的是餐飲業富麗堂皇的外表，而公眾卻無法了解餐飲業運作過程和內部事實眞相。

　　Merton（1973）告誡人們，政府官員要求對某些政策問題開展應用性研究，是他們採用的一個緩兵之計，他們希望借此轉移公眾對自己不作爲或取消一個決策的批評，因爲應用性研究會降低人們的政治熱情。

　　從研究方法的角度來看，應用性研究與基礎性研究的學者採取了不同的取向（見表2-1）。基礎性研究人員重視科學的高標準，希望開展接近完美的研究。應用性研究人員更多地關注的是平衡的問題。爲了獲得快捷的應用性的研究成果，學者們有時會犧牲科學的嚴密性。當然，這個不能成爲粗糙研究的一個藉口。實用性研究人員將研究放進了一個有限的使用領域中，在應用性和嚴密性之間建立一種平衡。這種平衡需要有豐富的研究知識和經驗，同時也要看到這種妥協可能帶來的後果。

表2-1　社會工作基礎性研究和應用性研究之比較

基礎性研究	應用性研究
1.研究基本上令人滿意，通常由其他社會學家來進行評判。	1.研究是日常工作的一部分，評判者是學術界之外的研究贊助者。
2.研究問題和領域的選擇餘地很大。	2.研究問題很大程度上受到雇主和贊助方的限制。
3.按照科學嚴格的規範來評價研究，以追求最高的學術標準。	3.學術的標準和嚴密性受到了結果運用方式的影響，研究過程可能是「又快又不明不白」，也可能按照嚴格的科學規範操作。
4.特別關注研究設計的內在邏輯和嚴密性。	4.特別關注是否可以將研究成果在贊助方關係的領域推廣。
5.研究動機在於為基礎的科學知識創造做貢獻。	5.研究動機在於活動實際的回報，或者成果的運用。
6.成功的標誌是研究成果發表在學術刊物上，並在學術界的同人中產生影響。	6.成果的標誌是成果被贊助方運用到決策過程之中。

應用性研究的類型

實務工作者會運用幾種不同的實用性研究，下面我們分別進行介紹。

行動研究是將知識當成一個權力形式，消除研究和社會行動之間的界限。行動研究有幾種不同的類型，但是基本的共同點是：研究對象參與了研究過程，研究結合了普遍性和一般性知識，研究重點放在權力上，以權力提升為目的；研究追求的是提高意識與政治行動密切結合。

行動研究人員試圖在研究人員與研究對象之間建立一種權力平衡的關係，反對研究人員對研究對象擁有控制力和權威。這些研究人員試圖通過提高公眾意識來開創一種新的局面或者改善研究與被研究之間的關係。他們帶有明確的政治導向，反對價值中立。因為行動研究的目標是改善研究對象的生活狀況，因此，正式的研究報告、論文和專著就顯得不那麼重要了。行動研究人員認為，知識來自實踐，特別是那些社會政治行動的實踐。他們還認為，普通大眾能夠正確認識自己的生活現狀，有能力學習採取行動，來改善自己的狀況。

行動研究與激進社會科學研究方法是一脈相承的，在第四章中還將進行討論。運用這個方法的研究人員通常都有自己的立場（如環保主義者、激進主義者、女性主義者等）。例如，大部分女性主義的研究都具備雙重使命：通過改變兩性關係宣導社會變革；促進知識體系的進步（Reinharz, 1992:252）。女性主義學者研究性騷擾時，通常會建議政策改革，一方面是希望減少性騷擾事件的發生，另一方面也提醒可能的受害者如何保護自己，維護自己的權利。在某些情況下，行動研究人員可能會參與某個項目，

比如，因爲修建一個大壩而要摧毀一個小鎮；行動研究人員會與工會的官員和管理人員一起工作，共同制止正在進行的罷工。在一些發展中國家，行動研究人員會關注沒有文化的貧窮的農民，教他們文化，了解社會現實，培養他們的自我意識，並努力改善他們的環境和生活狀況。[4]

Hoynes（1997）和Miller（1997）曾對美國一個面對12,000個中學開辦的12分鐘的電視節目「頻道一」進行了行動研究，它的觀衆有600萬中學生，占全美國中學生總數的40%。製作這個節目的Whittle傳播公司，爲收看節目的學校提供免費收視服務，免費安裝線路和衛星接收器，但是要求學生每天都收看該節目，包括2分鐘廣告，不事先告訴教師節目的內容。通過對1995～1996年間的36期節目中播出的91個故事的研究，研究人員發現，這些節目是違背歷史事實的，內容空洞、帶有明顯的偏見。他們認爲，在觀看節目的過程中，學生更多的是接受傳媒的宣傳，而不懂得對新聞內容進行批判性思考。同時，每年播出的700條商業廣告所產生的影響，遠遠超出了「頻道一」的教育內容。而「頻道一」則辯解說自己的節目在學生和老師中深受歡迎，節目中沒有任何酒類廣告和色情電影（Honan, 1997）。本研究結果公開發表，推動了媒體的改革（Hoynes, 1997; Miller, 1997）。

波士頓學院的Gamson（1992:xviii）這樣描述一個關於行動研究的研討會，這個研討會吸引了很多社會經濟學和社會公正專業的研究生的參與：

參加本次研討會的人是以行動主義爲導向的學者，他們關注具體問題，重視動員大衆參與集體行動。與會者參加了中美洲的團結運動、核武器不擴散運動、爭取平等健康保健和住房運動，以及勞工運動。參與者們還發表論文，主持工作坊，在媒體露面，同時還開展研究。

應用性研究的第二個類型是社會影響評估。[5]這可能是政府機構需要了解的、自己對外部大環境影響的一個重要組成部分。其目的在於評估一個計畫好的變革的後果。這個評估方法可用於計畫社會政策，或者在多個政策建議中做出選擇，例如，評估地方醫院對地震發生的應付能力；建造一條新的高速公路，對住房建設的影響；評估學生申請長期無息貸款，並在20年中按自己的收入歸還，這種貸款形式對學校錄取過程的影響等。研究人員開展社會影響評估是對結果的評估，通常在一個跨學科的小組中合作進行。這些影響可以從不同的方面和領域進行評估和測量（見方框2-2）。

方框2-2 社會影響研究的領域和範圍

── 社區服務（如學校的招生，員警反應的速度等）

── 社會狀況（如兒童交友的種類受到他們玩耍的地區的影響，犯罪率，老人的自我照顧能力的評估等）

── 經濟影響（如收入水準的變化，商業失敗的比率等）

── 人口的影響（如老人與青年人的交往的變化，某個地區流入和流出的人口等）

── 環境（如空氣品質和噪音程度的變化）

── 健康影響（如疾病發生率的變化，有害物的出現等）

── 精神狀況（如壓力、恐慌和自尊的變化等）

我們來看一種社會現象，現在各種各樣的賭博風靡美國各地，而在1980年，賭博只在幾個州是合法的，政府稅收是10億美元。15年之後，在美國的大部分州賭博已經合法化，稅收達到了每年440.04億美元。原因非常簡單，立法者追求的是在不增加所得稅的前提下，獲得更多的稅收，以推動經濟的發展。賭博業不僅爲政府提供了就業機會，促進了經濟復興，而且還增加了賭博中貨幣的流通。這些都是立法者最歡迎的，因爲賭博創造了就業機會，促進了地方經濟發展，增加了稅收。

如今，政府的很多承諾都得不到實現，人們感到失望。工作機會的增加非常有限，大部分人還處在低薪的非熟練工作崗位上，高稅收使人難以承受。由於越來越多的地方開辦了賭場，出現了供大於求的局面，賭博業也並未獲得更高的稅收收入。貨幣從其他行業轉向了賭博業。當人們花錢賭博時，他們的衣服等消費品支出減少了，此外，政府官員也不再增加費用，來提供與賭博業相關的社會服務、執法、街道清潔等。賭博使低收入人群更窮，還有被迫性賭博的現象給現代社會增加了很多社會問題。儘管這些被迫性賭徒人數不多，只占人口總數的2%～4%，但是這些人工作效率很低，家庭易破裂，常常會走上犯罪的道路。當然，也有人因賭博而發大財，比如，有9個人在伊利諾州的Joliet投資700萬美元建了一個賭場，7個月後，他們收回了成本，以後每月盈利90萬美元。

這些結果可以預測嗎？有人能夠提前預知這些結果嗎？答案是肯定的。如果官員對此進行社會影響評估研究，就能得出這些結果，當然，沒人會這麼做。大部分官員都相信賭場老闆的誇大其詞，幻想能夠輕而易舉地得到實惠，因爲這些官員不懂得，也不相信社會科學研究。目前出現的幾個社會影響研究對前景做了準確的預測，得出了令人滿意的結果。

　　評估研究是一個應用比較廣泛的應用性研究[6]，它回答了有效性的問題。Smith和Glass（1987:31）將評估定義爲「以證據爲基礎的建立價值判斷的過程」。評估研究中典型的問題諸如：蘇格拉底的教學方法能夠提高課堂講授的效果嗎？強制性執法計畫能夠有效減少配偶之間的暴力嗎？彈性就業能夠提高員工的勞動生產率嗎？評估研究測量的是一個專案的有效性，或者是一個工作方法的有效性。這類研究基本上是描述性的，但有時也可以是探索性的和解釋性的。評估研究人員會採用不同的研究方法（如問卷調查和田野工作）。在合適的時候，實驗的方法也是最有效的方法。

　　實務工作者在涉及政策和專案時，可能會開展評估研究爲自己蒐集資料，或者是應決策者的要求而研究，通常決策者會限制研究人員的研究範圍和自己感興趣的研究結果。

　　在評估研究中，常常會涉及倫理和政治方面的問題，因爲不同的人對某個項目的評估結果態度各有不同，因爲研究結果會影響人們找工作、建立政治威信、推動專案的執行等。對研究結果不滿的人，常常會批評研究人員的方法粗糙、不準確或者是帶有偏見。評估研究人員除了受到批評之外，有時他們還面臨著某種壓力，有的甚至在研究開始之前就受到別人的操縱。

　　20世紀60年代，評估研究在美國開始迅速發展起來，當時出現了很多聯邦政府的社會服務計畫。大部分研究人員採取了實證主義的立場（見第四章），運用了成本—效益的分析方法。到了70年代，聯邦政府的大部分社會服務計畫都必須接受評估研究的檢驗。當然，評估研究也有自己的局限性，如研究報告基本上不經過匿名評審，原始資料不公開發表，研究的焦點集中在成本和效益上，很少關注專案的執行過程是如何影響人們生活的。此外，決策者們還會選擇性地使用評估研究的成果。

　　在美國，福利改革又稱爲勞動福利計畫，它完全建立在評估研究之上。這類研究的重點在於測量收入水準和管理計畫的費用，但是無法測量家庭因母親外出工作而無法給子女提供的必要的照顧，給子女帶來的傷害。決策者和政客們爲了證明新頒布的法律如何有效地提高了家庭收入，經常選擇性地採用評估研究的結果（Oliker, 1994）。

　　還有兩個例子很好地說明評估研究的作用。Legge和Park（1994）研究了酒後駕駛的法律。與其他國家不同的是，美國對酒後駕駛有非常嚴格的法律約束，其法理基礎是威懾理論，同時又特別強調威懾的三個方面：證據確鑿、量刑嚴厲、快速處罰。他們深入分析了全國三年的資料，包括政策、地方法規、與酗酒有關的深夜車輛致命交通事故發生率等。結果發現，量刑嚴厲（高額罰款和長期監禁）沒有太大的威懾力，而證據確鑿（血液中酒精含量超標）和快速處罰（當場吊銷駕照）有效地減少了交通死亡事故的發生率。他們認爲懲罰強度的不斷提高，是政治家們在沒有進行政策研究或實證研究的基礎上，不斷提高量刑嚴厲程度所致的。很多政治家關心的是吸引選票，並不是降低因酗酒而造成的交通死亡事故。

　　Wysong, Aniskiewicz和Wright（1994）對美國1萬所學校和42個州開展的抵制毒品教育專案（DARE, Drug Abuse Resistance Education）的有效性進行了評估。他們發現，這個教育項目得到公眾的理解，投入了大量的資金，得到了員警、學校、父母以及其他人群的歡迎和支持。這個項目通過邀請員警來爲低年級學生作講座，希望增加青少年對毒品的認識，掌握抵制毒品的技巧和能力，提高自尊心，從而減少吸毒的機會。他們對印第安那州一所高中的兩組學生進行研究，一組學生在7年級時參加了抵制毒品教育項目，另一組沒有參加。與過去的研究結果一樣，他們發現兩個組在第一次吸毒的年齡、吸毒的頻率和自尊方面沒有特別明顯的區別。他們指出，這個教育項目的影響主要是因爲它的政治色彩。這個專案的有效性主要表現在它的潛在目標人群身上（如幫助政治家、學校的官員以及有關人士感到自己需要爲反毒品做出貢獻），而在眞正減少青少年吸毒方面效果不顯著。

　　評估研究有兩種類型：形成性研究和總結性研究。形成性評估研究是一種對專案進行內在的持續性的回饋性研究，旨在改進專案管理。總結性評估研究關注的是專案的結果。兩種研究都非常重要。

　　評估研究是很多機構的管理的一個重要方面（如學校、政府機構、商業機構等）。一個例子就是20世紀60年代美國國防部採用的計畫、程序化和預算化系統（Planning, Programming, and Budgeting System, PPBS）。PPBS創建的理念就是研究人員可以根據專案的既定目標和目的，來測量專案成果，從而對專案進行評估。評估者將專案分解成不同的部分，根據成本（如人員投入和資金投入等）對各部分進行分析，同時，根據專案目標來分析其成果。例如，一個婦女健康中心提供孕期教育，這個教育專案的構成部分是外展服務、教育、諮詢和轉介。專案的目的是接近那些認爲自己懷孕的婦女，向她們提供懷孕知識，爲她們諮詢解決懷孕帶來的健康危險和擔心，轉介她們去健康中心和家庭計畫中心。評估研究人員會研究每個部分的成本投入，測量項目是否實現了自己的目的。他們會了解職員投入了多少時間和物力來開展外展服務，外展活動之後，接到了多少熱線電話，這些活動是否使更多的懷孕婦女前來中心求助等。[7]

　　實用性研究人員在社會影響評估和評估研究中，常使用兩個方法：需求分析和成本—利潤分析。在需求評估中，研究人員蒐集資料以確定主要的需求及其嚴重性。這通常是政府機構和慈善團體在開展服務計畫時一個最基本的步驟。然而，在一個社區中，由於各種關係比較複雜，這個步驟也會變得雜亂無章。研究人員可能會遇到很多難題，陷入兩難境地。

　　第一個難題就是如何決定自己評估的目標群體。研究人員到底應該關注那些睡在公園裡無家可歸的人，還是那些因賭馬而失去了大筆財富的工薪階層，抑或關心那些在俱樂部喝得酩酊大醉的管理階層人士？看起來最需要關注的未必是眞正需要關注的。研究人員應該找誰了解情況？應該觀察哪個群體？他們是否應該向管理階層的人去了解無家

可歸者的需要？

　　第二個難題是人們在表達自己的需求時，可能不會直接將自己的問題與政策或長遠的解決辦法結合在一起。研究人員會發現，無家可歸者說他們需要住房。在分析了狀況之後，研究人員會發現，無家可歸者只要有了工作就會有住房，住房的需求可以通過工作來得到滿足。而對工作的需求則需要具備技能和工作條件。因此，要解決住房問題，需要提供工作技能的培訓。表面化的需要往往都由一個更深層的問題和條件所決定。例如，需要健康保健可能是因為飲用了受汙染的水、營養不夠和缺乏運動。這是一個需要更多健康服務的需求，還是一個改善水質的需求，抑或是公共健康教育的需求？

　　第三個難題是人們的需求常常是多元的。研究人員發現，人們希望減少汙染、清除黑幫、改進交通，那麼，到底哪個需求最重要？一個出色的需求評估要求既能夠明確目標人群表達出來的需求，又能夠明確潛在的需求，同時還能夠明確最重要的需求。研究人員必須將這些相關的需求綜合起來，找出最重要的需求。

　　第四個難題是，需求評估可能會引發政治爭議，或者提出的解決辦法超出了本地的控制。政府通常不希望某些問題被記錄下來，或者公布於眾，例如，如果研究人員發現某個城市的犯罪率被低估了，這個結果將會影響到這個城市的政府形象，如果某個需求評估報告指出有種族歧視現象存在，這可能會使那些宣稱自己公平公正的官員感到尷尬難堪。一個群體（例如在賭馬中輸了很多錢的人）的需要，可能與另一個群體（例如賭馬場的老闆）的活動密切聯繫在一起。當研究人員提出解決辦法時，他們可能會受到另一個群體的批評和指責。

　　社會影響研究常採用成本─利潤分析，這個方法是由經濟學家發展出來的，研究人員對一個和若干個行動的未來的成本和利潤進行預測，將它們分別用貨幣進行測量。簡單地說就是研究人員將某個行動的結果進行分解，然後，將每一個部分折合成貨幣。這些結果可能是非物質性的，如清潔的空氣、下降的犯罪率、政治自由度、優美的環境、壓力的減少，甚至是人性化的生活等。研究人員分別對這些項目進行貨幣化。然後，由決策者或其他人指出負面的結果（成本）和正面的結果（利潤），最後，將成本與利潤進行比較，決策者就能看出二者之間的比值。

　　成本─利潤分析看上去是一個中立的、理性的、技術性的方法，但是實際上，它還是有爭議的。人們很難決定什麼是正面的結果，什麼是負面的結果。例如，你認為拓寬一條馬路是個正面的結果，因為你上班會變得更方便，但是，這對住在馬路附近的住戶來講可能就是一個負面的結果，新馬路破壞了環境，產生了更多的噪音，汙染更嚴重，馬路變得更擁擠。

　　有兩個方法來進行成本─利潤的貨幣化。一個方法就是偶然性評估，直接問大家某事值多少錢。例如，如果你想評估空氣汙染對每個人的健康狀況帶來的成本，你可以這樣問：如果因為哮喘咳嗽每年你要請假兩天，這能值多少錢？在一個2萬人的小鎮上，

平均工資認為值150美元，那麼這個偶然性評估（或者叫健康的利潤）就是150元×2萬人＝300萬元。你可以用這個數字去比較一個公司的利潤，或者是因汙染而帶來的工作機會。這種估算的問題在於，人們的估算都是大概的估計，每個人的估算標準是不同的。對窮人來講，因咳嗽和哮喘而帶來的損失可能是500美元，而對富人來講可能就是10,000美元。在這種情況下，製造汙染的工廠可能就會搬到低收入者所在的地區，從而進一步惡化低收入人群的生活狀況。

另一個方法就是實際成本評估，在上述例子中，實際成本評估會估算出真正的醫療和工作損失。可能先預算出健康影響，然後加上醫療支出，以及雇主雇用替代工人的成本。例如，平均每人的醫療支出是100美元，請替代工人的工資是200美元一天，那麼，每年治療1萬名工人，請5,000名替代工人工作兩天，費用是100×10,000人 ＋300×5,000工人 ＝ 250萬美元。這個計算方法還忽略了個人承擔的痛苦、不方便，以及其他的間接成本（如父母在家照顧生病的子女，孩子得了哮喘，無法外出活動等）。用這個方法來計算成本與利潤，製造汙染的工廠每年需要額外支出250萬美元才能維持運作。

在成本─利潤分析中，一個重要的問題就是，它假定任何事物都是有價值的（學習、健康、愛情、歡樂、尊嚴、慈善等），它還假定，人們給事物的價值標準是一樣的。它還提出了一個嚴肅的道德和政治問題。成本─利潤測算通常對有錢人有利，而對低收入的窮人是不利的。因為，成本和利潤的價值取決於個人的收入和財產。節約15分鐘坐車的時間來工作，對有錢人來講，其價值遠遠超過窮人。高收入者的15分鐘的收入從貨幣的角度來講，也遠遠高於低收入者。同樣，在貧窮地區新建一條馬路的成本較低，因為舊房產的價值低，而在富人區新建一條馬路成本會高很多。

成本─利潤分析試圖掩蓋這些問題的道德和政治因素。例如，要在病危的病人中釜底抽薪，中斷拯救其生命的維持機器，與節約了大量的資金從而使得維持生命的機器能夠為更多的人服務之間獲得一種平衡，實際上就涉及了道德和經濟問題。道德因素的表現是，當決策者在決策過程中，與受益人之間有某種情感糾紛時，決策中就會出現道德的考慮。過去我們只從經濟和成本利潤的角度來考慮這個問題。而當我們考慮那些決策不涉及個體時，或者決策者與受益人群沒有直接的私人關係時，道德的因素就被人們忽視了。即使人們考慮的重點只放在成本利潤上時，也需要考慮道德的因素。

賦權研究

社會工作的賦權研究方法（Holmes, 1992; Lee, 1994; Gutierrez, Parsons and Cox, 1998）綜合了四種不同的概念。它融合了生態的觀點（Germain and Gitterman, 1996）、女性主義研究方法（Davis and Marsh, 1994）、建構主義觀點（Rodwell,

1998）和能力觀點（Saleebey, 1997），從而形成了一個新的研究取向，將助人的理念與社會經濟平等結合在一起（Appleby, Colon and Hamilton, 2000）。賦權研究始於這個概念，即世界上沒有一個絕對客觀的、公平無私的評估方法。Green（1997:25）是這樣解釋的：

專案評估者不可避免地站在某人的一邊，來反對另一方。選擇站在誰一邊，主要是通過關注什麼問題來體現的，以及用什麼標準來評價項目的品質。

賦權研究最適合社會工作研究，因為我們的當事人常常被主流社會和傳統的「歐洲中心」的社會邊緣化。Lee（1994）指出，在為被壓迫人群提供服務時，需要考慮五個方面的知識：從歷史的角度來理解壓迫是將主導─服從關係放進了一個經度的框架之中；生態觀點將引導研究人員重視被壓迫者的適應能力，重視對壓力的回應能力；重視社會經濟階級、種族和性別的影響，這些因素在傳統的研究中常常被忽略；女性主義的觀點，強調婦女問題的獨特性；批評的觀點重視將個人的苦難與能力和改變的策略結合起來。

Rodgers-Parmer和Potocky-Tripodi（2001）認為，賦權鼓勵當事人成為一個研究的合作者，這意味著研究和評估的任務是互惠互享的，而當事人最終將擁有更多的權威（Lee, 1996）。Appleby及其同事（2000）認為，研究者與當事人之間的責任分擔是通過三個步驟實現的：（1）幫助人們在自尊、自我發展方向和能力上獲得最大的控制權；（2）改善個案工作者和當事人的解決問題的能力；（3）獲得資源以實現上述目標（Gutierrez, Parsons and Cox, 1998; Lee, 1996）。

Rodwell（1998: 8790）提出了一個她稱之為建構主義研究的研究方法，這種方法整合了很多質性研究中的傳統方法。建構主義（賦權導向的）研究人員總是從自然的情境中開始研究，將人當成了最基本的資料蒐集工具。建構主義研究人員以直覺的知識為基礎，運用質性研究的方法，包括目的性抽樣、扎根理論、自然的設計、反覆討論的結果、個案研究、表意文字的解釋等，試驗性地運用研究發現，重點突出，具有很強的確定性和真實性。Rodwell特別關注的是，研究過程中是否重視維護個人的權力，保持正直性，研究結果是否會傷害研究的參與者？研究過程怎樣會對人們的社會功能性產生負面影響？誰會是本研究的潛在的受益者和受害者？研究中會出現什麼樣的政治影響？這種政治影響會來自何方？研究的參與者和周圍環境在本研究中的得失是什麼？等等。

Rodwell認為，研究人員的責任在於明確自己研究的受益者是誰，這需要價值多元化，以保證所有的人獲得平等的機會。機會平等的一個重要方面就是平等保護。平等意味著創造一種氣氛，鼓勵所有的人發表自己的觀點、看法，來討論理解和評論不同的看法。建構主義研究人員會通過尊重差異性，建立一個平臺，供人們協商解決衝突，以達

成共識。最後，所有人的意見將被整合到最終的研究報告之中。

　　建構主義研究的最突出的特點在於，在研究人員的推動下，它是一個社會—政治調解行動。研究過程包括不斷地教和學的過程，它循環往復，充滿了分歧，永不中止。就這樣在一個更加充實的、全面理解研究對象的不同的生活經歷的基礎上建構了一個新的社會現實。在這個過程中，研究人員成爲現實的塑造者，因爲當建構開始時，研究人員承擔了傳播和檢驗不同看法的職責。研究的設計絕對不能事先設定（Rodwell 1998: 93-94）。

　　在建構主義研究中，語言和非語言的資料不是認識現實的唯一途徑。直覺和其他感知的方法也非常重要。當研究人員想知道下面的問題是什麼，下一步應該怎樣做以促進研究人員和研究參與者的互相建構時，在這個過程中，很大程度上就是依靠知覺來決定的。知識的主要作用就是在研究過程中的不斷反思。正是通過資料蒐集，研究人員才獲得了對研究參與者的認識和理解。

研究中的時間面向

　　社會研究的另一個面向是時間。理解研究的時間面向，可以幫助我們理解研究，並開展研究，因爲不同的研究問題對時間的要求是不同的。

　　有些研究需要抓住一個瞬間即逝的時間點，我們可以針對這個點進行深入研究。有的研究要我們提供一個移動的圖畫，需要跟蹤某個時段中的人物、事件和社會關係。量化研究可以分成兩類：單一時間點（跨部門研究）和多時間點的研究（縱向研究）。量化研究關注的是大樣本的很多個案、單位和人群，測量的是一些有限的特點。個案研究是比較具體的研究，它運用質性研究的方法，在一個有限的時段內，集中研究一個或幾個個案。

橫向研究

　　大部分社會工作研究採取的就是橫向研究（cross-sectional research）。在橫向研究中，研究人員觀察的是同一時間中的一個點。橫向研究是最簡單、最省事的研究，缺點是無法抓住社會過程和變化。橫向研究可能是探索性的、描述性的，也可能是解釋性的研究，但它最接近描述性研究的思路。典型的橫向研究就是類似McCabe（1992）做的大學生作弊的研究。

縱向研究

　　研究人員可以採用縱向研究（longitudinal research）來考察某幾個時段的人們的特點，或者其他分析單位的特點。它比橫向研究要複雜、費事，同樣，當研究人員需要回答與社會變革有關的問題時，採用這種研究法就特別合適。描述性和解釋性研究人員

常使用縱向研究，我們來看一看縱向研究的三個類型：時間序列研究、追蹤研究和同期群研究。

時間序列研究是一種縱向研究，按照時間順序來蒐集某個群體和某個分析單位的資料。研究人員需要觀察穩定性，或者分析單位的變化特點，以便能夠從時間上進行追溯。在第一章中，Marvell和Moody（1995）就是採用時間序列的方法，研究對持槍犯罪的人判重刑的影響。他們的研究也是一個評估研究，立法者從來不去看他們的研究結果，因此，他們的研究結果不會影響以後法律和政策的制定。研究人員考察了美國持槍犯罪重判法律的影響。這些法律對那些持槍的重刑犯增加了附加刑期，在過去的25年中，有49個州通過了這樣的法律，其中有44個州頒布了嚴懲的法律，Marvell和Moody對1971～1993年間44個州的法律進行了研究，蒐集了不同的資料（例如，監獄人口、犯罪率、收監、是否在某些犯罪行為中使用槍支等）。他們指出，「我們發現，沒有證據證明這些法律的制定，有效地降低了犯罪率，減少了槍支的使用」（1995:269）。

追蹤研究是縱向研究中的一個最有影響的研究，它比時間序列研究難度要大。在專題研究中，研究人員只對同樣的人群和組織進行長時間的觀察。專題研究很難操作，費用很大。長時間觀察同一群人非常困難，因為有的人在這期間可能會去世，有的人可能找不到。儘管這樣，追蹤研究的結果非常有價值。即使是一些短期的追蹤研究，其結果也能清晰地反映某些特定生活事件的影響。例如，Umberson和Chen（1994）研究了2,867人，他們分別在1986年和1989年接受過兩次訪談。在訪談的三年間，207人經歷了親生父母的去世。Umberson和Chen發現，這個生活事件造成了被訪者很多的心理壓力，他們開始酗酒，身體健康也受到影響。

另一個追蹤研究是Nagin及其同事1995年主持的，研究重點是觀察青年時代的越軌行為對成年後的犯罪活動和不良行為的影響。研究人員對倫敦的工人階層的411名男性進行了研究，第一次研究是在1961～1962年進行的，當時被訪者只有8歲。同一群人一直被追蹤訪問，直到他們32歲，其中有8人去世了。這些人每隔兩年接受一次訪談。資料蒐集的內容包括個性、背景、越軌行為的測量等。這些男性的家庭成員、老師和朋友同樣接受訪談。研究人員根據他們的自我報告的不良行為、從無不良行為到定期出現不良行為等，將這些人分成了四組。主要的結果表明，在青少年時期有不良行為的人，如果他們不酗酒、不吸毒，到了32歲之前基本上不會成為罪犯。

Orbuch和Eyster（1997）主持了一個追蹤研究，想了解白人和黑人夫妻是怎樣分擔家務的。被訪者是1986年在密歇根登記結婚的174對白人夫妻和199對黑人夫妻。他們只選擇了同一種族的夫妻，而且妻子的年齡在35歲以下。同一種族的訪談員來到被訪者家中，對他們進行了兩次訪談。第一次訪談在他們婚後四至九個月之間，第二次是在兩年以後。在這些夫妻中，在第二次訪談時，有12%的夫妻已經離婚，16%的夫妻已經搬走。只有264對夫妻接受了兩次訪談。研究人員觀察了夫妻的有關性別平等、夫妻

承擔不同的家務勞動的規範（如做飯、洗碗、洗衣服等），同時也考察了不同的教育水準、收入和外出工作等因素。他們還評估了性別規範、妻子的資源，以及種族對服務家務分工的影響。

研究人員發現，妻子的資源（教育和收入），以及她們的平等意識在很大程度上推動了夫妻之間的平等分配家務。妻子婚前帶入婚姻的資源對婚姻本身沒有什麼深遠的影響，但是，妻子在婚姻中獲得的資源越多，家務勞動的分配就越平等。黑人夫妻的平等程度，無論從觀念上還是實際的勞動分配中，都高於白人夫妻。一般來講，白人丈夫跟黑人丈夫相比，白人丈夫更不願意承擔家務和育兒的工作。當黑人丈夫參與家務勞動時，夫妻雙方都感到滿足和幸福，但這個情況在白人家庭中沒有發現（Orbuch and Eyster, 1997）。

同期群分析與追蹤研究比較接近，但不同的是，它不是追蹤同一批人群，而是在某個時段中，研究具有相同經歷的一個類別的人群。同期群分析是「真正的宏觀分析」，就是說研究人員將某個類別作為研究對象，以發現一些重要特徵（Ryder, 1992:230）。研究的重點是類別或一個群體，而不是個人。同期群分析常用在研究同一年出生的人（稱為同齡人）、同時雇用的人、在一兩年中同時退休的人、某一年同時畢業的人等。與追蹤研究不同的是，研究人員不需要找到同一批人進行研究，只需要找到這些具有同樣生活經歷的人即可。

有三個例子可以說明同期群研究的價值。Forest及其助手們（1995）發現，美國婦女的年齡組影響她們的初孕時間。婚前的工作和教育影響對四個年齡組的影響各不相同：20世紀30年代大蕭條時期、第二次世界大戰、第二次世界大戰後和20世紀50年代。在大蕭條時期，女性的教育水準越高，外出工作時間越長，生孩子的時間也就越晚。這個趨勢一直持續到了第二次世界大戰期間，儘管就業的影響開始超過了教育的影響。在第二次世界大戰結束後，女性在高中畢業後，越來越多的人選擇結婚，而不是上大學。20世紀50年代比較特別，女性的教育水準和教育狀況對生育孩子的時間幾乎沒有什麼影響，幾乎所有的女性結婚後就立即開始生育。

Morgan（1998）試圖發現在職業中存在一種「玻璃房頂」現象，出現了職業發展障礙，導致了男女工程師的工資差異。她認真研究了從1971年之前到1988～1992年之間的工程專業畢業生群體中男女的收入資料。早些年畢業的學生中，女性的工資比男性的工資低得多，近些年畢業的學生中，女性的工資相對少一點，但這是因為她們的資歷不夠。研究人員發現，在近些年的畢業生中，工資上不存在性別差異，因此，他們認為，影響工資收入水準的不是他們的工作經歷，而是他們是何時開始工作的。他們的研究主要結果就是，男女兩性的工資差異是由於某個特定的時間段所致，或者說是由於近年來更多的女性進入了某個行業所致，而非玻璃房頂現象。

Wilhelm（1998）研究了美國人不同年齡段中同居的模式。她對在1947～1964年

間出生的1,187名成年人的調查資料進行了研究，她將他們分成了三組：1947～1950年為一組，1951～1957年為一組，1958～1964年為一組。她發現了同居的三個預測性指標：政治活動主義、非宗教信仰、處在比較年輕的組別中。某些因素（如非宗教信仰和政治活動主義者）對年長組的影響比較大，而對年輕組來講，他們在同居的時候不大考慮這兩個因素。對年長組來講是很少見的行為，而在年輕組中，逐漸變成了一種生活方式的選擇。

個案研究

在橫向研究和縱向研究中，研究人員需要研究很多人或很多單位，需要研究在同一時間點或不同時間點的某些特點。在這兩個研究中，研究人員要對很多個案所具備的特點進行測量，用數字來反映。在個案研究中，研究人員需要對幾個個案在某段時間內的某些特徵進行深入研究。個案可能是一個人，一組人，一些機構、事件或者某些地域單位。這裡蒐集的資料通常非常詳盡，主題各異，涉及範圍廣泛。大部分的資料都是與幾個個案有關的質性資料。質性研究和個案研究這兩個概念並不完全一致，但是，「幾乎所有的質性研究旨在根據深入、詳盡的個案知識，進行展現重建」（Ragin, 1994:92）。[8]

在個案研究中，研究人員通常深入調查一個或兩個個案，或者是對若干個個案就幾個因素進行比較。個案研究運用歸納分析的邏輯，而不是計算的方式。研究人員通常選擇一個和多個個案來說明問題，詳細地分析研究這些個案。他們會全面考察個案的背景，分析各個部分是如何形成的，這與縱向研究中研究人員通過大量的個案，尋找其中的趨勢和模式的方法是不相同的。[9]

個案研究幫助研究人員將微觀的個人生活或行動與宏觀的社會結構和過程聯繫在一起（Vaughan, 1992）。「個案研究的邏輯是展現一個因果論點，說明一般的社會力量如何在特定的環境中，影響和塑造某些結果」（Walton, 1992b: 122）。個案研究提出的問題主要是決定和界定個案的特徵性的問題。這些問題將幫助我們形成新的思維方式和理論，「個案研究最可能創造最優秀的理論」（Walton, 1992b: 129）。

研究人員在某個時間中，蒐集個案資料。資料蒐集的過程可能需要幾個月、幾年甚至是幾十年。第一章中提到的Sutton（1991）對救濟院的研究就是一個個案研究，他包含了時間序列研究，結合質性資料，對救濟院進行個案研究。Walton（1992a）的「西方時代與水的爭奪戰」就是對加州的歐文谷社區進行的個案研究。Walton說：「我試圖通過小個案，給世人講述一個歷史悠久的故事」（p.xviii）。這個社區為了保護自己的資源，掌握自己的命運，而參與了社會抗議活動。這個抗議活動以不同的形式表現出來，前前後後，起起伏伏經歷了100年。Walton採用了不同形式的資料，包括直接觀察、正式和非正式的訪談、人口統計資料、地圖、舊照片和報紙、不同的歷史文獻和官

方紀錄等。

　　另一個小規模的個案研究的例子就是Smith（1995）對20世紀80年代亞洲移民來到紐約的Flushing的研究。住在紐約Flushing（皇后區的一個社區）的亞裔移民人口從1970年的2,571人（占該地區人口總數的5.6%）增加到了1990年的19,508人（占當地人口總數的35.8%）。Smith考察了這個變化的原因，描述了變化的過程和後果。他的資料包括人口統計資料、官方統計紀錄、歷史文獻和田野調查等。

　　最後一個例子就是Stoeker（1993）對明尼阿波利斯的鄰里運動的研究。他採用了參與式觀察的方法，包括參與式行動研究，還有訪談、口述史、地方政府檔和歷史記載等。在結論中，Stoeker提醒說：「在進行個案研究時，當我們可以詳盡地描述個案的因果過程時，對這個過程的推廣化就顯得比較困難」（1993:181）。

資料蒐集技術

　　在資料蒐集過程中，研究人員通常會採用多種方法。本節將介紹幾種主要的資料蒐集技術。在後面的幾章中，會詳細介紹這些技術的使用過程。這些技術可以分成兩類：量化的方法，即將資料進行數量化；質性的資料，以文字和圖片的方式進行資料蒐集。不同的研究問題，需要不同的資料蒐集方法。在選擇資料蒐集技術時，需要技巧、實踐經驗和創造性，只有這樣，才能選擇一種真正滿足研究問題需要的方法。

量化資料

實驗法

　　實驗研究採用了自然科學研究中的邏輯和原則。實驗既可以在實驗室中進行，也可以在社會現實中進行。實驗法通常需要小部分人的參與，針對一個特別具體的問題來開展研究。在解釋性研究中，實驗法是最有效的方法，它們常常運用到一些研究人員需要對環境進行控制的問題上。

　　在大部分的實驗研究中，研究人員需要將研究對象分成兩個或多個小組。研究人員用同樣的方式來處理兩個組的組員，但是，他們對其中一個組的組員提供特別的「治療」。然後，對兩個組組員的反應進行準確的記錄，通過對兩個組的環境進行控制，研究人員可以得出結論，兩個組的組員表現出的任何差異都是因為治療所致。我們在第一章中談到過一個有關外表漂亮的人與經濟回報的研究（Mulford et al., 1998），就是一個實驗研究。

　　Bohm（1990）主持了一個實驗研究，來觀察人們公開表示支持某種觀點是否會阻

止自己態度的改變。在過去的研究中，他對一個組的學生提供了大量的有關死刑的資料和資訊，而另一個組什麼資料也沒有給予。他設計了一個問卷，了解學生對死刑的支持態度，他要求學生單獨完成問卷。兩個組的學生開始都特別支持死刑制度。幾個月後，得到大量資訊的組的組員支援率大大下降了，而沒有得到資訊的組的組員的支援率沒有變化。

在第二個研究中，Bohm還將學生分成了兩組。在實驗組中，學生聽了一個關於死刑的課，而控制組的學生聽了別的課。然後，他通過要求兩組學生在課堂上公開陳述自己的觀點，來測量學生對死刑的看法。與第一次研究結果不同的是，他發現控制組和實驗組沒有出現明顯的差異。他發現，讓人們公開陳述自己的觀點，可以避免人們態度的改變，即使人們看到了很多與自己觀點不同的資訊，也不容易使他們改變態度。

調查研究

調查技術常用在描述性和解釋性研究中。調查研究人員通常以問卷的方式（郵寄或面對面）來向人們提問，或者進行訪談，並將回答錄音。研究人員對環境沒有控制，人們只需要回答問題而已。在調查研究中，研究人員在一段時間內問大量的問題。他們通常通過百分率、圖表的方式將答案進行總結。調查為研究人員提供了人們的想法和行為的圖畫。調查研究人員採用小樣本比如一小群人（如150名學生），但可以將結果推廣到更大的抽樣人群中（如5,000名學生）。

調查研究運用非常廣泛。下面的例子是喬治亞州的一個研究，針對一個政治爭論，即是否在州旗上加上南部聯邦的徽章。Reingold和Wike（1998）希望探討這個徽章是否像有人提議的那樣與「新南方」形象的認同有關，或者是像另一部分人批評的那樣是種族歧視的間接表現。1994年秋，喬治亞州立大學的應用研究中心通過電話對826名居民進行了調查。研究人員在問卷中設計了三個有關新南方認同感的問題和兩個關於種族態度的問題。問卷中還有其他的問題（如教育、性別、年齡、種族、城市和農村居民、黨派、是否出生在南方等）。研究人員發現了有明顯的種族差異：3/4的白人希望保留這個徽章，2/3的非洲裔美國人要求去掉徽章。他們的結果表明，新南方的認同感與州旗沒有直接關係，這種認同感只與支持修改州旗有關，年輕人和城市居民更多地支持修改州旗。研究還是發現，那些堅決支持保留徽章的白人，都持有很強的反對黑人的態度。

內容分析

內容分析是對文字材料（如圖畫、電影、歌詞等）、內容和資訊進行處理的技術。在進行內容分析時，研究人員首先需要確定研究資料，如書籍、報紙、電影等，然後發展出一個系統來記錄、整理研究資料的方方面面。這個系統包括，計算某些詞或主題出現的次數，最後，研究人員要記錄在資料中發現了什麼。他們通常用數位和圖表的

方式來測量資訊內容。這個技術幫助研究人員在大量的資訊內容中發現特點。內容分析常用於探索性和解釋性研究中，它更多地運用到描述性研究中。

有三個研究可以幫助我們理解內容研究的特點。Lovdal（1989）研究了電視廣告中的社會性別角色的刻板印象，希望了解在20世紀70年代到80年代之間是否有什麼改變。1988年，她連續兩周錄下了兩家電視臺在晚間8點至10點之間播出的商業廣告節目，並對廣告宣傳的產品、背景、主角以及畫外音的性別進行了登錄和編碼。她一共收錄了353個廣告，發現91%的廣告都有畫外音，90%的畫外音是男性的聲音。70年代的研究表明，在69%的廣告中有畫外音，其中，90%是由男性配音的。在70和80年代，男性通常用來做非家庭用品廣告（如車、旅行和照相機），女性常用來做家庭廣告（如食品、洗髮水和清潔用品等）。Lovdal認為，儘管經歷了十年的性別平等的宣傳，真正的變化並不明顯。她還注意到，他人的研究表明，經常看商業廣告的孩子對性別角色的觀點趨於保守。

Taylor和Stern（1997）試圖了解電視廣告中出現的亞裔美國人是否以積極的「模範少數民族」的形象出現。他們選取了1994年ABC、CBS、Fox和NBC連續一周從晚間8點到11點間播出的一個小時節目，發現了有1,313條有人物形象出現的商業廣告。6名大學生在經過10個星期的培訓後，對廣告進行了編碼處理。他們發現，亞裔美國人在電視中出現的頻率超過了他們在美國人口中的比例的三倍（占了商業廣告的8%）：在亞裔出現的廣告中，差不多有一半的廣告是由亞裔擔任主角的。他們過度頻繁地出現在一些代表財富和工作生活的廣告中（如銀行業和辦公室等）。研究人員認為，電視廣告正在強化亞裔的模範少數民族的刻板印象。

Welch和Fenwick（1997）要研究大眾傳媒是如何報導和再現犯罪的。他們對1992～1995年間的美國四家主要報紙中有關犯罪問題的主題報導文章進行了內容分析。他們共找到了105篇文章，將撰寫權威犯罪問題的專家分成兩類：實務專家（政治家、政府官員、執法者）寫了151篇文章，學術和非政府專家寫了116篇。同一類別中，專家與專家之間沒有區別。但不同類別的專家在關注的問題上和觀點上有所不同。媒體更多地信賴實務專家的觀點，而不是學術專家的觀點，他們根本不聽辯護律師的觀點。媒體的焦點放在了街頭犯罪，幾乎所有的專家都是男性。與學術專家不同的是，實務專家非常願意使用「道德恐慌」模式，特別強調對犯罪的恐懼，強調犯罪是對美好生活的威脅，而很少將犯罪與社會環境結合起來考慮。研究人員總結說，大眾傳媒和執法部門互相利用，用這種方式來向大眾呈現犯罪，完全出於政治目的。

現存統計資料

在現存統計資料研究中，研究人員從過去的研究中蒐集資訊，通常是蒐集政府的檔案報告或前人的調查研究。他們對這些資料用新的方式進行重組，以發現新的研究問

題。尋找統計資料可能花費很多時間，因此，研究人員需要明確自己研究的意義是什麼。通常研究人員很難確定自己感興趣的問題是否能夠找到資料。有時，現存的量化資料中包含了別人的研究和資料，需要重新進行統計分析。這就是二手資料分析。它既可用在探索性研究中，也可用在描述性和解釋性研究中，但更多地運用在描述性研究中。

有兩個著名的研究運用了現存統計資料的方法，來研究工業重建（即20世紀70年代到80年代之間大規模的製造業從美國的大城市搬走）與暴力死亡之間的關係。製造業的工作爲那些剛開始就業的非熟練工人提供了機會。Shihadeh和Ousey（1998）考察了1990年美國人口超過10萬以上的100個城市。他們採用了人口普查資料，了解了每個城市的工業行業種類，以及在各個行業內非熟練工人的數量。然後，他們將人口統計資料與聯邦調查局的犯罪報告中的殺人案件結合起來，他們發現，從事非熟練工作的機會減少導致了當地民眾的經濟剝奪，而經濟剝奪又與當地白人和黑人的兇殺案件率密切相關。

Almgren及其助手們（1998）的研究同樣將芝加哥地區的兇殺案、自殺和事故結合起來。他們將芝加哥地區的75個社區中出生和死亡紀錄人口普查資料放在一起進行比較，進一步探討社區中的失業率與暴力死亡率之間的關係。他們同時還考察了家庭結構的變化，社區中的不同種族之間的融合。他們發現，失業與家庭破裂和暴力死亡比例緊密聯繫在一起。另外，他們還發現，不同形式的暴力死亡事件也互相關聯，或者原因相同。經濟混亂與暴力死亡事件之間的因果關係越來越明顯。因此，20世紀70年代經濟蕭條地區的暴力死亡的比例比經濟繁榮地區還高，經濟混亂與暴力死亡事件之間的關係越來越緊密。

Trovato（1998）利用現存統計資料來檢驗涂爾幹的社會融合理論。社會融合，或者說社會歸屬感在重大體育活動中能夠得到充分體現。於是有人就開始研究自殺率與重大體育比賽（如世界盃比賽）之間的關係。Trovato研究了Stanley盃冰球賽對魁北克地區自殺率的影響。他預測，如果蒙特利爾隊能夠參加決賽，當地的自殺率會降低，如果沒能入圍，自殺率將會提高。儘管單身男性的自殺率略有變化，但是，他沒有發現自殺率的變化與Stanley盃錦標賽之間有明顯的關聯。

質性資料

田野研究

很多田野研究人員對某一群人進行一段時間的個案研究。田野研究開始時是帶著一個廣泛的問題或想法，然後研究人員選擇一個社會小組或地區進行研究。他們一旦進入這個社區和區域，就會扮演一個角色，並開始觀察。研究人員帶著一個問題，與田野中的人和環境開始進行互動，短則幾個月，長則幾年。他們需要對研究對象深入了解，要

進行正式訪談，對日常生活做筆記。在觀察中，他們要認真對待觀察內容，並不斷調整自己的研究重點，探索研究意義。最後，離開田野，接下來需要閱讀田野筆記，準備書面報告。田野研究常用於探索性和描述性研究，很少用於解釋性研究。

　　Fitchen在《受害的空間，瀕臨危險的地方》（*Endangered Spaces, Enduring Places*, 1991）中運用了田野研究方法，她對美國20世紀80年代的農場危機非常有興趣。她的研究主要是在紐約州的幾個農業縣開展的，在1985～1990年間，她做了400個訪談，還有一些觀察。在做研究時期，她常常是早上6點離家，一天花16個小時開車到農村社區與農民交談。她的訪談地點是村莊的咖啡店、糧食加工廠、學校、穀倉、村議會廳、遊行隊伍中、社會服務機構、集市、農戶家中、教師的工作坊。除了閱讀有關農業危機的報告和農業改革的資料，她還閱讀當地報紙、統計年鑒、地方機構的報告、地方政府檔，以及地方組織印發的小冊子和傳單，更訪談了地方報紙的主編和記者、農民、政府官員、教師、獸醫、店主、退休的人等。在5年的研究中，她不只一次地訪談同一群人。訪談有時是單獨進行的，有時是以小組形式進行的。地點也是不同的，有的在餐桌上，有的在街上，有的在田野，還有的在辦公室裡。

　　Fitchen對有些訪談是事先計畫的，有的訪談則是即興式的，有時在路上問路，有時候為了躲雨走進咖啡店，碰上了合適的人，就可以開始訪談。訪談是非正式的、開放的，完全是按照被訪者情況來進行的。她從來不用答錄機，但在訪談中使用記錄的方式，訪談結束後，立即整理筆記。Fitchen與被訪者討論過很多主題，如農民們怎樣評價自己，農村的貧困問題，大公司在小城市建工廠有什麼影響，社會服務經費的削減對當地的影響等問題。這本書中引用了大量的Fitchen的田野筆記，從中可以看到她本人對研究的專心和投入。她寫道：

　　從事這個研究非常有意思，給我帶來很多樂趣。我從傾聽和探索中受益匪淺。我的被訪者也對這種互動感到滿意：很多人表示，他們很高興有機會把自己的故事講給別人聽。（Fitchen, 1991:285）

歷史性比較研究

　　歷史性比較研究從歷史的角度或跨文化角度來研究社會生活的不同方面。第一章中提到的John Sutton對救濟院的研究就是一個歷史性比較研究。研究人員關注的是一個或幾個歷史時期，將它們與一種或幾種文化進行比較，或者將不同的歷史時期和文化融合起來研究。這種研究將理論和資料的蒐集結合在一起，和進行田野研究一樣，研究人員從一個廣泛的研究問題開始，在研究過程中，不斷地發掘和完善研究問題。研究人員採用不同管道的資料，包括現存的統計資料、檔（書籍、報紙、日記、照片和地圖等）、觀察和訪談等。歷史性比較研究可能是探索性、描述性和解釋性研究，或者是混

合性研究，但最常見的就是描述性研究。

　　Gordon Laxer（1989）的《商業開放：加拿大外國企業發展的根源》（*Open for Business: The Roots of Foreign Ownership in Canada*），就是採用了歷史性比較研究方法。Laxer提出的問題是為什麼加拿大作為世界第八大製造業國家，大部分的商業機構卻是由外國人控股的。他把19世紀末以來加拿大的情況與美國和歐洲的情況進行了比較。他還對幾個主要國家的工業化過程的歷史資料進行了詳細研究，他發現，加拿大的外資控股現象主要是因為加拿大的國內分化，沒有形成一個團結的民族文化，無法限制外商投資，自己的市場發展緩慢，以及落後的銀行制度等。這些諸多因素的綜合導致了加拿大在工業化過程中，依賴大量的外商投資。

社會工作研究中多元化和文化意識的重要性

　　社會工作者肩負著一個長期的任務，積極投入研究和實務評估，以便提高所有人的生活水準，包括不同的文化、民族、種族、宗教、能力、性取向的人。[10] 根據社會工作教育協會的有關資格認定的規定，社會工作有責任培養「社會工作者具備尊重和平等的態度，知識和技能，以便更好地為所有的當事人服務，不管他們的年齡、文化、階級、殘疾、種族、家庭結構、性別、國家、民族和性取向如何」。此外，社會工作學院的教師還需要在教學中增加這樣的內容，如多元化、高危人群、社會和經濟公正等。這些內容強調社會群體成員的形成是與他們獲得資源的多寡密切相關的，因此，要保證社會服務能夠滿足不同文化背景、不同人群的需要。作為一個職業，我們有責任尋找辦法來反對歧視、壓迫和經濟剝奪，促進社會和經濟公正。這意味著，我們的研究和實務追求的就是非歧視性。作為學生，我們應該學會如何界定、設計和推行有效的策略，嚴格執行方框2-3列出的社會工作教育協會的原則，為不同文化和不同背景的人提供高品質的服務。

方框2-3　課程基本內容

　　所有社會工作專業必須提供下列教學內容。設計的課程內容可以通過不同的方式和技術手段來實習。課程內容要與專業的使命、目標和目的一致，同時也要與社會工作專業的目的、價值觀和職業倫理一致。

4.0 價值觀和職業倫理

　　社會工作教育專業的教學內容要與價值觀以及全國社會工作者協會的職業倫理守則保持一致。教育經歷為學生提供機會，來認清自己的價值觀，發展、再現和推動專業價值

觀，分析倫理兩難境地，以及會影響實務過程、服務提供和當事人的各種因素。

4.1 多元化

社會工作專業課程中包含了促進理解、肯定和尊重來自不同背景的人的內容。教學內容強調綜合不同的文化和個人認同，從而保證社會服務能夠滿足不同文化背景的服務對象的需求。社會工作專業要教育學生明確認識不同群體的多元化，以及多元化如何影響我們的服務評估、設計、規劃、干預和研究。作爲學生，我們應該學會如何界定、設計和推行有效的策略，爲不同文化和不同背景的人提供高品質的服務。

4.2 高危人群和社會經濟公正

社會工作教育專業在教學中要增加高危人群的內容，研究那些高危因素。社會工作教育中，要讓學生認識到，社會群體成員的形成是與他們獲得資源的多寡密切相關的，在教學中還要增加一些內容，如幫助學生認識這些高危因素的機制，如何回應並處理這些因素，以最終減少這些高危因素對人們的影響等等。

社會工作教育應該在理解分配性公正、人權和民權的背景下，將社會和經濟公正與全球性壓迫有機結合起來。需要增加一些內容，如採取何種策略來反對歧視、壓迫和經濟剝奪，以促進社會經濟公正。社會工作教育要培養學生宣導非歧視的社會經濟制度。

資格標準

6.0 非歧視性和人類多元化

社會工作教育專業特別重視和強調提供一個學習環境，讓學生學習尊重所有的人，理解多元性（包括年齡、階級、膚色、宗教、性別和性取向）。社會工作教育是建立在社會工作專業目標和價值觀之上的，因此，社會工作教育提供的學習環境應該是非歧視性的，能夠反映專業基本宗旨的。這個專業應該清楚地展現自己的學習環境和教育計畫（包括教師、學生構成、實習基地和服務人群的選擇，專業顧問委員會和實習督導委員會的構成、資源分配、專業領導、專題講座、研討會、專業特點、研究和其他活動等），以及課程體系中都能夠體現對多元化的理解和尊重。

摘引自：Educational Policy and Accreditation Standards by the Council on Social Work Education. Copyright © 2001, Council on Social Work Education, Inc. Alexandria: VA. 得到授權。

社會工作研究中科學技術的角色

　　社會工作者需要掌握現代科學技術，如電子郵件、使用BBS、電子資訊系統和上網等，以保證方便快捷的溝通。[11] 今天，人際溝通越來越方便簡單，網上搜尋、資訊交流可以通過一系列新的技術來完成，如手提電腦、無線電話、電纜，還有一些新的同步互動式的溝通方式。這些新技術有很多的優點，它們一定會對個案工作者、管理者、職員與當事人之間的關係帶來新的變化，同時也會改變傳統的師生之間的面對面的交流方式。這些電子技術具有不同程度的同步性，使兩人與多人之間的同步交流成爲可能。社會工作者一直致力於將這些先進技術運用到實務和研究中來，近年來，他們開始促成機構改革，使用這些技術，並希望新技術會對社會工作實務產生一定的影響（Kreuger and Stretch, 2000a）。

　　傳統的社會工作實務都在一個封閉的環境中進行，主要採取一些行動、活動和談話的方式，基本上依靠本地資源和有限的空間。新技術改變了這些空間和資源的限制，因此，我們有必要建立一種新意識，以更好地運用這些技術。過去傳統的方法將社區的社會經濟組織與區域性的社會經濟組織相對應起來。但是，20世紀後半葉很多社區機構經歷了從工業向資訊業的轉變。大量的資訊技術進入社會工作機構和實務中，從而使得實務工作者學習一些大的公司的經驗，重視將產品推向市場，追求便利和效率。

　　使用單向的同步的溝通技術，確實也會給社會工作實務人員帶來很多潛在的不便（Kreuger and Stretch, 2000b）。在傳統社會工作面對面的實務中，工作人員與當事人通過談話和身體語言，在此時此刻建立了很好的關係，彼此分享經驗。而電子技術限制了工作員對當事人外表的了解，同樣，當事人也同樣受到了限制，他們可能對社會工作者產生一些不良的看法。有研究發現，要想對我們的互動物件產生一個全面的認識，最好的方式就是通過非言語行爲溝通，如體態、面部表情、姿勢、手和腿的位置、語調等。一旦得不到這些資訊，比如我們運用電子郵件，或者互聯網的方式進行溝通時，就會丟失一些重要資訊，使當事人和工作員無法全面掌握資訊。

　　在對一個全國性的社會工作學院的遠端教育的研究中，Siegle及其同事（1998）指出，遠端教育存在的問題包括：提供的指導性資料受到了網路指導程式的限制；長期在網上保留教學準備材料的問題；計畫與網路的同步化操作會打斷學習的連續性和整體性；缺乏足夠的機構支持；師生之間缺乏足夠的交流和溝通。Birkerts（1996）指出，儘管課本內容可以在萬分之幾秒鐘內傳送出去，但是，作爲社會工作中干預性、治療性的關係的核心要素（參見Stretch, 1967），交談和其他有意義的社會互動卻需要大量的時間。

　　在社會工作中採用新技術可以成爲完成專業使命，實現專業目標和目的的一個輔助

性手段（Kreuger and Stretch, 1999）。為了實現這個目標，需要更多、更全面的資料來評估當事人、個案工作員、學生和教師怎樣解決時間和空間的距離，他們怎樣將眼前活生生的溝通傳遞到遠方，他們如何可以購置昂貴的設備，還有，他們怎樣處理不同的人在接收和理解電子資訊中的差異性（Wernet, Olliges and Delicath, 2000），這一點尤為重要，因為電子傳播手段最初是大眾傳媒面向被動的、非成年人而設計的。

新技術不會直接帶來破壞性，但是，如果運用到人際關係中，可能會出現負面的作用，在面對面的人際互動中，一些小玩意和機械產品都不能替代雙方意識和情感的培養。有關新技術在社會工作實務中的角色和功能的爭論，將有助於實現社會工作使命，不斷改善社會環境（Kreuger, 1997）。

結語

本章介紹了社會工作研究的幾個面向。研究可以從不同的角度來進行分類（如從目的的角度和研究技術的角度等），研究的各個面向有時也會重疊在一起（見表2-2）。

表2-2　社會工作研究的面向

研究目的	研究的用途	研究涉及的時間	資料蒐集方法
探索性研究	基礎性研究	橫向研究	量化資料
描述性研究	實用性研究	縱向研究	─實驗法
			─調查研究
解釋性研究	─行動研究	─追蹤研究	─內容分析
	─社會影響評估	─時間序列研究	─現存統計資料
	─評估研究	─同期群分析	─質性資料
			─田野研究
			─歷史性比較研究

社會工作研究面向為我們在研究領域中提供了一個「線路圖」，在下一章中，我們將探討社會理論。在第一章和本章中，我們都涉及了一些理論。第三章將集中介紹理論和研究方法如何互相配合，以及幾種不同的理論類型。

關鍵字

action research行動研究　　　　　　　case study research個案研究

applied research應用性研究　　　　　　cohort analysis同期群分析

basic research基礎性研究　　　　　　　constructivist research建構主義研究

content analysis內容分析

costbenefit analysis成本—利潤分析

cross sectional research橫向研究

descriptive research描述性研究

diversity多元化

empowerment research賦權研究

evaluation research評估研究

existing statistics research現存統計資料研究

experimental research實驗研究

explanatory research解釋性研究

exploratory research探索性研究

field research田野研究

formative evaluation research形成性評估研究

historical comparative research歷史性比較研究

longitudinal research縱向研究

needs assessment需求評估

neutralization strategies中立化策略

panel study追蹤研究

Planning, Programming, and Budgeting System計畫、規劃和預算系統

secondary analysis research二手資料分析

serendipity奇緣運氣

social impact assessment社會影響評估

summative evaluation research總結性評估研究

survey research調查研究

time series research時間序列研究

複習思考題

1. 探索性研究在什麼時候運用？可以達到什麼目的？

2. 描述性研究會產生什麼結果？

3. 解釋性研究是什麼？它的基本目標是什麼？

4. 基礎性研究與應用性研究的主要區別是什麼？

5. 誰從事基礎性研究？研究結果會在哪里發表？

6. 解釋三種不同類型的實用性研究的區別。

7. 時間序列研究、追蹤研究和同期群研究的區別是什麼？

8. 成本—利潤分析面對的最大的問題是什麼？

9. 什麼是需求評估？需求評估中會遇到哪些複雜的情況？

10. 解釋說明質性研究與量化研究的區別。

11. 爲什麼在社會工作研究中，賦權研究特別重要？

12. 社會工作研究人員如何保證關注多元化的問題？

注釋

【1】 Explanatory, exploratory, and descriptive research are also discussed in Babbie (1998), Bailey (1987:38-39), Churchill (1983:56-77), Grinnell (1999), Rubin and Babbie (2001), and Thyer (2001).

【2】 See Guy and colleagues (1987:54-55) for discussion.

【3】 Finsterbusch and Motz (1980), Freeman (1983), Lazarsfeld and Reitz (1975), Olsen and Micklin (1981), Rubin (1983), and Scriven (1999) discuss applied research. Also see Whyte's (1986) critique of social research that is not applied and instances in which social research affects public issues. McGrath and colleagues (1982) discuss judgment calls that are relevant in applied research.

【4】 See Cancian and Armstead (1992), Reason (1994), and Whyte (1989). For empowerment research see Appleby, Colon, and Hamilton (2000), Fetterman (2001), Gutier-rez,Parsons, and Cox (1998), Holmes (1992), Lee (1994), Rodwell (1998), and Secret, Jordan, and Ford (1999).

【5】 Social impact research is discussed in Chadwick and associates (1984:313-342), Devaney and Rossi (1997), Finsterbusch and Motz (1980:75-118), Finsterbush and Wolf (1981), Ogles and Masters (1996), and Sederer and Dickey (1996). Also see Rossi and colleagues (1982) and Wright and Rossi (1981) on "natural hazards" and social science.

【6】 For a brief introduction to evaluation research, see Adams and Schvaneveldt (1985:315-328), Alter and Evans (1990), Bloom, Fischer, and Orme (1990), Chambers, Wedel, and Rodwell (1992), Finsterbusch and Motz (1980:119-158), Fischer (1983), Gabor, Unrau, and Grinnell (1999), Jordan and Franklin (1995), Logan and Royse (2001), Smith and Glass (1987) and Tripodi (1983). A more complete discussion can be found in Alter and Evans (1990), Bloom, Fischer and Orme (1990), Burnstein and associates (1985), Freeman (1992), Rossi (1982), Rossi and Freeman (1985), Saxe and Fine (1981), and Weiss (1972).

【7】 PPBS and related evaluation research are discussed in Smith and Glass (1987:41-49).

【8】 For discussions of case-study research, see Brandell and Varkas (2001), Dixon and Thyer (1997), Gilgun (1994), Miller (1992), Mitchell (1984), Ragin (1992a, 1992b), Stake (1994), Vaughan (1992), Walton (1992b), and Yin (1988).

【9】 See Mitchell (1984) and Stake (1994).

【10】 For discussions on various aspects of diversity in social work, see Askonas and Stewart (2000), Cowger (1994), Devore and Schlesinger (1996), Ing (2001), Pinderhughes (1989), Rodgers-Farmer and Potocky-Tripodi (2001), Tran and Aroian (2000), and Weaver (1999).

【11】 The role of technology in social work is addressed by Cnaan and Parsloe (1989), Howard (1995), Kreuger and Stretch (2000), Saleebey (1991), and Siegel, Jennings, Conklin, and Flynn (1998).

第三章

理論與研究

理論與研究社會工作理論最初的重點是尋求理解人在環境中這個複雜的社會現實。在這部史詩中，社會工作理論不僅需要建立自己的實證知識體系，而且需要從其他學科中借鑒知識，特別是行爲科學和社會科學領域，但又不僅局限於這些領域。

——F. Turner，《社會工作百科全書》，2258頁

假定我們想了解不同種族之間的人們為什麼會產生敵意，如問你的老師，老師可能這樣回答：

大部分帶有種族偏見的人從自己的家人、朋友以及周圍關係密切的人那裡，接受了對其他種族的負面的刻板印象，如果他們沒有機會與那些持不同意見的人交往，了解與這些刻板印象相左的資訊，那麼，他們就會保持這些偏見。

老師的回答非常好，它說明了你所了解的人類社會運作的過程。老師的這個解釋反映了微觀的社會理論，研究人員在開展研究時常常會採用這樣的理論。

聽到理論這個詞時，你會怎麼想呢？理論對社會科學的學生來講，是最難懂的一個術語。在課堂上，如果說今天我們來學某個理論，學生的眼皮可能就會開始打架，很多學生腦子裡對理論的印象是枯燥難懂，有人稱理論為「由術語組成的糾纏不清的迷宮」，還有人說是「與現實世界毫無相干的抽象空想」。有一本社會理論的教科書（Craib, 1984:3）的開頭就是這樣說的：

理論這個詞常常會讓人感到害怕，這是有道理的。很多現代社會理論是以莫名其妙的、陳腐的或者是不得要領的形式出現的。人們不喜歡理論，也不喜歡建設性地運用理論。

另一種觀點認為，理論在社會工作研究中扮演了重要角色，是研究人員的一個重要助手。在不同的研究中，研究人員會以不同的方式來運用理論，但是在大部分的社會工作研究中，不同的理論會不斷出現。在基礎性研究和解釋性研究中，理論的運用非常頻繁；在應用性研究和描述性研究中，理論的運用則會少一些。簡而言之，研究人員將人類社會運作的經歷（理論）與自己在研究這個運作過程中所觀察到的內容（資料）交織在一起。

何謂理論

第一章將社會理論界定為一個由互相關聯的抽象概念和觀點組成的系統，它濃縮並形成了對社會生活的知識，對社會生活的簡捷的看法。人們不斷地創造新的理論來揭示人類社會運作的過程。

有人將社會思想史、偉大的思想家的觀點與社會理論等同起來。經典的社會理論家（如Durkheim、Weber、Marx和Tonnies），對新思想的發明和創造發揮了重要作用。他們發明了原創理論，為後來的幾代社會思想家奠定了基礎。後人學習這些經典的社會

理論家，這是因為他們提供了創造性的、互相聯繫的思想，這些大理論家從根本上改變了人們認識和觀察世界的方式；同時人們也研究這些經典大家，這是因為他們發明了很多獨創性的、見識深遠的思想，徹底改變了我們的社會，當然，這樣的天才是非常罕見的。

人們常常在無形中運用理論，例如，報紙和電視在報導社會問題的新聞時，在其背後都有一個暗藏的社會理論背景，具體來說，某新聞報導說，某些學校難以貫徹反對種族隔離計畫，這中間就包含了種族關係的理論。政治家在大談社會問題時，總是不斷地提到社會理論。政治家在宣稱教育水準低下是造成貧困的主要原因，或者傳統道德觀念的下降導致了犯罪率上升時，也都在談及理論。與社會科學家的理論相比，這些非專業性的理論顯得缺乏系統性和規範性，很難用實證證據來檢測。

與非專業理論相比，社會科學理論更加複雜。幸運的是，有一個衡量理論優劣的原則，即「簡約原則」，也就是說，越簡單越好，一個好的理論應該是簡單明瞭，沒有任何多餘的成分。簡約原則認為，一個有影響力的理論應該具備言簡意賅的特點，如有兩個同樣有說服力的理論，其中簡明扼要的理論屬於上乘理論。

幾乎所有的研究都涉及理論，問題是我們怎樣運用理論，而不是我們是否運用理論。簡明清楚的理論，能夠幫助我們讀懂別人的研究，也可以方便自己開展研究。了解到把理論結合到研究中，將會方便我們進行研究設計，更好地理解和開展研究。大部分研究人員都不重視理論研究和嚴格的實證研究。

理論的表現形式是多種多樣的，本章中，我們將簡單介紹社會理論，在後面幾章中，我們還將討論理論的問題。

理論與意識形態

很多人發現，某種社會科學理論與某種社會政治意識形態互相衝突、互相矛盾。學術界之外的人很少研究社會理論，但是，大部分人都會通過大眾傳媒接觸到各種意識形態。之所以會出現矛盾，是因為學術界建立理論，是為了闡明和建立科學知識，而意識形態則是與科學相對立的一種不合理的困惑。這裡出現的問題是，因為理論和意識形態概念都有多種定義，它們都可以解釋社會事件，有時會出現重疊。

理論與意識形態有很多相同之處（見方框3-1）。兩者都能解釋很多社會事件：為什麼出現犯罪，為什麼有人貧窮，為什麼某些地方的離婚率高等等。社會科學理論和意識形態都包含了對人類社會的本質的假設。它們都強調什麼是重要的，什麼是不重要的，都包含了一個思想和概念系統，都清楚說明了這些概念之間的關係。而且兩者都解釋了事件發生的原因和事件發展的方向。

方框3-1　社會理論與意識形態

相同點

1. 包含了一組假設或者一個起點
2. 解釋了社會世界是怎樣的，它為何以及是怎樣改變的
3. 提供了一套概念或思想系統
4. 明確了概念間的關係，說明了因果關係
5. 提供了一套相互關聯的思想系統

不同點

意識形態	社會理論
1. 提供絕對的答案	1. 提供條件性的、可供斟酌的理解
2. 可以回答所有問題	2. 問題的解答不完整、不確定
3. 固定的、封閉的、最終的	3. 發展的、開放的、不斷展開的、延續的
4. 避免檢測和不一致的發現	4. 接受檢驗以及支持性和反對性的證據
5. 無視反對性證據	5. 根據證據進行修改
6. 固守某些道德信念	6. 與強烈的道德立場保持分離和距離
7. 極端片面	7. 面對各方觀點保持中立
8. 表現出矛盾和不一致性	8. 極力追求邏輯一致性和連貫性
9. 立足於某些特定的立場	9. 超越／跨越社會立場

　　意識形態是一種對人類社會的解釋，它處於半理論狀態，因為它缺乏科學理論所具備的批判性的特點。很多意識形態看上去像一種合法化的科學理論。意識形態的一個重要特徵就是，它們具備固定的、強有力的、無可置疑的假設。這些假設是由無可置疑的絕對事物和規範性的範疇組成的（是非觀、道德標準和善惡觀等）。這些假設可能建立在真理基礎之上，也可能建立在某些社會環境之上。很多意識形態推動的、保護的是社會中某個利益集團和某一部分人的利益。

　　意識形態是一個相對封閉的信念和價值系統，幾乎是一成不變的，它們不接受不同意見，總是採用迴圈推理法。因此，意識形態在邏輯上是「站不住腳的」，它還反對任何歪曲性的觀點（反對那些可能證明自己有誤的觀點和事實）。這樣使得意識形態無法接受任何的變革。它們自身發展的能力也極大地受到限制，因為它們對所有問題的答案都好像胸有成竹。在意識形態中，事實與信念之間的界限已經模糊不清了。

意識形態選擇性地引用和解釋實證事實。它們常運用個人經驗和說服的方式（過分推廣、選擇性觀察、不成熟的袒露等），這些方式都缺乏科學性。要檢測意識形態原則，或者用對立的觀點來與其對質是很困難的，因為意識形態無法接受對立的事實。即使面對大量的對立的事實，意識形態也不會低頭或改變。一個真正的、堅定的意識形態的追隨者決不會接受任何事實，他們會堅守自己的原則和信念，他們的態度就是「別跟我談事實，我知道我是正確的」。這些追隨者們常常會對反對派或提出不同意見的人表現出敵意或恐懼。

了解意識形態與理論之間的差別，對指導研究非常重要。研究人員從來不可能檢測某種意識形態的正誤，但卻可以檢測某個理論或理論的某個部分是否正確。社會科學理論從實證的角度是可以檢驗的，它們是不斷發展的。研究人員可以通過證據來挑戰任何理論，他們會從不同的角度來尋找證據，支持或反對某個理論。他們很多時候並不知道自己的證據是否支援某個理論，如果自己的證據多次不支援某個理論時，他們會對理論進行修改或用新理論來取代舊理論。

理論從邏輯上是具有連續性的。當理論中出現矛盾時，研究人員就會設法解決這些矛盾。理論常常是開放的，它不斷地從低級向高級發展和演變。不能發展的理論註定要被其他理論所取代。理論一般不會提供所有的答案，它們包含的是一些不確定的領域和不完整的知識，提供的答案也是部分性的、可能性的。研究人員不斷對理論進行檢驗，一直對理論持懷疑態度。理論本身也與某個社會利益集團或社會中的某個團體保持分離的態度。大部分理論都是與特定的社會關係截然分開的，這個立場使得很多利己主義者和固執己見的人對理論感到困惑不解。

理論的構成

概念

概念是構建理論的基石。[1]概念指的是一種用符號或詞語來表達的觀點。自然科學的概念通常用符號來表示，比如希臘字母（例如π），或者用公式來表示（例如，s = d/t；s = 速度，d = 距離，t = 時間）。大部分社會科學的概念是用詞語來表示的，所以人們不大習慣自然科學中的外來語符號，同樣，對社會科學理論中引用的一些辭彙也不大習慣。

我們並不想誇大文字概念和符號概念之間的區別。畢竟文字也是一種符號，是我們使用語言的符號。height（高度）是我們熟悉的一個概念。例如，我們說出或寫出height這個詞的時候，對這個詞的發音和拼寫都是英語的表達。字母的組合和發音代表

的就是高度這個意義。漢字和阿拉伯文字，法文中的hauteur，德文中的hÖhe，西班牙文的altura都有代表高度的概念。從某種意義上來講，語言實際上是使用語言的人們通過發音和拼寫來代表思想的一種約定。學習概念和理論就像在學習語言一樣。[2]

概念無處不在，我們一直在使用概念。高度就是我們日常生活中常用的一個概念。它指的是什麼？使用高度這個概念非常簡單，但是，解釋這個概念就沒那麼容易了。它代表的是一個抽象的、具有物理特徵的狀態。你應該怎樣向一個孩子或一個對此毫無認識的外星人解釋這個概念？我們第一次碰到社會理論中的任何一個新概念時，都會覺得這個新概念像一個外星人。高度指的是一個物體的特點，從底部到頂部之間的距離。每個人、建築物、樹、山、書等物體都有高度。我們能夠測量高度，並將其與其他物體進行比較。高度可能是零，隨著時間的推移，高度可以增加或減少。

像其他詞語一樣，我們可以從不同的角度來使用高度這個詞。高度還可以運用在表現戰爭的激烈程度、盛夏時節以及時髦程度等片語中。

高度這個詞指的是一個抽象的思想。我們會將這個詞的發音和拼寫與這個抽象的思想結合在一起。在詞的發音和詞意之間沒有一種內在的關係。這種關聯是很隨意的，但也是非常有用的，人們也可以通過符號來互相表達這些抽象的思想。

概念有兩個組成部分：符號（詞或術語）和定義。我們通過很多途徑來學習定義，我們從父母那裡學習了高度這個詞和它的定義。我們學習的過程與我們參與社會化的過程是一樣的。父母沒有教給我們詞典上的定義。我們是通過零星的、非語言的、非正式的方式來學習的。父母給我們講了很多例子，我們觀察、傾聽別人使用這個詞，我們開始可能用錯，經過多次糾正後，學會了正確地使用這個詞，別人能理解我們的意思，這樣，我們終於掌握了這個概念。

這個例子說明了我們怎樣在日常語言中學習概念，怎樣使用概念。假定我們的父母不讓我們看電視，不讓我們與外人接觸，然後教我們說高度是zdged，我們在與別人溝通時會遇到很多困難。人們需要互相之間學習分享對概念的理解。

日常生活中充滿了概念，但很多概念的定義模糊不清。某個文化背景中的人們的價值觀和生活經驗，會限制他們對日常概念的定義，日常生活中的概念常來源於錯誤的概念和神話。社會科學家會借用日常文化中的概念，但是他們會對這些概念進行提煉並增加新的內涵。社會科學家最初發展出來的概念都是來自大眾文化，不是非常準確。比如性別歧視主義、生活方式、同伴群體、城市蔓延、社會階級等概念後來都成為社會理論中準確的技術性的概念。

我們通過個人經驗、創造性思維或觀察來創造概念。經典的理論家們發明了很多概念。第一章和第二章中，我們列舉了很多例子都包含了社會科學概念。還有一個關於概念的例子：家庭制度、社會性別角色、社會化、自我價值、沮喪、替換性侵略等。

社會科學概念形成了自己的語言和術語，專家們使用術語與他人溝通。大部分學科

都有自己的術語，醫生、律師、工程師、會計師、自動機械師等都有自己的專業語言，他們使用術語來指代自己工作中的思想和物體。我們在看書時，經常會看到出版商和印刷商使用的一些術語，例如字體、切邊、網線凸版、毛條校樣、輕壓印、斑點、單詞行、字距調整等。對業內人士來講，使用術語能夠幫助人們進行有效的、便捷的、準確的溝通。然而，術語也有一些負面的內涵，有人會故意利用術語給別人造成難堪，排斥和詆毀他人。在非專業人士之間使用術語往往會造成溝通的問題。

有些概念，特別是一些簡單的、準確的概念，例如書或者高度，可以通過一些簡單的非語言的過程來進行界定。但是，大部分社會科學的概念都是比較複雜和抽象的。對這些概念的解釋建立在其他概念之上，以正式的、詞典形式的定義來表現的。用概念來解釋概念是不合適的，但是，人們一直是這樣做的，例如，我們在定義高度時，會說它指的是從底部到頂部的距離，這裡的底部、頂部和距離都是概念。我們常常把一些簡單的、具體的概念與日常生活經驗結合起來，然後創造出一些更為抽象的概念。高度就是一個比較抽象的概念，而頂部和底部則是比較具體的概念。抽象概念指的是我們無法直接體驗的那個世界的方方面面，抽象世界幫助我們組織思維，延伸我們對現實的理解。

不同的概念抽象程度也不同，從特別具體到特別抽象之間存在一個連續體。非常具體的概念指的是直接的物體或者是人們熟悉的經驗（如高度、學校、年齡、家庭收入和住房等），非常抽象的概念指的是那些具有傳播性的、非直接的思想（如家庭的解體、種族主義歧視、社會控制、政治權力、變態、智力、認知失調等）。社會研究者創造了這些概念是為了幫助我們更好地認識人類社會。

科學概念的界定比我們日常生活中碰到的概念要準確得多，社會理論要求概念的界定必須嚴謹，概念的定義幫助人們將理論與研究結合起來。探索性研究，以及其他出色研究的最有意義的目標就是，核對總和、修訂概念。自相矛盾的、含糊不清的概念會限制知識的發展，會限制創造性。Ball和Curry（1995:239）在發現了人們對幫派這個概念的定義沒有形成一個共識時，指出：

　　幾乎所有的幫派研究人員和理論家都不太清楚自己的定義策略，因為他們的定義中包含了太多潛在的內涵，把關聯或者結果當成了屬性或原因，從而出現了相同的邏輯錯誤。

概念群

概念通常不是孤立地運用的，它們往往是組成了一個相互聯繫的群體，我們稱之為概念群。在日常用語和社會理論中，概念都是以群體的方式出現的。理論中包含了若干個相互關聯的概念，它們意義一致、互相支持，結合在一起，形成一個意義網。例如，

要討論城市衰退這個概念，我們需要引用一系列關聯的概念（如城市擴充、經濟發展、城市孤立、郊區、市中心、復興、公共交通、種族、少數民族等）。

有些概念包含了一些數量和品質的內容，可以進行量化。這些概念包括收入程度、溫度、人口密度、受教育年限、暴力程度等。這些概念又叫變數。在第六章中，我們將詳細討論變數。還有一些概念無法用數量和程度來進行描述（如官僚、家庭、革命、無家可歸、冷漠等），理論中包含了上述兩種概念。

假設

概念中包含了內在的假設，也就是對無法觀察和檢驗的事物本質的陳述。建立假設是一個必須的步驟。概念和理論就是建立在對人類、對客觀世界、對某個特定的現象的假設基礎之上的。假設常常是隱藏的，研究人員要加深自己對一個概念的認識，一個有效的方法就是要明確這個概念的假設。

例如，書本這個概念假設了一個書寫系統、有文化的人和紙張的存在。沒有這些假設，書本這個概念毫無意義。社會科學的概念，比如種族歧視，也建立在若干個假設之上。這些假設包括：根據種族特點，將人分成了不同的類型；界定某個種族的特點和動機；對這些特點和動機的積極方面進行評價。如果種族是一個不相干的概念，人們就不會根據不同的種族，將人分成三六九等，也不會界定某個種族的特點和動機；更不會對種族特點進行評價。如果這樣的話，種族歧視就不會成為一個研究概念。幾乎所有的概念都包含了對社會關係和人們行為方式的假設。

分類

有些概念很簡單，它們只有一個面向，存在一個連續統一體。有些概念很複雜，它們有多重維度，有很多層次概念。我們可以將這些複雜的概念，分解成多個簡單的、單一面向的概念。例如，Rueschemeyer及其助手（1992:43-44）指出，民主有三個面向，民主指的是：（1）定期的自由全民選舉；（2）由民選立法機構來控制政府；（3）言論和結社自由。他們指出，每個部分都存在程度的不同。他們將這些進行了分類，根據不同程度，歸納出不同的政體形式。在三個面向中程度較低的政體是極權主義政體，程度高的是民主政體，兩者兼而有之的是獨裁主義政體或者是自由主義寡頭政治。

在很多理論中，分類是非常重要的，它介於簡單的單個概念與理論之間。[d]它們把抽象的複雜的概念組織起來。要創造一個新的分類，研究人員需要按照邏輯關係來確定和整合簡單概念的諸多特點。下面我們舉例來說明這個過程。

理想類型（the ideal type）是一個著名的分類。理想類型是一個真正的、抽象的模式，它明確定義了研究現象的本質，勾勒了能夠反映概念核心內容的圖畫。理想類型不能解釋現象為什麼產生，及以何種方式出現。它們比理論小，研究人員運用理想類型來建造理論。它們是一些更為廣泛的、更加抽象的概念，將幾個狹義的、具體的概念綜

合在一起。質性研究人員常常採用理想類型來了解自己觀察到的現象是如何滿足這些理想類型的。例如，Weber創造了一個概念的理想類型「官僚制度」，很多人都採用了Weber的這個理想類型（見方框3-2）。它不僅將官僚制度與其他的組織形式（如社會運動、王國等）區別開來，而且清楚地界定了人們覺得難以捉摸的、不可理喻的某種組織的主要特點。現實中沒有一個組織能夠完美地滿足理想類型的標準，但是這些模式能夠幫助我們從不同的角度來看待和研究官僚制度。

方框3-2　Max Weber的科層組織的理想類型

1. 是一個受到一套系統規則治理的持續性組織；
2. 行為受到了獨立的、非私人性規則的管理；
3. 有明確的分工，不同的職位分配給具有不同才能的人；
4. 盛行科層權威關係，也就是說，下級受到上級的控制；
5. 管理性行為、規則等都以書面形式出現，並進行存檔；
6. 個人對自己的職位沒有所有權，不能進行買賣；
7. 為了確保職員對機構的忠誠，他們從機構中獲得薪水，而不是直接從服務對象那裡獲得報酬；
8. 機構的財產與在位者的私人財產是分開的，互不相干。

資料來源：Adapted from Chafetz（1978:72）

　　另一種分類方式就是類型學，又叫分類學[4]，研究人員將兩個或兩個以上的多面向的、簡單的概念綜合起來，形成新的概念。這些新的概念或類型表達了這些簡單概念之間的複雜的交互關係。

　　類型學的一個突出的優點就是簡約。結構嚴密的類型學可以從雜亂無章中創造奇蹟。它可以將一些從表面上看來是折中的、類似的但實質上完全不同的個案，變成一個有序的同質的系列類型。（Bailey, 1992:2193）

　　Robert Merton的偏差失範理論認為，人們通過兩個概念來理解非偏差行為或順從行為，以及偏差行為：一是某個文化中界定值得追求的目標，另一個是某種社會中認定為合法的來實現這些目標的手段。Merton的類型學是建立在以下兩個概念之上的：（1）人們是否接受或者拒絕這些目標；（2）人們實現這些目標的手段是否合法。根據這兩個概念，他的分類方法將偏差和順從分成了不同的類別（見表3-1）。

　　所謂順從或者非越軌行為指的是人們接受文化目標（例如獲得一份高收入），並且採取一種社會認可的手段來實現這個目標（如找到一份好工作並努力工作）。而與此不同的表現就是偏差（例如通過搶銀行而不是努力工作來獲得錢財）。Merton就是按照個人如何適應文化目標，採用社會認可的方式來實現這些目標而進行分類的，這樣就將他提出的複雜的概念簡化了，同時還將每個次概念明確化了。比如，逃避主義指的就是那些既拒絕文化目標又反對社會認可的實現目標的方式的人 —— 如酗酒者或者宗教隱士。這類人既不接受那些令人尊重的、獲得物質資料的文化目標（如住房和車等），也反對實現這些目標的手段（如誠實、努力工作等）。

表3-1　Robert Merton的個人適應模式

適應模式	社會界定的目標	合法的手段
順從	接受	接受
創新	接受	不接受
儀式主義	不接受	接受
退縮	不接受	不接受
革命	新的替代	新的替代

　　另一個例子就是英國的社會學家Anthony Giddens（1994）運用兩個概念創造的精英類型學：進入精英階層的模式（開放式與封閉式），以及精英階層內部（高層與低層）不同程度的社會整合（即合作、團結等）。通過將這兩個概念交叉分類，他發展出四個新的概念或者說是四種類型的精英階層：團結、統一、提煉和造就（見表3-2）。

表3-2　Giddens的精英分類

社會政治精英分類		進入精英的方式	
		開放式	封閉式
社會整合	高層	團結型精英	統一型精英
	低層	抽象型精英	造就型精英

　　在精英理論中，50Giddens詳細討論了每個類型的特徵。例如，他指出，團結型精英存在於社會主義國家，並且需要有一個強有力的共產主義政黨。

　　Erik O. Wright修正了Marx的有關資本主義社會的階級鬥爭的理論。他指出，在Marx看來，不平等和剝削建立在對三種資源的控制之上：投資（即盈利的財產或資本）、生產組織和勞動力（即他人的勞動成果）。Wright認為，一個社會的組織結構決定了社會的各個不同的階層，決定了各個階層在社會中的不同的位置，並授予不同階

層對這三種資源的控制權（見表3-3）。控制了這三種資源的人，就成為社會中最有勢力的主導階級，在市場經濟中，他們就是資本家階級。這個階層包括大投資者、財主、銀行或大公司老闆。資本家決定是否投資（如是否建造一個工廠等），決定如何組織生產（如是使用機器人還是廉價勞動力），向他人發號施令。在社會低層的人就是工人，他們的地位決定了他們無權參與投資決策或者組織生產。他們對他人沒有任何權威，為了保住自己的工作，他們必須聽從別人的命令和指揮。經理和部門領導是資本家的幫手，他們處在這兩大階級之間。當馬克思在19世紀提出他的理論時，這個階級還沒有完全成形，他們是一個準階級。他們控制了社會的部分資源，但不是全部的資源。

表3-3　Erik Wright的社會階級制度對社會資源的控制

社會階級	投資	生產	勞動
資本家	＋	＋	＋
經理	－	＋	＋
上司	－	－	＋
工人	－	－	－
小資產階級	＋	＋	－

＋等於控制，－等於沒有控制。

　　Wright的分類還提到了另一個階級，即馬克思所說的小資產階級，他們擁有一小份財產或農田。他們擁有自己的產業，自己經營，不雇用家庭成員之外的人來工作。馬克思認為這個階級會逐漸萎縮並消失，然而，今天這個階層依然存在。和Merton以及Giddens的分類比較相近的是，Wright將一組比較簡單的概念（即是否擁有某種資源）與一個大的內涵豐富的概念綜合起來了（即資本主義社會中的社會階級結構）。

關係

　　理論包含了很多的概念、定義和假設。更為重要的是，理論說明了概念與概念之間的關係。理論告訴我們概念與概念之間是否有關係，如有關係，那是什麼關係。此外，理論還解釋了為什麼概念之間會存在這些關係。

　　很多理論對變數之間的關係提出了因果陳述，或者我們稱之為命題。「命題是一種理論陳述，說明了兩個或兩個以上的變數之間的聯繫，它告訴我們一個變數中的變化怎樣影響另一個變數的改變」（Turner, 1985:25）。這就是理論中反映的關係，例如，白人中的經濟不景氣造成了攻擊非洲裔美國人的暴力事件不斷增長。當研究人員從實證的角度來檢驗或驗證一個關係時，這個關係就被稱為假設。經過對某個假設的多次認真

的檢驗並證明了命題之後，科學家們才相信這個命題是正確的。

社會理論包含了概念、概念之間的關係，以及說明關係的因果機制或原因。因果機制說明了事物運作的過程，例如，當人們害怕失敗時，他們會狠狠打擊那些自認為是自己競爭對手的人，而這些人往往比自己的社會政治權力要少。解釋關係的原因通常是一些符合邏輯的、相互聯繫的假設和命題。它也可能是一個假設，例如，南北戰爭後，美國南部的白人對自己喪失了原先的白人種族優勢的社會地位一直耿耿於懷。有時假設也可能與命題結合在一起：對於被認為是偏差者的人或外團體成員，缺乏強大的、合法的和正式的社會控制力量，再加上對偏差者或者外團體成員的行動有高度的挫折感，這些將導致內團體成員無視法律，從而採取傳統維護社會控制的手段。命題不會單獨存在，它們是由互相關聯的概念、關係和假定所編織成的一張網中的一個部分。

範圍

有些概念非常抽象，有些概念比較具體，有些概念則處在抽象和具體之間。抽象概念組成的理論與具體概念組成的理論相比，前者更適合解釋廣泛的社會現象。一個抽象理論的例子就是：規模不斷增大會出現中央集權化，同時也會帶來更普遍的正式化。在這裡，規模、中央集權化和正式化都是抽象概念，它們可以指代一個團體、機構和社會的特點。我們可以這樣解釋這個理論：隨著一個社會福利機構不斷擴大，這個機構內部的權威地位和權力關係就日益出現集中化趨勢，權力集中在少數精英手中，而這些精英也會更多地依賴成文的政策和法規來控制和組織自己的機構。

相反，具體的簡單關係反映了一種經驗性的概括，它表現了一種具體的明瞭關係。研究人員通過對某種規律的總結就可以概括出一種簡單的關係。某個理論常常包含了很多的概括性，這些概括性就是一些基本的假設。下面的例子就說明了經驗性概括，駕駛日本製小汽車的人大多是30歲以下的青年人。這個概括包含了兩個次概念：汽車類型和駕駛員的年齡，它反映了這樣的關係：按照汽車規模和產地來劃定的汽車類型；與某個年齡組有關。要變成一個完整的理論，它還需要進一步闡述，要說明為什麼會出現這種關係。

要建立一個理論，明確理論內部的關係，研究人員需要考慮這些因素：基本概念的單位類型、個案數量，以及理論適用的條件等：

很多理論觀點都是以普遍性的方式表述的，因此，它適用於一些一般性的個案。有時，這些表述非常具體（例如一個有關少數民族關係的理論適用於所有少數民族），有時某些理論的表述看上去具有普遍性，因為這個理論的適用範圍沒有一個明確的界定。
（Ragin, 1992b:219）

認眞考慮理論的適用範圍，將會提高理論的說服力，更有利於我們與他人溝通。

在一項對非洲裔美國人的膚色和社會分層的研究中，Keith和Herring（1991）將一個經驗概括與理論結合起來。他們檢驗了經驗性的概括，即：與那些膚色深的非洲裔美國人相比，膚色較淺的非洲裔美國人受過良好的教育，擁有一份好的薪水。他們發現的證據證明了這個觀點，但是爲什麼呢？他們的理論塡補了這個空缺，對此做出了解釋。他們認爲，美國白人更願意將社會特權和優勢地位擴大到那些膚色較淺的奴隸身上，因爲膚色較淺，意味著他們擁有部分的白人血統。在200年的奴隸制的統治下，白人的種族特權意識認爲，有白人血統的黑奴比沒有白人血統的黑奴要聰明。同樣，出於美學的原因，白人上層社會喜歡雇用膚色較淺的黑人當家奴，或願意跟這些黑人發生性關係。這些原因導致了膚色較淺的黑奴很容易得到贖買。經過很多年之後，膚色較淺的非洲裔美國人就有機會獲得技能、教育和機會，而那些膚色較深的非洲裔美國人則沒有這些機會和條件。在奴隸制廢除後，在非洲裔美國人的社區中，膚色較淺的人就常常成爲社區精英人物。相同的教育和收入水準的人們之間的通婚，使得不同的膚色與其經濟地位之間的關係變得固定化和永久化。這個抽象的理論將有關奴隸制下的社會關係、不同獲得教育的機會，以及不同的擇偶模式結合起來，豐富了過去的經驗性概括。

事實與理論

事實與理論之間的界限成爲人們爭論檢驗科學理論中的一個經久不衰的話題，在這個爭論中，有兩個主要的立場：一個是實證主義的立場，一個是相對主義立場。

實證主義的立場認爲，事實與理論是完全不同的兩個概念，理論屬於一個柔軟的、朦朧的世界，是由心理圖象、價值觀和觀念組成的一個精神世界，而事實是一個經驗性的、堅硬的世界，是由可以看得見的事物所組成的，沒有受到理論和觀念的汙染。觀念或理論屬於思維世界，充滿了幻想、夢想、想像力、推測和誤解。理論會不知不覺地變成推測、幻想或虛構故事。爲了避免這些情況的出現，理論必須經過堅實的、來自「現實」的物質世界的經驗性事實的檢驗。這些極端的實證主義者堅信，我見故我在。這個立場不斷促進研究人員改進自己的測量工具，直到他們能夠獲得一種眞正清楚的、完美的視野，並且能夠保證自己不受視覺幻覺的迷惑。

相對主義立場就是極端的立場，它認爲，現實是我思故我在。我們所認定的現實，是通過我們的文化信仰、思想或者是對現實的主觀反映所塑造的。我們無法完全擺脫思想對我們的影響。我們無法用堅實的主觀事實來檢驗理論，因爲事實就是由想法和理論造就的。相對主義者指出，我們的願望、想法和信仰嚴重歪曲了我們的視野，因此，我們眼中所看到的現實世界包含了很多的幻景。我們所看見的東西，不可能超越我

們的想法和信仰所允許我們看見的範圍。

　　有些研究人員要麼接受了實證主義的立場，要麼接受了相對主義的立場，還有一些研究人員站在兩個立場之間。這些中間派認為，理論以及我們各種思想流派影響了我們界定什麼是世界的事實和觀察到的現象。儘管這樣，還是有一個分離的現實，獨立於我們的思想而存在。現實的困難在於，我們永遠不可能獲得一個純正的、簡單的、直接的方式來測量這個現實。我們企圖接近客觀存在的努力，常常會受到我們的文化信仰、理論和思想的籠罩和汙染。因此，我們所看到的現實是一個被歪曲的現實。我們對現實的看法是模糊不清的，好像我們看見一個變形的鏡中影像，我們觀察到的事實總是不完整的、間接的、對現實的曲折的再現。

　　關於這個問題爭論的深刻的哲學問題將在第四章中深入討論。這個爭論從兩個方面影響了我們從事的社會科學研究。首先，它意味著我們應該考慮到這種歪曲現象的出現和存在。除了極端的實證主義者之外，每個人都會意識到，我們看到的資料就已經可能受到了歪曲。這裡的問題就變成了我們應該怎樣控制這種歪曲，並將這種歪曲控制在可以接受的範圍之內。第二，長期以來，經過很多研究人員的研究過程可能會減少或控制這種歪曲。除了那些後現代主義者（見第四章），大部分研究人員相信，從長遠的觀點來看，那些來自不同背景的、獨立的、思想開放的、可以自由表達的學者所進行的設計完美的規範研究，都可以不斷接近那些「獨立存在」的社會現實。

理論

　　有時候可能是難以理解的，因為它具有很多不同的形式。我們可以按照不同的方式來給理論分類：（1）邏輯推論和論證的方向；（2）解釋的社會現實的層次；（3）是形式上的，或者是實質性的；（4）所採用的解釋形式；（5）它所包含的假設和概念的框架。幸運的是，這些不同層次的分類，從方向、層次、解釋到框架，在邏輯上可能出現組合，但是在現實中不是同時出現的。真正出現並列、競爭關係的組合，大概只是為數不多的幾個而已。

方向

　　研究人員從兩個方向來進行理論的建設和檢驗。有人從抽象思維開始，他們按照邏輯關係將理論思想與具體的證據結合起來，然後，用這些證據來檢驗理論。還有人從具體的實證觀察開始，在實證的基礎上，概括抽象這些證據，進行理論建設。在實踐中，大部分研究人員在同一個研究中，都會非常靈活地運用兩個方法。

演繹

　　演繹的方法就是從概念中發展出一個抽象的、符合邏輯的關係，然後回歸到一些具體的實證證據。你可能對世界運作的方式有自己的想法，希望驗證這些想法是否符合社會現實。Beck和Tolnay（1990）對處以私刑進行了研究，他們採用了演繹的方法，從一個有關處私刑與經濟貧困的理論入手，根據該理論的要求蒐集了相關的證據，經過資料蒐集和分析後，他們發現的研究結果支援了這個理論。

歸納

　　採用歸納的方法，需要從對世界的詳細觀察入手，然後再發展出抽象的概括和觀點。在研究開始階段，可能只有一個題目和一些模糊不清的概念。隨著觀察的深入，這些概念得到不斷的修正和完善，並從中發展出了實證性的概括，概念之間的基本關係得到了澄清。理論建設的步驟是由下而上的過程。Fitchen（1991）運用歸納的方式研究了農村危機（見第二章的引文），她就是從幾個有關農場危機的概念出發的，隨著她的訪談和觀察地不斷深入，她將自己的研究重點從農場危機擴大到了農村社區的問題，她修改並逐漸完善概念，從中發展出了實證性概括。最後，她發展出了一個理論，解釋人們怎樣建立農村社區自我認同。

　　另一個例子就是Schiffman（1991）對三藩市的兩個反對核武器組織的研究，她的主要研究發現是，在同樣的一個政治運動中，不同的組織根據自己對社會中權力的不同定義，會採取不同的策略和行動。這個結論是經過她的系統觀察獲得的，這個結論與她最初的目標完全不同：當初的目標是了解一個參與社會運動的組織是如何解決內部衝突的。正如她所言：「我的資料迫使我改變了這個研究。」通過歸納的方式從資料出發來發展理論的方式被稱爲扎根理論（見圖3-1）。

理論層次

　　社會理論可以根據它們反映的社會現實的層次分成三大類。我們大部分時候考慮的就是微觀層面的現實，在日常生活中，我們通常都與個人交往。微觀層面的理論解釋的是某個小規模的人群、某個時空的片斷，在概念上通常是比較具體的。

　　Erving Goffman提出的面子理論就是一個微觀理論，Goffman提出，人們在面對面的交往中，都要遵循一些禮節。個人在交往過程中，都會有一個界限，來確定不同情景下自己的位置和角色。例如，在教室中，教師就是要做一個合格的教師，而學生這一方通常以一種約定俗成的方式來維護老師的面子。老師通過某些行爲表現出老師的身分（例如開燈、走到教室的前面、與教室內的每個人交談等），同時，教師還通過其他表現來確認自己的老師的身分（如站著微笑、與學生進行眼神接觸、了解個人情況等），

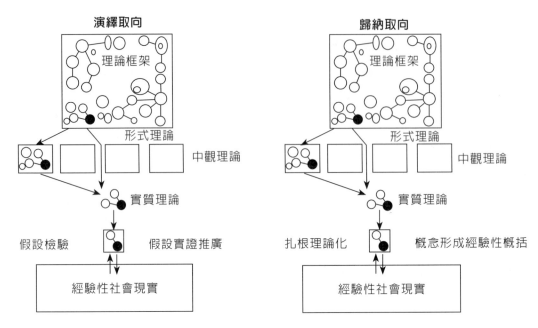

圖3-1　歸納和演繹理論化

教室中的其他人會主動配合老師的這些動作，或者說，他們都在維持社會建構的教師的這個面子。學生會避免某些過激的行為，表現出服從，不指出教師講課中出現的一些小錯誤等，這就是Goffman的面子理論。

宏觀理論

關注的是更大群體的活動，如社會機構、整個文化制度和整個社會。它使用的概念是非常抽象的。

Lenski（1966）提出了一個宏觀的社會分層理論，解釋了在過去幾千年的人類社會發展中的社會不平等現象。Lenski指出，人類社會的進步，將帶來社會剩餘產品的增加（即超出人們基本生活需要的部分）。他認為，當社會從狩獵採摘經濟向農業經濟過渡，又向現代工業經濟過渡時，這些剩餘產品就開始出現。從歷史的角度來看，不平等現象在農業社會達到了頂峰，而在工業化社會中開始下降，因為現代社會的規模和複雜性導致了不同的社會團體有機會分享權力。當不同的社會團體有機會獲得權力時，他們就有機會獲得這些剩餘產品。當更多的社會團體參與分配剩餘產品時，就會減少不平等現象。

中觀理論的數量不多。中觀理論主要將宏觀理論與微觀理論結合起來，或者是介於兩者之間。有關組織的理論、社會運動理論或者社區理論都是中觀理論。

Collins（1988:451-466）發展了一個有關機構控制的中觀理論，這個理論將一個大型機構對人的控制方式分成了三類：強迫型（用挫折來威脅）；用物質利益引誘（提

高工資）；內在控制（社會化規範、提升的機會、建立忠心耿耿的次文化等）。同樣，機構還有五種方式來控制員工：（1）監視（時時監視人們的行動）；（2）檢查產品（檢查產品）；（3）制定規章制度；（4）資源和資訊控制；（5）對環境的限制（強制規定何時何地工作）。每一種控制方法和行政手段都會產生一些負面影響。例如，員工只要感到自己被監視，就會循規蹈矩，假裝努力工作。面對不同的工作任務，不同的控制方法會發生不同的作用。在一些要求高度創造性、判斷性和非常不確定性的任務中（例如個案工作者面臨的工作），最有效的控制方法是內在控制（專業社會化規範）和資訊控制（即認爲專家最知道如何解決問題）。相反，對那些從事生產標準化產品的工人來講（比如衝床工人），最好的控制方法就是物質獎勵（增加工資）和產品監督（記錄產品數量）。

形式理論和實質理論

理論還可以分成形式理論和實質理論（Layder, 1993:42-43），實質理論從一個社會關注的特定領域中發展出來，例如犯罪團夥、第二教室、種族關係等。形式理論指的是從普遍性理論中發展出來的一個廣泛的概念性領域，例如無家可歸、社會化和權力。如果你想檢驗、發展和延伸某個實質性理論，必須考慮採用同一實質領域中的個案。例如，你要比較幾個犯罪團夥，你沒必要將一般的偏差行爲理論化。同樣，如果你想檢驗、發展和延伸某個形式理論，必須考慮同一形式領域中的個案。例如，你要研究不同形式的無家可歸，你只要集中在這個領域，而不需要詳細研究其他相關領域（如睡在大橋下面的人和住在庇護所的人），最終這兩種理論是可以結合起來的，沒必要將它們截然分開，事實上，「理論的積累過程，正是通過這兩種理論形式的綜合而實現的」（Layder, 1993:44）。

解釋形式

預測和解釋

理論的基本目的就是解釋，很多人常常將解釋和預測混爲一談。對解釋這個術語有兩種用法，或者說兩種解釋。第一種用法，研究人員更重視的是理論的解釋，這是一個邏輯推論過程，說明事件爲什麼發生，反映了一般的規則和原則。這些都是研究人員對概念之間關係的說明和聯繫；第二種用法就是一般性解釋，即清楚地描述事件，使人們能夠理解。例如，一個優秀的教師通常都在做一般性解釋。這兩種類型的解釋可以綜合在一起，研究人員在解釋（幫助他人理解）自己的解釋（涉及理論的邏輯推論）時，就將兩者結合起來使用了。

預測

　　指的是提出將要發生某事件。這個概念要比解釋容易理解，解釋中包含了更多的邏輯因素，因爲好的解釋中也有預測的內容，解釋只會提出一個結果，而這個結果也可能由相對立的解釋中產生。雖然預測不如解釋那麼令人信服，但是人們常常被預測的可行性所折服。下面賭博的例子將很好地說明解釋和預測之間的差別，如果我們走進一家賭場，每次都能準確地預測下一張牌是什麼，或者下一個輪盤賭輪停在哪個數字上，這肯定會令人驚訝不已。我們就會贏很多錢，最後賭場老闆會發現我們總是贏錢，把我們趕出賭場。然而，我們預測的方法比預測行爲本身更有趣，告訴你我們是怎樣預測下一張牌是什麼，比直接去預測要刺激得多。

　　下面還有一個例子，我們知道，每天早上太陽會「升起」，我們可以預測，每天早上的什麼時候太陽會升起，什麼時候烏雲會遮住太陽，那我們用什麼辦法來預測呢？古代有人這樣解釋：太陽升起是大海龜背著太陽越過天空；另一個解釋是，上帝點燃了他的箭頭，然後射向天空，這個箭就是太陽。今天幾乎沒有人還相信這些古老的解釋了。人們接受的解釋是有關地球旋轉和太陽位置的理論，太陽只是眾多星球中的一個行星。太陽根本不會移動，它所謂的移動，是因爲地球自身的旋轉所致。我們生活的地球沿著軌道，圍繞一個遠離我們幾千萬英里之外的星球運行。上述三個解釋可以做出以下預測：太陽每天早上都升起。由此可見，一個證據不充分的解釋也可以做出一個精確的預測，一個令人信服的解釋是建立在一個完善的理論之上的，將得到實證研究的證實。

　　現在大家可以理解解釋的含義了，我們可以將研究人員的解釋分成三種形式：因果、結構和詮釋。解釋的形式指的是研究人員告訴人們事件爲什麼發生，社會關係爲什麼表現出一種特定模式的方式。

因果解釋

　　因果解釋是最常見的一種解釋形式，它說明關係之間的原因和結果。在日常生活中，我們也會用到解釋，只是有些模稜兩可。說到原因時，我們指的是什麼？例如，我們說貧困導致了犯罪，或者說道德水準的下降導致了離婚率的上升。這樣的表述並沒有說明這種因果過程是怎樣以及爲什麼發生作用的，研究人員需要更加準確地具體地討論這些因果關係。

　　哲學家長期以來一直對原因這個概念爭論不休。自18世紀蘇格蘭哲學家David Hume（1711~1776）的著作問世以來，原因就成爲一個有爭議的概念。有人認爲，因果關係出現在經驗世界中，但是無法證明。因果關係「獨立」存在於客觀現實之中，研究人員只能盡力去發現事實來證明這一點。還有人認爲，因果關係只是人們大腦中的一個概念而已，是一個心理建構，而非存在於現實之中。持這種觀點的人認爲，因果關係只是我們看待世界的一個方便的方式。很多研究人員離開了哲學爭論，逕自探討因果關

係。

　　要建立因果關係需要三個要素：時間順序、關聯、排除其他貌似合理的可能性（見方框3-3）。

方框3-3　因果關係的三個要素

　　我們從報紙上得知，有幾個政治家訪問了芝加哥一個著名的天主教學校，這所學校在教學方面成績輝煌，超過了很多公立學校。第二天，政治家們召開了一個新聞發布會，提出了新的立法建議，要求增加給所有天主教學校的經費撥款。望子成龍的家長們對這個建議非常關注，社會科學家對這個建議更爲關注。提出這個建議的政治家的推論是，所有天主教學校的教學效果超過了公立學校，他們提出兩個方面的理由：時序（首先是孩子進入天主教學校學習，接著就是學習成績的提高）和關聯（上天主教學校的孩子的學習成績超過了上公立學校的孩子）。社會工作研究人員都知道，僅靠這些資訊不足以得出這樣的結論，社會工作者首先試圖排除其他可能的解釋，接著就試圖提出這種因果機制（即天主教學校的做法幫助學生提高學習成績）。例如，這些政治家們無法排除這樣的解釋，在天主教學校學習和在公立學校學習的孩子們的家庭環境不同，從而造成了不同的學習成績。如果上兩類不同學校的孩子的家庭環境（包括父母方的教育和收入、家庭宗教信仰、是雙親還是單親家庭、父母對子女教育的關注程度等）完全相同，政治家們就言之有理了。那麼人們關注的重點就是天主教學校採用了什麼措施促使學生的學習成績提高。如果家庭背景完全不同的話，政治家們就大錯特錯了。令人遺憾的是，這些政治家都缺乏社會工作研究方法的訓練，他們大多爲了嘩衆取寵，在沒有經過認眞思考和推理，缺乏實證證據支援的情況下，就隨便提出了自己的觀點。幸運的是，社會學家James S. Coleman和其他學者對這個問題進行了深入的研究（見Coleman and Hoffer, 1987）。

　　另外還有一個條件，假定一個因果關係有意義，或者符合一個理論框架或假設。讓我們來研究一下這三個基本要素。

　　時間順序條件指的是原因必須出現在結果之前。這個常識性假設奠定了因果關係的方向：從原因向結果移動。我們會問：原因爲什麼會先於它要影響的結果出現呢？當然是不可以的，因此，時序就是因果關係必須的一個條件。時序是非常重要的，但僅憑時間無法推斷出因果關係，例如，一個專業的壘球手在比賽開始前，他吻了自己的妻子，比賽中他進了球，接吻的時間發生在球賽之前，難道我們能說接吻與進球有因果關係嗎？顯然是沒有的。另一個例子就是，1968年種族暴亂在同一天中在四個不同城市爆

發了，前一天，正好爆發了巨大的太陽黑子。這種時序並沒有在太陽黑子與種族暴亂之間建立一種因果關係。人類歷史上有很多事件的發生都先於另外一些重要事件，只有排除了其他可能的原因後，時序才能發揮作用。

要建立這種時序關係不很容易，在橫切面研究中，時序關係非常微妙。例如，研究人員發現，那些虐待老婆的男人喝酒較多，那些不對老婆施暴的男人喝酒較少，那麼是否喝酒多就導致了男性施暴呢？或者是這些對老婆施暴的男人，通過喝酒來減輕自己的內疚感？還有一個例子，那些成績優秀的學生常常會說，是老師教得好，那麼有沒有可能是成績好的學生將功勞歸於自己的老師呢（即高分導致積極的評估結果）？或者是因為教師的出色工作，導致學生認真學習，考出了好成績（即他們的認真學習帶來了好成績）？這就成了一個雞與蛋的問題了。為了解決這個問題，研究人員需要增加其他資訊，或者設計研究來驗證這種時序關係。

簡單的因果關係都是單向性的，由原因向結果過渡。大部分的研究都在研究這個單向性的關係。一些複雜的研究會關注相互影響的因果關係，即一個互為因果的關係。例如，研究學生獲得好成績的多種原因，同時也會發現，好成績會促使學生更加努力地學習。理論中常會反映這種互相影響的關係，而要驗證這些關係就不那麼容易了。所以，有學者將這種單向性關係稱為非迴圈關係，而互惠關係為迴圈關係。

在因果關係中，研究人員還需要找到關聯性。兩個現象同時出現在一起，或者以同樣的方式表現出來，它們就有關聯。人們有時將關聯和相關混為一談，相關是一個技術術語，而關聯是一個普通的概念。相關係數是一個統計測量概念，反映了關聯的程度。當然，還有很多其他的方法來測量關聯性。有時，研究人員將關聯稱為共變，因為有兩個變數同時改變。圖3-2反映了38名來自低收入階層的人和35名高收入階層人士的資料，你能從中看出種族與收入水準之間的關聯嗎？

與時序相比，人們更容易將關聯性誤認為就是因果關係。例如，有很多資料表明，鶴聚集的地方人口出生率高，這可能因為，在美國，大部分人喜歡居住在海岸邊，這裡正是鶴的聚集地。因此，人口出生率和鶴就有某種關聯，但這顯然不是因果關係。

另一個例子就是，印度兒童出生率到20世紀60年代末一直持續增長，到了70年代才有所下降。美國人使用本國產的汽車數量到20世紀60年代末也是一直持續增長，到了70年代才開始下降。印度兒童的出生率與美國人使用本國產汽車的數量有關聯，它們同步增加或減少，但是它們之間沒有因果關係。只是完全出於巧合，印度政府推行了生育控制計畫導致了出生率的下降，而與此同時，美國人開始大量進口國外汽車。

如果沒有關聯關係，因果關係就不會存在。因此，研究人員努力尋找相關性，並採用其他手段來測量關聯性。同樣，研究人員會發現有了關聯性，也未必有因果關係。關聯排除了其他潛在的但又不相關聯的因果因素，因此，不能明確表現這種因果關係。因此，關聯是一個必須的但不足夠的條件，換言之，在因果關係中，少不了關聯，但僅有

低收入　　　　　　　　　　　　　高收入

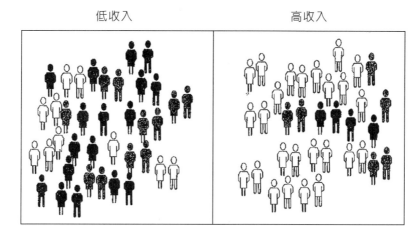

圖3-2　收入與種族的關聯

關聯是不夠的。

　　關聯未必能夠完美地反映因果關係（即每次一個變數出現，另一個變數也會出現）。在鶴與人口出生率的例子中，嬰兒出生率猛增與鶴的數量之間的相關係數為0.45。這就是說，鶴的數量與嬰兒出生率猛增中的20%的變異相關聯，但這種相關不完美。鶴的數量不能百分之百地解釋嬰兒出生率猛增的情況，只能部分地解釋這個現象。圖3-2中反映的種族和收入之間的關聯也是一個不完美的關聯。

排除其他可能性

　　指的是研究人員需要證明結果完全由因果變數所致，而非其他變數。這就是非虛假性，因為因果關係只產生於一個明確的條件，而無法確定的因果關係被稱為虛假關係，在第六章中，我們將詳細討論（見方框3-4）。

方框3-4　學習分辨因果關係

　　有一天在從學校駕車回家的路上，本書的作者之一從廣播裡聽到一則新聞，提到了在標準化考試中存在性別和種族歧視。有人提出，這個歧視是一個大問題，需要改革這種標準化考試。由於本書的作者之一在教育界工作，並且也反對種族歧視和性別歧視，這個報導引起了他的關注。然而，作為一個社會科學家，他還是對這個報導進行了批評。這個報導中提出的歧視，指的是在數學考試中，對男高中生的評分要高於女高中生，對歐裔的學生的評分要高於非洲裔美國人。這種評分標準難道成為考試本身內在的一種歧視嗎？

　　如果從考試設計者的角度來質疑提出問題的這位聽眾，很顯然，他的證據就顯得不夠

充分了：他忽視了學生的學習經歷。眾所周知，在高中，男生和女生上數學課的課時和課程內容都不同，女生選的數學課明顯少於男生，而對那些與男生選修了同樣數學課的女生而言，在得分上性別之間的差距基本上不存在了。同樣，絕大多數非洲裔美國人，他們經歷了種族隔離，一般只能在舊城區和尚未開放的郊區上一些品質很差的學校。而對那些能夠上名校的非洲裔美國學生來講，在考試得分上的種族差距基本不存在。這些證據說明，教育中的不平等其實是問題真正的根源，僅僅依靠改變考試形式，而不改變教育本身所存在的不平等現象，那就大錯特錯了。

時序性和關聯性可以通過觀察獲得。研究人員可以間接地看到其他因素被排除在外。其他因素被排除只是一個理想狀態，因為要排除所有其他因素是不可能的。研究人員通常採用兩種方法來排除其他因素：通過內在的研究設計控制和測量潛在的隱藏的因素。試驗性研究人員將控制放進了研究設計中，以消除其他可能的因素。他們將實驗過程與所有的變數分開，只保留了因果變數。

研究人員還採用了測量可能的影響因素的方式來排除其他因素。在調查研究中常用這個方法，這就是對另一個變數的控制。研究人員運用統計技術來了解是因果變數還是其他變數對結果產生了影響。

因果解釋通常是以線性方式表現的，以直線方式來展現原因和結果：A導致了B，B導致了C，C導致了D。上面談到了膚色研究和對私刑的研究都是一種線性解釋。上述兩個理論中設計的主要概念都是變數，它們帶來一定的值，都採用一個變數（如經濟貧困程度或膚色深淺）來解釋另一個變數（如私刑程度或收入和教育水準差距）。我們可以用簡單的因果關係命題來重述這兩個理論：經濟貧困水準越高，使用私刑的機會越多；或者膚色越淺，收入水準和教育水準就越高。這兩個研究是演繹性研究，因為它們先有命題，再用資料來驗證命題。我們還可以用演繹因果關係的方式來重述這個研究的邏輯：先假定這個命題為真，然後我們進行經驗證據的觀察。完美的因果關係解釋能夠明確界定因果關係，並清楚地說明形成因果關係的機制。例如：X導致了Y；由於X的作用，出現了Y，而X和Y都是概念（例如早婚和離婚）。有些研究人員用預測的方式來描述因果關係：如果X出現的話，那麼Y也會出現。因果關係還可以通過其他很多方式來表述：X導致了Y；X產生了Y；X影響了Y；X與Y相關；X越大，Y則越高。

下面還有一個例子說明因果關係理論。失業率的提高將導致虐待兒童事件的上升。這裡需要解釋的是兒童受虐個案的上升，而所要解釋的是失業率的提高關係。我們通過說明原因來解釋兒童受虐比例的上升。一個完整的解釋還包括詳細說明因果關係的機制。這個理論認為，當人們失去工作時，他們會感到失去了自我價值，一旦他們失去自我價值，他們就會變得容易沮喪、生氣、失控。沮喪的人很容易對親近的人（如朋

友、配偶、子女等）使用暴力，來表達自己的憤怒。特別是當他們自己不太清楚自己憤怒的原因，並且找不到導致自己憤怒的眞正原因時（如雇主、政府政策和「經濟力量」），就更容易使用暴力。

這個例子說明了一個原因鏈和因果關係機制。研究人員可以對這個鏈中的任何部分進行檢驗。他們可以檢驗失業率是否與兒童虐待事件同時出現，也可以檢驗沮喪的人是否會對自己親近的人使用暴力。一個典型的研究策略就是將一個大理論分解成不同的部分，然後用資料來檢驗不同的關係。

變數間因果關係圖

至少在因果關係中，涉及的是一個原因，一個結果。我們來看看下面這個假設：「擁有同樣宗教信仰的夫妻去做禮拜的機會越多，他們離婚的可能性就越小」。這個假設將「做禮拜」與「離婚的可能性」聯繫在一起。它還有其他條件：一個特殊群體（擁有同樣宗教信仰的已婚夫婦）、因果關係方向（從宗教活動到離婚）、婚姻關係的信號（做禮拜越多，離婚可能性越小）。研究人員可以用文字和圖畫的形式來表述理論，或兩者兼而有之。他們有時會畫一個圖表來展現簡化的關係圖，使讀者一目了然。這種象徵性的再現方式，補充了用語言來描述因果關係，同時傳遞了更爲複雜的資訊。圖表成爲展現理論關係的一種捷徑。

最簡單的圖表方式就是一個兩變數模式，見圖3-3（a）。研究人員用字母、圓圈或小方塊來指代變數。常用的方式就是用X代表原因，用Y代表結果。箭頭代表因果關係的方向（如從自變數指向因變數）。有時，當出現多個原因時，研究人員會用下標來表示（例如Z_1、Z_2），見圖3-3（b）。變數之間的關係會通過箭頭來表示。因果關係用直線表示，沒有因果關係的關聯關係用兩頭帶箭頭的曲線來表示，帶一個箭頭的直線表示單向性關係。兩頭帶箭頭的直線代表了互相影響的關係。

變數之間的關係可能是正相關，也可能是負相關。正相關指的是，當原因變數的值上升時，結果變數的值也隨之上升。例如，人接受的教育越多，壽命也越長。負相關指的是，原因變數的值上升時，結果變數的值反而下降。例如，夫婦共同做禮拜的機會越多，離婚的可能性就越小。在圖示中，常常用＋來代表正相關，用－來代表負相關。

圖3-3描述了用圖表來展現各種關係的例子。研究人員常常不會用圖表來展現一個簡單的兩變數之間的關係，像圖3-3（a）中所示。由於增加了變數，關係變得更加複雜，研究人員發現圖表非常有用。圖3-3（b）顯示了一個比較複雜的兩個原因變數的關係。它反映的是，父母與子女交談的時間（X_1）影響了孩子的身體健康狀況（Y），而孩子與同伴打鬥的時間（X_2）會對孩子的健康狀況（Y）產生負面影響。圖3-3（c）和圖3-3（d）都反映了三個變數之間的關係。每個關係都有自己不同的理論因果模式。

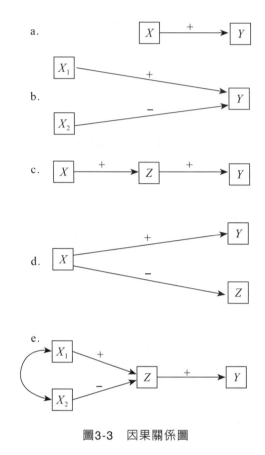

圖3-3　因果關係圖

　　圖3-3（c）顯示了一個線性的因果鏈，它認為，X影響Z，同時還影響Y。例如，X代表完成了一個GED證書，Z指的是參加一個就業培訓課程，Y代表申請報紙就業廣告中的工作。圖3-3（c）中表達的理論認為，一旦獲得GED證書就有機會參加就業培訓課程，而參加培訓課程，就有機會申請工作。在圖3-3（d）中，這個理論指出，Y對X和Z有影響，而Z與Y關係不同。也就是說，參加了就業培訓課程的人，也未必能夠申請工作，完成就業培訓課程和申請工作是兩個不同的結果，兩者必須通過完成GED證書才會出現。

　　圖3-3（c）中展現了另一個簡單的線性因果鏈的例子，X代表政治學知識，Z代表參加政治聯盟，Y代表為候選人提供捐贈。這個理論指出，人們擁有的政治學知識促使人們選擇參加政黨，從而導致為候選人捐贈。在圖3-3（d）中，這個理論解釋到，X對Y和Z都有影響，但是，Y和Z屬於兩個不同的結果，政治學知識會增加人們參加政黨和捐贈的機會，但是，參加政黨的人，未必人人都會捐贈。換言之，捐贈和參加政黨是兩個不相干的結果，它們都是由政治學知識促發的。

　　圖3-3（e）展現了一個四變數的模式。在這個模式中，有兩個變數相關聯，但是，

這個圖反映的理論指出，這兩個變數之間互不成爲原因（例如它們同時出現）。我們用例子來說明圖3-3（e）反映的理論。對學習成績的焦慮（X_1）導致了學習時間的減少（Z），同時，花大量的時間參加聚會（X_2）也造成學習時間的減少（Z）。對成績的焦慮（X_1）和參加聚會的時間（X_2）是相關聯的，這些經常參加聚會的人，會對自己的學習成績焦慮，而那些討厭聚會的人，焦慮程度會得到抑制。花大量時間學習（Z），可以帶來學習成績的提高（Y）。焦慮與參加聚會之間的關係是描述性的，非因果關係。用圖展現這些關係，可以幫助我們將複雜的抽象理論分解成一幅簡潔的圖畫。在第六章中，我們還會討論因果關係圖表。

結構性解釋

　　功能和模式理論通常會採用結構性解釋。與因果鏈不同的是，結構性解釋更像是一個車輪，以車軸爲中心，通過輪輻向四周輻射，或者像一個蜘蛛網，每一個串連構成了整體的一個部分。採用結構性解釋的研究，會運用一系列互相聯繫的假設／概念和關係。與因果關係不同的是，研究人員使用隱喻和類比，來反映關係的意義，每個理論內部所包含的概念和關係形成了一個互相支援的系統。在結構性解釋中，研究人員要明確一系列排列有序的主題，或者將組成一個複雜整體的各個部分清楚地展現出來。

　　結構性描述有幾個類型。一個就是網路理論[5]，網路理論家認爲，一種行爲或社會關係，要麼出現在某種互動模式中，要麼出現在時空重合的社會關係中，或者是遵循某種發展時序。網路理論家在解釋現象時，通常會採用一個廣泛的模式、一些句法規則。他們的解釋試圖說明某個特別的事件如何成爲一個大規模的模式中的一個組成部分，成爲一個大結構的基石，或者是一個大的相互聯繫的系統中的一個連接點。這種方式就是一種推論方式，好像在解釋人們爲什麼在使用語言時會出現一個特殊情況，也就是說，X與Y並列，或者說，這個句子需要一個動詞和一個名詞一樣。研究人員是通過說明整個事件中包含的句法規則來解釋事件的。

　　Gould（1991）提出的有關1871年巴黎公社的社會動員理論，就是一個很好的例子，可以說明結構性解釋。巴黎公社是歷史上一次著名的起義，在社會主義者、馬克思主義者和激進分子的領導下，勞苦大衆推翻了巴黎市政府。在巴黎公社存在的兩個月中，經歷了民主社會主義，實行了自由教育，成立了工人合作社，開展了激進的社會改革。公社最後被血腥鎮壓了，造成了25,000市民失去了生命，其中大部分是被政府軍槍殺的。

　　Gould指出，不同的人來自不同的社會網路，這些社會網路將會影響他們對集團行動的參與程度。因此，在參加巴黎公社起義前，人們互相之間都有一定的社會聯繫。通過了解這些社會聯繫，Gould可以推測出什麼人可能參加起義。他的理論認爲，沒有什麼社會關係的孤獨的人通常不會參加起義；而另一批社會關係多的人則不同，當自己最

親密的社會成員都參加了起義時，他們也會跟著參加。此外，一個人在自己的社會關係網中的位置也很重要，處在一個密集的社會關係網路中心的人（即那些社會聯繫非常多而強的人）很容易被拖進社會關係網中，而那些處在社會關係網路邊緣的人（即那些社會關係網路小而單一的人），則不容易被拖進來。Gould還發現來自同一社區的巴黎人都參加了革命自衛軍同一個營。這個新的組織，革命自衛軍，基本上是以過去的非正式聯繫網路為基礎建立起來的家庭、鄰居、同事或朋友，這個營中的人互相支持。同時，還有一些人，曾是社區中的核心人物，參加了別的營，這就構成了營與營之間的相互緊密聯繫。Gould根據人們在過去的社會關係網路中所處的位置，預測了這種軍隊行為的模式。他通過廣泛的人們的社會聯繫模式，解釋了這些營隊的行動和他們對事件的反應行為。

在功能理論中，也會採用結構性解釋。[6]功能理論家習慣於在一個廣泛的、變化中的、平衡的社會系統中解釋事件。他們常使用一些生物學的比喻，用某個事件在社會系統中所發揮的功能，或者所填補的功能的角度，來解釋這個事件。功能解釋的形式通常是這樣的：「L發生了，因為它滿足了系統中M的需要。」這些理論家相信，系統需要在平衡中運作，並繼續生存下去。

社會變革的功能理論認為，隨著時間的推移，一個社會系統或社會都會經歷不同的發展階段，從簡單走向複雜，出現越來越多的差異。它經歷了專業的勞動分工，發展出極大的個別化。正是這些發展造就了整個系統的效率。專業化和個別化會帶來暫時的分裂。傳統的方式越來越微弱，新的社會關係不斷出現。這個系統就會不斷發明一些新的方式來維持其功能，滿足系統的需要。

Kalmijn（1991）運用功能觀來說明美國人擇偶觀的改變。他採用了世俗化理論，這個理論認為，現代的工業化和城市化決定了社會的發展。在現代化過程中，人們對傳統的依賴越來越少。宗教信仰、地方社區的聯繫越來越鬆散，家庭對下一代的控制也越來越小。人們不再像過去那樣一輩子生活在某個小型的、同質性的社區中。青年人對父母的依賴、對宗教組織的依賴日漸減少，而父母和宗教組織曾經是青年人擇偶中的決定因素。

每個社會有一個基本的需要來規範人們的擇偶行為，支持人們選擇門當戶對的配偶。在現代社會，人們有很多時間是在學校度過的。在學校，特別是在大學，他們有機會認識其他未婚者。在現代社會中，教育成為社會化的一個主要的媒介。久而久之，教育會影響人們的收入、道德信念、價值觀以及休閒方式。這就解釋了為什麼在美國相同宗教背景的婚姻在減少，而相同教育背景的婚姻在增加。在傳統社會中，家庭和宗教組織肩負著幫助人們在社會化過程中學習道德價值觀的任務，同時為他們提供機會結識未來的配偶。在現代社會，這個功能基本上是由教育機構來完成的。

詮釋性解釋

　　詮釋性解釋的目的是促進理解，詮釋理論家將事件放在一個特定的社會背景中，希望發現事件的意義。他們希望理解或掌握社會的運作規律，理解事物，或者像別人那樣去看世界。由於每個人不同的主觀認識決定了個人的行為方式不同，研究人員力圖了解別人對事物的推理和理解方式。這個過程好像是解構一個篇章或一個文學作品一樣，意義來自於一個文化符號系統。

　　Lachmann（1988）在研究紐約的非法藝術塗鴉中，運用了詮釋性解釋。他指出，塗鴉藝術家的生涯的形成，是世人對這個群體的標籤和回應的結果。他發現了老一輩的塗鴉藝術家是如何招募新一代，向他們傳授技藝的，這是因為有觀眾的存在。Lachmann描述了這些藝術家的生活，他發現這個人群生活在一個低收入的舊城區中，例如，逃避員警的追捕是他們生活中一個令人興奮的內容，很多人因為其他犯罪而被捕入獄。一些技藝精湛的藝術家們在60英呎長的地鐵上作壁畫，他們都發展出自己獨特的風格。Lachmann通過文化、限制和塗鴉群體的價值觀，來解釋這些人對名望和成就的追求。而對那些欣賞塗鴉藝術家才能的人而言，他們的欣賞也影響了自己的職業生涯。

理論框架

　　到目前為止，我們介紹了理論和經驗通則。很多研究人員運用了中觀理論，中觀理論比經驗通則或具體的假設要抽象。Merton（1967:39）指出：

　　　　中觀理論原則上運用在社會學中以指導實證研究。

　　中觀理論可以是形式理論，也可以是實質理論。我們可以通過這些理論的抽象程度來將它們組織分類。從最具體到最抽象的理論有：經驗通則、中觀理論和框架。理論框架（也稱為典範或理論系統）比形式或實質理論都要抽象。圖3-1展現了它們的不同層次，以及它們在演繹和歸納研究中是如何運用的。

　　研究人員很難對抽象程度進行明確劃分。在開展研究時，他們通常使用中觀理論和經驗通則。在實證研究中，他們很少運用理論框架。他們大多會檢驗一個理論的若干部分，偶爾也會將不同框架中的理論的不同部分進行對比。方框3-5 反映了Kalmijn對擇偶標準變化的研究中發展出來的理論抽象的不同層面。

方框3-5　Kalmijn在《變化不定的界限》一書中的理論層次

　　理論框架：結構功能主義認為，工業化和城市化的過程將人類社會從傳統社會變成了一個現代社會。在現代化過程中，社會組織和社會現實不斷演變。這個演變過程包括滿足社

會系統的基本需求，幫助人們社會化，以適應文化價值觀，規範社會行為。結果，那些在傳統社會中滿足社會系統需求、維護社會系統功能的組織機構都被現代的組織機構所取代。

形式理論：世俗化理論認為，在現代化過程中，人們越來越少地依賴傳統的宗教信仰和地方社區聯繫。在傳統社會中，那些給人們帶來先天性社會地位的組織（家庭、教堂和社區）還控制了社會化過程，規範社會生活。而在現代社會，這些機構都被世俗的機構所取代（如教育、政府和傳媒），它們給人們帶來成就取向的社會地位。

中觀實質理論：有關通婚模式的理論認為，在現代社會，青年人在小規模社區中度過的時間很少，而在這個小社區中，家庭、宗教和社區對個人有極強的影響。相反，青年人在學校時間很長。在這裡，特別是在大學，他們有機會認識其他未婚者。在現代社會，教育成為社會化的有效手段。它影響了個人的收入、道德信仰和價值觀，以及休閒興趣。因此，青年人的擇偶標準更多的是建立在共同的教育背景之上，而不是相同的宗教背景和社區聯繫上。

經驗通則：美國人曾經選擇與有相同的宗教信仰和歸屬的人結婚。這個習俗已經被選擇相同的教育背景所取代。

　　社會科學有幾個主要的理論框架[7]，這些框架提供了一系列的假設、概念和解釋形式，成為我們觀察和了解世界的指南。這些框架包括很多形式或實質理論（例如犯罪理論、家庭理論等），因此，也可能有結構功能理論、交換理論、家庭衝突理論等。同一框架下的理論擁有同樣的假設和主要概念，有些框架是微觀層面的，有的是宏觀層面的。第四章會介紹這些框架是與某些特定的方法論結合在一起的。方框3-6顯示了社會工作中的六個主要框架，簡單介紹了它們的主要概念和假設。

方框3-6　社會工作主要理論框架

心理動力／功能理論

主要概念：生理需要，成長和發展，意義，衝突，無意識。

核心假設：人類行為是動機、個人發展、意識和無意識之間複雜關係的結果。個人發展
　　　　　出防禦機制是為了協調本我、自我和超我之間的關係。治療需要在「病人」
　　　　　和「治療師」之間建立對話，治療師扮演了一個空白螢幕的角色（Payne,
　　　　　1997），需要鼓勵病人發展出洞察力和理解。

代表性學者

Dore, M. (1990). Functional theory: Its history and influence on contemporary social work. *Social Service Review*, 64:358-374.

Perlman, H, (1979). *Relationship: The heart of helping people.* Chicago: University of Chicago Press.

Smalley, R. (1970). The functional approach to casework practice. In *Theories of social casework*, edited by R. Roberts and R. Nee. Chicago: University of Chicago Press.

Woods, M., and Hollis, F. (1990). *Casework: A psychosocial therapy*, 4th ed. New York: McGraw-Hill.

行為－認知理論

主要概念：學習，行為－作為－行動，認知，示範，刺激－反應。

核心假設：個人行為是自然環境的結果。治療需要認知治療師、脫敏、持續性的獎勵和代幣制度。

代表性學者

Bandura, A. (1977). *Social learning theory.* Englewood Cliffs, NJ: Prentice Hall.

Fischer, J., and Gochros. H. (1975). *Planned behavior change: Behavior modification in social work.* New York: Free Press.

Gambrill, E. (1995). Behavioral social work: Past, present and future. *Research on Social Work Practice* 5(4):460-484.

Kazdin, A. (1994). Critical issues and future directions. In Kazdin, A. *Behavior modification in applied settings*, 3rd ed. Pacific Grove, CA: Brooks-Cole.

Sheldon, B. (1995). *Cognitive-behavioural therapy: Research, practice and philosophy.* London: Routledge.

Thyer, B. (2000). *The philosophical legacy of behaviorism.* Boston: Kluwer Academic Publishers.

Thyer, B., and Hudson, W. (1987). Progress in behavioral social work: An introduction. *Journal of Social Services Research*, 19:1-7.

危機干預－任務中心理論

主要概念：危機或憂慮，危險，緊張，壓力和創傷。

核心假設：所有人都經歷過階段性的憂慮，才能走向正常。當他們尋求幫助時，一定是因為出現了某些危機。因此，干預常常需要採取一些實用性行動，來應付危機，解決人們生活中的憂慮。

代表性學者

Golan, N. (1978). *Treatment in crisis situations*. New York: Free Press.

Marsh, P. (1991). *Task-centered practice*. In *Handbook of Theory for Practice Teachers in Social Work*, edited by J. Lishman. London: Jessica Kingsley.

Reid, W. (1978). *The task-centered system*. New York:Columbia University Press.

Reid, W., and Epstein, L. (1972). *Task-centered casework*. New York: Columbia University Press.

Reid, W., and Shyne, A. (1969). *Brief and task-centered casework*. New York: Columbia University Press.

Roberts, A. (1991). *Contemporary perspectives on crisis intervention and prevention*. Englewood Cliffs, NJ: Prentice Hall.

系統／生態理論

主要概念：開放／封閉系統，界限，投入－產量－產出，回饋，適應。

核心假設：個人在無數個系統內運作——包括家庭、鄰里、學校和市場——這些系統具備了行動和改變的能力。治療包括發展、聯結、協議、修訂互動、協作和討價還價。

代表性學者

Germain, C., and Gitterman, M. (1980). *The life model of social work practice*. New York: Columbia University Press.

Goldstein, H. (1973). *Social work practice: A unitary approach*. Columbia, SC: University of South Carolina Press.

Hearn, G., ed. (1969). *The general systems approach:Contributions toward an holistic conception of social work*. New York: Council on Social Work Education.

Meyer, C., ed. (1983). *Clinical social work in the eco-systems perspective*. New York: Columbia University Press.

Pincus, A., and Minahan, A. (1973). *Social work practice: Model and method*. Itasca, IL: Peacock.

Siporin, M. (1980). Ecological systems theory in social work. *Journal of Sociology and Social Welfare*, 7(4): 507-532.

人文主義／存在主義／優勢／發展理論

主要概念：意義，超越，自我反思，發展。

核心假設：個人有能力通過參與小組、社區和機構的活動，不斷朝著更加滿意的參與和控制自己命運的方向發展。治療包括在某些條件下，採取無條件的積極的尊重和

　　　　　　同感、非指導性幫助，在另一些情況下使用積極策劃和社區發展的方法。

代表性學者

Chapin, R. (1995). Social policy development: The strengths perspective. *Social Work*, 40(4): 506-514.

Cowger, C. (1994). Assessing client strengths: Clinical assessment for client empowerment. *Social Work*, 39(3): 262-268.

Kondrat, M. (1995). Concept, act, and interest in professional practice: Implications of an empowerment perspective. *Social Service Review*, 69(3): 405-428.

Krill, D. (1978). *Existential social work*. New York: Free Press.

Laird, J, (1993), Revisioning social work education: Asocial constructionist approach. *Journal of Teaching in Social Work*, 8 (1/2): 1-10.

Midgley. J. (1995). *Social Development: The developmental perspective in social welfare*. London: Sage.

Rogers, C. (1951), *Client-centered therapy: Its current practice, implications and theory*. London: Constable.

Saleebey, D. (1996). The strengths perspective in social work practice: Extensions and cautions. *Social Work*, 41(3): 296-305.

Stretch, J. (1967). Existentialism: A proposed philosophical orientation for social work. *Social Work*, 12(4): 94-102.

Thompson, N. (1992). *Existentialism and social work*. Aldershot, Hants: Avebury.

Truax, C., and Carkhuff, R. (1967). *Toward effective counseling and psychotherapy: Training and practice*. Chicago: Aldine.

社會公正／賦權／女性主義／激進理論

主要概念：權利，鬥爭，壓迫，不平等，異化。

核心假設：社會是由那些擁有對立利益的群體組成的。控制和企圖獲得權利是人性的最突出的方面。擁有權利的人們常常會通過傳播神話、控制他人、在必要的時候使用暴力等手段來維護自己的地位。干預需要採取社會宣導，通過參與式或革命性的提高覺悟和政治行動，幫助當事人發現、認識並使用自己的權力。

代表性學者

Davis, A. (1991). A structural approach to social work. In *Handbook of Theory for Practice Teachers in Social Work*, edited by J. Lishman. London: Jessica Kingsley, p.64-74.

Davis, L. (1985). Female and male voices in social work. *Social Work*, 30(2): 106-113.

de Maria, W. (1992). On the trail of a radical pedagogy for social work education. *British Journal of Social Work*, 22(3): 231-252.

Fook, J. (1993). *Radical casework: A theory of practice*. St. Leonards, NSW: Allen and Unwin.

Furlong, M. (1987). A rationale for the use of empowerment as a goal in casework. *Australian Social Work*, 40(3): 25-30.

Leonard, P. (1997). Argument. In *Postmodern welfare: Reconstructing an emancipatory project*. Thousand Oaks, CA: Sage Publications, pp.1-31.

Payne, M. (1997). *Modern social work theory*, 2nd ed. Chicago: Lyceum Books.

Rees, S. (1991). *Achieving power*. Sydney: Allen & Unwin.

Saulnier, C. (1996). *Feminist theories and social work: Approaches and Applications*. New York: Haworth Press.

Solomon, B. (1976). *Black empowerment: Social work in oppressed communities*. New York: Columbia University Press.

Turner, F. (1986). *Social work treatment: Interlocking theoretical perspectives*, 3rd ed. New York: Free Press.

Turner, F. (1999). Social work practice: Theoretical base. In *Encyclopedia of Social Work*, 19th ed., Vol. 2, edited by R. Edwards（Editor-in-chief）, pp.2258-2265. Washington, DC: NASW Press.

參見Turner, F. (1986, 1999)和Payne M. (1997) 有關社會工作理論的精彩討論。

理論與研究：動態的搭檔

　　大家可以看出，理論與研究是密切相關的，只有一些經驗不足的研究人員才會錯誤地認為理論與研究沒有關係，或者認為研究人員的任務只是蒐集資料。研究人員如果沒有理論指導的話，他們所蒐集的資料就只是一些無用的資料，他們很容易就陷入空洞的、模糊的思維陷阱之中，邏輯混亂，產生一些言不達意的概念。這樣的研究人員也無法從事一些創新性研究，對自己的研究目的不可能有一個清晰的認識，在開展實證研究時，他們常常會發現自己處在一個漂浮不定的狀態之中。

　　出現這種情況的原因非常簡單，理論決定了我們看問題和思考問題的方式，它為我們提供了概念和基本的假設，引導我們提出有意義的研究問題，幫助我們從資料中發現意義。理論還幫助我們將自己的研究與現存的其他學者的知識創造結合起來。打個比

喻，理論幫助研究人員看到了森林，而不僅僅是一棵樹。理論提高了研究人員對資料間的相互關係和重要意義的感受力。

理論在所有的研究中，都占據了一個非常重要的地位，而理論在不同研究中的突出地位卻因研究類型的不同而不同。在應用－描述性研究中，理論的重要性比基礎－解釋性研究要低一些。理論在應用-描述性研究中的作用是比較間接的。理論中的概念比較具體，這類研究的目的不是發展一般性知識。然而，研究人員在描述性研究中運用理論來完善概念，評估理論假設，從而間接地檢驗假設。

理論不是一成不變的，它是暫時性的，並隨時接受修改的。理論通常通過兩個管道發展出對現實世界的構成和運作，進行更加準確、更加全面的解釋。理論的發展伴隨著理論家長期堅持不懈的探索和推理，但是這個方法有很多的局限性，理論的突破是通過與研究發現互動來實現的。

學術界常根據實證研究結果來推廣和修改理論，採用演繹法的研究人員運用理論來指導自己的研究設計和結果解釋。他們根據自己的研究成果來批駁、延伸或修改理論。當研究人員不斷開展實證研究來檢驗某個理論時，他們逐漸就會相信，某個理論中的哪些內容是正確的。當一些規範的研究結果表現出否定結果時，研究人員就會對某個理論的命題進行修正，或者給予否定。一個理論的核心命題和核心原則很難進行檢驗或否定。在經歷漫長的過程後，當研究人員發現越來越多的證據表明某個理論站不住腳的時候，他們會選擇放棄這個理論。

採用歸納法的研究人員的方法稍有不同。歸納的方法是從一些假設和寬泛的概念開始的。隨著研究人員不斷蒐集和分析資料，理論從中一步步發展出來。理論的生成是漸進的，通過某個領域中一個又一個的概念、一個又一個的命題而發展出來的。這個過程就好似一個漫長的懷孕過程，隨著時間的推移，概念和經驗通則一點一點產生，並且不斷成熟。接著，相互之間的關係越來越明確，研究人員將不同研究中發展出來的知識綜合在一起，演變成一個更加抽象的理論。

社會工作理論中的多元性

不同的社會工作實務中發展出來了各種工作模式（Sarri, 1997），不同的社會工作教育系統中發展出來了各種工作模式（Midgley, 1990; Longres, 1997; Asamoah, Healy and Mayadas, 1997），所有這一切都表明，有必要發展出新的觀點，來審視現有的多元化的社會工作知識和理論。現在來討論全球化發展對社會工作專業的影響和意義似乎為時過早，但是，很顯然，社會工作實務理論需要解釋現實中存在的、難以置信的性別差異、種族差異、民族差異、性取向、社會經濟地位差異、居住地、語言、教育

和背景等一系列因素導致的多元性和差異。全球化和新的世界市場的出現給工作帶來的壓力（Drucker, 1993; Ohmae, 1995; Thurow, 1996）表明，社會工作需要回答那些關於人類行爲的一般性理論的實用性問題，同時，還要解釋在不同的地域、社會經濟政治制度中，有關人類行爲的包容性理論的實用性問題。

在全球不同的市場中出現的全球化趨勢表明，跨文化溝通的障礙，必將繼續受到市場力量的衝擊，因爲市場力量需要爲消費者（不管他們的文化和社會結構是怎樣的）提供更爲豐富的商品和更爲廣泛的服務。同樣是這些力量，也會不斷摧毀政治障礙，其結果就是人們對人類行爲的解釋，將會越來越超越地域的限制。但是，Schiele（1996）等人認爲，在社會工作中，不太可能產生一個全球性的知識體系。因爲，以西方和歐洲爲中心的人類行爲的理論反映的僅僅是在歐洲文化背景中抽象出來的人類行爲。這些理論取向是伴隨著歐洲歷史上一些大的社會運動而出現的，如工業革命、歐洲的擴張和殖民運動等。因此，從這些價值基礎中發展出來的理論，與世界人口中大多數人們的日常生活是沒有關係的，因爲這些人既不是城市人口，也不是郊區消費者，他們根本用不著每天討論購買什麼牌子的食品。

多元化的構成要素

Dixon和Taylor（1994）認爲，多元化有兩個表現，初級多元化和中級多元化。初級多元化表現是顯性的，對不同的群體來講有不同的形式，但是，這些差異是無法選擇的：初級多元化問題通常帶有某些特定群體的特點。初級多元化的變數包括：種族和種群，性別，年齡，身體智力能力，性取向和身高等。中級多元化是隱性的，可以通過選擇和某些特定的環境因素而改變。這些因素包括：政治意識形態，地域，社會經濟地位，婚姻／家庭地位，宗教，職業／技能，經驗和教育。

Hoffman和Salee（1994）指出了五種危險人群，以及他們所面臨的問題：婦女（貧困婦女和兒童、性別歧視主義、婦女社會問題、社會性別關係）；有色少數民族（機構性的種族歧視、個人種族歧視、人格種族歧視、支持有害政策的微妙的形式和指責個人失敗）；男女同性戀者（愛滋危機、同性恐怖、各種形式的偏見和歧視）；老人（老人歧視、傷害老人的政策、對老人的照顧），以及身體和智力障礙人士（歧視和不利的政策）。

Rounds、Weil和Bishop（1994）提出解決和處理多元性問題，需要具備下列5種文化實踐能力：（1）承認和重視多元性，了解種族、文化和民族是如何導致了獨特性，區別這種獨特性內部以及不同的獨特性之間的差異；（2）對自己的文化進行自我評估，反思自己的文化是如何影響自己的個人和職業信念的；（3）從行爲期望、互

動、自我袒露的程度，以及當事人的集體導向的角度，明確和理解這種差異的機制；
（4）從當事人的背景、種族群體認同、對當事人環境問題的了解等方面，獲得文化知
識；（5）採用合適的社會工作技巧，來滿足當事人的需要，符合當事人的文化。

　　最後，社會工作教育協會在1994年的有關課程政策規定中提出了全才的觀點，它
強調下列的實務領域：（1）專業關係的特點應該是互惠、合作和尊重當事人的系統；
（2）實務評估需要檢視當事人在與環境互動過程中表現出來的能力和問題；（3）知
識、價值觀和技巧必須能夠提高當事人的福祉，改善環境條件；（4）在界定問題、蒐
集和評估資料、計畫和協約、決定干預方法、選擇合適的行動過程中，要運用恰當的研
究知識和技巧推動改變過程，在結案時，要採用恰如其分的技巧；（5）在與不同的社
會、文化、種族、宗教、階級背景的人開展工作時，要運用適合的觀點和技巧。

結語

　　本章我們介紹了社會理論的組成要素、目的和類型。我們認為，將理論和研究對立
起來是不正確的，理論在指導研究過程中的價值和重要性是顯而易見的，如果沒有理論
指導，研究人員不可能開展高品質的研究，並且常常會陷入困惑之中。同樣，理論家們
如果不能將理論與研究結合起來，或者不能將理論與經驗的現實聯繫在一起，他們將進
入一種令人費解的推測和揣摩狀態。現在，讀者開始熟悉學術界，熟悉了研究的維度和
社會理論。下一章我們將探討研究人員在開展研究時所採用的各種不同的研究方法。

關鍵字

association關聯

assumption假設

behaviorist-cognitive theory行為─認知理論

causal explanation因果解釋

classification分類

concept cluster概念群

crisis intervention theory危機干預理論

deductive approach演繹法

empirical generalization經驗性概括

functional theory功能理論

grounded theory扎根理論

humanist/strengths theory人文主義／優勢理論

ideal type理想類型

inductive approach歸納法

jargon行話

level of abstraction抽象層次

macro-level theory宏觀理論

meso-level theory中觀理論

micro-level theory微觀理論

negative relationship負相關

network theory關係網絡理論

parsimony簡約

positive relationship正相關

prediction預測

primary diversity初級多元性

proposition命題

psychodynamics/functional心理動力／功能

theory理論

secondary diversity systems/ecological theory中級多元性系統/生態理論

temporal order時序

typology類型學

複習思考題

1. 具體概念和抽象概念之間的區別是什麼？請舉例說明。

2. 研究人員怎樣運用理想形態和分類來將概念具體化？

3. 概念怎樣包含了內在假設？請舉例說明。

4. 理論化中的演繹法和歸納法的區別是什麼？

5. 描述宏觀、中觀和微觀的社會現實的區別。

6. 討論預測和理論解釋之間的差別。

7. 因果關係的三個條件是什麼？其中哪一個條件不能完全表現出來？為什麼？

8. 為什麼研究人員運用圖示來展現因果關係？

9. 結構性解釋與解釋性接受的區別是什麼？

10. 研究過程中理論框架的主要作用是什麼？

注釋

【1】For more detailed discussions of concepts, see Chafetz (1978:45-61), Hage (1972:9-85), Kaplan (1964:34-80), Mullins (1971:7-18), Reynolds (1971), and Stinchcombe (1973).

【2】Turner (1980) has provided an interesting discussion of how explanation and theorizing can be conceptualized as translation.

【3】Classifications are discussed in Chafetz (1978:63-73) and Hage (1972).

【4】For more on typologies and taxonomies, see Blalock (1969:30-35), Chafetz (1978:63-73), Reynolds (1971:4-5), and Stinchcombe (1968:41-17).

【5】Network theory is discussed in Collins (1988:412-428) and Galaskiewicz and Wasserman (1993).

【6】An introduction to functional explanation can be found in Chafetz (1978:22-25).

【7】Introductions to alternative theoretical frameworks and social theories are provided in Craib (1984), Phillips (1985:44-59), and Skidmore (1979). An elementary introduction is given in Chapter I of Bart and Frankel (1986).

第四章

方法論的意義

社會工作實務中採用科學的方式爲社會工作專業注入了生機活力。以實證資料和科學發現爲基礎,這個科學的方法爲有效干預提供了切實可行的工具,更爲重要的是,它在干預過程中引入了社會工作專業中必需的解決問題和評估的內容。

—— Wodarsld, 23頁

　　很多人，包括社會科學之外的專業人士都會問這樣的問題：「社會工作及相關的社會科學術語是真正的科學嗎？」在他們看來只有自然科學才算得上是真正的科學。本章中，我們將探討社會科學背景中科學的含義。我們要建立在前幾章討論過的有關科學界、社會工作研究的多樣性和理論的觀點和認識。本章的重點是關於發現的方法——我們是如何獲得知識的，而不是具體的蒐集分析資料的方法。我們要討論這些問題：研究人員在開展研究時，他們都做些什麼？研究人員如何開展研究？

　　社會科學背景中的科學性體現在哪裡？這個問題實際上是每一個希望學習社會工作研究方法的人所關心的問題，因為這個問題的答案就在於研究人員所採用的方法之中。研究方法是保證社會科學科學性的核心，這個問題非常重要，並且具有悠久的歷史。自從社會科學誕生以來，人們就不停地提出這個問題。在經歷了兩個多世紀的整理之後，這個問題又被提到了我們的面前。很顯然，問題的答案絕不會很簡單。

　　一個問題如果出現了多個答案，並不意味著出了什麼問題，而是意味著社會工作研究者選擇了其他的方法，來保證研究的科學性。每一個方法都有自己特定的一套假設、原則和立場。在研究報告中，未必都會特別清楚地將每種方法表述出來，而且，很多研究人員可能對這些方法的認識比較模糊。儘管這樣，我們還是可以在社會科學及其應用領域中，看到這些方法的運用，看到它們的重要影響。[1]

　　Collins（1989:134）指出，有關「社會科學是否是科學」的爭論來源於對科學的定義。他認為，「現代科學哲學與社會科學並不矛盾，它並不意味著社會科學是不可能的，相反，它為我們提供了一幅更加全面靈活地反映科學全貌的圖畫。」本章中討論的方法能幫助我們將哲學抽象問題與具體的研究技術結合起來。這些方法展現了高品質的社會工作研究的內涵是什麼，證明開展研究的目的，在研究中為什麼需要帶有價值觀，以及需要遵循什麼樣的職業道德。這些構成了研究人員開展研究的框架。Couch（1987:106）是這樣總結的：

這些研究傳統的本體論和認識論的立場構成了當代社會學中的最主要的爭論要點。各方都宣稱自己的思維框架為探索社會現象、獲得知識提供了工具；各方認為對方的努力都具有誤導性……它們的區別在於需要關注哪些現象，怎樣來研究這些現象，如何分析這些現象。

　　在本章結束時，對於「社會科學研究的科學性是什麼」這個問題，我們可以得出三個答案，每討論一個方法都會得出一個答案。在學習初期，大家會感到有些困惑不解，但是，隨著不斷的深入，大家會發現，我們對理論和研究的多方面的認識越來越清楚。本章將討論的概括性的方法，是具體的研究技巧的基礎，大家會體會到這些具體技巧（例如，實驗法和參與式觀察）的意義。我們一旦了解這些方法背後的假設和邏輯，就

會得到事半功倍的效果。此外，本章中討論的方法會幫助大家理解在閱讀社會工作研究報告時，要接觸到各種觀點。更爲重要的是，本章下面討論的三種方法，可供你在將來的研究中選擇，你們可能會喜歡其中的一兩個方法。

三大方法

　　首先，我們需要清楚地認識到，科學的意義並不像聖經那樣，是寫在書上代代相傳，或者是刻在石頭上的，它是人類創造的一個研究的過程。直到19世紀早期，只有哲學家和宗教學者從事思辨性研究，或者對人類行爲進行探討。經典理論家們對現代文明最大的貢獻在於，他們提出可以用科學來研究人類社會。他們相信，通過認眞、嚴格、系統地觀察人類社會，加上仔細、邏輯的思考，可以創造出有關人類關係的有價值的知識。在現代社會，科學成爲公認的獲得知識的途徑。因此，當人們相信人類社會可以通過科學方式來進行研究時，這本身就是一個革命性的思想，會產生重要的影響。

　　一旦人們接受了人類社會可以通過科學方式來進行研究的觀點，接下來的問題就是：這種科學的方式是怎樣的，如何操作？一些人開始轉向現存的自然科學領域（如物理學、生物學和化學等），來模仿它們的方法。他們的觀點非常簡單：自然科學的合法性是建立在科學方法之上的，因此，社會科學家應該採用同樣的方法。

　　很多研究人員接受了這個觀點，但是，同時也出現了很多困難：第一，即使在自然科學領域，對科學的含義也存在著爭議。所謂科學的方法，只是一套鬆散的抽象方法和模糊不清的原則。歷史和哲學領域的學者發現了很多從事科學研究的方法，他們發現，科學家可以使用不同的方法。第二，有些學者認爲，從本質上來講，人類與自然科學的研究對象（如星星、岩石、樹、化學成分等）是完全不同的。人類有思維，懂得學習，有自我意識和記憶，有動機和理智。人類的這些特點表明，需要有一種科學來專門研究人類的社會生活。

　　當哲學家們忙於爭論時，社會工作研究人員們並沒有停滯不前。研究人員根據自己對科學的理解，發展出很多方法來開展研究。這時出現的問題是，這些創新的研究人員所採用的開展社會工作研究的一些技術，與哲學家對科學的理想狀態的假設是不相符的。

　　本章討論的三大研究方法是建立在對20世紀60年代開始的社會科學的重新評價之上的。[2] 這三大方法成爲很多爭論的核心，它們是一種理想狀態，或者是對複雜觀點的理想化和簡單化概括。在實踐中，大部分社會工作研究人員不會同意某個方法中的所有內容，他們通常會將不同方面的不同內容綜合起來。然而，這些方法代表了在社會科學研究領域中不同的世界觀和假設所反映的基本差異。[3] 這三大方法反映了觀察世界

的不同方法 —— 觀察、測量和理解現實社會的方法。它們源於不同的立場，儘管最後它們探討的是同一現象，得出了相同的結論。

為了方便我們討論，我們將三大方法的基本假設和觀點融入了下列八個問題之中。

1. 為什麼開展社會工作研究？
2. 社會現實的基本本質是什麼？（本體論的問題）
3. 人類的本性是什麼？
4. 科學和常識直接的關係是怎樣的？
5. 構成對社會現實的解釋和理論的要素是什麼？
6. 我們如何確定某種解釋是否正確？
7. 什麼樣的證據或事實依據是有說服力的？
8. 社會政治價值觀是如何進入科學領域的？

這三大方法就是實證主義方法、詮釋社會科學和批判社會科學。目前大部分社會工作研究都是建立在前兩個方法之上的。實證主義是歷史最悠久、運用最廣泛的方法。科學哲學家Miller（1987:4）發現，「實證主義是最常見的科學哲學觀，儘管這樣，還是出現了一些新的很有吸引力的方法來取代這個方法。」在過去的一個世紀中，詮釋的方法帶有強烈的少數民族的立場，引起了很多的爭論。批判社會科學在學術雜誌上並不多見。我們在討論中，加上了這個方法，是希望為大家提供一個有關社會科學意義的爭論全景圖；還因為，這個方法不斷批判其他的方法，並且試圖超越現有的方法。

每一個方法都與不同的社會工作理論傳統和研究技術密切相關。科學方法、社會理論和研究技術之間的聯繫並不十分嚴格。對同一個研究專案，同一個研究傳統或科學典範，都有同樣的方法。典範這個概念是由另一位著名的科學哲學家Kuhn（1970）提出的，它指的是理論和研究的基本導向。典範這個概念有很多不同的定義。一般來講，科學典範指的是一個完整的思維系統，它包括基本假設、需要回答的重要問題、需要解決的問題、採用什麼樣的研究技術，以及完美的科學研究的實例。例如，社會工作被稱為多典範職業，因為任何一個單一的典範都不能有效地發揮作用，而是幾個典範互相補充。[4]

實證主義社會科學

實證社會科學這個概念運用地比較廣泛，而廣義的實證主義指的是自然科學的方法。事實上，大多數人沒有聽說過其他的研究方法。他們認定實證主義的方法就是科學。對實證主義有不同的解釋，而且在科學哲學領域和研究人員中（研究人員中，怎麼

會歷史悠久），它的歷史悠久。[5]儘管這樣，對很多研究人員來講，這個詞成爲一個需要小心謹愼對待的、帶有貶損性的標誌。Turner（1992:1511）發現，「實證主義不再是一個明確的指代了，但是，很顯然，對很多人而言，作爲一個實證主義者不再是個好事了。」對上述八個問題的回答，使我們看到一幅清晰的、實證主義如何開展社會科學研究的圖畫。不同形式的實證主義，其名稱也有所不同，例如，邏輯經驗主義的、公認的或習慣的方法、後實證主義、自然主義和保護性法律模式和行爲主義等。

實證主義產生於19世紀法國人Auguste Comte（1798～1857）創造的社會學思潮中。Comte的主要著作是六卷本的《實證主義哲學》（1830～1842），在這本書中，他強調了很多實證主義的原則，這些原則至今還被人們所運用。英國哲學家John Stuart Mill（1806～1873）在自己的《邏輯系統》（*A System of Logic*, 1843）中，詳細闡述並修改了哲學原則。而法國經典社會學家Emile Durkheim（1858～1917）在他的《社會學方法原則》（*Rules of the Sociological Method*, 1895）中概括了實證主義的原則，這本書成爲實證主義社會工作研究者的主要教科書。

實證主義與很多具體的社會理論聯繫在一起。最有名的就是，它與結構功能主義、理性選擇和交換理論框架的密切相關。實證主義研究人員特別喜歡使用量化的資料，採用實驗法、社會調查和統計。他們追求的是嚴格的、準確的測量手段和「客觀」的研究，他們通過仔細地分析資料來檢驗假設。很多實用研究者（管理者、犯罪學家、市場研究人員、政策分析家、項目評估者和計畫者）非常喜愛實證主義。但也有批評家認爲，實證主義將人變成了數字，它只關注抽象的規則，而這些規則與活生生的人的日常生活是沒有關係的。

實證主義認爲，「世界上只有唯一一個科學的邏輯的存在，所有在科學名義下開展的活動都必須遵守這個邏輯」（Keat and Urry, 1975:25）。因此，社會科學和自然科學都必須採用同樣的方法。根據這個觀點，自然科學與社會科學的差異產生於社會科學的不成熟性和各自的研究對象。所有的科學，包括社會科學，最終都將發展成最發達的科學物理學那樣。各種科學之間的差異主要源自它們的研究對象的不同（例如，地質學的技術與天體物理學和微生物學是不同的，因爲它們研究的對象不同），但是，所有科學所遵循的原則和邏輯是相同的。

實證主義把社會科學當成集演繹邏輯與準確的對個人行爲的實證觀察爲一體的一個嚴密的方法，其目的在於發現和證實一系列可能的因果規律，從而對人類行爲的普遍模式進行預測。

問題

1. 我們為什麼開展社會工作研究

　　研究的最終目的是科學解釋、發現和記錄人類行為的普遍規律。另一個重要的原因就是揭示社會運作的規律，從而可以控制和預測事件。後一個原因有時被稱為「工具導向」。把知識當成工具來滿足人類的需要，控制社會和地理環境，這本身就是一個技術型的考慮。

　　一旦我們發現了主宰人類生活的規則，我們就可以利用這些規律來改變社會關係，改進生活方式，也許還可以解決貧困問題，更好地預測未來。例如，實證主義者會運用家庭流動性理論（如家庭規模、家庭購物習慣、鄰里穩定性等）來預測不斷增長的無固定居所的可能性。他們會進行一個研究，並準確地測量一些因素，來驗證理論中的因果規律。實證研究者就這樣創造出知識，社區鄰里機構將會運用這些知識來為服務對象謀求福利。

　　實證研究的支持者Turner（1985:39）是這樣總結這個方法的：「社會領域是按照抽象法則來發展的，因此完全可以通過細緻的資料蒐集來進行檢驗。」研究者需要「發展抽象原則和模式來說明社會領域的永恆不變的特徵」。

　　實證主義者認為，科學家應該永不停息地追求知識。學習的知識越多，越能發現更為複雜的問題，也就越需要繼續學習。早期的實證主義者認為，人類永遠不可能掌握所有的知識，因為這些知識掌握在上帝手中，然而，作為這個星球上的生物，人類具備了學習和追求知識的能力，因此也有責任盡己所能來探索新知識。

2. 社會現實的基本特徵是什麼

　　現代實證主義者認為，社會與自然現實是真真實實地就在「那裡」，等待人們將它發現出來。實證主義者還認為，人的知覺與智力有其缺陷，它明確地指出現實也許不是那麼簡單，但是現實卻確實存在。再者，社會現實不是隨機的，是有固定的模式與秩序的。少了這項假定（也就是說，如果世界是混亂與無規則的），那麼，邏輯與預測將成為不可能的事。科學使人能夠發現這個秩序與自然法則，科學所具備的這些基本的、可以被觀察到的法則是真實的、根本的、毋庸置疑的，「因為這些法則已經扎根於自然界的構造之中。發現一條法則就像發現美國一樣，因為它們都是實實在在的實體，並且都是等著被人們發現的」（Mulkay, 1979:21）。

　　另外的兩個假定認為，社會現實的基本模式是穩定的，對現實的了解需要不斷的累積。社會現實的規律不會隨時間的改變而改變，今日發現的法則，明天仍然適用。我們一次同時能夠研究現實的許多部分，然後將各部分合起來拼湊出整個圖畫。這個假設的某些早期版本指出，自然界的秩序是被上帝或是一位至高無上的存在者所創造的，就是證明上帝是存在的有力的證據。

3. 什麼是人類的基本特徵

在實證主義者看來，人類被認爲是自私自利的、尋求快樂的，同時具有理性的個體。人們的活動是以外在因素爲基礎，相同的原因對每個人都會產生相同的結果。通過觀察人類的行爲以及我們在外在現實中所觀察到的事物，我們可以對人有所了解。這比發生在內在主觀現實中的事物要顯得更爲重要。有時，這種模式被稱爲「機械模式的人性觀」，或者是行爲主義的觀點。它指的是人們對施加在物體身上的物理壓力一樣眞實的外在力量的回應方式。Durkheim（1938:27）指出，「社會現實是事物，應該被當作事物來加以研究」，外在現實暗示研究者不必檢視看不見的個人行爲的內在動機。

實證主義者指出，人類行爲或是社會制度不會因爲個人主觀意志要它發生，它就發生。人類事件的解釋可以參考因果法則，而因果法則爲我們描述原因與結果，揭示了類似自然科學中自然法則的模式運作的那些力量。這意味著，自由意志的想法大抵是杜撰之說，它只能描述目前科學尚未能夠征服的那些層面的人類行爲。

實證主義者大多反對絕對決定論，該論點基本上把人類看成是始終必須以同樣方式反應的機器人、傀儡。相反，因果法則包含了概率性。法則適用於大多數人、大多數情況。研究者可以估計某個被預測行爲出現的概率。換句話說，法則使我們能夠精確地預測某個社會行爲在大群體中發生的次數。因果法則無法預測每種情況下某個特定人物的某項特定行爲。不過，因果法則可以說，在情況X、Y與Z下，有95%的機率有半數的人會出現某種特定行爲。

例如，研究人員很難預測Jane Doe在下次申請工作時的表現如何。但是，在掌握了有關Jane Doe的事實之後，並且應用求職行爲法則，研究者可以精確地指出，有85%的機會，她（以及像她這類的人）將會申請一個工作職位。這並不是說，Jane Doe不能做自己想做的事情，相反，她的行爲有固定的模式，並受到外在社會力的約束和規範。

4. 科學與常識之間的關係是怎樣的

實證主義者發現科學與非科學之間存在一個明顯的分界點。在眾多尋求眞理的方法中，科學是特別的方法，也是「最好」的方法。科學知識比其他低劣的獲取知識的方法要好得多，而且終將取代那些劣等的方法（例如，魔法、宗教、天文、個人經驗、傳統）。科學從常識那裡借用了一些概念，同時取代了常識中那些鬆散、不合邏輯、缺乏系統，以及充滿偏誤的部分。科學界以其特有的規範、科學態度，與技術等集合在一起，能夠定期創造「眞理」，但是常識只有在罕見的情況下，偶爾才會創造一些眞理。

在實證主義傳統下從事研究的學者經常會創造出全新的字彙：一套與科學思想相關的術語。他們想要使用更具有邏輯一致性、更加精心思考提煉出來的概念，而不是日常生活中常用的觀念。實證主義研究者「在研究一開始就應該形成新的概念，而不該依賴外行人的概念……特別重視精確性，相信建立在學科基礎之上的語言，而不是日常生活

中的模糊籠統的語言，方有可能滿足精確的要求」（Blaikie, 1993:206）。

5. 什麼構成了社會現實的一個解釋或理論

　　實證主義的科學解釋是像法則般的（nomothetic，nomos意指希臘法律），是建立在一般法則的基礎之上。它透過因果關係的發現，科學地解釋社會生活為何是現在這個模式。解釋所採取的形式為Y是X造成的，因為Y與X是因果關係。換句話說，一個實證主義的解釋說明了適用於或者涵蓋社會生活特定觀察值的一般性因果法則。這就是為什麼實證主義被認為是使用窮盡法則的解釋模型。

　　實證主義認為，法則的運作是根據嚴謹的邏輯推理的。研究者以演繹因果法則與社會生活中所觀察到的特定事實，對它們進行連接。實證主義者相信，最後能以帶有公理、推論、假定以及定理等正式的符號，來表達法則和社會科學的理論。總有一天，社會科學理論看起來會像數學及其他自然科學中的理論一樣。

　　人類行為的法則應該是放諸四海而皆準的，不論是在哪個歷史時期、哪種文化中都適用。如前所述，法則是以機率的形式對集體的人類現象進行描述的。舉例來說，對20世紀90年代多倫多犯罪率上升的一項實證主義的解釋，會提到在任何一個時代任何一個地方都可以發現的因素（例如，離婚率的上升、傳統道德價值觀念的瓦解等）：19世紀90年代的孟買、20世紀40年代的芝加哥，甚至是21世紀最初10年的新加坡。這些因素在邏輯上源於一個普遍性的法則（例如，傳統道德秩序的崩潰導致犯罪行為比率的上升）。

6. 如何界定解釋的正確與否

　　實證主義產生於西方思想的啟蒙時代（中世紀後期）（Bernard, 1988:12-21），其中包含了一個非常重要的啟蒙思想，即人能夠認識真理，而且通過理智思考，還能分辨虛假。經過幾個世紀之後，理智的使用與真理的追求，終將使人類生活的處境獲得改善。隨著知識的增長、無知的減少，情況將有所改進。這個樂觀主義的信仰（即知識隨時間的流逝而累積增長），在實證主義者如何在錯誤的解釋之中篩選出真理的過程中，扮演了一個重要的角色。

　　嚴格來說，就實證主義而言，解釋必須符合兩個條件：第一，在邏輯上沒有矛盾；第二，符合觀察到的事實。不過，這還不夠，可複製性（replication）也是必要的（Hegtvedt, 1992）。任何一位研究者必須要能夠複製他人的研究結果，創造出與他人相同的研究結果。這為知識創造這個體系加上了一個稽查機制，以確保誠實，因為不斷會有人以扎實的、客觀的事實來檢驗解釋。所有相互對立的解釋處於一種開放的競爭狀態，使用的是公正無私的規則，精確地對中立的事實加以觀察，嚴格地遵循邏輯思考。時間一久，隨著不同的研究者對理論進行獨立的檢驗，積累研究發現，科學知識也隨之而累積增加。舉例來說，有位研究者發現在加州的聖地牙哥，失業的上升與虐待兒童事

件增加有關。但是要說明失業與虐待兒童之間的因果關係，並不能只靠一項單獨的研究。一個因果關係的確認，是靠著在其他的城市裡，許許多多進行獨立檢驗的研究者使用精心設計的、用來測量失業與虐兒的工具，都發現相同的因果關係所獲得的結果。

7. 什麼才算是有說服力的證據或是事實資訊

實證主義是二元論的，它認為冰冷的、可觀察的事實基本上與概念、價值、理論是不同的。經驗事實存在於個人的觀念或思想之外。我們可以透過我們的感覺器官（視力、嗅覺、聽覺與觸覺），或是使用可以擴展這些感覺的工具（例如望遠鏡、顯微鏡、電腦）來進行觀察。有些研究者用經驗事實的語言以及抽樣論的語言，來表達這個想法。如果對於這些事實有不同的意見，必定是出於測量工具使用不當所致，要不然就是由於漫不經心或是不正確的觀察所造成的結果。「科學解釋需要對現象進行準確與精細的測量」（Derksen and Gartrell, 1992:1714）。對於可觀察的實相，通過我們的感官所得到的知識，比其他方式所得到的知識（例如直觀、情緒感情）還要優越：因為前者可以使我們能夠區別社會生活中思想的對錯。

實證主義者把賦予經驗觀察的特權地位，與人們共用對經驗世界的主觀了解的這項假定結合起來。客觀知識不是根據某個人的觀察與推理而獲得的，還必須能夠與他人溝通與分享。獨立觀察事實的理性個人，會對這些事實得到一致的結論，這被稱為主體間性（intersubjectivity），或稱之為對這些事實所共同享有的主觀承認。許多實證主義者都接受由盎格魯—奧地利哲學家Karl Popper（1902～1994）在其著作《科學發現的邏輯》（*Logic of Scientific Discovery*, 1931）中所論述的謬化說（falisification doctrine）。Popper宣稱：「主張擁有某種知識的說法是永遠無法加以證實的，也無法得到充分合理的解釋，所能做的只是拒絕接受」（Phillips, 1987:3）。證實因果法則的有力證據，絕不是只累積支持性的證據，還需要尋求與因果法則相牴觸的證據。一個經典的例子就是，如果想要檢驗所有天鵝都是白色的這個觀點，即使我們找到了1,000只白天鵝，還不能算完全證實了這個因果法則或模式。只要有人找到一隻黑天鵝就足以駁倒我們，也就是說，只要有一個相反的證據就足以推翻我們的觀點。這意味著研究者需要證偽，即使在那種情況下，他們充其量也只能說：「到目前為止，我尚未找到任何相反的證據，所以那個觀點可能是正確的。」

8. 在什麼時候社會／政治價值介入科學

實證主義者力求成就一門價值中立的科學（value free science），也就是具有客觀性。客觀這個名詞有兩個意義：（1）觀察者對他們所見的事物有一致的看法；（2）科學不是以價值、意見、態度或是信仰為基礎的（Derksen and Gartrell, 1992:1715）。實證主義者視科學為社會的一個獨特部分，不帶有任何私人、政治或宗教的價值判斷。科學的運作不受影響人類其他活動的社會與文化力量所支配。科學的運

作涉及的是，應用嚴格的理性思考與有系統的觀察，是以一種超越個人偏見、偏差與價值的方式進行的。學術界的規範與運作維持了科學的客觀性。科學家在社會化過程中，學會並接受一套獨特的專業規範與價值觀。研究者接受並且詮釋這些規範，視之為學術界的一部分。學術界已經創造出一個相當詳盡的檢查與平衡系統，以防止價值偏差。研究者的正確角色是，做個「不偏不倚的科學家」。[6]實證主義的價值觀，對人們如何看待道德議題與知識，產生了極大的衝擊：

鑒於科學知識的實證主義理論已經成為所有知識的標準，道德見識與政治承諾不是被視為非理性而喪失了合法性，就是被貶為主觀偏好。道德判斷現在則被當作個人意見看待。（Brown, 1989:37）

小結

你可能發現自己對許多實證主義的假設相當熟悉，因為實證主義研究取向被當作科學的同義詞而得到普遍傳播。很少人知道實證主義假設的起源。在某些假設中包含了早期宗教的內容，因為發展這些假設的學者在18～19世紀都受過宗教訓練，而且都生長在一個接受某種特定宗教信條的文化歷史背景之下。當你在後面幾章讀到量化研究技術與測量時，就會看到許多實證主義的假設。實證主義的研究取向意味著，研究者從一般性的因果關係開始，這個因果關係是研究者根據邏輯，從一般性理論中推論出的一個可能存在的因果法則。研究者以合乎邏輯的方式，把這個關係中的抽象概念，運用到對社會世界的精細測量之中，他們在測量社會生活、檢視證據與複製他人的研究時，一直維持著無私、中立和客觀的立場。這些過程導致了對理論中所概要敘述的社會生活法則，進行經驗核對總和證實。

實證主義社會科學是在什麼時候、怎麼會居於主導地位的？這個過程頗為複雜。許多人認為這是純知識的自然進展，或是無法避免的進步。實證主義社會科學影響力不斷擴大，很大程度上，是由於政治與環境的變化造成的。實證主義首先在美國取得主導地位，並且在第二次世界大戰後，隨著美國成為領導群雄的世界強國，實證主義也成為很多國家社會工作研究的主要模式。客觀主義作為實證主義的集中表現，開始在20世紀20年代的美國崛起。隨著研究者從早期採用不很正式、不很精確的量化技術從事社會改革取向的研究，轉向採用自然科學強調的「價值中立」並追求嚴謹的技術，這樣，客觀主義也隨之成長起來。研究者創造精細測量個人外在行為的工具，以獲得可以統計分析的量化資料。客觀主義取代以本地研究為主導的研究方法，這類本地研究通常是行動取向，而且大多為質性研究。促使客觀主義發展的根本原因，包括研究者之間就聲望與地位的相互競爭，來自私人基金會（福特基金會、洛克菲勒基金會）的經費壓力，想避免

非正統政治作風的大學行政主管，研究者追求嚴謹專業主義公共形象的欲望，以及日益膨脹的政府與企業科層組織對資訊的需求等。這些壓力加起來重新界定了社會工作研究的性質。那些技術性較低的、應用性的、由社會改革者主持的（通常是女性）的地方性研究，與非政治性的、由大學男教授主持的精確的量化研究相比，常常處於劣勢。[7]

詮釋社會科學

　　詮釋社會科學可以追溯到德國社會學家Max Weber（1864～1920）和德國哲學家Wilhem Dilthey（1833～1911）。在其主要大作《人文科學導論》（*Einleitung in die Geisteswissenshaften*, 1883）中，Dilthey力主科學有兩個完全不同的類型：自然科學（naturwissenschaft）和人文科學（geistwissenschaft）。前者是植根於抽象的解釋（erklarung），後者建立在對於生活在某個特定歷史背景下的人們，他們日常生活經驗的一種同理心的了解，或稱為感悟（verstenhen）。Weber主張社會科學需要去研究有意義的社會行動（meaningful social action），或是有某個目的的社會行動。他也採用了感悟這個概念，並且覺得我們必須了解塑造個人內在情感，以及指導個人決定以某種特殊模式表現的私人理由和動機。

　　我們應該討論「社會行動」，人類行為不論何時，在意義上都與他人的行為產生主觀的關聯。舉例來說，有兩位騎自行車的人不小心相撞，這不是社會行動，但他們相撞前想躲避對方的行動，就是社會行動。社會行動並不僅僅是對社會學因果解釋有特殊意義的唯一行動，它還是詮釋社會學的基本研究對象。（Weber, 1981:159）

　　詮釋社會科學與詮釋學（hermeneutics）有關，詮釋學是源於19世紀的關於意義的理論，這個名詞來自於希臘神話中的一個神，叫Hermes，該神的職責是向人傳達神的欲望。詮釋學「就字面的意思來說，是指把模糊不清之處弄明白」（Blaikie, 1993:28）。詮釋學大多見之於人文學科之中（哲學、藝術、歷史、宗教研究、語言學和文學評論），著重在詳細的閱讀或回顧文本（text），文本可以是一段對話、書面文字或圖片。研究者通過閱讀，正確理解隱藏於文本中的意義。在閱讀時，讀者通常把自己的主觀經驗帶進文本的閱讀和理解之中。在研究文本內容時，研究者／讀者就是在吸收或進入文本內容中所提出的整體觀點，然後找出各部分與整體之間的關聯性。換句話說，真正的意義並非像表面所看到的：簡單易懂、一目了然。只有通過詳盡地研究文本內容，反覆思考它傳遞出來的多種資訊、尋找各部分的關聯性，才能夠獲得全面的理解。

　　詮釋社會科學有許多不同的類型：詮釋學、建構主義、人類社會學、認知社會學、唯心論社會學、現象學的社會學、主觀論的社會學，以及質性社會學等。[8] 詮釋社會學的研究取向，與社會學中的符號互動或是20世紀20～30年代的芝加哥學派相結合。它們常被稱為質性研究方法。

　　詮釋研究者經常使用參與式觀察和田野研究，要求研究人員長時間與被研究者進行直接的私人接觸。還有一些詮釋社會科學家以特別詳盡的方式，分析對話的錄音或是研究行為的錄影帶，以及微妙的非口語溝通，從情境脈絡中了解互動的細節。實證主義會精確地測量發生在從成千上萬人身上所篩選出來的量化細節，並使用統計分析。然而，詮釋研究者可能與十來個人一起生活大約一年的時間，使用仔細的方法來蒐集大量詳盡的質性資料，以便對這些人如何建構日常生活的意義，獲得深度的了解。

　　與實證主義的工具取向不同的是，詮釋研究取向採取的是實務取向，它關注的是普通人日常生活是怎樣的，他們如何管理好自己的日常事務的過程等。詮釋社會工作關心的是人們的互動、如何與他人相處。大體上來說，詮釋研究取向是指，為了能夠對人們如何創造與維持他們的生活世界有所了解，並且給予詮釋，研究者透過直接詳盡的觀察在自然狀況下的人們，以便系統分析具有社會意義的行動。

問題

1. 為什麼要進行社會工作研究

　　對詮釋研究人員而言，社會工作研究的目的在於，發展對社會生活的了解，發現在自然狀態下，人們如何建構意義的。詮釋研究者想要知道，對研究對象來講，社會是有意義的，什麼是他們所關注的，個人或當事人是怎樣經歷自己的生活的。這樣，研究人員可以全面了解一個社會環境，從局內人的角度來看待這個環境。研究人員從而可以與自己的研究對象分享自己的感受和解釋，並學會用研究對象的眼光來看待事物。詮釋研究者Harper（1987;12）在總結自己對一個鄉下修理店老闆Willie進行的十年研究後說：「本研究的目的在於分享Willie看事物的角度。」

　　詮釋研究者研究有意義的社會行動，包括那些外在的、可以觀察到的行為。社會行動指的是那些被人們賦予主觀意義的行動，它帶有一定的目的和意圖。非人類物種缺乏文化和思維推理能力，無法有計劃地組織自己的行動，並為行動賦予目的，因此，社會科學家需要研究人類行為的獨特之處。研究者必須考慮社會行動者的理由，以及行動的社會環境。例如，眨眼睛是人的生理反應，它很少是個帶有任何意圖的社會行動（即出於某個原因或某個動機的行為），但在某些特定的情境中，也能成為社會行動（如使眼色）。社會行動者的行動除了目的之外，還必須具備社會性，必須是「社會行動，引起社會科學家興趣的行動，行動者必須給自己的行為賦予一定的主觀意義，並直接與他人

的行動直接相關」（Blaikie, 1993:37）。

詮釋研究者發現，人類行爲很少具有原本固有的意義。人類行爲是在人群之中獲得意義的，這些人共同擁有一個意義系統，這個意義系統使得他們能夠把某些行動解釋成爲具有社會性的符號或行動。例如，在某個情境中，向某人伸出一個手指頭，可能會表達某種社會意義，它所表達的特定的意義（如指示方向、表達友誼、粗魯的表示等）取決於社會行動者所處的文化意義系統。

2. 社會現實的本質特徵是什麼

詮釋研究將人類社會生活當成是一種成就，它產生於人類互動的、有目的的行動之中。與唯實論的觀點（實證主義和批判社會科學所支持的），即認爲社會生活就存在在「那裡」，獨立於人類的意識之外的觀點正好相反，詮釋社會科學認爲，社會現實並不是在那裡等著人們去發現。反之，社會世界基本上就是人們所感知的那樣而存在的。社會生活之所以存在，是因爲人們體驗社會生活並賦予它意義。社會生活是流動的、短暫的，人們通過與他人的不斷溝通和協商來持續互動，從而使社會生活得以持續。他們運作的基礎就是建立在有關人和人類周圍事件的未經檢驗的、理所當然的知識之上。

詮釋研究主張社會生活是建立在社會互動和社會建構的意義體系之上的。人們對現實的體驗來自自己內在的經驗。而這種對現實的主觀感受對於捕捉社會生活是至關重要的。人類的外在行爲對於眞實的社會意義而言，是一種間接的、模糊的指標。詮釋社會科學認爲，「接近其他人類是可能的，但是只能通過間接的方式：我們最初所體驗到的就是手勢、聲音和行動，而只有在了解過程中，我們才能從外在的符號走進內在的生活」（Bleicher, 1980:9）。

對於詮釋社會工作研究者而言，社會現實是建立在人們對它的定義基礎之上的。一個人對某個情境的定義，決定了他／她在一個不斷變化的條件下如何賦予意義。例如，我們的社會現實包括如何對待我們大學的老師，在教學樓的通道裡我們要跟老師打招呼；在課堂上想發言時，需要舉手；稱呼他們爲Jones博士或Smith教授。我們從文化角色期望和多年在大學和科研機構的經驗中，學習了這些行爲。然而，這種關係的社會現實並非一成不變的。這個情境定義可能出現巨大的變化，這個社會現實可能被砸得粉碎，例如，某個教師發瘋了，不認識我們了，或者再也不來上課了。

實證主義假定，所有人都擁有相同的意義系統，我們以相同的方式來體驗世界。詮釋研究者則認爲，人們可能會以同樣的方式來體驗社會現實，但是也可能是不同的。詮釋研究者關注的問題是：人們是怎樣體驗世界的？他們創造意義並分享意義嗎？詮釋社會科學舉出了無數個例子，來說明人們看到、聽到甚至是觸摸到了同樣的物體，但是卻得出了完全不同的意義和解釋。詮釋社會工作研究者強調，實證主義回避了重要問題，把一種體驗世界的方式強加給他人。相比之下，詮釋社會科學假定，對人類經驗和社會

現實是可以進行多種解釋的。總之，詮釋社會科學的研究觀點認爲社會現實是由那些通過日常生活互動，建構意義和創造詮釋的人構成的。

3. 人類的基本特徵是什麼

人們通過互動將自己置身於創造一個彈性意義系統的過程之中。他們用這些意義，來解釋自己的社會世界，使自己的生活充滿意義。人類行爲可能有一定的模式和規律，但是這並非源於早已存在、等待被發現的法則。人類的行爲模式是在不斷演變的意義體系，或者是在社會互動所產生的社會慣例中被創造出來的。詮釋研究者需要探討的重要問題就是：人們信以爲眞的東西是什麼？與眞實相關的是什麼？他們如何界定自己的行爲？

詮釋社會工作研究者希望發現人們在採取行動時，賦予了自己的行動什麼樣的意義。如果從抽象的邏輯理論中演繹出社會生活，是沒有什麼意義的，因爲理論與普通人的感情和經歷是不相干的。人們採取行動是有自己的理由的，研究者需要了解人們行動的理由是什麼。個人的動機需要納入考慮範圍，即使這些動機是非理性的，帶有極強的感情色彩，甚至是帶有錯誤偏見的，也不能例外。

一些詮釋社會工作研究者提出，實證主義者所追尋的法則，只有在科學界了解了人們如何創造和使用意義體系、常識創造過程，以及在各種情況下，人們是如何使用常識之後，才有可能發現。還有一些詮釋研究者指出，人類社會生活中，根本就不存在這些法則，而尋找法則的努力是徒勞的。Schwandt（1994:130）指出，「當代詮釋主義者和建構主義者不會堅持認爲，對於任何詮釋，世界上存在有任何未受質疑的基礎。」換言之，意義的創造和現實的感受，只存在於人們的認知中，沒有任何一組意義會比其他一組意義更加完美、更加優越。例如，詮釋社會工作研究者想要發現失業造成兒童虐待這種人類行爲法則的念頭，從好的方面來講，是不夠成熟的；從壞的方面來講，則是危言聳聽。相反，研究者希望了解，人們是如何主觀感受失業的，以及失去工作對他們的日常生活的意義。同樣，詮釋研究者希望了解，兒童虐待者如何解釋自己的施暴行爲，他們如何解釋自己施暴的原因，以及對自己向孩子施暴的感受。詮釋研究者希望探索失業的意義和施暴的原因，以便了解當事人身上到底發生了什麼事件。

4. 科學與常識之間的關係如何

實證主義者認爲常識是比科學低一等的知識。與此不同的是，詮釋研究者則認爲，普通人運用常識來指導自己的日常生活，因此，我們必須首先學習常識知識。人們時時刻刻離不開常識，常識就是日常生活理論的積累，人們正是運用這些理論來組織和解釋日常生活中的事件。因此，理解常識至關重要，因爲它包含了人們在社會互動過程中所使用的意義。

詮釋研究中有一派觀點認爲，常識和實證主義的法則，都是解釋世界的不同方

式，也就是說，它們分別是兩套不同的意義系統。常識和科學知識都不可能爲我們提供所有問題的答案。兩者之間沒有高低、優劣之分。相反，詮釋社會工作研究者認爲，常識和科學知識在各自領域中都具有重要意義，它們用不同的方式來滿足不同的目的。

　　普通人如果按照科學來規範自己的言行，那麼，他們將一事無成。例如，通常人們用非系統化的經驗、習慣來猜測有關煮雞蛋這件事，如果嚴格使用自然科學的方法，那就需要煮蛋的人了解將水加熱的物理法則，以及解釋雞蛋內部構成的化學法則。實際上，就連那些自然科學家在從事「非科學」活動時，也是按照常識來行事的。

　　詮釋研究觀點提出，常識是了解他人的重要資訊來源之一。人的常識和對現實的感受來源於實用主義導向和對世界的假設。人們不知道常識是否百分之百正確，但是，爲了把事情做好，他們必須假定常識是眞的。詮釋哲學家Alfred Schutz（1899～1959），稱這種行爲是「自然態度」（natural attitude）。其假設就是，世界在你出生之前就已經存在，而在你去世之後，還將繼續存在。人們根據他們在與他人社會互動過程中所創造的意義體系，發展出各種方法來維繫或再建對現實的感受。

5. 什麼構成了社會現實的解釋或理論

　　實證主義者相信社會科學應該與自然科學一樣，有演繹的公理、定理以及相互關聯的因果關係。與相互關聯的法則和定理不同的是，詮釋社會科學理論在敘述故事。詮釋社會工作理論描述並詮釋人們的日常生活。它包括了概念和有限的通則，但是這些都與被研究者的經驗和內在現實比較貼近。

　　詮釋研究是表意性的（ideographic）、歸納式的。表意性指的是，這種研究方法提供的是符號式的呈現方法，或者說是「深度」描述。一份詮釋研究報告，讀起來更像一本小說或傳記，而不是一個數學證明。豐滿充實的細節描述和有限的抽象化，就是它的特點。對社會背景的詮釋分析，就像在詮釋一部文學作品，它具有內在的連貫性，並扎根在情境之中，也就是說，緊扣被研究者有意義的日常生活情境。

　　詮釋理論讓讀者感受另一個人的社會現實。這個理論之所以可以完成這個目標，是因爲它可以揭示日常生活中人們使用的意義、價值、詮釋框架和生活規則。例如，它能描述人們在某個情境下有分辨和解釋自己經驗的主要類型。類型指的是一個非正式的模式、架構或者一組概念，人們借此來分類、組織他們日常生活中體驗到的一些事件。

　　因此，詮釋理論猶如一幅勾勒出社會世界的地圖，或者一本描述地方風情民俗的旅遊指南。例如，一份有關專業賭徒的詮釋研究報告，會告訴讀者這些人的生涯經歷以及他們的日常生活的關注重點。它會描述所研究的某個特定的個人、觀察的地點和觀察到的行動，以及賭徒們所採用的策略等。讀者可以從中了解到專業賭徒的說話方式、他們是如何看待他人的、他們的恐懼和野心是什麼等。研究者會提出一些通則，並將不同的概念組合起來。整個報告詳細描述了賭界，理論和證據互相交織在一起，構成了一個完

整的整體，所有的概念和通則都與情境有機結合起來。

6. 如何分辨解釋是對還是錯

實證主義者通過固定的程式來檢驗假設，從而對理論進行評估。他們用其他科學家可以複製的方式，依照邏輯從理論演繹出假設，進行資料蒐集，並進行資料分析，如果假設經得起複製，則把該解釋看作是眞實的。而對詮釋社會科學家而言，如果被研究者認爲某個理論有意義，能夠幫助他人深入理解或者進入被研究者的現實，這個理論就是眞實的。如果研究者傳遞了對他人推理、感受和觀察事物的方式的深入理解，那麼，這個理論或解釋就是準確的。可能也會有一些預測，但是這種預測只是發生在非常親近的兩個人之間，好像兩個結婚很久的夫妻之間。詮釋社會科學的解釋，記錄了行動者的觀點，並將這個觀點轉換爲讀者可以理解的形式。Smart（1976:100）稱之爲適當性假定：

> 適當性假定斷言，如果一個關於人類行動的科學報告要能像劇本一樣，交給個別行動者，那麼，該報告必須從常識解釋日常生活的角度，讓該行動者讀懂、可使該行動者能夠將之轉換爲行動，甚至他的同伴也能理解。

詮釋研究者對他人意義系統的描述是一個二手描述（secondary account）。好像一個旅行者在講述外國故事一樣，研究者不是當地人。這樣一種局外人的觀點，與被研究者的原始敘述是有差別的，當然，越接近被研究者的原始敘述就越好。例如，檢驗一個有關專業賭博的詮釋研究報告的最好方式，就是讓專業賭徒來閱讀報告，檢查其準確度。一份高品質的研究報告，會給讀者提供足夠的有關賭界的資訊，如果讀者將這些資訊吸收，當他們遇到真正的專業賭徒時，他們對賭徒的術語、看法和生活方式的了解程度，會讓賭徒發問，這些人是不是也是專業賭徒？

7. 什麼才是高品質的證據，事實資訊是什麼

在實證主義看來，高品質的證據是可觀察的、準確的、不受理論和價值觀影響的。相反，詮釋社會科學認定特定情境脈絡所具備的獨特性和意義，是理解社會意義的關鍵所在。有關社會行動的證據，不能脫離行動發生的脈絡，以及置身於其中大行動者所賦予它的意義。正如Weber（1978:5）所說，「只有當我們通過同情性的參與，掌握了行動發生的脈絡時，才能獲得設身處地的、將心比心的準確性。」

詮釋社會工作研究人員認爲，事實是變化的，蘊藏在詮釋觀點的意義系統之中。事實不是客觀、中立、無私的。事實是具有特定情境的行動，是受到某個社會背景中某些人的解釋所制約的。對於實證主義的假定，即中立的局外人可以觀察行爲，發現明確的客觀的事實，詮釋社會科學研究者則認爲這是一個有待討論的問題：社會生活中，人

們如何觀察社會模糊不清的事實並賦予其意義？詮釋研究者指出，社會情境包含了大量的不明確性，因此，要發現一目了然、客觀的事實，幾乎是不可能的。絕大多數的行為和陳述都可能有多種含義，可以從不同的角度進行解釋。在一系列模糊不清的社會生活中，人們不斷評估情境中的資訊，並賦予資訊以意義，直到他們「弄明白了怎麼回事」為止，人們不斷地使事件「合情合理」。比如，我們看見有個婦女伸出一隻手，手背對外，手心對自己，就是這樣一個簡單的動作，都包含了多重含義。如果我們不了解社會情境，就無法理解這個動作的意義，這個動作可能有下列不同的意義：擋開劫匪的襲擊；晒乾指甲油；招呼一輛計程車；展示一枚新戒指；或是在一家糕餅店櫃檯前表示要五個蛋糕（見Brown, 1989:34）。人們只有考慮到事件發生的社會背景之後，才能對某個動作或陳述賦予意義。

　　詮釋社會工作研究者很少會問客觀的調查問題，也不會彙集眾人的答案，從中獲得某些有意義的資料。每個人對調查問題的詮釋，都必須放在特定的情境脈絡之中（例如，個人的經歷或調查訪談的情境），而且每個人提供的答案的意義，都會隨著訪談情境和問答的情境不同而有所不同。另外，由於每個人賦予每個問題及其回答的意義不同，將所有的答案集合起來只能看作一堆垃圾。

　　當研究一個背景或一組資料時，民俗方法論的詮釋研究者常常會使用括弧法（bracketing）。括弧法是一種心智練習，研究者先確定某個社會情境中理所當然的假設，然後將這些假設放置一邊。研究者要質疑並且重新檢視那些對當事人具有「明顯」意義的日常事件。舉例來講，在某個辦公室的工作環境中，有個20多歲的男研究人員對他的同事說：「今晚下班後，我們一起去打壘球，去嗎？」這裡沒有明說的內容包括：研究者要知道壘球的規則，要有一副壘球手套，在打球前需要將正裝換成運動裝。括弧法透露了大家人人知道的資訊，即假定大家都知道，但從來不用說出來。這個方法幫助研究者揭示促使其他事件成為可能的社會情境所具備的關鍵性特點，它也揭示了人們行動所依賴的基本理解架構。

8. 什麼時候社會政治價值觀會介入科學

　　實證主義研究者呼籲排除價值觀，在沒有政治干涉的環境中開展科學研究。與此相對立的是，詮釋研究者主張，研究者應該把反思、重新檢視並且分析個人觀點和感受當成研究的一個重要程式。詮釋研究者需要，至少是暫時需要這樣，與被研究者一起分享各自的社會和政治立場和價值觀。

　　詮釋研究者從不嘗試價值無涉。事實上，詮釋社會科學家質疑做到價值無涉的可能性，因為詮釋研究者認為，價值在我們的生活中無處不在。實證主義者稱之為價值無涉的概念，實際上是另一種意義體現和價值而已，即實證主義科學的價值。詮釋研究者鼓勵把價值明確化，反對將一套價值觀置於另一套價值觀之上。正確的研究角色就是做一

個「熱情的參與者」（Guba and Lincoln, 1994:115），與被研究者打成一片。

小結

　　詮釋研究觀點一直以實證主義的堅定的反對者身分自居。雖然有些實證社會科學研究者認為，詮釋研究觀點在探索性研究中非常有價值（見第二章），絕大多數實證主義研究者還是認為，詮釋研究是不科學的。在後面幾章中，當你學習到田野研究和歷史比較研究法時，還會有機會了解詮釋研究的內容。詮釋研究觀點構成了社會工作研究技術的基礎，它關注情境脈絡，使用不同的方式來進入他人內心世界，了解他們看世界的方法，特別重視對他人的情感世界獲得一種具有同理心的了解，而不是檢驗人類行為的法則。

批判社會科學

　　批判社會科學提供了方法論意義的第三種選擇。這個觀點有不同的叫法，即辯證唯物主義、階級分析和結構主義。[9] 批判社會科學融合了法則與表意兩種研究觀點。它同意詮釋研究觀點對實證主義的批評，同時它又加上了自己的批評，在某些問題上，它還不同意詮釋社會科學的觀點。這個觀點可以追溯到馬克思、恩格斯，之後由Theodor Adorno（1903～1969）、Erich Fromm（1900～1980）和Herbert Marcuse（1898～1979）等人的發揚光大。批判社會科學常與衝突理論、女性主義分析和激進心理治療學關係密切，也和批評理論有淵源，批判理論最早是由德國法蘭克福學派在20世紀30年代發展出來的。[10] 批判社會科學批評實證主義對理性方法的使用過於狹窄、反民主、反人性。這個觀點在Adorno的文章「社會科學的邏輯」（1976）中得到詳細論述。這個學派還活在世上的傑出的代表人物Jurgen Habermas（1929～），在他的著名的「知識與人類興趣」一文中，進一步推動了社會科學批判。在教育界，Freire的《被壓迫者教育學》（1970）也被劃入批判社會科學之列。

　　另一個例子就是法國作家Pierre Bourdieu（參見Schwartz，1997）。雖然他的研究領域比較廣闊，他還是發展出了一種將理論與研究區分開的觀點。他的觀點的幾個特點就構成了批判社會科學。這個觀點的基本特點之一，就是反對實證主義和反對詮釋主義。他既反對實證主義的客觀的、法則式的量化的實證研究，也反對詮釋社會科學的主觀的、唯意志論的研究。Bourdieu提出，社會研究必須是反思性的（即研究和自我批判是一個永恆的主題），必須具有政治性。他還相信，研究的目的是揭示日常事件，揭去日常事件神祕的面紗。最近，一種被稱為唯實主義（realism）的哲學觀也被整合進

了批判社會科學之中。[11]

　　詮釋社會科學批評實證主義不能處理活生生的人們所產生的意義，以及他們能夠感覺與思考的能力。它還相信，實證主義忽視社會情境，因此是反人性的。批判社會科學同意上述觀點，實證主義爲現狀辯護，是出於其對萬古不變的社會秩序的假定，實證主義從來沒有將現實社會當成是一個不斷變化之中的特殊階段。

　　批判社會科學批評詮釋觀點過分主觀、過分相對主義。批判研究者指出，詮釋社會科學研究者認爲所有的觀點都是相同的。詮釋研究者認爲人們的思想觀點比實際的情境更爲重要的這一觀點，說明他們的焦點放在了地方化、微觀層面和短期背景中，而忽視了宏觀的、長期的背景。詮釋社會科學只關注主觀現實性。對批判社會科學研究者而言，詮釋研究者是不講道德的、被動的。詮釋社會科學既不採取一個強烈的價值立場，也不幫助人們認識自己生活中的虛假意識，以便改善他們的生活。總體而言，批判社會科學將社會科學界定爲：一個爲了幫助人們改變處境、建構一個更美好的世界，而超越表面的虛幻、解釋物質世界的眞實結構的批評性的調查過程。

問題

1. 爲什麼要開展社會科學研究

　　批判研究者開展研究就是爲了批判和改變社會關係。他們實現這個目標的手段是，通過揭開社會關係的基本來源，提升大眾的權利，特別是那些無權人群的權利。批判研究的目的是改變世界。具體地說，社會工作研究需要揭發迷思，揭開隱藏者的眞相，幫助人們改變這個世界。在批判社會科學界，其研究目的在於「以一種使得批判社會科學本身成爲催化社會秩序改變的方式，解釋社會秩序」（Fay, 1987:27）。

　　批判社會工作研究是行動導向的，他們不滿現狀，尋求改革。實證主義研究者通常試圖去解決政府或企業精英所界定的問題，而不是「搞亂」。相反，批判研究者會通過「有意識地提出和界定更多的問題，而這些問題則是政界精英和管理者無法應付和解決的」（Offe, 1981:34-35）。批判研究者會不斷地提出一些令人尷尬的問題，揭露僞善、調查現狀，從而鼓勵草根階層的行動。「所有科學的重要性，包括學習的重要性，就在於了解之後能夠有所改變和發展，減少虛幻認識。學習的目的在於降低虛幻認識和無知，幫助我們從不被察覺的兼職、教條、虛僞的專制中解放出來」（Sayer, 1992:252）。

　　舉個例子，有位批判社會工作研究者開展了一項研究，來解釋在出租公寓中存在的種族歧視問題。白人房東拒絕將房子出租給少數民族房客。批判研究者通常不會只發表一篇論文，然後，等待市政府的房管部門來出面處理這件事。研究者會把論文寄給報紙，與草根團體開會討論研究結果。他們與社會行動家合作，以維護社會公正的名義，

動員政治行動。當草根人士圍住了房東的辦公室，鼓動成千上萬的少數民族房客來找房東申請租房，或者組織前往市政府的遊行，要求市政府採取行動時，批判研究者就會預測這些行動將迫使房東把房子出租給少數民族房客。研究的目的就是提升人們的權力意識和能力。Kincheloe和McLaren（1994:140）指出：

> 可以從個人賦權的框架中來最完整地理解和認識批判研究。所有希望帶上「批判」二字的研究，都應該與反對某個特定社會，或者社會中某個領域中的不公正現象有關。只有這樣，研究才具有改革性，不會因被貼上「政治性」而感到尷尬，也不會因為帶有很強的解放意識而擔心。

在Cowger和Snively（2001）看來，社會工作中的賦權研究和以優勢為本的評估應該考慮如何推動社會經濟平等，我們可以自問，在研究和評估中，是否理解和質疑現行的權力分配關係。另外，正如Saleebey（1997）、Cowger和Snively（2002），以及Russo（1999）提出的那樣，優勢觀點認為，賦權的驅動力必須來自當事人和當事人系統；他們為賦權的過程提供了「燃料」和「動力」。接受賦權的群體和個人有能力參與決策過程，他們不應該任由那些擁有權力的人士隨意安排和指揮。

Cowger和Snively提出了社會工作者在運用賦權模式對當事人進行評估時或進行研究時可以採用的12種策略。這些策略包括：讓當事人決定事實真相；相信當事人；發現當事人的需要；一直沿著優勢方向工作；尋找多元面向性；探討當事人的獨特性；運用當事人自己的語言；需求評估和評估研究要同時進行；尋找雙方的共識；避免指責；避免簡單的原因—結果式答案；要需求評估，不要診斷。

2. 社會現實的基本特徵是什麼

與實證主義一樣，批判社會科學採取了唯實主義的立場（也就是說，社會現實就在「那裡」等著被發現）。與實證主義不同的是，批判社會科學堅持歷史唯實主義，它相信，現實不斷被社會、政治、文化以及相關因素制約和塑造。社會現實與時俱進，表面上，社會現實可能會被誤導，但是在其背後存在著無法觀察的、經久不變的真實的權力結構。批判社會科學認為，社會現實總是不斷變化的，而變革植根於社會關係或制度間的緊張、衝突或者矛盾之中。批判社會科學把重點放在變遷與衝突，特別是社會關係組織模式所固有的悖論和衝突上。這些悖論或者內在的衝突反映了社會現實的真正本質特點。

有一個生物學的類比可以清晰地反映這種悖論。生與死是對立的兩個方面，然而死始於生。我們從出生的那天起，便開始走向死亡。這個聽起來很奇怪，但是隨著我們長大，我們的身體就開始變老、退化。這就是內在的矛盾。出生必然帶來了它的否定的一

面，即死亡。因此，生存與老化之間的鬥爭，無時不在。伴隨著生存，我們的身體也面臨著老化，或者走向死亡。生與死有時候看起來像兩個對立物，但實際上更像大的變化過程中兩個互相連接的部分。這個悖論的、帶來變化的內在衝突或矛盾的概念，也被稱為辯證法。

變化可以是不均衡的，長期以來一直很緩慢，然後突然會加速。批判社會工作研究者研究過去，研究不同的社會形態，是希望更好地理解各種變化，發現組織社會生活的其他方式。批判社會科學研究者的興趣點集中於新社會關係的發展、社會制度和社會演變，以及重大社會變遷的成因。

批判研究觀點認為，社會變遷和衝突並不總是那麼明顯並可以觀察的。在社會這個世界中充滿了虛幻、迷思和扭曲。人們對世界的初步觀察，常常是不完整的，甚至是錯誤的，因為人類的知覺和知識是有限的。表面虛假的現實未必建立在有意識的欺騙之上。對物體、事件或者社會關係特點所產生的即時感受幾乎不能反映事物的全貌。這些虛幻假象，使得社會上某些團體得以掌權並剝削他人。馬克思明確指出：「統治階級的思想在每個時代都主宰一切思想……擁有生產工具的階級同時控制了思想創造的工具。因此，那些缺乏思想創造工具的人們的思想便受制於統治階級。」（Marx and Engels, 1947:39）

批判社會工作觀點強調，社會現實具有多重面向。在直接的、可觀察的表面現實背後，存在著深層結構或者是看不見的機制。表面社會現實層面的事件和關係，是建立在深層結構之上的。經過努力，我們可以使得這些深層結構曝光。批判社會工作研究者在探索表面現實、揭示深層結構時，常用的方法包括：密集式的一針見血的質疑，採用一個方向指導性的理論、明確的價值立場和歷史取向。

詮釋社會科學與批判社會科學兩者，都認為社會現實是變化不定的，並且受到社會建構的意義的影響。兩者的分歧之處在於，批判社會科學觀點不同意詮釋觀點重視從微觀層面解釋互動，以及接受所有的意義系統。批判觀點認為，儘管主觀意義非常重要，但是決定和塑造社會關係的還是客觀的、真實的關係。批判社會工作研究者質疑社會情境，並將社會情境放進了一個更廣闊的、宏觀層面的歷史背景中。

例如，詮釋社會工作研究者要研究男性老闆與女祕書之間的互動，對他們的行為規則、解釋機制和意義系統進行了細緻的描述。而批判社會工作研究者則會從某個觀點出發（例如女性主義），提出詮釋研究觀點中忽視的問題：為什麼出現男老闆和女祕書現象？為什麼老闆與祕書之間權力不平等？為什麼大型組織創造出來的這樣的角色在我們社會中處處可見？不平等的權力關係在歷史上是如何發生的？祕書為什麼總是由女性來擔任？社會上的性別角色如何影響到這種關係？為什麼老闆可以開色情玩笑讓女祕書感到羞辱？根據老闆的生活狀況（高薪、鄉村俱樂部會員身分、新汽車、大房子、很好的退休計畫和股票投資），以及祕書的生活狀況（低薪、要照顧子女、整天考慮如何支付

家庭開支、電視是唯一的休閒娛樂），老闆的角色與祕書的角色是怎樣發生衝突的？這個祕書會與他人聯合起來挑戰自己老闆和他人老闆的權力嗎？

3. 人類的基本本質是什麼

實證主義認為社會力量有自己的生命，不受人的個人意志控制，按照自己的方式進行運作。這樣的社會力量有駕馭人、控制人的能力。批判科學研究觀點駁斥了這個觀點，認為這個觀點是物化（reification）的概念。物化指的是賦予你活動的創造物一個獨立的、外在於你的存在。也就是你把自己從你所創造的事物或你協助完成之事中分開或移開，直到你再認為這是你的一個部分，或者這個創造物與你的參予無關。一旦你認為自己沒有什麼貢獻，把自己曾經的創造物當成外在力量的時候，你就會對自己的命運失去控制權。例如，兩個人相遇、相愛、結婚，組織一個家庭。兩年後，一方感到無助，受到看不見的力量所困擾。他／她就會與對方就家庭瑣事或花錢方式發生爭執，一方的價值觀認為要自己洗碗或倒垃圾是不對的。我們知道，同意採取某種生活方式完全是個人的決策產物。因此，讓他們感到無助和困擾的力量就是他們自己的社會產物，雖然他們自己已經不記得這一點了。如果人們發現了讓自己無助和困擾的力量（如社會價值觀，社會角色，自己的決定等），並採取相應行動時（如調整自己的生活方式），那麼他們就能夠找到解決途徑，感到舒坦一些。

批判研究者認為，人類具有很多未被發現的潛能。人類具有某種創造力，它的潛能是可以改變的，而且有很好的適應能力。除了創造力和可以改變的潛能之外，人類也會受到他人的誤導、虐待和剝削。他們受困於一個由社會意識、義務和關係形成的網路之中，看不見變遷的可能性，從而失去了獨立性、自主性和對自己生活的控制權。當人們讓自己孤立於他人之外，脫離了和自己情境相同的群體時，這個局面就會發生。只有當人們消除了自己的幻覺，加入變革的集體社會行動時，他們的潛能才有機會發揮出來。人們可以改變世界，但是，日常生活中的錯覺、孤立以及被壓迫的處境，常常阻礙他們去實現自己的夢想。

舉例來講，過去很多代美國人都相信，女人不如男人，男人天生有能力做出重大決定，女人無法承擔職業責任和義務等。在20世紀60年代之前，大多數美國人還認為，女人的能力低於男人。到了20世紀80年代，只有很少一部分人還持有這樣的觀點。這種信仰上和社會關係上出現的明顯變革源於一種新的意識和有組織的政治行動，它們摧毀了普遍存在於法律、風俗習慣、政府政策以及人們日常生活的信念之中的一種迷思。

4. 科學與常識之間的關係如何

批評社會科學對常識的立場是基於錯誤意識（false consciousness）這個概念，即人們誤解了客觀現實下自己的最佳利益，並做出了違背自己最佳利益的行動。客觀現實隱藏在迷思和幻覺背後。錯誤意識對於詮釋社會科學來講，是毫無意義的，因為那意味

著社會行動使用一個錯誤的或者是脫離客觀現實的意義系統。在詮釋研究者看來，人們創造並且使用這些意義系統，研究者只能描述這些系統，而不能判斷它們的價值；批判社會工作者則認爲，社會工作研究者應該研究主觀想法與常識，因爲這些想法和常識塑造了人們的行爲。然而，批判社會工作者也充滿了迷思和幻覺。批評社會科學假定，有一個客觀的世界存在，它對常識所依據的資源和權利有著不均等的控制力。

　　批評研究者所說的結構是難以用肉眼看得見的。要看清這個結構，研究者必須先動手消除迷思，揭開矇在結構表明的面紗。小心翼翼地觀察是遠遠不夠的，它不能幫助我們分辨出需要觀察什麼，即使觀察到了，幻覺也不能有效地消除幻覺。研究者必須運用理論來挖掘隱藏在表面關係背後的東西，觀察充滿了衝突和危機階段，探究相互之間的關聯性，回顧過去，展望未來的可能性。揭露深層次的眞相並不容易，但是這卻是基本的工作，因爲表面的現實充滿了意識形態、迷思、扭曲和錯誤的表象。「常識易於把社會現象變得自然化，使得我們相信這就是理所當然的、天經地義的事情。對常識毫不批評的社會科學就是在不斷地複製這些錯誤」（Sayer, 1992:43）。

5. 什麼構成了社會現實的解釋或理論

　　實證主義是以決定論的思想爲基礎的：人類行爲受到因果法則所決定，而人類自身對這個法則完全沒有控制力。詮釋社會科學提出了自願主義（voluntarism）的假定：人們有極大的自由意願來決定創造社會意義。批判社會工作觀點介於上述兩種觀點之間，部分帶有決定論的觀點，部分帶有自願論的觀點。批評社會科學說，人們受限於自己所處的物質條件、文化脈絡和歷史情境。人們所生活的世界限制了他們的選擇，並且塑造了他們的行爲與信仰。當然，人們並沒有被鎖進一個不可避免的社會結構、關係和法律之中，人們可以發展出新的見解和看事物的方法，從而使得他們能夠改變這些結構、關係和法律。他們首先需要發展出一個未來遠景，團結起來共同爲改變而努力，這樣他們就能夠推翻那些壓迫自己的勢力。總之，人們確實可以在一個非自願選擇的情境下，重塑自己的命運。

　　一個徹底的批判社會工作解釋，會消除幻覺的神祕色彩，描述自身處境的底層結構，解釋如何實現變革，並提供一個未來的可能性遠景。批評理論除了描述那些構成可觀察的現實而人們卻看不見的機制之外，還要對人類的處境提出批評，並且暗示一種推進改變的計畫。批判社會工作者很少重視人類行爲的固定法則，因爲這個法則是不斷變化的。人類行爲只是部分受到這些法則的控制，或者只是部分地受到來自社會結構背後的因素的限制。雖然這個很困難，而且需要長期的奮鬥，人類還是可以改變大部分社會中的顯性法則。通過明確揭示社會關係中的因果機制、導火線和杠杆，批評社會科學能夠解釋某些行動怎樣以及爲什麼能夠導致社會變革。

6. 如何分辨解釋是對還是錯

實證主義者通過演繹假設、複製觀察結果來檢驗假設，然後將這些結果綜合起來看是否支持法則等方法，來驗證理論。詮釋主義者則以觀察意義系統和行爲規則對被研究者來講是否是言之有理的方法，來支持理論。批評理論試圖爲人們提供資源，能夠幫助他們了解並改變他們的社會關係。一個高品質的批判社會工作理論會告訴人們自己的生活經驗，幫助他們理解自己的歷史角色，然後運用這些經驗和角色來改變自己的處境。

批評理論告訴我們實際行動，或者建議怎樣行動，但是理論也會根據實際的應用情況來進行修正。批評理論不斷完善，並與它解釋的世界之間產生互動。由於批評理論想要通過那個處在不斷變化之中的隱性結構，來解釋並改變這個世界，因此，檢驗解釋正確與否就不是靜態的。驗證理論是一個持續不斷的運用理論、然後修正理論的動態過程。經過持續的消除無知、擴大眼界的行動過程，知識得到發展和豐富。

批判觀點使用與理論對應的實踐（praxis）來區分好的理論和壞的理論。它將理論付諸實踐，用實際運用的結果來重新修正理論。與理論對應的實踐意味著，當解釋能夠幫助人們真正理解世界，並能夠採取行動來改變世界時，解釋的價值才能體現出來。正如Sayer（1992:13）所述，「知識主要是從試圖改變我們的環境（通過勞動或工作）的行動之中，以及通過與他人的互動行動之中來獲得的」。

批判社會工作研究試圖消除存在於研究者與被研究者之間的隔閡，以及科學與日常生活之間的區別。例如，批評研究者發展出了一個關於租房歧視的解釋。他檢驗這個解釋的方式就是：根據這個解釋採取行動，試圖用它來改變歧視現狀。如果解釋認爲底層的經濟關係是造成歧視的原因，房東拒絕將房子租給少數民族，是因爲他把房子租給非少數民族在經濟上獲利更多；如果，把房子租給少數民族會在政治上獲利，這樣，房東就有可能把房子租給少數民族。相反，如果該解釋指出，如果是某些深層的因素導致了房東的種族歧視，而不是獲利的因素，那麼，以獲利爲基礎的政治行動就不會成功。批評研究者就會結合新的政治行動研究，將種族歧視作爲分析房東行爲的一個基礎，並據此提供相應的行動計畫。

7. 好的證據是什麼？或者事實資訊是怎樣的

實證主義假定，世界上存在著所有理性的人們都同意的中立事實。這個兩元論的學說指出，社會事實就像物體一樣，它們的存在獨立於價值或理論之外。詮釋主義認爲，社會世界是由人類創造的意義所組成的，意義又是人們所創造並協商的結果。它反對實證主義的兩元論，但把重點放在了主體上。所謂的證據，指的是所有存在於置身其中的人們的主觀理解之中。批判觀點試圖將主觀—客觀的鴻溝連接起來。他們指出，物質條件下的事實獨立於主觀知覺之外，但是事實並非理論中立的。相反，事實需要在一個價值、理論與意義的架構內，才能得到較好的解釋。

　　例如，在醫療健康方面的花費，美國比任何一個發達國家都要高，然而，它的最低嬰兒死亡率只排名第14位，這是一個「事實」。批評研究者在解釋這個事實時指出，美國有很多人沒有得到醫療健康照顧，沒有一個制度可以將所有人都納入照顧之列。這個事實包括了某些人是通過盈利的保險公司、藥店、醫院，以及其他因目前這個制度性安排而大獲其利的人士所組成的一個複雜的體制，獲得了醫療健康照顧。那些有權有勢的群體日益富有，而社會上那些弱勢群體和窮人，只能獲得低品質的醫療健康照顧，或者是完全得不到醫療照顧。批評研究者在研究這些事實時，他們常問的問題就是：誰從中獲利？誰承受損失？

　　理論幫助批判社會工作研究者發現新的事實，並從瑣碎的事實中找到重要的內容。理論好似一本地圖，它告訴研究者在哪裡能夠找到事實，一旦找到事實後，如何去解釋這些事實。批判理論指出，在自然科學中，理論也有相同的功能。例如，生物學家通過顯微鏡來觀察紅細胞，這是建立在關於血液與細胞理論之上的，以及生物學家關於顯微鏡現象教育的事實。沒有這個理論和教育，生物學家看見的只是一些沒有意義的小點點。由此可見，事實與理論是相互關聯的。

　　在《非洲的不平等》（*Inequality in Africa*）一書中，Nafziger（1988）採用了批評理論。他批評了收入不平等的「事實」，因為在一個不普遍使用貨幣的社會中，人們只測量貨幣收入。他還批評了其他幾個有關「事實」的解釋，如土地分配和嬰兒死亡率。這些事實忽視了生活在農場的人口，以及在某些國家中的主流群體（南非白人）之外的民眾，而這些主流群體的嬰兒死亡率比起國內其他群體要低得多。相反，Nafziger尋找更加廣泛、更加全面的事實（例如出生率、城鄉差距、種族區分、國際貿易、政治權利等），並且超越這些事實的表面，去尋求彼此之間的關聯。他問道，「爲什麼第二次世界大戰之後，非洲成爲唯一一個變得更窮的地區？」他的理論幫助發現了若干個主要的社會群體（例如政府領導）和階級（例如農民）。他還質問，不同的導向和政策是否關注每個群體的利益。

　　就發現和理解主要事實而言，並非所有的理論的價值都是一樣的。理論是建立在對這個世界的信念和假定，以及一組道德政治價值的基礎之上的。批評社會科學指出，有些價值是比另一些價值更有意義的。[12]因此，爲了解釋事實，人們必須理解歷史，選取一組價值觀，並指導到那裡去尋找底層的結構。不同版本的批判社會工作提供了不同的價值立場（例如，馬克思主義和女性主義）。

8. 什麼時候社會政治價值觀介入科學之中

　　批判觀點帶有行動主義的取向，社會工作研究是一個道德政治活動，要求研究者忠於某種價值立場。批評社會科學駁斥實證主義的價值中立的說法，認爲這是一種迷思。同時，批評社會科學也反對詮釋觀點所採取的相對主義的立場（即認爲每件事都是

相對的，世上沒有絕對的事）。在詮釋研究人員看來，天才的現實與傻子的現實同樣是真實的，同樣具有重要性。判斷多元的現實或者相互矛盾的現實，基本上是沒有什麼基礎的。例如，詮釋社會工作研究者不會認為種族歧視主義者的觀點是錯誤的，因為任何一種觀點對於其信仰者而言，都是真實的。批評研究者認為，只有一個或者少數幾個正確的觀點，其他觀點不是錯誤的就是誤導性的。所有的社會工作研究必須始於一個價值立場或者是道德觀點。對批評社會科學而言，保持客觀性並不等於價值中立。客觀性指的是對於現實真相有一個沒有扭曲的、真真實實的圖象，「它挑戰了這樣的信念，即科學必須受到不受政治干擾的保護。它主張某些政治 —— 追求解放式社會變遷的政治活動 —— 能夠增加科學的客觀性」（Harding, 1986:162）。

批判社會工作指出，否定研究有自己的觀點這個說法本身就是一個觀點。這是技術之上的觀點：只關注做研究而忽視道德層面的問題；取悅於老闆，服從命令。這樣的觀點實際上等於承認科學是任何人都可以使用的工具和器皿。當納粹科學家們從事非人性的試驗，然後聲稱自己不應受到指責，因為他們「只是服從命令」，他們「只是科學家」時，這個觀點受到了很多的批判。實證主義者採用這個研究取向，來生產科技官僚知識（一種知識形式），它被掌權者用來主宰和控制被統治者。[13]對於批判社會科學而言，「行為科學的政治用途已經使實證主義成為精英階層的合法意識形態……價值中立本身已經為精算的官僚統治提供了一個道德的口實」（Brown, 1989:39）。

批判觀點反對實證主義和詮釋社會科學，認為他們只關注研究世界，而不關注如何改變這個世界。批判社會科學認為，知識就是一種力量。社會工作知識能夠被用來控制人民，也可被象牙塔中的知識份子用來玩文字遊戲，它還可以被人們用來幫助自己控制和改善自己的生活狀況。研究者研究什麼，怎樣研究，以及研究結果如何應用等，都涉及價值和道德層面的內容，因為知識對人們的生活會產生具體的影響。研究者無論是研究平常的行為，還是無法探索深層次的內容，或是將研究結果放在大學圖書館中，所有這些行動都需要做出一個道德選擇。這個選擇是從被研究者那裡索取資料資訊，而不邀請他們參與研究或者是解放他們（見方框4-1）。批判社會工作質疑這種選擇的道德性，儘管這並不是一個有意識的選擇。研究者的正確角色就是一個「肩負改革重任的知識份子」（transformative intellectual）（Guba and Lincoln, 1994:115）。

方框4-1　個案延伸法（extended case method）與批判社會科學

Michael Burawoy（1998）的個案延伸法是批判社會工作一個很好的佐證。他指出，這個方法將反思科學方法運用到人類學或者田野研究之中。反思科學是批判社會科學的一種，它認為，社會研究必須是研究者與研究對象之間的對話。因此，互為主體性並不僅僅

適用於科學家之間，正如實證主義研究觀點那樣，同樣，它還存在於研究者和被研究者之間。Burawoy總結了反思科學的四大特點：

1. 研究者與主體─參與者互動，兩者互動中出現的分裂和憂慮能夠幫助揭露社會生活，能夠更好地闡明社會生活。

2. 研究者在特定的情境中採用了主體─參與者的世界觀，但並不僅僅停留於此。研究者將不同個體的觀點和不同的情境綜合在一起，並將它們融入更加廣泛的社會過程。

3. 研究者同時從兩個不同的角度來看世界，即從內向外（從被研究者的主觀觀點）和從外向內（對人們形成產生影響的外部力量的角度）。

4. 研究者不斷地建設和重建理論。這個過程發生在與研究對象的不斷對話中，以及與學術界其他學者的不斷對話之中。

　　Burawoy運用個案延伸法研究了辛巴威的九名工人。他指出，實證主義的社會科學研究最適合這樣的情境，即人們「毫無權利抵抗外部經濟政治系統」（p. 30）。換言之，人們深受控制，對自己的生活毫無控制權。而批判社會科學則更適合人們試圖抵抗或減少權利差異和主宰的情境。它重視解放的背景，即人們對自己生活環境中的外部權利和控制力提出了質疑和挑戰。

小結

　　雖然很少有研究者單獨採用批判社會工作觀點來開展研究，但是，很多社區行動小組、政治機構和社會運動都採用這個觀點，這些研究結果很少出現在學術刊物中。批判研究者可以採取任何研究技術，但是他們還是比較偏愛歷史─比較方法，這是因為這個方法強調變革，強調揭示下層結構。批判社會工作研究者與其他學派的區別不是在研究技術上，而是在他們提出問題的方式上、他們提出的問題的類型以及他們的研究目的上。

女性主義和後現代研究

　　你們可能聽說過另外兩個正在形成之中的、不如前面介紹的三個研究觀點有名的研究觀點，它們就是女性主義研究觀點和後現代研究觀點。它們都批評實證主義，並且都在詮釋和批判觀點基礎上提出了新的研究觀點。它們仍然處在萌芽期，只是到了20世紀80年代後期才引起人們的重視。

　　女性主義研究通常都是由那些具有女性主義認同，並有意識地採用女性主義觀點的

人開展的，他們絕大多數都是女性，他們使用多種研究技術。女性主義方法論試圖給女性一個發言權，以矯正長期以來一直主導社會科學發展的男性觀點。這主要是受到了像《女性的認識方式》（Women's Ways of Knowing, Belenky et al., 1986） 之類的著作的影響，這些著作強調女性學習和表達自己的方式與男性不同。

女性主義社會工作研究建立在一個不斷提高的意識之上，即女性的主觀經驗不同於一個普通的詮釋觀點（Olsen, 1994）。很多女性主義研究者把實證主義與男性觀點等同起來，它是客觀的、合乎邏輯的、任務導向的、工具性的。實證主義反映了男性對個人競爭的重視，對環境的主導和控制，對實實在在的事實和影響世界的力量的重視。相反，女性重視包容和逐步發展人類聯繫。在他們看來，社會世界是一個交互依賴的人際關係網，生活在其中的人們因為信任和相互責任感而連接在一起。女性強調社會生活中的主觀、同理心、過程導向和包容性的特點。女性主義社會工作研究同時也是行動取向的，它旨在推廣女性主義價值觀（見方框4-2）。

方框4-2　女性主義社會工作研究特點

· 提倡女性主義價值立場和觀點
· 拒絕性別歧視的假設、概念和研究問題
· 在研究人員和被研究者之間建立同理心的聯繫
· 對社會生活各個領域中的性別和權利關係分配具有很強的敏感度
· 將研究者的個人情感和經歷與研究過程結合起來
· 在選擇研究技術和跨學科領域上具有一定的靈活性
· 明確在人類經驗中情感和互相依賴的不同方面
· 行動為導向的研究，以推動個人和社會變革

女性主義社會工作研究者認為，很多非女性主義的研究都充滿了性別歧視，是廣泛的文化信仰和男性研究者主導的研究領域的結果。這些研究常常將男性的經驗通則過度推廣到女性身上，忽視了性別乃是基本的社會分工，其研究焦點集中在男性身上，以男性觀點作為參考點，並且假定了傳統的性別角色。舉例來講，當家庭中的男性成年人找不到穩定的工作，傳統的研究者就會說，該家庭面臨了失業問題；而同一個家庭中的女性在社會上找不到一個穩定工作時，則不會認為該家庭面臨失業問題。同樣，未婚媽媽的概念是傳統研究者常常使用的一個概念，但是，卻沒有一個對等的未婚爸爸的概念。

女性主義社會工作觀點把研究者當成了一個性別化的生物。研究者擁有一種社會性

別意識，它還影響了他們的現實生活經歷，因此，這個社會性別也會影響他們的研究。除了社會性別影響個體研究者外，基本的理論假設和學術界形成了一個性別化的文化環境。社會性別對文化產生了深遠的影響，塑造了人們的基本信仰和價值觀，所有這些都不能簡單地在科學研究過程中區分和隔離。[14]女性主義社會工作研究者無法客觀或者置身世外，他們要與其研究對象進行互動、合作，他們將個人生活與職業生活融為一體。例如，女性主義研究者會努力理解被訪者的經歷，同時也會與被訪者分享自己的感受和經歷。這個過程可能會促進研究者與被訪者之間的私人關係，隨著時間的推移，這個關係會日益成熟。Reinharz（1992:263）指出，「正式和私人關係的模糊化，好像要消除研究計畫和研究者生活之間的區別一樣，是大多數的即使不是全部的女性主義研究的一個特徵。」

女性觀點的影響及其渴望尋求並獲得與自己的研究對象之間建立一種親密持久的關係的欲望，同樣出現在生物科學領域。女性主義社會工作研究者希望避免量化分析和試驗方法。他們很少固執地使用同一種方法，相反，他們採取多種方法並舉，常常會使用質性研究和個案研究。Gorelick（1991）批評很多女性主義研究者與詮釋社會科學走得太近。她認為，詮釋社會科學限制在被研究者的意識之中，無法揭露隱藏的結構。Gorelick希望，女性主義研究者採用更加批判的研究取向，更加堅定地宣導社會變革。

後現代社會工作研究是更為廣泛的社會運動的組成部分，或者是漸進了解當代世界——包括藝術、音樂、文學和文化批評——的一部分。它始於人文科學，植根於存在主義、虛無主義和無政府主義，以及Heidegger、Nietzsche、Sartre和Wittgenstein等人的思想。後現代主義是對現代主義的摒棄。現代主義是指起源於啟蒙時期的基本假定、信仰和價值。現代主義重視邏輯推理，對未來抱有樂觀態度，相信進步，對科技與科學充滿了信心，推崇人本主義價值觀（也就是說根據對人類福祉的功效來判斷思想的價值）。現代主義堅持，世界上存在有為大多數人所接受的真善美的標準（Brannigan, 1992）。

後現代主義社會工作研究認為，在藝術或人文科學與社會科學之間，並不存在分離。它與批判社會工作擁有同樣的目標，即去除社會世界神祕的面紗。它試圖解構或撕下表象，揭露隱藏在內部的結構。和極端的詮釋社會科學一樣，後現代主義不信任抽象的結構，堅持認為研究最多只能夠做到描述，所有的描述都具有同樣的價值。研究者的描述並不比他人的描述來得高明。他描述的僅僅是研究者自身的經歷而已。後現代超越了批判和詮釋社會科學的地方在於，它試圖徹底轉變或分解社會科學。極端的後現代主義者，拒絕接受有社會世界科學的存在的可能性。後現代主義者不相信所有系統性的實證觀察，並且懷疑知識可以普遍化或隨著時間的推移而積累。他們認為知識具有不同的形式，並且因人、因地而具有獨特性。Rosenau（1992:77）提出，「幾乎所有的後現代主義者，都拒絕把真理當成一個目標或者理想來追求，因為那正是現代性的縮影……

真理要與秩序、規則和價值觀形成對照，建立在邏輯、理性和理智基礎之上，所有這一切都是後現代主義所質疑的。」

後現代主義者反對以置身世外的中立的方式來展現研究結果。當讀者閱讀到某個報告時，該報告的作者和研究者絕不應該隱藏起來，他們必須在報告中得到明確的詳細的介紹。因此，後現代社會工作研究報告，就好像藝術品，其目的在於鼓勵他人，提供娛樂，引起回應，激發好奇心。後現代報告常常具有戲劇的、表演的風格。它們可能以小說、電影或者戲劇的方式進行展現。後現代主義者認為，研究者所創造的社會生活知識最好的展現方式，就是通過戲劇或者音樂，而不是學術刊物。它的價值在於，通過講述故事，激發聽眾或讀者個人的內在經驗。後現代主義者是反精英主義者，他們反對用科學進行預測或決策。後現代主義者反對對大眾使用實證主義科學，增加權利關係，強化官僚機構，促進對人民的控制（見方框4-3）。

方框4-3　後現代社會工作研究特點

· 拒絕所有的意識形態、有組織的信仰，包括所有的社會理論
· 強烈地依賴直觀、想像力、個人經驗和情緒
· 充滿了無意義感和悲觀主義情緒，相信世界永遠不會改進
· 極端的主體性，認為心靈與外部世界沒有區別
· 狂熱的相對主義，相信世界上存在無數個解釋，沒有任何一種解釋特別強有力
· 主張多元性、混亂和多變的複雜性
· 拒絕研究過去或相異性，因為只有此時此地是有意義的
· 相信因果是不能研究的，因為生活太複雜，變化太快
· 宣稱研究永遠無法真正代表社會世界發生的狀況

結語

本章中你學到了兩個方面的知識：第一，在社會工作研究中，由於對科學目的和社會現實的哲學假定不同，產生了不同的相互競爭的研究觀點。第二，社會工作中的三大理想性取向，對於有關研究的若干問題，給予了不同的解答（參見表4-1）。大多數研究者主要在一個研究取向下開展研究，不過還是有很多研究者同時結合不同的研究觀點來從事研究。

表4-1　三大研究觀點的差異

	實證主義	詮釋社會科學	批判社會科學
1.研究的理由	發現自然法則，人類可以進行預測和控制。	了解和描述有意義的社會行動。	打破迷思，賦權於大眾，激進地改變社會力量。
2.社會現實的本質	實現存在的問題的模式和秩序，等待人們去發現。	人類互動創造了流動性的、對情境的定義。	充滿了衝突，並受制於隱藏的結構。
3.人性的本質	追求自我利益的理性的個人，受到外在力量的塑造。	創造意義的生物，並不斷為自己生活的世界增添意義。	充滿創造性的、適應性的大眾，具有尚未發現的潛能，且受到幻覺和剝削的困擾。
4.常識的角色	顯然不同於科學，且沒有效度。	普通老百姓使用的一套強有力的日常生活理論。	隱藏在權利和客觀情況背後的錯誤信仰。
5.理論是什麼樣子的	以邏輯演繹的方式組合的一套互相聯繫的定義、公理和法則系統。	對某個群體的意義系統是如何產生、維持所進行的描述。	一種顯示真實狀況的批判，能幫助大眾發現可以走向更加美好的世界。
6.何謂真的解釋	以事實為基礎的，並與法則合乎邏輯地聯繫在一起。	與被研究者產生共鳴，並為他們所接受。	向大眾提供改變世界所需要的工具。
7.何謂好的證據	基於準確的觀察，他人可以複製。	嵌入流動的社會互動脈絡中。	能夠揭發幻覺的理論，並為理論提供依據。
8.價值的地位	科學是價值中立的，價值除了可以選擇研究主題外，在科學研究中是沒有地位的。	價值是社會生活整體的一個部分，團體價值不存在錯與對，只存在差異。	所有的科學必須從一個價值立場出發，有的立場是正確的，有的則是錯誤的。

　　請記住，你可以根據這三大研究觀點中的任何一個觀點，來研究同一個問題，但是每個研究觀點會從不同的角度來開展研究。我們可以通過下列在四個國家同時開展的有關少數民族與主流民族之間的職業競爭和歧視爲主題的研究來進行說明：澳洲的原住民、加拿大西部的亞洲人、美國中西部的非洲裔美國人，和倫敦的巴基斯坦人。

　　採用實證主義觀點的研究者，會從一般有關主流民族－少數民族關係的理論中演繹出假設，這個理論可能是以因果關係式的陳述形式或是預測的形式出現的。例如，Stone（1985:56）引用了一個理論「希望用幾個關鍵變數來解釋複雜模式，這個理論或許可以用來預測種族和少數民族關係的可能性發展」。接下來，研究者從現存政府統計資料中蒐集資料，或是進行一個調查對該理論所提出的因素進行精確測量，比如，初

次聯絡方式，主流民族與少數民族之間的比例，以及種族差異的能見度等。最後，研究者使用統計分析，正式檢驗該理論對於歧視程度與工作競爭激烈程度所做的預測。

詮釋研究者會親自觀察，並與來自四個國家的少數民族和主流民族的特殊人物進行交談。從他們的談話和觀察中，研究者會了解到每個群體所關注的主要問題，以及這些群體成員是否會將歧視或工作競爭當成每天生活的重點。研究者會把人們所談到的問題，放進他們的日常生活的背景之中（如交房租，參與家庭糾紛，法律糾紛和生病等）。當研究者明白了大多數人和少數人是如何看待歧視的，他們如何找到工作，其他群體的人是如何找工作的，為了獲得或保住工作，人們需要付出什麼之後，研究者就會用他人可以理解的方式來展現自己的研究結果。

批判社會工作研究者會從更加廣泛的社會歷史脈絡入手，包括了英國殖民主義者對澳洲的入侵，澳洲曾經是殖民地的歷史，導致亞洲人移民加拿大的經濟發展狀況，美國奴隸制的遺留習慣和爭取民權運動，英國殖民帝國的興衰以及來自其前殖民地國家的移民等因素。研究者通常會從一個道德批判的立場出發來研究下列問題：「主流民族會從經濟上歧視並剝削少數民族嗎？」研究者通常會蒐集很多資料來記錄剝削的潛在模式，並且測量每個國家的歧視數量。批判研究者還會研究兩個群體之間收入差距的統計資料，親自檢驗生活狀況，陪同人們去參加求職面試，或是開展調查以了解人們在想什麼。一旦研究者發現歧視如何阻礙少數民族找到一份工作，他們就會將研究結果提交給少數民族組織，就研究結果舉辦公眾講座，在少數民族閱讀的報紙上發表文章，從而使得少數民族能夠了解自己的生活狀況，推動他們參與政治──社會行動。

就社會工作研究的課程而言，這三大觀點對你們意味著什麼？第一，這意味著目前沒有單獨一個絕對正確的開展社會科學研究的觀點。這並不是說怎樣做都可以，也不是說三大觀點之間沒有整合的空間（見方框4-4）。相反，這告訴我們，從事社會工作研究的基礎尚未確定。換言之，超過一種以上的方法正在「形成當中」。或者說這種局面還會持續下去。了解這三大研究觀點，能夠幫助你更好地讀懂研究報告。研究者常常會依賴一種觀點，但是他們通常不會告訴你他們用了哪個觀點。

方框4-4　三大研究觀點的共同特徵

1. **都是實證的**：每個研究觀點都植根於人類的景象、聲音、行為、情境、討論與行動等可觀察的現實。研究絕不是憑空造假和想像所能夠完成的。
2. **都具有系統性**：每個研究觀點都強調要用精密、仔細的態度來從事科學研究。他們都反對突發奇想的、偽造的、鬆散的思考和觀察。
3. **都具有理論性**：三大觀點看待理論的本質各有千秋，但是他們都強調使用概念和發現

模式。他們都反對認爲社會生活一團混亂和毫無秩序的觀點。都主張解釋和理解是可能實現的。

4. 都強調公開：他們都認爲研究者的工作必須全部讓同行知曉，應該清楚地進行描述，與他人分享，他們都反對把研究過程隱藏起來、留作私用或者壓在紙堆中。

5. 都強調自我反思：每個研究觀點都指出，每個研究者必須認眞思考他們要做什麼，要有明確的自我意識。絕不可盲目地、不經思考地開展研究。研究需要深思熟慮，要知道自己在幹什麼。

6. 都強調開放過程：他們都認爲研究是一個不斷前進的、演進的、變化的、不斷發現新問題、追求領先的過程，反對將研究看作靜態的、固定的、封閉的狀態。當時的知識和研究程式並非是白紙黑字、已經定論的東西。他們都積極參與社會變革，以開放的心態來接受新的思維方式和工作方式。

　　因此，雖然三者之間有區別，但都認爲，通過公開的程式、自我反思和開放的方式，社會研究者應努力去創造經過系統蒐集的、建立在實證之上的理論知識。

　　第二，這意味著當你希望自己的研究達到某種結果（即發現法則，挖掘底層結構，描述意義系統等）時，這些結果會因你採用的不同的研究觀點而不同。這三大研究觀點，與我們第二章中討論的研究問題類型之間很難進行配對。例如，實證主義者最可能進行成本效益分析，詮釋研究者可能進行探索性研究，而批判研究者更傾向於從事行動爲導向的研究。在你從事社會工作研究時，了解了這些不同的研究觀點，能夠幫助你很好地決定從事哪種研究類型。

　　第三，社會工作研究中的各種技術（抽樣、訪談、參與式觀察等），完全建立在不同的研究觀點的假設之上。你常常會看見人們使用這些技術，而沒有提供任何支援該技術的背景推理。如果你了解這些研究觀點，你就能夠更好地理解某些特定的研究技術的原則。例如，精確的測量和試驗研究的邏輯來自於實證主義傳統，而田野研究建立在詮釋觀點或者一個更加質性研究的基礎之上。

　　到目前爲止，我們已經了解了研究過程的整個經過、不同的研究類型和理論，以及社會工作研究的基本觀點。現在，你可以說應該已經掌握了社會工作研究的基本概括。下一章你將學習如何設計某個研究計畫報告。

關鍵字

causal laws因果法則

critical social science批判社會科學

determinism決定論

dialectic辯證法

feminist research女性主義研究

hermeneutics詮釋學

ideographic表意的

instrumental orientation工具取向

interpretive social science詮釋社會科學

intersubjectivity交互主體性

meaningful social action有意義的社會行動

mechanical model of man機械模型的人性觀

nomothetic普遍規律的研究

paradigm典範

positivist social science實證主義社會科學

postmodern social work後現代社會工作

research研究

postulate of adequacy適當性假設

practical orientation實務取向

praxis實踐

relativism相對主義

value-free science價值中立科學

verstehen理解

voluntarism自願主義

複習思考題

1. 就各研究觀點而言，社會研究的目的是什麼？

2. 每個研究觀點是怎樣界定社會現實的？

3. 就各研究觀點而言，人類的本質是什麼？

4. 各研究觀點對科學與常識的看法有什麼區別？

5. 就各研究觀點而言，什麼是社會工作理論？

6. 各研究觀點是如何檢驗理論的？

7. 各研究觀點是怎樣看待事實的，又是怎樣蒐集事實的？

8. 各研究觀點是怎樣做到價值中立的？舉例解釋之。

9. 詮釋與批判觀點對實證主義的批判有哪些相同之處？

10. 第一章中提到的科學模型與科學界與這三大研究觀點有什麼關係？

注釋

【1】For educational research, see Bredo and Feinberg (1982) and Guba and Lincoln (1994); for psychology, see Harre and Secord (1979) and Rosnow (1981); for political science, see Sabia and Wallulis (1983); and for economics, see Hollis (1977) and Ward (1972). A general discussion of alternatives can be found in Nowotny and Rose (1979).

【2】 See especially Friedrichs (1970), Giddens (1976), Gouldner (1970), and Phillips (1971). General introductions are provided by Harre (1972), Suppe (1977), and Toulmin (1953).

【3】 Divisions of the philosophies of social science similar to the approaches discussed in this chapter can be found in Benton (1977), Blaikie (1993), Bloom (1995), Bredo and Feinberg (1982), Dean and Fenby (1989), Fay (1975), Hetcher (1974), Goldstein (1992), Guba and Lincoln (1994), Keat and Urry (1975), Lloyd (1986), Mulkay (1979), Reamer (1993), Sabia and Wallulis (1983), Smart (1976), and Wilson (1970).

【4】 For discussions of paradigms, see Dorfman (1996), Eckberg and Hill (1979), Hartman (1990), Haworth (1991), Kuhn (1970, 1979), Masterman (1970), Ritzer (1975), Rosnow (1981), and Thyer (1989).

【5】 In addition to the works listed in note 3, Halfpenny (1982), Smith (1987), Thyer (1993), and Turner (1984) have provided overviews of positivism in sociology. Also see Giddens (1978). Lenzer (1975) is an excellent introduction to Auguste Comte.

【6】 See Couch (1987). Also see Heineman-Pieper (1985) and Longino (1990:62-82) for an excellent analysis of objectivity in positivist research and more broadly in social science in general.

【7】 For a discussion, see Bannister (1987), Blumer (1991a, 1991b, 1992), Deegan (1988), Geiger (1986), Gillespie (1991), Lagemann (1989), Ross (1991), Schwendinger and Schwendinger (1974), and Silva and Slaughter (1980).

【8】 In addition to the works in note 3, interpretive science approaches are discussed in Berger and Luckman (1967), Bleicher (1980), Carpenter (1996), Cicourel (1973), Garfinkel (1967, 1974b), Geertz (1979), Glaser and Strauss (1967), Heineman-Pieper (1989), Holstein and Gubrium (1994), Leiter (1980), Mehan and Wood (1975), Silverman (1972), and Weber (1974, 1981).

【9】 In addition to the works in note 3, critical science approaches are discussed in Burawoy (1990), Cowger (1994), DeJong and Miller (1995), DePoy, Hartman, and Haslett (1999), Dickson (1984), Fay (1987), Fook (1993), Glucksmann (1974), Harding (1986), Harvey (1990), Keat (1981), Lane (1970), Lee (1994), Lemert (1981), Mayhew (1980, 1981), Rodwell (1998), Saleebey (1997), Sohn-Rethel (1978), Veltmeyer (1978), Wardell (1979), Warner (1971), and Wilson (1982).

【10】 For a discussion of the Frankfurt School, see Bottomore (1984), Held (1980), Martin (1973), and Slater (1977). For more on the works of Habermas, see Holub (1991), McCarthy (1978), Pusey (1987), and Roderick (1986).

【11】 For discussions of realism, see Bhaskar (1975), Miller (1987), and Sayer (1992).

【12】 See Sprague and Zimmerman (1989) on feminists' privileged perspectives of women and Swigonski (1994), Collins (1986), and Davis and Marsh (1994) on the importance of integrating feminist perspectives into research on social work practice. The relationship between postmodernism and research is discussed by Chambron and Irving (1994), Lather (1991), Leonard (1997), and Meinert (1998); and see Rule (1978a, 1978b) on constituencies that researchers favor.

【13】 See Habermas (1971, 1973, 1979) for a critical science critique of positivism as being technocratic and used for domination He has suggested an emancipatory alternative. Also see note 10.

【14】 See Evelyn Fox Keller's (1983) biography of Barbara McClintock and her other essays on gender and science (1985, 1990). Also see Davis (1985) and Longino (1990), Chapters 6 and 7.

第五章

社會工作研究的倫理和政治

很多重要的倫理爭論都不易得到解決，我們堅信，總有一些重要因素決定了專業人士在自己的工作中，能夠明確界定倫理和非倫理之間的區別。

—— F. Reamer and M. Abranson, 53頁

到目前為止,你已經學習了科學的基礎、不同的社會工作研究類型、理論的重要地位,以及社會工作研究的不同的選擇性取向。在學習研究設計之前,你還需要了解研究過程與倫理、價值和政治之間的關係,這些內容都包容在研究過程之中。在前面幾章中,你了解到,不同的研究取向對待價值的態度是完全不同的,儘管如此,就連最主張價值中立的實證主義者都承認,在對人類開展研究中,涉及了倫理的問題。雖然我們不做研究很難體會到倫理困境,但是,在進行研究設計和蒐集資料之前,還是有必要考慮道德 —— 倫理問題。

社會工作研究人員面臨很多的倫理困境,需要決定如何行事。職業倫理(參見附錄A全國社會工作者協會倫理守則)為研究人員提供了指南,但是,倫理操守最終還是取決於個體研究人員自身。即使研究對象沒有倫理意識,或者根本不關心倫理問題,研究人員也有道義和職業的責任來遵守倫理規範。的確,很多研究對象不太注意保護自己的隱私權和其他權利,但是,研究人員應該注意這些問題[1]

在研究過程中,倫理問題是人們最主要的關注點,也常引起人們的困境和衝突。倫理告訴我們什麼是合法的、什麼是可以做的事情,或者在研究過程中有哪些是屬於「道德」層面的內容。當然,沒有什麼倫理是絕對的。儘管有一些固定的規則,它們都是些大家「認同」的原則,這些原則在實踐中可能也會自相矛盾。很多倫理問題都涉及在兩種價值觀之間的平衡:追求科學知識還是關注研究對象或社會上其他人的權力。研究的潛在效益(例如,加深我們對社會生活的理解,提高決策品質,幫助研究參與者等),一定不能以犧牲潛在的利益為代價,如尊嚴、自尊、隱私或民主自由權等。

與其他領域(如募捐機構、警察局、廣告商等)相比,社會工作研究的倫理標準要嚴格得多。專業社會工作研究要求掌握相關的研究技術知識(如抽樣),同時還要求有研究倫理的敏感性,做到這一點並不容易。Gillespie(1999:884)發現,「研究過程中的每一個決定,都涉及潛在的一個價值觀對另一個價值觀的妥協。研究人員必須努力將對研究參與者、同事和社會的危害減少到最低限度,同時又要將他們創造的資訊品質提高到最大限度。」

倫理與研究人員

個體研究人員

倫理從研究人員開始,也從研究人員結束。研究人員的個人道德水準,是反對非倫理行為的最佳屏障。在研究開始前、研究進行中和研究結束後,研究人員有機會也應該反思研究行動,考慮自己的良知。社會工作研究倫理建立在單個研究人員自身的正直與

價值觀之上。

為什麼需要倫理

我們知道，大多數從事社會工作研究的人，都很關注他人的利益，那麼，為什麼還有研究人員不關注倫理的問題呢？除了極少數害群之馬外，大多數違背倫理的行為，源於研究人員缺乏應有的意識，源於研究人員的壓力。研究人員面臨著建立自己職業生涯、推進知識、獲得聲望、讓親朋好友揚名、保住工作等方面的壓力。而社會工作研究倫理則需要很長時間才能頂住上述的種種壓力，需要花費更多的錢財，這個過程非常繁瑣，有時甚至是無功而返。另外，倫理標準的表述都比較模糊。在很多情況下，進行違背倫理操作是非常容易的，而被抓住的概率又很低。

事實上，目前針對社會工作研究倫理缺乏應有的獎勵措施。違背倫理操作的研究者，一旦被抓住，就會名譽掃地，前程毀於一旦，甚至還會吃官司。但是，遵守倫理的社會工作研究人員卻得不到任何的獎勵。倫理行為源於研究人員在接受專業訓練過程中，學習了倫理敏感性並不斷將其內化，源於一個專業人士的角色，源於個人與同行的交流和互動。此外，強調真誠和開放的學術規範也強化了倫理行為。那些在他人引導下進入專業角色、忠於科學風氣，與其他學者經常互動的研究人員比較容易遵守研究倫理。

科學的瀆職

研究界和贊助研究的機構都反對違背倫理的行為，即科學的瀆職，它包括研究欺詐和剽竊。當研究人員偽造或歪曲資料、採用不正當的蒐集資料方法，或者剽竊他人的著作時，就構成了科學的瀆職。瀆職還包括脫離學術界認同的研究習慣，來開展研究或報告研究結果。研究機構和大學都制定了相關的政策和程式，來監測瀆職行為，將瀆職行為通報給學術界和贊助機構，並且對相關的研究人員進行懲罰（如減薪或開除）。

當研究人員杜撰或編造不是實地蒐集的資料，或者虛構一個根本不存在的研究結構，就構成了研究欺詐。雖然這類事件很少發生，它的處罰還是非常嚴厲的。最有名的欺詐事件就是Cyril Burt爵士，他是英國教育心理學之父。Burt 1971年去世，當時他被看作一名傑出的學者，因為他在雙胞胎研究中發現基因是智力的主要原因而譽滿全球。1976年，人們發現，他偽造了資料和合作者的名字，很遺憾，學術界被他整整誤導了30年。[2]

剽竊指的是研究人員偷竊了他人的觀點，或者他人的作品，而不注明出處。剽竊的一個特殊形式就是偷竊他人的研究成果，如同行、助手或學生的，然後冠上自己的名字發表，這些都是嚴重違反倫理標準的行為。[3]

違背倫理但不違法

有些行為是違背倫理的，但是並不違法。在剽竊的案例中，我們可以發現法律和倫理行為之間的差別。根據美國心理學會記載，由東新墨西哥大學的系主任寫的書（1988年出版），其中很大一部分內容來自塔夫斯大學社會學教授在1978年發表的學位論文。複印學位論文是允許的，這並沒有侵犯版權，因為這個社會學家的學位論文並沒有獲得美國政府的版權。然而，按照職業行為標準，這明顯是違背了倫理的行為[4]（見圖5-1法律行為與道德行為之間的關係）。

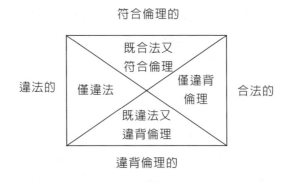

圖5-1 研究中的合法和道德行動類型

權力

研究人員與研究對象之間，雇主與助手之間的關係涉及權力和信任。實驗者、調查負責人或者研究人員等人，相對於研究對象和助手而言，都是擁有權力的人士，這個權力通過證書、專業特長、培訓以及科學在現代社會的角色得到合法化。有些倫理問題就與濫用權力和信任有關。

研究人員得到專業團體和社會的認可，就有權利開展研究，同時也有責任和義務來指導、保護和監督研究對象的權力。例如，人們發現有位內科醫師在病人不知情的情況下，對33名婦女進行了實驗性婦科手術。這些婦女信任這名醫生，但是他卻濫用了婦女、專業團體和整個社會對自己的信任。[5]

研究人員在追求倫理指導方面，並不是孤立無援的。他們可以尋找一系列的資源：專業同行、倫理諮詢機構、機構評估理事會，或者大學和學院中的人類被試委員會、專業機構的職業倫理，以及發表的有關職業倫理的研究文章等等。

與研究對象有關的倫理問題

你是否曾經扮演過研究中的研究對象的角色？如果是的，你受到怎樣的對待？人們更多關注的是，研究對研究對象產生的可能的負面效果，而不關注其他倫理問題，這些問題首先發生在生物醫學研究中。倫理研究要求，在追求知識的價值觀與不干擾他人生活的價值觀之間，尋求一種平衡。如果只重視研究對象有不被他人干擾的權力，那麼，實證研究就無法開展。但是如果只關注研究人員有調查研究的權力，那麼，就忽視了研究對象的基本人權。這裡引發的道德問題就是：「研究人員何時有權力冒險爲研究對象帶來生理傷害，給他們帶來尷尬，甚至嚇唬他們？」

法律和職業倫理明確規定了一些禁止領域：不許給研究對象帶來不必要的和不可逆轉的傷害，必要時需要獲得自願的同意，不許故意羞辱、貶低或者發布針對個人的、用於研究目的的資訊。這些都是最低限度的標準，而且有些內容有待於進一步解釋（如在一個特定環境中，不必要指的是什麼）。

保護人類研究對象的歷史起源

在以科學的名義公開侵犯人權的事件被揭露之後，人們更加關注研究對象所受到的待遇。最臭名昭著的對人權的侵犯事件，就是納粹德國對猶太人和其他種族進行的「醫學實驗」，在這些實驗中出現了很多令人髮指的酷刑。例如，他們將人放進冰凍的水中，來監測需要多長時間人才會死亡，人們被活活餓死，兒童的四肢被截下來移植到他人身上等等。[6]

類似的侵犯人權的問題並不僅僅發生在德國，也不只是很久以前的事。一個典型的違反倫理的研究例子，就是Tuskegee梅毒研究，也稱爲壞血事件（Bad Blood）。這個醜聞事件直到20世紀70年代才被一家報紙揭露出來，美國公共健康部從前贊助過一個研究，那是一個關於貧窮的、未受過教育的患上了梅毒的阿拉巴馬州黑人的研究，研究人員只研究梅毒晚期病人出現的嚴重的身體殘疾，而不關注對病人的治療，這些病人深受梅毒的折磨，並死於梅毒。這個研究始於1929年，當時還沒有用盤尼西林來治療這個病，研究持續了好多年。儘管研究人員以這種違背倫理的方式對待研究對象，研究人員還是持續40年發表了自己的研究成果。這個研究於1972年結束，但是美國總統直到1997年才承認這樣做是錯誤的，並對研究對象——受害者公開道歉。[7]

不幸的是，壞血事件醜聞並不是特例。在冷戰時期，美國政府不斷地降低研究倫理原則，開展一些出於軍事和政治目的的研究。1995年的報告揭露了政府的權威人士在20世紀40年代末，將放射性物質注射到一些無名人士身上。20世紀50年代，政府警告柯達公司和其他膠片製造商，爲防止底片模糊使用的原子能監測可能會導致核洩漏，但

是，他們沒有發出住在附近的平民也會有生命危險的警告。20世紀60年代，美國軍方讓不知情的士兵服用了迷幻劑，造成了嚴重的後遺症。今天，這些都是大家認可的兩個基本的違背倫理的原則：避免生理傷害和獲得知會同意。[8]

生理傷害、心理虐待和法律傷害

　　社會工作研究可能會從以下幾個方面對研究對象造成傷害：生理傷害、心理傷害、法律傷害以及對個人的職業發展和收入帶來的傷害等。生理傷害比較少見，即使是在生理醫學研究中，由於受到的干預較多，不太可能給研究對象帶來明顯的生理傷害，只有3%～5%的研究對象會受到傷害。不同的研究類型帶來的傷害也是不同的（例如實驗研究所帶來的傷害比田野研究要多一些）。研究人員需要了解自己的研究可能會帶來的傷害，並盡力將傷害減低到最小。[9]

生理傷害

　　最直接的倫理原則，就是研究人員不應該給研究對象帶來任何的生理傷害。重視研究倫理的研究人員在開始研究前，就要預想研究可能涉及的風險因素，包括基本的安全注意事項（如建築物的安全、家具的安全和儀器的安全等）。如果研究內容涉及對研究對象的壓力，如果能夠預計到，研究對象或研究助手可能會受到傷害或有可能遭受攻擊時，研究人員需要排除高危險的研究對象（如心臟有問題的人、精神衰竭者或患病者等）。研究人員應該對因為研究而給研究對象帶來的傷害負道義和法律的責任，如果研究人員不能保證研究對象的人身安全，那麼他們應該立即停止自己的研究（參見方框5-1中的Zimbardo研究）。

方框5-1　三個充滿倫理爭議的研究個案

　　在Stanley Milgram的服從研究（1963; 1965; 1974）中，研究人員通過研究服從權威的社會壓力強度，試圖發現納粹統治時期恐怖大屠殺是如何發生的。在研究對象簽署了「知會同意書」之後，按照事先的安排，研究人員隨機抽取了研究對象去當「老師」，而另一個研究人員的助手則扮演「學生」，由老師測驗學生的文字記憶力。如果學生記錯了，老師就增加電擊強度，對學生進行處罰。學生被安排在隔壁的房間，老師看不見學生，只能聽到學生的聲音。電擊儀器上清楚地顯示出電壓的資料。學生一犯錯，老師就打開電擊開關，學生就會發出痛苦的尖叫。在場的研究人員不斷地向老師發出諸如「你必須繼續做完」之類的評論。Milgram報告指出，他們發現「研究對象渾身出汗，顫抖，說話結巴，緊張到指甲扎到肉裡，這些都是這個實驗的真實反應，而不是反常現象」（Milgram, 1963:375）。研究對象被實驗的恐怖程度嚇得半死的比例遠遠超出預計水準，由此而引發了有關使用欺騙手段，以及對研究對象經歷的極端情緒壓力的倫理方面的爭論。

　　Laud Humphreys的《茶室交易研究》（Humphreys, 1975）是一個關於男同性戀在公共廁所中邂逅的研究，在該研究中，Humphreys假扮爲一名把關人和把風者，觀察了100多名男同性戀在公廁中的性行爲。這些研究對象的車被跟蹤，車牌號被記錄，他們的姓名和家庭住址也被Humphreys假冒市場研究員從警察局查到了。一年後經過僞裝，Humphreys編造了有關健康調查的藉口，再次來到他們家中，對他們進行了面對面的訪談。Humphreys非常謹愼地將這些人的名單放進了銀行的保險箱中，銷毀了一切能夠辨認出他們身分的材料。他發現了男同性戀涉足茶室活動的情況，發展了相關的知識，扭轉了人們過去對這個群體的某些偏見和錯誤的看法。但是，這個研究也引起了很多的爭議：研究人員沒有得到知會同意就對研究對象進行了研究；採用欺騙的手段；研究對象的名單可能會被他人用來訛詐和要脅對方，造成婚姻的解體甚至是犯罪的訴訟。

　　在Zimbardo的監獄實驗中（Zimbardo, 1972, 1973; Zimbardo et al., 1973, 1974），Zimbardo將男生分成兩個組進行角色扮演：一組是獄卒，一組是囚徒。實驗之前，自願參與這個研究的男生接受了人格測量，只有那些屬於「正常」範圍內的同學才被選中，參加本次實驗的同學志願者簽了兩周的合約。扮演囚徒的同學被告知，他們將受到監視。他們的公民權將部分地暫停使用，但是絕不會對他們施暴。在史丹福大學一個教學樓的地下室的模擬監獄中，囚徒受到了去個性化的待遇（穿上統一的制服，以號碼來稱呼各人），獄卒則被軍事化了（穿制服，備有警棍，戴反光太陽眼鏡等）。獄卒被告知要維持某種合理的秩序，按8小時輪班，而囚徒每天24小時都被關在監牢內。令人想不到的是，志願者過分投入各自的角色。囚徒變得被動失常，而獄卒變得越來越具有攻擊性、武斷、缺乏人性。到了第六天，出於倫理的原因，Zimbardo及其同事宣布結束這個實驗。在這個實驗中，造成永久性的心理傷害甚至是生理傷害的風險很高，代價實在太大……

心理虐待、壓力或喪失尊嚴

　　社會工作研究給研究對象造成生理傷害的可能性不大，但是，這類研究可能會將研究對象放進一個充滿了壓力，尷尬、焦慮或不舒適的環境中。通過把研究對象放進這樣一個不舒適的、有壓力的環境中，研究人員得以了解人們如何應對現實生活中的壓力和焦慮。讓研究對象產生不舒適感，這符合研究倫理嗎？著名的Miligram的服從研究（Miligram obedience study）中涉及的倫理問題，一直成爲爭論的焦點（參見方框5-1）。有人認爲，事先做好預防措施，從研究中獲得知識的價值，遠遠超過研究對象所承受的壓力及其心理傷害。也有人認爲，要研究對象承受極度的壓力和永久性傷害，

這個代價實在太大。

　　社會工作研究的確製造了一些令人高度焦慮或不舒服的場景：給研究對象展示一些令人毛骨悚然的照片；刻意欺騙男性研究對象，說他們身上具有明顯的女性特徵；騙學生說他們考試不及格；製造一些極度恐怖的情境（如被鎖在一間煙霧彌漫的房間裡）；要求研究對象去傷害別人；讓研究對象陷入一個否定自己的社會信仰的壓力情境中；讓研究對象說謊、欺騙或偷竊。[10]研究求助行為的研究人員，還會將研究對象放在一個緊張狀態中，以觀察他們是否對他人施以援手。例如，Piliavin及其助手（1969）就安排某人突然昏迷倒地的場面，以研究地鐵中的助人行為。在現場實驗中，地鐵裡的乘客並不知道這是一個實驗，他們都不願意參與救援工作。

　　社會工作研究人員還應該敏感地意識到，研究可能會傷害研究對象的自尊。例如，Walster（1965）想研究女性自我價值的改變是否會影響她們的浪漫愛情。在研究中，她先給女大學生進行了人格測驗，然後告訴她們一個假的結果。某些女生得知自己缺乏想像力和創造力。這時，一位假裝研究對象的英俊男子主動與這些女生交談，這個男士對其中一名女生表現出極大的興趣，並邀請她共進晚餐。研究人員想測量這名女生受到男生吸引的浪漫感受。實驗結束後，研究對象被告知這是一個惡作劇，事實上沒有約會，那個男士也沒有真的對這名女生有好感。雖然這些研究對象最後都聽取了研究結果報告，但是，她們的自尊心和心裡都受到了一定程度的傷害。[11]

　　只有那些經驗豐富的、能夠事先有效處理焦慮或不舒適的情境，可能給研究對象帶來傷害的研究人員，才能夠考慮開展一些會導致研究對象產生巨大壓力或焦慮的實驗。在研究設計階段，他們需要向曾經做過類似研究的學者和精神健康專業人士請教，篩選出那些高危人群（如心臟不好或者有情緒問題的人），並且安排好萬一出現意外，處理緊急狀況的應急措施，或者是停止研究的措施等。在研究之前，研究人員必須得到研究對象的知會同意（下面將詳細討論這個問題）。在研究結束後，要向研究對象介紹研究的主要結果。

　　在研究過程中，研究人員不應該製造不必要的、超過了可能產生結果的最低限度的壓力，或者對研究目的沒有直接和正當影響的壓力。對最低限度的掌握，沒有一個明確的指標，主要靠經驗的積累。在研究中，最好從最小的壓力開始，寧可沒有研究結果，也比給研究對象製造的壓力過大要好得多。如果壓力程度會持續一段時間，研究人員應該安排跟進，並為研究對象免費提供心理輔導。

　　產生壓力與焦慮感的研究還有另外一個危險，即實驗會導致研究對象對他人表現出麻木不仁，或者操縱他人的心態。研究人員在完成這樣的實驗之後，要對研究對象表達自己的歉意和遺憾。將研究對象放在一個製造焦慮的情境中，也會使重視倫理的社會工作研究人員感到不安。

法律傷害

研究人員有責任保護研究對象不被逮捕。如果參與研究會面臨被捕的危險，研究對象就不會信任研究人員，將來也不會願意參與任何研究了。研究人員或許可以在開展某些研究前，申請不受到執法機構干預的保證，例如美國司法部就對研究犯罪行為的研究人員提供過書面的棄權聲明書。

有人對Humphreys 1975年的研究提出批判，認為這項研究可能會帶來潛在的法律傷害（見方框5-1）。在紐澤西州反對所得稅實驗中，參與實驗的人收到了收入補貼，但是對於他們是否收到了福利支票，則沒有提供明確的說明。一位地區檢察官要求研究人員提供一份研究參與者的資料，以便確認這些研究對象是否收到過福利支票。換言之，研究對象因為參與了這個研究，而面臨著觸犯法律的危險。最後，這個問題得到了解決。但是，這個例子也說明，研究人員應該意識到什麼樣的研究會帶來潛在的法律問題。

研究人員在蒐集資料時，可能會面臨一些非法活動。研究人員必須在保護「研究人員－研究對象」之間的關係，以及對未來研究人員帶來的方便，與對無辜的第三者可能造成的傷害之間，做一個衡量定奪。研究人員要對自己的決定負責。例如，在一項對員警的田野研究中，Van Maanen（1982:114-115）指出，他看見員警毆打民眾，也目睹了非法活動以及違規操作行為，但是，他寫道：「在目睹了這些麻煩和糾紛現場，以及事件發生之後，我謹守員警的規矩：保守祕密，隻字不提。」

田野研究人員經常要面臨倫理問題的選擇。例如，在研究某家精神病院時，Taylor（1987）發現，該醫院存在著醫務人員對病人虐待和不當處置的問題。他面臨兩個選擇：放棄研究並請求調查，或者保持沉默，繼續完成自己歷時幾個月的研究，之後再向公眾公開自己的研究成果，並推動結束對病員的虐待行為。他選擇了後者，現在，他還是一名爭取精神病院病人權力的宣導者。

類似的倫理難題從紐約一家餐廳的大火的個案中也能看到，這個個案因為涉及機密問題而變得更加複雜。有一名社會學研究生正在進行參與式觀察，打算研究餐廳的服務員。在研究期間，就在研究現場，這家餐廳著火了，於是，有人懷疑是故意縱火。地方執法官員要求查看研究人員的田野筆記，還想詢問有關餐廳裡的所有活動，這時，研究人員就面臨著這樣的一個難題：他要麼配合警方的調查，破壞研究倫理所承諾的信賴、保密和誠信的原則；要麼堅守保密的原則保護研究對象，而面對藐視法庭和妨礙司法公正的處罰，這包括罰款和坐牢。他希望堅持研究倫理，同時也免去牢獄之苦。經過好幾年的法律糾纏，最後的解決方式就是有條件地與警方合作，同時經過法官裁決保住了田野筆記的保密性。但是，研究人員花費了好幾年的時間來解決這個問題，他為此付出了很大的經濟和精力的投入。[12]

　　觀察某些非法行為可能是一些研究的核心內容。研究人員如果暗中觀察、記錄非法行為，並將自己的紀錄交給司法部門，這很明顯是違反了與研究對象有關的倫理標準，並且會為未來的研究製造障礙。然而，研究人員對於非法行為知情不報，等於就是間接縱容犯罪行為，可能會因此而吃上官司。研究人員到底是一個追求知識的專業人士，還是一個自願的臥底線人呢？

對研究對象的其他傷害

　　研究對象可能還會面臨其他形式的傷害，例如，某個調查訪談要求被訪者回憶一些不愉快的往事，可能會給他們帶來焦慮和不安。重視研究倫理的社會工作研究人員，會對可能給研究對象帶來的任何傷害都很敏感，他們會考慮採取預防措施，權衡這些傷害與研究結果之間的利弊得失。對研究對象的另一種傷害可能就是，研究會對他們的職業發展和收入帶來負面影響。例如，研究人員對雇員進行了研究，結果發現主管的工作表現很差，這位主管因此丟了飯碗。研究人員對享受社會福利補貼人員進行研究，結果導致了這些社會福利享受者失去了健康保險，他們的生活品質有所下降。研究人員到底應該負起什麼樣的責任？重視研究倫理的社會工作研究人員，非常關注研究會給研究對象帶來什麼樣的後果。但是，對於上述問題，沒有一個確定的答案。研究人員必須就每個具體的研究個案，具體情況具體分析，權衡潛在的利弊得失，並且對自己的決定負全部責任。

欺騙

　　是否有人為了達到某種目的對你講過半真半假的話，或者完全用假話來搪塞你？你對此有什麼感受？社會工作研究人員嚴格遵守完全自願的倫理原則：從來不強迫任何人參與研究，也不要講假話。參與社會工作研究的人，一定是明確清楚地表明自己是願意參加的。當研究人員使用欺騙、偽裝研究或使用一些隱藏性的研究方式時，研究對象是否有權力不參加研究，就變成了一個引起批評的問題。[13]

　　社會工作研究人員有時在田野研究和實驗研究中，會採用欺騙或者不說真話的方法。研究人員可能出於方法論的考慮，而故意不如實地介紹自己的行為和真正的意圖：如果研究對象知道了研究的真實意圖，他們會調整自己的行為，這樣我們就無法了解他們的真實行為；如果研究人員講了實話，可能就無法進入研究地點。如果研究人員可以解決這些問題，就絕對不能使用欺騙的方式。

　　實驗研究人員經常欺騙研究對象，旨在不讓他們了解自己的研究假設，降低反應效果。研究人員如果認為自己必須使用欺騙的方式，他們需要向「機構審查委員會」（IRB）或者人類被試評估專題組提交自己的研究計畫書，以及如何進行欺騙的計畫。

研究人員常常向審查委員會提出的策略就是，在整個研究過程中，保持公開的程序，只是在某個環節中，暫時性地隱瞞某個細節或者是部分資訊。此外，還必須告訴研究對象，實驗程序結束後，他們會了解到整個過程的全部眞實資訊。研究對象還需要事先知道，在實驗過程中，有些資訊被保留了，如果他們想退出研究，是可以的，他們的資料也不會進行分析處理。他們還有權力知道整個實驗的情況，並且有權力知道爲什麼要採用欺騙的方式來蒐集資料。

在某些田野研究中，研究人員爲了獲得進入田野的機會，可能會採用一些暗中觀察的方式。如果不需要暗中觀察也能得到同樣的效果，研究人員就不能使用這個方法。如果研究人員無法判斷是否需要隱瞞自己的身分，那麼，循序漸進式地暴露自己的身分是一個比較好的策略。是否暴露自己的眞實身分和研究目的，需要在實踐中不斷摸索。在某些情況下，如對邪教的研究、極端的政治小派別的研究、非法行爲的研究，或者是在公眾場合的行爲研究，如果研究人員暴露了自己的眞實目的，研究就不可能開展，如研究人員通過暗中觀察研究魔鬼邪教、UFO的崇拜和同性戀者在公共廁所中的性行爲。隱瞞身分的研究至今還是一個充滿爭議的話題，有些研究人員認爲，所有的隱瞞身分的研究，都是違背了研究倫理的。[14]美國人類學學會的研究倫理中將這種行爲譴責爲「不可採用的和不合乎社會道德標準的」行爲。即使那些認爲在某些特定情況下隱瞞身分是合乎倫理的人，也認爲只有完全不能公開觀察，才可以使用這個方法。此外，如果可能的話，研究人員也應該在事後向研究對象說明原因，並有機會向他們表達自己的擔心。

欺騙和隱瞞身分的研究，都會增加公眾對社會工作研究的不信任和懷疑，降低公眾對社會工作研究的尊重。田野研究中的身分的隱瞞，好比在非民主國家做間諜和特工一樣。欺騙也會增加被研究人群的不信任感，可能的後果就是，經常性的欺騙會減少人們向他人提供幫助的行爲。1973年在西雅圖大學一名學生被人槍擊，校園裡來來往往的學生都不出手相救。後來才知道，人們之所以不提供幫助，是因爲大家以爲槍擊事件是某個實驗的一個組成部分。[15]

知會同意

社會工作研究的根本倫理原則就是：絕不強迫任何人參加研究，所有人的參與必須是自願的。僅僅從研究對象那裡得到允許還是不夠的，他們還需要清楚自己參與研究要做什麼，然後才能做出相應的決定。他們在閱讀並簽署了一份書面的聲明（我們稱之爲知會同意書，研究參與者在了解了相關的研究程序之後，表示願意參加研究的書面檔）之後，才知道自己有哪些權力，以及他們要參與什麼樣的活動。

美國聯邦政府並沒有要求所有涉及人類的研究對象的研究都需要知會同意書，然

而，研究人員還是需要得到研究對象的書面同意，除非有充足的理由（如隱瞞身分的田
野研究，使用二手資料等）並得到機構審查委員會的特許（參見下面相關的討論和附件
F中的機構審查委員會的計畫書樣本）。

　　知會同意聲明中提供了特定的資訊（見方框5-2）。[16] 知會同意書中通常包含這
樣的內容，對研究程序和問題的一個概括性說明，以及如何使用這些資料。在Singer
（1978）的研究中，其中一組隨機抽取的小組收到了知會同意書，而另一組則沒有收
到。兩組之間沒有發現顯著差異，如果有差異的話，可能就是那些拒絕簽署同意書的
人，會選擇猜測或以「不回答」的方式來回答問題。

方框5-2　知會同意

知會同意書中應該包括以下內容：
1. 簡要描述研究的目的和程序，包括期望的研究時間；
2. 說明參與研究可能出現的風險和不安；
3. 保證匿名性和資料的保密性；
4. 明確研究人員的身分，以及從何處可能了解到研究對象的權力、研究問題有關資料的
   資訊；
5. 說明參與完全出於自願，參與者可以隨時中止，而不會受到任何懲罰；
6. 說明在研究過程中可能會使用一些替代程序；
7. 說明可能給研究參與者的好處或報酬，以及研究對象的人數；
8. 說明向研究對象提供一份簡要的研究結果報告。

　　Singer及其同事（1995）通過對文獻研究發現，當研究人員涉及高度敏感的問題
時，保證保密能夠改善研究對象的反應。在其他情境中，泛泛地承諾保密不會影響研究
對象如何回答問題以及是否回答問題。

　　全面詳細地介紹研究人員的身分，既能夠保護研究對象不受到欺騙性研究的騷
擾，也能夠保護研究人員的合法性。知會同意會減少機會讓藝術家偽裝成研究人員，對
研究對象進行欺騙或傷害，同時也不太可能使得某些人有機會偽裝成研究人員來進行商
品推銷，或者為了個人目的進行資料蒐集活動。

　　書面簽署的知會同意書，對很多研究來講是可以考慮的方法，這些研究包括調查研
究、田野研究和二手資料研究。對實驗研究而言，必須獲得研究對象親自簽署的知會同
意書。但是，在文獻研究和大多數的電話訪談中，要取得研究對象簽署的知會同意書是

不可能的。我們需要遵循的一般性原則是：對研究對象造成潛在的危險越大，就越需要一個書面簽署的知會同意書。總之，獲得知會同意書的原因非常多，而不需要知會同意書的藉口非常少。

特殊人群和新的不平等

特殊人群和脅迫有些人群或群體不可能簽署眞實自願的知會同意書，他們可能是缺乏必要的能力，或者是間接受到了脅迫。學生、囚徒、雇員、軍隊士兵、無家可歸者、社會福利受益者、兒童或者是智障人士通常會同意參與研究。當然，他們可能無法完全有能力做出決定，或者他們同意參加研究，是因爲他們希望會帶來好處，例如，好的成績、提前釋放、提升或者享受特別的服務等，所有這些好處只有通過當事人的參與而獲得。

要求那些「能力差」的人群（如兒童和弱智人士）參與研究是違背研究倫理的，但是，如果我們能夠獲得這些人的法定監護人的書面知會同意書，而研究人員又能夠遵循研究倫理，保護研究對象不受到傷害的話，還是可以邀請這些人參與研究的。例如，社會工作研究人員希望研究中學生中的抽菸、吸毒和酗酒的問題，如果在學校中進行這個研究，就需要得到校方的同意，同時還需要得到父母的書面同意，因爲他們都是未成年人，最好還要得到學生本人的同意。

脅迫某人參加研究，包括給研究對象提供一些他們通過別的途徑得不到的好處等，也是違背研究倫理的。比如，指揮官命令士兵參加某項研究，教授要求學生做研究對象，否則就不讓他／她考試及格，或者雇主要求雇員參加一個調查，並將此作爲留用的一項條件。同樣，研究人員之外的人（如雇主）去脅迫他人（雇員）參與自己的研究，也是違背了研究倫理的行爲。

如何判斷是否發生脅迫他人參加研究是一個很複雜的問題，社會工作研究人員和機構審查委員會委員，都必須對每一個研究個案進行調查評估。例如某個已定罪的罪犯可能會面臨這樣的選擇：去蹲監獄，或者去參與一個實驗性罪犯矯正計畫。這個罪犯不相信這個矯正計畫會給自己帶來什麼好處，但是研究人員認爲這個計畫一定會幫助罪犯矯正，這就是脅迫。但是研究人員必須認眞評估參與本計畫給研究對象和社會帶來的好處，是否遠遠超過了職業倫理對脅迫他人參加研究的禁止。

在社會科學課程中，老師往往會要求學生以研究對象的身分來參加研究項目，這也是一種特殊的脅迫。支持學生參與研究的人提出了三個支持性論點：（1）從其他管道尋找研究對象可能比較困難且費用昂貴；（2）以學生爲研究對象的研究，所得到的知識將對未來的學生和社會有利；（3）學生將會因爲直接體驗眞實的研究情境，而對研究有更多的了解。在這三種論點中，只有第三種論點算是支持有限度強迫他人參加研究

的理由。當有限度的強迫具有明確的教育目標、學生有選擇參與或不參與的權力，以及在遵守其他研究倫理的情況下，才可以接受[17]。

製造新的不平等

還有一種傷害是在研究對象參加研究專案之後，比如被排除在享受某種服務或獲得某些好處之外。例如，研究人員可能會對某種得了不治之症（比如，AIDS）的研究對象提供一種新的治療方法。為了確定這種新的治療方法的有效性，某些研究對象會接受新的治療，而另一些研究對象則只接受安慰劑的治療。這種設計會展現這種藥是否有效，而在控制組中服用安慰劑的研究對象可能會死亡。當然，在了解新藥是否有效之前，那些服用新藥的人也可能會死亡。拒絕給那些隨機抽取到控制組中的研究對象服用可能對他們疾病有效的新藥合乎倫理原則嗎？為了檢測新藥是否有效，難道一定要使用一個服用安慰劑的控制組嗎？

研究人員有三種方法，可以減少不同的研究對象之間可能會出現的新的不平等關係。第一，對於沒有機會服用「新的、改良的」新藥的研究對象，繼續給他們提供到目前為止最有效的治療方式。換言之，不中斷給控制組提供治療和幫助，而是給他們提供除了實驗的新藥之外的最好的治療。這就能保證研究對象在治療中不會處在一個絕對不利的處境中，當然，相對而言，與實驗組相比，他們暫時還是處在一個相對不利的處境中。第二，研究人員可以採用交叉設計，即第一階段的控制組在第二階段就成為實驗組；同樣，第一階段的實驗組在第二階段就成為控制組。第三，研究人員小心地、持續性地監測實驗結果。如果在實驗早期就能發現新的治療方法非常有效，那麼就應該將這個方法應用到控制組中。另外，在醫學治療或其他可能帶來生理傷害的高風險實驗中，研究人員可以使用動物或其他替代品來代替人類進行實驗。

隱私、匿名和保密

如果沒事先通知你或徵求你的同意，就把你的私人生活資訊公布於眾，你會有何感受？鑒於社會工作研究人員為了研究社會行為會觸及個人隱私，因此，他們必須採取措施來保護研究對象的隱私。

隱私

如果調查研究人員以詳細了解個人隱私細節的方式，深入探索個人的信仰、背景和行為，這時，他們就侵犯了個人隱私。實驗研究人員有時會用雙面鏡或隱藏話筒，來「窺視或偷聽」研究對象。即使研究對象知道自己被研究，他們也不清楚實驗者到底想看什麼。田野研究人員可能會觀察到研究對象非常私人層面的行為、聽他們的對話。在田野實驗和人類學田野研究中，個人隱私可能在事先通知的情況下遭到破壞。當Humphreys（1975）在男同性戀常常發生性行為的公廁內擔任把關人角色時，他就在未告知研究對象的情況下，觀察到了他們非常隱私的行為。當Piliavin及其同事（1969）在地鐵站對行人摔倒後，人們是否提供幫助的行為進行研究時，那些乘客的隱私權就遭到了踐踏。在公眾場合，人們的行為一直受到研究（如在候車室、在大街上走路、在教室裡等），但是，有些公眾場所更具有隱私性（想想看用望遠鏡來窺視那些以為是在獨自一人上廁所的人）。[18]

　　偷聽他人談話和在半隱私場所觀察他人行為，引發了倫理問題的思考。重視倫理的社會工作研究人員侵犯他人隱私，必須限制在必要的最低限度以及出於正當的研究目的上；此外，他／她必須保證不能將研究對象的個人資訊曝光。

　　在某些情況下，隱私會受到法律保護。有個觸犯隱私的案例導致美國聯邦政府通過了一項法律。1954年在Wichita陪審團的研究中，芝加哥大學法學院的研究人員記錄了陪審團的討論，以研究陪審團集體商議的過程。雖然這個研究發現非常重要，而且也採取了必要的預防措施，還是引發了美國議會的調查，並且議會在1956年通過一項法律，規定不論出於什麼目的，一律禁止干預任何大小陪審團的運作，即使得到陪審員的同意，也不允許這樣做。[19]

匿名

　　指研究人員在資料蒐集完成後，為了保護研究對象的隱私，不能暴露他們的身分。這樣做有兩種形式：匿名和保密，它們都要求將研究人員的身分與不同的研究對象的回答分開處理。

　　匿名指的是研究對象處在一個匿名或者不用名字的狀態。例如，田野研究人員只提供某個特定個人的社會性圖象，使用假名和假位址，同時，對其個人特徵做出一些修改。這樣，研究對象的身分得到了保護，「他是誰」就不為人知或是匿名的。調查研究人員和實驗研究人員為了保護匿名者，應該儘快地隱去研究對象的名字和位址，只用數位代碼來指代研究對象。如果研究人員使用郵寄調查方法時，在問卷上進行編碼以了解誰沒有回答問卷，這樣的做法，就能有效地保護問卷填寫者的匿名性。在典型物件研究中，需要對同一研究對象不斷進行長期追蹤研究，匿名就變得不可能了。同樣，歷史研究人員會在歷史或文獻研究中，使用特定的人名。如果他們的資料來自公開管道，他們完全可以使用原名；但是，如果他們的資料來源不是公眾可以獲得的，使用原名必須從資料的所有者那裡獲得書面同意書。

　　要保護研究對象的匿名權不是件容易的事。在Vidich和Bensman（1968）出版的《大社會中的小城鎮》中，他們對一個虛構的城市Springdale進行了研究，我們可以輕易地認出這個城鎮以及其中的一些人物。城鎮居民對研究人員描述自己的方式非常不滿，因此他們組織了遊行示威，來嘲弄研究人員。在著名的印第安那州的中部城鎮

Muncie的研究中，人們時常可以辨認出在社區研究中出現的城鎮。然而，如果研究人員用虛假資訊保護了參與研究的個人的身分，也會在研究對象的實際情況與研究人員的報告之間產生差距，那麼人們就會問，在報告中，到底哪些資訊是研究發現？哪些又是杜撰出來的？研究人員在小樣本研究中，會不自覺地違反自己的匿名承諾。例如，我們對100名大學生進行調查時，會用問卷問一些問題，包括年齡、性別、宗教信仰和家鄉等。樣本中包括了一名22歲出生在安大略的斯特拉特福的猶太男學生。根據這些資訊，儘管他的名字沒有寫在問卷上，但是你還是能夠輕易地認出這是誰，知道他是如何回答了一些敏感的私人問題的。

保密

即使無法做到匿名，研究人員也應該保證做到為研究對象保密。匿名能夠保護研究對象本人不被他人認出；而保密則意味著研究對象所提供的資訊可能會有名字標記，但是研究人員會對此進行保密，並保證不向公眾透露這些資訊。研究人員在向公眾公布自己的研究資訊時，能夠保證所透露的資訊無法與特定的個人聯繫在一起，並且在展現研究結果時只採用一種組合的方式（如百分比、眾數等）。

儘管保密和匿名通常是緊密聯繫在一起的，研究人員可能保證匿名，但無法保證保密，或者是只能保證保密而無法做到匿名。做到匿名而無法保證保密，意味著有關某個個人的資訊被公布於眾，而當事人的姓名卻被掩蓋了。做到保密而無法保證匿名，指的是有關資訊不公布於眾，但是，研究人員私下將個人名字與某些答案聯繫在一起了。

要保證研究對象的身分不被公眾所知道，需要按照以下步驟來操作：採用匿名的答案，將編碼木交給第三者來保留，或者採用隨機答題技術。過去發生的一些違規案例表明，採用上述技術還是很有必要的。例如，Diener和Crandall（1978:70）報告說，在20世紀50年代，美國國務院和聯邦調查局要求得到所有參加了Kinsey性研究的個人資訊。Kinsey性行為研究所拒絕了政府的這個要求，他們威脅說要銷毀這些紀錄檔案，也不會向任何人透露。最後，政府部門讓步了。研究人員的道德感和研究倫理要求他們寧願銷毀這些檔案，也不能提供給政府部門。正如Nelkin（1982b:705）所述，「當研究人員保護研究對象的責任與政治或政策目標相衝突時，這種責任就會常常受到破壞」。

保密能夠保護研究對象免受生理傷害。例如，本書的作者之一曾經遇到一位研究人員，他研究的是某個非民主國家的祕密員警的內部運作。如果他透露了資訊提供者的名字，那麼這些人將面臨死亡或者是監禁。為了保護這些資訊提供者，他將所有的筆記都加上了編碼，並將這些資料放在一個祕密的地方鎖了起來。儘管他生活在美國，他的人身安全還是不斷受到那個非民主國家的政府的威脅，竊賊多次企圖進入他的家。在另外一些情境下，除了保密之外還有一些原則需要遵循。例如，當我們研究精神病院的病人

時，研究人員發現病人正在策劃謀殺看護。研究人員必須權衡一下是堅持保密的原則，還是放棄保密原則，來關注看護面臨的潛在的危險。

1989年，美國政府制定了一個方法來保護保密性。研究人員通常通過遞交研究計畫書的方式，申請一個由國家健康研究所簽署的保密證明書（certificate of confidentiality）。這個保證書確保有關研究對象的所有資料可以對聯邦政府、州政府或地方政府的司法機關保密。不論這個研究是否得到聯邦政府的經費贊助，研究資料都會受到保護。不幸的是，這個保證書只能夠保住研究對象的資料，而不能保證研究人員不受司法部門的干預。

當研究對象屬於「受到控制的」人群時（如學生、囚徒、雇員、病人和士兵），就出現了一個與匿名和保密有關的問題。把關人，或者那些處在領導位置的人，可能會限制研究人員接近這些研究對象，除非他們自己能夠得到有關研究對象的資料。[20]例如，研究人員研究了高中生的吸毒和性行為問題，校方負責人同意在兩個前提下進行合作：（1）學生需要得到父母的允許才能夠參加研究；（2）校方要得到所有吸毒者和有性行為的學生的名單，以便為學生安排輔導，並通知學生家長。重視研究倫理的社會工作研究人員可能會選擇放棄這個研究，而不應滿足校方提出的第二個條件。

研究對象的資訊是私人財產

出於研究目的，你會坦率地提供自己的個人資訊，這是否意味著你喪失了擁有自己個人資訊的所有權力？參與研究的人將自己的有關資訊提供給他人並供他們分析。這些資訊可能會被用來達到某些目的，包括一些會傷害研究對象利益的行動。

目前社會上存在一個資訊產業，它專門蒐集、買賣、分析以及與大機構交流個人資訊。有關個人購買習慣、個人品位、花錢模式、信用度、支援率等資訊都會被一些私人企業和公眾機構所利用。資訊實際上屬於私人財產，像其他的知識產權（版權、軟體和專利等）一樣，資訊在交流之後，還會繼續產生價值，這一點與不動產完全不同。

很多人從來不認為自己的私人資訊是一種私人財產，他們常常隨便地向他人提供這些資訊。他們無償地或者低報酬地向研究人員提供自己的資訊。此外，出於對隱私的尊重和蒐集更多的資訊需要，我們應該更加理性地將私人資訊界定為個人財產。如果它真是私人財產，研究對象有權力來保留、出售或提供給他人，這就更加明確了。當這些資訊被用來侵害研究對象的利益，或者研究對象不同意研究人員隨意使用自己的資訊時，倫理問題就變得特別突出了。

這一點對於私人公司出面蒐集資訊特別重要。例如，我們填寫了很多反映我們經濟狀況、健康狀況、婚姻狀況、生活習慣等內容的表格。其他人利用這些資訊，並進行了資訊交流，這些資訊可能就會被用來批准或拒絕我們的貸款申請、健康保險，同意或者

拒絕我們的租房申請，同意或者拒絕我們的求職，甚至會影響我們參加促銷和享受特別優惠活動。我們不再能夠控制這些資訊，更無法控制這些資訊的使用。這樣就會直接影響我們，它可能會被用來對我們不利，或者成為他人的私人財產。例如，有人對一組不吸菸者進行研究，了解他們的習慣和心理狀態。有個市場研究機構獲得了這些資訊，這個市場研究機構正在為某個菸草公司策劃一個活動，在不吸菸者中推廣自己的新產品。如果這些不吸菸者知道了自己的資訊會用於這個用途，他們可能就會選擇不參加這個研究了。為了公平起見，研究人員應該在給研究對象的知會同意書中，說明本研究的贊助者以及研究結果的用途。

「誰來控制研究對象的資料」這個問題，與第四章中提到的社會工作不同的研究取向密切相關。在實證研究和自然科學中，對物質世界的描述和理解，成為某些專家的職權。這些專家控制了從個人那裡蒐集來的資訊，並運用這些資訊來製造奇妙的藥品、方便的物品，給個人和某些公司帶來了財富，甚至是可怕的武器。實證主義主張由專家來蒐集和運用資訊，這個過程要與研究對象和普通老百姓分離。另外兩個與實證主義不同的研究取向，從各自的立場出發，主張研究對象應該參與研究過程，並參與研究資料和結果的使用（Gustavsen, 1986）。

強制性保護研究對象

美國聯邦政府制定了法律來保護研究對象及其權力。從美國衛生和人類服務部（Department of Health and Human Services）和預防研究風險局（Office for the Protection from Research Risks, OPRR）發布的有關法規條文中，可以看出這方面相關的法律約束。

雖然這只是一個聯邦機構的條文，大部分的研究人員和政府機構都把這個當成了自己的指南。目前，美國政府的規定是從1966年開始實施的、1971年廣泛運用的公共衛生服務政策而發展過來的。1974年頒布了《國家研究法》（The National Research Act），成立了全國保護生物醫學與行為研究中人類被試委員會，這明顯擴大了相關法規的適用性，並且要求大部分社會工作研究，需要提供知會同意書。根據這個法規，研究所和大學承擔了維護倫理標準的責任。

1999年，全國衛生研究所諮詢委員會（the Advisory Committee to the Director of the National Institutes of Health, NIH）建議要擴大預防研究風險局的作用，它的管轄範圍從全國衛生研究所（NIH）擴大到衛生和人類服務部。2000年，人類研究保護局（the Office for Human Research Protections, OHRP）成立，它的地位和作用都得到了提升。此外，還成立了一個獨立的全國人類研究保護諮詢委員會（National Human Research Protections Advisory Committee），它扮演了一個監督者的角色，為人類研

究保護局提供廣義的科學和倫理指導。

　　人類研究保護局的基本職責是，與聯邦政府一起開放和執行相關的政策、程序和規則，以保護參與衛生和人類服務部所贊助的各項研究的參與者。在履行自己的使命時，人類研究保護局與美國及國外的4,000多個聯邦贊助的大學、醫院和其他醫學行為研究機構達成了正式協議。這些協定強調機構必須承諾以符合倫理的方式來開展自己的研究項目，並保證保護所有參與研究的人的福祉。

　　聯邦法規遵循的是醫學生物模式，保護研究對象不受到生理傷害。還有其他的規定要求在所有研究機構、學院和大學都要成立機構審查委員會，來檢查所有使用人類作為研究對象的研究專案。審查委員會的成員是由研究人員和社區居民組成。還有類似的委員會來監督在研究中使用動物實驗的情況。這個審查委員會還要監督、監控並檢查所有研究程序可能給研究對象帶來的任何影響，以及在研究中遵循研究倫理的情況。委員會在研究計畫書階段就要審查研究程序。教育測驗、「正規教育實踐」、大部分的調查、大部分的公眾行為觀察，以及不涉及個人資訊的二手資料的分析等，都不需要接受審查委員會的監督。[21]

研究和實務之間的界限

　　大體上來講，「實務」這個詞指的是專業設計的、為了提高當事人或當事人系統的福祉的干預，並且能夠產生一個合理的、成功的期望。實務的目的一般來講，是提供診斷或評估、預防性治療，或者為某個特定的當事人提供干預。另一方面，研究指的是為了回答某個問題，檢測某個假設，得出某個結論，從而可以發展出可以推廣的知識體系（例如，前面提到的理論、原則和關係的陳述等）而設計的活動。研究人員通常用一個正式草案的方式來概括他們的行動，其中指明了科學的目的，包含了學術界通用的一系列程式，通常它都具有實現目標的可能性。當實務工作者違背了或脫離了業內人士公認的實務標準，就不能夠成為一項實驗或研究（Blaskett, 1998）。實際上，一項干預計畫或者程序是具有實驗性的，因為它是新的，沒有經過檢驗，是一種不同的方式，但是，這本身並不意味著這類實務就是研究。社會工作界普遍認為，實務中的一些絕對新的干預方法，應該在早期經過了正式研究檢驗的，以確定這種干預有效、安全。

　　如果研究目的是評估某種干預的安全性和有效性，那麼，這種研究就將研究和實務合二為一了，這就不會帶來任何有關倫理問題的爭議。一般性的原則是，如果在實務活動中帶有一點研究的性質，那麼，這個實務活動就需要考慮保護人類研究對象的問題。

倫理與學術界

　　外科醫生、律師、諮詢師和其他專業人士都有一套倫理守則，還有同行評審委員會或者是執照制度。這些倫理守則明確規定了職業標準，並在遇到實際問題時提供指導性原則。[22] 社會工作研究人員不是爲了收費而工作，也不是沒有接受過什麼專業訓練，更不是不需要執照管理。他們把倫理融入研究中，因爲這樣是符合社會道德規範，同時也是社會責任感的一種表現，更爲重要的是，這樣做能夠保證社會工作研究，不至於被人攻擊爲麻木不仁或者是虐待研究對象。

　　專業的社會工作協會都有自己的職業倫理守則。這些倫理守則明確規定了哪些職務行爲是合適的，哪些是不合適的，這是專業人士對倫理問題的共識。並不是所有的研究人員對這些倫理問題都持有相同的看法，對於倫理守則的解釋也不盡相同，但是，他們都希望作爲專業團體的一員，研究人員都應該遵守倫理標準。

　　研究的倫理守則可以追溯到紐倫堡守則，這是第二次世界大戰後，在紐倫堡軍事法庭上，同盟國處理納粹戰爭罪行所採用的原則。這些原則是針對納粹在集中營進行慘無人道的人體實驗而制定的，其中，列舉了倫理守則以及人類被試的權力。主要內容包括：

1. 自願同意的原則
2. 避免不必要的生理和心理傷害
3. 避免任何可能造成死亡或殘疾的實驗
4. 如果繼續研究可能造成傷害、死亡或殘疾，應該立即停止研究
5. 實驗必須有具有專業資格的人，以高水準的技術和關心來開展
6. 研究結果是爲了社會進步，而其他方式則無法實現的

　　紐倫堡守則中的原則涉及了如何對待人類研究對象的問題，其關注點原來只是在醫學領域，但是，它們爲後來的社會工作研究倫理奠定了基礎。類似的人權規則，例如，1948年的聯合國人權宣言，以及1964年的赫爾辛基宣言，也對社會工作研究具有指導意義。[23] 表5-1列舉了一些社會工作研究的基本倫理原則。

　　專業的協會都有自己的專門委員會來審查倫理守則，對違法行爲舉行聽證會，但是對如何執行守則卻沒有嚴格的規定。對輕微的違背守則行爲的處罰，可能是一封警告信。如果研究人員的行爲沒有觸犯法律，主要的處罰就是把違背守則行爲作爲一個嚴重違規事件，記錄在冊，公布於衆。公布於衆的一個結果，就是讓違規者丟掉飯碗，學術刊物不再發表他／她的論文，以後再也得不到研究基金的贊助，換言之，違規者被逐出了學術界。

表5-1　重視倫理的社會研究基本原則

1. 每個研究人員都負有倫理責任
2. 不可以為了個人私利而剝削研究對象或學生
3. 建議並要求研究人員獲得某種形式的知會同意書
4. 兌現所有關於保護隱私、保密和匿名的承諾
5. 不可強迫或羞辱研究對象
6. 在不得已的情況下，才使用隱瞞的方式，而且在事後要向研究對象說明情況
7. 選擇使用最適合研究題目的研究方法
8. 發現研究對研究對象帶來了任何不利的結果，要及時排除
9. 預測研究可能會造成的後果，或者公布研究結果可能會帶來的後果
10. 了解誰是研究的贊助方
11. 在進行比較研究時，需要與參加比較的國家合作
12. 公布研究設計的細節和資料
13. 根據資料來解釋研究結果
14. 從方法論的角度使用高標準，力求精確
15. 不從事不可告人的研究

　　倫理守則不僅僅規範研究人員的思維，提供行為指南，還協助大學和研究機構保護社會工作研究倫理不被濫用。例如，1994年有位研究人員在訪談了24名在密爾瓦基的公共辯護辦公室（Public Defenders Office）的工作人員，並進行了觀察。他發現，他們都在超負荷工作，且不能有效地為窮人提供法律保護。得知這個發現後，公共辯護辦公室的高級官員就與大學接觸，希望進一步了解是誰與研究人員進行過訪談，這意味著該辦公室的官員可能會採用報復行為。大學的行政部門使用了大家共同遵循的保護研究對象的原則，保護了研究人員，同時拒絕透露相關資訊。[24]

倫理與研究贊助者

守住底線

　　你可能找到一份工作，通過簽約的方式承包一項研究，為某個贊助者做研究，贊助者可能是你的雇主、政府機構或者私人公司。當贊助者出錢支付研究，特別是一個應用性研究時，就可能出現倫理問題。贊助者可能會要求研究人員，只有在倫理或研究標準上做出一些讓步，才能得到機會簽約或繼續雇用。在這種情況下，研究人員需要給自己一個倫理底線，超出這個底線他們可以拒絕贊助者的要求。面對贊助者的不當要求，研究人員有三個選擇：忠於一個組織或大的群體；抽身離開；公開表示反對。[25]這表示他們要麼是向贊助者屈服，要麼是辭職，要麼就是為贊助者守住底線。研究人員必須謹

慎地選擇自己的行動，但是最好的辦法就是在與贊助者建立關係初期，就考慮好倫理的問題，並告訴對方自己的關注點是什麼。

守住底線是件辛苦的、危險的事情。至少有三方介入了這個關係中：目睹了不符合倫理行爲的研究人員、外界機構或媒體，以及雇用機構中的上層。研究人員必然相信，違背研究倫理是很嚴重的問題，而這種違背又是得到機構認可的。在通過內部管道無法解決問題時，研究人員可能會尋求外部的幫助。局外人可能對這個問題感興趣，並提供幫助，但是也可能不感興趣，不提供任何幫助。局外人通常有自己的優先考慮順序（讓某個機構形象變壞，炒作這個問題等），他們的關注點與研究人員的關注點未必一致（研究人員關心的是結束違背倫理的行爲）。機構的上層或經理可能想設法詆毀或懲罰任何揭露問題和行爲不忠的人。正如Frechette Schrader（1994:78）指出的，「守住底線是一種特殊的不服從機構的行爲，或者它是忠於更高的原則，還是忠於自己的雇主的問題。」即使在最好的情況下，這個問題的解決也需要很多的時間和精力。要遵守道德標準、守住底線者，需要做好準備犧牲某些東西，例如失去工作或升職的機會、減薪或突然調職、被同事冷落，甚至是負擔訴訟費用。這些仍然不能保證一定可以改變違背倫理的行爲，或者防止研究人員不受到報復。

在贊助性研究中，應用性研究人員需要認眞考慮自己的專業角色。他們可能需要保持某種獨立性，不受到贊助者的干擾，堅持做一個致力於專業性的學術界成員。很多人發現，參加專業機構（如全國社會工作者協會），與其他機構的研究人員保持經常性聯繫，採用最新的最好的研究方法等，都是處理贊助者壓力的一個有效的防衛方式。只有那些孤立無援的、缺乏安全感的研究人員，才容易在贊助性研究中放棄研究倫理。無論如何，我們都不能用諸如「即使我不要這樣做，也會有人這樣做」的藉口來說明違背倫理行爲的正當性。

獲得某些預先設定的結果

如果贊助方直接或間接地告訴你，應該得到什麼樣的發現，你會怎樣辦？如果要以必須得到某些特定的結果作爲進行研究的先決條件，作爲一個重視研究倫理的社會工作研究人員，就會拒絕參與這類研究。所有的研究都不應該對可能得出的研究結果，加上任何的限制條件。例如，某個調查機構簽署了一份合約，爲某個購物中心集團做一項研究。這個購物中心集團正在與某個政治團體就在購物中心進行示威問題打起了官司。調查機構中有位訪談員反對問卷中出現的一些他認爲是無效的、偏向購物中心集團的問題選項。他與某家報社進行聯絡，揭露了這些偏差的問題，後來他就被解雇了。幾年後，在一個「守住底線的訴訟案」中，這位訪談員獲得了6萬美元的賠償，以補償他的欠薪、精神痛苦，以及表示對該調查機構的懲罰。[26]

　　另一個例子就是通過施加壓力來得到特定的研究結果，它常發生在教育考試界。通過標準化考試來檢測美國學童的學業表現，長期以來一直受到很多的批評。例如，大約90%的美國學區的兒童在這類測試中的成績都超過「平均分」，這被稱爲沃貝根湖效應（the Lake Wobegon effect），取名於沃貝根湖這個神祕城市的傳說，根據電視節目主持人Garrison Keillor的說法，在這個城市，所有的孩子成績「都在平均分之上」。出現這種研究結果的主要原因就是，研究人員把目前學生的成績與幾年前參加測試的學生的成績標準做了一個比對。研究人員面對著來自教師、學校校長、督學，以及學校理事會的壓力，所有這些人都希望要一個可以讓家長和選民滿意的結果，這樣，他們就可以向家長和選民們匯報說，自己學區的孩子學習成績都在「平均分以上」。[27]

研究方式的限制

　　贊助者是否可以直接或間接地（例如限制經費）界定什麼可以研究、什麼不可以研究，或是限制使用某些研究技術，來限制研究嗎？贊助者可以合法地設定使用研究技術的條件（如做調查還是做實驗），同時可以限制研究經費額度，然而，研究人員必須遵循大家公認並普遍使用的研究方法。研究人員應該提出一個符合實際的評價，指出在現有經費水準下，可以做什麼，不可以做什麼。

　　對研究的限制，在合約研究中比較常見，特別是當某個公司或政府機構要求開展某個特定的研究專案時，就更加常見。Abt（1979）作爲一個大型的私營社會研究公司阿比特聯合公司的總經理，曾經指出，要通過競標的方式獲得一個合約是非常困難的，因爲很難確定研究的實際費用是多少。一旦研究開始了，研究人員就需要重新設計研究，這樣費用就會增加。合約程序又不可能在研究中期出現任何改變。研究人員就會發現，由於受到合同的約束，他們被迫採用的研究方法，遠不是最理想的。這樣，研究人員就面臨著兩難處境：完成合約並開展低品質的研究；或者無法完成合約，丟掉金錢和未來的飯碗。

　　研究人員如果無法保證自己遵循研究的一般性標準，那麼，他們就可以拒絕繼續履約。如果贊助方想採用傾向性抽樣，或者提出引導性問題，重視倫理的社會工作研究人員就可以拒絕合作。如果正統的研究常識告訴我們，贊助方的想法或者他們指定的項目是一個不良行爲，研究人員要麼可以提前結束聘期，要麼就會面臨違背職業研究標準的壓力。從長遠來看，研究人員、學術界和整個社會都會受到這種不良研究風氣的消極影響。研究人員必須明確，自己是否要做贊助方的「傀儡」，爲贊助方提供他們想要的一切，不管這樣做是否違背了職業倫理；或者自己要做一個專業人士，有責任來傳授和引導職業倫理；或者是站在更高的道德立場來反對贊助方的行爲。[28]

　　研究人員應該問自己：「如果贊助方自己對運用研究結果不感興趣，或者他們對

事實真相不感興趣的話，他們為什麼要聘用社會工作研究人員來從事研究呢？」答案就是，這些贊助方把社會工作研究僅僅當成了一個幌子，用來使自己的決定或行為合法化，而這是通過其他途徑無法實現的。他們濫用了研究人員的職業地位來實現自己的個人目的，他們採用欺詐的手段，企圖利用社會工作研究來獲得誠實和正直名聲。當這種局面出現時，一個重視研究倫理的社會工作研究人員就有責任站出來揭露並制止這種行為。

查禁研究結果

如果你的研究結果證明贊助方是個壞蛋，或者贊助方不希望你的結果公開發表，你該怎麼辦？應用性研究人員經常會碰到這種情況。例如，有位社會學家，為威斯康辛州的彩票委員會進行了一個有關州政府贊助的賭博效果研究。她完成了研究報告，在向媒體公布自己的研究成果之前，委員會要求她刪掉有關賭博的負面的社會影響的章節，還要刪掉她提出的有關建立社會服務、幫助賭博成癮的賭徒的建議。這時，這位研究人員就處在一個非常艱難的抉擇中，她應該優先考慮哪種價值取向：幫助出錢贊助自己的研究的贊助方掩蓋它的不良行為，還是向世人揭露事實真相，並且承擔相應的後果呢？[29] 有位羅馬天主教神父，在調查美國主教對官方天主教政策的不滿時，曾接到上司的命令，不能外洩自己的研究結果，並且要銷毀所有問卷。然而，24年後當他從教會退休後，還是將自己的研究成果公布於眾。[30] 為了遵循研究倫理，研究人員們付出了極大的個人和經濟代價。

政府機構常常會壓制那些與政府官方政策相抵觸的科學成果，以及那些讓政府官員難堪的研究成果。受雇於政府機構的社會工作研究人員，因為向公眾洩露了研究成果，而受到打擊報復的事件也時常發生。例如，美國人口統計局雇用的一名研究員，研究了因1991年伊拉克戰爭而導致的死亡狀況，他報告說，政府官員出於政治原因，將研究結果壓住不讓發表。這位研究人員發現，有關高死亡率的研究結果被美國政府官員壓住不報，在進行統計時故意過低統計了死亡率，而這名研究人員的雇主試圖要解雇她。當這些資訊在透露給公眾之前，都必須經過一個由執政黨委派負責的辦公室進行審核。她指出，這個執政黨的負責人最關心的是維護政府的外交政策。在另一個例子中，美國國防部命令銷毀那些顯示在美國軍隊中男女同性戀的比例在10%的研究，以及那些不支持在軍隊中禁止同性戀者的研究。[31]

在贊助性研究中，研究人員在研究開始之前，可以就研究結果的發布與贊助方進行協商，並且簽署相關的合約。或許在競標過程中，一些不重視倫理守則的研究人員也會這樣做，但是，如果研究結果無法發表，就開始研究，的確不是明智之舉。另一方面，研究人員可能會接受贊助方的批評和敵視，但仍然會不顧贊助方的反對，公布研究結

果。大部分研究人員會傾向於第一個選擇，因爲第二個選擇會嚇跑未來的贊助方。

社會工作研究人員有時也會自我反思、檢查並延遲發表自己的研究成果。他們這樣做，是因爲保護研究對象的身分、保證自己將來還有機會進入研究現場、保住自己的工作，甚至是保護自己的安全和家人的安全（Adier and Adier, 1993）。這是一種沒有任何傷害的延遲和審查，因爲它沒有來自外界的壓力，而是一個了解研究、熟悉研究過程以及可能帶來的不良後果的研究人員的保護性行爲。研究人員應該對自己的研究負全部的責任。他們常常可以擁有很多不同的資源，但同時他們也面臨很多的競爭和壓力（參見方框5-3）。

方框5-3 評價研究的幾種常見的錯誤

1. 問「錯誤的」研究問題（例如，問了總結性的是與否的問題，而正確的問題應該是形成性問題，或者問一些排除了主要受益人群的問題）；
2. 在做出了選擇某個服務專案之後，仍然要求對該專案進行評估，以延誤該專案的執行或者證明選擇該項目的合法性；
3. 要求採用研究設計、資料蒐集技術，而這些技術只適用於項目的評估工作；
4. 在研究設計或資料蒐集階段進行介入，從而保證研究能夠得出想要的結果；
5. 當評估的結果明確地表示干預無效時會繼續研究，或者當評估結果表明非常有效時，會結束研究；
6. 爲了結束或降低項目而故意壓制不報或刪掉積極的研究結果，或者爲了繼續一個項目而故意壓制不報或刪掉負面的研究結果。

資料來源：摘自Stevens and Dial（1994），也提供了一些錯誤的案例。

隱瞞真正的贊助方

對贊助方的身分進行保密，符合職業倫理嗎？例如，一家流產診所要贊助某項研究來研究宗教團體反對流產的態度。研究人員必須在以下兩個方面進行權衡：向研究對象公開贊助方的身分、違背贊助方的保密的意願而公布研究結果；減少研究對象的合作的可能性。如果研究結果公開，很顯然，就是違背了研究倫理中透露誰是贊助方的倫理規則。對於是否向研究對象公開真正的贊助方這個問題，並沒有形成很大的共識。Presser及其同事（1992）發現，被訪者提供的答案在很大程度上取決於調查的贊助方是誰。如果被訪者相信，研究是由某家報紙主持的，而這家報紙對某個問題的看法是採取了強硬態度的，那麼，他們的回答可能就不會抵觸該報紙的公開立場。如果被訪者相

信調查的贊助方是一個中立的學術機構，這就不會是個問題了。

研究的權力關係

　　倫理中包含了研究實踐的道德內容，首先就是學術界公認的個人責任感的問題，其中，主要的問題就是保護研究對象，在開展研究和報告研究結果時需要誠實，在主持研究過程中不要受到贊助方的干擾，因為贊助方的干擾，會危害研究過程的公正性。

　　研究中的權力關係是交互在一起，互相影響的。社會工作研究中的權力關係，是以下列幾種方式來影響研究的：研究人員可以做什麼研究，他們怎樣做研究，怎樣傳播研究結果，研究結果怎樣運用。這裡的核心問題，就是自由表達的問題和科學如何獨立於權力機構和團體之外的問題。現在還沒有一些關於權力關係的倫理守則。儘管還做不到完美，社會工作研究的最終目標就是發現知識、追求真理。社會工作研究中出現的政治爭議，通常都是一個權力團體或機構希望限制對真理的追求，制止知識的傳播，或者是濫用並選擇性地忽視研究結果。出現這種情況的主要原因，是因為這些人追求的不是科學的目標。

對社會工作研究人員研究範圍和研究方法的限制

對研究的直接限制

　　政府或者社會中的權力團體可能會試圖限制自由的科學研究。在非民主國家，對社會工作的控制和審查，無一例外地成為一種制度。特別是研究的題目具有政治敏感性的時候，包括公眾態度的調查，都會受到控制和審查。在很多國家，例如東歐、南非等地，社會工作研究人員一直受到監視，被限制只能做一些「安全性」的課題，或者被迫支持政府的官方政策。[32] 在一個極端的案例中，即在納粹統治的1937年，為了淨化大學和研究中心，40%的德國科學家因為政治原因而被解雇。[33] 另一個例子就是在美國，20世紀50年代，有數百位教授遭到了迫害，因為他們拒絕配合參加麥卡錫調查運動（McCarthy investigations）。當時，這些人因為拒絕接受強制性的效忠宣傳、支持種族融合，或者提倡性教育，都會被懷疑成為顛覆分子而受到解雇。例如，單是在加州大學，就有25名教授因為拒絕簽署效忠宣誓而被解雇。[34]

　　對社會工作研究而言，有兩個可能的限制：（1）把關人會控制研究人員接近資料或研究對象；（2）對如何蒐集官方資料的控制。把關人會對研究內容進行限制，從而

可以保護自己或自己的機構，免予受到批評和陷入尷尬局面。他們常常會限制研究人員接近研究對象，也可能將研究對象控制在可以控制的範圍之內。例如，1997年，美國軍方從一份有關性騷擾的問卷的153個問題中，刪除了幾個問題，這份問卷將發放給9,000名士兵填寫。刪除這幾個問題的原因在於「軍方高級官員擔心，這些問題的回答可能會給軍方帶來很多麻煩」（Schmitt, 1997）。有兩名研究人員擔任了這個研究的顧問，一名是社會人類學家，一名是法律教授，他們對此非常生氣，其中一人指出，問卷修改前的初步分析結果表明，軍事基地出現的性騷擾情況與一些涉及某些士兵的行為的問題密切相關（例如，去脫衣舞俱樂部、看三級片等），而擔任把關人的高級軍官，不希望研究人員能夠蒐集到讓軍方感到難堪的資訊。

另一類的限制，與現有的政府或其他大型機構蒐集的官方統計資料有關。在第十一章中，我們還將討論這個問題，但是，是否由機構進行資訊蒐集，以及機構怎樣進行資訊蒐集，這些都會影響研究結果。一般來講，政治因素會影響某些現象（如失業、收入、教育成就、貧困線等）在官方的統計資料中的定義形式，以及這些資料如何進行蒐集。[35]

在進行人口、經濟和其他研究中，成千上萬的社會科學家，通常都會以美國人口統計局蒐集的資料為準。人口統計的最初宗旨就是，在不同的地區和州進行選民代表分配。後來，人口統計局蒐集資訊的目的，就是根據某地的人口規模，為政府決策服務，為開展社會服務計畫服務，為分配政府的資金服務的。隨著時間的推移，人口統計成為社會工作資訊的主要來源，也成為政府統計資料的一個資訊交換所。由於人口統計局的統計資料出現了嚴重的歪曲現象（如對某個地區人口的過多計算和過低計算），極大地影響了研究結果的品質，使得政府無法民主、合理地分配代表名額，無法公平地分配社會服務計畫和資金。

當很多研究暴露了對人口統計資料的系統性的歪曲之後，社會科學家們開始宣導要求在2000年的人口統計中，採用科學的抽樣方法，以獲得更為準確的資料。你在第八章中會看見，合適的抽樣方案，會避免按人頭計數而帶來的資料歪曲現象。經過幾年的辯論之後，國會和法院駁回了抽樣的要求，他們決定還是採用帶有明顯歪曲性的方法進行人口統計。他們駁回了科學的抽樣方案，主要基於以下幾個原因：

1. 不了解社會工作研究
2. 將傳統方式凌駕於科學的準確性之上
3. 區域性的個人興趣狹窄，關注公平分配之外的利益
4. 反對派害怕採用科學抽樣方式，替代了偏向性代表配額，可能會使得某個政黨失去選民的支持。[36]

有些社會工作研究人員，特別是那些依賴現存統計資料的人，主要依靠政府來獲得資訊和檔案。在美國，1980年頒布的《文書檔案整理法案》（the Paperwork Reduction Act），規定成立了資訊與規範局（Office of Information and Regulatory Affairs），專門裁定是否需要蒐集資訊，並保留紀錄。這個法案使政府贊助的研究結果發表的機會越來越小。此外，這個法案還時常被用來限制那些不支援現行政府政策目的的資訊的發表（Shattuck and Spence, 1988:47）。例如，在醫療保健界，那些重視環境問題並對政府或企業政策提出批評的研究專案更容易被媒體以「文書整理」的名義拒絕發表，而那些以傳統疾病爲主題的、間接指責受害者的研究結果則更容易發表。

聯邦機構常常以縮減開支的名義來中止資訊蒐集，將資訊從公衆流通過程中刪除，將資訊蒐集的工作轉交給私人企業運作。美國政府出版部門的市場縮減之後，出版的價格就相應得到了提高。例如，有份67頁的題爲「嬰兒照顧」的小冊子，過去曾經是由公共健康項目免費派發給母親們的，而現在這個小冊子則需要4.75美元才能得到。[37]官僚機構有關停止蒐集資訊的決定也會對政策產生影響。例如，在20世紀80年代早期有40%的非貨幣性的內容從全國教育統計資料中消失了。教師和管理層的分性別統計資料是從1974年開始蒐集的，當時是爲了減少性別不平等，而後來也從統計資料中消失了。這樣，由於缺乏相關資料的蒐集，人們更加難以看出性別歧視的狀況了。[38]

政府蒐集的資料常常還會以令人吃驚的低價出售給私人企業。於是，私人企業成爲這些資訊的唯一的擁有者，然後，他們再以高價出售給有需要的研究人員。例如，過去曾經是免費向公衆開放的資訊，現在由一家私人公司控制，他們每年會收取1,495元的增訂費。Starr和Corson（1987:447）是這樣評論的：

> 統計數據的私營化，給未來社會科學研究和學術活動帶來了更多的具體問題。由於沒有能力從私人公司購買新的信息資料，大學和其他非營利研究中心將處在學術停滯階段。

總之，還是有一些自由和獨立開展的社會工作研究。儘管這樣，這些研究還是受到了來自政治方面的限制和潛在的限制。

政治家的限制

不幸的是，學術界之外的人，會因爲社會工作研究與自己的社會政治價值觀不相符合，而大肆攻擊社會工作研究。政治家或者記者可能聽到一些有爭議的研究課題，或者會曲解這個研究計畫，然後，他們會利用這個機會來吸引媒體的關注。例如，南伊利諾州立大學的Harris Rubin教授想要研究THC（大麻中的一種活性物質）對性衝動的影響。當時在這個領域基本上沒有任何相關的科學證據，只有一些相互矛盾的猜想。他在研究過程中，嚴格按照要求來進行研究，這個項目在1975年得到了國家精神健康研究所的資助。有位保守的議員從報紙上得知了這個研究消息，並在國會提出了一個修正

案，要求停止給該專案任何經費資助。此外，他還要求所有專案結果要歸還給聯邦政府。儘管科學家們一直反對政治家干預合法的研究，該項研究經費還是被中止了。政治家們都很害怕支持社會工作研究，因為他們擔心反對黨的人會利用某些個案鼓動選民說，政府同意花錢讓學生「去做遭人非議之事或者去看色情電影」。[39]

William Proxmire議員設立的金羊毛（Golden Fleece）獎，是獎勵那些社會工作研究的科學重要性不被議員所認可的研究專案。他嘲笑那些研究人際吸引力和愛情、壓力和緊張之類的研究是「浪費納稅人的錢財之舉」。在一個案例中，有位密歇根州的著名研究員，由於受到了議員們的攻擊，最後失去了自己的研究地位和經費支持。在美國最高法院審判的一個法律訴訟案中，法庭判決說，在美國議會中，議員批評、攻擊個人的言論是受到法律保護的，但是如果他在議會之外以郵寄的方式寄出了通訊，對他人進行攻擊和批評，那麼，他將會因誹謗、造謠而被起訴。[40]另一個政治壓力的案例發生在1989年，當時政府贊助了一個有關性行為的全國性調查，旨在對付愛滋病的流行，但是這個研究在議會受到了阻攔，一些議員認為研究人員去探究人們的性行為是不合適的。[41]

1991年，全國健康研究所（The National Institutes of Health）贊助了一個研究青少年性行為的研究課題，這個研究後來因為國會的一個動議而被取消了。這項研究準備調查24,000名青少年，以了解他們的社會活動、家庭生活和性行為，從而可以為理解愛滋病以及其他性病提供一個背景資料。很多研究人員說，他們不想在這個問題上表達自己的意願，因為他們擔心自己會成為政治團體的攻擊對象。還有一些站出來表達自己想法的研究人員表示，某些帶有極端政治意識形態的政治團體，封殺一些非常重要的研究，實在是「一個醜聞事件」、「駭人聽聞」。有位社會學研究人員指出，這個課題被封殺，並不是因為它的科學性和品質受到質疑；相反，而是建立在「我們並不需要知道它」的意識形態之上的一個決定。[42]

公眾對社會工作研究的批評，即使是批評那些不具有爭議性的但是令人誤解的研究，也都會傷害所有的研究人員。政治家會「封殺」那些科學家認為是合法的研究，或者他們會支持一些幼稚的、沒有科學價值的研究。申請政府贊助的研究人員常常會以一種不引人注目的方式來陳述自己的課題。公眾嘲笑身分確實的研究人員，機構拒絕提供研究經費，所有這些都會刺激研究人員的自我反省，同時也會助長公眾對社會工作研究的負面看法。

國家安全和對社會工作研究的限制

軍事機密和國家安全問題，早在第一次世界大戰和第二次世界大戰中，就成為一個重要的話題。人們爭論的主要的關注點放在製造武器的技術上，但是社會工作研究人員在從事外國研究、軍事利益問題，以及對政府本身的研究方面，受到了很多的限制。美

國的安全機構，例如國家安全局和中央情報局，一直到20世紀50年代的冷戰時期，都對社會科學和自然科學的研究產生了重要影響。

20世紀60年代有一個政府研究計畫引起了極大的爭議。美國軍方贊助的「卡密勒特項目」（Project Cumelot），牽扯到幾位受人尊重的社會工作研究人員，他們前往智利，開展有關政治暴亂和群眾動員的研究。這個研究項目從幾個方面引起了爭議。首先，這個研究的目的，就是想要發現怎樣在第三世界國家，預防農民和其他弱勢群體採取集體行動來反對獨裁者。這樣一個反暴動的研究，常常是由中央情報局來主持的。研究人員受到指控說，他們運用自己的技術和知識，來幫助軍事獨裁，對付處在劣勢中的第三世界人民。其次，一些研究人員沒有關注研究經費的來源。再者，人們和智利政府事先並沒有被告知有這樣一個研究項目，一旦他們發現了這個研究，他們就會立即中止研究，並將研究人員驅逐出境。[43]

到了20世紀60～70年代末期，研究的自由度越來越大了，對研究人員的限制也放寬了，被政府列為機密檔的數量也在減少。美國議會在1966年通過了資訊自由法案（Freedom of Information Act, FOIA），並在1974年進行了修改。根據這個法案，很多政府檔向學者和公眾開放，前提是他們需要向政府提出申請。到了20世紀80年代，資訊開放和研究自由度出現了倒退。借著國家安全與預算縮減的理由，美國政府限制了資訊的出版，增加了機密檔的數量，極大地縮小了可以向公眾開放的資訊範圍，這就限制了學術研究、科學的發展和民主決策的進程。[44]

在20世紀80年代，國家安全的定義非常廣泛，絕密檔的範圍也日益擴大，越來越多的研究即使沒有政府的資金贊助，也被打上了「敏感領域」的烙印。把原本屬於公眾領域的資訊檔列為機密，變得越來越容易了。此外，軍事和安全部門的官員可以限制美國之外的研究人員入境，不准他們參觀美國的教室、圖書館和研究中心。[45]

過去，中央情報局的特工曾經假裝成社會工作研究人員，進入外國蒐集情報。1986年以前，中央情報局內部一直有一個規定，禁止研究人員對外透露自己的研究受到了中央情報局的贊助。1986年以後，這個規定才開始鬆動，但是針對那些中央情報局認為「可能會給美國帶來破壞的」研究項目，這個規定依然發揮作用。例如，有位哈佛教授與中央情報局簽訂了合同，不向外洩露中央情報局贊助了一本有關美國外交政策的學術專著。[46]

跨國研究涉及了一些特別的倫理問題。學術界譴責情報人員冒充研究人員、隱瞞研究經費來源的作法。研究人員發展出了一些有關在外國開展研究的職業倫理和守則，其中明確指出，要與當地政府官員合作、保護研究對象、把資訊留在研究所在國等。然而，研究人員可能會發現，自己會受到來自本國政府的干預，或者出於他們對非民主國家民眾的基本人權的尊重，所有這些都會導致他們將研究中涉及當地政府的資訊隱藏起來。[47]

對研究資金的間接限制

　　政治家影響社會工作研究的最常見的方式，就是通過控制研究經費來控制研究。從某種程度上講，這個問題與贊助方贊助的研究有相似之處。大規模的研究項目可能會相當耗錢，甚至會需要上百萬美元。這些經費常常會來自私人管道或者政府機構。

　　美國對研究的限制不是太多。大多數官員認為，擁有一個開放的、自治的學術界，是獲得公正的、有效的知識的最佳管道。同行評審程序促進了自治研究的發展，因為提交給政府機構的申請研究經費的計畫書，是由同行研究人員進行審查的，他們會評審申請書的科學性。雖然聯邦政府贊助基礎研究，但研究本身是分散的，由全國各地很多不同的學院、大學和研究中心主持。

　　社會工作研究的經費，與大公司贊助的研究或者聯邦政府贊助的自然科學和軍事研究經費相比，簡直就是小巫見大巫。在美國，絕大多數研究經費來自聯邦政府，大學和私人基金會的贊助在數量、範圍和規模上都有很大的限制。這樣，對於大的研究項目來講，研究人員不得不申請政府的贊助。

　　第二次世界大戰之前的美國，有一些財力雄厚的家族，卡耐基、福特、洛克菲勒和塞奇建立了私人基金會，他們出錢資助大部分的社會學研究。這些基金會熱衷於發現工業主義早期出現的嚴重的社會問題的資訊，他們也希望切斷激進分子與社會工作研究人員之間的聯繫，並且保護已經建立起來的社會制度。幾年之後，「社會科學研究的變革與創新規範化和程序化，從大眾的眼光來看，社會科學研究與贊助機構之間的聯繫，也越來越模糊不清了」（Seybold, 1987:197）。私人基金會曾經重新指導社會工作研究，將它從早期的關注應用、行動導向、批評、鄰里社區為中心、積極吸引研究對象參與等方面，轉向集中在分離、專業、實證主義和學術性。第二次世界大戰之後，政府的研究經費有所增加。私人基金會在整個20世紀60年代還是保持其對社會科學研究重點的控制角色，不過，這時政府的研究經費投入已經超過了私人基金會。[48]

　　美國的社會工作研究基金主要來自於幾個聯邦政府機構，包括國家科學基金會、國防部、農業部、商業部、住房和城市發展部、教育部、國家人文捐贈基金、小型企業局、司法部、勞工部，以及健康和人類服務部下屬的很多研究機構等。聯邦政府自己也雇用了研究人員，來監測知識的推廣和研究的開展。絕大多數社會工作研究是由學院、大學或者獨立的研究機構進行的。

　　美國的社會科學研究經費的主要來源就是國家科學基金會（the National Science Foundation, NSF），出於政治原因，它主要贊助實證研究。而非實證主義的社會工作研究和其他應用型研究，常常被排除在國家科學基金贊助之外，因為它更多地關注自然研究，它與大眾一樣，認為社會科學沒有價值，同時也是為了抵制保守黨關於社會工作是左派的指責。此外，國家科學基金會還拒絕贊助那些有爭議問題的研究（如性問題和

政治權力等），這樣做的主要原因在於，在20世紀50～60年代的政治氣氛中，他們擔心對這些爭議問題的研究進行贊助，會引起政治問題，從而影響來之不易、原本不多的政府對社會工作研究的資金投入（見方框5-4）。

方框5-4　美國議員質疑研究經費

　　1998年，南卡羅來納州的議員Marshall Sanford提議，主張削減國家科學基金會贊助那些「科學價值」令人質疑的研究課題。他認為，自己是比學術界更具有科學價值的仲裁人，他引證了一些關於自動取款機和撞球（billiards）的研究。國家科學基金會的官員指出，在議員提出的自動取款機的研究中，縮寫的ATM指的是非同步傳遞模式（asynchronous transfer modes），這是一種高速資料技術，而不是自動取款機。而撞球則是物理學家用在原子理論中的一個術語，指的是亞原子粒子，而不是議員提到的撞球遊戲。Sanford議員與另一名來自加利福尼亞州的議員都表達了一種意願，要懲罰國家科學基金贊助那些他們認為不必要的、浪費錢財的研究。這些研究包括人們為什麼冒險參加不同的社會團體，男性與女性不同的社會行為差異，以及為什麼政治候選人要參加競選等等。還有一些議員站出來替國家科學基金辯護，他們指出，之所以出現這樣的批評，是政治家主宰了一些錯誤的、不仔細的研究，與國家科學基金會通過同行評審程式而贊助的研究完全是兩碼事（Lederman, 1998）。

　　每年分配給不同機構的社會工作研究經費，以及贊助應用與基礎研究的經費的比例都不同，所有的決定都是通過政治過程來決定的。雖然國家科學基金會與衛生部的科學審查委員會對提交的申請書進行科學價值的審查，但是，決定總經費的額度以及經費到底應該放在應用型研究還是基礎研究上，都是由政府官員來決定的。Useem（1976a: 159）指出：

　　由於聯邦研究政策的重點放在了與政策制定相關的量化研究上，因此，作為對這種研究政策的回應，學術研究更多關注的是對政府機構有價值的研究題目和技術，否則，他們就得不到聯邦政府的贊助。由此可見，學術性的社會研究，無論在本質上，還是在方法上都受到了政府優先順序的影響。

　　社會工作研究人員與其他人一樣，可以針對某些經費或研究計畫進行遊說，但是，政治家還是有自己的一些優先考慮的問題。這樣，政黨或者不同的意識形態利益群

體之間的衝突，就會影響研究基金的額度分配和使用的方法。

在20世紀70年代，美國聯邦政府贊助的社會工作研究，跟不上通貨膨脹的步伐。國家科學基金提供的社會工作基金，在1976～1980年間減少了24%。在20世紀80年代初期，有關聯邦政府贊助社會工作研究的衝突再度出現。儘管抗議不斷，在1980～1983年間，政府提供的研究經費還是減少了17%。社會工作研究成為一個有爭議的研究領域。政黨領袖們認為，太多的研究發現有力地支持了反對黨的政策，因此，應用型研究經費被削減了。作為回應，幾個社會科學學科的專業協會聯合起來，成立了一個遊說組織：社會科學聯合會（Consortium of Social Science Associations, COSSA），這個組織的任務是儘量說服政府對社會科學投入較多的研究基金。[49]

繼白宮與議會之間起起落落的爭執發生了戲劇性變化之後，從20世紀90年代初期開始，由於通貨膨脹而調整的聯邦基金投入到研究中的比例，比起20年前又有了大幅度的減少（D. Antonio, 1992:122）。令人不解的是，在過去70年中，贊助研究的經費竟然保持不變。1920年以來，私人的社會科學研究委員會提供的研究基金就會隨著通貨膨脹而進行調整，到了20世紀90年代，受到這個基金贊助的社會工作研究的規模，遠遠大於受到國家科學基金會贊助的規模。[50]

當經費被分配到某些研究問題和優先考慮的領域時，政治價值觀就不可避免地涉入其中。例如，政治家們決定將經費投入到一個應用性研究，來證明某些規則對某些大公司而言，是多麼沉重的負擔，而與此同時，沒有人會考慮規則為消費者帶來的好處。政治家會投錢來研究吸毒者的犯罪行為，卻削減研究大公司管理層犯罪的經費。他們不斷贊助一些如何培養企業家的研究，而削減研究社會問題的後果的經費。[51]

贊助基礎性研究，能夠推動宣傳某些理論或價值觀念。例如，可能會有經費來研究個人怎樣會形成一些不合乎社會道德標準的社會行為，但是，沒有經費支援研究在這個過程中有哪些結構性的、社區性的因素在發揮作用。正是通過關注研究問題和限制研究的選擇，政治家們試圖控制和影響研究過程和結果。

社會工作研究人員提出的很多問題，都會直接對社會信仰、價值觀和政策產生影響。政黨團體對這些問題的設定與學術界的設定是完全不同的。正如Useem（1976b:625）指出，「這些優先考慮的設定，與學科本身的優先設定，是完全不同的」。這就會產生正面的和負面的影響。它保證了政治家和大聲疾呼的公眾團體所關心的問題會得到重視，同時，政治影響力大的團體所界定的社會問題將得到研究。如果科學研究不支持一個大眾信仰（如死刑具有威懾作用，婦女墮胎會遭受心理創傷），研究經費只能贊助那些不斷尋找證據來支持大眾信仰的研究，而那些具有科學價值的研究就得不到經費支持。

學術界有某種自由度來界定應該研究什麼，但是，那些對政治影響力不大的團體所提出的研究問題，或者那些沒人遊說的問題，通常得到的研究經費都是非常有限的。這

種經費上的不平衡，也導致了對這些問題的認識上的不平衡。最後的結果就是，那些有政治影響力的團體關注的問題就會產生大量資訊，而他們的對手則會因爲缺乏資訊而變得更加弱小。

1992年5月，美國議會議員指出，有31個國家科學基金會所贊助的研究課題，是在浪費納稅人的金錢。這些研究課題最後被挑出來，他們要求取消經費支援，這些課題包括：「一夫一妻制與攻擊性」、「對參議院選舉的系統研究」和「美國人眼中的正義」等。雖然這些研究計畫書都是經過了嚴格的同行評審，但是，幾位政治家還是決定要推翻學術界的意見，儘管他們既沒有研究過這些研究計畫書，也缺乏相關的社會科學或自然科學的背景知識。他們還批評國家科學基金會，說它支持了一些社會工作基礎研究。經過學術界的大規模的遊說，有幾個研究課題通過了，但是，議會還是削減了國家科學基金會對社會工作基礎研究課題的贊助預算。[52]

20世紀90年代美國出現了一個新的趨勢，大學開始圍攻研究經費申請過程中使用同行評審的方法，還有他們反對在某些大學中，讓政治家來直接指定研究經費的發放。某些州（例如加利福尼亞）接到了大量的資金（6,000萬美元），而另一些州則一分錢也沒有拿到。例如，在紐約大學水牛城分校，政治家在1998年的交通議案中，爲研究人員預算了1,200萬美元來研究交通事故中的死傷情況。這些經費的分配，是建立在一個非競爭的、具有很強政治性的基礎之上的。在1989～1993年間，這種指定性經費的數額翻了一倍，後來一段時間有所減少，但是，自1996年以來，又開始出現了迅速增長的趨勢。這類政治分肥式的資金分配方式，並不意味著研究品質一定有問題，或者說這些研究人員不符合研究倫理，但是，它放棄了同行評審的方法，經費的分配完全與研究計畫書的學術性沒有關係。更爲重要的是，它的選擇標準完全就是根據政治需要，來決定某個大學或者研究團隊能否有機會主持這個研究（Cordes, 1998）。

爲了回應來自政府的研究經費的減少，以及財政的壓力，很多大學開始轉向私人捐款來贊助研究。然而，私人捐款（例如，有錢人、私人基金會、大公司、外國政府等）在贊助研究時，有很多附加條件。例如，有個外國政府從自己贊助的一個研究中，撤回了45萬美元的捐款，因爲受贊助的大學有個研究人員公開表示支持該國政府明確反對某個政策（Golden, 1996）。有學者發現，這些私人捐贈者常常都不是學術機構，他們都試圖推廣某種思想。大學和研究機構都試圖回避私人捐贈者的控制和提出的附加條件，都希望在捐贈方的控制與學術自由度不受到外界干擾之間尋找一種平衡。

對知識傳播的限制

科學發展中的一個基本原則和學術界的一個主要準則，就是在公眾中傳播知識。有影響力的團體或機構可以通過限制資訊流通、限制出版和公開發表以及封殺研究人員的方式來破壞和制約社會工作研究。

1997年的一個新聞報導展現了一個封鎖研究成果的例子。一家生產治療甲狀腺疾病藥的藥品公司，禁止某個大學的研究小組發表企業的研究成果，因為他們的研究結果表明，這種藥對治療完全無效。為了爭取研究經費，研究人員們簽署了一個協議，讓藥品公司來決定是否可以發表他們的研究成果。其他的一些研究表明，在藥品公司贊助的研究中，有98%的研究結果都會表明，他們的藥品是有效的。這個比例遠遠高於那些非藥品公司贊助的研究。有人相信，由於藥品公司投入了成千上萬的資金，對新產品的研究得出的負面結果就被壓住不報了。當研究結果對藥品公司有利時，結果就能公開發表；得到不利結果時，就會受到壓制而不能公開發表。在接受過藥品公司或生物工藝公司經費贊助的研究人員中，有一半的人承認，私人捐助者都對自己的研究過程產生過直接的影響。

除了醫學和生物學之外，還有一些領域也存在捐助者利益與研究結果之間產生矛盾的情況。1997年，康乃爾大學的一位教授在一次市政會議上，指證美國最大的護理院公司——比弗利企業，這是一個擁有700家護理院的公司——在用工人中存在問題。這個教授的發言是根據自己多年的研究成果、議會報告、新聞報導、法庭紀錄、訪談和其他研究得出的。1998年，比弗利企業起訴了這位教授，他們告他損壞企業的名譽，要求賠償22.5萬美元，並要求交出他的研究檔案和筆記。這就是典型的反訴的例子，其目的是制止公眾作證。反訴案始於20世紀70年代，這是某些公司就某些有爭議的問題，為了制止對方的不同的聲音而採取的一種策略。

在其他的案例中，有項對團夥犯罪的研究被延遲不能發表，研究結果最後必須做出改動，因為研究人員受到了某個被訪者要起訴的威脅；還有一個對寄宿學校的研究中，研究報告的出版被中斷了，因為校方不同意研究結果，他們想改變自己在訪談中的觀點，並希望出版的研究報告中也做出相應的改變，否則他們將訴諸法律；在另一個研究中，有個研究小組要出版一本書，其中有內容涉及研究過程中研究人員之間發生的衝突，而其中的一名研究人員威脅要起訴該研究小組，最後，相關內容都做出了相應的修改。[53]

另一個問題就是，教育部和農業部的實用性研究評審委員會在任命研究人員如何使用政治標準的問題。那些相信社會工作研究人員反對自己的政治目標和價值取向的執行官員們，通常按照自己的政治信仰來篩選研究人員。在20世紀80年代之前，學術性和非政治意識形態都是人們篩選的主要標準。聯邦政府官員們也試圖改變贊助的研究導向。例如，1984年，住房與城市發展部與哈佛大學簽訂了一個研究合同，但是，研究人員最後退出了這個研究，因為住房與城市發展部堅持要用一些政治上靠得住的官員，在研究結果發表前對資料、結果和方法論進行「修正」。[54]1991年，美國一個聯邦法庭做出判決，要求聯邦政府機構從法律上不能要求研究人員在研究結果發表前，獲得政府官員的同意。這種做法實際上就是一種檢查制度，會破壞學術自由（後面會詳細討

論）。

研究結果的傳播和使用

　　你會怎樣使用你的研究結果？實證主義研究人員發現，在下面兩個方面，價值會合法地占有一席之地：第一，研究人員可以選擇研究題目或者研究問題。雖然在研究題目中，還有很多的「邊界」領域，研究人員還是可以按照個人的喜好來選擇一個研究問題。[55] 第二，一旦研究結束了，研究人員的價值會影響他們在哪些領域來傳播自己的研究結果。研究人員都希望，自己的研究報告能夠被學術界所了解。通常，贊助機構會要一本研究報告，但是除此之外，還要向什麼領域進行傳播，完全取決於研究人員自己了。

相關性模式

　　當研究結束之後，涉及Rule（1978a, 1978b）稱之為相關性模式的一些倫理 —— 政治問題時，會發生什麼事件？Rule回顧了社會工作研究人員對自己的研究、研究結果運用的態度，並將這些態度分成了五種基本的類型（見方框5-5）。

方框5-5　相關性模式

1. **沒有淨效應。**一些著名的社會工作學者，諸如William Graham Sumner, Vilfredo Pareto, Herbert Spencer, Edward Banfield和James QWilson都認為，社會工作研究結果不會創造巨大的社會產品。這些保守的社會工作學者認為研究結果應該能夠用來讓個人獲利，他們相信，從長遠來看，社會科學創造的知識既會有積極的一面，也會有消極的一面。

2. **直接和積極效應。**社會工作知識將會給人類帶來改進和提高。持這個觀點的自由社會科學家如Robert Merton，認為有關社會關係的知識會造就一個更加理性的世界。關於社會問題的研究結果能夠幫助我們更好地理解社會，幫助我們知道如何朝著一個更加美好的方向來改造世界。例如，Lindblom和Cohen（1979）宣導社會科學朝著社會問題解決的方向發展。

3. **特殊受益者：無產階級。**社會工作應該用來增加工人階級的利益，宣導工人階級的立場。這是馬克思主義合理運用社會研究的模式。據此，所有的社會科學都可以分成三類：中立的；說明資產階級的；幫助無產階級的。按照批評社會科學的觀點，研究結

果應該被用來爭取和保衛工人階級的利益，通過揭露和反對壓迫、剝削、不公平和鎮壓，從而幫助工人。

4. **特殊受益者：被忽視人群。**社會工作還應該用來幫助社會上的任何弱勢群體。這個模式與Karl Mannheim和C. Wright Mills的觀點是一致的，帶有很強的馬克思主義的色彩。它將社會上很多群體當成了無權集團（婦女、消費者、少數民族、同性戀、窮人等），他們主張，這些群體受到了社會上的優勢群體的壓迫，後者有機會獲得教育、財富和知識。社會研究人員應該保衛這些群體，因爲他們在社會上沒有機會發聲，受到了掌權者的操控。有權階層能夠購買社會科學研究成果來爲自己服務。鑒於社會科學研究人員在社會上扮演了一個獨特的角色，他們有機會了解社會方方面面的知識，他們就更有責任來幫助弱勢人群，並與他們分享知識。

5. **特殊受益者：政府。**社會工作的一個合適的角色是幫助社會上的決策者，特別是政府官員。參議員Daniel Patrick Moynihan以及官方的NSF的政策報告中，都表達過這個觀點。在非民主國家，這個觀點也非常流行。這個模式與第二個模式比較接近（直接和積極效應），但是，它有一個前提假設，即政府能夠正確使用社會研究結果並用來解決社會問題。它還與第二個模式（沒有淨效應）接近，它還意味著在忠於國家的前提下，可以向願意出大價錢的機構「出售」或者提供資料。它假定，政府是以維護民衆的最大利益來進行運作的，而研究人員也有愛國的責任，向掌權者提供自己的知識。

相關性模式是社會科學家應該採取的理想狀態的立場。研究人員是技術員，負責製造關於社會正常運作的有效、可信的資訊並交給他人使用？或者說研究人員屬於一個獨立的專業團體，可以自己決定研究什麼問題，以及如何使用研究結果？在這個連續體上，一端是沒有道德感的研究人員，他們缺乏對研究及其成果使用的控制力，他們的責任就是向他人提供需要的知識，僅此而已。這就是在納粹德國時代很多科學家所採取的立場，他們借此來證明自己與納粹德國政權的合作行爲是合理的，這些行爲後來被界定爲「違反人性罪」。他們只是「服從命令」和「做自己的本職工作」，而不「提出任何質疑」；而在另一端，就是對研究及其成果使用擁有絕對控制權的研究人員。

第四章中討論的社會工作研究觀點與不同的相關性模式密切相關，也與不同的政治觀點有關。[56] 實證主義傾向於遵循「直接與正面的效應」，或者針對「特定物件—政府」的模式。詮釋社會工作研究人員遵從「沒有淨效應」或「非類別成員」模式。批評社會工作研究人員遵循「特定物件—無產階級」或「特定物件—非合作」模式。

這些模式都是些理想模式。某些研究人員或研究課題處在介於這些模式之間的狀態。例如，Whyte（1986）把雇員—所有權的研究描述成跨三種特定物件（無產階級、

非類別成員和政府），並且有直接效應和正面效應的。

Rule發明了這個相關性模式之後，在美國隨著非政府組織、私營的智囊團的發展又出現了一個新興的模式。這第六個模式就是「特定物件—富有的個人和公司」。這就是說，社會工作研究可以反映研究人員的個人政治價值，也可以促進那些希望擴大權力的富裕團體的政治目標的實現。智囊團就是一個由有錢的個人、公司或政治團體贊助的一個研究和宣傳的組織。例如，曼哈頓研究所、卡特研究所、遺產基金會，以及美國企業研究所都是在20世紀80、90年代之間發展起來的。他們鼓吹一種政治觀點，運用社會工作研究或者一些偽科學手法。智囊團付薪水給研究人員，花錢購買研究報告，吸引公眾關注一些支持他們政治主張的研究結果。

智囊團的研究在品質上也存在差異，因為這類研究沒有同行評審，缺乏有說服力的證據，他們只關注提出建議。這類研究的讀者，常常不是學術界的同仁，研究的目的也不是推廣知識。相反，智囊團的研究通常都是政策導向的，帶有很強的意識形態，希望借此來影響公眾的態度，影響政治爭論。很多研究深受媒體的關注，得到了很多名聲和地位，但是這類研究的品質都不太高，也沒有同行評審的程序。相反，那些傳統的社會科學家們，因為獲得了不同管道的研究經費，但是，由於缺少與媒體的交往，他們常常發現自己對同樣的社會問題，進行了嚴謹的認真的研究，但卻被忽視了。那些政策和政府官員們常常只對智囊團的研究結果有興趣。

結果發表之後

學術界自治的原則認為，要將研究成果公之於眾。一旦研究結果成為公眾領域的一部分，研究人員就失去了對成果的控制力。這就意味著他人能夠根據自己的需要，來運用這些成果。雖然研究人員會根據自己的價值取向來選擇研究題目，但是一旦他們的研究成果發表之後，他人依然可以運用這些結果來做出與研究人員本身價值觀念不同的結果。

例如，一名研究人員希望能夠增加美國某個土著部落的政治權利，他們會研究這個部落的政治現狀，包括在社區內阻礙他們獲得更多影響力的社會性障礙。一旦這個研究結果發表，這個部落的人就可以運用這些結果來戰勝自己面臨的各種障礙。同樣，反對派也可以運用這些結果來限制這個部落的權利，並強化各種障礙。

研究結果會影響未來的行為

你是否因為看到他人的研究結果，而轉向研究一些與自己過去研究不同的問題？如果有這樣的經歷，那就表明，你是這個學術界的一員。有時，研究結果的傳播會影響

社會行為。一個很好的例子就是政治民意測驗的結果。公眾態度的民意測驗結果會影響選民投票，也就是說，差不多有一半的選民，會根據自己看到的民意測驗結果來改變自己的態度。[57] Starr（1987:54）指出，「儘管官方的統計結果在方法上漏洞百出，資料也不夠準確，它們依然發揮了重要作用。如果官方的統計資料能夠影響社會期望和認知，那麼它們就有能力來影響社會規範。」

其他類型的社會工作研究結果也能夠影響行為。事實上，研究結果的廣泛傳播，對行為的影響的一個方面，就是它們往往否定可能會改變原先的研究結果。例如，有項研究結果發現，有專業成就的人士，通常對自己的孩子的學習成績要求較高，從而給孩子帶來很多的壓力，這就培養了一批焦慮不安、不開心的孩子。如果專業人士知道這樣的研究結果，可能會改變自己教育孩子的方式。很可能幾年後，會有另一項研究發現，這些有專業成就的人士可能在教育孩子方面與其他階層的人沒有什麼區別了。

研究人員對研究結果影響社會行為，主要有以下幾種觀點：

1. 它們破壞了人類行為的可預測性和規範性，破壞了可複製性的原則。

2. 它們只能改變一些平凡的行為，因此，只有那些從事狹窄的應用性研究的研究人員才能做到影響社會行為。

3. 人類行為能夠被改變，是因為人類行為中幾乎沒有不變的原則，在公眾領域，人們會不斷地運用自己的知識來改善自己的生活。

社會工作研究無論如何都無法徹底揭示人類關係和行為的複雜性。即使能夠揭示，也是因為相關的知識被完整地、準確地傳播到所有人群中，社會工作研究人員還是需要進一步研究哪些人類行為被改變了，改變的過程是怎樣的。

學術自由

大部分學生肯定聽說過「學術自由」這個詞，但是很少有人會真正理解它的含義。學術自由指的是一種開放的、沒有限制的、有利於自由的觀點和資訊交流的氛圍。在開放的民主國家，很多人對學術自由讚不絕口，認為它指的是學者不受任何干擾從事學術活動。這種想法的基礎就是他們相信，基本的民主結構應該鼓勵沒有偏見的知識創造，而自由表達自己的思想需要一個自由的思想和資訊的交流。

學術自由與研究獨立是密切相關的。研究問題中的新思想，對結果的解釋、理論和假設的發展，以及公開討論不同的觀點，都需要學術自由。

學院、大學和研究機構中的學術自由，為自由討論和思想的交流提供了一個環境，這些都是科學研究所必須具備的。為了發展知識，研究人員、教授和學生都需要有一個環境，來自由地發表意見，爭論各種不同的觀點和立場。在這個環境中，人們通過公開的討論、課堂討論、公開講座和發表論文等方式，會輕鬆地發現很多新的觀點和想

法。

學術自由的重要性，我們可以從社會工作研究在很多領域還是空白這個現象中略見一斑。對學術自由的主要威脅來自於社會或政治團體的壓力，他們希望限制學者之間的討論，或者將自己的觀點強加給學者。對學術自由的限制，直接影響了人們對社會的深入了解和相關知識的創造，同時也破壞了研究過程的完整和公正性。

在19世紀後期和20世紀初期，學術自由就成爲一個非常重要的議題，當時，社會科學開始在大學中機構化了。早年教授們不斷地丟掉自己的飯碗，因爲政治官員或者經濟巨頭們，不喜歡教授們在課堂上和論文中表達自己的觀點。美國社會科學早期的一些著名學者，例如Thorsten Veblen等人，就是因爲自己在課堂上表達的各種觀點而被幾家大學趕出了校門。大學教授的永久性職位制度的發展，保證了大學在聘用教授達到一定時間之後，就不能隨便解雇他們，這種制度有效地推動了學術自由，但是還不能保證完全的學術自由。教授和研究人員還有的因爲宣導非主流的觀點而被解雇。[58]

美國大學教授聯合會（The American Association of University Professors, AAUP）列出了一個不信任名單，羅列了一些侵犯過學術自由的學校的名字。大部分專業團體都會成立自己的學術自由委員會，它的主要職責就是譴責那些破壞學術自由的學校。這個不信任名單的唯一作用就是讓這些榜上有名的學校感到很難堪。

政界對社會工作的批評歷史久遠。這些批評代表了介於個人追求知識與政治團體的觀點之間的衝突，後者希望將自己的想法強加給前者。這些批評就引發出這樣的問題：「社會科學應該保持多大程度上的自治，從而不受到整個大的文化價值觀的影響？」社會工作研究的結果有時與社會信念相衝突，因爲社會信念是建立在諸如宗教或政治意識形態這樣的非科學知識之上的。400多年前，Galileo就遇到了這樣的問題，當時人們還沒有接受自然科學的有關知識。他的天文學發現是建立在自由思想科學基礎之上，但是與教會的教條相違背的。Galileo在酷刑的威脅下，被迫公開承認自己的發現是錯誤的。對他的壓制至少將科學知識發展的進程延緩了50年。進化論遇到的挑戰也表明科學知識與公眾信念之間的衝突。

學術自由已經成爲高品質的社會工作研究的一個組成部分。科學研究不僅包括掌握技術資訊（如怎樣進行隨機抽樣），而且還需要一種自由、開放討論和批評的精神，以及一種不受價值影響的科學精神和對社會生活的方面進行深入研究的態度。當學術自由受到限制時，上述價值理念就受到了威脅。

客觀性和價值中立

有人認爲，社會科學必須像自然科學那樣客觀、不偏不倚；還有人認爲，所謂價

值中立、客觀的社會科學是根本不存在的。在這裡，我們不去解決這個爭論誰對誰錯，但是，你應該明白，這裡所涉及的定義和術語的內涵。要搞清楚這些問題，最簡單的方法，就是要理解每個術語至少有兩個不同的定義。有時，兩個不同的術語會有相同的定義（見方框5-6）。

方框5-6　客觀、價值中立和無偏見

1. 客觀：
   a. 與主觀相對應，外在的、可以觀察的、事實性的、精確的、可以量化的。
   b. 符合邏輯的，按照準確的理性程序發展出來的，沒有個人或任意的決定，遵循具體的、先設的規則。
2. 價值中立：
   a. 避免任何形而上學的價值觀或假設，不帶有任何哲學的因素，超越道德意識。
   b. 不受個人偏見或文化價值的影響，不帶有任何個人觀點，沒有無證據的觀點，中立的。
3. 無偏見：
   a. 沒有非隨機錯誤、系統性錯誤，技術上準確無誤。
   b. 不受個人偏見或文化價值觀的影響，不帶有任何個人觀點，沒有無證據的觀點，中立的。

　　實證主義的觀點堅持認為，科學就是價值中立的、不偏不倚的、客觀的。它將所有的定義都集中在一起了。價值中立可以通過邏輯演繹、正式理論和將事實與價值為基礎的概念完全區分開等手段獲得。學術界要擺脫偏見，開放和公開的討論是必須遵循的原則。只有通過完全的價值中立和客觀性，科學才能夠解釋唯一的、統一的和明確無誤的真理。

　　Max Weber、Alvin Gouldner和Karl Mannheim是三位傑出的非實證主義社會思想家，他們討論了社會科學家在社會中的角色問題。Weber（1949）指出，在所有社會科學中，事實與價值的分離都處於一個不清晰狀態。他認為，帶有價值取向的理論，明確界定了社會事實，或者社會性意義的行動。因此，社會理論理所當然地應該包含價值為基礎的概念，因為所有的關於社會世界的概念，都是由特定文化的成員所創建的。產生於文化環境中的社會概念不可能被清洗，社會性意義行動只有放在特定的文化背景中，才具有意義。例如，當社會工作研究人員研究種族團體時，他們的興趣點不在不同人種

之間的生物差異。種族本身就是一個社會概念，人們研究這個概念，是因為某個文化的成員賦予了種族外貌一定的社會意義。如果人們不給一眼就能辨認的種族差異賦予任何社會意義的話，種族這個概念就沒有任何意義了。

其他社會研究人員在Weber的觀點之上，也提出了自己的看法。例如，Moore（1973）質問，主流群體（如歐裔、白人）研究人員作為外來人，是否能夠準確地研究少數民族，因為他們提出的問題、假設和興趣完全建立在一個主流的、非少數民族的觀點之上的。主流的、白人的文化中產生的文化、價值觀和信念系統適合少數民族嗎？他們能夠真正理解少數民族的次文化嗎？同樣的問題也出現在社會性別研究中。[59]不同的文化背景雖然不一定會妨礙研究，但是，它至少提醒我們從研究人員的角度要特別重視文化差異問題，並要具備一定的敏感度。

Weber（1949）還提出，社會科學家不可能在自己研究的社會問題上沒有自己的立場。研究人員在運用現有研究技術時，應該不偏不倚（即中立，拋棄自己的個人觀點和沒有得到證實的看法）。他們應該重視社會世界運作的手段或機制，而不是目的、價值或規範性目標。研究人員的價值應該與研究結果區別開，他們只有在以私人公民的身分說話時，才能就某些具體問題發表個人的看法。

Gouldner（1976）對價值中立客觀的社會科學的概念提出了批評。他指出，過去，人們使用價值中立這個概念，主要是為了掩蓋某些特定的價值立場。事實上，價值中立本身就是一種價值取向 —— 一種贊成價值中立的價值。Gouldner認為，完全的價值中立是不可能的，科學家和其他專業人士用這個概念來掩蓋自己的價值觀。他建議，要將價值明確化。研究人員之所以選擇做一個研究，其動機可能遠遠不只是為了研究世界，他們可能受到一種強烈的道德意願的驅使，來促進改變，這並不會影響研究的品質和結果。

Mannheim（1936）也對價值中立和客觀性提出了質疑。他認為，學術界的知識份子，特別是從事社會研究的知識分子，扮演了一個獨特的社會角色。個人在社會中占據的位置，影響了他的思想和觀點。然而，社會研究人員應該與其他人有所不同，他們不應該受到自己的社會位置的影響，因為他們試圖了解他人的看法，感受社會生活的方方面面。社會工作研究人員不會恭維權貴，他們不太受公眾觀點改變的影響。他們能夠並且也應該採取一種關係性立場 —— 一種與其他社會群體不同的立場，同時也與其他社會群體保持一種聯繫。他們應該在社會上保持一種分離和邊緣狀態，同時，還需要與社會生活的方方面面保持緊密聯繫，當然，也包括那些被社會忽視或隱藏的方面。

能否使用技術來保護隱私

在過去幾年中，很多人越來越擔心，政府和私人機構都在濫用技術，破壞個人隱私

權，控制人們使用服務的管道，威脅到個人獨處的隱私權利。我們每天都能聽到一些傳聞，各級政府機構正設法窺視我們的日常生活，我們還擔心，營利機構能夠互相交流有關我們私人生活的每個細節的資訊，從而可以制定對我們最為不利的市場策略。上述擔心的核心問題就是，現代技術的發展使得營利機構有機會獲得一些保密資訊。但是，從另外一個角度來看，情況會怎樣呢？現代技術是否可以用來保護我們的隱私，保證個人資料不被他人竊用？

　　我們在對某個健康和社會服務專案的評估研究中，發現了非常令人滿意的策略，它將電腦的資料庫與統計模型技術結合起來，用來回答一些存在倫理問題的研究問題，從而不會危害到當事人的隱私權和自治權問題（Banks and Pandiani, 2002）。例如，評估研究人員可能有興趣了解，當一個州政府贊助的青少年寄養計畫結束一年後，有多少曾參加過這個計畫的青少年，會受到司法系統的制裁。運用電腦的資料庫與統計模型技術，評估者就能準確地找出相關數位，而不需要知道到底是哪些具體的人。為什麼要這樣做呢？通常，我們會將參加寄養服務的孩子的名字，與後面受到司法制裁的孩子的名字對應起來，這樣可以發現有哪些人是重複出現的。但是，這樣做很容易就暴露了這些孩子們的身分。因為我們知道，兒童和青少年以及那些在育兒機構中長大的孩子，他們的權利都特別容易受到侵犯。

　　項目評估者找到了一個非常有趣的解決途徑，他們只選擇了出生日期和性別這兩個變數。他們只需要知道兩個資料庫中孩子的出生日期和性別，就能夠知道到底有多少人是在兩個資料庫中重複出現的。一般而言，在某一人群中，肯定會有一些人的生日是一樣的，例如有300名青少年參加了寄養專案，同時有700名受到了司法制裁，這中間可能就會有人的生日相同。所以，如果只比較生日，研究人員會發現（比如）有185人的生日是相同的，那麼，他們可以比較準確地估計出在兩個資料庫中同時出現的人數（在185人中，就是20±2）。因此，評估者就能推論出，參與了寄養計畫的青少年中，有18～22人在一年後會受到司法制裁。這些資料得出，並不需要知道是具體哪些孩子，這樣就保護了這些孩子的隱私權。

多元性如何影響倫理問題

　　我們在第二章中提到，社會工作專業一直努力理解、欣賞不同文化觀點和多元性觀點，並試圖將它們整合到自己的倫理價值之中。[60]例如，社會工作專業一直在強化「參與」這個概念，認為它不僅包括那些過去被排除在外和被遺忘的人群（Witkin, 2000），還包括在一個不斷發出多元聲音的國際社會工作界（Midgely, 1997; Walz and Ritchie, 2000）尋找各種聲音（Rippey-Massat and Lundy, 1997）。

　　例如，在美國，某些文化長期以來一直受到壓制，如美國土著，他們對時間的概念

就與白人完全不同（Williams and Ellison, 1996）。在解釋爲什麼美國主流的白人群體常常批評少數民族的時間的概念時，有一種觀點認爲，因爲歐裔白人男性的等級制度，常常要求自己的性別角色和勞動分工，與殖民化和控制並掌握有限資源的特定的時間要求保持一致（Shands, 1999），所以在美國對時間和空間的再現產生於歐裔白人的社會現實。根據Mitchell和Weiler（1991）的觀點，殖民化不僅僅建立了美國的白人制度，它還意味著在新大陸傳播了一種政治秩序、一些新的控制資本的方式、新的時空觀念，以及與某些控制有限資源的人的角色相關的新規範。

然而，Shands（1999）認爲，這裡包含了一種潛在危險的政治因素，需要重新進行檢視。諸如社會工作、社會學和心理學這樣的學科在形成自己獨特的研究對象時，都採用了一種特定的對現實世界的時空框架。

這個框架是具有明確的政治意義的，因爲它界定了研究（研究人員與研究對象之間）中某種有限的自我—他人關係。這種時空框架的選擇與社會關係（包括控制與權力）緊密相關，而這些社會關係一直得到重視，或者是以無形的方式在發揮作用（比如，婦女的生活、性行爲、殖民地居民等）。接受某種規範的時空框架，意味著在沒有完全理解的情況下，接受現存的社會關係……其結果就是使得上述學科妥協於維持了主流的社會關係的運作。（p.266）

因此，對社會工作專業來講，當某些分類關係存在（如研究人員—研究對象，男性—女性）時，要保持研究與評估需要的平衡，是非常不容易的，這個問題已經引起了世界社會工作界的關注。

結語

在本章結束時，我們希望提醒讀者，作爲社會工作研究的讀者或者一名新入門的社會工作研究人員，需要有一種個人自我意識。要敏感地意識到研究人員在社會中的地位，以及社會工作開展研究的社會環境。社會工作研究人員和社會學家應該給社會帶來一個新的獨特的觀點。社會工作研究人員有責任並需要意識到社會科學是如何在社會上獲得當今的地位的。如果把我們討論過的很多倫理政治問題，放在一個特定的歷史發展和社會科學發展的背景中，就很容易理解了。

在第一章中，我們討論了科學對社會的重要貢獻，以及社會工作研究如何成爲我們了解社會世界的重要知識來源。社會工作研究中的觀點和技術，是人們理解世界的強大的工具。然而，責任與權威同在 —— 我們還要對自己負責，對研究的贊助者負責，對研

究領域負責，對全社會負責。這些責任有時互相之間會產生矛盾衝突。

最終，你個人必須尊重倫理原則，堅持和保衛自己採用的社會工作觀點的原則，還應監督他人的倫理操守。社會工作研究所創造的知識價值，正當使用或者濫用這些知識，取決於個體研究人員本人如何反省自己的研究行為，以及社會工作研究是否符合社會的需要。為了幫助讀者更好地理解這些倫理問題，我們提供了一些專門討論研究倫理和人類研究對象的網站名單（見方框5-7）。

方框5-7　研究和評估倫理與人類研究對象的網站

知會同意

Protecting Human Research Subjects	www. hhs. gov/news/press/2000pres/20000606a. html
The Belmont Report	http://ohrp. Osophs. Dhhs. gov/humansubjects/guidance/Belmont. htm
The Nuremberg Code	http://ohsr. od. nih. gov/nuremberg. php3
Declaration of Helsinki	www. fda. gov/oc/health/helsinki89. html
Report and Recommendations of the National Bioethics Advisory Commission (NBAC)-Executive Summary	http://bioethics. georgetown. edu/nbac/human/oversumm. pdf
An NIMH Commentary on the NBAC Report	www. nimh. nih. gov/litalert/commentary. cfm
Responsibilities of the Office of Human Subjects Research	http://ohsr. od. nih. gov/info/ainfo_1. php3
The Tuskegee Syphilis Experiment	www. infoplease. com/ipa/A0762136. html
Challenges to Human Subject Protections in U. S. Medical Research	http://jama. ama-assn. org/issues/v282n20/abs/jsc90090. html
Medical Ethics Relating to Clinical Investigations Using Human Subjects	http://archderm. ama-assn. org/issues/v135n4/ffull/ded8032. html
What Makes Clinical Research Ethical?	http://jama. ama-assn. org/issues/v283n20/abs/jsc90374. html
Ethical and Human Rights Issues in Research on Mental Disorders	www. nejm. org/content/1999/0340/0018/1430. asp
New Office for Human Research Protections Created	www. hhs. gov/news/press/2000pres/20000606. html

Required Education in the Protection of Human Research Participants	http://grants. nih. gov/grants/guide/notice-files/NOT-OD-00-039. html
Frequently Asked Questions for the Requirement for Education on the Protection of Human Subjects	http://grants. nig. gov/grants/policy/hs_educ_faq. htm

融合與排斥

NIH Guidelines on Inclusion of Women and Minorities	http://ohrp. osophs. dhhs. gov/humansubjects/guidance/59fr14508. htm
Inclusion of Women and Minorities in Research	http://ohrp. osophs. dhhs. gov/humansubjects/guidance/hsdc94-01. htm
HHS Policy for Improving Race and Ethnicity Data	www. hh. gov/oirm/infocollect/nclusion. html
Improving the Collection and Use of Racial and Ethnic Data in HHS	http://aspe. hhs. gov/datacncl/racerpt/index. htm
NIH Policy Guidance on the Inclusion of Children in Research	http://ohrp. osophs. dhhs .gov. humansubjects/guidance/hsdc98-03. htm
NIH Policy and Guidelines on the Inclusion of Children as Participants in Research	http://grants. nih. gov/grants/guide/notice-files/ not98-024. html

保密與隱私

Privacy and Health Research	http://aspe. hhs. gov/datacncl/PHRintro. htm
Legal Issues Concerning Electronic Health Information	http://jama. ama-assn. org/issues/v282n15/abs/jlm80037. html
Privacy Protection for Research Subjects	http://ohrp. osophs. dhhs. gov/humansubjects/guidance/certconpriv. htm
The State of Health Privacy: An Uneven Terrain	www. georgetown. edu/research/ihcrp/privacy/statereport. pdf
Privacy and Security of Public Health Information	www. critpath. org/msphpa/ncshdoc. htm
Privacy and Confidentiality of Behavioral Health Care Records	www. networksplus. net/fhp/madnation/bioethics/privacy. htm
Confidentiality of Mental Health Information: Ethical, Legal, and Policy Issues	www. mentalhealth. org/features/surgeon-generalreport/chapter7/sec1. asp

風險和宣傳

Pressures in Industry Sponsored Clinical Research	http://oig. hhs. gov/oei/reports/oei-01-97-00195. pdf
Financial Conflicts of Interest and Research Objectivity	http://grants. nih. gov/grants/guide/notice-files/NOT-OD-00-040. html
Protection of Persons with Mental Disorders from Research Risk	http://archpsyc. ama-assn. org/issues/v56n8/abs/yps8396. html
U. S. Government Executive Branch Policies	www. thecre. com/access/comments/l-3-1. html
Guidance on the Research Use of Stored Samples or Data	http://ohsr. od. nih. gov/info/ninfo_14. php3

一般性倫理

NIH Regulatory Burden Introduction	http://grants. nih. gov/grants/policy/regulatoryburden/intro. htm
Updating Protections for Human Subjects Involved in Research	http://jama. ama-assn. org/issues/v280n22/abs/jpp80014. html
The Need to Revise the Declaration of Helsinki	www. nejm. org/content/1999/0341/0007/0531. asp
Proposed Revisions to the Declaration of Helsinki Will They Weaken the Ethical Principles Underlying Human Research?	www. nejm. org/content/1999/0341/0007/0527. asp
CRE Comments to OMB on its August 11, 1999 Reproposal	www. thecre. com/access/cretoomb. html
Council on Government Relations Comment on Amendment 110	www. thecre. com/ipd/access/agency/1999-03-17. html
Association of American Universities Comment on Amendment 110	www. thecre. com/ipd/access/agency/1999-03-23. html
HHS Proposes First Ever National Standards to Protect Patients Personal Medical Records	http://aspe. hhs. gov/admnsimp/nprm/press4. htm
Health Privacy Project（Georgetown University）	www. healthprivacy. org/latest/Best_Principles_Report. pdf
Shaping a Vision for 21st Century Health Statistics	http://ncvhs. hhs. gov/Vision21stReport. htm
Guidelines for Writing Research Protocols	http://ohsr. od. nih. gov/info/einfo_5. php3
A Participant's Guide to Mental Health Clinical Research	http://gopher. nimh. nih. gov/studies/clinres. cfm

Recruiting Human Subjects: Sample Guidelines for Practice	http://oig. hhs. gov/oei/reports/oei-01-97-00196. pdf
政府網站	
National Bioethics Advisory Commission	www. georgetown. edu/research/nrcbl/nbac
Office of Research Integrity, U. S. Department of Health and Human Services	http://ori. dhhs. gov
Food and Drug Administration Guidance for IRBs and Clinical Investigators	www. fda. gov/oc/oha/IRB/toc. html
Department of Energy Ethics Links	www. er. doe. gov/production/ober/hum-subj/list3. html

關鍵字

academic freedom學術自由

anonymity匿名

「Bad Blood」黑血事件

code of ethics職業倫理

confidentiality保密

contract research合約研究

crossover design交叉設計

informed consent知會同意

institutional review機構審查委員會

board (IRB) Milgram's obedience study Milgram的服從研究

models of relevance相關性模式

Nuremberg code紐倫堡規則

plagiarism剽竊

principle of voluntary consent自願同意原則

Project Camelot卡米洛克研究

relational position關係性立場

research fraud研究欺騙

scientific misconduct科學瀆職

Tearoom Trade study茶室交易研究

value neutrality價值中立

Wichita Jury StudyWichita陪審團研究

Zimbardo prison experiment津巴多監獄實驗

複習思考題

1. 研究中最容易受到人們批評的違背倫理的行為是什麼？

2. 研究中的欺騙與強迫參與是如何與自願同意原則相矛盾的？

3. 解釋在Milgram、Humphreys和Zimbardo的案例中出現的倫理問題。

4. 什麼是知會同意？它怎樣保護了研究對象？

5. 匿名與保密之間的區別是什麼？

6. 社會工作研究中的倫理守則的來源是什麼？

7. 贊助者會以什麼方式來非法控制研究人員？研究人員應該如何處理？

8. 政治團體或政治家會怎樣影響社會工作研究？

9. 如果研究對象將自己的相關資訊當成了私人財產，研究人員應該如何處理？

10. 學術自由與研究倫理之間的關係是怎樣的？

注釋

【1】See Gillespie (1999), Klein, Bloom, and Chandler (1994), Levi (1976), Reamer (1989), Reamer and Abranson (1982), Reynolds (1979:56-57) and Sieber (1993).

【2】Research fraud is discussed by Broad and Wade (1982), Diener and Crandall (1978:154-158), and Weinstein (1979). Also, see Heamshaw (1979) and Wade (1976) on Cyril Burt. Kusserow (1989) and the September 1, 1989, issue of the National Institutes of Health weekly Guide summarize some recent scientific misconduct issues.

【3】See "Noted Harvard Psychiatrist Resigns Post after Faculty Group Finds He Plagiarized," *Chronicle of Higher Education* (December 7, 1988).

【4】See Blum (1989) and D'Antonio (1989) on this case of plagiarism. For a discussion of problems with students completing tests over the Internet, see Gibelman, Gelman, and Fast (1999).

【5】See "Doctor Is Accused of 'Immoral' Tests," *New York Times* (December 9, 1988). For a more general discussion of power and trust, see Reynolds (1979:32).

【6】Lifton (1986) provided an account of Nazi medical experimentation.

【7】See Jones (1981) and Mitchell (1997) on the Bad Blood case.

【8】Diener and Crandall (1978:128) discuss these examples.

【9】See Warwick (1982) on types of harm to research subjects. See Reynolds (1979:62-68) on rates of harm in biomedical research. Kelman (1982) discusses different types of harm from different types of research.

【10】College counselors report that anxiety and low selfesteem over dating are major problems among college women (Diener and Crandall, 1978:21-22). Also, see Kidder and Judd (1986:481-484).

【11】See Dooley (1984:330) and Kidder and Judd (1986:477-484).

【12】See Hallowell (1985) and "Threat to Confidentiality of Fieldnotes," *ASA Footnotes*, Volume 12 (October 1984), p. 6.

【13】For more on the general issue of the right not to be researched, see Barnes (1979), Boruch (1982), Moore (1973), and Sagarin (1973).

【14】The debate over covert research is discussed in Denzin and Erikson (1982), Homan (1980), and Sieber (1982). Also, see the section on ethics in Chapter 13.

【15】See Diener and Crandall (1978:87) and Warwick (1982:112).

〔16〕 Informed consent requirements and regulations are discussed in detail in Maloney (1984). Also, see Capron (1982) and Diener and Crandall (1978:64-66). Additional discussions may be found on websites listed in Figure 5. 4.

〔17〕 See Diener and Crandall (1978:173-177) and Kidder and Judd (1986:469).

〔18〕 See Boruch (1982), Caplan (1982), Katz (1972), and Vaughan (1967) on privacy.

〔19〕 For more on the Wichita Jury Study, see Dooley (1984:338-339), Gray (1982), Robertson (1982), Tropp (1982:391), and Vaughan (1967).

〔20〕 For more on gatekeepers, see Broadhead and Rist (1976).

〔21〕 IRBs are discussed in Maloney (1984) and Chadwick and associates (1984:20).

〔22〕 See Abbott (1988), Brint (1994), and Freidson (1986, 1994) on professionals.

〔23〕 See Beecher (1970:227-228) and Reynolds (1979:28-31, 428-441).

〔24〕 See "UW Protects Dissertation Sources," *Capital Times* (December 19, 1994), p. 4.

〔25〕 See Hirschman (1970) on loyalty, exit, or voice. Also, see Rubin (1983:24-40) on ethical issues in applied research.

〔26〕 Additional discussion can be found in Schmeling and Miller (1988).

〔27〕 See Fiske (1989), Koretz (1988), and Weiss and Gruber (1987) on educational statistics.

〔28〕 See Staggenborg (1988) on "hired hand" research.

〔29〕 See "State Sought, Got Author's Changes in Lottery Report" *Capital Times* (July 28, 1989), p. 21.

〔30〕 See Chambers (1986).

〔31〕 See Dale W. Nelson, "Analyst: War Death Counts Falsified," Wisconsin State Journal (April 14, 1992), p. 3A, and "Ex-Official Says Pentagon Dumped Findings on Gays," Capital Times (April 1, 1993).

〔32〕 For Russian social science research, see Keller (1988, 1989) and Swafford (1987). Also, see "Soviet Sociologist Calls Attention for Her Science," *American Sociological Association Footnotes* (April 1987), p. 2.

〔33〕 See Greenberg (1967:71).

〔34〕 For more on the decade of the 1950s and its effect on social researchers, see Caute (1978:403-430), Goldstein (1978:360-369), and Schrecker (1986).

〔35〕 See Block and Burns (1986) and Starr (1987).

〔36〕 See Steven Holmes, "Congressional Panels Move to Bar Sampling from Census," *New York Times* (September 18, 1996); David Stout, "Republicans Remain Hostile to Proposal for Census Sampling," *New York Times* (May 12, 1997); "Lies, Damned Lies and...," *The Economist*, (July 19, 1997); Steven Holmes, "Tentative Pact Will Allow Census to Test Sampling Method," *New York Times* (November 11, 1997); Steven Holmes, "House Republicans Plan to Keep a Tight Reign on 2000 Census," *New York Times* (February 9, 1998).

〔37〕 See Starr and Corson (1987:435).

〔38〕 See Weiss and Gruber (1987:369).

〔39〕 See Bermant (1982:138). Nelkin (1982a) provided a general discussion of "forbidden" topics in social work research.

〔40〕 For more on the Proxmire award, see Cordes (1988).

〔41〕 "Sex Survey Is Dealt a Setback," *New York Times* (July 26, 1989), p. 7.

〔42〕 See Stephen Burd, "Scientists Fear Rise of Intrusion in Work Supported by NIH," in *Chronicle of Higher Education* (October 2, 1991), p. Alff.

〔43〕 Project Camelot is described in Horowitz (1965).

〔44〕 See Dickson (1984), Nelkin (1982b), and Shattuck and Spence (1988:2).

〔45〕 See Shattuck and Spence (1988) and Josephson (1988). Also, see "Librarians Charge Plan Would Cut Flow of Data," *New York Times* (February 21, 1989).

〔46〕 For more on the CIA and social work researchers, see Shattuck and Spence (1988:39-40) and Stephenson (1978).

〔47〕 For sensitive situations involving cross-national research, see Fuller (1988) and Van den Berge (1967).

〔48〕 For discussion, see Bannister (1987), Blumer (1991b), D'Antonio (1992), Hyman (1991), Ross (1991), and Seybold (1987).

〔49〕 See Dynes (1984) on COSSA.

〔50〕 The SSRC spent $20 million for the social sciences from 1924 to 1928 (Gieger, 1986:152) compared to $136 million allocated in 1989 by the NSP for the social sciences (D'Antonio, 1992). In the late 1920s the number of academic social scientists was about one-tenth and a dollar purchased over six times more. The number of social science doctorates—including psychology, teaching, or conducting basic research—in 1986 was about 129,000 (Science and Engineering Personnel: A National Overview, Document NSF 90-310). The size of the higher educational faculty in all academic fields in 1930 was under 83,000 (Historical Statistics of the United States, 1970, Table H696). The $20 million over four years in the 1920s, or $5 million per year, would be equivalent to roughly $300 million in 1990. The median family income before taxes in 1929 was $2,335 (Historical Statistics, Table G308).

〔51〕 For more on the effects of politics and funding cuts on social work research in the 1980s, see Cummings (1984), Himmelstein and Zaid (1984), and Zuiches (1984). For more general discussion of the effect of funding on research, see Galliher and McCartney (1973) and Dickson (1984).

〔52〕 See "NIH FY 1991 Budget Rescinded by $3.1 Million, Congress Objects to 31 Research Projects Funded by NSF," *The Blue Sheet* (F-D-C Reports, Inc.) (May 27, 1992), p. 3.

〔53〕 On the issue of influence over researchers, see Punch (1986:18-19; 49-69). Also, see Lawrence Altman, "Experts See Bias in Drug Data," *New York Times* (April 29, 1997) and Sheryl Gay Stolberg, "Gifts to Science Researchers Have Strings, Study Finds," *New York Times* (April 1, 1998). On the nursing home "slap suit," see Steven Greenhouse, "Comell Professor Fights a Slander Suit" *New York Times* (April 1, 1998) and news report of Morning Edition, National Public Radio (April 27, 1998).

【54】See Shattuck and Spence (1988:35-37).

【55】For more discussion on how researchers select research questions or problems, see Gieryn (1978) and Zuckerman (1978).

【56】See Brym (1980) on the role of intellectuals in society.

【57】Marsh (1984), Noelle-Neumann (1974, 1984), and Price (1989) discussed the effects of research results on subsequent public behavior and opinion.

【58】Bartiz (1960), Schrecker (1986), Schwendinger and Schwendinger (1974), and Silva and Slaughter (1980) discuss the history of social researchers in society.

【59】Committees on the Status of Women in Sociology (1986).

【60】Devore and Schlesinger (1996), Green (1999), Inglehart and Becerra (1995), Kirn (1995), Midgley (1990), Shands (1999), and Williams and Ellison (1996).

計畫和準備

第六章

質性研究與量化研究設計

現存學科內部的權力配置，使得人們很難將不同的研究方法結合起來……如果社會學能夠對一系列理論和方法，保持開放態度的話，那麼，在這個領域中就會出現意想不到的機會。社會學應該具有更多的探險精神，少一點宗族觀念，對其他學科多一點接納和包容。這樣會有助於我們更好地理解每個研究方法的不足，同時也會發現每個方法的潛能。

—— Robert R. Alford，《調查的藝術》，3~4頁

　　本章開始我們進入了本書的第二部分，我們要討論研究的邏輯、研究設計的策略、創造測量工具和抽樣；同時，我們將討論量化研究與質性研究的區別。社會工作的量化研究更多地關注研究設計、測量、抽樣等問題，因為他們所採用的演繹方法強調，在進行資料蒐集和分析之前要有周密的計劃性。社會工作的質性研究關注的是問題的豐富性、結構性和對原始資料的感受，他們所採用的歸納方法重視從蒐集的資料中發展出觀點和概括。

社會工作研究的質性和量化取向

　　社會工作的量化研究和質性研究在很多方面都不同，但它們在很多方面又是互補的。所有的社會工作研究人員，都需系統地蒐集實證資料，並進行資料分析，為了理解和解釋社會生活，他們會認真仔細地發現資料中的模式。這兩種研究方法的一個重要區別來自於資料的性質。軟性資料（soft data）通常是以圖象、語句、照片、符號等形式出現的，代表了與硬性資料（hard data）完全不同的研究策略和資料蒐集技術，而硬性資料通常是以數位形式出現的。

　　另一個區別就是，社會工作質性研究人員和量化研究人員，對社會生活的假設也是不同的，他們各自的研究目的也各不相同。這些區別導致了適用於一種方法使用的研究工具，在另一種方法中使用就會出現不適應性和不相關性。這些區別還會給學生、研究人員以及讀者帶來困惑。人們很容易用社會工作量化研究的標準來評判質性研究，因此，他們常常會感到失望，同樣，當人們用質性研究的標準來評判量化研究時，也會出現同樣的情況。最好的方式就是學會吸取各種研究方法的長處。

　　吸取各種研究方法的長處，重要的一點就是，需要理解研究人員的研究取向。幾乎所有的社會工作量化研究人員，都是以實證主義的研究取向來從事社會科學研究的。他們常常會採用技術至上的觀點，運用「推理邏輯」，遵循一條線性路徑。他們採用的術語包括「測量變數」、「假設檢驗」等與一般因果關係解釋相關的概念。

　　相反，社會工作質性研究人員，常常採用解釋或批判社會科學取向，他們通常從超越認識的事物觀點出發，運用「實踐邏輯」，遵循的是非線性的研究路徑。他們常用的術語是「個案」、「情境」等，他們強調在自然的社會生活環境中，對發生的個案進行深入的考察。他們試圖從個案中，發現符合特定社會歷史環境的、有意義的解釋。有趣的是，從事質性研究的研究人員中，女性的比例遠遠高於男性。[1]

　　只使用一種研究方法的人，常常很少有機會與使用另一種研究方法的人進行有效溝通，儘管這樣，這兩種研究方法對各自使用的語言和取向都能互相理解。要理解這兩種方法，並了解他們是如何進行互補的，的確需要時間和努力（見表6-1）。

表6-1　社會工作量化研究與質性研究的區別

量化研究	質性研究
檢驗研究人員起初提出的研究假設。	研究人員一旦沉浸在資料中，就會抓住並發現資料的意義。
概念是以清楚的變數形式出現的。	概念是以主題、動機、概括和分類系統的形式表現的。
測量手段在資料蒐集前就已經系統化地確定了，並且是標準化的。	測量手段比較特別，通常依據研究背景和研究人員的不同而不同。
資料是可以精確測量的數字。	資料的形式主要是來自檔、觀察和訪談記錄的語句、圖象等。
理論基本上都是因果關係的，演繹式的。	理論既可能是因果式的，也可能是非因果式的，常常是歸納式的。
程序是標準化的，具有可複製性。	研究程序比較獨特，不具備可複製性。
分析是通過使用統計資料、圖表，並討論它們與假設之間的關係來進行的。	分析過程通常是從資料中抽取主題，提煉概括，將資料組織起來，展現一幅有內在聯繫的畫面。

推理邏輯和實踐邏輯

　　社會工作研究人員學習和討論研究，常常會遵循以下兩種邏輯：推理邏輯和實踐邏輯（Kaplan, 1964:3-11）。絕大多數研究人員會將這兩種邏輯混合起來使用，但是，兩種邏輯在自己的研究中各占多大比重，卻很難界定。社會工作量化研究人員，更多地使用推理邏輯，而社會工作質性研究人員，則會更多地運用實踐邏輯。邏輯方式的不同，並不代表研究的嚴肅性或研究上所投入的精力會有區別，它們只是反映了學習和討論社會工作研究在具體化程度、編碼方式上和標準化程度上有所不同而已。

　　推理邏輯指的是開展研究的邏輯是經過嚴密組織的，並以一種理想化的、正式的、系統的方式進行重新陳述。它被重新建構成為具有內在邏輯關係的、高度一致的規則和術語。它成為一個清晰的模式，向人們展現了一個高品質的研究是如何開展的。這種邏輯關係常常出現在教科書上和公開發表的研究報告上。例如，一個簡單的隨機抽樣的規則就是非常直接的，遵循了一個按部就班的程序。

　　實踐邏輯指的是研究實踐運作過程的邏輯。相對而言，它比較混亂，帶有更多的不確定性，它常常與某個特定的案例聯繫在一起，具有較強的完成任務取向。這個邏輯建立在經驗豐富的研究人員共同認定的某些判斷標準或規範基礎之上，深受一種非正式的、群體智慧的影響，這種群體智慧通常是研究人員在同進午餐時或飲咖啡時相聚在一起討論如何開展研究時得到的。

運用推論邏輯的社會工作量化研究比較容易界定，並且可以從書本或正式教育中學習獲得。社會工作量化研究人員會對自己使用的程序進行詳細描述（比如，從電話號碼簿中使用系統隨機抽樣的方式抽取300人，李克特量表），這些程序都是公認的、明確的方法。

社會工作質性研究主要依賴在經驗豐富的研究人員中廣爲流傳的、非正式的知識和技巧。社會工作質性研究報告可能不會討論方法（特別是在歷史—比較研究中），也可能會有一部分與某個特定研究相關的個人自傳性的敘述（特別常見於一些田野研究）。它的研究程序或術語都不是標準化的，在質性研究人員當中，就是否需要標準化的程序或術語的問題也存在著不同的爭論。很多社會工作質性研究人員，就是通過閱讀他人的研究報告，經過反覆試驗，通過跟隨有經驗的研究人員做助手的方式，來學習如何開展質性研究的。這並不是說，社會工作質性研究缺乏效度；相反，這意味著初學者不容易馬上掌握這個方法。

技術至上觀點和超越認識的事物觀點

區別社會工作量化研究與質性研究的另一個方法就是，比較技術至上和超越認識的事物的觀點。技術至上的觀點與實證主義取向是一脈相承的，社會工作量化研究人員更多地使用這個取向。根據這個取向，研究人員就是專家，研究問題來自於研究的贊助者（即那些提供研究經費的人）。研究的目的，就是發現並記錄一些法則性的通則，旨在提高效率。這就好像一個技術員，在爲官僚機構提供服務。

與此不同的是，超越認識的事物觀點更加適用於詮釋性和批判取向。根據這個取向，研究問題產生於研究對象的見地，而不是外來人的見地。研究目的是消除研究對象持有的虛假信念，把研究對象當成有創造性的、熱情的、有生命力的活生生的人，而不僅僅是研究客體。採用這種觀點的研究人員常常質疑權力和不平等的問題，他們認爲社會關係不僅僅是人類本性的法則，還是有目的的行動的結果。它試圖幫助人們成長、自己掌握自己的生活並參與社會變革，也就是說，要超越現存的社會條件。

社會工作質性研究人員主要建立在解釋性和批判社會工作取向之上。儘管這兩個取向之間還存在著明顯的區別，但是它們都是對量化研究的基礎——實證主義的一種替代和選擇。社會工作量化研究與解釋性社會工作的核心假設和目標完全相反（見第四章）。與詮釋性研究不同的是，批判研究人員運用量化的技術，但是，他們在運用時，與嚴格的實證主義還是存在分歧的。他們以不同的方式來運用理論，賦予歷史情境一個重要的地位，並批判社會環境，揭露社會關係中的深層結構。

質性資料爲社會工作量化研究人員提供了特定情境中某個社會過程的豐富資訊，還爲批判研究人員提供了潛能，突破了在運用量化研究技術中的專家決定論的觀點。

例如，Marshall（1985）指出，社會工作質性研究方法，不太適合主流的教育管理方法。在這個方法中，教育的問題被界定爲管理的問題，產生問題的原因包括：不重視、學生或家長缺乏學習動機、資源不足，或者是專業人士和官僚機構的動力不足。採用技術至上觀點的研究人員會蒐集需要的資料來解決這些問題，因爲這些問題已經得到了主流方法的界定。但是，採用超越認識事物的觀點的社會工作質性研究人員，會提出一些尖銳的理論問題和政治問題（如誰從中獲利）。他們會把問題放在一個更廣泛的社會－歷史情境中進行分析，觀察日常教學管理過程，理解學校中每個人的觀點和看法，甚至包括持不同見解的人。

線性和非線性路徑

研究人員在開展研究時是遵循一定的路徑的。這裡的路徑指的是一系列需要完成的任務：先做什麼，做到什麼程度，接下來做什麼，目前已做到了什麼程度等等。這個路徑可能是一條很多研究人員已經涉足過的，留下了很多標記的熟路，也可能是一條進入未知領域的新路，研究人員沒有涉足，沒有任何方向性的路標。

一般來講，與質性研究不同的是，量化研究遵循的就是一條線性的研究路徑。線性的研究路徑是有固定的步驟順序的，就好像是一個樓梯，引導人們沿著明確的方向前進。這是一個思維方式和看問題的方式——直接的、狹窄的、直線式的路徑，它在歐洲和北美文化中是一個非常普遍的路徑。

社會工作質性研究更加傾向於非線性、迴圈式的。與直線運動不同的是，非線性研究路徑在行進過程中，步伐不斷，在前進過程中，可能會向後退或者向左右方向運動。它像個螺旋體，慢慢地向上運動，不是直接的。在每個迴圈和重複過程中，研究人員不斷蒐集到新的資訊，獲得新的思路。

對於那些習慣於直接的線性路徑的人來講，要接受不直接的、迴圈的路徑需要耐心。從嚴格的線性觀點來看，迴圈路徑看起來效率不高，而且崎嶇不平。但是，看似鬆散的迴圈路徑絕不是無序的、結構混亂的，它能夠高效率地幫助我們建立一種整體感，迅速抓住意義當中的微妙內容，將鬆散的資訊整合起來，並能夠很快轉換不同觀點。這種研究法並非是低品質研究，它有自己的原則和嚴格標準。它借用了人文科學的一些方法（比喻、類似、主題、動機和反語等），它的取向具有建構的意義。迴圈路徑比較適合於完成諸如語言翻譯之類的任務，在語言翻譯中，需要抓住隻言片語的微妙意義、語調的改變以及情境性因素的作用等。「迴圈性就是這個觀點的優勢所在，因爲它迫使研究人員不斷反思整個研究過程，反思每一個步驟對其他步驟的影響」（Flick, 1998:43）。

三角測量

　　測量員和水手通過從不同的位置觀察來測量兩個物體之間的距離，從不同的角度或位置來觀察事物，這樣他們便可獲得對某個物體真實位置的定位（見圖6-1），這個過程就叫三角測量。社會工作量化研究人員和質性研究人員常常會運用這個方法。在社會研究運用中，三角測量意味著，最好從不同的角度來看待事物，不要只從一個角度。

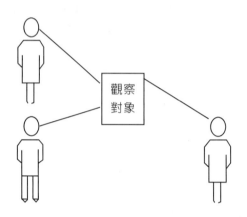

　　圖6-1　三角測量：從不同角度觀察

　　三角測量的方式有幾種。最常用的就是測量方式上的三角測量。研究人員對同一現象採用多種測量工具進行測量。經過多種手段的測量，研究人員可以認識到事物的各方面。例如，老師讓學生寫一篇小論文或學期論文，完成一些多項選擇問題，進行口頭報告，或者進行一項應用性項目。如果學生在四項測試中的得分比較接近，那麼老師對學生學習情況了解的準確度，遠遠超過使用一種考試方式。各種測量方式中表現出來的差異，將為我們提供有趣的、資訊豐富的資料。

　　另一種形式就是觀察者的三角測量。在很多研究中，某個研究者開展訪談，或者只有一名研究人員是唯一的行為觀察者，那麼，這就意味著觀察中不可避免的局限，會成為該項研究的局限。多個觀察者或研究人員參加的研究，會增加各種可能的觀點、背景和社會特點，減少局限性。比如，有項對醫院中病人行為的研究，研究者是一位55歲的白人男子，具有一定的醫學背景，他在研究中所注意到的行為和對話，可能就與一名30歲的非白人婦女、沒有醫學背景的研究者完全不同。將不同觀察者的資料綜合起來，就會對研究環境有全面的了解。

　　當研究人員在研究設計階段，或者在解釋資料時，使用不同的理論觀點，這時就會用到理論的三角測量這個方法。例如，研究人員計畫在研究中，使用衝突理論和交換理論中的概念和假設，或者從不同的理論觀點來分析資料。運用多個理論有時難度很大，但是，它會增加創新或發展新觀點的機會。

最後一個是方法的三角測量，它指的是將質性研究和量化研究的方法和資料混合起來。絕大多數研究人員通常只擅長一種方法，但是，這兩種方法各有自己的優勢，具有互補性。一項研究如果能夠同時採用兩種方法，將是最全面的，有不同的途徑可以將兩種方法綜合起來使用（Tashakkori and Teddlie, 1998）。途徑一就是交替使用這兩種方法，先用這個方法，再用那個方法；途徑二就是同時並行使用這兩種方法，例如，Dressler（1991）使用了交替的方法，他想研究不同的家庭因素、生活方式和家庭資源如何影響美國南部非裔美國人社區的抑鬱症的發病情況。他先採用了質性研究的方法，進行了開放式民族學訪談，然後進行量化問卷調查，從中蒐集資料進行統計分析。

客觀性和完整性

在所有的研究中，都可能出現偏向性的、不誠實的，或者是違背研究倫理的研究。每一位社會工作研究人員都希望自己的研究是公正的、誠實的、真實的、不帶有任何偏見的。然而，量化研究和質性研究都強調，要用不同的方式來保證自己的研究是誠實的、真實的研究。社會工作量化研究人員強調客觀性，強調使用更加機械性的技巧。他們運用可複製性原則，嚴格遵循標準化的方法程式，用數位進行測量，用統計的方法進行資料分析。[3] 社會工作量化研究人員排除了認識因素的干擾。正如 Porter（1995:7, 74）指出：

從理想的角度來看，通過使用某些特定的技術，專家可能被機械化並做到客觀化……這種理想的客觀性既是一種政治理想，又是一種科學理想。客觀性是受到規則支配的，而不是人類支配的。它包含了個人利益的服從和對公眾標準的偏見。

社會工作質性研究人員強調，人類的因素和研究背景中直接的第一手知識很重要，他們反對將自己與研究對象和事件分離，這並不是說，在研究中隨便插入自己的觀點，不按程序蒐集資料，選擇性地使用證據來支持自己的觀點。它意味著，應充分利用個人的見解、感受和人類的各種觀點，更好地理解社會生活。研究人員要突出自己的存在，對各種預設保持高度敏感性。社會工作質性研究人員使用自己的個人參與保持一種直率的、開放的態度。社會工作質性研究人員強調可信性（trustworthiness），這個概念與量化研究中的客觀性是相對應的一個概念，它有效地保證了研究過程是可信賴的、可靠的。[4]

研究人員的完整性在社會工作質性研究中是一個非常重要的問題。社會工作的量化研究提出了完整性的問題，是基於一個客觀的技術層面上——例如準確的描述、標準化技術、數字測量、統計和可複製性，而社會工作質性研究人員更多地相信研究人員自身

的完整性,這包括了一系列的檢測手段來檢驗資料蒐集的過程。

檢測手段

採用社會工作質性研究的人員相信,自己的研究能夠準確地反映現實,他們對自己蒐集的證據進行了有效的檢測。[5] 例如,有位田野研究人員傾聽某個學生的談話,並將其錄音,這個學生說:「Smith教授向Jones教授扔了一塊橡皮。」這位田野研究人員需非常謹慎地處理這個資訊,為了證明這句話的可靠性,研究人員應該參考他人的說法,尋找令人信服的證據,並且檢測內部一致性。研究人員會問這個學生,他是否獲得了第一手的有關上述事件發生的資訊,是否只是他個人的感覺,或者是個人的興趣導致了他有這樣的判斷(如出於其他原因,他討厭Smith教授)。即使是這個學生說錯了,這本身也是一個證據,說明了這是學生的觀點。同樣,研究人員會檢視歷史性的證據,運用澄清技術,來保證資料來源的真實性。

另一個檢測,就是採用社會工作質性的研究人員在田野工作時都會記下的大量筆記,筆記可多可少,多的可能會有成千上萬頁的筆記。這些筆記除了詳細記錄事件過程之外,還記錄了資料來源、研究人員的評論、關鍵字,以及語錄、照片、地圖、圖表、釋義和數字等。

還有一些方法可以在研究中進行交叉檢測,儘管社會工作質性研究人員常常是獨自一個人開展研究,但是其他人也可了解他們研究的狀況,例如,田野研究人員對現在正生活在某個地區的人進行研究,這些研究對象可以看到研究報告,還可以引用歷史檔,其他的研究人員還可以對資料來源和文獻進行檢測。

採用質性研究的人員之所以可以獲得讀者的信任,根本的原因在於,他們展現研究現象的方式。社會工作質性研究人員在報告中,不會將自己所有的筆記都給讀者看,他們通常構建一個互相聯繫的資訊網,向讀者提供足夠的資料內容,這樣讀者就會感到自己身臨其境。社會工作質性研究人員對事件、人物和情境占據了豐富的第一手資料,利弊參半。它引發了有關偏見的問題,但同時它也提供了身臨其境的感受、直接的接觸和經過認真調查研究後獲得的知識。

量化研究設計問題

變數和假設的語言

變異和變數

變數是社會工作量化研究中的一個核心概念,簡單而言,變數是一個可以變化的概

念。社會工作量化研究會使用變數以及變數之間的關係這樣的語言。

在第三章中，我們談到了兩類概念：一類是固定不變的現象（如官僚機構的理想類型）；另一類是在數量、密度或總數上不斷變化的現象（如教育水準）。第二類的概念，以及對這些概念的測量就是變數，變數通常帶有兩個或兩個以上的值。一旦你開始注意到它們，你就會發現它們無處不在。例如，性別是一個變數，它有兩個值：男性和女性。婚姻狀態是一個變數，它的值包括：未婚、已婚、離婚或喪偶。罪行類別是一個變數，它的值包括：搶劫、盜劫、偷竊、謀殺等。家庭收入是一個變數，它的值可能從零到億萬美元。個人對墮胎的態度是變數，它的值可能包括從非常支持到堅決反對。

變數的值或者類型就是它的屬性，人們很容易將變數與屬性混淆起來。變數與屬性密切相關，但是它們的目標不同。人們之所以產生混淆，是因為一個變數的屬性本身就是一個獨立的變數，只要在它們的定義上做出一點點改變，變數與屬性之間的區別就在於概念之間的改變，以及概念內部條件的改變。例如，男性不是一個變數，它只是性別的一個類別，是性別這個變數的屬性。但是，一個相關的概念「男子氣概程度」就是一個變數，它描述了在某種文化中與男子氣概相關的態度、信念和行為的密度和強度。「已婚」不是一個變數，它只是變數「婚姻狀況」的一個屬性。相關的概念如「結婚年頭」或「婚姻的承諾程度」都是變數。同樣，「打劫」不是一個變數，它是變數「犯罪形式」的屬性，但是，「打劫次數」、「打劫比例」、「打劫的錢數」和「打劫的類型」都是變數，因為它們都帶有不同的值。

採用社會工作量化研究方法的人員將自己感興趣的概念轉換成了變數語言。正如上述變數和屬性關係的例子中所提到的，在定義上的微妙改變，就能將一個非變數變成變數。在第三章中我們指出，概念是構成理論的基石，構成了對社會世界的思維方式。在理論建構中，清晰的概念、認真的定義，都是非常重要的。

變數的類型

強調因果關係的研究人員常常從一個結果開始，然後去尋找原因，按照它們在因果關係中的位置，變數可以分成兩個基本類別：自變數、因變數。原因變數，或者對其他事物產生影響的力量或條件，就是自變數。而那個結果變數，或者是其他變數的結果變數就是因變數。自變數是獨立於原因之外的變數，而因變數就是依賴於原因的變數。

要區別哪個變數是自變數，哪個變數是因變數，有時比較困難。有兩個方法可能幫助你識別自變數：第一，從時間上來看，它是否比其他變數先出現？自變數比其他變數都要先出現；第二，如果幾個變數同時出現，作者是否指出某個變數會影響其他變數？自變數常常會影響其他變數。研究主題常常是以因變數的方式展現的，因為因變數常常是需要解釋的現象，例如，假如研究人員要研究德克薩斯州達拉斯市犯罪率上升的原因，因變數就是犯罪率。

　　基本的因果關係中只需要自變數和因變數。第三種變數是中介變數（intervening variable），反映了比較複雜的因果關係，它出現在自變數與因變數之間，反映它們之間的聯繫或機制。知識的發展不僅僅依賴於記錄因果關係，還依賴於明確解釋因果關係的機制。從某種意義上來講，相對於自變數，中介變數扮演了因變數的角色，而對於因變數來講，它又是一個自變數。

　　例如，法國社會學家Durkheim發展出了一個自殺理論，詳細說明了自殺率與婚姻狀態之間的因果關係。Durkheim發現，已婚者自殺的可能性低於未婚者，他相信，已婚者具有更強的社會整合（也就是說，對一個群體或家庭有一種歸屬感）。他認為，某一類自殺的主要原因就是人們缺乏對群體的歸屬感。這樣，他的理論就可以用三個變數關係來重述：婚姻狀態（自變數）導致了社會整合程度（中介變數），從而影響了自殺（因變數）。清晰的因果鏈可以說明理論中的相互聯繫，還可以幫助研究人員檢驗複雜的解釋。[6]

　　簡單的理論只有一個因變數、一個自變數，而複雜的理論可能會包含多個自變數、中介變數和因變數，例如，關於犯罪行為（因變數）的理論可能會確定四個自變數：個人的經濟困境、容易犯罪的機會、認同犯罪的社會次群體中的一員，和缺乏對犯罪行為的懲罰。多重原因的解釋常常會說明自變數最有可能產生的因果關係。

　　複雜的理論解釋包含了系列的連結在一起的中介變數，例如，家庭解體會導致孩子自卑，抑鬱，學習成績差，難以找到好工作，成年後收入也低。變數鏈是這樣構成的：家庭解體（自變數）、孩子的自尊（仲介）、抑鬱（仲介）、學習成績（仲介）、職業前景（仲介）和成年後的收入（因變數）。

　　在同一個研究課題中，使用兩個理論會出現不同的自變數，或者會預測幾個不同的自變數有顯著性。此外，這些理論在認定哪些變數是自變數和因變數方面是一致的，但是，在確定中介變數或者因果機制上會出現分歧。例如，有兩個理論認為，家庭解體會導致成年後的收入低，但是具體的原因可能會不同。有個理論認為，家庭的解體會促使子女參與越軌群體，在其社會化過程中，他們不去學習工作和勤奮的規範；另一個理論則強調家庭變故會導致兒童的抑鬱和學習成績差，所有這些都會影響他們的工作表現。

　　一項研究課題常常只檢測一個因果鏈中的某個部分。例如，一項檢驗六個變數的研究課題可能會從一個複雜的、包含了十幾個變數的理論中抽取六個變數。能夠將自己的變數與一個大理論建立起具體的關聯，使自己的研究課題變得有分量，並且會具體化，特別是在解釋性、基礎性研究中，成為社會工作量化研究的一個模式。

因果關係和假設

假設和因果關係

　　假設是一個等待檢測的命題，或者是對某兩個變數之間關係的可能性陳述。假設是對社會世界運作方式的猜測，它們是以價值中立的形式出現的。Kerlinger（1979:35）指出：

　　假設不是需要知道它們的內容和構成的形式那麼簡單，它們是科學研究中最重要的內容。它們最深遠和最重要的意義在於幫助人類超越自我……假設是促進知識發展的強大工具，因爲雖然假設是由人類設定的，但是，它們還是可以擺脫人類的價值和信念體系，被證明和檢測出是正確的還是錯誤的。

　　反映因果關係的假設有五個特點（見方框6-1），前兩個特點介紹了假設的最基本的成分，第三個特點就是可以換個方式重述假設。例如，假設參加禮拜能夠減少離婚的可能性，那麼，我們可能用預測的方式來重新陳述這個假設：那些經常參加禮拜的夫婦的離婚率會低於那些不經常參加禮拜的夫婦，這個預測可以通過實證資料來進行檢測。第四個特點指出，假設必須與研究問題和某個理論保持邏輯一致性。研究人員檢驗假設就是爲了回答研究問題，或者是發現實證證據來支持某個理論。最後一個特點要求研究人員利用實證資料來檢測假設。一些建立在邏輯推論基礎上的陳述，或者一些根本無法回答的問題的陳述（如「什麼是好的生活」或「是否有上帝存在」）都不能作爲科學研究的假設。

　　因果假設可能有幾種不同的方式來進行表述。有時人們會使用「因爲」這個詞，但不是一定需要使用這個詞。例如，關於參加禮拜與離婚可能性的因果假設可能有10種不同的表述（見方框6-2）。

方框6-1　因果假設的五個特點

1. 至少有兩個變數；
2. 表達了兩個變數之間的因果關係；
3. 可以以預測的方式表達或者是對未來結果的期望；
4. 與研究問題和理論具有邏輯關係；
5. 可能是錯誤的，也就是說，假設可能被實證資料證明是正確的，或者是錯誤的。

方框6-2　表述因果關係的方式

1. 參加禮拜活動導致離婚率下降。
2. 參加禮拜活動造成離婚率下降。
3. 參加禮拜活動與離婚率下降有關。
4. 參加禮拜活動影響了離婚率的下降。
5. 參加禮拜活動與離婚率的下降密切相關。
6. 參加禮拜活動帶來了離婚率的下降。
7. 參加禮拜活動帶來了離婚率的下降的結果。
8. 如果人們參加禮拜活動，那麼他們離婚的可能性就會減少。
9. 參加禮拜活動的機會越多，離婚的機率就越小。
10. 參加禮拜活動降低了離婚的可能性。

　　研究人員在檢驗假設時，要避免使用「證實的」這個術語。大家可能在新聞報導、法庭或廣告中常常聽到「證實」這個詞，但是，在科學研究中很少會出現這樣的字眼。法官會說有證據「證實」某人有罪，電視廣告也會說：「研究證實阿斯匹林治療頭疼效果最快」。這些都不是科學研究使用的術語，在科學研究中，知識都是試驗性的，創造知識是一個沒有盡頭的、不斷發展的過程。

　　科學家不會說，他們證實了某個假設或者某個因果關係。證實意味著終結性、絕對肯定性，或者不需要進一步探索。「證實」對謹慎的科學研究界來講，是一個過於絕對的術語。證據只能支持或者強化假設，但是不能證實假設。即使是上百個研究得出了同樣的結論，例如，成千上萬的研究表明了吸菸與肺癌之間有聯繫，科學家們也不能說他們得到了絕對的證據。他們會說，大量的證據，或者至今爲止的研究支持這個假設或與這個假設保持一致。科學家們會不斷發現新的證據，來推翻過去發現的可能性。他們期望不斷研究，不斷探討干預性機制。歷史上有很多例子表明，一些曾經被證實的關係，後來又被發現是錯誤的。「證實」可用來反映邏輯或數學關係，例如在一個數學證明題中，但是不能用來討論實證研究。

檢驗和重新定義假設

　　知識通常不建立在假設基礎之上。事實上，通過某項研究來檢驗一個假設，很容易對研究過程得到歪曲的表象。學術界研究人員對很多假設多次檢驗後，才能發展出新知識。知識的發展是通過對假設的多次挑選和分辨來進行的，每一個假設代表了對一個因變數的解釋。如果證據不能夠支持某些假設，他們就會逐漸從人們的考慮因素中消失。

而那些支持性的證據就會保留下來繼續討論。理論家和研究人員不斷建立新的假設，來挑戰那些獲得支持的假設。

　　圖6-2描述了假設在不同時間階段接受檢驗的過程。在某個特定的開始階段（1960年），有八個爭議的假設，隨著時間的推移，不同的研究人員對假設進行檢驗，直到2000年，只剩下兩個可能性最大的假設。這兩個假設都不是最初出現的假設，其他幾個假設也都是研究人員在不斷的證明和篩選過程中，發展出來的新的假設。當假設與實證證據不符時，這個過程就會延續下去。

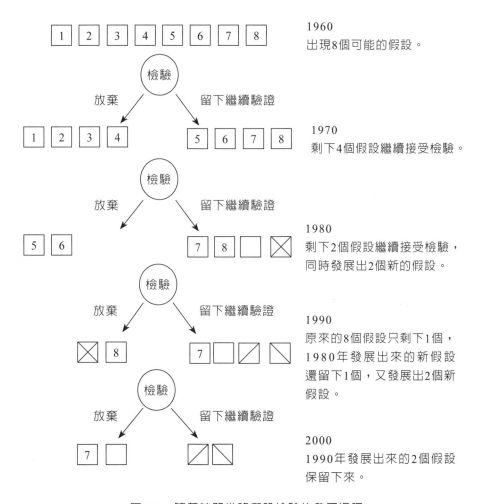

圖6-2　隨著時間推移假設檢驗的發展過程

　　科學家是一群懷疑主義者。某項研究課題得出的支持某個假設的結果，並不能為他們所接受。複製的原則表明，要得到大家的接受，一個假設需要得到幾次檢驗，獲得一致性的、重複性的支持結果才行。另外一個增加假設的可信度的方法，就是檢驗假設的理論基礎中的因果聯繫。

　　最有說服力的，或者獲得最多證據支援的假設，才是最佳解釋，才能夠得到大家的認可。這個結論的邏輯就是，我們檢驗假設的方式越多，就越有信心。有些假設的檢驗被稱為「決定性的試驗」或者「決定性研究」。這種研究是：

　　可能有兩個或者兩個以上對某種現象的解釋，每個解釋都有實證資料支援；決定性試驗就是希望得出結果來支援其中一個解釋，這個解釋就是「正確的解釋」。（Kaplan, 1964:151-152）

　　因此，這種不常用的決定性試驗或研究就成為檢驗理論的重要手段。在決定性試驗中，建立在兩個不同理論基礎之上的假設是互相衝突的，在這場競爭中，一方將被踢出局，當然這種情況很少見，但是一旦出現，是非常有意義的。

假設的類型

　　假設是按照理論的因果關係構成的一個鏈，具有不同的形式。研究人員運用假設來核對總和，加強變數之間的方向和關係。當一個假設戰勝競爭對手，或者對因果關係提出了選擇性解釋，它就間接地為研究人員的假設提供了支援。假設檢驗的一個長處就是，研究人員對支持或反對自己假設的證據是區別對待的。他們更加重視反面證據，原因在於，在評估一個建立在證明假設不成立的邏輯之上的假設時[7]，反面證據至關重要，它與Karl Popper的證偽思想（見第四章），以及虛無假設的使用是聯繫在一起的（見本節下一部分）。

　　我們再回到有關證實的討論。假設永遠不會被證實，但是它可以被證偽。獲得支持性證據的研究人員，可以說自己的假設只是一種可能性，或者還在檢驗之中。反面證據更加重要，因為如果證據不支持假設的話，那麼這個假設就是有缺點的，因為假設會帶來預測。反面證據意味著預測也是錯誤的。支持性的、正面的證據不太具有危險性，因為多種假設會得出相同的預測。獲得支持性證據的研究人員不能只從各種選擇中選用一個解釋。

　　例如，有個男人拿著一把傘，站在街角，聲稱自己的傘能夠接住掉下來的大象。他的假設是：傘具有保護功能，這是有據可查的，每次他打傘的時候，都沒有遇到過大象掉下來。儘管這個支持性的證據很勉強，但是它與另一個可能的假設是一致的，即從來沒有一個大象從天而降。這兩個假設都預測人類不會受到從天而降的大象的威脅。這個假設的反面證據，即大象從天而降壓在他的傘上，將顯示「自己的傘能接住掉下來的大象」這個假設是錯的。

　　研究人員檢驗假設有兩個方法：直接的方式和虛無假設的方法。很多社會工作量化研究人員，特別是實驗研究人員，用虛無假設的方式，按照證明假設不成立的邏輯，

來形成自己的假設，他們檢驗假設的方式就是尋找支援性或反對性證據，以判斷是接受還是放棄虛無假設。大多數研究人員認為假設是預測一種關係的途徑，而虛無假設則相反，它預測的是不存在關係。例如，Sarah認為住在學校宿舍中的學生的成績會高於那些不住校的學生。她的虛無假設就是，住宿地點與學業之間沒有關係。研究人員運用這個虛無假設發現了一個相關的選擇性假設，或者叫做試驗性假設。這個假設認為，兩者之間存在關係。Sarah的選擇性假設認為，學生住校會對學習成績產生積極影響。

對絕大多數人來講，虛無假設的方法是假設檢驗的一個落後的方法。虛無假設的思維建立在這樣的假定之上，即研究人員試圖發現某種關係，因此假設檢驗的設計，應該使得關係的發現變得非常困難和具有挑戰性。使用虛無假設的研究人員，可能會直接檢驗這個虛無的假設。如果結果是支援或者是引導研究人員接受這個虛無假設的話，他們就會得出這樣的結論，即這種關係是不存在的。也就是說，這種選擇性的假設是錯誤的。另一方面，如果研究人員找到證據推翻了這個虛無假設，那麼，這種選擇性的假設就成為一個可能性。研究人員無法證實這個選擇性假設；相反，通過檢驗這個虛無假設，他們只能將這個假設保留下來繼續進行討論。當虛無假設檢驗被用來當成證實性證據時，堅持某個選擇性假設的論點就會隨著時間的推移而變得越來越有說服力了。

很多人認為虛無假設常常會令人難以理解，但從另外一個角度來看，假設顯示了學術界的謹慎性，人們在沒有獲得足夠多的證據之前，常常將一個因果關係看成是虛假的，這種做法與美國法律在沒有證據證明某人有罪之前，總是假定他們是無罪的是一樣的。研究人員假定在沒有得到合理的懷疑之前，總是相信虛無假設是正確的，他們在使用虛無假設時，常常使用統計檢驗（如T檢驗或F檢驗），然後，如果統計資料表明99%的機率都是錯誤的，研究人員才會說，虛無假設中存在合理的懷疑。換言之，研究人員會說，統計檢驗告訴他們根據0.01的顯著水準要放棄這個虛無假設。

另一種假設就是「雙關假設」（double-barreled hypothesis）。[8]研究人員最好不要使用這種假設，這種假設不清晰，會引起混亂。雙關假設指的是將兩個關係放在一個假設中，例如，研究人員這樣陳述自己的假設：某個地區的「貧困」和「大量青少年的聚集會導致財產犯罪上升」，這就是雙關假設，它可能指貧困或者是大量青少年的聚集導致了財產犯罪，也可能指貧困加上大量青少年的聚集導致了財產犯罪。如果想要檢驗上面提到的某個假設，只有一個自變數會產生後果，那麼，假設檢驗的結果就很不明朗。例如，如果有證據證明，貧困導致犯罪，但是大量青少年的聚集卻不會造成犯罪，那麼這個假設能得到證據的支持嗎？如果想檢驗貧困加上大量青少年的聚集，那麼研究人員應該說，貧困以及大量青少年的聚集會造成財產犯罪，而不是將兩者分開。如果研究人員想檢驗的是兩種的綜合，那這個假設就不是雙關假設。研究人員必須非常明確地表述自己的假設，將其中的變數是分開還是合併，必須交代清楚。這種現象有時我們稱之為互動效應（後面會討論互動效應，見圖6-3）。

貧困

大量青少年
聚集

貧困及大量青
少年聚集

互動效應：這裡指的是各種事件的綜合。

只有貧困以
及大量青少
年聚集

圖6-3 雙關假設與互動效應

解釋的方方面面

清晰的分析單位和分析層次

在談到分析單位和分析層次時，人們一開始很容易將它們混為一談。在設計和執行研究課題中，這些概念會幫助我們保持清晰的思維方式。所有的研究都會出現分析單位和分析層面，但是，研究人員不會將它們清楚地分辨出哪些是分析單位，哪些是分析層

次。分析層次和分析單位受到了研究題目和研究問題的限制。換言之，研究題目或研究問題與分析單位或分析層次之間存在某種默契。

分析層次指的是，理論解釋所反映的某種社會現實的層次。社會現實的層次可以是微觀層面的（如小團體或個人的過程），也可以是宏觀層面的（如社會的文明化或結構方面）。這個層面包括一系列的人、空間、活動範圍、時間長度等。例如，極端微觀的分析可能會包括兩個人在一個小房間中幾秒鐘的互動；極端宏觀的分析可能是幾個世紀中成千上萬的人在世界五大洲的活動。大多數社會工作研究進行的分析基本上是介於這兩個極端之間的。

分析層次界定了研究人員使用的假定、概念和理論。例如，我們想研究大學生談戀愛的情況。我們運用微觀層次分析，提出了解釋，採用了一些概念，如人際交往、友誼、共同興趣等。我們認為，大學生通常會與那些跟自己在班上有人際交往的、擁有共同的朋友和相同興趣的人約會。這個研究主題和焦點適合使用微觀層面的解釋，因為它們涉及了人際面對面的互動。

另外一個例子就是，不平等如何影響社會上的暴力行為。在這裡，我們會選擇一個宏觀層面的解釋，因為這個主題涉及了一個更加廣闊層面的社會現實。我們感興趣的是，社會上的不平等的程度（如財富、財產、收入和其他資源的分配）以及社會性暴力的模式（如對其他社會的入侵、性侵犯、家庭之間的爭執等）。這個主題和研究問題需要引入宏觀層面的概念和理論。

分析單位指的是，研究人員在進行測量時所採用的單位類型。社會工作常用的單位是個人、群體（如家庭、友誼圈子）、社會類別（如階級、性別、種族）、社會機構（如宗教、教育和家庭等），以及社會（如國家、部落等）。雖然個人是最常用的分析單位，但這遠遠不是唯一的單位。不同的理論會強調這個或那個分析單位，不同的研究技術也會與特定的分析單位有關聯。例如，個人常常成為調查和實驗研究中的分析單位。

例如，大家知道個人是調查的分析單位，在某項調查中，有名學生回答了如何評價自己喜歡的足球明星。個人在這裡是分析單位，因為每個人的回答都被記錄下來。與此同時，另一項關於每個大學花費多少錢來投資足球活動的研究中，組織成為一個分析單位，因為研究是對各個大學在足球上的支出進行比較，每個大學的花費都被記錄下來。

除了個人、小組、組織、社會類別、機構和社會之外，社會工作研究人員還使用其他的分析單位。例如，研究人員想了解兩名競選美國總統的候選人的演講中，是否包含了某些特別的主題，研究人員就會採用內容分析的方法，來測量每個候選人的演講中出現的主題。這樣，演講就成為分析單位。有時，社會工作研究人員還會使用地理分析單位，研究人員如果想研究在青少年人口眾多的城市中破壞他人財產的行為的比例也很高，在這裡，分析單位就是城市。這是因為，研究人員需要測量每個城市的青少年人數，以及該城市中的破壞他人財產的行為。

分析單位決定了研究人員如何測量變數或主題。他們在解釋中還與分析層次有某種呼應。因此，社會心理或者微觀層面的分析，與個人作為分析單位一致起來，而宏觀分析層次則與社會類別或機構作為分析單位相對應。微觀層面的理論和解釋關注的是，個人之間的特點或個人間的互動。而宏觀層面的理論和解釋涉及的是，社會中各種力量的運作，或者是社會整體中的各種關係的運作過程。

研究人員運用分析層次和分析單位來設計研究課題，因為他們明白，這些分析層次和單位會幫助他們避免邏輯錯誤。例如，有項課題研究「足球方面的費用投入是不是北方的大學高，南方的大學低」，這裡就涉及了資料蒐集過程中，既要包括大學的費用投入，又要包括大學的所在地。分析的單位（指機構，也就是大學）產生於研究問題，同時也給研究人員從每個大學蒐集資料指明了方向。

社會工作研究人員面對類似的研究主題和研究問題，需要在不同的分析層次和分析單位中做出選擇，選擇的標準就是研究人員關注的理論。例如，研究人員就父權制與暴力這個主題進行研究，選擇的分析單位就是社會，研究問題是「父權制社會更加具有暴力性嗎？」他們會從社會層面蒐集資料，並按照父權制程度和暴力程度對各種社會進行分類。同時，如果研究問題是「家庭中的父權制程度與對配偶的暴力相關聯嗎？」分析單位可能就是群體或家庭，分析的層次就會是微觀層面的，研究人員就會蒐集有關測量不同家庭內部的父權制程度，以及這些家庭中配偶暴力的水準。同樣的研究問題，可以從不同的層次和不同的研究單位來展開，因為父權制可能是一個可以描述社會的變數，也可以是一個描述家庭內部社會關係的變數。同樣，暴力既可以定義為一個社會普遍性行為，也可以定義為配偶間的人際行為。

因果解釋中的邏輯錯誤

要為某類理論（如因果理論、解釋性理論或連接性理論）發展出合理的解釋，就需要避免常見的集中的邏輯錯誤。這些錯誤可能發生在研究的開始階段，或者出現在對量化資料進行分析和解釋的階段，甚至會發生在質性資料的蒐集和分析階段。最簡單的方法就是將這些邏輯錯誤理解為謬誤，或者是虛假解釋，它們可能出現在表面上，看起來是合情合理的。

同義反覆

同義反覆是一種循環論證，它表面上看來，人們是在談論一個新問題，但實際上是用不斷迴圈的方式進行重複表達，而得出的結論從定義上來看，是沒有問題的。同義反覆不能通過實證資料來進行檢驗。例如，本書的作者之一最近聽到一個新聞報導，說美國國會有名議員提出要通過一個新的刑法，根據這個新刑法，將會把更多的十四、十五

歲的犯罪青少年送往成人法庭進行審判。當有人問該議員為什麼重視懲罰而不重視預防時，該議員回答說，那些青少年犯罪者知道，自己犯罪不用付出任何代價，這樣法律就起不到預防的作用。他相信，唯一有效的預防措施，就是加大懲罰力度。當作者聽到這個新聞時，感到有點奇怪。於是，他就對議員的觀點進行了深入研究，結果發現，這就是同義反覆（即這裡面包含了一個邏輯錯誤）。這名議員特別強調懲罰會產生預防的結果，因為在他看來，預防與懲罰是同義詞。邏輯上來看，他認為嚴懲的議案會產生預防作用，因為嚴懲本身就是預防。政治家們會用這種循環論證法來愚弄公眾，混淆公眾視聽，但是社會工作研究人員需要看清這一點，並且避免發生斷章取義、歪曲事實的事件。

例子：保守分子指的是一個人帶有某種特定的態度、信念和價值觀（希望少一點政府約束、對上層階級不收稅、在公立學校中有強烈的軍事和宗教色彩，結束反歧視法律等）。如果我們說希望少一點政府約束、帶有強烈的軍事色彩等會導致保守主義，這就是同義反覆。在我們的日常表達中，我們會說：「Sally是個保守分子，因為她相信應該少一點約束」。這個表述看上去是一個因果描述，但是實際上是沒有因果關係的。一系列的態度才能成為稱Sally是保守分子的原因，但是，這些態度並不是Sally成為保守主義分子的理由。她的態度是保守主義的，因此上面陳述從定義上來講是正確的。當然，很難用證據來證明這些態度與保守主義無關。

目的論

　　目的論指的是直接受到某些目的或目標引導的事務。目的論有若干種形式，它可能是一些「上帝決定」必然要發生的事件，換言之，一個事件的發生，是因為上帝或者造物主事先設定好了應該發生的；它也可能是一種內在精神的「自然顯現」的結果，因此，社會是沿著自然精神或者命運的安排而發展的。這與那種認為把人類本性當成行為理由的觀點是相同的，例如有人認為「犯罪發生是因為這就是人類的本性」。在理論歷史上，目的論常常會出現，例如，有理論認為，社會是朝著理想社會或者烏托邦社會方向前進的，這就可以解釋現在發生的一些事件。目的論還以功能性觀點出現，按照這個觀點，家庭具有某種形態（如核心家庭），因為家庭滿足了社會系統中對人類延續性的需要（也就是說，社會系統中對人類延續的功能性需要導致了家庭的各種形態的出現）。

　　目的論不是科學解釋，它不能用實證方法來測量，它違背了因果關係中的現時性的要求，缺乏真正的自變數，因為「原因因素」在目的論中是非常模糊不清的，很多人常

常容易將「目的動機」和「目的論」混淆在一起。你可以說，目標導致行動的出現，例如，你的目標就是在班級獲得一個A成績，這個目標導致的行動就是，你在班級中成績優秀。有意識的目標或者希望可能是一個正當的原因（合理的原因），但絕不是目的性的原因。首先，人的心理狀態（如目標、希望或嚮往）是可以被測量的；第二，人的心理狀態是一個現時性存在的事實，這就清楚地說明了現時性的問題；第三，心理狀態可以與未來可能發生或者不發生的事件進行比較，而心理狀態本身不會成為一個直接的理由。心理狀態會導致現在的行為發生，而這些行為則會提高未來事件發生的機會。人類有意識的目標不同於上帝的意志、社會的精神或者社會需要，這些東西是無法進行實證測量的，在時間上都沒有一個固定的存在形式，但是，它們總是與發生的事件相伴隨。

例子：「核心家庭是西方工業社會主要的家庭形式，因為從功能的角度看，它有助於社會的延續發展」，這個說法從系統功能的角度看，是一個無法檢驗的目的論。它認為，「社會的延續」導致了「家庭形式的發展」。到目前為止，我們要觀察社會是否能夠延續的唯一方法，就是以事實為依據來看社會擁有家庭某個形態之後所產生的結果。下面我們來看另一個例子，有關目的論的陳述：因為美國註定要成為一個世界超級大國，我們發現在19世紀初，有成千上萬的移民進入西部邊境地區。在這裡，認為美國成為世界超級大國（實際上是發生在1920～1945年之間）導致了向西部邊境的移民（這發生在1850～1890年之間）。這裡使用了一個詞「註定」，這個詞與其他的一些詞，如「上帝的意志」一樣，是無法看到因果關係的。

生態謬誤

　　生態謬誤產生於一系列分析單位的混亂的配合。它指的是，研究人員已經獲得的實證資料的分析單位，與研究人員希望獲得的結果的分析單位之間的不相配。生態謬誤出現的原因就是違背證據的不準確的推理和概括化。它常常出現的條件是，研究人員在一個更高層次、更集中的分析單位的層面進行資料蒐集，而在低一個層次或分散的分析單位層面進行結果分析。它之所以是一個謬誤，是因為在一個分析單位層面發生的，未必會出現或適合另一個分析單位層面。[9]因此，如果研究人員從大的集體層面蒐集資料（如機構或整個社區），然後從這些資料得出一個關於個人行為層面的結論，那麼研究人員就犯了一個生態謬誤。要避免這樣的錯誤，只要保證自己運用在解釋過程中的分析單位與你在資料蒐集過程中的分析單位一致或者接近就行了（見方框6-3）。

方框6-3　生態謬誤

　　哈爾托普大學的西方歷史課程共有5個班，每個班有50名學生。去年，系主任發現班裡同學有作弊行爲，並且研究了下面的資料，其中包括了各班的性別構成。系主任計算出在作弊行爲和性別之間有密切的相關性。下表展現了統計結果。

班級	a	b	c	d	e
作弊者人數	2	4	6	8	10
女生比例（%）	80	60	40	30	20

　　雖然不清楚這就是生態謬誤，系主任得出的結論就是，男生比較容易作弊，因此他制定了政策來嚴屬管制男生。

　　你們學習了什麼是生態謬誤，並且認識到，系主任蒐集的有關全班學生特點的資料不能爲個人作弊行爲提供有力的證據。你需要一些分性別的、能夠區分個人作弊行爲的資料，下面的資料就是這樣的：

班級	a	b	c	d	e
男生作弊者人數	1	2	3	4	5
女性作弊者人數	1	2	3	4	5
總作弊人數	2	4	6	8	10

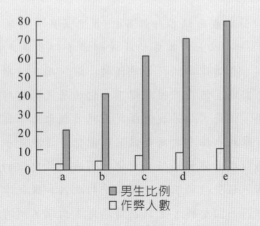

圖A　西方歷史課程5個班中男生作弊者比例

　　你很快就會發現，在每個班級中，女生作弊者占了一半，因此，女生在班上的比例與男性作弊者的比例之間沒有關聯性。你的資料圖可能就會像圖B一樣，那麼，你就會這樣

向系主任解釋說，男生、女生同樣在作弊，在作弊行爲中，不存在性別差異。

系主任的圖是對的，它顯示了資料。問題在於，缺乏證據來說明在個體學生的行爲中，存在性別差異。也許還有一個沒有測量的因素可能會解釋這個模式（如這是一個欺騙性的關係），或者一個班的女生特別少，而在各個班級中營造了一個社會環境，支持男生和女生同樣來作弊，這些都是需要未來進行研究的課題。

儘管在圖A中出現了一個明顯的觀察模式，但是，仍然沒有證據證明這樣一個結論，即男生比女生更容易作弊。我們必須獲得證據的資料（個人層面的資料）來得出關於個人作弊行爲的結論。

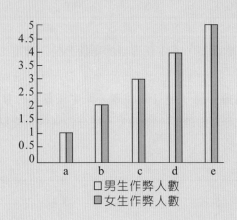

圖B　5個班分性別統計的西方歷史課作弊學生數量

例子：湯瑪斯威爾鎮和鐘斯威爾鎮各自都有4.5萬名居民。湯瑪斯威爾居民中高收入的居民比例很高，一半以上的家庭的收入超過了16萬美元。另外，小鎮居民擁有的摩托車的比例，也遠遠高於同等規模的小鎮。而在鐘斯威爾鎮，窮人的比例很高，將近一半的家庭生活在貧困線以下，它的居民擁有摩托車的比例，遠遠低於同等規模的小鎮。但是，如果我們說從上述資訊來看，富人喜歡買摩托車，或者說在家庭收入和摩托車擁有之間存在某種關係，這就是一個謬誤。原因就是，我們不清楚在湯瑪斯威爾鎮和鐘斯威爾鎮，到底是什麼樣的家庭擁有摩托車。我們只知道全鎮作爲一個整體的兩個變數：平均收入和摩托車數量。觀察變數的分析單位是以小鎮作爲一個整體，也許在湯瑪斯威爾鎮，所有的低收入和中產家庭參加了一個摩托車俱樂部，而高收入家庭則一個也沒有參加。也許在鐘斯威爾鎮，只有一個富人家庭和五個窮人家庭擁有摩托車。要描述家庭收入和擁有摩托車之間的關係，我們需要在家庭層面蒐集資料，而不是以小鎮作爲一個整體來蒐集資料。

簡化論

　　對證據的不準確推理和分析單位之間出現不相符合的另一個問題，就是簡化論，也稱爲不對等謬誤（見方框6-4）。在當研究人員解釋宏觀層面的事件，而使用的證據只是具體個人層面上的，這時就會出現簡化論的錯誤。它在當研究人員觀察了低一層面或者分散的分析單位，而得出的結論卻涉及高一層面或者集中層面的分析單位時也會出現。

方框6-4　簡化論錯誤

假定你看到一本書，裡面有這樣的內容：

　　在20世紀60年代民權運動時期，美國的種族關係發生了翻天覆地的變化。隨著法律和法庭規則的改變，白人的態度也變得越來越包容了。過去一些合法的、官方的只向白人開放的機會（如住房、就業、教育和選舉等方面）現在也向其他種族開放了。從1955年的Brown訴教育理事會的決定，到1964年的平權法案，到1966～1968年的反貧困鬥爭，一個新的戲劇性的風貌席捲了全美國。這一切都是民權領袖馬丁·路德·金的預見、行動和獻身的結果。

　　這裡提到的因變數是在過去10～13年間美國種族關係發生的主要變化；自變數是馬丁·路德·金的預見和行動。

　　如果你對民權運動時期有更多的了解，就會發現這裡存在一個問題。整個民權運動及其後期的成就完全歸功於某個個人。的確，個人確實會創造奇跡，他發起和領導一場民權運動，但是，這樣就會掩蓋運動本身的作用。社會政治運動作爲一種因果力量被簡化成爲一個領導者的作用，一場明確的社會現象（一場運動）就這樣被模糊化了。同樣被忽略的，還有成千上萬的人們的行動（遊行、法庭的訴訟、演講、禱告會、靜坐、暴亂、請願和武力衝突等），都參與了推動大家共同的目標的實現以及引起社會的反響。這場運動的意識形態、公衆動員、權利關係、組織機構和策略都是顯而易見的。此外，同一時間發生的一些宏觀的歷史事件，也對這場運動產生了影響（如反對越南戰爭的示威遊行、刺殺甘迺迪總統之後公衆情緒的改變、美國黑人分離主義者的政治行動、美國黑人向北部城市的移民等），這些事件的影響也被忽視了。

　　這種錯誤在歷史性解釋中是很常見的。很多人習慣從個人行動的角度來考慮問題，常常帶有個人偏見，這也被稱爲是方法論上的個人主義。這一點在極端個人化的美國文化中尤爲突出。它的錯誤就在於它忽視了超出個人層面的分析單位或因素。簡化論的錯誤將解

釋轉向了一個低一層面的分析單位。人們還可以將個人層面簡化於人的生物過程，簡化到人的神經化學活動層面，甚至簡化到次原子層面。

大多數人都生活在「社會世界」中，他們關注的是與自己密切相關的周圍的環境，以及自己與一小群人的互動，所以，他們在日常生活中對現實的感受，很容易使得他們把社會趨勢和事件看成是個人行動或者是心理過程。他們常常看不見那些抽象的、宏觀的社會實體：社會力量、社會過程、組織、機構、運動或結構等。那種認為社會行動不能簡化為個人行動的思想就構成了社會學的核心。在經典名著《自殺論》中，Durkheim批判了方法論的個人主義，指出大規模的、未被確定的社會力量是能夠解釋高度個人化的私人行動的。

它實際上是與生態謬誤中匹配不當的錯誤相反的情況。研究人員根據自己掌握的個人行為的資料，來推斷宏觀層面單位的機制，這就是簡化論錯誤。之所以出現這種錯誤，是因為研究人員很容易獲得個人層面的資料。同時，在宏觀層面的運作是比較抽象，比較朦朧的。Lieberson曾經指出這個在社會工作研究中常常出現的錯誤，導致了眾多觀點的前後矛盾、相互衝突和混淆，他（1985:108, 113-114）還嚴厲地指出：

低一層次的關係是無法決定或解釋高一層次過程中的命題的。事實上，低一層次的分析，是不能幫助我們理解高一層次結構的……如果我們有興趣了解高一層次的過程與時間，是因為我們知道，它們具有某些特質，而這些特質並不是將低一層次特質相加的總和那麼簡單。

和生態謬誤一樣，你們可以通過確定你解釋時所採用的分析單位與你所掌握的證據中的分析單位保持一致，避免這個錯誤。

不能對分析單位做出正確思考的研究人員，以及那些掌握的理論與資料不相稱的研究人員，都很容易犯生態謬誤或簡化論的錯誤。他們要麼是對適合於研究問題的資料做出錯誤的判斷，要麼就是過度推廣自己的資料。

你可以對你經驗研究以外的分析單位提出假設。因此，對個人的研究，應該建立在某些社會機構內部的個人行為的假設的基礎上。而對社會機構的研究，應該建立在對個人行為的假設之上。我們知道，眾多的微觀層面單位組成了宏觀單位。這裡可能出現的問題就是，人們很容易用原因或者微觀單位，例如個人行為，來解釋宏觀單位的行動，例如社會機構的行動。同一層面上的不同單位之間出現的關係，不一定在不同的分析單位中也會出現。社會工作這個學科建立在這樣的基本信仰之上，即不同層面的社會現實是超越個人層面而存在的。對社會現實的解釋，就需要超越個人層面的資料和理論。宏

觀單位上存在的原因、力量、結構或者是過程不能簡單地簡化為個人層面的行為。

例子：為什麼第一次世界大戰發生？你們可能聽說過，原因就是1914年有個塞爾維亞人開槍打死了一名奧匈帝國的公爵，這就是簡化論錯誤。的確，謀殺是個因素，但是兩個國家之間發生的宏觀政治事件「戰爭」，不能簡化歸因於一個特定的個人行為層面。如果真的是這樣，我們還可以說，戰爭的爆發是因為謀殺者的鬧鐘造成的，因為是鬧鐘將兇手叫醒的，如果鬧鐘不響的話，就不會有謀殺了，所以是鬧鐘導致了戰爭的爆發。第一次世界大戰非常複雜，是由很多社會、政治、經濟因素在某個歷史時刻綜合在一起的結果。某個特定的人的行為的確會發揮作用，但是，與那些宏觀力量相比，個人行為只是一個小小的因素。個人的確會影響事件，但是最終還是與大的社會力量和機構一起對他人和國家產生影響，但是個人行動本身不會成為原因。因此，即使沒有這次謀殺，這場戰爭也會在當時爆發的。

虛假相關

　　將變數間的關係稱為虛假相關，這就意味著這種關係是錯誤的，是一種幻覺。如果社會工作研究人員發現了某種虛假相關的關係，他們會很高興，因為他們可以證明，這個世界遠遠要比其表面看上去的複雜得多。由於任何兩個變數間的關係都可能是虛假的，所以當研究人員發現兩個變數之間有關聯時，需要特別小心，因為進一步探究之後，可能還是發現不了因果關係，它可能是一種幻覺，就好像在大熱天，路面上會出現看似一灘水的景象。

　　虛假相關出現在兩個變數有關聯，但並不是因果關係的情況下，因為實際上還存在第三個因素，這個因素才是構成因果關係的真正原因（見方框6-5）。第三個變數同時構成了看似明顯的自變數與因變數，它導致了人們觀察到的關聯。從因果關係的條件來講，未被觀察到的第三個變數有很強的解釋力。

方框6-5　虛假關係

　　Neuman及其同事（1992）在一個新聞媒體研究中，發現新聞來源的類型與知識之間存在某種相關性。那些喜歡從電視上獲得新聞來源的人，比起那些喜歡從報紙上獲得新聞來源的人，擁有的知識要少。這個相關性通常被解釋為新聞資訊的「消音」。換言之，電視新聞導致了民眾知識面狹小。

　　作者發現它們之間的關係是虛假的。Neuman及其同事宣稱，「我們能夠證實偏好電

視新聞與知識水準低之間的關係是虛假的」（113頁）。他們發現了一個開始就沒被重視的第三變數，同時也可以解釋民眾爲什麼喜歡觀看電視新聞以及與其時事的知識水準的關係。他們指出，「我們發現，造成這個電視問題效應的原因，是認知能力偏低的民眾喜歡從電視上獲得新聞知識」。一直被人們忽視或隱藏的變數是「認知能力」。換言之，處理抽象的、複雜知識有困難的人，轉向收看新聞報導。其他人可能也觀看衝擊力大的、娛樂性強的電視新聞，不過可能他們看電視新聞的次數少，同時他們也會閱讀那些需求性高、資訊豐富的平面資訊。資訊閱讀能力較差的民眾，常常是缺乏時事知識的，他們比較缺乏那些需要思考的、主題較爲複雜的知識。

你現在明白了，自己應該小心謹愼處理這些關聯和關係，但是你是否能夠分清哪些關係是虛假關聯？你怎樣才能辨別什麼是神祕的第三個變數呢？這時你需要使用統計技術（本書的後面會詳細討論這一點）來驗證某個關係是否是虛假的。要運用這些技術，你需要一個理論或至少根據你對世界運作的看法，對可能的第三變數進行猜測。事實上，虛假相關是建立在某個你已經使用過的常識性邏輯基礎之上的。例如，你已經知道，在使用空調和冰淇淋甜筒消費量之間存在某種關聯，如果你測量使用的空調數量和每天出售的冰淇淋甜筒的數量，你就會發現它們之間存在一種強相關性，即空調使用越多，售出的冰淇淋甜筒的數量就越多。但是，你知道，吃冰淇淋甜筒並不會導致人們打開空調。相反，這兩個變數是受到第三個變數的影響：炎熱的天氣。第三個變數只有通過邏輯推論才被人們察覺。你可以通過統計來檢驗相同的事物，即測量每天的溫度、冰淇淋的消耗量，以及使用空調的數量。在社會工作研究中，互相對立的理論能夠幫助人們找出哪一類第三變數是與主題相關的（如犯罪的原因、戰爭或者虐待兒童的原因等）。

例子：身高較高的15歲孩子似乎比較喜歡橄欖球和運動，而不太喜歡逛街買衣服。身高與喜愛橄欖球之間有很強的關聯，但這並非意味著身高造成了對橄欖球的偏好，這個關係是虛假的，因爲這裡還有第三個變數「性別」在發揮作用。例如，15歲的男孩比15歲的女孩通常要高，而男孩比較喜歡橄欖球，因此，身高本身可能跟喜歡橄欖球沒有什麼關係；相反，是性別產生了身高上的差異，也就是性別與社會化過程中的喜歡橄欖球與其他運動有關聯。事實上，可能是在男孩子之間，長得比較高的實際上不是喜歡籃球，就是喜歡橄欖球。如果研究人員只觀察到身高對橄欖球的偏好，而忽略了性別差異，他們勢必會被誤導。

提煉研究主題：社會工作量化研究

　　當我們開始一個研究計畫時，第一步就是需要確定一個主題。[10]選擇一個主題並沒有固定的公式。無論你是一個經驗豐富的研究人員，還是一個新手，最重要的就是對你感興趣的問題進行研究。研究主題的來源很多，方框6-6中提供了一些可供選擇的主題方法。這些選擇研究主題的技術並不僅僅適用於社會工作量化研究，而是適用於所有類型的研究。

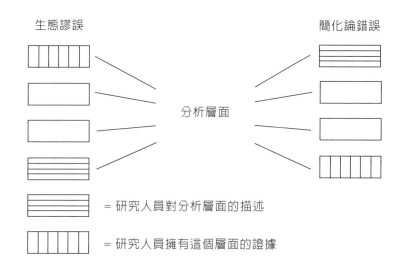

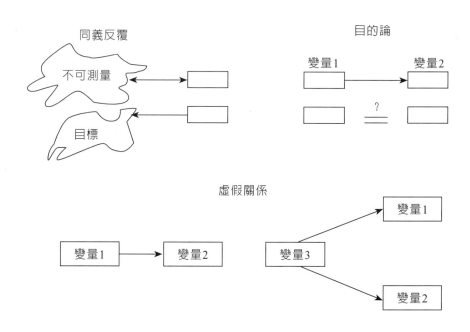

圖6-4　需要避免的五種解釋錯誤

從主題到一個具體研究問題

社會工作者並不只是針對某個主題開展研究,雖然某個研究主題會成為一個重要的研究起點,但某個主題僅僅是一個起點而已。研究人員應該精煉主題,並把主題濃縮成為一個研究問題,研究新手常常會犯的一個共同錯誤就是,不能有效地濃縮主題,有的還想從一個廣泛的主題直接跳到研究計畫,這中間缺乏一個確定研究問題的過程。在社會工作量化研究中,你在設計研究計畫之前,先要聚焦,以確定研究問題。

社會工作研究計畫是圍繞研究問題開展設計的。在設計研究計畫之前,需要在一個廣泛的範圍內,聚焦某個研究問題。例如,方框6-6中提出的一個例子,研究人員根據個人的經驗可能建議把工會當成一個主題。但是,「工會」是一個主題,而不是一個研究問題。在任何一個大型的圖書館中,你都會發現,社會學家、歷史學家、經濟學家、管理學家、政治科學家等人,已經對這個問題展開了深入研究,發表和出版了成千上萬的論文和書籍,他們集中討論了這個主題的不同方面,也從不同的角度對工會進行了論述。在開始進行社會工作研究設計之前,你必須縮小主題,並找到研究焦點。在這個主題上的一個研究問題的示例就是:「在第二次世界大戰之後,美國工會設置了很多障礙,阻止美國黑人進入技術工作領域,這在多大程度上助長了種族不平等?」

方框6-6 選擇主題的方式

1. **個人經驗**:你可以根據個人經歷,或者從你知道的某些事物中,尋找研究主題。比如,暑假時你在某家工廠打工,地方工會發動了一場罷工,你對當時的情況反應很平靜,但是後來迫於環境壓力,你必須表明自己的立場:支持還是反對。你注意到了當時緊張的氣氛,經理與工人之間的關係變得非常對立,相互仇視,這種狀況使得你選擇工會或是組織化的工人運動作為你的研究主題。

2. **出於對媒體報導事件的好奇心**:有時候你讀到報紙雜誌上的文章,或是看了某個電視節目,結果讓你難以理解。你看到這個消息後可能會提出質疑,甚至會促使你去重複他人的研究,看看會不會得出相同的結果。例如,你看到了《新聞週刊》上一個關於無家可歸者的報導,但是,你對那些無家可歸者的情況了解不多,對於為什麼他們會無家可歸、這個問題是否長期以來一直存在等,也都一無所知。這些都會促使你選擇無家可歸者作為自己的研究主題。

3. **某個領域內的知識狀況**:基礎研究通常都是被新的研究發現以及拓展知識領域的理論所驅使。隨著理論發展的深入和拓寬,勢必要求尋求對某些問題的解答,只有這樣才能推動該學科知識的深入發展。你讀到有關民眾對死刑態度的報導,了解到大部分的研究都指出,支持死刑的人士大多相信,罪犯都是天生邪惡之徒。你注意到目前尚未

有人檢驗過是否信仰某種宗教的人，大多會支持死刑，因為他們的宗教灌輸了罪犯是天生邪惡之徒的觀念；也沒有人口研究結果來描述這樣的宗教團體分布的地理特點。這個領域的知識會引導你選擇對死刑的看法與不同地區的宗教信仰作為研究計畫的主題。

4. 解決問題的需要：應用性研究的主題常常始於需要解決某個具體的問題。例如，你的工作是學校諮詢員，你想要幫助大學新生建立彼此之間的友誼。你需要解決的問題建議你選擇大學新生的交友過程作為你的研究主題。

5. 社會獎勵：這個術語是由Singleton及其同事（1988:68）提出的。它指的是某些主題相當「熱門」，具有很多研究機會。例如，你讀到某個消息說有一大筆經費，專門資助從事托兒所的研究，但是很少有人對這個問題感興趣。你需要一個工作，於是，你便選擇托兒所作為自己的研究主題。

6. 個人價值：有些人堅定不移地信奉某些宗教、政治和社會價值體系。例如，你堅決支持種族平等，每當你聽到種族歧視事件，你可能會義憤填膺，怒火萬丈，這種強烈的個人信仰促使你將種族歧視當成了自己的研究主題。

7. 日常生活：日常生活中的古老的諺語、小說、歌謠、統計資料以及道聽塗說（特別是從那些與自己觀點意見不一的人那裡），都可以幫助我們找到潛在的主題。例如你聽說過主場在籃球比賽中非常重要，這種說法會促使你將「主場優勢」作為自己的研究主題。

在開始對某個主題進行研究時，需要問自己這樣一個問題：就這個主題而言，你自己最感興趣的是什麼？對一個自己了解不多的主題，你首先需要通過閱讀來了解一些背景知識。研究問題實際上代表了一組變數之間的關係，確認這些變數，並且對這些變數之間的關係做出一個清楚的說明。

一個研究問題包括了一個或數個因果關係。方框6-7列出了數個從一個主題中提煉出焦點，並將這些焦點轉化為研究問題的方法。例如，「什麼原因導致離婚？」這個問題就不是合適的研究問題，較好的研究問題應該是「結婚年齡與離婚有關嗎？」這個問題指出了兩個變數：結婚年齡與離婚。

方框6-7　將主題縮小為研究問題的技巧

1. 文獻檢索

已發表的論文是發現研究問題的最佳來源，這些論文通常具有相當的清晰度，以下幾

個方面可以幫助我們鎖定研究問題：

①完整地複製前人的研究計畫，或只是做一些細微的改變；

②探討前人研究中所發現的非預期結果；

③按照作者在論文結束時提出的未來研究建議；

④延伸現有的解釋或理論到新的主題或情境中；

⑤挑戰某些研究發現，或試圖反駁某些變數之間的關係；

⑥清楚地說明干預過程，檢驗各種關係形成的環節。

2. 與他人討論你的想法

①向對某個問題有深入研究的人進行諮詢，向他們請教你曾經思考過的問題；

②找出那些與自己意見不同的觀點，並且討論與這些意見相關的可能的研究問題。

3. 應用到某個特定的情境中

①把焦點集中在某個主題的某段特定的歷史時期或時間段；

②把某個主題縮小到某個特定的社會或地理單位；

③考慮那些次團體或次人群，是否發現其中的差異。

4. 界定研究的目標及期望的結果

①研究問題是屬於探索性研究、解釋性研究還是描述性研究？

②研究問題是應用性研究還是基礎研究？

另一項研究問題的技術就是，明確指出你可以把研究問題的回答推廣到研究的整體上。所有的研究問題、假設和研究都適用於某個團體、類型的人群、組織或者其他單位，整體是指研究人員想要解釋的那組單位。例如，你的研究問題是關於中學的新的出勤政策對中學生學習效果的影響，這時的整體就是所有的中學生。

當主題被提煉成為一個研究問題之後，在設計研究計畫時，在形成假設時，你還需要考慮實務性的限制。設計一個完美的社會工作研究計畫是一項非常有趣的學術實踐，但是，當你希望實施這個研究計畫時，某些實務性的限制可能會影響研究設計。這些實務性的研究主要包括：時間、費用、獲得資源的管道、權威機構的許可、倫理道德的考慮以及專業知識。如果你連續5週，每週工作10個小時來實施研究計畫，但是，要回答研究問題，可能需要花費5年的時間，因此，你需要重新確認你的研究問題。很難說，需要花多少時間來確定自己的研究問題。提出明確的假設、確定採用什麼研究技術、蒐集什麼樣的資料等，都是非常重要的環節。經驗豐富的研究人員能夠成為精確計算上述問題的最佳人選。

費用也是限制，與估算時間一樣，在有限的條件下，回答問題有很多種創造性的方法，但是，由於費用問題，可能會使得回答某些問題成為不可能的事。例如，一項有關

球迷對自己球隊吉祥物的態度的研究，可能只有在投入了大量的時間與金錢之後，才能得到答案，而把研究問題縮小到研究兩個不同大學的學生對自己喜歡的球隊的吉祥物的感受，可能會使研究變得比較容易操作。

　　獲取資源的管道也是常見的限制，資源可以包括：他人的專長、特殊的設備或者資訊。例如，在不同國家開展一個關於盜竊與家庭收入的研究問題，幾乎就是無法回答的問題，因為在絕大多數國家無法蒐集到各國盜竊與收入之間的資訊，或者就根本無法蒐集到這些資料。某些問題需要得到權威部門的許可（例如查看醫療紀錄），或者是牽扯到一些基本的倫理原則（如把一個人打成重傷，看他有什麼反應）。研究人員的專業背景也是一個限制。回答某些研究問題，需要涉及使用資料蒐集的技術、統計方法、外語知識，或者那些研究人員本身不具備的技能。除非研究人員可能得到必要的訓練，或者花錢雇用他人為自己提供類似的服務，否則這項研究就不可行。

從研究問題到研究假設

　　從廣泛的研究主題直接過渡到假設是非常不容易的，但是從規範的研究問題走向研究假設就方便多了。實際上，在全面的研究問題中，就包含了研究假設的要素。此外，研究假設基本上就是未來的研究問題（見方框6-8）。

　　我們來看看研究問題的例子：「結婚年齡與離婚有關嗎？」這個問題包含了兩個變數：結婚年齡和離婚頻率。為了發展出研究假設，研究人員會問：「哪個是自變數？」在邏輯上結婚必然先於離婚，因此，自變數是結婚年齡。研究人員還會問：「這兩個變數之間的關係是怎樣的？」這時的研究假設可能就是：「結婚年齡越小，離婚的可能性就越大。」這個假設回答了研究問題，也做出了預測。注意，研究問題可以重新加以整理，然後提出一個更為集中的問題：「早婚的夫妻是否更容易離婚？」

方框6-8　好的研究問題與不好的研究問題的示例

不合適的研究問題	合適的研究問題
1.無法實證驗證、非科學的問題 ①墮胎應該合法化嗎？ ②死刑是正確的嗎？	1.探索性問題 ①威斯康辛州虐待兒童事件，在過去十年中，是否有所改變？
2.一般性主題，不是研究問題 ①酗酒與吸毒的處理 ②性與老齡化	2.描述性問題 ①與未離婚的家庭相比，離婚家庭中發生虐待兒童事件（不論是毆打還是性虐待）的比例是否更高一些？

不合適的研究問題	合適的研究問題
	②與非貧窮家庭長大的孩子相比，貧困家庭長大的孩子，比較容易產生醫療、學習和社會情緒適應上的問題嗎？
3.是一組變數，而不是研究問題 ①死刑與種族歧視 ②都市衰敗與幫派	3.解釋性問題 ①離婚經驗所導致的情緒不穩定，會增加離婚父母毆打虐待子女的機會嗎？ ②缺乏足夠的金錢接受預防治療，是貧困家庭子女面臨嚴重的醫療問題的主要原因嗎？
4.模糊、模稜兩可的問題 ①員警影響不良行為嗎？ ②我們可以做什麼來防止兒童虐待事件的發生？	
5.需要進一步明確化的問題 ①虐待兒童事件有上升的趨勢嗎？ ②貧窮如何對兒童產生影響？ ③生活在貧困中的兒童經歷了哪些東西是其他兒童無法經歷的？	

從一個研究問題中可以發展出若干個假設。從上面的研究問題中，可以發展出的另一個假設就是：「結婚時配偶的年齡差異越小，離婚的可能性就越小。」在這個例子中，結婚年齡這個變數是以另一種方式來進行界定的。

假設能夠明確指出某些關係在某些條件下成立，而在另一些條件下並不成立。Lieberson（1985:198）指出，「為了評估某個特定因果命題的效用，需有一個清晰的說明，介紹在何種情況下這個命題有效。」例如，有個假設是這樣的：「結婚時配偶的年齡越小，離婚的機會就越大，除非配偶雙方都來自親屬關係緊密且有傳統宗教習俗的社區，在這裡早婚是個常見現象。」

形成研究問題和提出研究假設，並不需要按照固定的階段來操作。研究人員可以先形成意向性的研究問題，然後發展出相關的研究假設，這個假設反過來可以幫助研究人員更清晰地陳述自己的研究問題。這個過程是個互動過程，需要很大的創新性。

理論來自何方？

你可能會問：「在從研究主題向我可以檢測的假設過渡中，理論要發揮什麼作

用？」記得在第三章中我們提到過，理論的形式多種多樣。研究人員從一般的理論問題迷思中，選擇自己的研究主題。理論和理論框架為研究人員提供了概念和思想，幫助他們將這些概念和思想變成變數。理論提供了推理或發展機制的工具，來幫助研究人員將變數與研究問題連結起來。研究假設既能回答研究問題，也能成為某個理論的未經檢驗的命題。研究人員可以用抽象的、概念層面的方式來表達假設，也可以用特別具體的、可測量的方式來陳述假設。

在第一章中，我們首先介紹了社會工作研究計畫的步驟。圖6-5用不同的方式展現了這些步驟。它表明了如何將主題縮小到研究假設的各個中間環節和過程。它同時也表明了當研究人員在走向資料蒐集階段時，如何從抽象的理論層面融合到了具體的實證層面。

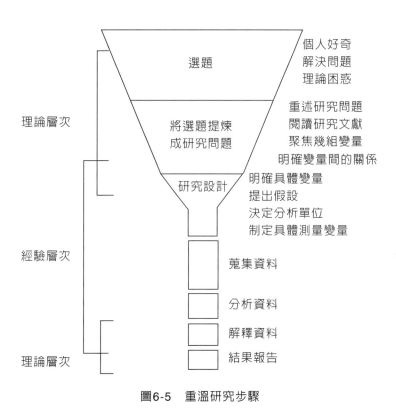

圖6-5　重溫研究步驟

質性研究設計問題

個案和情境語言

社會工作質性研究的語言就是一種詮釋的語言。研究人員常常從個案的社會情境中

來討論個案,並從中發展出扎根理論,他們特別強調發生在某個特定背景中的事件的過程和結果。他們解釋人們怎樣賦予事件以不同的意義,並且學會從不同的觀點來看待事件。質性研究人員很少討論變數和假設的問題。

社會工作量化研究人員試圖將社會生活的不同角度,轉變成爲可以準確測量的變數,他們基本上不喜歡質性研究的資料。相反,質性研究人員認爲,社會生活的很多方面都眞正是質性的,在他們看來,質性資料含義豐富、完整全面,研究人員關注的主要問題,不是將這些資料變成變數並通過客觀的數字來表達,而是「他們認爲這些資料是進入其他文化(亞文化)的途徑,是行動者對自己社會世界的描述的相對性的理解,反映了社會學描述與行動者對自己行動的看法之間的關係」(Halfpenny, 1979:803)。

有人認爲,質性資料是「軟性」資料,是難以確定的、瑣碎的。這些資料比較雜亂,難以捉摸,研究人員有時很難準確地把握它們。實際上,情況並非這樣。質性資料是實證性的資料,它們記錄了眞實的事件,記錄了人們所說的一切(通過語言、身姿和聲調),觀察到具體的行爲,研究文字的檔案,或者研究視覺音像資料等。這些都是現實社會的部分。例如,有些質性研究人員會認眞研究人們或社會事件的照片或錄影(Ball and Smith, 1992; Harper, 1994),這些證據是「硬性」的、有形的資料,量化研究人員也會用這些資料來測量人們的態度、社會壓力和智力等。

量化研究將社會世界的方面和想法轉化成變數,然後形成假設,而質性研究完全不同,質性研究人員在某個特定的情境或自然背景中進行個案研究時,從自己的研究對象那裡學習借用一些觀點,或者發展出新的觀點。質性研究人員運用理論類別,來理解和解釋社會世界,最常用的方式就是扎根理論,這個理論由主旨、主題、特性和觀點組成,這些都是研究人員在蒐集和分析質性資料過程中創造出來的。

扎根理論

社會工作質性研究人員是從一個研究問題開始的,理論是在自己蒐集資料的過程中發展起來的。這個歸納性的方法意味著,理論是建立在資料之上的,或者說是扎根於資料之中的。此外,概念化和操作化是與資料蒐集和初步的資料分析同步進行的。很多研究人員都使用扎根理論的方法,它使得質性研究非常具有靈活性,讓資料與理論之間產生了互動(見方框6-9)。質性研究人員對所有沒有預期的東西,都保持開放的態度,他們願意改變研究計畫的方向或研究焦點,甚至可能在研究過程中放棄自己原先設計的研究問題。[11]

方框6-9　什麼是扎根理論

扎根理論是質性研究中運用比較廣泛的一個方法。它不是唯一的研究方法，也不是所有質性研究人員使用的唯一的方法。扎根理論是「一種質性研究方法，它採用一系列系統的程序從某種現象中發展一個歸納性的理論」（Strass and Corbin, 1990:24）。扎根理論的目的在於建立一種完全忠實於證據的理論。這是發展新理論的好方法。根據這個方法，研究人員會比較不相同的現象，以尋找內在的相似性，研究人員將微觀事件當成宏觀解釋的基礎。扎根理論在幾個方面與實證理論具有相同性。它追求的理論需要與證據高度保持一致，具有準確性和嚴格性，能夠複製和推廣。扎根理論的方法是通過不同社會情境的比較來獲得可推廣性。

社會工作質性研究人員也可能採用扎根理論之外的方法，如有些質性研究人員只用深度描述的方法，來真實反映被訪者的世界。他們挖掘某種社會情境，以闡明微觀層面的過程，向人們揭示穩定的社會干預是怎樣維持的。其他一些質性研究人員的目的，在於向人們描述令人激動的社會事件或背景，他們對特定的事件或背景進行描述，以獲得對社會運作機制的進一步理解。還有一些研究人員運用現存理論，將特定的背景放在宏觀的歷史情境中進行分析。他們在不同的微觀事件之間建立關聯，在微觀情境與宏觀社會力量之間建立關聯，旨在重建理論，預測社會行動（更多知識，請參見Burawoy, 1991:271-287; Hammersley, 1992）。

質性研究人員通過不斷比較來發展理論，當研究人員觀察到了某個事件（如警官面對一個超速的司機）時，他們會認真尋找這個事件內部各種因素之間的相似性和差異。如在目睹警官攔截了超速的司機後，質性研究人員會問：「警官在攔截前會通過無線電查對車牌號嗎？在確認了車的位置後，警官是叫司機下車，還是走近坐在駕駛室內的司機？」資料蒐集以後，研究人員就開始了理論化過程，從而引發了理論性問題，對下一步的觀察提供了指導，因此，需要蒐集新的資料，來回答從前面的資料分析中產生的理論性問題。

情境的重要性

社會工作質性研究人員非常重視社會情境對理解社會世界的重要性。他們認為，社會行動或陳述的意義，在很大程度上取決於它所處的社會情境。當研究人員將某個事件、某個社會行動、對某個問題的答案從它們所處的社會情境中剝離開，或者忽視它們

所處的社會情境，社會意義和重要性就會受到歪曲。

　　關注社會情境意味著質性研究人員注意到了研究焦點的背景和環境因素，它還意味著同樣的事件或行為在不同的文化或歷史時期代表了不同的含義。例如，與忽視社會情境、只計算不同時期和不同文化中的選舉人數的傳統方法不同的是，質性研究人員會問：「在特定的情境中，選舉意味著什麼？」他們會根據不同的社會情境，從不同角度來理解同一個行為（例如參加總統候選人的選舉，見方框6-10）。質性研究人員將社會生活的片斷放進了大的社會生活中去考察，否則，就看不到社會片斷的意義。例如，如果我們不了解壘球的背景知識，就無法理解壘球手套是幹什麼用的。壘球的背景知識（依次輪換、球棒、曲線球、打壘）為壘球的其他部分賦予了一定的意義，其中的某些部分脫離了整體，就毫無意義可言了。

方框6-10　情境對意義的重要性的示例

　　「國家選舉中的投票」在不同的情境中具有不同的意義：

1. 在一黨專制的國家中，實行無反對派候選人制，根據法律，每個人都必須參加投票選舉。員警會記錄不參加投票的人的名字，這些人被懷疑是反政府的顛覆分子，他們將面臨罰款或者失業的危險。

2. 當一個國家處在政府和反政府勢力發生暴力衝突時期，投票就是一件非常危險的事情，因為任何一方的武裝軍人都會對不給自己黨派投票的選民開槍，投票的結果會使得衝突雙方中的一方獲得權利，這會使得社會進行重構。16歲以上的任何公民都能參加投票。

3. 在多黨選舉的情境中，人們面對的是多黨選擇，這些黨派勢均力敵，代表了不同的政策和價值觀。每個黨派都有自己的組織、報紙、社會俱樂部和基層鄰里組織。選舉期間成為全國性假期，所有人都不用上班。在每個投票點，人們只需要填寫不同的卡片，投票本身是以無記名方式進行的。18歲以上的人都有權參加投票。

4. 在只有白人享有選舉權的情境中，投票只是由21歲以上有正式工作的白人參加，家人、朋友和鄰居可以親眼目睹投票過程。政黨不需要提出特別的政策，它們隸屬於種族或宗教團體，種族和宗教的身分認同特別強，它們決定了個人在哪裡生活、工作，與什麼人結婚等等。選舉之後將會出現由種族或宗教團體組織的遊行和長達一周的社區活動。

5. 某個勢力強大的政黨在過去60年的執政過程中出現了腐敗、行賄和威脅等行為，並受到了一兩個勢力很小的政黨的挑戰。它得到了社會各種力量的支持（宗教團體、教育機構、商界、工會和媒體等），在政府機構中工作的所有人（員警、郵局工作人員、

學校教師和垃圾清理工等）都與掌權的政黨唇齒相依。

6. 在只有兩個選擇的情境中，這兩個黨派之間的差異很小。人們在選擇候選人的時候，很大程度上取決於電視廣告。候選人的廣告費用來自於富人或某個有影響力的團體的捐贈。投票成爲一個非常模糊的公民義務，很少有人會認眞對待。選舉通常是在工作日進行，爲了能夠參加選舉，人們必須滿足很多條件，在幾個星期前就要參加選民登記。新移民和有犯罪紀錄的人是沒有權利參加投票的。

利用現成工具

　　社會工作質性研究人員都是利用現成工具的人。他們學會了適應很多事情，運用各種資源，利用手頭的資源和工具開展工作（Harper, 1997:9, 74-75; Schwandt, 1997:10-11）。質性研究的方式強調，培養一種能力來運用自己需要的各種技術、資料和方法，而這些通常都不需要事先計畫。利用現成工具的技術指的是，利用手頭現有的資料和技術，這個技術比較重視實用性、創造性地使用各種工具，以完成某個特定的任務。要做好這一點，研究人員需要對自己掌握的資料有個全面、深入的了解，要掌握一系列祕傳的技術，同時還要具備能夠靈活運用的能力。綜合運用各種資料、不同的方法並將不同的內容組合在一起，所有這一切使得質性研究人員具有一種熟練工匠的風範，似乎他們能夠製造、修理所有物件。

重視個案和過程

　　在社會工作量化研究中，個案通常就是分析單位，或者是變數測量單位。量化研究人員通常會通過很多個案測量自己的假設變數。例如，如果研究人員開展了有450人參加的調查，每位調查者就形成了一個個案，他們都是研究人員測量變數的一個單位。質性研究人員則會使用個案導向的方式，強調個案，而不是以變數作爲研究的中心（Ragin, 1992a:5）。他們從很多方面對一個或幾個個案進行深入細緻的研究，他們的分析強調在錯綜複雜的自然背景中發現可能性（如在一個地點或時間上，很多特定因素偶遇在一起）。解釋或者詮釋是非常複雜的，通常是以層層打開的方式進行，或者是以敘事的方式來講述一個人或者特定的事件。研究人員通過對個案豐富的細節描述和敏銳的看法，取代了成熟的包括大量分析單位的精確的測量統計分析，或者量化研究中的個案統計。

　　在社會工作質性研究中，時間是重要的組成部分。質性研究人員特別關注事件發生的順序，重視事件發生的先後，什麼首先出現，接下來是什麼等等。因爲質性研究人員

按照時間順序來研究同一個個案，或者研究若干個個案，他們會看到問題發展的過程、衝突的出現，或者社會關係的發展過程。研究人員會檢查研究整個過程和各種關係。

在歷史研究中，這個過程可能持續幾十年。在田野研究中，過程通常較短。儘管這樣，在這兩類研究中，研究人員都注意到在不同的時間點上發生了什麼，明確指出在不同時段發生的時間都具有不同的重要意義。

詮釋

「詮釋」這個詞指的是賦予某個事物以重要性或內在意義。量化研究報告常常包括了由數字組成的圖表，量化研究是通過數字來展現結果的（如百分比或者統計係數），研究人員需要解釋數字，並指出這些數字與假設之間的關係。

質性研究報告很少使用圖表和數字，唯一的視覺展現資料的方式，可能就是地圖、照片或者顯示各種觀點如何聯繫在一起的圖示。研究人員會把資料融入重要性討論之中，資料通常會以語言的方式進行展現，包括對某些特定事件的描述和原話的引用。數字性的資訊是用來補充文字材料的。

質性研究人員詮釋資料的方式是，賦予資料以意義，翻譯資料，使得資料被人們所理解。需要指出的是，研究人員所賦予的意義，首先來自於研究對象的觀點。他們在解釋資料的時候，首先是要去發現研究對象是怎樣看待世界的，研究對象是如何界定自己的處境的，這對他們來講意味著什麼。正如Geertz（1979:228）所指出的，「資料分析的技巧就是要發現，他們到底是怎樣看的。」

因此，質性詮釋的第一步就是不管研究人員是研究歷史文獻，還是口語，或人類行為，學習研究對象賦予這些東西的意義。[12]創造社會行為的人，都會對自己的行動提出個人的解釋或者動機說明。這就是初級詮釋，研究人員對這種初級詮釋進行發現和重構就變成了二級詮釋，因為研究人員作為外人走進了研究對象的生活，來探索已發生的一切。在二級詮釋中，研究人員將會從資料中挖掘出隱藏的內在聯繫和意義。因為意義的發展是不伴隨著一系列其他意義而發生的，並不是在真空狀態下發展起來的，二級詮釋將研究的人類行為放在一個「一連串的行為」或事件中進行研究，即它所發生的情境中。

對於嚴格按照詮釋學方法開展研究的研究人員來講，他們可能就會停留在二級詮釋階段，即一旦他們理解了研究對象的社會行動的重要性之後，就停止不前了。還有很多質性研究人員繼續深入下去，將二級詮釋與一般性的理論結合起來。這樣，他們就進入了更加寬闊的詮釋層面「三級詮釋」，在這個層面上研究人員賦予資料以一般性理論的重要性。

提煉研究主題：社會工作質性研究

量化研究和質性研究的研究人員都知道，研究主題要小。量化研究的方式要求研究人員要很快地抓住主題，將研究具體化是初期的、離散的階段工作，研究人員必須知道，在蒐集資料之前，應該明確研究問題，這是在發展出研究假設之前必須經歷的重要階段。

相對來說，質性研究要靈活一些，它在開展研究的過程中逐步地聚焦，找到研究主題。與量化研究完全不同的是，只有很少幾個質性研究會在研究計畫階段，確定自己的研究題目。這個過程是個不斷歸納的過程，大部分鎖定研究主題的工作是伴隨著資料蒐集工作同時進行的。質性研究通常帶著一個比較廣泛的相關主題或概念開始，先進行資料蒐集。聚焦和提煉的工作是在研究人員開始蒐集了一些資料，並進行了初步的分析之後進行的。

質性研究人員用早期蒐集到的資料，來指導自己如何調整和提煉自己的研究問題，這是因為研究人員在沒有深入了解資料之前，事先無法知道什麼是最重要的問題。因此，要發展重點突出的研究問題是不可能的，這個過程包含在資料蒐集之中，在這個過程中，研究人員不斷地反思，不斷地進行初級的詮釋。質性研究人員對所有的資料都保持著開放的態度，他們會反覆評估研究焦點，隨時準備改變研究方向，沿著新制定的路線前進。

質性研究傳統的研究問題包括：「某種狀態或社會情境是怎樣產生的？這些狀態或情境是怎樣隨著時間的推延而保留下來的？這些狀態或情境的改變、發展和運作的過程是怎樣的？」另一類問題就是核實現存的信念或假設。不管什麼類型的問題，其目的就是發現新的觀點和想法（參見Flick, 1998:51）。

研究範例：社會工作量化研究

在探討如何開展研究之前，你應該先看看本章的主要概念在量化研究中的運用情況：主題、研究問題、假設、自變數和因變數、整體和分析單位。

實驗

Neapolitan（1988）在「不同類型的讚美與批評對行為表現的影響」一文中，從研究題目中就指出了自己的研究主題，即運用積極或消極的回饋（讚美或批評）來影響行為表現。作者通過使用「增強」和「歸因」這兩個概念，反映了他的理論傳統，這些概

念來自於社會心理學的歸因與行為修正理論。

　　作者的研究問題是：有關讚美和批評的四種類型中，哪一種類型會對改進人們的行為產生最大的影響力？列入研究範圍的四種讚美或批評的類型是：對特定結果的讚美（如你的報告寫得很好）；對一般性角色的讚美（如你是一個好學生）；對特定結果的批評和對一般性角色的批評。這四種類型的分類來自於另一位研究人員的研究結果。作者並沒有指出行為表現的類型，只是按照一般性模式來使用這些概念。

　　主要的研究假設就是：恰當的讚美會對行為表現產生積極的作用。作者在研究方法一節中介紹了自己的研究計畫，研究對象就是選修了「社會學導論」的240名大學生。學生們在上課時間內，被要求寫出一段文章，來總結自己對某篇文章的讀後感想。一個星期之後，這些學生所寫的讀後感，被隨機地批上了上述四種不同評判類型中的一種。這樣就有60名學生獲得了同樣的評語。四種不同的評語（可能出於一位英文教授之手）分別對應四種讚美或批評類型（如這個段落結構清楚、寫得很好、段落結構很糟糕、寫得不好）。

　　在這項研究中，自變數是評語中的讚美或批評的類型。研究人員對學生的寫作給予了評價，並且伴稱這些評價來自某位英文教授。然後，研究人員要求學生寫第二篇讀後感。與第一篇讀後感相比，第二篇讀後感反映了學生的改進程度，這就是因變數，或者說是行為表現。改進的測量是由兩位評估者對這兩篇讀後感給予一個從1分（非常差）到10分（非常好）的分數，然後比較這兩個分數之間的差異而得出的。

　　在結果報告中，Neapolitan展現了四個小組中分數上升、下降、不變，以及分數進步學生的比例。作者發現，70%得到特定結果式讚美的學生都有所改進，這個比例遠遠高過其他三組的同學。得到一般性角色讚美或特定結果批評的學生的進步很小。出人意料的是，得到一般性角色批評的學生中，有超過半數的學生有明顯改進。

　　在討論部分，作者對這些發現結果做出了總結。他不確定為什麼一般性角色批評會產生這樣的結果，他推測，產生這種結果的原因在於，學生將批評歸因於評價者，而不認為這種評價能真實反映自己的行為表現。

　　這個結論適用於全體人群。大部分實驗研究在沒有指明特定群體時，通常是可以推廣到每個人身上的。分析單位是個人或者學生，因為變數測量的是個人的特性。

調查研究

　　Bankston 和Thompson（1989）論文的題目是「出於自衛而帶槍」，他們的研究主題在題目中就得到了體現。研究人員討論了美國的槍械問題，這類研究大部分關注的是槍械的所有權問題。他們發展出了一個焦點集中的研究問題：「持槍外出的人員當中，在多大程度上是出於對犯罪的恐懼？」

　　「研究人員在路易斯安那州給4,000名被訪者郵寄了問卷，除了詢問他們是否持槍外出，還詢問了有關態度和背景特點的問題。最後，研究人員將研究對象縮小到美國白人，蒐集到的資料也相應減少到1,000多人。他們希望檢驗的假設是，最恐懼犯罪並相信槍械可以保護自己的人，是不是最有可能攜帶槍支外出的人。主要的自變數是對犯罪的恐懼，不過研究人員還設定了中介變數：相信槍械提供有效的保護，因變數是個人外出時攜帶槍支。研究人員發現，大約有1/3的被訪者，至少在某些時候外出時會攜帶槍支。

　　在結果討論部分，作者分析了變數對個人經常持槍外出所產生的影響。他們發現，對犯罪的恐懼，不會影響到個人常常會持槍外出，但是，對那些相信槍械能夠提供有效保護的人，則會發揮重要作用。那些認為持槍能夠保護自己的人，通常都是年紀較輕、受教育程度較低的鄉村男子，他們認為犯罪是一個嚴重的問題，並且對犯罪十分恐懼。

　　作者指出，路易斯安那州是南方在法律上對購買或攜帶槍支限制最少的州。這個結果適用的群體，只限於美國南方其他地區的白人，這個研究的分析單位是個人。

內容分析

　　Barlow和Chiricos（1995）等人在論文「經濟狀況與媒體中的犯罪意識」中使用了內容分析的方法。這個研究的主題為美國是如何描述犯罪與犯人的。研究假設是：媒體賦予犯罪一種扭曲的圖畫，這種扭曲與經濟狀況的改變有關。作者特別預測了，在失業率較高、經濟衰退時期，媒體中就會出現犯罪和罪犯的負面形象。自變數是失業率，因變數是負面呈現罪犯的形象程度。作者也從犯罪統計與受到媒體關注的犯罪程度之間的比較看到了一定的落差。研究問題是：「新聞媒體呈現了犯罪的扭曲圖象嗎？這種扭曲具有一種價值和信仰系統，從而導致在經濟衰退時期，對罪犯的譴責最為嚴厲。」

　　研究的資料來自《時代》雜誌。作者隨機抽取了不同年分的雜誌（1953年，1958年，1978年，1982年），然後查看每年刊登的有關犯罪、司法審判和罪犯的文章，他們一共找到了175篇文章，分析單位就是文章。研究的適用人群就是從20世紀50年代到80年代美國主要新聞雜誌上發表的有關犯罪的文章。

　　作者分析了這些選出來的年份的犯罪率、犯罪率的變化、犯罪的特點以及暴力和非暴力的犯罪類型等。他們將每篇文章中對犯罪形象的描述，按照正面或負面呈現的程度進行排序。負面的形象通常顯示罪犯沒有悔改之意、缺乏犯罪理由、沒有道德感或是撒謊，或者不可能接受矯正。正面的形象就是犯罪是一時糊塗並願意悔改、出汙泥而不染、罪犯受環境所迫、在審判中俯首認罪等。

　　作者發現，負面形象在高失業期間出現的頻率較高。確切地說，在高失業率時

期，62%的形象都是負面的，而在低失業率時期，負面形象只有32%。此外，還發現了其他形式的扭曲。作者還發現有73%的文章集中在暴力犯罪上，而這個比例只占同期警察局統計的犯罪案件的10%。有74%的文章中提到了犯罪的種族，並指出罪犯不是白人，然而，在這些年分中，涉及非白人被捕事件的百分比只是28%。最後作者指出，雖然就業狀況與犯罪之間具有高度的相關性，但是只有3%的文章提到罪犯是否有工作的資訊。

研究範例：社會工作質性研究

　　質性研究的案例展現了研究人員如何在研究中運用質性研究原則，研究人員如何遵循不太嚴格的詮釋性方式開展研究，以及他們如何將質性研究與量化研究結合起來。

田野研究

　　Siu（1987）是華裔美國人，他採用了芝加哥學派的參與式觀察的方式，來研究華人洗衣工人，Siu的父親是個洗衣工，他本人在開始田野研究之前，也曾在一家洗衣房工作過，他的研究對象是在中國餐館工作的洗衣工人，研究者和工人講同樣的方言，關係很好，他還在中國移民集中的行業進行了研究和觀察。在芝加哥地區，他訪談了這些工人和老闆，並花了很多時間與他們一起經歷了社會化過程。在20年的研究中，Siu發展出了很多新的概念：移民經濟（孤立的移民社會共同體，專門集中在某些行業）、旅居（那些以旅遊而不是定居為目的的移民）等。

　　Siu的專著中分析的內容不多，收錄了很多被訪者的話和書信片段，記錄了洗衣房的事件、笑話和故事，這些材料展現了那裡的日常生活。他把自己的研究放在一個中國移民大量進入美國這樣的歷史背景之中，顯示了在過去50年中，華人開設的洗衣房是如何在芝加哥地區得到擴展的。他還提供了圖表反映了華人移民的數量、美國華人的性別比、芝加哥地區華人賭場中的賭徒人數。他的書中還展現了一個典型的洗衣房的內部結構、洗衣票的範例、洗衣工的個人帳戶，以及洗衣房每個月的收支情況報告等。讀者深入了解和感受到了華人洗衣工生活的狀況。

歷史—比較研究

　　Light和Bonacich（1988）研究了1965-1982年洛杉磯地區韓國人的情況，他們的研究回顧了韓國社會的發展和經濟發展怎樣影響了許多的韓國人向美國移民。例如，作

者們指出，韓國人的收入只及美國人平均工資的7.5%～27%。Light和Bonacich將大量影響因素（如韓國政府的角色，韓國經濟的發展，美國對韓國軍事干預的歷史）融入了對韓國移民歷史的研究之中。

研究人員對美國的韓國人和韓國的韓國人進行了對比研究，並且將美國的韓國人與其他少數民族進行了對比。他們提出的問題是：「爲什麼在美國有很多韓國人做小生意，而在韓國，則很少有人做小生意？」他們探究移民的小生意是怎樣適應美國大經濟發展的需要，以及基督教、韓國的民族文化和社會階層如何在一個歷史特定時期，幫助旅居美國的韓國人形成了一個獨特的社會經濟次文化。

研究人員使用了很多種類的資料：調查研究、現存的資料、田野研究、政府檔、國際報告和歷史紀錄等。他們的書中包含了韓國商人的照片和廣告，在過去20年中洛杉磯韓國商人小生意擴展的地圖，以及移民進來的韓國人的數量等。他們記錄了被訪者的故事，詳細描述了韓國人社區如何回應洛杉磯地區針對亞裔的暴力攻擊事件。他們還指出，自己的研究結果推廣性有限，他們提出，各種因素的綜合（韓國的政治體制，美國的干預，經濟的斷層，美國的富有和文化傳統等）造就了20世紀六七十年代洛杉磯地區的韓國小生意老闆群體的形成。

精英研究

大部分以個人爲研究單位的量化研究（如實驗研究、調查、現存統計資料等），以及大部分人類學、社會學和教育學等領域的田野研究，都以普通人或者窮人或者無權的人爲研究對象。社會工作研究人員清楚地知道，如果要全面理解社會，還是需要開展對社會精英分子的研究。但是，「很少有人來研究精英，因爲精英分子由於自己獨特的特點，是很難接近的。精英分子建構了一個屏障，使得自己與社會其他階層明顯區別開了」（Hertz and Imber, 1993:3）。研究人員發展出了一些策略和技術來專門研究精英分子。這些策略和技術明確了一些大家共同關心的問題，展現了社會工作質性研究設計是多麼有價值，並如何與量化研究相區別，這兩種研究方法是如何互補的。

要研究精英分子（這些擁有正式或非正式權利的人群），使用隨機抽樣的方法顯然是不行的，因爲他們人數太少，而且不太願意參與研究。量化研究人員已經對精英分子進行過研究，包括對精英分子的演講進行內容分析（Seider, 1974）、對精英分子的職業背景分析（Freitag, 1983）、對精英分子網路決策的研究（Knoke, 1993），和對精英分子的調查資料的典型調查（Murray, 1992）。

這些資訊加上有關社會和經濟不平等的資料，顯示了前人對精英分子的研究的部分成果。還有對精英進行質性研究，展現了精英分子如何在私人俱樂部中進行社會生活的，例如，William Domhoff（1974）對波希米亞街道的研究、Susan Ostrander

（1984）對上層婦女的研究等。上層階級、集體精英分子，或者最富有的階層都屬於一個明顯的亞文化。有些人喜歡曝光，但是絕大多數都不喜歡在公眾場合拋頭露面，他們更加喜歡自己的私生活不受公眾的干擾。因此，有時很難來確定誰是精英分子，要研究他們，對一個經驗不足的研究人員來講，確實非常困難。

現在我們來看看訪談精英分子與訪談非精英分子的差異。首先，接近精英分子絕非易事，他們的把關人很難對付。研究精英分子需要應付保安、祕書，還有其他一些專門對付外界干擾的專業人士。Thomas（1993:S3）曾指出，「我用了兩年的時間，來給行政助理打電話、面試，並與他們建立關係。」另外，時間的壓力也很大。精英分子通常都很忙，或者表現得很忙。研究人員必須安排好訪談程式，時間非常有限。接近精英的技術包括非正式的安排（吃飯、在機場等飛機、旅行途中等），同時研究人員還需要願意按照精英的日常活動來安排自己的日常活動。質性研究遇到的問題比量化研究的問題要多得多。

其次，要接近精英分子，建立信任關係，需要一些社會關係和有關人士的介紹。研究人員的個人社會背景或特權地位是重要的資源。如果研究人員的家庭背景不富有、不是特權階層，那麼他們就需要得到某些所謂「合適的關係人」的幫助，如需要得到某種關係的介紹，精英分子會利用誰認識你、誰跟你打過招呼、誰介紹過你等資訊來決定他們是否同意你的訪談。研究人員如果缺乏這樣的介紹關係，即使他們有機會接近精英分子，精英分子也不會認真接待他們。Oslrander（1993）和Hunter（1993）指出，精英分子對研究人員曾經跟誰交談過很感興趣，在很多質性研究的類型中，與重要人物之間的私人接觸和聯繫都是研究過程中必不可少的環節。

精英分子的教育水準大都很高，且博學多才，也就是說，研究人員在接近精英分子之前，必須完成大量的圖書館資料查閱工作和資訊蒐集工作。這還意味著，精英分子說不定很清楚社會工作研究技術，也會閱讀社會工作研究報告，這可能會加深雙方之間的合作，但是，也許會起反作用，精英分子說不定會試圖控制或操縱研究過程。大部分精英分子都習慣了控制他人，讓他人服從自己。大部分精英分子善於發現事件發生過程中微妙的轉變，很懂得怎樣控制局勢。這些可能包括研究人員坐在哪裡、談話的方向是什麼等等。研究人員需要獲得足夠的控制能力，才能夠完成自己的任務。他們需要運用自己精湛的社交技巧和外交技巧，使精英分子不設防、不緊張。研究人員要做到這一點，需要敏捷和機智。研究人員需要運用自己在調查研究中或實驗研究常常使用的沉著冷靜和慎重的技術，這些都是研究中的重要因素。

在精英研究中另一個相關的問題，就是對前臺和後臺表演的敏感性。前臺社會背景指的是公眾場合，人們互相認識，可能會觀察或者進行社會行為表演。後臺社會背景指的是私人、親密的背景，人們會放下面具，進行信任的、自然的交往。前臺事件通常都是有目的的，得到高度控制的，意在給人留下深刻印象。因此，研究人員很可能會被帶

進一個寬敞明亮、景色優美的辦公室，牆上掛著優美的原創的藝術畫，靠牆的沙發，以及巨大整潔的辦公桌。精英分子在待人接物方面經驗豐富，會微笑著給研究人員提供一種公關式的事件描述。這種台前的表現與他們在私人會所、家庭以及其他非正式場合的表現相差甚遠。研究人員可能無法看到正式場合背後的精英分子的表現。在後臺，精英分子很可能會暴露自己真正的優越感和感情，會袒露自己的個人價值觀和信念。要接近他們的後臺生活是非常困難的。這需要與精英分子建立長期的關係。在量化研究中，研究人員很少會介入前臺之外的領域，而很多質性研究都需要超越公眾的、表面的關係。

另一類差異就是建立信任關係，處理精英分子的背景或訪談情境。研究人員需要控制適當的語言和行為舉止。所有的亞文化都有自己的語言和行為方式。這些非正式的習俗和方式都包含了對主要事件和情境的某種假設和理解。使用某種語言，遵循某些行為規範，意味著研究人員擁有與精英分子相同的假設和觀點。研究人員如果使用了不恰當的語言或行為舉止，意味著他們不值得信賴。例如，精英的亞文化的價值基礎就是物質安全和包容。很多精英分子為了表現自己與其他社會階層的距離，通常在外表上表現出泰然自若、自信、優雅和修養。有些研究人員發現這種舉止咄咄逼人，並感到他們是故作風雅，而研究人員更喜歡用溫和的、友好的、開放式的方式。質性研究人員發現在蒐集資料時，需要建立信任，減少人際的社會距離。

另一個問題就是保證研究過程的公正性，在精英階層，也存在隱私的問題。研究人員需要慎重考慮，他們需要關注精英分子對於被曝光的擔心，以及害怕袒露自己。精英分子可能多疑，希望能夠在研究報告發表前，先審閱一下，或者只希望透露一些記錄在冊的內容。此外，他們可能還會檢查一些事先約定的限制，甚至會請專家來審閱研究報告，如果研究人員違背了信任原則，精英分子可能會提起訴訟。同時，研究人員希望從這個過程中能夠學到更多的東西，能夠堅持高品質的、不受控制的研究。質性研究人員發現，在保護研究對象的隱私的同時，還需要保護研究過程本身的誠實性。

結語

本章中，你學習到了開始某項研究所需要開展的基礎工作，你看到了質性研究和量化研究的方法運用到社會工作研究中時，是如何以不同的方式指導研究人員開始研究準備的。所有的社會工作研究人員，都需要將自己的研究問題縮小為一個具體的、焦點明確的研究問題。研究的不同風格，意味著有不同形式和順序的決定，對何時、怎樣聚焦研究的不同回答。研究人員使用什麼方式，取決於他們所選擇的研究主題、研究人員的目的、如何使用研究成果、研究人員所採用的社會工作導向，以及具體研究人員自己的假設和信念。

　　量化研究人員採用的是線性路徑，強調客觀性。他們更多地使用明確的、標準化的程序和因果解釋，他們使用的語言是變數和假設，按照實證主義傳統，在很多科學領域中發現變數和假設，這個過程常常是演繹式的，在資料蒐集之前，需要經歷一個有順序的抽象步驟：縮小研究主題，提煉出更為簡練的研究問題，將理論概念轉化成為更加具體的變數，然後發展一兩個假設來進行檢測。在實際研究中，研究人員需要來來回回進行思考，但是，整個過程都是以單一的、線性的方向發展。此外，社會工作量化研究人員特別注意，避免在假設發展和因果解釋中出現邏輯錯誤。

　　社會工作質性研究人員應遵循非線性路徑，強調在自然環境中或者特定的文化「歷史情境」中對細節非常熟悉。他們很少利用標準化程序或具體的步驟，常使用現場技術來處理情境或研究。他們的語言是個案和情境，這些指導他們對某個個案或過程進行詳細的調查，以獲得眞實性。他們將研究計畫和設計階段與前期的資料蒐集融合在一起，在早期的資料蒐集時期，不斷地發展研究設計。事實上，歸納性的質性研究方式，是一個緩慢的、靈活的發展具體研究焦點的過程，在這個過程中，研究人員從資料中學習，扎根理論就產生於研究人員對資料和情境的不斷反思之中。

　　人們常常過分強調質性研究和量化研究的區別，並常用兩分法的方式加以展現。社會工作研究的某一種方法的支持者，常常會用自己的假設和標準來評價另一種方法。量化研究人員需知道運用了什麼變數，需要檢測什麼假設。質性研究人員反對將人性化變成冰冷的數字。對於愼重的社會工作研究人員而言，他們面臨的挑戰就是，需要了解每種方法，用好每種方法，了解每種方法的長處和短處。最終的目的就是，要發展出對社會世界事件更加深刻的理解和解釋，取決於欣賞每個方法所具備的價值和作用，並將它們靈活地結合起來。

關鍵字

alternative hypothesis選擇性假設

attributes屬性

bricolage自成工具

crucial experiment十字實驗

dependent variable因變數

double-barreled hypothesis雙關假設

ecological fallacy生態謬誤

first-order interpretation一級解釋

grounded theory扎根理論

hypothesis假設

Independent variable自變數

intervening variable中介變數

level of analysis分析層面

linear research path線性研究路徑

logic in practice實踐邏輯

logic of disconfirming hypotheses反證假設邏輯

nonlinear research path非線性研究路徑

null hypothesis虛無假設

reconstructed logic重建邏輯

reductionism簡化論

second-order interpretation二級解釋

spuriousness以假亂眞

tautology贅述

technocratic perspective技術至上觀點

teleology目的論

third-order interpretation三級解釋

transcendent perspective超越認識事物觀點

triangulation三角定律

unit of analysis分析單位

universe全域

variable變數

複習思考題

1. 質性研究運用了一個現實邏輯而不是重建邏輯，這有什麼啓發意義？

2. 質性研究遵循的是一個非線性路徑，這句話的意思是什麼？非線性路徑的價值是怎樣體現的？

3. 描述自變數、因變數和中介變數的區別。

4. 在社會工作研究中，我們爲什麼要證明結果？

5. 分析單位和分析層面之間的關係是怎樣的？

6. 如果研究人員使用了證明假設不成立的邏輯，應該採用兩個什麼樣的假設？

7. 請用帶有自變數和因變數的假設的方法來復述下面這句話：「一年中家訪的次數會影響沒有家庭暴力的天數，在兩個變數之間存在一個積極的非直接的關係。」

8. 比較社會工作質性和量化研究人員處理個人偏見的方式，以及如何信任研究人員的問題。

9. 社會工作執行研究人員和量化研究人員是怎樣使用理論的？

10. 解釋質性研究人員是怎樣處理資料詮釋的，請採用一級、二級和三級解釋的概念。

注釋

【1】 Ward and Grant (1985) and Grant and colleagues (1987) analyzed research in journals and suggested that journals with a higher proportion of qualitative research articles addressed gender topics, but that studies of gender are not themselves more likely to be qualitative. Also, see Davis and Marsh (1994).

【2】 See Lofland and Lofland (1984:118-121).

【3】 On the issue of using quantitative, statistical techniques as a substitute for trust, see Collins (1984) and Porter (1995).

【4】 For discussion, see Schwandt (1997), Swanborn (1996), and Tashakkori and Teddlie (1998:90-93).

【5】 For examples of checking, see Agar (1980) and Becker (1970c).

【6】 See Lieberson (1985:185-187) for a discussion of basic and superficial variables in a set of causal linkages. Davis (1985) and Stinchcombe (1968) provide good general introductions to making linkages among variables in social theory.

〔7〕 The logic of disconfirming hypotheses is discussed in Singleton and associates (1988:56-60).

〔8〕 See Bailey (1987:43) for a discussion of this term.

〔9〕 The general problem of aggregating observations and making causal inferences is discussed in somewhat technical terms in Blalock (1982:237-264) and in Hannan (1985). O'Brien (1992) argues that the ecological fallacy is one of a whole group of logical fallacies in which levels and units of analysis are confused and overdgeneralized.

〔10〕 Problem choice and topic selection are discussed in Campbell and associates (1982) and in Zuckerman (1978). Also, See Brown (1981), Gabor, Unrau and Grinnell (1999), Goldstein (1992), Proctor (1990), Rodwell (1998), and Royse and Thyer (1996).

〔11〕 For place of theory in qualitative social work research, see Hammersley (1995). Aslo, see Dean and Fenby (1989) and Hudson (1982).

〔12〕 See Blee and Billings (1986), Ricoeur (1970), and Schneider (1987) on the interpretation of text in qualitative research.

第七章

量化研究和質性研究的測量

簡言之，測量本身並不是目的。它的科學價值只有從工具論的角度才能得到欣賞，這時我們會問，測量想要達到什麼目的，它在科學情境中扮演什麼角色，在調查研究中它發揮什麼功能。

—— Abraham Kaplan，《調查的實施》，171頁

當社會工作研究人員說，要測量那些諸如情感、自尊、意識形態、組織權利或疏離感等一些看不見的現象時，很多人表現出驚訝的神態。在本章中，你會學習社會工作量化研究和質性研究人員將如何進行測量，並尋找相同性和差異性。本章的大部分內容，是探討社會工作量化研究中的測量問題。這是因為在量化研究中，測量是一個重要的組成部分。在量化研究設計中，測量是一個得到高度重視的技術，通過測量，研究人員要對設計做出重要決定，從而影響研究過程中的後續步驟。相反，很多質性研究的測量問題被融入自己的資料蒐集過程當中。

為什麼要測量

在日常生活中，我們使用很多測量工具。例如，早晨起床後，你走進廁所，站到體重計上，看看自己的減肥計畫效果如何。你瞄了一眼溫度計，看看需不需要穿上一件外套。然後，你坐進汽車，你查看了油表，以確定是否能夠順利開到學校。在開車過程中，你不斷注意車速表，以保證不會收到超速罰款單。在早上八點之前，你已經秤了體重，看了氣溫、油量和車速，所有這一切都是對物質世界的測量。我們在日常生活中常用的這些精確的、完備的測量工具，它們是自然科學的基石。

在日常生活中，我們也能測量非物質世界，但是通常是以不精確的方式進行的。當我們說某家餐館不錯，Baberlow很聰明，Calon的生活態度很消極，Johnson很偏激，或者昨晚的電影中暴力情節太多等，我們就是在進行測量。然而，這種日常評價諸如「很偏激」、「暴力情節太多」等都是不精確、模糊的，甚至是直覺的測量。

測量還可以延伸我們的感官功能。例如，天文學家和生物學家使用望遠鏡或者顯微鏡，使我們的視力得到延伸。與我們的感官不同的是，科學測量比較敏感，比較穩定，不會隨著不同的觀察者的不同而出現差異，它能夠蒐集到更加具體的資訊。你知道，溫度計提供的溫度資訊會比我們的皮膚感覺到的更加確定、精確。同樣，一台體重計在測量一個五歲小女孩的體重時，得出的結論會比你抱起小女孩，然後判斷她是「重」還是「輕」，要具體準確得多。社會測量工具提供了關於社會現實的準確的資訊。

此外，測量工具還幫助人們看到了別的方法看不見的事物。測量拓寬了人們的感官，它讓我們觀察到了曾經是不可見、不可知的、只能靠理論來預測的事物。

在測量之前，你需要先對你感興趣的事物有個清楚的概念。例如，你不可能用你天生的自然的感覺，來看見或感受到磁力，磁力是來自物理世界的概念。你只能間接觀察到你的效果，例如，金屬片向著磁鐵移動，磁鐵讓你「看見」或測量磁場的存在。自然科學家發明了大量的測量工具，來幫助人們「看見」非常微觀的事物（分子或昆蟲器官），或者非常巨大的事物（如龐大的地質地塊或者行星），所有這些通過肉眼都是看

不見的。儘管這樣，研究人員還在不斷地創造新的測量工具。[1]

　　社會工作研究人員有興趣測量的事物都是一些容易看見的（如年齡、性別、膚色等），但是還有一些是無法直接觀察的（如態度、意識形態、離婚率、越軌、性別角色）。自然科學家發明了很多間接測量工具，來測量物質世界的「看不見」的物體和力量，同樣，社會工作研究人員也採用了測量工具，來測量社會世界的難以觀察的方面。例如，假定你聽到一個校長在抱怨學校教師的士氣，你可以發明一個測量工具來測量教師的士氣。

量化研究和質性研究的測量

　　社會工作量化與質性研究人員都會採用精心選擇的、系統的方法來蒐集高品質的資料。當然，研究人員不同的研究風格和資料的類型，決定了他們採用不同的測量過程。設計精確的方法來測量變數，是計畫量化研究過程中一個關鍵性的步驟。質性研究人員則會在資料蒐集過程中，使用一系列的技術來測量和創造新的測量工具。這兩種不同的測量方式至少有以下三個方面的區別。

　　量化研究與質性研究測量的第一個區別在於時間性。社會工作量化研究人員在研究設計階段，會認真仔細地考慮變數，並將變數轉化成具體的行動，這個任務需要在資料蒐集和分析之前完成。測量工作在質性研究中，是在資料蒐集階段進行的，在極少數情況下，需要在資料蒐集之前完成。

　　第二個區別就是資料本身。量化研究希望發展一些技術，能夠產生出量化資料（如以數字為形式的資料）。因此，研究人員從抽象的概念或變數出發，然後運用資料蒐集技術，獲得準確的數字性資訊。這些數字性資訊，是那些抽象概念的實證再現。社會工作質性研究的資料有時也是以數字形式出現的，但是更多的時候，是以書面或口語、行動、符號、物體或視覺形象（如地圖、照片、錄影等）形式出現的。質性研究人員不會將自己觀察到的現象轉化為簡單的、通用的媒介，如數字。相反，他們會發展出很多靈活的、持續進行的過程來測量，使得資料呈現出不同的形式、規模和方式。 所有的研究人員在對社會世界進行分析的過程中，都會將概念和資料結合起來。在這兩類研究中，資料都是概念的實證的再現，而測量工具就是將資料與概念結合起來的一個過程。

　　第三個區別就是，這兩類方法以不同的方式建立概念與資料之間的聯繫。量化研究人員在資料蒐集之前，會深思熟慮並反覆檢驗概念，他們會發展出一些測量技術，能夠將概念和資料有機聯繫在一起。這些測量技術界定了資料的性質和資料蒐集的方向。

　　社會工作質性研究人員在資料蒐集前也會認真檢驗概念，但是，他們在資料蒐集過

程中，還會發展出很多概念。質性研究人員會來來回回同時對資料和概念進行核對總和反思。研究人員開始蒐集資料，並根據自己蒐集到的資料創造出方法來進行測量。他們一邊蒐集資料，一邊對資料蒐集過程進行反思，發展出新的概念。這些概念指導他們的研究方向，提出了新的方法來進行測量。同樣，這些新的測量方式，決定了研究人員如何繼續進行資料蒐集。他們就是以這樣持續不斷的、互動的方式，將概念與資料結合起來了。

測量過程的構成部分

　　研究人員在進行測量時，需要從一個概念、想法入手[2]，然後再發展出一個測量工具（即技術、過程、程式等），這樣才能從實證的角度來觀察這個概念。量化研究人員基本上會遵循一個演繹的方式，他們從一個實證資料開始，帶著抽象的概念，遵循將概念與資料相結合的程式，最後完成將概念與資料的綜合。事實上，這個過程在兩種不同的研究風格中都會出現。量化研究人員在發展測量工具的時候，概念就變得越來越精確、清晰，當研究人員運用測量工具進行資料蒐集的時候，他們還會不斷調整測量技術。而質性研究人員蒐集資料時，他們通常採用現存的概念，來幫助自己蒐集資料，然後將現存的概念與資料中發現的新概念結合起來。

　　社會工作量化研究人員和質性研究人員都會採用兩個過程：測量中的概念化和操作化。概念化指的是將一個建構進行提煉，並給它一個概念性、理論性的定義的過程。概念性定義指的是一個用抽象的、理論性術語來描述的定義，它代表了其他的想法或建構。沒有任何神奇的方法可以將建構變成一個準確的概念性定義，這就需要認真思考、仔細觀察、向他人請教、閱讀他人的發現，以及嘗試各種可能的定義。

　　好的定義有個明確的、清晰的和特定的意義，其中不可能有模棱兩可的歧義性的理解。有些學者專門研究關鍵概念的概念化過程的問題，如Melbin（1978）將黑夜概念化為邊界；Gibbs（1989）分析了恐怖主義這個概念的意義；Ball和Curry（1995）討論了概念化街頭幫派意義的方法。正如我們在第三章理論中所提到的，作為創建測量工具的一個先決條件，研究人員還需要有一個清晰的、毫無歧義的對概念的定義，這樣才能形成令人信服的解釋。

　　一個單獨的概念可能會有若干個定義，人們可能會對不同的定義有不同的意見。概念性定義是與理論框架密切相關的，同時，也反映了研究人員的價值立場。例如，衝突理論家會將社會階級定義為社會中某個群體所擁有或缺乏的權利和財產。結構功能主義者會從個人享受的社會地位、生活方式或主觀認同的角度來定義社會階級。儘管人們對不同定義看法不一致，研究人員還是會堅持自己所採用的定義。

　　某些概念（如疏離）就是一個非常抽象的、複雜的概念。它們包含了高層次的概念（如無權）和低層次的概念，而這些低層次的概念又可以更加具體化（如對於自己可能在哪裡居住，沒有任何決定權）；還有一些概念是非常具體簡單的（如年齡）。在發展定義時，研究人員必須明確概念的複雜性和抽象程度。具體的概念如年齡，就很容易定義（如出生以來經歷了多長時間），而複雜抽象的概念，如士氣，就很難定義。

　　在進行測量之前，你需要一個概念，你要區別自己感興趣的概念與其他概念之間的差異。首先，你需要明確自己要測量的概念，並保證這些概念是有意義的。如果你不知道自己在尋找什麼，那麼，你怎樣進行觀察和測量呢？例如，生物學家如果不知道什麼是細胞，沒有顯微鏡，也不知道如何在顯微鏡下區別什麼是細胞，什麼不是細胞，那麼他們怎樣觀察細胞呢？測量的過程遠遠不是只有測量工具設計那麼簡單。為了能夠有效測量，研究人員需要做三件事：發展概念，確定測量工具，具備能夠分辨自己需要尋找的東西的能力。[3]

　　例如，你想要測量教師的士氣，首先，你需要給教師士氣這個概念下個定義。教師士氣這個概念到底意味著什麼？作為一個概念，它具有不同的值——高士氣與低士氣，士氣好與士氣差。下一步你需要發展測量工具，它可以是調查問卷、查閱學校紀錄或者是對教師的觀察。最後，你需要從調查問卷的回答、學校紀錄和觀察中，將士氣與其他東西區別開來。

　　社會工作研究人員的工作比自然科學家的工作要困難得多，因為社會測量涉及人們的交談或者觀察他們的行為。與行星、細胞和化學品不同的是，人們提供的回答以及他們的行動具有很強的模糊性。人們可能僅僅對被問及的問題或被觀察的事件做出回應。因此，社會工作研究人員身負雙重職責，首先，他們必須有清楚的概念、良好的測量工具，有能力清楚辨別自己想要尋找的東西。其次，他們必須嘗試測量社會生活中變化多端的內容，因為人們可能會意識到研究人員正在研究、觀察自己。

　　你該怎樣為教師士氣發展出一個概念性定義，或者至少是一個暫時性的工作定義呢？你可能會從平日對士氣這一概念的了解入手（這個概念與「人們對事物的感覺」一樣模糊）。你可能去問朋友怎樣定義這個概念，也可能會去查閱詞典和百科全書。它們給出的定義基本上都是「信心、精神狀態、熱情、開朗、團隊精神、針對某個事物的心理狀態」等。你會上圖書館去尋找有關士氣或者教師士氣的研究文獻，看看別人是如何界定這個概念的。如果有人已經給教師士氣下了一個很好的定義，你就可以借用這個定義（要注明來源出處）。如果你找不到能夠滿足自己需要的定義，你要到團體行為、個人心理狀態等理論中尋找這個概念。當你蒐集到了不同的定義，以及相關的概念，你就可以看到這個核心概念的界限和範圍了。

　　到目前為止，你已經有了一大堆的定義，需要給它們分類篩選。很多人提出，士氣是一種精神狀態、感受，或者是針對某個事物的心理狀態，或者是一種團隊感受。你

可以將這個概念分成兩類，這會幫助你將概念變成變數。高士氣包括：信心、樂觀、開朗、整體感、同甘共苦的意願等；低士氣正好相反，包括：缺乏信心、悲觀、抑鬱、孤立自私、不願意爲他人付出等。

你感興趣的是教師的士氣，因此，你要了解教師是如何界定這個概念的。一個策略就是，你列出一個單子，列上高士氣和低士氣的表現。教師士氣高包括：誇獎學校、從不抱怨加班、喜歡與學生在一起等。教師士氣低包括：牢騷滿腹、儘量不參加學校活動或者準備跳槽等。

士氣涉及的是針對某事物的感受。你就把這些老師們有感受的事務（如學生、家長、工資、學校管理、其他老師、教師職業等）羅列出來。這裡又引發了發展定義中經常出現的一個問題，即分類的問題。教師士氣是否具有若干種類，還是所有這些東西構成了某個概念的不同方面？這個問題沒有一個絕對的答案。你需要決定士氣到底意味著單獨的、具有不同層面的一般性感受，還是具有若干個不同的感受。

你的建構採用什麼分析單位：群體還是個人？士氣到底反映了個人的特點，還是群體的特點，或者兩者兼而有之？你需要決定，就自己的研究而言，士氣是針對群體層面的。這就是說，在你的研究計畫中，你的分析單位就是群體，即學校的全體教師。

研究人員要將感興趣的建構與其他相關的概念區別開。教師士氣的概念與其他相關概念的異同是什麼？例如，士氣與心情不同嗎？你要將心情與士氣相比，是一個更加個人化、暫時性的概念。同樣，士氣與樂觀悲觀完全不同，樂觀與悲觀是個人對未來的看法。士氣是一種群體感受，包括對未來的積極的、消極的感受，以及其他的信念和感受。

概念化是一個徹底想通、想透某個建構的意義的過程。迄今爲止，你已經了解到，教師士氣是一種心理狀態或感覺，涵蓋了從高（樂觀、開朗）到低（悲觀、抑鬱）的程度，它有很多不同的面向（學生士氣和教師士氣），它是一種團體特性，而且會持續一段時間。對於你要測量的事物，與剛開始研究時相比，你有了一個比較具體清晰的心理圖象了。如果你還沒進行概念化工作，你可能可以試圖去測量你一開始時所下的定義：人們對事物的感覺。

即使你完成了對教師士氣的概念化，還有一些模糊不清的地方需要澄清。爲了完成概念化過程，你需要考慮把哪些成分包括在定義內。例如，什麼是教師？教師是否包括輔導諮詢員、校長、體育教練和圖書館管理員？還有那些學生兼任老師，或者兼職、臨時或代課教師是否包括？是否包括那些以教書爲生的人，不管他們是否被學校所雇用（如公司培訓者、在職督導、醫院的實習老師等）？

如果你將老師定義在學校內，那麼，什麼是學校？學校可能包括護校、培訓醫院、大學的博士專業、商業資格考試培訓學校、訓狗學校、籃球訓練夏令營、職業培訓學校等。

　　有人認為，教師就是一個全職的、接受了專業訓練的、受雇於一所學校、教授一年級到十二年級的人，他們一天的大部分時間都是在教室與學生一起度過的。還有人認為，政府官方的定義具有合法性，即教師指的是那些被認定有資格執教的人，即使不在教室教書也算，而不包括那些沒有獲得資格認證的人，即使他們整天與學生在一起，也不算教師。關鍵的問題在於，概念化意味著在發展測量工具之前，你需要很清楚自己是怎樣界定教師和士氣的。為了讓他人明白，你需要用特別清楚、明瞭的語言來描述自己的定義。

　　操作化是一個將概念的定義與一系列測量技術或程序連接起來的過程。具體的程序就是，將概念變成操作化的定義（即用研究人員可以開展的研究行動操作的方式提出定義）。操作化定義可以是調查問卷、在田野背景中的觀察事件的方法、對媒體的象徵性內容進行測量的方式，或者任何一種有研究人員採取的行動，它旨在反映、記錄、再現概念性定義中表達的抽象概念。

　　測量一個建構，通常有很多方法。其中有的方法很好，比較實用；有的則不好，脫離實際。關鍵就在於，要讓你的測量工具符合你所下的那個概念性定義；配合你執行過程中必須面對的限制（如時間、經費、可找到的研究對象等），以及你所知道的或你能學到的研究技術等。你可以發展出一些新的測量工具，也可以採用其他研究人員使用過的測量工具（見方框7-1）。

方框7-1　選擇測量工具的五個建議

1. 記住概念性定義。選擇任何測量工具的基本原則就是，要與研究中採用的特定概念之概念性定義相匹配。

2. 保持頭腦開放。不要陷在一個單獨的或某一類測量工具之中，要創造性地、持續性地尋找更好的測量工具。要避免犯Kaplan（1964:28）稱之為「工具性定律」的錯誤，即陷入使用一種測量工具來解決所有問題的狀態。

3. 向他人借用。不要害怕向其他研究人員借用他們使用過的測量工具，只要這些測量工具得到人們的肯定。從他人的研究中，我們可以學習到一些好的想法，可以對一些測量工具進行修訂。

4. 預見可能碰到的困難。在對自己感興趣的變數進行測量時，常常會遇到一些邏輯問題和實際問題。有時，有些問題通過認真仔細的考慮和計畫，是可以預見並避免的。

5. 千萬不要忘記自己的分析單位。你的測量工具應該與你研究中的分析單位保持一致，這樣你的研究結果才能在總體中得以推廣。

操作化將理論語言與實證測量工具語言結合在一起。理論是由抽象的概念、假設、關係、定義和因果關係組成的。實證的測量工具描述了人們怎樣精確地測量特定的變數，它們反映了特定的操作過程或手段，人們借此用來表現存在於可觀察的現實之中的概念。

量化研究的概念化和操作化

社會工作量化研究的測量過程是一個非常直接的順序：首先，要概念化，然後是操作化，接著就是運用操作化定義或測量工具來進行資料蒐集。量化研究人員發展出了幾個方法，來認真地將抽象概念與測量過程結合起來，這樣才能得出反映實證現實的準確的量化資訊。

對應法則或輔助理論，把概念的概念定義與具體的測量工具或測量概念的操作方式連接起來。[4]對應法則指的是，指標與抽象概念如何對應的邏輯陳述。例如，對應法則指出，如果一個人對10個陳述句表示同意，則代表了那個人持有相當強烈的反女性主義的信念與價值觀。同樣，輔助理論解釋了指標是怎樣與概念連接在一起的。這種理論在研究中扮演了非常重要的作用。Carmines和Zeiler（1979:11）指出，「輔助理論清楚地說明了概念和指標之間的關係，它與其他連接概念和概念之間關係的實質理論相比，對社會工作研究來講，具有同樣重要的意義。」例如，研究人員想要測量疏離感，有個輔助理論指出這個建構包括了四個部分，每個部分都反映了生活中的不同側面：家庭關係、工作關係、社區關係、朋友關係。這個理論進一步清楚地說明了在每個領域中，哪些行為和感受反映了疏離。例如，在工作領域，疏離感的一個指標就是，人們對自己的工作時間、地點、同事、工作時應該做什麼，甚至工作的進度，都完全沒有控制力。

圖7-1顯示了一個理論和假設中相互關聯的兩個變數測量的過程。這裡有三個層次需要考慮：概念層次、操作層次和實證層次。[5]在最抽象的層面，研究人員對兩個概念之間的因果關係，或者是對概念化假設（conceptual hypothesis）最感興趣。在操作定義層面，研究人員感興趣的是檢驗經驗假設，從而判斷指標間的關聯程度。這個層次會用到相關、統計、問卷以及其他工具。第三層次是具體的經驗世界，如果變數的操作性指標（如問卷）與概念（如種族歧視）存在合乎邏輯的關聯性，那麼，變數的指標將會捕捉到實際發生在經驗社會世界中的事物，並且將這些事件與概念層面連接起來。

測量過程將這三個層次連接在一起，以演繹的方式，從抽象層面發展到了具體操作層面。研究人員先把某個變數概念化，賦予它一個清楚的概念定義。然後，進行操作，發展出操作性定義或一組指標。最後，使用這些指標，把它們運用到經驗世界之中。抽象概念與經驗現實的結合，使得研究人員可以檢驗經驗假設。這些檢測會以邏輯的方

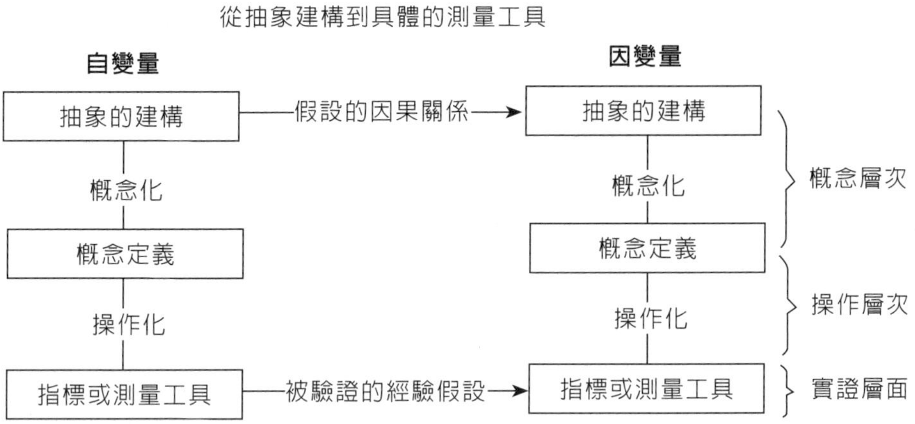

從抽象建構到具體的測量工具

圖7-1　概念化與操作化

式,回過頭來與理論世界中的概念性假設和因果關係連接起來。

　　你會怎樣給教師士氣下一個操作性的定義?首先,你要閱讀其他學者的研究報告,看看是否已經有了很好的指標存在。如果沒有現成的指標存在,你要發明一個。士氣是一種心理狀態,所以,你可以通過人們的談話和行為,間接地進行測量。你可能會發展出一份教師問卷,詢問他們根據你的定義,他們對士氣的各個層面是如何感受的。你可能會到學校去,觀察在教師休息室裡、與學生互動時,以及在學校活動中教師們的行為表現。你可能會通過學校所保留的教師行為人事紀錄,查閱顯示士氣的一些描述(如缺席、要求提供申請小組工作用的推薦信、工作表現紀錄等)。你可能對學生、學校行政人員,以及其他人士展開調查,以了解他們對教師士氣的看法。不論你選擇哪個指標,你都要遵循自己發展的概念性定義,進一步提煉這個定義(如寫下特定的問卷問題)。

　　一個假設至少有兩個變數,每個變數都需要進行概念化和操作化。上面的例子中,士氣不是一個假設,而是一個變數。它可以是個由其他因素導致的因變數,也可以是導致其他因素變化的自變數,這完全取決於你的理論解釋。

　　下面我們再來看一個測量概念的例子。Seeman 和Anderson(1983)檢測了這樣的假設,即孤獨的人喝很多酒。他們使用了一系列問題來探究「飲酒行為」這個概念的各個層面,他們認為這個概念具有三個層面:喝酒頻率、每次喝酒的數量、因喝酒而造成的行為傷害。他們進行了操作,把每個層面轉換成為問卷問題,然後,把所有問題的答案合併成為一個飲酒量表的總分。比如,研究人員以六道問題來測量酒後帶來的行為傷害這個層面,它們是:回答者有多少次因為飲酒而失去工作、為了喝酒而發愁、工作時喝酒、在中午前喝酒、獨自喝酒或因喝酒而導致夫妻吵架。通過這種方式,研究人員制定了一個關於飲酒行為的具體量化指標。

質性研究的概念化和操作化

社會工作量化研究人員在蒐集和分析資料之前，要將變數概念化，並對概念進行提煉，這些是測量變數的一個重要部分。相反，質性研究人員從資料之中形成了新的概念或提煉新的概念。概念的形成是資料分析的一個重要組成部分，在資料蒐集階段就開始了。因此，概念化就是質性研究人員如何組織資料，並從中發現意義的過程。

社會工作質性研究人員分析資料的方法，就是將資料按主題、概念和相同的特點，組成不同的類別。他們從中發展出新的概念，形成概念性定義，研究不同概念間的關係。最後，他們按照順序將概念互相連接起來，分成異類（X是Y的反面）和同類，並把這些類別與理論陳述交織在一起。質性研究人員在閱讀資料、不斷向資料（如田野筆記、歷史檔、二手資料等）問問題的過程中，將概念概念化，或形成新的概念。這些問題可能來自於某些學科的抽象術語，如社會學，這個個案是階級衝突嗎？在那個情境中，出現了角色衝突嗎？這是一個社會運動嗎？有些問題可能是邏輯問題，例如，事件發生的順序是怎樣的？這裡發生的事件與其他地方發生的事件有什麼不同？這些個案是相同的還是不同的，是普遍性的還是特殊性的？在社會工作質性研究中，概念和證據通常是互相依賴的。這在個案研究分析中特別明顯。個案本身就是簡單的資料，並沒有預設的實證單位或理論類型，實證單位和理論類型受到資料和理論的界定。通過分析某個情境，研究人員組織資料，同時運用概念來明確描述個案。描述個案，也叫個案處理，就是將資料與理論結合起來。決定如何處理一個個案，能夠解決研究人員觀察到的內容與他們意識中的內容之間的張力和壓力。「處理個案實際上是一個方法論的步驟，它可能發生在任何一個研究階段，但是，它通常發生在研究初期和後期」（Ragin, 1992b:218）。

質性研究人員進行概念化的過程，是通過發展清晰的、具體的、對概念的定義來實現的。這些定義都比較抽象，與其他的概念聯繫在一起，但同時它們都與特定的資料聯繫在一起，可以通過文字和研究對象的具體行動來表現。在質性研究中，更多的概念化發展過程在資料蒐集後進行，而不是資料蒐集前，它在很大程度上受到資料的限制和影響。

操作化

質性研究中的操作化過程與量化研究中的操作化過程完全不同。量化研究人員通過將一個概念性定義轉化成為一系列可以用來進行資料蒐集的操作程序，來完成變數的操作化。在質性研究中，同樣的方式就不適用了，因為質性研究人員在資料蒐集期間或者完成資料蒐集後，才發展出概念性定義。

質性研究中的操作化是對研究人員如何蒐集資料，如何思考資料並將它們發展成為概念過程的一個詳細的描述，這是對事實事後的描述，而不是事先的計畫。差不多與量

化研究過程完全相反，資料蒐集是與操作化同時，或者之前進行的。

　　量化研究操作化是嚴格的演繹過程，而質性研究人員的操作化過程是互動的過程。研究人員從某個特定的研究背景下所獲得的資料中吸取概念。質性研究的操作化描述了研究人員如何蒐集資料，也包括研究人員利用現存的技術和概念，並將這些概念與資料蒐集過程中發現的新概念結合起來。

　　Fantasia（1988）的田野研究爲我們提供了一個極好的質性研究操作化的例子。他在對有爭議的勞工行動研究中，使用了「團結的文化（cultures of solidarity）」這個概念。團結的文化與有爭議的工廠關係有關，在非管理層工人中，指的是一種不斷提升的階級意識。他的概念性定義就是，這是工人表達的一種文化，在不同的時間，它的內涵也有所不同。這是一個過程，其中，工人發展出了共同的感受和團結的意識，這些又是與管理層和資本家相對立的。這就是一個互動的過程，工人們逐漸發展出了共同意識、理解和行動。操作化的過程「與其說是一個超脫的精神狀態，還不如說是一種經驗調查所必經的廣泛的實踐過程和諸多技能的總和」（Fantasia, 1988:14）。

　　Fantasia對概念的操作化，是通過描述自己怎樣蒐集資料、如何展現資料來說明概念，解釋自己如何思考資料的過程來完成的。他描述了自己在蒐集資料過程中的所作所爲（如他在一家特殊的工廠工作，參加了新聞發布會，訪問了不同的人等），詳細地展現了自己的資料（如他描述了反映這個概念的特殊事件，例如幾個地圖顯示了人們在與工頭對質時站立的位置，複述了在一個工廠發生的一些事件，記錄了工廠管理階層的行動，重複了工人們的陳述等），回顧了自己的想法，反思了自己如何試圖理解這些經歷，包括發展新的概念，以及從其他學者那裡吸取概念等。

信度與效度

　　信度（reliability）與效度（validity）是所有科學測量中的核心問題，它們關心的是，如何發展出能夠準確測量概念的測量工具。信度與效度很重要，是因爲在社會理論中，概念是非常模糊不清的，我們無法直接觀察到。完美的信度與效度事實上是無法實現的，然而，它們卻是研究人員努力追求的理想。

　　所有的社會工作研究人員都希望自己的測量工具具有最大的信度和效度。信度和效度是幫助我們的研究結果具備可信度、眞實性和有效性的關鍵環節。這兩個概念具有多重含義，在這裡，它們代表的是測量工具的相關的、理想的方面。

　　信度指的是可信賴程度和一致程度，它代表了同樣的事物在相同或類似的條件下的重複再現。缺乏信度指的是在測量過程中，所出現的反覆無常的、不穩定的、不一致的結果。

　　效度指的是可信度，也就是測量指標與概念之間的匹配程度，它反映了對現實的概念是否真正與現實相符。缺乏效度，就會在研究人員用來描述、理論化或分析社會世界的概念與社會世界真正的現實之間，出現嚴重的不符。簡言之，效度提出了這樣的問題，即：被測量的社會現實與研究人員用來理解社會現實的概念之間是否匹配。

　　社會工作量化研究人員和質性研究人員都需要可信的、有效的測量工具，此外，每種方法在研究過程中，界定信度和效度的方式是完全不同的。

社會工作量化研究中的信度與效度

信度

　　如上所述，信度指的是可信賴程度，它顯示了一個指標測量的數字性結果，不會因為測量工具和測量過程的某些特點而發生改變。例如，你進了洗手間測量體重，多次站上去，又走下來，如果這是個有信度的體重計的話，你得出的結果是一樣的，當然，前提條件是，你沒有吃東西、喝東西、增減衣服等。沒有信度的體重計每次計量的結果會不同，即使你真正的體重並沒有任何改變。另一個例子就是你的車速表。如果你以緩慢的車速在一個平坦的路面上行駛，但是車速表指標從一邊跳到另一邊，你的車速表就無法準確地指示出你的車速，因為這是一個沒有信度的車速表。事實上，信度有三種類型。[6]

三種類型的信度

　　穩定性信度（stability reliability）是跨越時間的信度。它能回答這樣的問題：「如果在不同的時間使用同一種測量工具或指標進行測量，是獲得相同的結果嗎？」上面提到的體重計的例子就是這種穩定性信度。你可以利用一測—再測（test-retest）的方法來檢驗指標是否具備穩定性信度，也就是說，你可以運用相同的測量指標，對同一組人進行多次測量。如果你測量的內容是穩定的，指標也具有穩定性，那麼你每次測量的結果都是相同的。一測—再測法的另一種形式就是，使用一個與原測量問卷相似的問卷。例如，你有一個假設是關於在大學咖啡廳中，性別與就座模式之間的關係，你通過在三個小時內，觀察和記錄男女學生在每張桌子上就座的人數、誰第一、第二、第三個入座的紀錄等，來測量因變數（就座模式）。如果觀察時，你感到疲勞或是分心了，或是在三個小時快要結束時，漏掉了某些紀錄，那麼你的指標的穩定性就不會很高。

　　代表性信度（representative reliability）是跨越了次總體或次團體的信度。它回答的問題是「如果使用同一個測量工具或指標對不同群體進行測量，會獲得同樣的結果嗎？」某個指標如果被用來測量不同的次總體（如不同的階級、種族、性別和年齡），都會得到某個概念的相同的結果，那麼這個指標就具有很高的代表性信度。例如，你詢

問關於人們年齡的問題，如果20歲的人會給出超過他們實際年齡的回答，而50歲的人又提供了低於自己眞實年齡的回答，那麼，這個指標所具有的代表性信度就很低。要具有代表性信度，測量工具需要能夠測量出每個年齡段的正確資訊。

次總體分析（subpopulution analysis）可以幫助我們判定某個指標是否具有代表性信度。這個分析方法涉及對指標進行不同次總體或次團體的比較，並使用針對每個次團體的獨立知識。例如，你想檢測某份問卷中，一個關於詢問被訪者教育水準的題目是否具有代表性信度。你要建立一個次總體，分析查看在詢問男女生時，是否一樣有效。先用這個問題來問男生和女生的教育程度，然後，你在取得獨立的資訊（如查對他們的上學記錄），核對在這個問題上答錯的男女生人數是否相等。如果男生與女生在錯誤率上沒有差異，那麼，就顯示了這個問題具有代表性信度。

等值信度（equivalence reliability）用在研究人員使用多種指標時，也就是說，在操作化某個概念時，使用多個特定的測量工具（例如，問卷中有若干個問題，全部都是測量同一個概念的）。它回答的問題是：不同的指標會得出一致的結果嗎？如果若干個不同的指標測量的是相同的概念，那麼只要是有信度的指標，都會得出相同的結果的。

研究人員使用對半法（split-half method），來檢查試題和長篇問卷的等值信度。這主要包括，通常採用隨機的方式將同一概念的指標分成兩組，然後再確認這兩組指標是否得出相同的結果。例如，你有一份14道題目的問卷，所有的問題都是測量大學生的政治保守主義的。如果你的指標（即問卷問題）具有等值信度，那麼你可以隨機將它們分成各有7題的兩組，然後，用這兩份問卷進行測量，並且會得到相同的結果。例如，你使用第一份問卷，發現主修商科的50名學生，比主修教育的學生保守程度要嚴重兩倍，使用第二份問卷也得到相同的結果。此外，也有其他特殊的統計手段（如Cronbach's alpha）可以幫助我們判斷這種類型的信度。

還有一種特殊類型的等值信度，是評價者或登錄者之間的交互信度（inter coder reliability），這發生在同時使用多個觀察者、評價者或登錄者參與資訊測量的過程中。從某個方面來講，每個進行觀察的人都是一個指標，因此，如果觀察者、評價者或登錄者的意見都一致，那麼這個測量就具有信度。在內容分析研究時，經常會報告這種信度類型。但是，任何研究只要涉及了使用多個的評價者或登錄者，就可以進行交互登錄者的信度檢測。例如，你可雇用六名學生來觀察、記錄學生在自助餐廳的就座模式。如果這六位學生都很擅長觀察和記錄，你可以把六位學生所觀察的資訊合併成爲一個具有高信度的測量值。但是，如果其中有一兩個學生比較偷懶、粗心或隨便，那麼，你得到的測量值的信度就較低。

登錄者之間的交互信度，可以通過使多個登錄者測量完全相同的事物，然後比較他們得到的測量值，來確定交互信度。例如，你請三位登錄者在三個不同的日子中的同一個時段，獨立登錄自助餐廳的就座模式，然後比較他們記錄的觀察結果。如果他們的結

果都一致,你就有信心說,你的測量值具有登錄者間交互信度。也有一些特殊的統計技術可以測量登錄者具有交互信度的程度。

如何增進信度

要獲得完美的信度是不可能的,但是如果需要增進測量工具的信度,可以遵循以下四個主要原則:(1)清楚地概念化概念,(2)使用精確的測量層次,(3)使用多種指標,(4)進行試測。

清楚地概念化所有的建構　如果對一個建構或建構的某個層面進行測量,那就會增進信度。這就是說,研究人員需要努力發展出不帶任何歧義的理論定義。建構要有明確清楚的定義,以消除任何來自其他概念的「雜音」的干擾(如令人分心或干擾思考的資訊)。每個測量工具都應該是反映一個,而且是唯一一個的概念,否則,就無法確定到底是在測量哪個建構。例如,純粹化學化合物的指標就比混有其他物質或雜質的化學產品,具有更好的信度。要從後者中把「雜質」從其他純化學品中分離出來,就是一個很困難的事。

讓我們回過頭來再看看教師士氣的例子。你應該將士氣與其他相關的建構(如心情、人格、精神、工作態度等)區別開來,如果你做不到這一點,就無法確定你實際會測量到什麼。你可能會發展出一個士氣指標,但是這個指標同時也會顯示人格,也就是說,人格的概念汙染了士氣的概念,因此這個指標就是一個不具有信度的指標。低品質的測量就是,發生在用同一個指標來操作化不同概念的情況(即用同一份問卷的問題,來同時顯示士氣與人格這兩個完全不同的概念)。

使用精確的測量層次　下一節會詳細討論測量層次的問題。與測量層次較不準確的指標相比,測量層次比較高或者比較精確的指標,它的信度也會提高,這是因為前者所獲得的資訊不足。如果要測量的是比較特殊的資訊,那就不太可能會測量到某個概念之外的事物。我們一般需要遵循的原則就是,盡可能以最精確的等級來測量概念。然而,用較高的測量層次進行測量,是一個比較困難的事情。比如,你有兩個測量士氣的工具可供選擇,一個有高和低兩個值,另一個則有從非常低到非常高的十個類別選項,在這個情況下,選擇有十個選項的工具來進行測量,效果會比較好。

使用多重指標來測量一個變數　第三個增進信度的方式就是使用多重指標,因為對同一個建構,使用兩個(或多個)指標,會比只用一個來得好。[7]圖7-2展現了一個使用多個指標進行假設檢驗的例子。某個自變數概念的單個指標,被合併成為一個整體測量工具A,而一個因變數的兩個指標,被合併成為測量工具B。例如,關於教師士氣A你有三個特定的測量工具:學校態度調查問卷的回答、病假之外的缺席天數和要求調動工作的次數,以及其他同事聽到某個教師抱怨的次數。對於因變數B「給予學生額外的關照」,有兩個測量工具:即課後教師留下來與個別學生見面的時數,以及教師是否經

常詢問某個學生進步的情況。

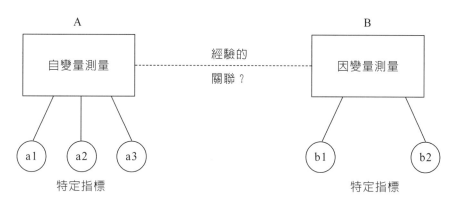

圖7-2　運用多重指標進行測量

　　多重指標幫助研究人員對一個概念定義的廣泛內容進行測量，有些學者稱之為從概念範疇中抽樣（sampling from the conceptual domain）。建構的各方面都得到了測量，每個方面都會有自己的指標。另外，一個指標（問卷中的一個問題）可能不夠完美，但是，多個測量工具就不太可能犯同樣的（系統性的）錯誤。多重指標測量工具會比單獨一個項目的測量工具更加穩定。

　　使用前測、試調查和複製　通過對測量工具採用前測、試調查的方法，可以提高信度。在正式使用最後的版本對假設進行測量之前，我們需要就某個測量工具發展出多個版本，反覆進行測試。這比較消耗時間和精力，但是可以產生出有信度的測量工具。比方說，你在對教師士氣的研究中，就會經歷幾次草稿，最後才能定稿。你會通過問別人問題、檢查問卷是否清晰的方式，來對初稿進行檢測。

　　使用試調查的方法還可延伸到複製其他研究人員使用過的測量工具。例如，在文獻檢索中，你從前人的研究中發現了測量士氣的測量工具。如果前人使用過的測量工具非常好的話，你可能就會以這個測量工具為基礎，並且使用這個工具，你須注明來源出處。當然，你還可以增加幾個指標，或者將增訂後的工具與原來的工具進行比較。通過這種方式，只要大家採用了同樣的定義，測量工具的品質會隨著時間的推移而不斷得到提高。表7-1總結了信度的類型。

表7-1　測量信度與效度類型的摘要表

信度	效度
可信賴的測量工具	真正的測量工具
穩定性：經得起時間的考驗 代表性：普遍適用於各種次團體 等值性：普遍適用於各個指標	表面效度：根據他人的判斷 內容效度：捕捉到整體意義 標準效度：與某個外在來源的結果一致 ①並存效度：與早先存在的測量值一致 ②預測效度：與未來的行為一致 ③建構效度：多個指標間的一致性 ④趨同效度：相同者所得的結果相同 ⑤區別效度：不同者所得的結果不同

效度

　　效度（validity）是一個常常會被濫用的名詞，有時效度被用來描述「眞實」或者「正確」。效度有幾種不同的類型，這裡我們主要介紹測量效度。測量效度也有幾種不同的類型，非測量類型效度在後面會進行討論。

　　當研究人員說某個指標有效度時，是指這個指標所具有的效度，只適用於某個特定的目的和定義。同一個指標可能對某個目的而言（某個研究問題的分析單位與抽樣的全體）是有效度的。但是，對於另外一個目的而言，就沒有效度可言了。在上面討論過的士氣的例子中，對士氣的測量（如關於對學校感覺的問題），在測量學校教師的士氣時，是有效度的，但是，要測量員警的士氣就沒有效度了。[8]

　　從根本上來講，測量效度就是看概念性定義與操作性定義的吻合程度。吻合程度越高，測量工具的效度也就越大。獲得效度比獲得信度要困難。我們永遠不能獲得絕對的效度，但是，某些測量工具的效度比其他測量工具的效度要高。我們不能獲得絕對效度的原因在於，概念都是抽象的概念，而指標又都是具體的觀察。在我們對世界的心理圖象與我們在特定的時空中的所作所爲之間，存在很大的差距。Bohmstedt（1992b:2217）認爲，效度無法直接確定，效度是一個動態的過程，會隨著證據的積累而不斷變化，如果沒有效度，所有的測量就變得沒有意義了。

　　有些研究人員運用對應法則，來縮小抽象概念與特定指標之間的差距（前面討論過對應法則）。這些法則都是關於指標與定義間吻合程度的邏輯性描述。例如，有這樣一個對應法則：如果教師同意這樣的說法，即「過去5年來，這個學校的情況日益糟糕」以及「這個學校已經不可救藥」，這就代表了這位教師的士氣很低；另一個討論測量效度的方法就是認識論相關，這指的是在特定指標與指標所測量的概念本體之間，存在了一種假想的或假設性的相關。我們無法測量這種相關，因爲測量值與抽象概念之間的相關根本無法計算，但是，我們可以通過高級統計技術加以估計。[9]

四種測量效度的類型

表面效度　效度中最容易做到的，也是最基本的效度就是表面效度（face validity）。這是學術界做出的判斷，認為某個指標能準確地測量出某個概念。它回答了這樣的問題：「從表面來看，人們認為概念的定義與測量方式相符嗎？」這只是一種測量效度共識性方法。例如，很少有人會接受用2 + 2 = ?這樣的問題來測量大學生的數學能力。從表面上來看，這並不是一個測量大學生數學水準的有效的測量工具。回想一下，學術界所奉行的組織化懷疑論的原則，就要求研究的各個層面都要受到其他人的仔細審查。[10]參見表7-1中對測量效度類型的總結。圖7-3以圖形的方式呈現了這些不同的類型。

內容效度　內容效度（content validity）實際上是表面效度的一個特殊形式，它回答這樣的問題：「測量工具將概念的定義中的所有內容都反映出來了嗎？」一個建構定義包含了幾個觀念，它是包含觀念和概念的「空間」，測量工具應該能代表或反映概念空間中所有觀念或區域。內容效度涉及三個步驟：首先，明確指出某個建構的定義；其次，從該定義涵蓋的所有區域內抽取樣本；最後，發展出一個涵蓋了該定義中所有不同部分的指標。

內容效度的一個定義就是，女性主義被定義為，一個人忠於那些旨在創造兩性在藝術、智力發展、家庭、工作、政治與權威關係等領域上完全平等的信仰。你創造了一個測量女性主義的工具，通過這個測量工具，你要問兩個問題：男性與女性應該同工同酬嗎？男性與女性應該分擔家務勞動嗎？你的測量工具的內容效度很低，因為這些問題只涉及了工資和家務勞動的問題，而忽略了其他領域的問題（包括智力發展、政治、權利關係，以及其他與家庭和工作相關的方面）。要進行內容效度測量，你要麼就擴展測量工具，要麼就縮小定義。[11]

標準效度　標準效度（criterion validity）指的是使用某些大家都熟悉的標準，準確地反映某個概念。指標的效度是通過把該指標與測量同一概念、得到研究人員認可的另一個測量工具進行對比而獲得的。這類效度有兩個不同的層次。[12]

並存效度　要獲得並存效度（concurrent validity），一個指標必須與先前存在的、已經被人們認可具有效度（即有表面效度）的指標有關聯。例如，你要製作一個測驗來測量智力。這個測驗若想具有並存效度，就必須與現有的智力測驗有較高的相關性（如對智力採用同樣的定義）。這意味著，在過去測驗中得分高的人，在新的測驗中得分也很高，反過來，在過去測驗中得分低的人，在新的測驗中得分也應該低。這兩種測驗可能並沒有完全的關聯，但是如果它們測量的是相同的或者相似的概念，邏輯上它們應該得到相似的結果。

預測效度　標準效度如果能夠使某個指標借此預測到邏輯上與某個建構有關的未來事件，那就被稱為標準預測效度（predictive validity），並且所有的測量工具都擁有

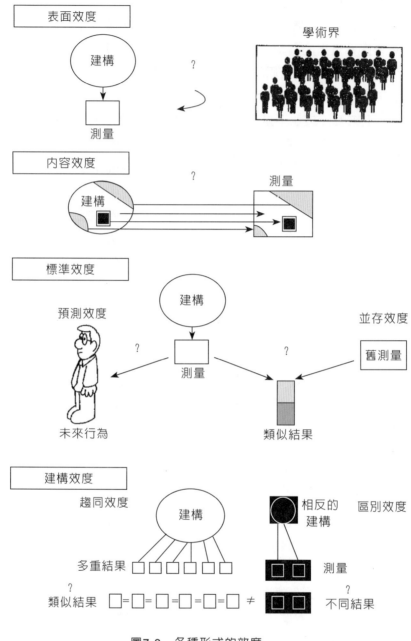

圖7-3 各種形式的效度

這個效度。測量工具與被預測的行動必須有所區別,但是它們指示的都是同一個概念。測量工具的預測效度不要與假設檢驗中的預測混為一談,後者指使某個變數預測未來另一個不同的變數。例如,很多美國高中生參加測量學術性向 —— 大學學習能力的測驗(Scholastic Aptitude Test, SAT)。如果學術性向測驗具有標準預測效度,那麼學術

性向測驗得分高的學生，在進入大學後會有出色的學業表現。如果高分的學生表現平平或與低分的學生一樣，那麼學術性向測驗的預測效度就很低。

另一個測量預測性效度的方法，就是選擇一群特點比較明顯的人，然後預測他們在某個概念中會得到什麼樣的分數（很高或者很低）。比方說，你有一個測量政治保守主義的工具。你預測保守派團體的成員如約翰・伯奇社（John Birch Society）、保守黨決策委員會（Conservative Caucus）、美國革命之女（Daughters of the American Revolution），以及道德多數人（Moral Majority），它們在這個測試中的得分會很高，而自由派成員如社會民主黨員、美國生活之友（People for the American Way），以及民主行動美國人（Americans for Democratic Action）在這個測試中的得分會很低。你用這些團體來驗證這個測量工具，也就是說，你先用這個測量工具對這些團體進行測試，然後，再用它來測量普通大眾的政治保守主義狀態。

建構效度　建構效度（construct validity）針對的是多重指標的測量工具，它回答的問題是：如果這個測量工具有效度，不同指標會產生一致的結果嗎？建構效度需要有個把概念界限交代得清清楚楚的定義。

趨同效度　這種效度適用於多重指標產生趨同的結果或彼此相關的情況。趨同效度（convergent validity）是指使用一個概念的多個測量工具都產生相同的結果。例如，你要測量「教育」這個概念，你會問他們受過了多少教育，還會查看他們的學校紀錄，還有讓他們填寫一份關於學校知識測驗。如果這些測試結果沒有趨同（如回答接受過高等教育的人沒有大學的入學紀錄，或者說有大學文憑的人在測驗中的表現，比高中輟學的人還要差），那麼，你的測量工具的趨同效度就非常低，你也不能將這三個測量指標合併成為一個測量工具。

區別效度　區別效度（discriminant validity）也稱為歧義效度，與趨同效度正好相反。它指的是同一個概念的多個指標不但都產生一致的結果或趨同，而且在測量相反的概念時，全部都得出相異的結果或負相關。它是說，如果有兩個概念A與B完全不同，那麼，A與B這兩個測量工具就不應該有關聯。例如，你有10個測量政治保守主義的選項，人們對這10個問題的回答方式都很接近。但是，你在同一份問卷中，又加入5題測量政治自由主義的選項。如果這10題保守主義的選項會得出一致的結果，並且和那5題自由主義的問題都呈現出負相關，那麼，你的保守主義的測量工具就具有區別效度。

社會工作質性研究中的信度與效度

大部分社會工作質性研究人員都接受了信度和效度的原則，但是很少使用這樣的術語，因為這些術語與量化測量工具緊緊聯繫在一起。此外，質性研究人員在研究實際

中，採用了不同的原則。

信度

信度指的是可信賴程度和一致程度。社會工作質性研究人員使用了一系列技術（如訪談、照片、檔研究等），來記錄他們的持續性的觀察。質性研究人員希望在對自己如何觀察上保持高度一致性（即不搖擺不定和反覆無常），這與穩定信度的概念非常接近。但是，他們面臨的一個困難就是，他們的研究過程，隨著時間的推移而難以一成不變。另外，他們強調，研究人員要與自己的研究對象之間建立一種變化的、發展性的互動關係。質性研究人員相信，研究對象與研究人員之間的關係，應該是一個不斷發展的、循序漸進的過程。用一個比喻來形容研究人員和資料之間的關係，我們會說這是一個演變性的關係，或者說是一個生命體（如植物），會不斷從不成熟走向成熟。大部分社會工作研究人員都會拒絕使用量化研究對信度的界定，在他們看來，這種界定好比人們將冷冰冰的、固定的、機械性工具使用到靜止不動的、沒有生機的物質上。

質性研究人員會考慮很多種資料來源，也會採用多種測量方法。他們質疑量化—實證主義有關複製、均等和次群體信度的概念。他們認為，不同的研究人員，使用不同的測量工具，會得出完全不同的結果。這是因為他們把資料蒐集過程當成了一個互動過程，在其中，特定的研究人員會在不斷演進的背景中運作，這個背景的情境支配了人們採用某些獨特的測量工具，而這一切是無法複製的。不同的測量工具和與不同的研究人員之間的互動，對雙方來講都是互惠的，因為它們揭示了研究對象生活的不同側面和不同的面向。很多質性研究人員質疑量化研究人員要求使用標準化的、固定的測量工具。他們認為，這樣的測量工具忽視了讓很多研究人員採用很多不同的方法所帶來的好處，同時，還可能忽視了社會世界中存在的多元性。

效度

效度指的是真實程度，代表了概念與資料之間的橋梁。社會工作質性研究人員更加感興趣的是真實性而不是效度。真實性指的是從每天生活於社會之中的人的角度，來描述不完美的、誠實的、平衡的社會生活。質性研究人員不太關心抽象概念與經驗資料之間是否匹配，他們更關心的是，是否能夠真實地、以接近研究對象生活經驗的方式，來描述社會生活。大多數質性研究人員強調用什麼方式來捕捉當事人的看法，提供一個詳細的描述，來說明研究對象是如何理解自己經歷的生活事件的。

質性研究人員發展出了幾種方法，來檢測類似量化研究的效度問題。因此，田野研究人員就討論了生態效度或者較自然的歷史方法（參見第三章），這些方法都重視向外人傳遞當事人的觀點。歷史研究人員採用內在批評和外在批評的方式，檢測自己選用的證據是否真實。質性研究人員堅信效度原則的核心就是真實（即避免錯誤的或扭曲的描述）。他們也試圖在個人理解和社會世界中的真實現實之間建立一種嚴絲合縫的匹配。

信度與效度的關係

　　信度是效度的必要條件，也比效度更容易獲得。雖然要獲得一個有效度的概念測量工具之前，必須先獲得信度，但是，有了信度，也不能保證測量工具一定具有效度，信度並不是效度的必要條件。測量工具可以每次都產生同樣的結果（即它具有信度），但是它測量的東西可能完全不符合概念的定義（即效度）。

　　測量工具可能只具有信度，而不具備效度。再來回顧前面舉過的有關秤體重的例子，你站在體重計上稱體重，你站上去，又下來，體重計上所顯示的體重都是一樣的，但是，當你站在另一個體重計上——一個「官方」的真正反映體重的測量工具上，它卻顯示你的體重是前一個體重計顯示的兩倍。第一個體重計得到了具有信度的結果（即可信賴和一致性的結果），但是，它對你的體重沒有給予一個有效的測量值。

　　下面的圖示可能會幫助你理解信度與效度之間的關係。圖7-4用箭靶的類比來限制了這兩個概念之間的關係。靶心代表測量值與概念定義完全符合的情況。

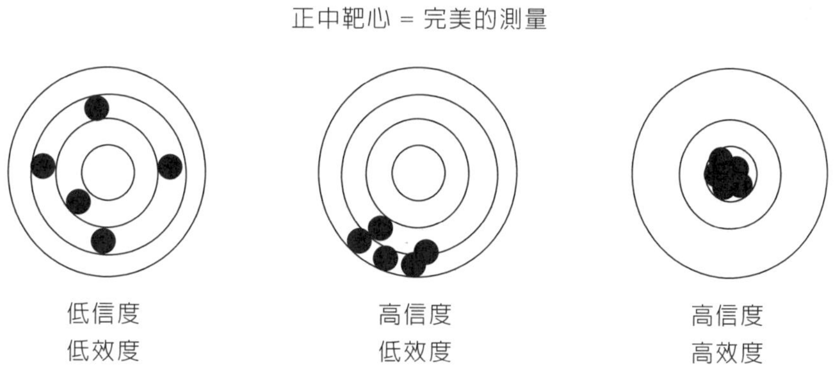

正中靶心 = 完美的測量

| 低信度
低效度 | 高信度
低效度 | 高信度
高效度 |

圖7-4　信度與效度關係圖

資料來源：*Practice of Social Research*, 7th edition, by E. R. Babbie 1995. Reprinted with permission of Wadsworth, an imprint of the Wadsworlh Group, a division of Thomson Leiirning. Fax 800-730-2215.

　　信度與效度這兩個概念常常是互補的，但是在某些特殊情況下，它們也會互相抵觸。有時候當效度增加時，會比較難以確保信度；反之，有時候當信度增加時，效度也會變得難以掌握，這種情況經常發生在某個概念過於抽象、不容易觀察的定義時。當測量值相當明確、便於觀察時，信度很容易獲得，因此，在極抽象的概念的真實本質與採用具體的方式進行測量之間，存在一種張力。例如，「疏離」是一個非常抽象、非常主觀的概念，經常被界定為一種深層的、喪失了人性的感受，而這種感受會延伸到生活的各方面（如社會關係、自我感受、對自然的取向等）。問卷中十分明確的問題可能得出具有信度的測量值，但是也有可能無法捕捉到該概念所反映的主觀本相。

　　某些忠實的實證研究人員指出，這意味著疏離以及那些以個人感受和經驗為依據的概念，不是好的概念，在研究中應該避免使用。而另外一些學者，特別是接受了詮釋或批評觀點的學者，則主張應該保留這些概念。他們認為，必須使用質性的方式，而測量工具應該具有更大的靈活性。測量的問題，歸根結底還是回到了如何開展研究，以及如果界定概念這些假設上。

信度與效度的其他用法

　　很多詞都有不同的定義，也包括信度與效度。如果我們能夠清楚地辨別同一個詞不同的用法，就不會產生詞義混淆了。

信度

　　在日常語言中，我們也會使用信度這個詞。一位有信度的人，就是可以信賴的、穩定的、有責任感的人；一輛有信度的車，指的是可以依賴、信任的車。也就是說，這個人在不同的時間、不同的情況下，會做出相同的、可以預測的反應，車也是一樣。除了測量信度之外，研究人員也會說，某個研究或該研究結果具有信度（如Yin, 1988）。也就是說，這個研究所採用的研究方法或從中得出的結果，別的研究同樣也可以產生或是進行複製。

內部效度

　　內部效度（internal validity）指的是研究計畫所設計的、沒有內在的錯誤存在。[13]它主要運用在實驗研究中，是指儘管研究人員極力控制，但是結果還是可能有錯，或者還有其他解釋存在的可能。內部效度高意味著這類錯誤少，內部效度低，則指很可能存在這類錯誤。

外部效度

　　外部效度（external validity）主要用在實驗研究中，是指把從某個特定情境與小團體中得到的發現，推廣到涵蓋範圍極廣的情境和人群的能力。它回答的問題是：如果某些發現只發生在實驗室裡或某個特定的受試群體中（如大學生），可以把這些結果推廣到「真實」（非實驗室環境）世界或一般社會大眾（非學生）身上嗎？外部效度高，是指結果可以推廣到許多不同的情境和許多不同的人群身上，而外部效度低則指結果只能推廣到某個非常特定的情境中。

統計效度

　　統計效度（statistical validity）是指選擇正確的統計程式，並且滿足它所有的假設。不同的統計檢測或程序適用於不同的情況，那些統計程序的教科書會對這個問題有

專門的論述。

所有的統計都是建立在對使用的數字所具有的數學屬性所做的假設之上。如果違反了統計方法賴以成立的主要假設，那麼，所獲得的統計值就不具備效度，沒有效度的結果，也就毫無意義。例如，要計算平均值（實際上指的是均數，後面將進一步討論），就不能使用名目測量層次的資料（後面將詳細討論）。假定你要測量某個班級的學生的種族。你要給每個種族一個數字：白人＝1，黑人＝2，亞洲人＝3，其他民族＝4。這時說某個班的學生「平均」種族為1.9（幾乎全是黑人嗎？），就是毫無意義的事了。這就是對統計程序的誤用，即使計算過程正確，結果也不具有效度。研究人員可以違反、扭曲統計假設的程度（專業術語就是韌度），這是專業統計學家非常感興趣的一個話題。

量化測量指南

迄今為止，你們已經學習了測量的原則，包括信度和效度的原則。社會工作量化研究人員發展出了一些概念和特別的測量工具，來幫助自己創造操作化定義，發展出有信度和效度的測量工具，為自己的概念蒐集數位化的資料。本節將詳細討論這些概念和一些相關的測量工具。

測量層次

測量層次是一個重要的、廣泛使用的概念。它反映了研究人員測量概念的某些方式是屬於較高等級還是較低等級的，而某些方式則是比較粗放或者不夠精確的。測量層次取決於概念的概念化方式，也就是說，這個概念是否具有特定性質的假設。測量層次會影響到選擇指標的類型，也與概念定義中的基本假設密切相關。研究者概念化變數的方式，限制了他可以使用的測量層次，也影響到執行測量以及統計分析的方式。

連續與間斷變數

變數不是連續的就是間斷的。連續變數有無限個沿著一個連續體分布的值或者屬性。這些值可以分成較小的區段：在數學理論中，這些區段的數目有無限多個值。連續變數的資料如：溫度、年齡、收入、犯罪率與受教育年限。間斷變數有一組數目相對固定、各自分離的值或變數屬性。間斷變數的值並沒有構成一個平穩的連續體；相反，它包含的是完全不同的類別。間斷變數的例子有：性別（男性或者女性）、宗教（基督教、天主教、猶太教、伊斯蘭教和無神論者），以及婚姻狀態（未婚、已婚、離婚或分居、寡居）。一個變數是連續的，還是間斷的，都會影響到它的測量層次。

測量的四個層次

精確與層次 測量層次的概念詳細說明了連續變數與間斷變數之間的差異，並且就它們在統計上的用途，形成了不同的變數類型。四種測量層次區別了測量的精確程度。[14]

確定一個建構的適當的測量層次，常會碰到這樣的問題：變數的適當的測量層次常受到兩個因素的影響：（1）這個概念被概念化的方式；（2）研究人員所用的指標或測量的類型。

概念本身限制了精確程度。研究人員以何種方式來概念化概念，這本身就可能限制了它可以被測量的精確程度。例如，某些前面被列為連續變數的變數，可以被重新概念化成間斷變數。溫度可以是個連續變數（如多少度），也可以粗略地以間斷的類別方式進行測量（如熱或者冷）。同樣，年齡可以是連續的（以何年、何月、何日、何時、何分來敘述一個人的歲數），也可以將它視為間斷的類別（嬰兒、孩童、青少年、青年、中年和老年）。然而，大部分間斷變數卻無法被概念化成為連續變數，例如，性別、宗教、婚姻狀態等，就無法被概念化成連續變數。但是，相關的概念還是可以被概念化成為連續變數的（如女性氣質、宗教信仰虔誠程度、對婚姻關係的承諾）。

測量層次限制了可用的統計測量值。對於較高的測量層次，有若干個統計可用來檢測；對於最低的測量層次，幾乎沒有什麼統計可以用來進行檢測。

用較高的測量層次來概念化變數並進行測量，因有一些實用性原因。你可以將較高的測量層次降低到較低層次，但是，反過來辦不到。換言之，我們可以先以非常精確的層次來測量一個概念，蒐集非常精確的資訊，然後，再忽略或放棄某些細節。但是，我們不能以較不精確的等級或不準確的資訊來測量一個概念，再設法將它變得精確。

四種等級的差異 四種等級可以按照其精確程度，從最不精確到最精確，排列成四個等級，它們依次是：名目（nominal）、次序（ordinal）、等距（interval）和等比（ratio）。每個等級反應了一種不同類型的資訊（見表7-2）。名目測量值顯示的是類別間的差異（如宗教：基督教、天主教、猶太教、伊斯蘭教；種族：非洲人、亞洲人、高加索人、西班牙人等）。順序測量除了顯示差異外，還把類別排除順序或名次（例如，字母分數：A、B、C、D、E；意見測量值：非常同意、同意、不同意、非常不同意等）。等距測量值除了涵蓋前面兩個功能之外，還指出了類別之間的差異數量（例如華氏或攝氏問題：5°，45°，90°；智商分數：95，110，125）。等距測量可以使用任何一個零點：它們的作用只是幫助記分。等距測量值包含所有其他等級所能做到的事，此外，它還有個真正的零點，它可以用比例或比率的方式來陳述某種關係（如金錢收入：10美元、100美元、500美元；接受正規教育年限：1年，10年，13年）。在大多數情況下，等距與等比等級的區別沒有太大的差異。某些等距測量的任意零點可能會令人不解。例如，溫度從30度升到了60度，並不是指溫度真正增加了一倍，雖然數字翻倍了，這是因為零度並不代表一點溫度都沒有。

表7-2　四大測量層次的特徵

層次	不同的類型	排列層次	檢測類別之間的距離	眞正的原點
名目	是			
次序	是	是		
等距	是	是	是	
等比	是	是	是	是

間斷變數是名目與次序的變數，而連續變數可以用等距或等比層次加以測量。一個等比層次的測量值，可以轉化爲等距、次序或名目等級。等距層次也常被轉換爲次序或名目等級，但是這種轉換是不可逆轉的！

一般來講，如果必須用到順序測量值，至少要使用五個順序類別，並且要取得很多觀察值，因爲把連續概念分解成爲較小數量的順序類別時所產生的扭曲，會隨著類別數目和觀察數目的增多而減少。[15]

在社會工作研究中，很少用到等比層次的測量。在很多情況下，它與等距測量並不容易區分。唯一的差異，就是等比測量有個「眞正」的零點。這可能不太好理解，因爲某些測量值，例如溫度，也有零點，不過那不是眞正的零點。溫度可以是零度或零度以下，但是，零度是任意指派給某個溫度的數字。這可以通過比較攝氏零度與華氏零度來理解：它們是不同的溫度值。此外，如果讓某個系統的溫度值加倍，並不會使另一個系統的溫度值同時加倍。同樣，如果溫度從2度上升到4度、從15度上升到30度、從40度上升到80度，就是說，上升到後者的兩倍，也是毫無意義的。但是，這種說法用在等比測量時，就有意義了。另一個任意（並非眞正）零點的例子，就是發生在測量態度改變時，我們把數字派給一些陳述句（－1 ＝ 不同意，0 ＝ 無意見，+1 ＝ 同意），眞正的零點存在於收入、年齡或教育年限等變數中。表7-3列舉了四種測量等距的例子。

表7-3　測量層次示例

變數（測量層次）	如何測量變數
宗教（名目）	不同的宗教派別（猶太教、天主教、路德教、浸禮會）是無法排名的，只是彼此不同（除非信仰被概念化成哪個更接近天國）。
出席狀況（次序）	「你多久做一次禮拜？(0)從不；（1）1年1次；（2）1年數次；（4）大約1月1次；（5）1周兩三次；或是(8)一周數次？」如果問的是個人實際做禮拜的次數，那麼這道題就是用比率層次的測量。
智商分數（等距）	大多數的智力測驗是以100分爲平均數、中位數或正常標準的。分數的高低指出與平均數的距離。得115分的人高於做這個測驗的人的平均智力，而得90分的人則稍微低於平均智力。低於65分或高於140分的人則較爲罕見。

變數（測量層次）	如何測量變數
年齡（等比）	年齡是以歲數加以測量的。有個絕對的真正零點（出生）。注意40歲的人活的歲數是20歲的人的兩倍。

專業化測量：量表與指數

在本章的最後一節，我們來看一些專門化的測量工具，包括量表和指數。研究人員創造了成千上萬的量表與指數來測量社會變數。[16]例如，人們發展了很多量表和指數，用來測量科層制組織機構的形式化程度、職業聲望、人們的婚姻適應、團體互動的強度、社區社會活動的層次、美國某個州性犯罪法反映女性主義價值觀的程度，以及某個國家社會經濟發展水準等。我們不會討論這些數以千計的量表和指數，我們會重點討論量表與指數建構的基本原則，以及它們的主要類型。

請記住兩點。第一，差不多每個社會現象都可以測量（Fischer, 1973）。有些概念可以直接測量，並得到準確的數值（如家庭收入），而有些概念則需要代替品或替代物，才能間接地對某個變數進行測量，當然可能不很準確（如犯罪傾向）；第二，我們可以從其他研究人員使用的測量工具中學習到很多東西。你很幸運可以參照很多學者的研究。沒有必要什麼都從頭開始。你可以使用現成的量表或指數的部分內容，你也可以根據自己的研究目的來對現成的量表或指數進行修改。Grosof和Sardy（1985:163）曾經警告說，創作一些量表或態度測量工具「是一個特別困難的工程，需要特別細心的思考」。就像一般知識的創作一樣，創造測量工具是一個與時俱進的過程。測量是個不斷變化的持續過程：新的概念被發展出來、理論定義不斷被修改和提煉、測量舊的或新的概念的量表或指數也不斷被改進。

指數與量表

你可能會覺得指數與量表這兩個名詞容易混淆，因為它們常常交替使用，某研究人員的量表可能成為另一位研究人員的指數，這兩者可能都是能產生次序或等距的變數測量工具。令人更加不解的是，量表與指數技術可以合併在同一個測量工具之中。量表與指數給研究人員提供了更多關於變數的資訊，並可以用來評估測量的品質。量表與指數提高了信度和效度，它們也有助於簡化資料，也就是說，它們能夠濃縮與簡化蒐集到的資料（見方框7-2）。

方框7-2　量表與指數：它們有什麼不同嗎？

在大多數情況下，你可以互換使用量表和指數這兩個概念。社會工作研究人員沒有一個專門的名詞來區別這兩個概念。

量表是個測量工具，研究人員可以用它來測量某個概念的強度、方向、層次和力度，並以一個連續體的方式來安排回答值或觀察值。一個量表可以使用一個單獨指標，也可以同時使用若干個指標。大多數的量表屬於次序層次的測量。

指數也是個測量工具，是以累加或合併的方式，將某個概念的若干個指標，變成一個分數。這個合成的分數，常常是一個多指標分數的簡單的綜合，它常用來進行檢測內容效度和趨同效度。指數通常是在等距層次或等比層次進行測量。

研究人員有時同時結合量表與指數的特徵，來重新構建一個測量工具。常見的情況就是，研究人員擁有若干個成為量表的指標（用來測定強度或方向），他們會把這些指標的分數相加，得出一個總分，於是，就創造了一個指數。

互斥與窮盡的屬性

在討論量表與指數之前，有必要回顧一下好的測量工具所具備的特點。所有測量工具的屬性（包括名目層次的測量工具在內）都應該是互斥與窮盡的。

互斥的屬性指的是，個人或分析單位必須符合，而且只能符合變數的某個屬性。例如，一個測量宗教類型的變數，如果它只用基督教、非基督教與猶太教等屬性，那麼，它就不是互斥的。猶太教徒的宗教類型既是非基督教，又是猶太教，這就是說，猶太教徒既符合非基督教的屬性，又符合猶太教的屬性。同樣，測量城市類型的變數，如果它的屬性是河岸港口都市、州政府首府以及州際交界城市，這也不具備互斥性。一個都市可以同時兼有這三者（即一個位於州際交界、河岸港口和州政府首府）、三者中任何一個或兩個，或者三者都不是。

窮盡性指的是，所有的個案都必須符合變數全部屬性中的某一個。當測量宗教時，只有基督教、天主教和猶太教屬性的測量工具就不具備窮盡性。佛教徒、伊斯蘭教徒或者無神論者就不符合其中任何一項。屬性應該要發展到能夠涵蓋每一個可能的情況，例如，基督教、天主教、猶太教或其他，就是窮盡與互斥的一組屬性。

單項性

除了互斥與窮盡之外，量表和指數還應該具備單項性（unidimensionality），也就是說應該是單向的。單項性的意思是，在量表或指數中所有的項目，都應該搭配恰當，

或是測量單獨的一個概念。單項性在前面討論的概念與內容效度時，已經涉及了一些。單項性指的是，如果你要把若干個特定的資料整合成一個單獨的分數或者測量工具，所有的這些資訊都應該是測量同樣的一個事物。目前有一個先進的技術：因素分析（參見附錄D）常用來檢測資料的單項性。

使用量表或指數把建構的各個部分或次部分結合起來，與單項性這個標準之間存在一個明顯的矛盾。不過這只是一個表面性的矛盾，因為建構在不同抽象層次之間，可能出現不同的理論定義。一般性的、高層次的或較為抽象的概念所具有的定義，可能包含了若干個次部分，而每個次面向都是建構整體內容的一部分。

例如，我們把「女性主義意識形態」界定為一種關於社會上的性別的總體意識形態。女性主義意識形態是一個高度抽象和一般性的概念。它包括了對社會、經濟、政治、家庭與性別關係的特定的信仰和態度。這個意識形態的上述五個信仰領域，是單一整體概念的組成部分。這些次部分互相增強，共同形成關於女性的尊嚴、理論和權力的信仰系統。

如果女性主義意識形態是單向性的，那麼，它就是一個統一的信仰系統，而其變化範圍橫跨非常反女性主義到非常親女性主義。我們可以通過檢測包含多重指標的測量工具的趨和效度，來觀察這些部分是否屬於某個單一概念，這些多重指標涉及了概念的各個次部分。如果某個信仰領域（例如性別關係）在接受經驗檢測時，始終獨立於其他領域，那麼，我們就會質疑這個測量工具的建構效度及其單向性。

令人不解的是，一個特定的測量工具在某種情況下，可以是某個單向概念的一個指標，但是在另一種情況下，卻變成了另外一個不同概念的某次部分。這種情況時常發生，因為我們所使用的概念可能屬於不同的抽象層次。

例如，一個人對性別平等在工資方面的態度，就比女性主義意識形態（即對整個社會中性別關係的信仰）要來得特定，比較不抽象。對同工同酬的態度，就其本身而言，是個單項性的概念，同時也可以是更為總體和抽象的單項性概念：性別關係的意識形態的一個次部分。

指數建構

目的

你一定會時不時地聽到指數這個詞，例如，美國報紙報導聯邦調查局的犯罪指數和消費者的物價指數。聯邦調查局的指數是警方對7個所謂指標犯罪（殺人、重傷害、強姦、搶劫、盜劫、50元以上的偷竊、汽車盜劫）報告的總和，最早用於自1930年開

始的統一犯罪報告（參見Rosen, 1995）。消費者物價指數，是一個測量通貨膨脹的工具。它的計算方式就是，購買一系列產品與勞務（如食品、房租、日用品）所需成本的總和，與前一年購買同樣產品與勞務所需的花費之比較。消費者物價指數從1919年起就被美國勞工部所採用，工資的增加、工會契約和支付社會安全費用等都是根據這個值來估算的。指數是將一些問題項目總合成為一個分數，分別測量一個概念的各種不同成分與次部分，然後，將它們合併成為一個測量工具。

指數有很多種類型。例如，如果你的考試卷上有25個問題，你答對的總題數就是一種類型的指數。這是一種綜合測量，每個問題測量了你所學過的知識的一小部分，而把所有答對和答錯的題目的分數加起來，就能得出單獨的一個測量值。

指數能夠測量出最希望居住地（根據失業人數、乘車人數、犯罪率、休閒機會、天氣等）、犯罪程度（根據綜合不同類型的犯罪情況），以及個人的心理健康狀況（根據個人生活中對於不同領域的適應性）等諸如此類的情況。

要想表明指數不是一個非常複雜的東西，最好的方法就是親自使用一下。根據職業特點，以是否的方式回答以下7個問題，請根據你對這四大職業的想法來回答：長途貨車司機、醫學博士、會計師、電話接線員。回答是的問題加1分，回答否的問題為0分。

1. 這份工作的工資待遇好嗎？
2. 這份工作安全嗎？是否擔心被裁員或失業？
3. 這份工作有趣嗎？具有挑戰性嗎？
4. 這份工作的工作條件（工作時間、安全、外出時間等）好嗎？
5. 這份工作有機會發展和提升嗎？
6. 這份工作的聲望如何？受人尊重嗎？
7. 這份工作有自我做主和決定的空間嗎？

將四個職業在上述7個問題上的得分相加，哪種職業得分最高，哪種職業得分最低？這7個問題是對概念「好職業」的操作化定義，每個問題代表理論定義的每一個次部分。不同的理論定義會產生不同的問題，也許會超過7個問題。

建立指數很容易，但是，需要特別注意的是，要使指數中的每個問題都要具有表面效度。沒有表面效度的問題應該刪除，概念的每個部分都應該至少以一個指標來進行測量。當然，如果能夠採用多個指標來測量每個概念的作用部分，那就最好不過了。

另一個指數的例子就是大學品質指數（參見方框7-3）。我們的理論定義認為，一所高品質的大學應該有6個獨特的性質：（1）較低的師生比；（2）高學歷的師資隊伍；（3）藏書豐富的圖書館；（4）較低的學生退學率；（5）較高的學生繼續求學並獲得高學位的比率；（6）教師出版專著和論文數量。我們根據這些專案給100所大學打分數，然後計算每所大學在這些項目上的總分，最後得出一個可以用來比較各所大學品質的指標分數。

方框7-3 指數示例

大學品質指數是根據下列6個指標而製作的：

1. 師生比
2. 教師中獲得博士學位的比例
3. 生均藏書量
4. 學生得不到學位的比例
5. 繼續深造，獲得高級學位的學生比例
6. 教師出版專著和論文的數量

用符號表示，就是

Q = 學校的整體品質

R = 師生比

F = 教師中獲得博士學位的比例

B = 生均藏書量

D = 學生得不到學位的比例

A = 繼續深造，獲得高級學位的學生比例

P = 教師的出版物數量

未加權公式：$(-1) R + (1) F + (1) B + (-1) D + (1) A + (1) P = Q$

加權公式：　$(-2) R + (2) F + (1) B + (-3) D + (1) A + (3) P = Q$

常春藤學院

未加權：$(-1) 13 + (1) 80 + (1) 334 + (-1) 14 + (1) 28 + (1) 4 = 419$

加權：　$(-2) 13 + (2) 80 + (1) 334 + (-3) 14 + (1) 28 + (3) 4 = 466$

地方學院

未加權：$(-1) 20 + (1) 82 + (1) 365 + (-1) 25 + (1) 15 + (1) 2 = 419$

加權：　$(-2) 20 + (2) 82 + (1) 365 + (-3) 25 + (1) 15 + (3) 2 = 435$

大型大學

未加權：$(-1) 38 + (1) 95 + (1) 380 + (-1) 48 + (1) 24 + (1) 6 = 419$

加權：　$(-2) 38 + (2) 95 + (1) 380 + (-3) 48 + (1) 24 + (3) 6 = 392$

　　指數還可以互相合併。例如，為了提高大學品質指數，我們在教學品質上增加了一個次指數，這個指數就包含了8項：（1）班級平均人數；（2）上課討論的時間；

（3）教師所教不同班級的數量；（4）課後學生找到教師請教的可能性；（5）課後閱讀書籍的流通程度和數量；（6）作業對提高學習效果的影響程度；（7）教師對每個學生的了解程度；（8）學生對教學品質的評估。類似的次指數也可以用來測量大學品質的不同的次部分，然後它們可以合併成為一個更加全面測量大學教學品質的測量工具。這樣就能進一步發展出「大學品質」這個概念的詳細定義。

加權

在指數建構過程中，一個重要的問題就是，是否需要對各個專案進行加權。在沒有特別說明的情況下，一般來講，指數並不需要進行加權處理。同樣，除非你在理論上有充分的理由，進行不同的加權，否則，就應該採用相同的權數。一個未加權的指數是指該指數中的每個項目具有相同的權數，它只是把每個專案的分數加起來，而不做任何修改，就好像把每個問項都乘上1（對負項的項目則乘上－1）。

在一個加權指數中，研究人員對該指數中某些問題會給予更高的值或者權數。權數的大小取決於理論假設、某個理論定義或者統計技術例如因素分析（參見附錄D），權重改變了概念的理論定義。

例如，我們將大學品質指數的理論定義分解成為更加詳細的定義。我們認為，師生比和教師獲得博士比例，要比學生平均藏書量或者繼續就學獲得更高學歷的比例重要兩倍。另外，學生退學率和教師的出版物數量，要比學生平均藏書量和繼續求學獲得更高學歷的比例重要三倍。如果用公式來表示，就會讓人一目了然。

師生比和學生退學率會出現負值，因為如果這些數值越大，學校的品質就越低。加權和未加權的指數，可能會產生不同的結果。看看上面常春藤學院、地方學院和大型大學的例子，這些類型的大學得到了相同的未加權指數分數，但是加權之後，每種大學就得到了不同的品質分數。在這個例子中，加權產生了不同的指數分數，但是，在更多的情況下，加權和未加權的指數結果比較接近。研究人員更多關注的是變數間的關係，加權和未加權的指數通常在反映變數關係時，產生的結果基本相似。[17]

遺漏資料

在建構指數過程中，資料遺漏可能是一個比較嚴重的問題。如果某些個案的資料遺漏，信度和效度都會受到影響。有四種方式可以用來解決這個問題（參見方框7-4），但是沒有一個方法能夠徹底解決這個問題。

例如，1975年制定了一個適用於50個國家的社會發展程度的指數，包含四個項目：壽命、有室內水管的家庭比例、受教育人口比例，以及每百人擁有電話的比例。我

們採用聯合國統計資料來看，比利時的分值是：68 + 87 + 97 + 28，土耳其的分值是：55 + 36 + 49 + 3，而在芬蘭的資料中，我們發現，它們的受教育率資料缺乏，我們查找了其他資料來源，還是發現沒有，因為芬蘭從來就沒有做過這方面的資料蒐集。

方框7-4　遺漏資料的處理方式

1. **刪除任何一個有遺漏資料的個案。** 如果芬蘭被排除在研究之外，上述指數對有資料可查的國家來講，才是有效的。如果其他國家有遺漏資料，那麼，這就成為一個問題。一份對50個國家的研究就變成了一個對20個國家的研究了。另外，出現資料遺漏的個案可能在某些方面具有相似性（如都出現在東歐，或者都是第三世界國家等），這些都會限制研究結果的可推廣性。

2. **用平均數來替代那些資料不全的個案。** 可以使用其他國家受教育率的平均數來替代芬蘭的資料遺漏。這個「解決辦法」將芬蘭保留在研究範圍中，但是提供了一個不準確的值。對一個只有少數幾個項目的指數來講，或是一個不屬於「平均數」的個案來講，這個方法會造成嚴重的效度問題。

3. **根據非量化的資料來補充資料。** 有關芬蘭的其他資料（如13～18歲孩子的中學入學率）可以用來推測其受教育的比例的一個很好的猜測值。這個「解決辦法」是勉強可以接受的，但它不如直接測量芬蘭的受教育比例那麼準確，因為它全憑一個未經檢測的假設，即人們可以根據某國的高中入學率來預測受教育的比例。

4. **輸入一個隨機值。** 對於這個發展指數的例子而言，這個方法是最不明智的。如果該指數有非常多的項目，而且個案數又很多的話，那麼刪除遺漏資料的個案，也許是一個比較好的、能夠產生更有信度的測量工具的明智之舉。

比率與標準化

你們一定聽說過犯罪率、人口增長率或者失業率。有些指數和單一指標測量工具是以比率的方式來表現的。比例涉及把項目的值加以標準化，以便進行比較。指數中的專案在可以合併之前，經常需要加以標準化。

標準化涉及的程式有：先選擇一個基數，然後用原始測量分數除以基數。例如，A市發生了10起謀殺案，而B市發生了30起謀殺案。為了比較這兩個城市的謀殺案數量，原始的謀殺案數量要以城市人口加以標準化。如果這些城市人口相同的話，則B市就比較危險，但是如果B市人口比A市多很多，那麼，B市就比較安全。如果說A市有10萬人，而B市有60萬人口，則每10萬人口的犯罪率在A市為10起，而在B市僅為5起。

標準化使得不同單元可以在一個共同的基礎之上進行比較。標準化過程，也稱為常

態化（norming），排除相關但是不同特性的影響力，使重要變數上的差異能夠顯現出來。例如，有兩個班的學生，藝術班有12個學生抽菸，生物班有22個學生抽菸，研究人員可以通過班級大小，將抽菸的學生加以標準化，從而比較抽菸者比率或出現率。藝術班有32名學生，而生物班有143名學生。一種常用的標準化方法就是使用百分比。測量百分比的時候，是在100的共同的基礎之上進行標準化。通過百分比，很容易就看出藝術班的學生抽菸同學的比例（37.5%）是生物班的學生（15.4%）的兩倍多。

標準化的一個關鍵問題就在於決定使用哪個基礎。在上述例子中，我們如何知道使用城市大小還是班級大小來作為基數呢？這個選擇並不是那麼明確：它是由我們對概念的理論定義所決定的。

不同的基數會產生不同的比例。例如，失業率可以被界定為勞動人口中沒有工作的人數。整體的失業率就是：

$$失業率 = 失業人數 \div 具有工作能力的人$$

我們可以把總人口分成一些次群體，然後得到每個次群體人士占總人口的比例。例如，白人男性、黑人女性、年齡介於18～28歲之間的黑人男性，或者有大學文憑的人。這些次群體的比率，可能與理論定義或研究問題有比較高的關聯性。例如，研究人員認為，失業的經歷會影響整個家庭戶或者家庭，因此採用的基數應該是家庭戶而不是個人。因此，失業率應該是：

$$失業率 = 至少有一人失業的家庭戶數 \div 家庭戶總數$$

不同的概念化過程，需要採用不同的標準化基數和不同的標準化方法。將若干個項目合併為一個指數時，最好還是用共同的基數將這些項目標準化（參見方框7-5）。

方框7-5　標準化和奧林匹克真正的贏家

美國的體育迷們對美國在2000年奧運會上獲得金牌最多而感到歡欣鼓舞，這實際上是一個錯覺，因為他們沒有對資料進行標準化。當然，作為實際上最富有的國家和人口第三大國家，美國的確在一對一的競賽中表現出眾。要了解背後的真相，我們需要根據人口和財富基數，進行標準化處理。假定所有國家的財富和人口規模是一樣的話，標準化將為我們提供一個更加準確的圖畫來調整這個結果。標準化的結果表明，擁有30萬人口的拉丁國家巴哈馬（比美國中等城市還要小），獲得了最多的金牌數。按照其擁有的人口和財

富來計算，美國絕對不能算拔尖，充其量也就是處在領先地位。美國體育迷們可以繼續保持這個錯覺，因為他們忽略了美國所擁有的各種優勢條件。

2000年雪梨奧運會上金牌總數前十名國家

非標準化排名			標準化排名						
			標準化人口規模			標準化國家財富			
排名	國家	總金牌數	排名	國家	人口*	排名	國家	GDP**（美元）	
1	美國	40	1	巴哈馬群島(1)	303	1	埃塞俄比亞(4)	1,598	
2	俄羅斯	32	2	斯洛文尼亞(2)	944	2	古巴(11)	1,745	
3	中國	28	3	古巴(11)	1,017	3	保加利亞(5)	2,399	
4	澳大利亞	16	4	挪威(4)	1,123	4	羅馬尼亞(11)	3,338	
5	德國	14	5	澳大利亞(16)	1,199	5	巴哈馬群島(1)	4,818	
6	法國	13	6	匈牙利(6)	1,253	6	愛沙尼亞(1)	4,969	
7	義大利	13	7	荷蘭(12)	1,327	7	立陶宛(2)	5,657	
8	荷蘭	12	8	愛沙尼亞(1)	1,369	8	匈牙利(6)	5,704	
9	古巴	11	9	保加利亞(5)	1,633	9	拉脫維亞(1)	7,150	
10	英國	11	10	立陶宛(2)	1,847	10	俄羅斯(32)	7,847	
11	羅馬尼亞	11	11	羅馬尼亞(11)	2,039	11	斯洛文尼亞(2)	9,065	
12	韓國	8	12	瑞典(4)	2,217	12	澳大利亞(16)	24,382	
				美國(40)	7,038		美國(40)	245,935	

注：非標準化欄目中數字 = 獲得金牌數，* = 每千萬人口獲得金牌數，** = 國內生產總值每百億美元的金牌數。

資料來源：Horn, Robert V., *Statistical Indicators for the Economic and Social Sciences,* 1993, p. 45. Reprinted with permission of Cambridge University Press.

量表

目的

量表與指數建構一樣，創造出了以次序、等距、等比等形式測量變數的數字分數。研究人員想要測量一個人如何感受或思考某些問題的時候，常常會使用量表。有些人稱之為感覺的硬度或效力。

量表的使用有兩個主要的目的：

第一，量表有助於概念化和操作化過程，顯示了一系列指標和單個概念之間的符合度。例如，研究人員相信，人們對某些特定政策（如住房、教育、外交等）所做出判斷的背後，必定存在一個單一的意識形態面向。量表可以幫助了解人們是否在對這些政策所採取的立場和態度背後，的確存在某種單一概念，例如「保守主義或自由主義」意識形態。

第二，量表產生量化測量工具，可以與其他變數一起來檢測假設。量表的第二個目的是我們主要的焦點，因為它將量表規定為一種測量變數的技術。

量表的邏輯

如上所述，量表是建立在測量變數的強度、硬度或效力的概念之上的。圖形評價量表是量表的基本形式。人們從一個極點延伸到另一個極點的直線中，指出適當的一點來展現評定結果。這種類型的量表很容易建構和使用。它傳遞了一個連續體的概念，而數字的選用幫助人們來思考量化的內容。量表假定帶有相同主觀感受的人，會在圖形量表的同樣的地方，做出同樣的標記。

圖7-5是一個關於感覺溫度的計量表，它用來發現人們對社會上不同群體（如全國婦女組織、三K黨、工會、醫生等）的感受。這類測量工具自1964年以來，一直被全國選舉研究會的政治科學家們用來測量人們對候選人、社會團體和各種焦點問題的態度。[18]

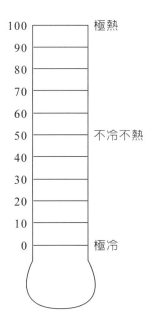

圖7-5　感覺溫度計圖形計量表

常用的量表

李克特量表

你可能已經使用過李克特量表，在調查研究中，人們廣泛使用這類量表。李克特量表在20世紀30年代是由任希斯·李克特（Rensis Likert）發展出來的。它提供了有關個人態度順序等級的測量工具。[19]李克特量表也被稱爲「總加評定」（summated-rating）或者是總和量表（additive scales），因爲個人在量表上的分數是以加總個人回答的每道題所有的分數而計算出來的。李克特量表通常要求人們表達他們是同意或是不同意某個陳述。此外，也有可能有其他修改的版本，可能要求人們回答贊成還是不贊成某個觀點，或者他們是否相信某些事件「永遠都是正確的」。方框7-6展現了李克特量表的示範。

方框7-6　李克特量表類型示例

羅森柏格自尊量表

整體而言，我常覺得我是個失敗者

1. 總是這樣認爲
2. 常常這樣認爲
3. 有時這樣認爲
4. 很少這樣認爲
5. 從未這樣認爲

學生教學評估量表

整體來講，我認爲這門課的教學品質

　　極佳　　很好　　一般　　還可以　　很差

市場調查漱口水評價表

品牌	完全不喜歡	不太喜歡	有點不喜歡	有點喜歡	比較喜歡	完全喜歡
X						
Y						

工作團體督導員評價量表

我的督導	從不	較少	偶爾	時常	總是
讓成員知道自己對他們的期望	1	2	3	4	5
友善、和藹可親	1	2	3	4	5
對所有人一視同仁	1	2	3	4	5

　　李克特量表至少需要兩個類型的回答，通常是「同意」和「不同意」。使用兩個選項，只能創造一個粗略的測量工具，並且強迫人們只做出兩種類型的區別。最好是使用4～8個不同類型的選項。研究人員可以在資料蒐集之後，再進行類型的組合或合併。但如果是使用粗略測量工具蒐集的資料，以後很難讓它們變得更加精確。

　　你可以在量表的後面加上諸如「很同意」、「基本同意」、「非常同意」這樣的類型，以增加選項的類型。所有選項的數量不要超過八九個。多於這個數目的差異就沒有太大意義，反而會使人產生困惑。而這些選項需要維持偶數平衡（如有「非常同意」和「同意」，就要有「非常不同意」和「不同意」來對應）。

　　Nunnally（1978:521）指出：

　　當量表選項數目從2個增加到20個時，剛開始時信度會增加很快，不過大約到了7個左右時，信度就持平了。大約到了11個時，增加選項的個數，對信度的增加就不會有多少影響了。

　　就是否需要在顯示方向性的類別（如「不同意」和「同意」）之外，再提供一些中立的類型（如「不知道」、「未決定」或「沒意見」），研究人員存在很大的爭議。如果在量表中有一個中立類型，就意味著類型的數量變成了奇數。

　　如果所有的項目都是測量同一個建構，研究人員可以將一系列李克特量表的問項合併成一個指數。讓我們來看看Sniderman和Hagen（1985）為自己的研究創建的婦女平等機會指數和自尊指數。在這個大型調查中，被訪者要求回答三個關於婦女地位的問題。研究人員後來將他們的回答添上分值，然後合併成為一個3～15分的指數。被訪者還回答了關於自尊的問題。請注意，當給這些問題回答添上分值時，有一項（問題2）得到的是反向分值。在量表中設計這樣的反轉方向的問題，主要是為了避免出現回答定勢（response set）。反應心向，也稱為回答風格（response style）或回答偏見（response bias），它指的是某些人在面對眾多問題時，可能因為懶惰或者是某種心理傾向，而以同樣的方式來回答所有問題（通常是同意）。例如，所有的問項排列方式都是以回答「非常同意」的方式來體現自尊，我們就不知道人們是真的表現出自尊，還是因為朝著一個方向回答問題的趨勢所致。人們可能只是出於習慣回答「非常同意」，或者是同意的趨勢。如果研究人員交替用不同的方向性陳述問項，那麼，任何一個始終以同意回答的人，都會做出不一致的回答，否則就會出現自相矛盾的意見。

　　研究人員經常將很多李克特量表式的態度指標，合併成為一個指數，量表和指數都有改進信度和效度的屬性。使用測量一個概念或意見的若干個層面的多種指標，可以提高內容效度。最後，在測量個人意見時，指數分數提供了一個更加精確的量化工具。例如，每個人的意見可以用10～40分的數位，而不只是用四種類型（「非常同意」、

「同意」、「不同意」、「非常不同意」）來加以測量。

方框7-7　用李克特量表建構指數的範例

Sniderman和Hagen（1985）建構了指數來測量人們對女性平等機會的信仰和自尊水準。
兩個指數的分數被加在一起，建構了一個未加權的指數。

女性平等機會指數
問題：
1. 與男性相比，女性獲得從事尖端工作的機會少。
  非常同意　　　有點同意　　　有點不同意　　　非常不同意　　　不知道
2. 很多出色的女性找不到好工作，而同樣出色的男性就沒有這種問題。
  非常同意　　　有點同意　　　有點不同意　　　非常不同意　　　不知道
3. 我們的社會歧視女性。
  非常同意　　　有點同意　　　有點不同意　　　非常不同意　　　不知道
評分：所有選項中，非常同意 = 1，有點同意 = 2，有點不同意 = 4，非常不同意 = 5，不
　　　知道 = 3
　　　最高得分 = 15，回答者認為女性機會是平等的。
　　　最低得分 = 3，回答者認為女性的機會是不平等的。

自尊指數
問題：
1. 總體上來看，我對自己滿意。
  同意　　　　　不同意　　　　不知道
2. 有時候，我覺得自己一無是處。
  同意　　　　　不同意　　　　不知道
3. 我有時覺得沒人聽取我的意見。
  同意　　　　　不同意　　　　不知道
評分：第1、3題：1 = 不同意，2 = 不知道，3 = 同意；第2題：1 = 不同意，2 = 不知
　　　道，1 = 同意。
　　　最高得分 = 9，自尊水準很高。
　　　最低得分 = 3，自尊水準很低。

　　　並不一定要像前面的例子那樣，李克特量表中的選項要用1～4之間的分值，也可

以使用－2，－1，+1，+2的方式。這種分數有一個優點，那就是，0代表了中立或者完全不明確的態度，而負數高分意味著回答者的態度是反對的，正數高分則是支持的。

分配給回答選項的數字是很任意的。請記住，零分的使用並不會使量表或指數變成一種等比層次的測量。李克特量表的測量是屬於次序層次的測量，因為答案顯示的只是一種排序而已。除了用1～4分或－2～+2分之外，用100分、70分、50分與5分，也都可以。不要傻到因為數字的出現，就誤以為存在次序類型之間的距離是等距的。雖然數字系統有很明確的數學性質，不過這時使用數字，完全是出於方便，其基本測量不過是次序而已。[20]

李克特量表的最大優點，就是簡單和易於使用。把若干個問項加以合併之後，就可以產生更加全面的多種指標測量。這類量表也有兩類限制：用不同的方式合併若干個量表問項，可能會產生相同的整體分數或者結果；回答定勢會是個潛在的危險因素。

瑟斯頓量表

研究人員有時需要一個帶有連續數字的測量工具，但是他們感興趣的那些態度變數，卻有若干個特點或方面。例如，一家乾洗店「快潔公司」想要了解與自己的競爭對手「友善乾洗公司」相比，自己在格林鎮的公眾形象是怎樣的。快潔公司聘用的研究人員把個人對企業的態度概念化成四個次部分或四個層面，即：地點、營業時間、服務以及對收費的看法。一般人都認為「快潔公司」有較為便利的服務時間和地點，但是收費太高，而且服務不夠禮貌。而人們認為「友善乾洗公司」收費較低，服務比較有禮貌，但是服務時間和地點都不夠方便。除非研究人員知道這四個層面的核心態度，即乾洗店的形象，否則，他們就無法準確地說明大眾到底比較喜歡哪家乾洗店。在20世紀20年代後期，Louis Thurstone發明了一種能夠在這種狀態下指派分數的量表，這些方法被稱為瑟斯頓量表或者是相等間隔法。[21]

瑟斯頓量表是根據比較判斷法則建立起來的。這個法則回答了這樣的問題，當每個人做出獨立判斷時，如何測量或比較態度。換言之，它是在每個人做出主觀判斷後，定出或固定某個人的態度相對於他人的位置。

比較判斷法則認為，對於每個接受判斷的物體或者概念，是有可能分辨出單獨一個「常見的答案」的。雖然不同的人或多或少會做出一些不同的判斷，但是個別判斷通常會分布在一個最為常見的答案周圍。個別判斷圍繞常見答案的分布情況，遵循了常態分布統計模式。根據這個法則，如果很多人都認為這兩個物體不同，那麼，對這兩個物體最常見的答案將會分隔很遠。相反，如果很多人對這兩個物體感到困惑不解，或者不同意它們之間有差異，那麼常見的答案就會非常接近。

在瑟斯頓量表中，研究人員對自己感興趣的物體，發展出很多不同的陳述（如超過100個），然後使用多人評價的方式（如100人）來去掉一些模糊的陳述，將範圍縮小

到一定的程度（如20個），每位評估人根據一個連續體（如從贊成到不贊成）來評價
這些陳述。研究人員要仔細檢驗這些評價，然後根據兩個因素來整理這些陳述：（1）
各評估人之間的一致性；（2）陳述在某些數值範圍內的位置。最後定稿的那一組陳
述，就成爲構成涵蓋某些數值範圍的一個測量量表。

　　瑟斯頓量表始於爲數眾多的評價式的陳述，這些陳述句應該窮盡、涵蓋所有層面
的意見。每個陳述句應該表述清楚，只能表達單獨的一個意見。好的陳述句指代的是現
在，它不可能被理解爲事實。它們不可能得到所有人的贊同，一般都以簡單句的形式出
現，要避免出現「總是」或「從不」的字眼。研究人員會從文獻回顧、大眾傳媒、個人
經驗，以及向他人請教過程中獲得靈感，來設計這些陳述句。例如，在關於乾洗店的研
究中，陳述句可能包括上面所列出的四個層面的問題，再加上下列句子：

　　—— 我認爲X乾洗店迅速準時。

　　—— 在我看來，X乾洗店店面整潔，有吸引力。

　　—— 我認爲X乾洗店不能清洗衣服上的汙垢。

　　—— 我相信X乾洗店清洗大衣的收費合理。

　　—— 我認爲X乾洗店送回來的衣服都很乾淨、燙熨整齊。

　　—— 我認爲X乾洗店的接送服務不好。

　　接著，研究人員要找到50～300人對這些陳述句進行評價。這些人未必是哪個主題
的專家，但是他們應該對陳述句中的物體或概念相當熟悉。每個評審會收到一組陳述句
卡片和說明。每種卡片上有一個陳述句，評審將每種卡片分成幾堆，每一堆的數量通
常是7、9、11或13。每一堆代表了被評價的物體或概念的數值範圍（如從贊成到不贊
成）。每個評審獨自對卡片的等級進行分類，不受其他評審的影響。

　　當每個評審將所有的卡片分入各堆之後，研究人員就建立了一個綜合各堆的陳述
句的交叉圖示。例如，100個陳述句與11堆卡片就會產生11×100的圖示，也就是說，
有11×100 = 1,100個方格。對某個陳述句給相同等級的評審人數寫入每個方格中，然
後，再使用統計測量（這個問題已經超出了本章討論範圍），計算出每個陳述句的平均
分數以及評審的同意或不同意的程度。

　　研究人員保留獲得評審中評分一致度最高的，即評審中信度最高的陳述句，以及代
表整個數值範圍的所有陳述句。例如，假定有100個陳述句結構評價，研究人員計算出
每個陳述句的評價分數，然後，再檢查那些一致度高的陳述句在這個11個值的連續體
上的位置（非常不贊成、中立、非常贊成）。研究人員應將評審使用的類型縮小到少數
的幾個類型，然後從5個類型中，分別選出一致度最高的四個陳述句，最後共得出20個
陳述句。

　　研究人員有了20個陳述句，即每個數值表中有4個，然後將這些陳述句以隨機的方
式混合在一起，再用這20個陳述句來詢問被訪者同意還是不同意這些陳述句（參見方

框7-8中的另一個例子）。

　　用瑟斯頓量表，研究人員可以建構一個態度量表，或者從一大堆的態度陳述句中選出適當的陳述句，這個方法現在很少有人使用，因為它有下列限制：

1. 只測量對陳述句的同意或不同意，沒有涉及同意或不同意的程度。
2. 它假設評審與其他人對陳述句在評分系統中的位置，沒有不同的意見。
3. 很消耗時間，成本很高。
4. 各種不同的方式，可能得出完全一致的總分，因為對於同意或不同意的陳述句各種組合可能會產生相同的平均分數。

　　不過，瑟斯頓量表選出來的是相當模糊不清的態度問項。可以將它與李克特量表或其他方法結合使用，以發展順序等級的測量工具。

. . . .

方框7-8　瑟斯頓量表示例

測量的變數：對死刑的看法

步驟1：根據個人經驗、通俗的和專業文獻回顧以及向他人請教，發展出了120個關於思考的陳述句。

示範句：

1. 我認為死刑是殘忍的、多餘的懲罰。
2. 如果沒有死刑，會出現更多的暴力犯罪。
3. 我相信只有少數極端的暴力犯罪才適合使用死刑。
4. 我認為死刑不會阻止任何謀殺。
5. 我認為即使犯下謀殺罪的人精神失常，也不可以免除死刑。
6. 我相信聖經會對使用死刑提出合理的解釋。
7. 對我而言，死刑本身不是問題，但是我認為，用電擊的方式處死是很殘忍的。

步驟2：把每個陳述句寫在一張小卡片上，組成100組共120個陳述句。

步驟3：找來100名願意擔任評審的人。發給每位評審一組陳述句以及評審規則，要求他們把每個陳述句放進11堆中，第1堆代表非常不同意的陳述句，第11堆代表了非常同意的陳述句。

步驟4：評審把每個陳述句放進11堆中的任意1堆，例如，1號評審把第1個陳述句放進第2堆中，2號評審將同一句陳述句放進了第1堆中，3號評審也把它放進了第2堆中，4號評審把它放進第4堆中等。

步驟5：蒐集各位評審的結果，用圖示來反映他們的評審結果。下表就是一個示範。

步驟6：計算評審同意程度的評分，例如，第一題的評價分數大約是2分，所以是一個高

　　　　度贊同題；第3題的評價分數接近5分，贊同程度就較低。

步驟7：選出最後20題作為死刑意見量表的題目。選擇評審一致性較高的題目（即大多數評審都同意將這一題放在同一堆中），以及能夠反映整個意見範圍 —— 從贊成到中立以及不贊成 —— 的題目。

步驟8：準備一份由20道陳述句組成的問卷，進行研究，詢問民眾是否同意這些句子。

每個陳述句獲得每位評審認可的數量表

陳述句	不贊成					中立				贊成		總計
	1	2	3	4	5	6	7	8	9	10	11	
1	23	60	12	5	0	0	0	0	0	0	0	100
2	0	0	0	0	2	12	18	41	19	8	0	100
3	2	8	7	13	31	19	12	6	2	0	0	100
4	9	11	62	10	4	4	0	0	0	0	0	100

鮑氏社會距離量表

　　鮑氏社會距離量表（Bogardus social distance scale）測量分隔民族或其他團體的社會距離。它是用來測量某個團體，決定這個團體對某個目標或外團體（outgroup）所感覺的距離。這個量表是20世紀20年代，由Emory Bogardus 發展出來的，用於測量不同民族團體成員願意與其他民族結合的意願，它也可以用來檢測人們對其他團體（如宗教少數團體或偏差團體）所感受到的親疏程度。[22]

　　這種量表非常簡單，人們回答一系列帶有順序的陳述句：那些最具有威脅性或有最大社會距離的陳述句放在一端，那些最不具威脅性或社會親密度較高的陳述句放在另一端。這個量表的邏輯是，假設會拒絕接觸或對社會距離感到不舒服的人，將會拒絕社會親密度較高的選項。

　　研究人員會用不同的方式來使用這種量表。例如，先給人一系列的陳述句：團體X的人進入你的國家、走進你的城市、在你的公司工作、住在你的隔壁、成為你的私人朋友、和你的兄弟姐妹結婚。然後，再詢問他們是否對這些陳述句中描述的狀態感到舒服、自在，或者問他們這樣的接觸是否可以接受，也可能問他們是否對這些關係感到不自在。研究人員常常要求人們回答這些陳述句，或者讓他們繼續閱讀這些陳述句，直到他們對某種關係感到不舒服為止。這裡沒有對陳述句的數量有固定限制，通常數目是5～9句。

　　研究人員可以用鮑氏量表來觀察人們對某個外團體所感覺到的距離，與對另一個外團體的距離有什麼差異（參見方框7-9）。社會距離的測量值，可以作為自變數，也

可以作為因變數。例如，研究人員相信，具有某些特點的人，會對某個團體有最大的社會距離。有個假設可能是，白人對越南船民的社會距離感與教育程度呈負相關，也就是說，教育程度越低的人所感覺到的距離越大。這裡，對越南船民的社會距離是因變數，而教育程度就是自變數。

社會距離量表是判斷被訪者感覺某種社會團體親密程度的便捷方法。但是，它也有兩個潛在的限制：第一，研究人員需要為某個外團體與社會背景提供專門的回答類型；第二，對研究人員而言，比較被訪者的對若干個不同團體的感受，不是一件容易的事情，除非被訪者在相同的時間內，能夠完成所有外團體的社會距離量表的測量。當然，被訪者如何答完量表，與被訪者在特定社會情境中的實際行為之間，可能會完全不同。

方框7-9　鮑氏社會距離量表

有位研究人員想要發現大學新生對來自兩個不同國家 —— 尼日利亞和德國 —— 交換學生的社會距離有何不同。她想看看學生對來自非洲的交換學生有比較大的社會距離，還是對來自歐洲的交換學生有比較大的社會距離。在訪談中，她問到了下列問題：

請告訴我你的第一反應，是或者否。如果有個來自某個國家的交換學生有下列情況，你個人是否覺得自在：

①到你的學校做一個星期的訪問

②到你的學校註冊，做一名全日制學生

③與你選修同樣的課程

④在課堂上坐在你的身邊，與你一起準備考試

⑤和你住在同一幢宿舍的同一層的隔壁房間

⑥和你一起住在學校宿舍成為室友

⑦要和你約會的異性朋友

假設結果

表示感到自在的新生比例（%）

	尼日利亞	德國
訪問	100	100
註冊入學	98	100
同一班級	95	98
一起讀書	82	88
同一個宿舍	71	83

	尼日利亞	德國
室友	50	76
約會	42	64

這些結果顯示，大學新生對來自尼日利亞的學生，比對來自德國的學生，有更大的社會距離。幾乎所有的新生對有國際學生的來訪、和他們一起註冊入學、選修同一門課程，都感到自在，不以為然。距離感隨著人際接觸的增加而增加，特別是當這些接觸涉及個人生活領域，或者與課堂活動無關的活動時，就尤其突出。

語義差異法

語義差異法（semantic differentia）是在20世紀50年代發展出來的，它提供測量人們如何感覺某個概念、物體和他人的一種間接測量工具。這個技術是使用形容詞來測量對某些事物的主觀感受。這是因為人們總是通過口頭或書面上的形容詞，來表達自己對事物的評價。由於大部分的形容詞都是對立的（如明與暗、硬與軟、慢與快），所以，使用這些對立形容詞就可以建構出一個評量測量工具或量表。語義差異能夠掌握被評價事物相結合的含義，同時還提供了對這個含義的間接的測量。

語義差異法的用途非常廣泛。在市場調查中，語義差異法提供了消費者對某種產品的資訊。政治顧問用它來發現選民對某個候選人或者議題的看法，而心理治療師用它來判斷當事人是如何看待自己的。使用語義差異法時，研究人員需要先將一系列成對的形容詞拿給受試者，每對形容詞之間有7～11個連續點，然後受試在對立的形容詞之間的連續點上，標出可以表達自己感受的位置。這些形容詞可能會非常不同，而且應該充分混合（例如正向詞不應該總是放在左側或者右側）。對英文各種不同的形容詞的研究發現，這些形容詞可以分成三種主要的意義類型：評價（好與壞）、程度（強與弱）與活動（主動與被動）。這三類意義類型中，評價通常最為顯著，研究結果的分析比較困難，研究人員需要用到統計來分析受試對某個概念的感覺。

語義差異法所得到的結果，告訴研究人員人是如何知覺不同的概念的，或是不同的人是如何看待相同的概念的。例如，政治分析家可能會發現，年輕的選民認為他們的候選人比較傳統、軟弱、遲鈍，介於好與壞之間，而年紀大的選民則會認為他們的候選人比較強大、快捷、出色，介於傳統與現代之間。方框7-10顯示了某人對兩個概念的評價。每個概念的回答模式反映了這個人對這些概念的感覺，他對這兩個概念的看法是不同的，而且對於離婚這個概念似乎有比較負面的感覺。

還有一些技術可以用三度空間圖來顯示研究結果。[23] 可以在三度「語義」空間上畫出三個語意層面。這個圖形中，「好」在上，而「壞」在下，「主動」在左，「被

動」在右，「強」指向遠方，「弱」指向自己。

方框7-10　語義差異法範例

請閱讀線路成對的形容詞，然後在空白處圈出你第一印象的感覺。沒有所謂對與錯的答案。

你對離婚的看法如何？

左	1	2	3	4	5	6	7	右
不好的		×						好的
深刻的						×		浮淺的
脆弱的			×					強烈的
公平的						×		不公平
安靜的							×	吵鬧的
現代的	×							傳統的
簡單的				×				複雜的
快速的		×						緩慢的
骯髒的		×						乾淨的

你對結婚的看法如何？

左	1	2	3	4	5	6	7	右
不好的						×		好的
深刻的		×						浮淺的
脆弱的						×		強烈的
公平的		×						不公平
安靜的			×					吵鬧的
現代的						×		傳統的
簡單的				×				複雜的
快速的						×		緩慢的
骯髒的				×				乾淨的

格特曼量表

　　格特曼量表又稱為累加量表（cumulative scaling），與前面介紹的那些量表或指數都不相同，因為它是研究人員在蒐集資料之後用來評價資料的方法。這意味著，研究人員必須用格特曼量表的技術來設計自己的研究。Louis Guttman在20世紀40年代發展了這個量表，用它來判斷一組指標或測量問題之間是否存在關係。他使用多重指標來記

載隱性的單一面向,或者是概念的累計強度。[24]

　　格特曼量表從測量一組指標或問項入手,這些可以是問卷問項、指標或者觀察到的某些特徵。格特曼量表測量許多不同的現象(如犯罪或藥物使用的類型、社會或組織的特點、投票或政治參與、心理異常等),這些指標的測量經常以簡單的是與否或者存在與不存在的方式進行。使用的指標可以從3個到20個。研究人員之所以會選擇這些問項,是因為研究人員認為這些問項之間存在一種邏輯關係。然後,研究人員會把這些結果放進格特曼量表中,來判斷這些問項是否會形成對應於那種關係的某種模式。

　　一旦一組問項被測量後,研究人員就會考慮是否能夠將這些問項的答案合併起來。例如,測量了三個問項:孩子是否知道自己幾歲了;是否知道自家的電話;是否知道當地三名地方推舉出來的政治官員。小女孩可能知道自己幾歲了,但是不知道其他兩項的答案;或者三個答案都不知道;或者只知道自己的年齡和電話號碼。事實上,對這三個問項而言,有八種可能的答案或回答模式的組合:從什麼不知道到什麼都知道。有個數學的方式,可以計算出組合的數目,但是,你也可以寫下所有對這三個問項的是與否回答的組合,然後就可以看到這八種可能性了。

　　格特曼量表中選項之間的邏輯關係是具有等級性的。大多數人或者個案都會選擇低級的選項。層次較高的個案不但數量少,而且也會涵蓋低層次的問項,但是反之不然。換言之,高層次的問項是建立在低層次問項之上的。低層次的問項是高層次問項出現的必要前提。

　　量表圖形分析(scalogram analysis)是格特曼量表的一個具體運用,它可以幫助研究人員檢驗問項之間是否存在一種等級關係。例如,對孩子而言,知道自己的年齡比記得電話號碼要容易,知道電話號碼也比知道政治家的名字要容易。如果問項之間存在一種等級模式,那麼這些問項就被稱為量表化的問項,或者說它們具備了構成格特曼量表的能力。

　　答案模式可以分成兩類:可量表化以及誤差(或不可量表化)類。在兒童知識那個例子中,可以量表化的模式就是:一個答案都不知道、只知道年齡、只知道年齡和電話號碼,以及三個答案都知道。其他的答案組合(例如知道政治官員的名字,但是不知道自己的年齡)也有可能,但是屬於不可量化的部分。如果問項之間存在著等級關係,那麼,大多數的答案都會符合可量表化的模式。

　　要確定問項可被量表化的強度或程度,需要利用答案中是否可以根據某個等級模式加以複製的統計法來進行測量。大部分情形是,介於0～100%的範圍內。0分代表一種隨機模式,或者是沒有等級的模式。100%的分數代表的是,所有的答案都符合等級或可量表化的模式。還有其他的統計方法可以用來測量是否具備可量表化的屬性(參見方框7-11中使用格特曼量表的案例)。[25]

　　Clogg和Sawyer(1981)使用格特曼量表來研究美國中學生對墮胎的態度,他們

研究了人們接受墮胎行為的各種不同的情形（如危及母親生命、強姦後懷孕等）。他們發現，有84.2%的回答符合一種可以量表化的答案模式。再舉一個使用格特曼量表的例子，McIver和Carmines（1981:55-58）研究了1975年美國國會議員對成立聯邦消費者保護機構法所進行的逐項法案投票。他們研究了對這個法令12個獨立修正案的投票，結果發現國會議員投票行為中有92%符合格特曼的可量表化模式。

方框7-11　格特曼量表示例

　　Crozat（1998）研究了公眾對各種政治抗議行為的回應。他研究了1974年和1990年英國、德國、義大利、荷蘭和美國的公眾對各種形式抗議的接受程度的統計資料。他發現，公眾的接受程度模式，就構成了一個格特曼量表。那些接受密集型抗議形式的人（如罷工和靜坐），通常也會接受較溫和的抗議行動（如示威或請願），但是，並不是所有接受較溫和抗議行動的人都會接受密集型抗議行為。除了展現格特曼量表的作用之外，Crozat還發現，不同國家的人對抗議行動的看法比較接近，格特曼量表的可量表化程度也會隨著時間不斷增加。這樣，接受抗議行為的模式在兩個不同的時間段都可以被量表化，但是，這個模式更接近1990年，而不是1974年。

抗議形式

	請願	示威	抵制	罷工	靜坐
格特曼模式	N	N	N	N	N
	Y	N	N	N	N
	Y	Y	N	N	N
	Y	Y	Y	N	N
	Y	Y	Y	Y	N
	Y	Y	Y	Y	Y
其他模式（示例）	N	Y	N	Y	N
	Y	N	N	Y	N
	Y	N	Y	N	N
	N	Y	Y	N	N
	Y	N	N	Y	Y

結語

本章中，你學習了量化和質性研究中的測量的原則和過程。所有社會工作研究人員概念化，或者提煉並將自己的概念變成概念性定義。所有的研究人員都需要操作化或發展出一系列技術或程式，將概念化定義與經驗現實結合起來。社會工作質性研究和量化研究人員之間的區別在於，他們採用了不同的方式來執行上述過程，顯然，量化研究人員採取了一個更加演繹的路徑，而質性研究人員則採用了一個更加歸納的路徑。他們是殊途同歸：都為了在研究人員的抽象化概念與經驗資料之間建立明確無誤的聯繫。

你還學習到，所有研究人員必須遵循的信度和效度的原則。信度指的是測量工具的可信賴程度和一致程度，效度指的是真實性，或者概念與資料之間的吻合程度。量化研究和質性研究風格的不同之處，在於他們對這些原則有著不同的理解。儘管這樣，社會工作量化研究和質性研究人員還是試圖用一致性的方式來進行測量，他們都追求在自己對社會世界的抽象概念與社會世界的現實之間，尋找一種匹配和吻合。此外，你還學習到了量化研究人員應該如何運用測量原則，來建構指數和量表，你也看到了他們是如何使用這些量表的。

除了信度和效度這些核心概念之外，你也了解到了精確的測量原則：給概念制定清晰的定義，採用多種指標，必要的時候要對資料進行加權和標準化。這些原則適用於各種問題的研究（如家庭、犯罪學、不平等、種族關係等），適用於不同的研究技術（如實驗研究、調查研究等）。

你可能開始意識到，一個扎實的研究設計，需要在研究的每個階段開展大量的扎實工作，如果某個階段出現了嚴重錯誤，即使其他環節很完美，同樣會給研究帶來不可彌補的嚴重後果。

關鍵字

auxiliary theory輔助理論

Bogardus Social Distance Scale鮑氏社會距離量表

conceptual definition概念性定義

conceptual hypothesis概念性假設

conceptualization概念化

concurrent validity並存效度

construct validity建構效度

content validity內容效度

continuous variables連續效度

convergent validity並列效度

criterion validity標準效度

discrete variables離散變數

discriminant validity區別效度

empirical hypothesis經驗假設

equivalence reliability等同信度

exhaustive attributes窮盡屬性

external validity外部效度

face validity表面效度

Guttman scaling格特曼量表

index指數

intercoder reliability交互信度

internal validity內部效度

interval measures等距測量

law of comparative judgment比較判斷法則

levels of measurement測量等級

Likert scale李克特量表

measurement validity測量效度

multiple indicators多重指標

mutually exclusive attributes互斥屬性

nominal measures名目測量

operational definition操作性定義

operationalization操作化

ordinal measures次序測量

predictive validity預測效度

ratio measures等比測量

reliability信度

representative reliability代表信度

response set反應心向

rules of correspondence對應法則

scale量表

semantic differential語義差異法

split-half method折半法

stability reliability穩定性信度

standardization標準化

statistical validity統計效度

subpopulation analysis次群體分析

test-retest method測試與再測試方法

Thurstone scaling瑟斯頓量表

unidimensionality單項性

validity效度

複習思考題

1.什麼是測量的三個基礎部分？它們要如何互相配合？

2.信度和效度的區別是什麼？它們如何互相補充？

3.有哪些方法能夠改善測量工具的信度？

4.不同測量層次的差異是什麼？

5.趨同效度、內容效度和並存效度的區別是什麼？你可以同時滿足這三者嗎？請說明理由。

6.為什麼多重指標會比單一指標好？

7.量表的邏輯與指數的邏輯有什麼不同？

8.為什麼說單向性是量表的一個重要特點？

9.給指數加權有什麼優點和缺點？

10.標準化怎樣使得比較更加容易？

注釋

【1】Duncan (1984:220-239) presented some worthwhile cautions from a positivist approach on the issue of measuring anything.

〔2〕 The terms *concept, construct* and *idea* are used more or less interchangeably, but there are differences in meaning among them. An *idea* is any mental image, belief, plan, or impression. It refers to any vague impression, opinion, or thought. A *concept* is a thought, a general notion, or a generalized idea about a class of objects. A *construct* is a thought that is systematically put together, an orderly arrangement of ideas, facts, and impressions. The term *construct* is used here because its emphasis is on taking vague concepts and turning them into systematically organized ideas.

〔3〕 See Grinnell (1987:5-18) for further discussion.

〔4〕 See Blalock (1982:25-27) and Costner (1985) on rules of correspondence or the auxiliary theories that connect abstract concept with empirical indicators. Also see Zeller and Carmines (1980:5) for a diagram that illustrates the place of the rules in the process of measurement.

〔5〕 See Bailey (1984, 1986) for a discussion of the three levels.

〔6〕 See Bohrnstedt (1992a) and Carmines and Zeller (1979) for discussions of reliability and various types of reliability.

〔7〕 See Sullivan and Feldman (1979) on multiple indicators. A more technical discussion can be found in Herting (1985), Herting and Costner (1985), and Scott (1968).

〔8〕 See Carmines and Zeller (1979:17). For a discussion of the many types of validity, see Brinberg and McGrath (1982).

〔9〕 The epistemic correlation is discussed in Costner (1985) and in Zeller and Carmines (1980:50-51, 137-139).

〔10〕 Kidder (1982) discussed the issue of disagreements over face validity, such as acceptance of a measure's meaning by the scientific community, but not the subjects being studied.

〔11〕 This was adapted from Carmines and Zeller (1979:20-21).

〔12〕 For a discussion of types of criterion validity, see Carmines and Zeller (1979:17-19). See Fiske (1982) for construct validity.

〔13〕 See Cook and Campbell (1979) for elaboration.

〔14〕 See Borgatta and Bohrnstedt (1980) and Duncan (1984:119-155) for a discussion and critique of the topic of levels of measurement.

〔15〕 Johnson and Creech (1983) examined the measurement errors that occur when variables that are conceptualized as continuous are operationalized in a series of ordinal categories. They argued that errors caused by using categories (compared to a precise continuous measure) are not serious if more than four categories and large samples are used.

〔16〕 For compilations of indexes and scales used in social work research, see Brodsky and Smitherman (1983), Corcoran and Fischer (1994), Miller (1991), Nugent, Sieppert. and Hudson (2001), Robinson and colleagues (1972), Robinson and Shaver (1969), Schuessler (1982), Sederer and Dickey (1996), and Wodarski (1997).

〔17〕 For a discussion of weighted and unweighted index scores, see Nunnally (1978:534).

〔18〕 Feeling thermometers are discussed in Wilcox and associates (1989).

〔19〕 For more information on Likert scales, see Anderson and associates (1983:252-255), Converse (1987:72-75), McIver and Carmines (1981:22-38), and Spector (1992).

〔20〕 Some researchers treat Likert scales as interval-level measures, but there is disagreement on this issue. Statistically, it makes little difference if the Likert scale has at least five response categories and an approximately even proportion of people answer in each category.

〔21〕 McIver and Carmines (1981:16-21) have an excellent discussion of Thurstone scaling. Also, see discussions in Anderson and colleagues (1983:248-252), Converse (1987:66-77), and Edwards (1957). The example used here is partially borrowed from Churchill (1983:249-254), who described the formula for scoring Thurstone scaling.

〔22〕 The social distance scale is described in Converse (1987:62-69). The most complete discussion can be found in Bogardus (1959).

〔23〕 The Semantic Differential is discussed in Nunnally (1978:535-543). Also, see Heise (1965, 1970) on the analysis of scaled data.

〔24〕 See Guttman (1950).

〔25〕 See Bailey (1987:349-351) for a discussion of an improved method for determining scalability called Minimal Marginal Reproducibility (from Edwards, 1957), which gives accurate measures of scalability. He also cited McConaghy (1975), who discussed techniques that improve upon the Minimal Marginal Reproducibility measure. Guttman scaling can involve more than yes/no choices and a large number of items, but the complexity increases quickly, and computers are needed for Guttman scalogram analysis. A more elaborate and sophisticated discussion of Guttman scaling can be found in Anderson and associates (1983:256-260), Converse (1987:189-195), McIver and Carmines (1981:40-71), and Nunnally (1978:63-66). Clogg and Sawyer (1981) presented alternatives to Guttman scaling.

第八章

質性研究與量化研究的抽樣

抽樣是任何一類研究中的主要問題。我們不可能對感興趣的每個個案展開研究，每個科學活動都試圖通過對一些案例的研究，發現其能夠運用到其他同類事物中去，這就是我們常說的推廣性。

—— Howard Becker，《交易的訣竅》，67頁

　　社會工作量化研究和質性研究人員，用不同的方式來進行抽樣。大多數關於抽樣問題的討論，主要來自那些量化研究領域。他們的主要目的就是要從一個大樣本中，或者總體中，獲得一個有代表性的樣本，或者一個小規模的案例和單位，這樣，研究人員可以對小群體進行研究，從而得出的結果可以推廣到總體中。研究人員關注的是特定的技術，能夠幫助他們獲得具有高度代表性的樣本（即樣本能夠全面代表總體）。量化研究人員會根據數學中的機率理論（也稱為機率抽樣），選擇一種抽樣類型。

　　研究人員在使用機率或隨機抽樣時，主要出於兩個動機：第一，時間和費用的考慮。如果方法得當，使用抽樣樣本，只需要花費1/100的時間和費用就能夠產生相同的結果。例如，面對2,000萬的人口，研究人員只需要抽取2,000人，2,000人中產生的結果與2,000萬人的結果是一樣的。第二，準確性。一個認真仔細設計的機率抽樣的樣本得出的結果，與從某群中抽取每個樣本得出的結果一樣準確。人口普查通常就是對每個人的統計。2000年美國人口統計局就試圖對美國每一位公民進行點數，但是，如果他們採用專業的統計抽樣的方法，結果會更加準確。

　　質性研究人員不太重視樣本的代表性，或者是一個具體的機率抽樣技術。相反，他們關注的是樣本，或者一小部分個案或單位，是如何真實反映社會生活的。抽樣的最初目的是，蒐集能夠明確和加深人們認識的特定的個案、事件或行動。社會工作質性研究人員重視的是，發現那些在特定的情境中，能夠加強並深化其他研究人員對社會生活過程的發現的知識。因此，質性研究人員採用了另一種抽樣技術：非機率抽樣。

非機率抽樣

　　質性研究人員通常不會從一個大量的個案中，抽取一個代表性的個案，來深入研究這個個案：這是量化研究的目標。對質性研究人員而言，「他們關心的更多的是研究主題，而不是研究的代表性，這就決定了他們如何選擇研究對象」（Flick, 1998: 41）。質性研究人員採用的是非機率抽樣或非隨機抽樣方法。這就是說，他們很少事先決定樣本量，對研究的人群總體了解不多。與量化研究事先按照數學理論進行抽樣設計不同的是，質性研究人員對個案的選擇是一個循序漸進的過程，根據個案的情境，來決定是否抽取。表8-1展現了不同的非機率抽樣技術。

表8-1　非機率抽樣類型

抽樣類型	原則
隨意抽樣	以任何方便的方式抽取個案。

抽樣類型	原則
配額抽樣	運用隨意抽樣的方法，在某個能夠反映多元性的、事先決定的人群中，抽取一定數量的個案。
目的性抽樣	運用不同的方法，抽取符合特定標準的個案。
滾雪球抽樣	利用某個人或一些個案的介紹獲取新的個案，然後再從這些新的個案中獲得進一步的介紹，以此不斷擴大樣本量。
典型個案抽樣	抽取那些與主流模式不同的個案，是一種特殊的目的性抽樣。
連續抽樣	不斷抽取個案，直到不會獲得新的資訊，出現新的特點（通常與其他抽樣技術同時使用）。
理論抽樣	根據某個主題的理論重要性來抽取個案，從而表現出理論性特點。

隨意性、偶遇性和方便抽樣

　　隨意性抽樣方法會產生低效的、不具備代表性的樣本，我們一般不主張採用這個技術。如果研究人員按照方便的原則，隨意抽取個案，那麼，他們的樣本根本無法代表個案的總體情況。這樣的抽樣方法便捷、成本低，但是隨之而來的系統錯誤會使得結果比沒有樣本還要糟糕。[1]電視臺對大街上行人的訪談就是一個典型的隨意性抽樣的例子。電視節目的街頭訪談，通常是節目主持人帶著攝像機和話筒，對在大街上方便訪談的人進行交談。在街上碰上電視節目採訪的人，並不能夠代表所有人（如主婦、鄉下的人等）。同樣，電視採訪通常選擇那些他們看來是「正常」的人，而不採訪那些不漂亮的、貧窮的、年老的或口齒不清的人。

　　隨意性抽樣的另一個例子就是，報紙經常邀請讀者填寫一份問卷，並將問卷寄回報社。並不是每個人都天天讀報，不是每個人都對同一個話題感興趣，不是每個人都願意花時間來填寫問卷。可能有人願意，這些人的數量可能很大（如5,000人），但是，這個樣本未必能夠推廣到全體人群。這樣的隨意抽樣可能會有娛樂價值，但是它們反映的是扭曲的觀點，無法代表整個人群。

配額抽樣

　　配額抽樣是對隨意抽樣的改進。[2]在配額抽樣中，研究人員首先需要確定相關人群的分類（如男性與女性，30歲以下，30～60歲之間，60歲以上等），然後決定如何從各個類別中抽取多少，這樣就確定了不同類別中抽取的樣本量。例如，研究人員確定要抽取一個40個人的樣本，其中，從30歲以下組中抽取5男5女，從30～60歲組中抽取10男10女，從60歲以上組中抽取5男5女。這些樣本還是很難準確代表所有人群中的特定（參見圖8-1）。

從街上走過的32名成年人和兒童中,選擇10人作為樣本:

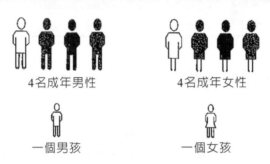

4名成年男性　　　　　　4名成年女性

一個男孩　　　　　　　一個女孩

圖8-1　配額抽樣

　　配額抽樣是一個改進的方法,因為研究人員能夠保證樣本中包含了某些差異。在隨意抽樣中,所有被訪談的人,可能都是同一年齡段、同一性別或種族。但是,一旦配額抽樣決定了分類和每個類型抽取個案的數量後,研究人員還是採用隨意抽樣的方法來抽取樣本。例如,研究人員要訪談自己碰到的5名30歲以下的男子,那麼,可能這5個人是剛剛從某政黨候選人競選總部走出來的人。如果這樣的話,這不僅僅是代表錯誤的問題,還會存在另一個問題,那就是,由於隨機抽樣的方法運用到了類別中,研究人員可能會選擇那些表現友好、願意接受採訪的人。

　　另一個抽樣歷史上比較有名的案例也反映了配額抽樣的問題。George Gallup的美國公眾輿論研究所運用配額抽樣的方法,成功地預測了1936年、1940年和1944年的總統大選結果,但是,對於1948年的大選結果的預測卻出現了錯誤。這種錯誤的預測有幾個原因(如很多選民的不確定,訪談結束過早等),但是,一個主要原因,就是配額的類別沒有能夠準確反映所有區域,包含所有真正參加投票的人。

目的性或判斷性抽樣

　　目的性抽樣在某些特定的情況下,是一個可以使用的抽樣方法。它利用專家的判斷來抽取案例,或者是按照自己的目的來選取案例。如果用它來選擇「平均家庭戶」或者

「典型學校」就很不合適了。採用目的性抽樣，研究人員根本不知道自己抽取的案例是否能夠代表總體。這個抽樣方法常用在探索性研究或田野研究中。[3]

目的性抽樣適用於下列三種情況：

第一，研究人員用它來選擇特別能夠提供資訊的獨特的個案。例如，研究人員想要使用內容分析法來研究雜誌，以發掘文化主題。他們要選擇某個流行的女性雜誌來做研究，因為該雜誌領導了當時的潮流。

第二，研究人員可能使用目的性抽樣來選擇很難接近、比較特殊的群體。例如，研究人員想要研究受虐婦女，要列出所有受虐婦女的名字，然後從這個名單中進行隨機抽樣，這是完全不可能的。相反，他們使用主觀的資訊和專家建議（如在家庭暴力部門工作的社會工作者，以及其他資源），來確定受虐婦女的「樣本」，供自己進行研究。研究人員需要使用不同的方法來確認這些個案，因為他們的目標就是要盡可能多地發現個案。例如，Harper（1982）在20世紀80年代對美國無家可歸者的田野研究中，就是通過與這些人為友，與他們一起生活在火車和貧民區的方式，來找到自己的樣本。這些群體可能會參與各種活動。例如，McCall（1980）就通過向朋友了解其他藝術家的情況，並加入當地一個藝術家組織的方式，在聖路易市找到了31名女藝術家。

第三，使用目的性抽樣方式的情況就是，研究人員希望找到某個特別的群體，以便深入研究。這種研究的目的不是要推論到更多的總體，而是要獲得對這個人群的深入了解。例如，Hochschild對28人進行了深入訪談，了解他們的信仰，其中，她選擇了一些家庭收入低的人，也選擇了一些家庭收入高的人，有男性，也有女性。

> 很顯然，我們無法安心地將這個樣本結果推廣到全國：對我來講，指出我的樣本中有多少人需要獲得更多或者更少的政府服務，是根本沒有意義的……深度訪談是一種產生見解、差異和矛盾的方式。這些可能會形成通過社會科學量化研究方法可以驗證的假設。（1981:23-24）

在對企業精英的政治影響力的研究中，Useem（1984）使用了結合配額抽樣與目的性抽樣的方式來選擇個案。他訪談了72名英國主要企業的經理、57名美國大型公司的官員。他選擇的樣本同時包含了英國和美國的公司，也包括了某些在數家公司兼職的董事會董事和經理。此外，為了減少旅費開支，他根據產業和規模，以及公司所在的地域分布來選擇自己的樣本。

Gamson（1992）在一個對工人階級如何看待政治的焦點小組的研究中，使用目的性抽樣的方法（第十章將會詳細討論焦點小組）。Gamson希望能有188名工人階級人士，參加37個焦點小組的訪談。他選擇的參與者中包括：沒有上完大學，但是在年齡、種族、宗教、政治興趣和職業類型上各不相同的人。他以參加節日活動、野餐、集市和

跳蚤市場，以及在公告欄上張貼廣告的方式，在波士頓的35個社區招募參與者。除了向參與者解釋研究外，他還向參與者支付了酬勞，以吸引那些過去不參加研究的人。

滾雪球抽樣

　　社會工作研究人員常常對互相關聯的人或者組織網路比較感興趣。[4] 這種網路可能是全世界關注相同問題的科學家的組織、一個中型城市的精英分子的組織、從事組織化犯罪的家族成員組織、銀行和企業董事會成員的組織，或者大學校園中彼此有性關係的人的組織。這些網路的重要特徵就是，每個人或每個單位都和其他部分，通過直接或間接的聯繫連接在一起。當然，這並不意味著他們互相之間一定認識、互相交往、互相影響。相反，這意味著從整體來看，大部分人通過直接或間接的方式，都置身於一個互相關聯的網路中。

　　例如，Sally和Tim並不直接認識，但是，他們都跟Susan是好朋友。因此，他們之間存在著一個間接的連接，這三個人都是相同友誼網路中的一個部分。研究者用描述社會關係圖（sociogram）來反映這種網路，社會關係圖是一些由線條連接起來的圓圈所組成的圖形。圓圈代表一個人或個案，而線條則代表友誼或其他的聯繫（參見圖8-2）。

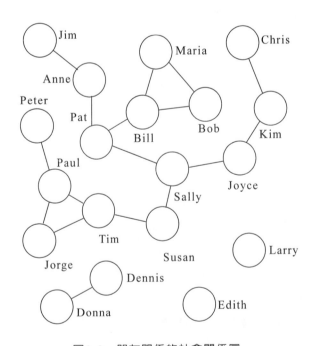

圖8-2　朋友關係的社會關係圖

　　滾雪球抽樣（也稱爲網路抽樣、關係鏈抽樣或聲望抽樣）是一種發現和抽取（選

擇）網路中個案的方法。它建立在雪球的類比之上，雪球在形成初期很小，但是隨著滾動的次數增加，雪球的體積不斷增大，也會吸引更多的雪片。滾雪球抽樣是一個多階段技術，它首先始於一個或少數個案，然後通過與初始個案的聯結，而不斷擴大。

　　例如，研究人員要研究某個社區內青少年的友誼網路，他們從三個互不相識的青少年開始。每個人說出自己四個好朋友的名字，然後，研究人員就去找這四個朋友，再要求他們說出自己四個好朋友的名字，研究人員再去找這四個朋友，重複同樣的要求，依此類推。不久，越來越多的人就出現在名單上了。在樣本中的每一個人都直接或間接地與最初的三個青少年有關係，有些人可能還會同時寫出自己認識的人的名字。研究人員最後終於停止不再問了，這可能是因爲沒有新名字出現，因爲封閉網路已經產生了，也可能是因爲網路越來越大，超出了研究人員可以控制的程度。而樣本中所包含的人，至少都是網路中的某一個人的好朋友。Ostrander在對36名上層婦女的研究中，就採用了滾雪球抽樣方法。

　　在每次訪談結束時，我請被訪婦女給我推薦「在自己的社交圈子中與你的背景相似的，也願意與我交談的人」。這種獲得被訪者的實際做法，具有理論和方法論上的優勢。我通過轉介，訪問了那些被同輩人認爲能夠代表自己階級的婦女，因此，我不需要訪談那些明顯不屬於上層社會的婦女，但是我最感興趣的是那些被認爲是「可以算是」上層階級的婦女，因爲我希望了解既定的規範和「可以算是」的定義（1984:9-11）。

典型個案抽樣

　　研究人員希望找到一個與常規不同，或者與其他個案特點不同的個案時，會使用典型個案抽樣方法。與目的性抽樣比較相似的是，研究人員使用一系列技術將特定個案進行分類。典型個案抽樣與目的性抽樣不同的是，典型個案抽樣是找出不能代表整體的異常的、不同的、獨特的個案。典型個案被抽取了，主要因爲它們很特別，研究人員希望通過研究那些在正態分布之外的特殊個案，以及主流事件之外的事件，以便更加全面地理解社會生活。

　　例如，研究人員有興趣研究高中的輟學率。我們可以說，過去的學者認爲，大部分高中輟學者出生於低收入、單親、穩定性不強的、經常搬家的家庭和少數民族家庭。他們的家庭環境通常就是，父母和兄弟姐妹們教育程度低，有的甚至自己就是輟學者。此外，輟學還與越軌行爲有關，有的在輟學前就有了犯罪紀錄。研究人員如果採用典型個案抽樣，就會選擇那些沒有犯罪紀錄、來自雙親的、穩定的、中上階層收入家庭、父母都受過良好教育的個案。

連續抽樣

　　連續抽樣與目的性抽樣類似，但是有一點不同。在目的性抽樣中，研究人員希望找到盡可能多的相關個案，直到時間、財源或研究人員的精力耗盡了。目的性抽樣的原則就是獲取每一個可能的個案。在連續抽樣中，研究人員不斷選擇個案，直到不能再獲得新資訊，或者個案的多元性都已經涵蓋了。它的原則就是不斷蒐集個案，直到達到某個飽和點。用經濟學的術語來看，資料不斷蒐集，直至新增個案的邊際效應或者積累利潤達到了平衡。它要求研究人員不斷對已蒐集的個案進行評估。例如，研究人員計畫對60名70歲以上的寡居婦女進行訪談，她們已經寡居10年以上。按照研究人員的目的，抽取另外20名生活經歷、社會背景和世界觀與前面60名婦女不同的寡居婦女，就完全沒有必要了。

理論抽樣

　　在理論抽樣中，研究人員在發展扎根理論過程中，要對樣本（如人、情境、時間、時段等）進行仔細篩選。一個與時俱進的理論興趣，會指導研究人員的選樣方向。研究人員個案的選擇，取決於個案提供的新觀點。例如，田野研究人員可能在一個地點，觀察一群人在工作日的行為。理論上，研究人員會詢問人們是否在不同時間內，做同樣的事情。他們會在其他時段選擇樣本（如晚上或者週末），以了解更加全面的圖象，以及重要的事件是否完全相同。

機率抽樣

　　圍繞機率抽樣，有一系列的專業術語和專有名詞。在仔細討論機率抽樣之前，讓我們來看看常用的語言。

總體、要素和抽樣框

　　研究人員從一個龐大的個案群，或者要素中抽取樣本。抽樣要素是分析單位或總體中的個案，它可以是任何一個將被測量的個人、團體、組織、書面檔或符號性資訊，甚至是社會行動（如逮捕行動、離婚、親吻等）。這個龐大的群體就是總體，它在抽樣過程中扮演了一個重要角色。有時，全體（參見第六章的定義）和總體這兩個詞可以互換使用。要給一個總體定義，研究人員要明確即將被抽樣的單位、地理位置和總體的時間界限。看看方框8-1中的總體的例子，所有這些例子都包括了抽樣的要素（人、企業、

醫院掛號處、商業廣告節目等），以及地理和時間上的限制條件。

方框8-1　總體範例

1. 在1989年12月2日，所有居住在澳大利亞，16歲以上，不被關押在監獄、避難所或類似機構的人。
2. 1994年7月開張的、在加拿大安大略省內雇用超過100個以上工人的企業。
3. 在1988年8月1日至1993年7月31日期間，所有在紐澤西州公立和私人醫院看過病的人。
4. 所有在1999年11月1日至25日，美國三家主要新聞網路在東部標準時間早上7點至晚上11點期間播出的電視商業廣告。
5. 所有在1950年至今獲得專業學位，並正在美國從業的社會工作者。
6. 1992年間所有在溫哥華、英屬哥倫比亞、西雅圖、華盛頓等地吸食海洛因的非裔美國人。

研究人員從總體概念開始（如某個城市中的所有居民），但是，必須對此做出一個準確的定義。目標總體指的是研究人員想要研究的特定的個案群。樣本數與目標總體之間的比率稱為抽樣比率。例如，在一個5萬人的總體中，研究人員要從中抽取150人，那麼，抽樣比率就是150/50,000 = 0.003，或0.3%。如果總體是500人，而研究人員要抽取100個樣本，那麼抽樣比率就是：100/500 = 0.20，或者是20%。

總體是一個抽象概念。在某個特定的時間內，確定了某個固定的人數，總體會是怎樣的一個抽象概念呢？除非是一個特定的小總體，我們根本不可能凍結一個總體來進行測量。例如，在一個城市的某個時刻，某些人死去，某些正在登機或走下飛機，某些人正開著車越過邊境。研究人員需要確定到底將誰放在計數範圍之內。他們需要計數那些屬於本市居民，但是在測量時間內正在外出度假的人嗎？他們應該對在測量時間內正好來本地旅遊，住在本市酒店裡的人進行測量嗎？他們應該將那些關在監獄中的男女老少，以及那些住院的人都包括在內嗎？即使是指在1996年3月1日的威斯康辛州密爾瓦基市內所有18歲以上的人，總體這個概念也還是非常抽象的，因為它只存在於人們的大腦中，很難準確地表達出來。

由於總體是一個抽象概念，除非是小數量的總體（如某個教室內全體學生），研究人員都需要去估計總體的大小。作為一個抽象概念，總體需要一個操作化定義。這個過程與發展出一個測量概念的操作化過程，是基本相似的。

研究人員在對總體進行操作化時，會發展出一個相當近似總體中主要要素的特定名

單，這個名單就稱為抽樣框。研究人員可以選擇一類抽樣框：電話號碼簿、納稅紀錄、駕駛執照紀錄等。將總體中的要素列在一個清單上，似乎很簡單，事實上，這個工作非常困難，因為總體可能並沒有現成的要素清單。

　　一個好的抽樣框是實現理想抽樣的關鍵。而抽樣框與總體的概念性定義之間的不一致，是造成誤差的主要原因。與變數的理論性定義和操作性定義之間的不匹配會產生缺乏效度的測量一樣，在抽樣框和總體之間的不匹配，也會產生無效的抽樣。研究人員要盡力減少這種不匹配情況的出現。例如，你想要在美國的某地抽取所有人作為你的樣本，因此，你要確定獲得一份擁有駕照者的名單。但是，某些人並沒有駕照，而且那些有駕照的人的名單經常更新，很快就過時了。然後，你想到了使用納稅紀錄。但是，並不是每個人都納稅，有些人逃稅漏稅，還有人因為沒有收入，根本就不納稅，還有人去世了，或者還沒有開始納稅，還有一些人在最近一次納稅後，才進入本地區。你可能會想到了電話號碼簿，它們也同樣有問題：有些人剛剛搬來，還沒有列入電話號碼簿中，有人電話號碼漏登了，還有人剛剛搬走。除了一些例外的情況（如一個大學錄取新生的名單），所有的抽樣框都不是很精確的。抽樣框可能包含在目標總體之外（如電話號碼簿上列出了所有搬走的人），或者可能遺漏了其中的某些人（例如沒有電話的人）等。

　　一個總體的任何特點（如某城市居民中抽菸的比例，21歲以上婦女的平均身高，相信UFO的人的比例等）被稱為總體參數，它反映了總體的真實特徵。當總體中所有的要素都被測量之後，參數就產生了。對大總體來講（例如某地的人口），絕對無法準確知道總體的參數，因此，研究人員必須根據樣本來估計它的參數。研究人員使用從樣本獲得的資訊（稱為統計值）來估計總體參數（參見圖8-3）。

圖8-3　抽樣邏輯的模式

　　歷史上有一個著名的抽樣案例，可以說明這個技術的不足之處。美國的一個主要雜誌《文摘》在1920年、1924年、1928年和1932年的美國總統大選之前，給人們寄出了明信片，這家雜誌就是從車主登記簿和電話號碼簿這兩個抽樣框中，挑選了作為樣本的名單。人們寄回了明信片，並指明了自己會投票給誰。這本雜誌準確地預測出這四次總統選舉結果。雜誌因此而名氣大增，到了1936年，它所選擇的樣本量達到1,000萬人。

這家雜誌預測Alf Landon會戰勝Franklin D.Roosevelt，但是結果卻表明，他們的預測錯了，羅斯福獲得了壓倒性的勝利。這次預測失敗原因是多方面的，但最主要的原因就是抽樣中的錯誤。儘管雜誌抽取了數量眾多的人群，但是，它的抽樣框並沒有能夠準確地代表總體（即所有選民）。它排除了沒有汽車的人，在1936年，這部分選民在總體中占據了相當高的比例，而這時正好是20世紀30年代經濟大蕭條最嚴重的時期。這個抽樣框排除了將近65%的要素，以及支持羅斯福的選民（低收入者）。[5] 雜誌在前幾次選舉預測中，一直都很正確，因為高收入和低收入並不影響人們的投票行為。還有，在前幾次的選舉中，即使在經濟大蕭條之前，更多的低收入家庭能夠用得起電話和車。

從《文摘》雜誌所犯的錯誤中，我們至少可以得到這樣幾個教訓：第一，抽樣框非常重要。第二，樣本量不如它是否能準確代表總體重要。一個很具代表性的2,500人的樣本，對美國人口總體做出的預測，其準確度遠遠超過一個不具代表性的1,000萬或5,000萬的樣本。

為什麼要隨機

被稱為機率理論的應用數學，就是建立在隨機過程之上的。隨機（random）在數學上有一個特定的含義，它是指產生一個數學上所謂隨機結果的過程，也就是說，選擇過程是按照真正隨機的方式運作的（如不參照任何模式），而且研究人員能夠計算出結果出現的機率。在真正的隨機過程中，每一個要素都有同等被選中的機率。

嚴格按照隨機過程進行的機率抽樣，要比非隨機抽樣費時費工。研究人員必須明確具體的抽樣要素（如人），並把它們包括在樣本中。例如，採用電話調查，研究人員為了能夠得到準確的隨機樣本，可能需要多次打電話，才能找到被抽取的人。[6]

隨機抽樣最容易得到真正反映總體的樣本。此外，隨機抽樣可以使研究人員能夠通過統計來計算樣本與總體之間的關係，即抽樣誤差的大小。抽樣誤差有個非統計的定義，即由於隨機過程造成樣本結構和總體參數之間的偏差。

本章並沒有涉及隨機抽樣的技術性和統計性細節，相反，它著重介紹了如何進行抽樣、合格的抽樣和不合格抽樣的差異、如何抽取樣本，以及社會工作研究中的抽樣基本原則。這並不是說隨機抽樣不重要，而掌握基礎知識是非常重要的環節。如果你計畫未來從事量化研究，你就應該學習更多的統計基礎知識，由於篇幅有限，這裡就省略了。

機率抽樣類型

簡單隨機

簡單隨機抽樣是最容易掌握的隨機抽樣方法，也是其他抽樣方法中最基本的一種方

法。在簡單隨機抽樣中，研究人員需要發展一個精確的抽樣框，根據數學隨機程式，從抽樣框中選擇要素，然後，找出那些被選出來、要包含在樣本中的要素。

把抽樣框中的所有要素編號之後，研究人員需要用一個隨機表來確定抽取哪個要素。他們需要的亂數與應該抽取的要素在數量上保持一致。例如，數量為100個的樣本，就需要100個亂數。研究人員可以從亂數表（random number table）中獲得亂數，亂數表中的數位是以數學隨機方式選取出來的。亂數表在大部分統計和研究方法書中都可以看到，包括在本書中 （參閱附錄B）。這些數字都是經過純粹隨機過程而產生的，因此任何一個數字出現在某個位置上的機率都是相等的。電腦程式也能產生出亂數表。

你可能會問：「一旦我從抽樣框中選擇一個要素，我要把它放回到抽樣框中，還是要把它留下來？」最常見的回答是，不要放回去。無限制的隨機抽樣，是一種抽到後再放回去的隨機抽樣，也就是說，將一個被抽取的要素再放回去，這樣它可以被再次抽到。在簡單隨機抽樣中，抽樣是不能放回抽樣框的，研究人員會忽視那些已經被抽取的要素的。

簡單隨機抽樣的邏輯，可以通過一個從瓶子裡抽取玻璃珠的例子來加以說明。你有一個裝有5,000顆玻璃珠的瓶子，有的是紅的，有的是白的。這5,000顆玻璃珠就是你的總體，你要估計的參數就是紅玻璃珠的比例。你隨機抽取了100顆玻璃珠（你要閉上眼睛，搖一搖瓶子，從中拿出一個玻璃珠，重複99次）。 那麼，你現在有一個玻璃珠的樣本，你可以在你的樣本中數出紅玻璃珠的數量，依次來估計紅玻璃珠在總體中的比例。這要比數5,000顆玻璃珠簡單多了。你的樣本中有52顆白玻璃珠，48顆紅玻璃珠。

難道這就是說總體參數就是紅玻璃珠占48%嗎？可能不是。由於隨機的機會，可能你的樣本中會出現誤差。你可以將這100個玻璃珠放回瓶子中，搖一搖，然後選取第二組100顆玻璃珠的樣本，來檢查你的結果。在第二次嘗試中，你的樣本有49顆白玻璃珠和51顆紅玻璃珠。你現在就面臨一個問題：哪一組的結果是正確的呢？如果從相同的總體中得到不同樣本，可能會產生不同的結果。那麼這種隨機抽樣工作有什麼意義呢？如果你一次又一次重複這個程式，你可能會有130個不同的樣本，而每個樣本中都包含了100顆玻璃珠（參見方框8-2中的結果）。大部分的人可能會倒空瓶子，把5,000顆玻璃珠清算一遍。但是你想要看看到底是怎麼回事。你的130個樣本會揭示一個清楚的模式，紅白玻璃珠最常見的混合組成是50/50，接近這個分配模式的樣本，比那些較不平均分配的樣本要更多地出現。總體參數似乎就是50%的紅玻璃珠和50%的白玻璃珠。

數學證據和實證檢測都表明，在方框8-2中出現的模式經常出現。許多不同的樣本的組合就是你的抽樣分配，它是一組又一組不同的樣本所構成的分配，反映了許多抽取個數不同的、獨立隨機樣本所產生的樣本結果出現的頻率。如果樣本量是1,000而非100，如果那裡有10種顏色而不是2種顏色，如果總體有100顆或1,000萬顆而不是5,000顆，如果總體是人、汽車或大學，而不是玻璃珠，同樣的模式也會出現。事實上，當越

來越多組的獨立隨機抽樣的樣本從總體中抽出後，這種模式就會變得越來越清晰。

方框8-2

抽樣分布的例子

紅色	白色	樣本數	
42	58	1	
43	57	1	
45	55	2	
46	54	4	
47	53	8	
48	52	12	
49	51	21	
50	50	31	從一個裝有5,000個玻璃珠的罐中隨機抽取紅色和白色玻璃
51	49	20	珠，每次抽100個，重複130次，為130個獨立隨機樣本。
52	48	13	
53	47	9	
54	46	5	
55	45	2	
57	43	1	
	總計	130	

樣本數

31	*
30	*
29	*
28	*
27	*
26	*
25	*
24	*
23	*
22	*

```
21                        * *
20                        * * *
19                        * * *
18                        * * *
17                        * * *
16                        * * *
15                        * * *
14                        * * *
13                      * * * *
12                      * * * * *
11                      * * * * *
10                      * * * *
 9                    * * * * * *
 8                  * * * * * * * *
 7                    * * * * * *
 6                    * * * * * *
 5                    * * * * * * *
 4                  * * * * * * * *
 3                  * * * * * * * * *
 2                  * * * * * * * * * *
 1          * *     * * * * * * * * * *        *
          42 43 44 45 46 47 48 49 50 51 52 53 54 55 56 57
```

紅色玻璃珠在樣本中的數量

　　抽樣分配模式表明，在抽取了若干組獨立的樣本之後，真正的總體參數（即在上面例子中的50%/50%）就會比其他任何一種結果出現的機會更多。有些樣本偏離總體參數，但是它們比較少見。當我們把更多的獨立隨機樣本結果匯成圖形，如方框8-2所示，那麼，抽樣分配看起來就會像一條常態或鐘形曲線。這種曲線具有理論重要性，而且在統計學上運用得非常普遍。

　　數學的中心極限定理（central limit theorem）告訴我們，在抽樣分配中，不同的隨機樣本會隨著組數的增加到無限大時，樣本的模式和總體參數也將變得越來越可以預測。在很多組的隨機樣本中，抽樣分配會呈現出一個常態曲線，而且在這個曲線的中

點，隨著抽出的樣本數增加，越發接近總體的參數。

　　或許你只需要一組樣本，因爲你沒有時間或精力來抽取更多的樣本，這種想法非常常見。研究人員很少抽取很多樣本，他們通常只抽取一個隨機樣本，但是，中心極限定理幫助他們可以將一組樣本的結果推論到總體。這個理論針對很多組的樣本，但是，它可以讓研究人員計算出一組特定的樣本偏離總體參數的機率。

　　隨機抽樣並不能夠保證每一個隨機樣本能夠完美地代表總體。相反，它是指大部分隨機樣本，在大多數情況下，能夠相當接近總體，因而可以計算出某個特定樣本不準確的機率。研究人員使用從這個樣本中得到的資訊來估計抽樣分配，從而可以估算出這個樣本的偏差或不具代表性（即抽樣誤差的大小）的機會。他們把這個資訊與中心極限定理結合起來，就能夠建構出信賴區間。

　　信賴區間是一個相對簡單但又非常有用的概念。你可能聽到過電臺或電視臺播報民意調查的結果時，會說某些調查的誤差範圍是正負2%。這就是信賴區間的表示方法。信賴區間是圍繞某個特定點的範圍，來估計總體的參數。用範圍來表示，主要是因爲隨機過程的統計並不能使研究人員預測到某個絕對點，但是可以使研究人員在高信心水準（如95%）下，描述總體參數的眞值會落在某個固定的範圍之內。

　　抽樣誤差或信賴區間的計算方法超越了本書的討論範圍。抽樣分配是幫助研究人員計算抽樣誤差與信賴區間的關鍵概念。因此，研究人員不能說：「這個樣本提供了關於總體參數完美的測量值」。只能說：「我有95%的把握，總體參數的眞值不會和通過樣本所發現的值相差超出2%。」

　　例如，你不能說：「由一組隨機樣本得知，瓶中確實有2,500個玻璃珠」，你可以說：「我有95%的把握肯定，總體參數介於2,450～2,550之間。」你可以結合樣本特點（例如它的大小、其中的變異等）和中心極限定理，以極大的信心來預測參數所在的範圍。

系統抽樣

　　系統抽樣是一種在隨機選擇中採用了捷徑方式的簡單隨機抽樣。同樣，第一步就是將抽樣框中的每個要素都編號。研究人員這時使用的不是一個亂數表，而是要計算出抽樣間距，這個間距就稱爲研究人員的準隨機選擇方法。抽樣間距（即：從K個中選取I個，這個K就是某個數字）告訴研究人員在他們選出某個要素成爲樣本之前，如何先跳過抽樣框中的某些要素，再從抽樣框中選取。

　　例如，你想要從900個名字中抽出300個。在選出了隨機的起始點之後，你在900個名字中每隔2個選出1個，得到了一個300人的樣本。你的抽樣間距就是3。抽樣間距很容易計算。你只需要樣本大小和總體大小（或者以樣本框大小作爲最好的估計），你可以將抽樣間距當成抽樣比率的倒數，從900個名字中選取300個的抽樣比率是：300/900

= 0.333 = 33.3%，因此，抽樣的間距就是900/300 = 3。

很多情況下，簡單隨機抽樣的樣本和系統抽樣的樣本，最後產生的結果幾乎一模一樣。有一個重要的情況是不能用系統抽樣的樣本來替代簡單抽樣的樣本的，即樣本中的要素是根據某種迴圈或某種模式組織起來的。例如，研究人員的抽樣框是由已婚夫妻組成的，丈夫排在前面，妻子排在後面（見表8-2）。在這種情況下，如果採用系統抽樣，就得不到具有代表性的樣本了。由於個案排列方式和系統抽樣的方式，可能只抽到了妻子，因此樣本不具有代表性。當他們的樣本框是以成對夫妻的方式組合時，偶數的抽樣間距會導致樣本中只出現丈夫，或者只出現妻子的情況。

表8-2　系統抽樣用在迴圈資料中的問題

個案	
1	丈夫
2[a]	妻子
3	丈夫
4	妻子
5	丈夫
6[a]	妻子
7	丈夫
8	妻子
9	丈夫
10[a]	妻子
11	丈夫
12	妻子

注：隨機起始碼 = 2；抽樣間距 = 4；a = 選中的樣本。

表8-3顯示了簡單隨機抽樣與系統抽樣的程式。請注意，這兩個樣本抽到的是不同的名字。例如，H.Adams在兩個樣本中都出現了，但是，C. Droullard只在簡單隨機抽樣中出現了，這是因為抽出兩個完全一樣的隨機樣本，是非常罕見的。

抽樣框包含了20位男性和20位女性（性別在每人名字後面的括弧中注明）。結果，簡單隨機抽樣得到了3位男性和7位女性，而系統抽樣得到了5位男性5位女性。這是否意味著系統抽樣就更加準確呢？不是的。要證實這一點，使用不同的亂數表抽取一個新樣本，試著去掉前兩位數字，並且從最後一個數字開始選取（如從11、921中抽取11，從43、232中抽取43）。同樣，也從不同的隨機起始數開始選取一組新的系統樣本。上一次的隨機起始碼是18，這次從11開始。你會發現什麼？每個性別能夠各抽多

少？[7]

表8-3　如何抽取簡單隨機抽樣和系統抽樣

1. 把抽樣框中的每個個案按順序編號。一份40個名字的名單，按照字母順序排列，編上1~40號。

2. 確定樣本大小。我們將抽取25%（即10個）的樣本。

3. 如果採用簡單隨機抽樣，先找一個亂數表（參見附錄：一份詳細的亂數表在附錄B中）。在使用亂數表時，先要算出抽取最大樣本量的位元數（如要抽到40個人名，那麼兩位數就夠了；如要抽出100~999個，那麼需要三位元數；1,000~9,999個，就需要四位元數）。你可以從亂數表中的任意一個地方開始（我們從左上方開始），然後選擇一組數字（我們選擇最後兩位數）。在抽樣框上標出與亂數表上數字相同的號碼，這就表明，這個個案就是被抽中的樣本。如果選出的數字過大（如超過40），就放棄不用。如果選出的亂數出現一次以上（10和21在本例中就出現了2次），忽略第二次抽取的結果，按照這個程式直到抽出所需的樣本數（本例中為10個）。

4. 如果採用系統抽樣，先從一個隨機的起始點開始。最簡單的方法就是盲目地從亂數表中抽出一個數字，然後，從抽樣框中找出最接近這個數字的號碼。在本例中，我們抽到了18。從這個亂數開始計算抽樣間距，在我們的例子中是4，結果得出的數字是22。把它從抽樣框中圈出來，然後，從它開始計算抽樣間距，得出下一個名字號碼。繼續這個程序，直到抽完所需數量為止。如果這份名單的結尾與開頭連接在一起（好像一個圓圈），繼續計算抽樣間距，直到找到非常接近開頭的那個數字，或者正好是開頭的那個數字。如果抽樣間距把整份抽樣框的名字分隔得很平均的話，就會得到這個結果。

續前表

編號	姓名和性別	簡單隨機	系統	編號	姓名和性別	簡單隨機	系統
01	Abrams, J(M)			21	Hjelmhaug, N(M)	是*	
02	Adams, H(F)	是	是(6)	22	Huang, J(F)	是	是(1)
03	Anderson, H(M)			23	Ivono, V(F)		
04	Arminond, L(M)			24	Jaquees,J(M)		
05	Boorstein, A(M)			25	Johnson, A(F)		
06	Breitsprecher, P(M)	是	是(7)	26	Kennedy M(F)		是(2)
07	Brown, D(F)			27	Koschoreck, L(F)		
08	Cattelino, J(F)			28	Koykkar, J(M)		
09	Cidoni S(M)			29	Kozlowski, C(F)	是	
10	Davis, L(F)	是	是(8)	30	Laurent, J(M)		是(3)
11	Droullard, C(M)	是		31	Lee, R(F)		
12	Durette, R(F)			32	Ling, C(M)		

編號	姓名和性別	簡單隨機	系統	編號	姓名和性別	簡單隨機	系統
13	Elsnau, K(F)	是		33	McKinnon, K(F)		
14	Falconer, T, (M)		是(9)	34	Min, H(F)	是	是(4)
15	Fuerstenberg, J(M)			35	Moini, A(F)		
16	Fulton, P(F)			36	Navarre, H(M)		
17	Gnewuch, S(F)			37	O Sullivan, C(M)		
18	Green, C(M) START		是(10)	38	Oh, J,(M)		是(5)
19	Goodwanda, T(F)	是		39	Olson, J,(M)		
20	Harris, B(M)			40	Ortizy Garcia, L(F)		

摘錄自亂數表（用於簡單隨機抽樣）

15010	18590	00102	42210	94174	22099
90122	38221	21529	00013	04734	60457
67256	13887	94119	11077	01061	27779
13761	23390	12947	21280	44506	36457
81994	66611	16597	44457	07621	51949
79180	25992	46178	23992	62108	43232
07984	47169	88094	82752	15318	11921

＊亂數表中抽取出現兩次的數字。

分層抽樣

　　在分層抽樣中，研究人員首先根據補充的資訊，將總體分成若干個次總體（或層）。[8]將總體分層之後，研究人員從每個次總體中選擇隨機樣本，他們可以在各層中用簡單隨機抽樣或系統抽樣的方法來抽取樣本。在分層抽樣中，研究人員控制每個層面的相對大小，而不是任由隨機過程來控制各層抽到的個數。這就保證了代表性，以及從一個固定樣本中各層抽取的比例。當然，關於各層的補充資訊，通常事先很難獲得。

　　總而言之，與簡單隨機抽樣相比，如果各層的資訊準確的話，分層抽樣產生的樣本具有更好的總體代表性。有個簡單的例子可以說明這個原因。想像一個總體中有51%的女性和49%的男性，這個總體參數，性別比為51：49。使用分層抽樣時，研究人員分別從男性和女性中抽取隨機樣本，因此樣本也保持51：49的性別比率。如果研究人員使用簡單隨機抽樣，就很可能在一個隨機樣本中，出現不同於真實總體的性別比。因此，在使用分層抽樣時，在總體代表性上犯的錯誤會比較少，產生的抽樣誤差也相應較少。

　　當研究人員感興趣的層群占總體的比率較小，使用隨機抽樣的方法可能會遺漏這個層群時，人們常會使用分層抽樣的方法。例如，研究人員從20,000名大學生中想抽取一個200人的樣本。他們從大學教務處得到的資訊表明，這20,000名大學生中有2%的人，也就是400人是帶有5歲以下的孩子的離婚婦女，這是個非常重要的、需要包含在樣本中的群體。一組具有代表性的樣本中，應該有4名（200名中的2%）這類學生。但是，如果採用了簡單隨機抽樣，研究人員可能就會遺漏這個人群。通過分層抽樣，他們從教務處得到這400名學生的名單，並且從中抽取4名。這樣就可以保證樣本在這個層面上，能夠代表總體（參見方框8-3）。

方框8-3　分層抽樣示例

綜合醫院100名職員的樣本：以職位分層

職位	總體		簡單隨機	分層隨機	比較總體誤差
	個案數	百分比			
行政人員	15	2.88	1	3	−2
院內醫師	25	4.81	2	5	−3
院際醫師	25	4.81	6	5	+1
註冊護士	100	19.23	22	19	+3
助理護士	100	19.23	21	19	+2
社會工作者	75	14.42	9	14	+5
護理員	50	9.62	8	10	−2
辦公室人員	75	14.42	5	14	+1
維修人員	30	5.77	3	6	−3
清潔工	25	4.81	3	5	−2
總計	520	100.00	100	100	

　　從15名行政人員中隨機抽取3人，從25名院內醫師中抽取5人，依次抽取。

　　注意：傳統上，N代表總體總數，n代表樣本總數。

　　簡單隨機抽樣中，護士、助理護士和社會工作者的比例過高，而行政人員、院內醫師、維修人員和清潔工人比例過低。而分層抽樣對每個職位的人員都提供了準確的代表性。

在一些特殊情況下，研究人員可能想使某個層群的比率不同於它在總體中的比例。例如，總體包含了0.5%的愛斯基摩人，但是研究人員希望特別研究愛斯基摩人。他們就會抽取較多的愛斯基摩人，使他們占樣本的10%。使用這種不等比分層抽樣的研究人員，如果不做特殊的調查，就不能直接根據樣本對總體做出推論。

在某些情況下，研究人員會使某個層群或次團體的比例不同於它在總體中的真正比例。例如，Davis和Smith（1992）的報告中指出，1987年的社會調查（在第十一章中會詳細解釋）就超額抽取了非洲裔美國人。美國人口的隨機樣本包含了191位元黑人，而Davis和Smith抽取了一個單獨的非洲裔美國人的樣本，使得黑人總數增加到了544人。191名黑人占隨機樣本的13%，大致與黑人在美國人口總數中的比例接近。544名黑人則占這個不等比例樣本的30%。研究人員如果想要使用這個樣本，就需要在將其結果推廣到總體之前，做出一些調整，才能降低抽到的非洲裔美國人的數量。不等比抽樣可以幫助那些關注某個次總體關係最密切問題的研究人員開展研究。在這個例子中，使用544個樣本比使用191個樣本，可使研究人員對非洲裔美國人做出更加精確的推論。一組較大的樣本更能反映出非洲裔美國人這個次總體完整的多樣性。

整群抽樣

整群抽樣回答了兩個問題：研究人員面對一個分散的總體，缺乏一個理想的抽樣框，取得樣本的成本極其昂貴。[9]例如，在北美沒有一份關於為無處居住的家庭提供服務的名單。即使你有一個準確的抽樣框，要找到這些分布在各地的庇護所，費用也會高得驚人。這時研究人員與其使用一個抽樣框，還不如使用一個多階段整群抽樣的方法。

一個群就是包含了最後抽樣要素的單位，但是它本身可以暫時被當作一個抽樣要素。研究人員首先需要抽出若干個群，每個群中包含了一些要素，然後，再從第一階段選出的群中抽出第二組樣本。換言之，研究人員隨機抽取群，然後，從選出的群中再隨機抽出要素。這個方法有個非常突出的實用性優勢。研究人員即使無法獲得要素的基本框架，還是可以得到一個群的抽樣框。一旦研究人員選出了一些群，就可以從這些群中發展出一個抽樣框。第二個優勢是總體的地域分布便利性，在每個群中，各個要素在地域上比較接近，因此，在取得這些要素時，可能會節約很多經費。

研究人員在整群抽樣中，會在各個階段中分別抽取一些樣本。在一個三階段的抽樣中，第一階段是抽取大規模群，第二階段是在每個大規模群中抽取小群，第三階段是從這個小群中抽取要素。例如，研究人員想要一個楓葉鎮的居民樣本。首先，他們要隨機抽取該鎮的區和街區，然後從中隨機抽取家庭戶，再從中抽取居民（參見方框8-4）。雖然沒有一份該鎮居民的完整名單，但是卻有一個該鎮完整的區和街區名單。在隨機抽取了區和街區的樣本之後，研究人員就能計算出，被抽中的街道小巷中所包含的家庭戶

數，因此，就可以建立每個街道小巷的抽樣框，他們就能使用這個家庭戶名單，在家庭戶抽樣階段，就能隨機抽取樣本。最後，研究人員就能在每個抽取的家庭戶樣本中，抽取需要的居民。

整群抽樣經常會比簡單隨機抽樣費用要少一些，但是，也不夠精確。整群抽樣中的每個階段都會出現抽樣誤差，因此，多階段的群樣本會比單階段的隨機樣本，出現更多的抽樣誤差。[10]

研究人員在使用整群抽樣時，必須確定群的數目以及每個群中要素的數量。例如，在兩個階段的整群抽樣中，要取得一組240位元楓葉鎮居民的樣本，研究人員可能就需要隨機抽取120個群，再從每個群中抽取2個要素。也可能隨機抽取2個群，再從每個群中抽取120個要素。哪種方法更好呢？一般來講，有較多群的設計會比較好一點。這是因爲在同一個群中的要素（如住在同一個街區上的人比不住在一條街區上的人），會有更多的相同點。如果選取較少的群，就會遇到很多相類似的要素，這可能就不是整個總體群的較好代表了。例如，研究人員可能選擇兩個住著很多有錢人的街道，再從中分別抽取120人。這會比從120個不同的街區，分別抽取2個人所組成的樣本，更不具有代表性。

方框8-4 整群抽樣示例

目標： 從楓葉鎮抽取一組240人的隨機樣本。

步驟1： 楓葉鎮有55個區，隨機抽取6個區。

 1 2 3* 4 5 6 7 8 9 10 11 12 13 14 15* 16 17 18 19 20 21 22 23 24 25 26 27* 28 29 30 31* 32 33 34 35 36 37 38 39 40* 41 42 43 44 45 46 47 48 49 50 51 52 53 54* 55

*= 隨機抽取的樣本。

步驟2： 把選出的區分出區和街區，每個區包含20個區和街區。隨機從每個區中選出4個街區，

以第三區爲例：1 2 3 4* 5 6 7 8 9 10* 11 12 13* 14 15 16 17* 18 19 20

*= 隨機抽取的樣本。

步驟3： 把每個街道胡同分出家庭戶，隨機抽取家庭戶。

以第三區第四號街道爲例：

四號街道混合含有單親家庭、複式和每層四戶的公寓大樓。它是由榆樹街、河濱街、南街和綠景路組成。這個地區共住了45戶人家，從這45戶中隨機抽10戶。

1＃榆樹街1號	16	31*
2＃榆樹街3號	17*＃河濱街154號	32*
3*＃榆樹街5號	18　＃河濱街156號	33
4	19*＃河濱街158號	34＃綠景路156號
5	20*	35*
6	21＃南街13號	36
7＃榆樹街7號	22	37
8	23＃南街11號	38
9＃河濱街150號	24＃南街9號	39＃綠景路158號
10*	25＃南街7號	40
11	26＃南街5號	41
12*	27＃南街3號	42
13＃河濱街152號	28＃南街1號	43＃綠景路160號
14	29*	44
15	30＃綠景路13號	45

＊ = 被抽取的樣本。

　　步驟4：從每個家庭戶中抽取1人。
　　整群抽樣綜述：
　　從每戶中隨機抽出1人
　　從每個街道中抽出10戶
　　從每個區中抽出4個街道
　　從這個城市中抽出4個區
　　樣本量 = 1×10×4×6 = 240人

　　當研究人員需要從一個大的地域中選取樣本，需要前往每一個地區進行資料蒐集時，整群抽樣就能夠幫助降低費用。通常這時需要在準確性和費用之間達成一種平衡。

　　例如，Alan、Ricardo和Barbara每個人都計畫親自訪談1,500名大學生，他們能夠代表北美大學生總體。Alan取得了一份包含所有學生的準確抽樣框，並且使用簡單隨機抽樣方法抽樣。然後，他前往1,000個不同的地區，就是為了訪談一兩名被訪者。Ricardo從3,000所大學的名單上，隨機抽取了3所大學，然後前往這3所大學，從每所大學中抽取了500名學生進行訪談。Barbara隨機抽取了300所大學，然後從每所大學抽取了5個學生進行訪談。按照前往每個大學的差旅費用平均為250美元計算，Alan的差旅費為250,000美元，Ricardo是750美元，而Barbara是75,000美元。Alan的樣本最精確，Barbara的樣本量精確程度略差，但是節省了2/3的費用，Ricardo的樣本費用最低，但

是代表性最差。

戶內抽樣

當研究人員採用整群抽樣方法抽取了家庭戶或類似的單位（如家庭或住戶）後，就會面臨這樣的問題：「研究人員應該抽取誰作爲訪問對象？」如果抽取第一個接聽電話的、開門或回信的人作爲樣本，就會出現潛在的偏見。如果隨機抽取的結果是第一個回應的人，就沒有問題了。但是，這個情況比較少見。某些人不太可能在家，而在某些家庭中，某些人（如丈夫）可能比其他人有更多的機會去開門，研究人員使用戶內抽樣（Within-Household Sampling），就是爲了確保隨機抽出某個家庭戶後，家庭戶中的個人也是隨機抽出的。

研究人員要隨機在家庭戶內選擇個人，有幾種不同的方式。[11] 最常用的方法就是使用一個選擇表，在了解了家庭戶的規模和構成之後，列出被選擇者的條件（如最年長的男性，最年輕的女性等）（見表8-4）。這個方法排除了可能因爲選擇第一位開門者或者接電話者，或者研究人員認爲很友好的人作爲樣本而產生的任何偏差。

機率比例抽樣

機率比例抽樣（Probability Proportionate to Size, PPS）中有兩種方法。上述的方法是比例未加權的整群抽樣，那是因爲每個群的大小（或者每個階段的要素數量）都是相同的。但是，不幸的是，比較常見的情況卻是每個群的大小不一。當這種情況發生時，研究人員必須在抽樣的不同階段，調整機率或抽樣比例。

上面提到的Alan、Barbara和Ricardo的例子就說明了未加權的整群抽樣的問題。Barbara從所有3,000所大學的名單中，抽取了一個300所大學的簡單隨機樣本，但是，她犯了一個錯誤，即除非每所大學的學生數是相同的。她的方法給予每個大學同樣的機會，即300/3,000，或者說是10%的機會。但是，每所大學的人數是完全不同的，因此，每位學生被抽到的機率也是不同的。

Barbara列出了每所大學，然後從這份名單中進行抽樣。一所有4萬學生的大學與僅有400名學生的小學校，有相同的被抽取的機會。但是，如果她選出了大學校，那麼，該校學生被抽到的機率是四萬分之五（5/40,000 = 0.0125）。然而，小學校的學生被抽到的機會，則是四百分之五（5/400 = 1.25%）。因此，小學校學生成爲她樣本中的機率，要多出100倍。一位來自大學校的學生被選中的機率是0.125%（10×0.0125），而小學校學生的機率則是12.5%（1×1.25）。Barbara違反了隨機抽樣的原則，即每個要素要被選爲樣本的機率應該是相同的。

表8-4　戶內抽樣法

從抽取的家庭戶中選取個人，選出的號碼是方框8-4中抽到的家庭戶。

號碼	姓	成人數（18歲以上）	抽出的被試
3	Able	1男，1女	女性
9	Bharadwaj	2女	年輕的女性
10	DiPiazza	1男，2女	年長的女性
17	Wucivic	2男，1女	年輕的男性
19	Cseri	2女	年輕的女性
20	Taylor	1男，3女	年齡居中的女性
29	Velu	2男，2女	年長的男性
31	Wong	1男，1女	女性
32	Gray	1男	男性
35	Mall-Krinke	1男，2女	年長的女性

選擇表示例（只計算成年人）

男	女	入選者	男	女	入選者
1	0	男性	2	2	年長男性
2	0	年長男性	2	3	年輕女性
3	0	年輕男性	3	2	年齡居中男性
4[a]	0	年齡居中男性	3	3	年齡居中女性
0	1	女性	3	4	第三大女性
N	?	年輕女性	4	3	第二大男性
0	3	年齡居中女性	4	4	第三大男性
0	4[a]	年長女性	4	5[a]	最小的女性
1	1	女性	5[a]	4	第二大男性
1	2	年長女性	5[a]	5[a]	第四大男性
1	3	年齡居中女性			
2	1	年輕男性			
3	1	年齡居中男性			

注：a等於或者更多。

　　如果Barbara採用了機率比例抽樣，正確地抽取樣本，那麼，每個最終抽樣要素或學生將有相同的機會被抽中。她只要在抽樣的第一階段，調整大學被選取的機會，就可以做到這一點。她必須給予學生多的大學校以較高的被選取的機會，給學生少的小學校以較低的被選中的機會。她根據所有學生在總體中所占的比率，來調整抽取某個大學的機率，因此，一所4萬學生的大學校將比一所400人的小學校，有多出100倍被抽中的機會（方框8-5展現了另一個例子）。

方框8-5　機率比例抽樣示例

　　Henry希望對Riverdale市的居民做一小時的個人訪談。Riverdale市面積很大。Henry希望儘量節省自己的旅行費用和時間，於是，他選擇了整群抽樣的設計。最近一次的人口普查顯示，本市有49萬人。而Henry只能訪談大約220人，爲全市人口的0.05%。他首先從市稅務辦公室和消防處拿到了本市的地圖，然後按照街道圖來確認人口分布。他得知本市共有2,182個街道。首先，他認爲自己可能隨機抽取10%的街道（即218個街道），然後走進每個街道，去數一數住戶數量，在抽取的每個住戶中，選擇一個人進行訪談，但是街道的地區分布和人口規模都不相等。他對每個街道人口分布密度進行了研究，大概估計了每個街道的人口數量，根據每個街道的平均規模，制定了一個五部分分級計畫。

密度	街道數量	平均人口數
極高密度	20	2,000
高密度	200	800
中等密度	800	300
低密度	1,000	50
城鄉結合	162	10

　　Henry知道，如果不作調整就隨機抽取城市街道，將導致每個人被選中的機會不均等。例如，一個高密度街道的人口數可能與40個低密度街道人口的總數相等。Henry按照街道的規模調整了比例。最簡單的方法就是，將所有的城市街道按照最小群的規模，或者城鄉結合街道，轉化成爲規模相同的單位。例如，有高密度街道的人口，可能是城鄉結合街道的200倍，因此，Henry就將這類街道被抽中的機率提高200倍。從根本上來看，Henry建立了一個以10人爲單位的調整後的群，在抽樣的第一階段，用它們來替代城市街道。而原來的162個城鄉結合街道依然保留下來。在調整之後，他就得到了200×80＝16,000個高密度街道單位，這樣總共有49,162個單位。Henry現在採用了調整後的群單位，給每個街道編號。例如，他給密度最大的街道編上了1～200號，這樣依次類推：

1　非常高密度街道 #1

2　非常高密度街道 #1

3　非常高密度街道 #1

…………

3,999非常高密度街道 #20

4,000非常高密度街道 #20

4,001非常高密度街道 #1

> 4,002非常高密度街道 #2
>
> ……………
>
> 49,160城鄉結合街道 #160
>
> 49,161城鄉結合街道 #161
>
> 49,162城鄉結合街道 #162
>
> Henry還是希望訪談大約22人，希望從每個調整後的單位中抽取1人。他運用隨機抽樣方法，從49,162人中抽取220人。他可以將群單位轉化爲城市街道。例如，如果他隨機抽取了25號和184號，他們都在高密度街道1號，這就告訴他從這個街道抽取了2人。如果49,161號被選中了，這就是說他從161街道選擇了1人。Henry就會重新回到每個抽取的街道，確認那個街道的住戶，再隨機抽取住戶。當然，Henry在抽取了住戶後，也可以運用戶內抽樣方法來選擇最後的被訪者。

隨機撥號法

隨機撥號法（random-digit dialing, RDD）是一種特殊的抽樣技術，適用於電話訪問公眾的研究計畫中。[12] 它不同於傳統的電話訪問抽樣方法，因爲這不是以公開發行的電話號碼簿作爲抽樣框的。

以電話號碼簿作爲抽樣框時，有三種人群常常被遺漏：沒有電話的人、最近搬家的人、電話號碼沒有登記的人。所有電話訪問的研究，都遺漏了那些沒有電話的人（如窮人、教育水準低的人、過客等）。但是，在先進的發達國家，電話普及率達到了95%。隨著使用電話的人口比例不斷提高，沒有登記電話號碼的人的比例也在增加。許多人都沒有登記電話號碼，如：想躲避收債的人、富人、希望保留個人隱私的人、想迴避色情電話的人、推銷員，以及打惡作劇電話的人。在某些城市地區，沒有登記電話號碼的比例高達40%。此外，人們因爲搬家，需要等新的一年的電話號碼簿的印刷才有機會登記上，還有的人搬走了，電話號碼仍在電話簿上，而新來的人還沒有登記上等等。研究人員採用隨機撥號法，可以避免上述種種問題。總體就是電話號碼，不包括那些沒有電話的人。隨機撥號法並不困難，但它很花時間，也可能會讓撥號的人感到非常沮喪。

下面我們來看看隨機撥號法在美國是怎樣運作的。電話號碼由三個部分組成：三個數字的區號、三個數字的交換碼或者中央辦公碼以及四位數的號碼。例如，在威斯康星的瑪蒂松，區號是608，在這個區域內有很多交換碼（如221，993，767，455等），但是，並不是所有在001～999之間的三位數號碼都能用。同樣，也並不是所有的四位數的交互碼都能用（0001～9999）。有些號碼是保留給未來擴充用到，有些號碼是停機了，還有些號碼因爲主人搬走了而被撤銷了。因此，一個有效的美國電話號碼是由一個使用中的區號、使用中的交換碼和四位數號碼組成的。

在使用隨機撥號法時，研究人員需要確定區號和交換碼是否在使用中，然後隨機抽取四位數號碼。問題是研究人員可能會抽到任何號碼，這就是說，有些被抽中的號碼是不再使用的、停機了，或者是付費電話、商業電話。只有部分號碼符合研究人員的要求，即正常使用的居民電話。直到打通了電話，研究人員才知道自己抽中的電話是否符合要求。也就是說，這需要研究人員花費大量時間來撥打那些停機的、商用電話或其他電話。例如，Groves和Kahn（1979:45）發現，在他們撥通的電話中，只有22%屬於居民電話。一些研究機構常常使用電腦進行隨機抽樣，然後自動撥號，從而節省了很多時間和精力，但是，旁邊還是需要人工接聽，以確定那個號碼是有效的居民電話。

請記住，隨機撥號法中的要素就是電話號碼，而不是居民或者家庭戶。可能有幾個家庭或幾個人同時使用一部電話，另外，也有可能個人同時擁有幾部電話。這就是說，獲得有效的居民電話之後，還需要進行第二階段的抽樣，即戶內抽樣，來選擇訪談誰。方框8-6展現了一個在現實情況下，如何綜合使用這些抽樣術語和技術來進行抽樣。

方框8-6　樣本示例

抽樣對於樣本的不同，或者不同類型的樣本，有著不同的名稱。一組複雜的樣本顯示出研究人員使用了不同的抽樣方法。讓我們來看看在美國社會學界最著名的全國性調查——社會調查（在第十一章中將詳細討論）1980年的樣本。

樣本的總體被界定為所有在美國居住的成年人（18歲以上），由全體美國人構成。目標總體是由說英語的、住在家中的成年人組成，不包括那些住在機構中的人，例如住在大學宿舍、養老院或軍營中。據研究人員估計，所有家庭戶中的成年人口中，有97.3%住在家中，有97%的人會講英語，能夠接受訪談。

研究人員採用了一個複雜的多階段機率抽樣方法，同時採用了整群抽樣和分層抽樣的方法。首先，他們製作了一個全國性的抽樣框，包括：全美各縣市、獨立大都市和標準都會統計地區（Standard Metropolitan Statistical Areas, SMSAs）（這是人口統計局對大都市與周邊地區的常用稱呼）。在第一階段，每個抽樣要素大約有4,000個家庭戶，他們把這些要素進行分層。各層包括人口統計局劃分的四個主要地域，分成了都會區和非都會區。然後，他們採用機率比例抽樣，根據每個縣市或者標準都會統計地區中的家庭戶數，從每層抽出樣本。結果，他們抽出了一組84個縣市或者標準都會統計地區。

在第二階段抽樣中，研究人員標出了每個縣市或標準都會統計地區的街道、人口統計數量，或者鄉村中的類似資訊。每個樣本要素（例如城市街道）至少要有50個住戶。為了能夠取得某些縣市精確的家庭戶數，研究人員甚至計算出了某個地區的位址數量。研究人員從每個縣市或者標準都會統計地區，抽出了6個或者更多的街道，使用了機率比例抽

樣方法，總共抽出了562個街道。

在第三階段，研究人員把家庭戶當成了抽樣要素。他們從每個街道的地址中，隨機抽出了家庭戶。在抽到位址之後，訪談員與該戶取得聯絡，從中抽出合格的被訪者。訪談員從選擇表中選擇最佳被訪者，並根據選擇表，來對他們進行訪談（如年紀第二大的人）。結果，他們總共聯絡了1,934人，並進行了訪談，75.9%的被訪者都完成了訪談。這樣，最後的樣本規模就是1,468人。我們可以用1,468除以全部家庭戶中的成人總數，就可以得出抽樣率，1980年全國成人總數為1.5億，那麼，抽樣率就是0.01%。為了檢驗他們樣本的代表性，研究人員還將自己樣本的特點與全國人口普查資料進行了對比（參見Davis and Smith, 1992:31-44）。

隱蔽的總體

與對一般總體或者看得見的、容易接近的總體抽樣相對應，有一個隱蔽總體（即那些參與了祕密的、不便公開的活動的人群）抽樣方法，在人們對外人行為或者刻板印象行為的研究中，是一個懸而未決的問題。它涉及如何創造性地運用抽樣原則，將量化研究和質性研究風格有機結合起來，靈活使用機率抽樣和非機率抽樣技術。下面，我們來看看三個愛滋病問題研究中，研究人員是如何從隱蔽總體中進行抽樣的。

Walters和Biernacki（1989）在三藩市對靜脈注射毒品的HIV陽性吸毒者進行研究，希望對一個新的預防愛滋病項目進行評估。他們採用了一個稱為目標抽樣的程序，他們將鏈條轉介（滾雪球技術的一種）、分層抽樣和配額抽樣方法綜合起來使用。他們還對那些吸毒人口密集地區進行了目的性抽樣，以選擇區域。他們認為：「雖然這些不是隨機抽樣的樣本，但是，我們還是特別強調一點，即：這些目標樣本還不是方便抽樣的樣本。」（1989:420）

Martin和Dean（1993）希望在紐約找到一個由700名男同性戀者組成的樣本。這些人要求是住在城裡、18歲以上、沒有被診斷出感染愛滋病、沒有與其他男子有性關係。這些樣本希望能夠代表紐約的狀況、反映不同的生活方式和不同的種族背景等。研究人員通過5個不同的管道，採用了目的性抽樣的方式，招募了291名被訪者。他們首先與紐約159個有同性戀或雙性戀成員的團體取得了聯繫。然後從中篩選了90個符合研究條件的團體。在這90個團體中，他們根據成員人數的多寡，採用分層隨機抽樣的方式，抽取了52個團體。然後，從這些團體中，隨機抽取了5個人。Martin和Dean的研究報告出現在當地新聞媒體上，隨後，他們又招收了41名志願者。另外32名被訪者通過先參加研究的被訪者轉介進來了。還有72人是在一年一度的紐約男同性戀大遊行時找到的。他們同時還在紐約市診所找到了15名符合條件的男性，並請求他們參與研究。

　　研究人員接下來使用了滾雪球抽樣法。他們讓291名被訪者每人再去招募自己3位同性戀朋友參與研究。每個願意參與研究的朋友，同樣還要招募自己的3名朋友參加。這個過程不斷重複，直到219名被訪者發展出了5倍的被訪者。研究人員從中選擇了746名被訪者。Martin和Dean將自己的樣本與三藩市兩個同性戀樣本進行了比較，一個樣本採用了隨機撥號法抽出了500人，另一個樣本運用舊金山人口普查資料進行整群抽樣，抽出了823人。他們的樣本與上述兩個樣本在種族、年齡以及「承認自己同性戀身分」的比例上，都比較一致。

　　Heckathom（1997）採用被訪者抽樣法在康涅狄格兩個小城市及周邊地區，研究了277名使用注射器的吸毒者。由於在1996年7月有390個案例被診斷爲愛滋病，其中一半的人都是使用注射吸毒者。這個樣本是一個目的性抽樣，因爲，樣本中的每個要素都要符合某些條件。Heckathom還使用了一個修改了的滾雪球抽樣，採用了一個「雙重獎勵制度」。他付給了完成訪談的人一份獎金，並告訴他們，如果他們能介紹一個人來接受訪談，還能得到第二份獎金。他告訴首先接受訪談的人，不要自己介紹的人直接交給研究人員，而是把他們轉介給一個中間人（保護式的朋友）。這樣做就解決了「告密」的問題，避免了「毒品戰爭」給人們帶來的某種烙印的問題，特別是在美國這樣的情境中，這類問題尤其敏感。這種修改後的滾雪球抽樣方法，有點類似在某段時間內的連續性抽樣，隨著新招募人數的不斷減少，研究人員逐步感到樣本飽和了。

　　到目前爲止，你已經掌握了幾種主要的機率抽樣方法（參見表8-5），以及這些抽樣方法的一些補充性技術（如機率比例抽樣、戶內抽樣和隨機撥號法等）。此外，你還看到了研究人員在某些特定的情境下，如何將機率抽樣和非機率抽樣的方法綜合使用，如隱蔽人群。

表8-5　機率抽樣類型

總抽樣類型	技　術
簡單隨機抽樣	為所有個案建立一個抽樣框，採用純粹隨機抽樣方法抽取個案（用亂數表或者電腦程式）。
分層抽樣	建立一個抽樣框，從每個類別中隨機抽取個案，然後，將這些樣本綜合起來。
系統抽樣	建立一個抽樣框，計算出抽樣間距1/k，選擇一個隨機起始點，然後每隔1/k開始抽樣。
整群抽樣	給大群單位建立一個抽樣框，隨機抽取群單位，在抽取的群單位中，再建立一個抽樣框，再從中隨機抽取個案，依次類推。

樣本量要多大

　　學生和研究新手常常會問這樣的問題：「我的樣本量應該有多大？」最好的回答就是「看情況而定」。樣本量取決於這些因素：研究人員計畫用什麼方法來進行資料分析、研究人員的目的、樣本的精確程度，以及總體的特點。正如前面所述，大樣本量並不意味著具有很好的代表性。採用非隨機抽樣或者抽樣框不準確獲得的大樣本，其代表性遠遠不如用隨機抽樣方法和合適的抽樣框獲得的小樣本量。

　　樣本量大小的問題，可以從兩個方面來進行確定。第一，對總體提出假設，並在隨機抽樣過程中使用統計方程式。採用這個方法計算樣本量大小，需要涉及統計學理論，這些內容超出了本書的範圍。[13] 研究人員必須對可以接受的信心水準（或錯誤數量）以及總體的變異程度做出假設。

　　第二，比較常用的方法就是經驗法則，一種根據習慣或者通常可以接受的數量。研究人員使用這個方法，是因為它很少需要使用統計方法所需要的資訊，也因為這個方法所得出的樣本大小，很接近統計方法所計算出來的結果。經驗法則並不是隨意的，而是建立在過去抽取滿足統計方法要求的樣本量所積累下來的經驗。

　　樣本量大小的一個基本原則就是，總體越小，要得到精確樣本（即：有較高機率得出與總體相同結果的樣本）的抽樣比率就越大。較大的總體能夠使較小的抽樣比率，得出同樣好的樣本，這是因為隨著總體人數的增加，樣本大小的精確性會隨之增加。

　　對於規模較小的總體（1,000人以下），研究人員需要比較大的抽樣比率（大約為30%）。例如，為了要有較高的精確性，樣本大小大約需要有300個。對於中等規模的總體（如1萬人），要達到同樣的精確度，較小的抽樣比率（10%），或者大約1,000個樣本量，就可以了。就大規模的總體而言（15萬），更小的抽樣比率（1%）就差不多了，大約1,500個樣本量就能得出正確的結果。如果是非常大的總體（超過1,000萬），我們可以使用很小的抽樣比率（如0.025%），或者大約2,500個樣本，就能夠得出精確的結果。當抽樣比率非常小時，總體大小的影響力就不那麼重要了。從2億總體中抽取一個2,500個左右的樣本，與從1,000萬總體中抽出同樣規模的樣本，它們的精確程度是完全相同的。這些都是近似資料，實際操作中，可能還有一些限制（如經費）會影響研究人員的決定。

　　還有一個相關的原則，就是在小樣本中，在樣本量上有細微的增加，會明顯提高精確度。在樣本數量上有同樣程度的增加，對小樣本精確度的影響，會超過對大樣本的影響。例如，樣本數從50增加到100，可以使得誤差從7.1%下降到2.1%。但是，如果樣本數從1,000增加到2,000，則只能使得誤差從1.6%下降到1.1%（Sudman, 1976a:99）。

　　研究人員是根據下列三個標準來決定樣本量的：（1）需要達到的精確度；（2）

總體的變異性和多元性；（3）資料分析時，需要同時檢驗的變數個數。在其他因素不變的情況下，如果總體變異性較大或異質性較強，或者想要在資料分析時，同時檢驗若干個變數，則需要較大的樣本。當可以接受較低的精確性或總體的同質性較強，或者一次只分析幾個變數時，小一點的樣本量就可以了。

對次群體資料分析，也會影響研究人員決定樣本量的大小。如果研究人員想分析總體中的次群體，他們就需要一個較大的樣本。例如，你要分析在四個變數中，30～40歲之間的男性有什麼差異。如果這個樣本是來自一般大眾的，那麼大概只有很少部分（如10%）的樣本符合上述條件。一個經驗法則就是，對每個需要分析的次群體最好都能選擇50個左右的樣本。因此，如果你想要分析某個群體，而它只占總體的10%，那麼，你需要10×50 = 500個樣本量，以確保有足夠的樣本進行次群體分析。

推論

研究人員要進行抽樣，主要目的在於能夠根據這個樣本進行推論。事實上，統計資料分析有一個次領域，是以研究如何做出正確的推論為主要宗旨的，這就是我們常說的推論統計（inferential statistics）。研究人員使用樣本中的單位，直接對變數進行觀察，這個樣本代表總體。研究人員感興趣的並不只是樣本本身，他們想要對總體做出推論。因此，在研究人員實際所擁有的樣本與他們真正感興趣的總體之間，還是存在了一段距離的（參見圖8-4）。

在前面各章中，你看到了如何可以利用抽象概念與具體指標之間的差距，來陳述測量邏輯。具體的可觀察資料的測量工具，是抽象概念的近似物，研究人員通過這種近似物來估計他們真正感興趣的事物（也就是概念與因果法則）。概念化與操作化連接了測量中的差距，就好像使用抽樣框、抽樣過程以及推論來連接抽樣中的差距一樣。

研究人員通過直接觀察概念的測量工具，以及樣本中的經驗關係，把抽樣邏輯與測量邏輯結合起來（參見圖8-4）。他們從樣本中所觀察到的實證性的事物，對總體中的抽象因果法則和概念進行推論或推廣。

效度和抽樣誤差具有同樣的功能，我們可以通過抽樣邏輯與測量邏輯，即對所觀察到的與所討論的之間的類比，來展現這種關係。在測量過程中，研究人員想要得到概念的有效指標，也就是說正確代表抽象概念的具體指標。在抽樣過程中，他們想要得到的是幾乎沒有抽樣誤差的樣本，即能夠正確代表看不見的、抽象的總體的具體個案的總和。有效的測量工具指的是幾乎不會偏離它所代表的概念。沒有多少抽樣誤差的樣本，就可能得到與總體參數差異不大的估計值。

研究人員會努力降低抽樣誤差。我們不會在這裡討論抽樣誤差計算方式，它受到兩個因素的影響：樣本大小和樣本的異質程度。在其他條件相同的情況下，樣本越大，樣

抽樣的邏輯模式

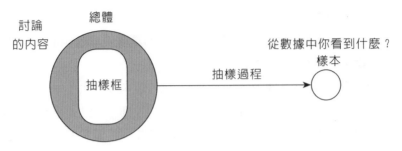

測量的邏輯模式

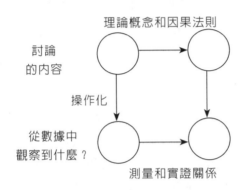

抽樣和測量結合的邏輯模式

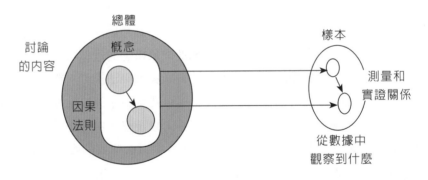

圖8-4　抽樣和測量的邏輯模式

本誤差越小。同樣，樣本的同質性越高（或者多元性越低），樣本的誤差也就越小。

　　抽樣誤差也和信賴區間有關。如果兩個樣本比較接近，其中一個樣本量大於另一個樣本量，那麼，大樣本量將會出現較少的抽樣誤差和較窄的信賴區間。同樣，如果兩個樣本的差異只是在某個樣本中，個案之間的同質性較高，那麼，同質性較高的樣本，將會有較小的抽樣誤差和較窄的信賴區間。較窄的信賴區間，意味著在某個信心水準下，它對總體會有比較精確的估計。例如，研究人員想估計家庭的年平均收入。他們有

兩組樣本，樣本1提供總體參數估計值為33,000元，在80%的信心水準下的信賴區間是30,000～36,000元。在95%的信心水準下的信賴區間是23,000～43,000元。在一個較小抽樣誤差的樣本中（因為它的規模更大，或者同質性更高），可能在95%的信心水準下的信賴區間為30,000～36,000元。

結語

你在本章學習了抽樣。在社會工作研究中，抽樣得到廣泛使用。你還學習了非隨機抽樣技術和方法，其中只有幾種類型是經常使用的，並且是在某些特定情境下，根據具體情況來使用的。[14]一般來講，機率抽樣常常得到量化研究人員的青睞，因為它能夠產生可以代表總體的樣本，使得研究人員能夠採用強有力的統計技術。除了簡單隨機抽樣，你還學習了系統抽樣、分層抽樣和整群抽樣方法。雖然本書並沒有涵蓋所有隨機抽樣中涉及的統計理論，但是，從對抽樣誤差、中心極限定理以及樣本大小的討論中，你應該可以對隨機抽樣產生出比較精確和正確的樣本有一個清楚的了解。

在進入下一章之前，請複習社會工作研究的基本原則。不要將研究過程中的每個步驟區分開，要去學習發現這些步驟內在的聯繫。研究設計、測量和抽樣，以及特殊的研究技術都是互相關聯的。不幸的是，在教科書中呈現資料有一定的限制，它也限制了我們在展現這些研究技術時，無法保證連續性。在實際操作中，社會工作研究人員在設計研究與發展測量工具的過程中，就開始考慮資料蒐集的方法。同樣，抽樣問題會影響研究設計、變數的測量和資料蒐集策略。在後面幾章中，你會發現，優秀的社會工作研究，取決於在不同的研究階段同時進行品質監控——研究設計、概念化、資料蒐集和處理。在任何一個階段犯了錯誤的研究人員，會使得自己的研究變得一文不值。[15]

關鍵字

central limit theorem中心極限定理

cluster sampling整群抽樣

confidence intervals信賴區間

extreme case sampling典型個案抽樣

haphazard sampling隨意抽樣

hidden populations隱蔽人群

inferential statistics推論統計

nonrandom sample非隨機抽樣

parameter總體參數

population總體

probability proportionate to size (PPS) 機率比例抽樣

purposive sampling目的性抽樣

quota sampling配額抽樣

random-digit dialing (RDD) 隨機撥號抽樣

random-number table亂數表

random sample隨機抽樣

sample樣本

sampling distribution抽樣分布

sampling element抽樣要素

sampling error抽樣誤差

sampling interval抽樣區間

複習思考題

1. 何時可以使用目的性抽樣？
2. 滾雪球抽樣適用於什麼情境？
3. 什麼是抽樣框？它為什麼重要？
4. 當總體中有若干個不同的群體，研究人員希望在樣本中能夠包含每一個群體時，應該使用什麼抽樣方法？
5. 你怎樣可以從抽樣比率中得到抽樣間距？
6. 在什麼情況下，研究人員應該使用機率比率抽樣法？
7. 在隨機撥號抽樣中，總體是什麼？
8. 研究人員應該怎樣決定樣本大小？
9. 抽樣邏輯與測量邏輯之間的關係怎樣？
10. 在使用隨機撥號抽樣法時，有什麼優點和缺點？

注釋

【1】 See Stern (1979:77-81) on biased samples. He also discusses ways to identify problems with samples in published reports.

【2】 Quota sampling is discussed in Babbie (1998:196), Kalton (1983:91-93), and Sudman (1976a:191-200).

【3】 For further discussion on purposive sampling, see Babbie (1998:195), Grosof and Sardy (1985:172-173), and Singleton and associates (1988:153-154; 306). Bailey (1987:94-95) describes "dimensional" sampling, which is a variation of purposive sampling.

【4】 For additional discussion of snowball sampling, see Babbie (1998:194-196), Bailey (1987:97). and Sudman (1976a:210-211). Also, see Bailey (1987:366-367). Dooley (1984:86-87). Kidder and Judd (1986:240-241), Lindzey and Byrne (1968:452-525), and Singleton and associates (1988:372-373) for discussions of sociometry and sociograms. Network sampling issues are discussed in Galaskiewicz (1985), Granovetter (1976), and Hoffmann Lange (1987).

【5】 For a discussion of the Literary Digest sampling mistake, see Babbie (1998:192-194), Dillman (1978:9-10), Frey (1983:18-19), and Singleton and colleagues (1988:132-133).

【6】 See Traugott (1987) on the improtance of persistence in reaching sampled respondents for a representative sample. Aslo see Kalton (1983:63-69) on the importance of nonresponse.

〔7〕 Only one name appears in both. The stratified sample has 6 males and 4 females; the simple random sample has 5 males and 5 females (Complete the lower block of numbers, then begin at the far right of the top block).

〔8〕 Stratified sampling techniques are discussed in more detail in Frankel (1983:37-46), Kalton (1983:19-28), Mendenhall and associates (1971:53-88), Sudman (1976a:107-130), and Williams (1978:162-175).

〔9〕 Cluster sampling is discussed in Frankel (1983:47-57), Katon (1983:28-38), Kish (1965), Mendenhall and associates (1971:121-141, 171-183), Sudman (1976a:69-84), and Williams (1978:144-161).

〔10〕 For a discussion, see Frankel (1983:57-62), Kalton (1983:38-47). Sudman (1976a: 131-170), and Williams (1978:239-241).

〔11〕 Within-household sampling is discussed in Czaja and associates (1982) and in Groves and Kahn (1979: 32-36).

〔12〕 For more on random-digit dialing issues, see Dillman (1978:238-242), Frey (1983:69-77). Glasser and Metzger (1972), Groves and Kahn (1979:20-21, 45-63), Kalton (1983:86-90), and Waksberg (1978). Kviz (1984) reported that telephone directories can produce relatively accurate sampling frames in rural areas, at least for mail questionnaire surveys. Also, see Keeter (1995).

〔13〕 See Kraemer and Thiemann (1987) for a technical discussion of selecting a sample size.

〔14〕 Berk (1983) argued that sampling that is nonrandom or a sampling process that excludes a nonrandom subset of cases can create seriously inaccurate estimates of causal relations.

〔15〕 For a further discussion of sample size calculation, see Grosof and Sardy (1985:181-185), Kalton (1983: 82-90), Sudman (1976a:85-105), and Williams (1978:211-227).

量化資料蒐集和分析

第九章

實驗研究

實驗研究這裡需要強調的是一種主要的科學研究方法——實驗研究，就是在一個簡單層面上，面對環境改變時，對團體或個人的不同表現進行比較。

—— Leonard Saxe and Michelle Fine，《社會實驗》，45頁

在前面三章中，你學習了社會工作質性研究和量化研究設計的基礎知識。本章和後面幾章將重點解釋量化研究的技術。我們從實驗研究開始，它最容易掌握，在很多其他科學領域中常被採用，同時，按照實證取向的量化研究方法的標準，它是最「純粹」的方法。

與其他研究方法相比，實驗研究是更直接的、建立在實證主義原則之上的方法。[1]自然科學（如化學和物理）、相關的應用領域（農業、工程和醫學），以及社會工作的研究人員都進行實驗研究。那些指導生物學中植物生長的邏輯以及工程學上檢驗某種金屬的實驗邏輯，被用來指導人類社會行為研究的實驗。雖然實驗在心理學中廣泛運用，但是，也可以看到實驗在其他學科中廣泛使用，如教育學、刑法學、新聞學、市場學、護理學、政治科學、社會工作與社會學中。本章首先關注在控制條件下實驗室中的實驗研究，然後，討論田野中的實驗研究。

實驗的基本邏輯延伸了人們的常識性思維。常識性研究相對科學基礎的實驗來說，科學基礎的實驗更為細緻，更有系統性。用常識性語言來講，實驗指的是在某個情況下，修正某種事物，然後將結果與未作修正的事物的結果進行對比。例如，你想發動汽車，卻發動不起來，於是，你修正了某些東西（如清理了電池電路），並將這個結果（汽車是否能夠啟動）與前面的結果（發動不起來）進行比較。你從一個隱含的假設開始的，即電池電路上所形成的障礙是造成車子無法啟動的原因，一旦清除了這個障礙，車子就可以發動了。這個例子表明，在實驗研究中，研究人員需要做三件事：（1）從一個假設開始，（2）在某個情境中修改某種事物，（3）將修改和沒有修改的結果進行比較。

與社會工作其他研究技術相比，實驗研究是檢驗因果關係最有效的方法，因為因果的三個條件（時間順序、關聯性、不可替代的解釋），在實驗研究設計中得到清楚的體現。

適合實驗研究的問題

關於適當技術的問題

社會工作研究人員運用不同的研究技術（如實驗和調查），因為某些研究技術能夠回答某些研究問題，而另一些研究技術能夠回答另一部分的研究問題。研究新手常常會問，哪些研究技術最適合回答哪些研究問題。這是一個很難回答的問題，因為研究問題與研究方法之間，並不存在一個一對一相配的關係。答案就是：先蒐集資訊，再進行判斷。

按照研究問題來選擇技術，還是有一些普遍性原則可以遵循的。除了這些原則之外，你還可以通過閱讀研究報告、理解各種研究方法的缺點、幫助經驗豐富的研究人員

參與研究，以及積累研究經驗等方式，來培養自己的判斷能力。

研究問題／實驗研究

　　實驗設計的邏輯指出了什麼樣的研究問題最適合實驗研究。實驗研究設計的一個關鍵因素，就是研究人員改變了情境，並對改變了的情境進行控制。只有那些能夠讓研究人員對研究情境進行控制的研究問題，才適合實驗研究設計。例如，實驗研究無法回答的問題包括：「那些大學畢業的人能夠增加他們的年平均收入嗎？」研究人員不能將全國各地的成千上萬的人們，隨機分成大學畢業組和非大學畢業組。即使不是全國人民都參與，還是有很多情境是無法控制的。例如，有兄弟姐妹的人會比獨生子女們有更好的領導才能嗎？研究人員不能指派夫妻們成為兩組，然後強迫他們多生孩子，或者少生孩子，以研究他們的孩子的領導才能。

　　與自然科學家相比，社會工作研究人員出於研究目的，而可以進行干預的領域是非常有限的。他們在為自變數（如順從的壓力、焦慮、合作、高自尊等）設計提供干預性治療方面，更加具有創造性，但同時，他們對很多自變數（如性別、婚姻狀態、年齡、宗教信仰、收入水準、父母的政治傾向，以及自己生長的社區規模等）是無法進行控制的。因此，在面對倫理和現實的限制時，研究人員必須確定，什麼樣的研究設計能夠最有效地回答什麼樣的研究問題。例如，研究人員的問題是：「對犯罪的恐懼，會使得老年人尋求自我保護和安全的行為嗎？」實驗研究人員在老年受試者之間，創造了不同程度的對犯罪的恐懼感。為了製造犯罪的恐懼感，他們讓受試閱讀犯罪報導、觀看犯罪錄影帶，或者將他們放進誘發恐懼的背景中（如在一個上鎖的房間中，與一個看上去非常危險的、老說威脅性話語的人關在一起），然後，研究人員測量受試者是否會做出自我保護性的行為（如按下按鈕，使得自己與危險人物之間形成一個物質障礙），或者測量受試者在回答一個假設性問題時，是否會出現某種模式（如計畫購買一把新鎖）。

　　當然，其他的技術（如調查研究）也能回答類似的問題。調查研究人員會問老年人這樣的問題，以了解他們恐懼犯罪的程度和如何進行自我保護。研究人員通過讓受試者根據自己過去的經驗，來回答自己恐懼犯罪的程度，以此來測量恐懼。

　　這裡還有一個令人困惑的問題，社會工作研究人員可能運用過去固定的情境（如年齡和性別）作為實驗中的變數。例如，Spillers（1982）準備研究，年齡是否會是一個因素，影響孩子與其他殘疾兒童玩耍。她的受試者包括32名學前兒童和32名三年級兒童。她給每個受試者看4組照片，每組照片有一個坐輪椅的孩子，有一個站著的孩子。照片上的孩子從長相、年齡和性別上都各不相同。她問每個受試者這樣的問題：「你願意跟哪個孩子一起玩耍？」Spillers發現，較多三年級的孩子願意與殘疾兒童一起玩耍。Spillers沒有修改自變數年齡，希望能夠發現它對因變數選擇玩耍夥伴的影響，但是，她控制了決策過程，以及決策過程的背景。

社會工作研究中實驗研究簡史

　　實驗法是社會科學從自然科學那裡借用的方法，最早始於心理學。直到1900年以後，這個方法才在心理學中廣泛使用。[2]

　　德國心理學家與生物學家Wilhelm M. Wundt（1832-1920）首先將實驗法引入了心理學。在19世紀後期，德國成為研究生教育的中心，世界各地頂尖的社會科學家們都來到德國學習、進修。Wundt建立了一個心理學實驗室，後來，這個實驗室成為社會工作研究人員的典範。到了20世紀，美國很多大學的研究人員都建立了心理學實驗室，開展社會工作實驗研究。實驗研究很快就取代了思辨性的、反省的、整合的研究取向，它比較接近詮釋社會科學。例如，美國19世紀90年代最著名的哲學家與心理學家William James（1842-1910）就沒有使用或接受實驗法。

　　從世紀之交到第二次世界大戰期間，實驗法又有了進一步的發展，並且深入到社會工作研究的每個領域。這個方法所向披靡的一個重要因素就是，在社會生活的科學研究剛開始為世人接受的年代裡，它為人們提供了一個客觀、無偏差，以及科學的方式來研究人類的精神與社會生活。

　　當時出現了四個趨勢，加速了實驗法在這個時期的發展：行為主義的產生、量化研究的普及、研究物件的改變，以及在實務中的運用。

　　行為主義（behaviorsim）是心理學的一個派別，由美國John B. Watson（1878-1958）創立，Skinner（1904-1990）進一步發揚光大。行為主義強調要對可觀察到的精神生活的行為或結果進行測量，並且提倡用實驗法對假設進行嚴格的實證性檢驗，它成為美國心理學界一個非常有影響力的學派。

　　使用數位來量化和測量社會現象，在1900-1940年期間也開始普及使用。研究人員將社會概念重新概念化，使得它們可以被量化、測量，還有一些概念（如精神、意識和意願）則被實證研究所忽略。有個例子，人們通過智商測驗來測量智力水準。最早的智商測驗是由法國人Alfred Binet（1857-1911）發展出來的，然後被譯成了英文，1916年又進行了修改。這種智商測驗後來被廣泛使用，把這樣以一個分數來表達像心智慧力這麼主觀的東西的能力，作為篩選人群、把人類分出等級層次的客觀方法，極具號召力。事實上，從1921年到1936年，學者們發表的論文中就有超過5,000篇是專門討論智力測驗的問題。[3]許多量表與指標的技術就是在這段期間發展出來的，與此同時，社會工作研究人員開始了應用統計的使用。

　　早期的社會工作實證研究的報告都附上參與研究人員的姓名，而且最早的受試者都是專業研究人員。20世紀的前半葉，研究報告開始以匿名方式來介紹受試者，並且只報導他們的行為結果。大部分的受試者是大學生或學校兒童，這些改變反映出研究人員與被研究人員之間的關係越來越客觀，距離也越來越大。

出於應用的目的，人們不斷採用實驗方法。例如，第一次世界大戰期間，美國陸軍利用智力測驗對數以萬計的男性進行分類，並據此來安排不同的職位。「科學管理運動」的領導者Frederick W. Taylor（1856-1915）提倡把實驗法引進工廠，與經營管理結合起來，改善工作條件，提高生產率。

從20世紀50年代到60年代，研究人員繼續使用實驗方法。他們開始關注一些人為因素，或者那些容易進入實驗設計、造成替代性解釋的各種原因。他們發現了新的人為因素，並且發展出一些新的研究設計與統計程式，以減低這些可能產生實驗系統誤差的因素的影響。實驗法也變得越來越講求邏輯上的嚴謹性，到了20世紀70年代，人們採用方法論上的標準來對實驗研究進行評估。從20世紀60年代開始，也出現了另一個相關的趨勢，那就是越來越多的人使用欺騙手法來進行研究，從而引起了人們對倫理問題的關注。例如，現在常見的情況彙報制度（debriefing）在20世紀60年代中期以前，根本沒有人聽說過。[4]由於實驗法邏輯的嚴謹與簡明、完全吻合實證主義的假設，以及相對低廉的成本，迄今為止，仍為很多研究人員所廣泛使用。

隨機指派

社會工作研究人員經常需要進行比較。例如，研究人員有兩組學生，各為15人，他想要就這兩組之間的一項關鍵差異（例如其中一組修過的一門課程）來比較這兩個團體的差異。或者，研究人員有五組消費者，而他想要根據某個特性（例如地理位置）來比較這五組消費者的差異。有一句老話說「要拿蘋果與蘋果比，不要拿蘋果與橘子比」，這並不是在說水果，實際上它是在談比較，而它的意思是說一個有效的比較，應該是對基本上相似的事物進行比較。隨機指派（random assignment）就可以幫助我們找到相似的組別而進行實驗比較。

在做比較時，研究人員想要比較的是，那些在提供其他替代解釋的變數沒有區別的個案。例如，研究人員比較兩組學生，以便發現修過某門課程的效果。為了能夠進行比較，這兩組學生除了在選修這門課程上有差異之外，其他方面應該比較相似。例如，如果選修課程組的組員年齡比沒有選修課程的組員要大，那麼，研究人員就無法確定到底是選修的課程，還是年齡大，造成了兩組之間的差異。

為什麼需要隨機指派

隨機指派指的是出於比較的目的，指派個案（例如個人、組織等）到不同實驗組別的方法。它是基於增加研究人員對各組之間沒有系統差異的信心，而將一群個案分隔

成、篩選出兩個或多個組別的方法。這是一種機械性的方法，指派是自動進行的，研究人員不能根據個人的偏好、特定個案的特性，來進行指派。

隨機指派的隨機是指統計學或數學意義上的隨機，而非日常生活中的隨機。在日常生活中，隨機是指無計畫、偶然或巧遇性的，但是隨機在數學上有特定的含義。根據概率理論，隨機指的是一種過程，其中，每個個案被選取的機會都是相同的。隨機選取使得研究人員能夠計算出某個特定的個案被選到某個組，而不是另一個組的概率。因此，選擇的過程必須遵循數學法則，從而可以進行精確計算。例如，隨機過程就是，所有個案都有相同的機會被選入一個組或另一個組之中。

隨機過程的精妙之處在於，經過許多次個別的隨機事件之後，可以預測到的狀況就會出現。雖然這個過程完全是出於機會，但是，也無法預測某個特定情況下的特定結果。不過，經過許多次的情形之後，就有可能得到非常精確的預測。

隨機指派或隨機化是不帶任何偏見的，因為研究人員想要肯定某個假設的欲望，或者是受試者的私人利益都不會進入這個選取過程。不帶任何偏見，並不是指在每一次隨機指派的情況下，都會選取出性質完全相同的組別。相反，它是說非常接近這個狀況的結果：數學可以算出選取某個個案的機會；而且從長期來看，這些組別會完全相同。

抽樣和隨機指派都是某個研究中進行系統選擇個案的過程。當研究人員隨機進行指派時，他們會通過隨機程式，將一系列個案分成兩個組或更多的組。相反，在隨機抽樣中，研究人員是從一組更大的個案中，抽取少量的個案（見圖9-1）。研究人員可以先抽樣，再進行隨機指派。他們先抽取一些個案（如從2萬人中抽取150個人），然後再運用隨機指派的方法，將150人分成不同的組別（如將150人分成3個50人的小組）。

怎樣進行隨機指派

隨機指派的實際操作非常簡單。研究人員從一群個案（個人、組織或任何的分析單位）開始，然後用隨機的過程，將這些個案分成兩個或更多的小組，比如要求受試者報數、投擲錢幣或丟骰子等方法。例如，研究人員想要把32人分成兩個各有16人的團體。隨機的方法是在紙條上寫下每個人的姓名，將紙條放進帽子裡，閉著眼睛將紙條混合均勻，然後抽出前16人為第一組，後16人為第二組。

由於隨機指派到某個特定的情境靠的全是機率，所以可能會出現某個極不尋常的情況，而組別間也可能有差異。例如，雖然是極端不可能的事，但是仍然有可能發生具有某個相同特性的所有個案，都被分到同一組當中的情況（參閱圖9-2的例子）。

隨機指派

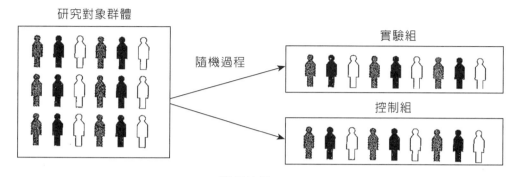

隨機抽樣

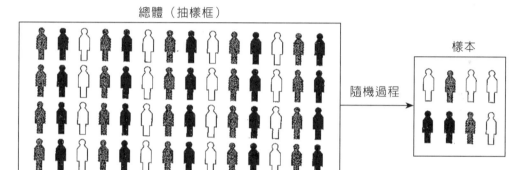

圖9-1　隨機指派和隨機抽樣

第一步：選定一組研究對象

第二步：選定一種機械的方法來隨機化（如投硬幣）

第三步：指定硬幣「正面」朝上的人為一組　　　　　「反面」朝上的人為另一組

控制組

實驗組

圖9-2　如何進行隨機指派

配對與隨機指派

如果隨機指派的目的，是要得到兩個（或更多個）完全相等的組別，那麼對每個小組中個案的特性進行配對，不是比較容易嗎？有些研究人員的確根據某些特性（如年齡與性別），對個案進行配對。配對是隨機指派之外的另一種方式，但它並不是常用的方法。

配對引發出一個問題：哪些是要加以配對的相關特性？有可能做到完全的配對嗎？個案間的差異成千上萬，研究人員不可能知道哪些是有關的特徵。例如，研究人員要比較兩個各有15名學生的小組，其中一組有8位男生，這意味著在另外一組也應該有8位男生。第一組中有兩位男生是獨子，一位來自父母離異的家庭，另一位則來自完整的家庭，前者較高、較瘦，而且是猶太人；後者較矮、較胖，是衛理公會教徒。為了要配對這兩個小組，難道研究人員必須從夫妻離異的家庭中找到一位高高瘦瘦的、身為獨生子的猶太男性，並且從完整家庭中找到一位矮矮胖胖的獨生子，而且是衛理公會教徒嗎？那位高高瘦瘦的獨生子猶太人是22歲，正在求學，準備將來成為內科醫生；那位矮矮胖胖的衛理公會教徒的男性是20歲，想要成為會計師。研究人員也需要配對這兩位男性的年齡與事業抱負嗎？這樣的配對確實是一項難以完成的工作。

實驗設計邏輯

實驗用語

實驗研究有屬於它自己的一套語言或一組術語與概念。你已經見過一些基本觀念：隨機指派、自變數與因變數。實驗研究中，研究計畫中所用的以及接受變數測量的個案或個人，我們稱之為受試者（subjects）。

實驗的組成部分

我們可以將實驗分為七個部分，但是並不是說所有實驗全部都有這些部分，而某些實驗除了這七個部分之外，還包括其他部分。下面要討論的七個部分，構成一個真正的實驗：（1）干預或自變數；（2）因變數；（3）前測；（4）後測；（5）實驗組；（6）控制組；（7）隨機指派。

大部分實驗中，研究人員創造情境或是進入正在發生的情境，然後稍加修正。干預（或稱刺激或控制）是研究人員修正的情境。這個名詞來自於醫學，指的是醫師對病人施以某種處理或干預；醫師干預病人的生理或心理狀態，對其做出某種改變。這就構成

了一個自變數或一組自變數。前面討論測量的例子中，研究人員發展出一個測量工具或指標（例如一個調查問項），然後把它用到個人或個案上。在實驗中，研究人員通過創造一個條件或情境來「測量」自變數。例如，自變數是「恐懼或焦慮的程度」；程度是高恐懼與低恐懼。研究人員不去詢問受試者是否感到恐懼，相反，他們把受試者放在高恐懼或低恐懼情境中，他們控制情境使某些受試者感到非常害怕，而使另一些受試者感到不怎麼恐懼，據此對自變數進行測量。

　　研究人員花很大的工夫來創造干預過程，有些干預過程細微到給予不同組的受試者不同的指示。另一些干預可能複雜到把受試者擺進有精巧儀器、舞臺實物布置的情境、虛構的社會情境之中，從而控制受試者看見與感覺的事物。研究人員希望處理能夠發揮效果，能夠產生特定的反應、感覺或行為。

　　例如，模擬法官判決就是一種干預類型。Johnson（1985）讓受試者觀看了一部審判虐待兒童的影片，影片講述了一位父親抱著頭骨破裂的兩歲兒子沖到急診室急救。影片的內容大致相同，除了其中一部片中，父親的律師聲稱這位父親是位非常虔誠的人，他在所有家庭事務上都遵照聖經中上帝的話來做。在另一部影片中則沒有這一段陳述。因變數是有罪或無罪的判決，以及有罪判決的建議刑期。與常識判斷不同的是，Johnson發現受試者多認為有宗教信仰的被告有罪，應該判較長的刑期。

　　因變數或實驗研究的結果是受試者的身體狀況、社會行為、態度、感覺或信仰，在受到處理之後所產生的變化。因變數可以通過紙筆回答的指標、觀察、訪談或生理反應（例如心跳、流汗的手心），而加以測量。Stephens及其同事們（1985）做的有關幫助殘障人士的研究就是一個例子。這個實驗中，受試者是40名男生與40名女生，在他們從大學校園的一端走到另一端的時候，他們遇到一位坐在輪椅上的肢體殘障嚴重的女子，或者一位沒有殘障的健康女子。這名女子請求受試者協助她尋找一隻遺失在走廊上的耳環。因變數是受試者花在幫忙尋找耳環的分鐘數，是由一位坐在相隔不遠的地方、假裝在看書的觀察者，來進行記錄測量的。

　　在實驗期間，研究人員常常會對因變數進行多次測量。前測是在採用干預處理之前對因變數所做的測量，後測是實驗情境加入干預之後，對因變數所做的測量。

　　實驗研究人員經常會為了進行比較而將受試者分為兩個或數個組，一個簡單的實驗有兩個組別，其中只有一個會受到干預。實驗組是受到干預處理或有干預處理出現的那個組，而沒有干預處理的組稱為控制組。當自變數具有許多不同的值時，就會有一個以上的實驗組。

實驗的步驟

　　按照研究過程的基本步驟，實驗者首先要決定主題，縮小到可以檢測的研究問

題，然後發展出帶有變數的假設，一旦研究人員有了假設，實驗研究的步驟就變得很清楚了。

早期的關鍵步驟是制定一個特定的研究設計（下面將會討論）。研究人員需要決定實驗的組數、如何以及何時建立干預處理情境、測量因變數的次數，以及受試者從頭到尾會經歷什麼。他們也需要發展出因變數的測量工具，進行實驗的測試（參閱方框8-2）。

當研究人員把受試者找來，隨機把他們指派到不同的組別之後，實驗便開始了。受試者需要接受明確的、預先計畫好的指示。接下來，研究人員就開始前測，即在進行實驗干預處理之前，先測量因變數。接著，其中一組要接受干預處理，最後，研究人員要進行後測，再次對因變數進行測量。研究人員也會在受試者離開之前，就實驗內容對他們進行訪談。研究人員需要記錄受試者在因變數上的測量值，查看每組的結果，以檢驗假設是否得到支持。

實驗中的控制

控制在實驗研究中有很重要的地位。[5] 研究人員想要控制實驗情境的所有方面，從而孤立干預處理的效果，並且消除其他替代性的解釋。實驗情境中那些未被研究人員控制的方面和因素，都可能成為實驗干預處理之外造成因變數變化的替代性因素，因此會使他們想要建立因果關係的努力付諸東流。

實驗研究人員可能使用欺騙手法來控制實驗情境。欺騙通常出現在研究人員通過書面或口頭的指示、其他人的行動或背景情境中，有意誤導受試者。這可能涉及使用共謀者或副手，讓他們假裝成受試者或路人，但是實際上是替研究人員工作，這些共謀者巧妙地誤導受試者。通過欺騙，研究人員設法對受試者所見、所聞、所信之事進行控制。例如，研究人員的指示使受試者誤以為他們正在參與一個關於團隊合作的研究，事實上那是個研究男女兩性語言互動的實驗，而受試者所說的話都被祕密地用錄音帶錄了下來。欺騙使研究人員能夠控制受試者對情境的定義。正因為受試者不知道真正的研究主題，所以也就防止他們改變跨性別的說話行為。把受試者的注意力導向錯誤的主題，研究人員可以誘使這些不知情的受試者做出「自然的」行動。對於那些現實主義的欺騙，研究人員可能要發明假的干預處理與因變數的測量工具，才能使受試者無法分辨真假。實驗中使用欺騙會引發道德議題的爭論，我們將在後面的章節中進行討論。

方框9-1　實驗步驟

1. 從一個直截了當、適合實驗研究的假設開始。
2. 決定在實際限制下，對該假設進行檢驗的實驗設計。
3. 決定如何安排干預處理或創造自變數的情境。
4. 發展一個具有信度與效度的測量因變數的方法。
5. 建立實驗的狀況，對干預處理和因變數的測量工具進行試測。
6. 找出適當的受試者。
7. 隨機指派受試者到各實驗組別（如果研究設計是選用隨機指派的話），並給予清楚的指示說明。
8. 給各組的因變數進行前測（如果使用前測的話），記錄測量結果。
9. 只對實驗組進行干預處理（如果有多個實驗組的話，就要對相關的組進行干預處理），監控各組的狀況。
10. 進行後測，記錄因變數的測量結果。
11. 進行情況彙報，告訴受試者實驗的真正目的與理由，詢問受試者對實驗的解讀。情況彙報相當重要，特別是當實驗的某些方面事先沒有對受試者據實相告時。
12. 研究蒐集到的資料，比較各組實驗的結果。如果需要的話，以統計值與圖表來顯示假設是否得到支援。

實驗設計表示法

　　設計實驗有許多種方式。實驗的設計表示方法是一種以符號來表示實驗設計各個部分的速記系統。一旦你學會了設計類型的表示法，你將發現，思考與比較設計類型變得輕而易舉。例如，設計表示法是以兩行內五個或六個符號，來表示對實驗各個部分長篇大論式的複雜的描述。它可以使用下列符號：

　　O ＝ 因變數的觀察值；X ＝ 干預處理；R ＝ 隨機指派。帶有下標的Os自左至右的排列方式是根據時間順序，前測為O_1，後測是O_2。當自變數超過兩個等級的值時，也可以用X的下標來區分。表示符號的排序是根據時間順序，由左向右排列，R最先出現，接著是前測、干預處理，然後是後測。符號以行來排列，每一行代表一組受試者。例如，一個有三個組的實驗的符號表示為有一個R（如果使用的是隨機指派），接著是三行的O和X。每一行都彼此對齊，這是因為每一組的前測、干預處理、後測發生的時間都大致相同。表9-1顯示了很多標準實驗設計的符號。

表9-1　實驗設計的符號表示匯總

NAME OF DESIGN（設計名稱）	DESIGN　NOTATION（設計表示法）
經典實驗設計	R　O_1　X　　O_2 　　O_1　　　O_2
前實驗設計	
單次研究設計	X　O
單組前測－後測設計	O_1　X　O_2
靜態組間比較	X　O 　　O
準實驗設計	
兩組單後測設計	R　X　　O 　　　　O
中斷時間序列設計	O_1　O_2　O_3　O_4　X　$O_5 O_6 O_7$
相等時間序列設計	O　X　O　X　O　X O X O
拉丁方格設計	R　O_1 X_a O_2 X_b O_3 X_c O_4 　　O_1 X_b O_2 X_a O_3 X_c O_4 　　O_1 X_c O_2 X_b O_4 X_a O_4 　　O_1 X_a O_2 X_c O_4 X_b O_4 　　O_1 X_b O_2 X_c O_4 X_a O_4 　　O_1 X_c O_2 X_a O_4 X_b O_4
所羅門四組設計	O_1　X　O_2 　O_1　　O_2 R　　X　O_2 　　　　O_2
因子設計	X_1　Z_1　O 　X_1　Z_2　O R　X_2　Z_1　O 　X_2　Z_2　O

實驗設計類型

　　研究人員把實驗的各部分（例如前測、控制組）結合起來，組成了一個實驗設計。例如，有些設計缺乏前測，有些沒有控制組，其他的設計則有太多實驗組。某些廣泛使用的標準設計都有特定的名稱。

　　出於兩個原因，你應該學習標準設計。第一，社會工作研究人員在其研究報告中，只會提到標準設計的名稱，而不會做出任何的解釋。你如果了解了實驗的標準設計，閱讀報告時才能夠理解實驗的設計。第二，標準設計清楚地展現了結合設計各個部分的常用方法，你可以採用這些方法來進行自己的實驗，或建立自己的變異模式。

　　我們用兩個例子來解釋這些設計。第一個例子，研究人員想發現是在古典輕音樂為

背景下，還是安靜的環境下，學習的速度會比較快。實驗是讓老鼠走迷宮，干預處理是播放輕音樂，因變數是完成走迷宮的速度。第二個例子，研究人員想了解學生在看完恐怖電影后，對暴力的接受程度是否更高。干預處理是暴力與血腥的電影，因變數是研究物件對暴力的態度。

古典實驗設計

到目前爲止，我們談到的所有的實驗設計都是古典實驗設計的變異，它包括：隨機指派、前測、後測、一個實驗組與一個控制組。以第一個例子而言，研究人員隨機地把老鼠分成兩組，然後測量它們的速度。老鼠在迷宮中奔跑，研究人員記錄它們的速度；一組會聽到音樂，另一組沒有音樂。在第二個例子中，研究人員隨機把學生分爲兩組，然後以問卷來測量他們的態度。其中一組收看一部暴力恐怖電影，另一組收看的不是恐怖片；然後，研究人員再次測量學生對暴力的態度。

前實驗設計

某些設計沒有使用隨機指派，而採用了妥協或捷徑的方法。這些前實驗設計（pre-experimental design）是用在那些很難應用典型設計的情境。這項設計的缺點是，難以進行因果推論。

單次研究設計（One-Shot Case Study）也被稱爲單個小組後測設計（one-group posttest only design）。單次研究設計只有一組受試者、一個干預處理和一個後測。因爲只有一個組，當然就沒有隨機指派的問題了。在上述第一個例子中，研究人員將一組老鼠放進迷宮，播放古典音樂，然後記錄它們的速度。在第二個例子中，研究人員給一組學生播放恐怖電影，然後，用問卷來測量他們的態度。這個設計的缺點是，很難確定是不是干預處理直接導致了因變數的改變。如果受試者在干預前後表現相同，研究人員就很難做出判斷。

單組前測－後測設計（One-Group Pretest-Posttest Design）。這種設計只有一組受試者、前測、干預處理與後測，不但少了個控制組，而且沒有隨機指派。在第一例中，研究人員測量一組老鼠的速度，讓它們走迷宮，同時播放音樂，然後再次測量它們的速度。以第二例來說，研究人員先讓一組學生填答一份態度問卷，然後播放一部恐怖片，接著再讓他們填寫另一份問卷。這個設計是對單次研究設計的改進，因爲研究人員在干預處理前後都對因變數進行測量，但是它沒有控制組。研究人員無法知道在前測與後測之間是否有某些干預處理以外的事情發生，才導致了最後結果的出現。

靜態組間比較（Static Group Comparison）也稱爲單純後測不等組設計（post-test-only nonequivalent group design），它有兩個組、一個後測與一個干預處理，但是少了個前測，而且沒有隨機指派。以第一例來說，研究人員有兩組老鼠，一組在走迷宮時有音樂播放，另一組則沒有播放音樂。然後測量每一組老鼠跑步的速度。在第二例

中，研究人員讓學生自行組成兩組，讓一組觀看恐怖電影，另一組看的不是恐怖片，然後兩組學生都填答一份問卷。這個設計有個缺點，就是任何兩組間後測結果上的差異都有可能不是由於干預處理造成的，而是來自於實驗之前兩組間的差異。

靜態組間比較的一個很有名的例子就是，Shively（1992）對美國原住民與英裔美國人對西部片感知的研究。她假設一個人的民族文化背景，會影響觀賞這類主題的電影時所看到的與欣賞的情節內容。Shively建立了20名美國原住民男子與20名英裔美國男子（歐洲人後裔）的配對樣本。這些受試者住在美國西部印第安保留區一個大約有1,200人的鎮上。兩組受試者在收入、教育、就業狀況、職業和年齡上經過配對，他們的年齡分布為36～64歲。她讓兩組受試者都觀賞《搜尋者》（*The Searchers*），這是一部1956年由約翰·韋恩主演的西部片，是20世紀50年代奪得電影票房收入排行榜首的一部影片。電影反映了典型的「西部牛仔與印第安人」之間的衝突。影片是在家中播放的，每次有5名相同種族的男性朋友同時觀賞。

Shively使用書面問卷與小組訪談來測量對電影的感知（因變數）。她發現兩組受試者都喜歡這部電影，欣賞其中的「動作」，最認同其中一位演牛仔的主角。沒有人喜歡美國原住民，在電影中他們被描繪成充滿暴力野蠻的刻板印象。美國原住民受試者認同電影中的牛仔，覺得他們類似當代的美國原住民。兩組間有一個差異，美國原住民受試者欣賞原野風光，以及電影中所描繪的被理想化了的牛仔生活方式，他們認為那好像是種神話或夢想。相反，英裔美國人認為電影反映的是真實的歷史；他們認為它是事實的真相。另一個差異是美國原住民受試者認為要做西部英雄應該要勇敢、堅毅。英裔美國人並不看重這些特點，而對誠實與智慧給予比較高的評價。Shively間接控制了自變數，這是指受試者的種族類別，加上觀賞電影。她使用的兩個組是沒有前測的，並且以配對代替了隨機化。

準實驗與特殊設計

這些設計與古典實驗設計一樣，能夠比較肯定地確認出因果關係。準實驗設計（quasi-experimental designs）可以幫助研究人員在很難採用古典設計或不適用古典設計的情況下，能夠用它來檢驗因果關係。它之所以被稱為準實驗，是因為這個設計是古典實驗設計的變體。有些時候會用到隨機化，但是沒有前測，有些時候會使用兩個以上的組別，還有的時候會採用其他的設計，針對一組受試者在不同水準上進行多次觀察的方式，以取代控制組。一般來說，研究人員對這些設計自變數的控制能力，要比在古典實驗設計中弱一點。

兩組單後測設計（Two-Group Posttest-Only Design）。這個設計與靜態組間比較大致相同，只有一點差異：受試者所在的組別是隨機指派的。它有所有古典實驗設計的成分，除了少個前測。隨機指派降低了組與組之間在干預處理前出現差異的機會，但是因為沒有前測，研究人員無法肯定組與組之間在因變數上從一開始時是相同的。例如，

Johnson和Johnson（1985）就採用了兩組單後測設計。在那個實驗中，六年級學生被隨機指派到兩個情境中的一組：一個組的積分是根據全班同學學習成績而決定的，另一組中是以互相競爭來爭取分數的方式得到的。各組的受試者都混合有不同種族、性別和能力水準的學生。有若干個因變數接受測量，包括：學業成績、不同種族間的合作，以及對他人的態度。因變數在各組經過10天相處學習了一個教學單元之後，才加以測量。主要的結果是合作的團隊比較會促進跨種族間的合作與友誼。

中斷時間序列設計（Interrupted Time Series）。在中斷時間序列設計中，研究人員採用一個組，在進行干預處理前後，進行多次前測。例如，菸草稅在維持了很多年不變之後，1979年，增加了35%，在接下來的10年中，稅收保持相對穩定。假設就是，稅收的提高會減少菸草的消費。一名研究人員將1970～1990年間菸草消費的比例進行了繪圖紀錄，發現在新稅率實施之前的9年中，菸草消費維持在同一水準上，到了1979年突然驟跌，在後來的10年中，基本保持同樣水準。

相等時間序列設計（Equivalent Time Series）是另一種具有時間延展性的單組設計。不是只用一個干預處理，相反，這個設計包括一個前測、一個干預處理並進行後測，然後，再進行干預處理並進行後測，依此類推。例如，1975年以前美國並不要求騎摩托車要戴安全帽，1975年美國通過了要求戴安全帽的法律。1981年，這個法律受到來自摩托車團體的壓力而遭廢除，但在1989年又恢復了。研究人員的假設是戴保護性的安全帽會使車禍中因頭部受傷而死亡的人數降低。研究人員畫出歷年來摩托車車禍中因頭部受傷而死亡的比率變化。他發現1975年之前這個比率很高，在1975～1981年之間急劇下降，然後在1981～1989年間又上升到1975年以前的水準，自1989年到現在又再度下降。

拉丁方格設計（Latin Square Design）的一個例子就是，一個社會工作助教在實務課程中，需要教社會工作專業學生三個單元的內容：理解身體語言；使用內容相關的溝通技巧；以及如何進行接案訪談。這三個單元的內容講授的順序可以是任意的，但是，助教很希望知道什麼樣的順序對學生最有幫助。在1班，學生首先學習了身體語言，然後是使用內容相關的溝通技巧，最後是接案訪談。在2班，學生首先學習了內容相關的溝通技巧，然後是身體語言，最後是接案訪談。在3班，助教先教了接案訪談，然後是內容相關的溝通技巧，最後是身體語言。學生在每個單元結束時，都參加了測驗，在學期結束時，還參加了一個綜合考試。學生是以隨機的方式被指派到不同班級，因此教師可以清楚地看見，以某種順序或其他順序來講授課程單元是否會增進學習效果。

所羅門四組設計（Solomon Four-Group Design）。研究人員可能認為進行前測會影響到干預處理或因變數。前測有時可能會使受試者對干預處理有所敏感，或者使他們在後測時改進他們的表現（參見下一節對測驗效果的討論）。Richard Soloman發展的所羅門四組設計（Solomon four-group design）就解決了前測效應的問題。他結合古

典實驗設計與兩組單後測設計,並隨機指派受試者進入四個實驗情境中的一組。例如,心理健康工作者想要確定一種新訓練方法是否能夠改善病人應對問題的能力。心理健康工作者以一個為時20分鐘的壓力事件反應測驗,來測量病人應對問題的能力。由於當事人可能從參與測驗本身中學習到應對問題的能力,於是就使用所羅門四組設計。心理健康工作者隨機將病人分成四組,兩組進行前測;其中一組獲得新訓練方法,另一組接受舊方法。另外兩組不進行前測;其中之一獲得新訓練方法,另一組接受舊方法。所有這四組都接受相同的後測,然後比較各組後測的結果。如果兩個干預處理組(新方法)得出類似的結果,而兩個控制組(舊方法)得到相近的結果,那麼,心理健康工作者就知道,前測對學習不構成一個問題。如果有前測的兩個組(一個干預處理組,一個控制組)和另外沒有前測的兩組得到不同的結果,那麼心理健康工作者就可以得出這樣的結論,即前測本身可能會影響到因變數。

因數設計(Factorial Design)。有時候研究問題需要考察一個以上的自變數的同時效應。因數設計(factorial design)聯合使用兩個或更多的自變數,而且對變數(有時候稱為因數)之間各個類別的組合,都要加以檢驗。當每個變數都包括若干個類別時,組合的數目會變得非常大。干預處理的就不是一個自變數,而是每一種類別的組合。例如,研究人員要研究各工作小組的生產效率。他研究的問題是:「在不同的團體合作與壓力組合下,生產效率會有變化嗎?」自變數是「合作的等級」和「壓力的強度」,因變數是「生產效率」。合作等級有兩個類別,合作與不合作;壓力程度有三個類別:高、中、低。這兩個變數這時就有六種類型的組合(參閱方框9-2)。

方框9-2 學術界的規範

兩個變數因數設計示例合作水準

壓力水準

低中高競爭合作組1組2組3

組4組5組6組號設計表示法

1.　　　X^1Z^1O

2.　　　X^1Z^2O

3. R　X^1Z^3O

4.　　　X^2Z^1O

5.　　　X^2Z^2O

6.　　　X^2Z^3O

當X^1 = 不合作組,X^2 = 合作組,Z^1 = 低壓力,Z^2 = 中等壓力,Z^3 = 高壓力假設效果圖表

因數設計中的干預處理對因變數有兩種類型的作用：主效應（mainfect）與互動效應（interaction effect）。主效應只出現在一個因素或一個干預處理的設計中。因素設計中，自變數各個類別的特殊組合也會發揮作用，這就是我們常說的互動效應，因為一個組合中的各個類型會產生互動，它超出了每個變數單獨造成的效應。例如，Bardack和 McAndrew（1985）想要確定外表的吸引力與適當的穿著，是否會影響雇用決定的效應。他們有六張女性照片，分別是非常具有吸引力、普通、沒有什麼吸引力，以及穿著得體與不得體等不同類別的照片。研究人員讓受試者看其中的一張照片以及一份完全相同的自傳，然後要求他們決定是否雇用相片中的女子擔任一家大公司的低級主管。這兩個變數會影響雇用的決定，也就是說受試者傾向雇用有吸引力與穿著得體的人。除了這些主效應之外，實驗者發現數個互動效應：有吸引力並穿著得體的女性被雇用的可能性，大於原來預期的穿著得體或外貌較好單獨變數所造成的效果。這兩個因素結合之後，又額外為雇用決策加了把勁，其中外貌的作用更強。

這些效應在一個合作與壓力如何影響5人工作小組生產率的例子中，也得到充分表現。社會工作研究人員以在兩個小時內完成複雜拼圖的百分比作為生產率的測量值。每種組合視為一個組，因此研究人員把每個變數中的等級數或類別數乘起來，就得到組數。壓力變數有三個等級，合作變數有兩個等級，因此研究人員要用6個組，每個組代表一種組合（參閱方框9-2）。

研究人員把獎勵分為五份，平均分給合作組的受試者。獎勵競爭組受試者的方式則是根據每個人正確放置拼圖的數目，將獎金按比例分給每個人。低壓力組中，研究人員規定，在兩小時內，小組每完成一塊拼圖就得到研究人員提供的一元的獎勵，最多可得到100元。在中度壓力組，使用相同的獎勵系統，但是如果拼圖是在一個小時之內完成，就加給50元獎金。在高壓力組中，如果小組完成拼圖，研究人員就給予100元的獎金，但是如果沒有完成就沒有獎金。另外如果小組在一個小時之內完成拼圖，獎金將加倍為200元。

合作因素的主效應是合作組（不論壓力層次為何）比競爭組有更高的生產效率。壓力因素的主效應是生產力會隨著壓力的增加而提高，不論該組是不是合作組。方框9-2的左圖即顯示出主效應，它指出：對每種壓力等級而言，合作組都要比競爭組表現得好，而對這兩組而言，壓力等級升高時會有較高的生產效率。

研究人員假設有互動效應存在，也就是說，兩個因素的特定組合會對因變數產生特定的作用。比如說，研究人員發現合作組在高壓力情境下表現最好，競爭組在低壓力情境下表現最好，而這兩組在中等壓力等級時，表現一樣好（參考方框9-2的右圖）。

研究人員以速記方式討論因素設計。一個「二乘三因素設計」可以寫為2×3。這個意思是說這個實驗有兩個干預處理，其中一個有兩個類型，另一個有三個類型。一個2×3×3的實驗設計是指有三個自變數，一個有兩個類別，另外兩個各有三個類別。

　　Valentine-French和Radtke（1989）使用2×3×3因數設計研究受害者對性騷擾指責的回應所產生的效果。受試者是卡加利大學（Calgary）的自願參與實驗的大學生，有120位男生與120位女生。研究人員控制了自變數，播放一盒錄音帶，錄音帶顯示有名教授向學生保證會讓他（她）高分過關，只要他（她）願意合作，讓教授撫摸他（她）的肩膀、親吻他（她）的臉頰。實驗者把情境稍作修改，使受害學生有男生也有女生，並且有三種結局：受害者譴責自己在這個事件中的行為、譴責教授，以及沒反應。因此，本實驗就有受害者性別與故事結尾所形成的六種不同組合。

　　受試者並不知道這個研究的目的，只是聽見錄音帶裡的故事。實驗者使用問卷測量受試者不同背景特徵，以及那個主要因變數，即譴責歸因，或者說是誰的錯。他們以八個問題所構成的指數，進行了操作化，用7分李克特量表進行測量。Valentine French和Radtke發現，女性更傾向於把這個事件看成性騷擾，並且譴責教授。當受害者做出自我譴責的陳述時，更多的男性受試者更傾向於譴責女性被害人。這是個2×2×3的因素設計，因為有三個自變數接受檢驗：受試者的性別、受害人的性別，以及受害人的反應（參見方框9-3）。

方框9-3　Willie Horton的電視廣告想做什麼

　　在1988年美國總統選舉期間，Willie Horton因為一則政治廣告而家喻戶曉。他因犯有謀殺罪而在麻塞諸塞州監獄中服刑，有個週末他請假離開監獄之後，犯下了強姦和拷打他人罪。當Horton被釋放之後，當時的總統候選人喬治·布希做了這樣一個廣告，來批評自己的競爭對手，也就是當時麻塞諸塞州的州長Michael Dukakis。儘管其中有些資訊有誤導之嫌，旁觀者還是覺得這個廣告利用了公眾對犯罪的恐懼心理。批評家認為，這個廣告還包含了種族歧視的資訊，因為大家發現Horton是一個黑人。

　　Mendelberg（1997）設計了一個實驗，來檢測白人觀眾感受到了犯罪，還是種族歧視的資訊。實驗的受試者有77名來自密西根大學的白人學生，平均年齡18歲。受試者填寫了一份現代種族歧視的指數表，上面有7題，共有1～5分，根據分數來確定是偏見或者非偏見。學生們被隨機指派到兩個組中，觀看了50分鐘的新聞節目。他們被告知，這個研究是關於在政黨選舉期間，新聞媒體報導的是「賽馬」還是「選舉議題」。試驗組是從中間部分開始觀看關於Willie Horton事件的報導，而控制組觀看的是批評候選人Dukakis的一則汙染的報導。

　　在後測中，受試者填寫了一份問卷，內容涉及公眾問題，包括控制犯罪和政府關於減少種族不平等的計畫等。後測完成後，有一個情況彙報會。這個實驗使用了兩組單後測2×2因素設計（是否種族歧視與是否Willie Horton廣告）。結果表明，廣告更多的是傳

遞了種族資訊，而不是犯罪問題。Horton廣告的觀衆並沒有因此而更加積極投身於反對犯罪運動中，相反，原本有種族偏見的觀衆，則變得更加反對種族平等了。研究人員總結說：「當受到諸如Horton事件這樣的種族標誌明顯的符號的刺激時，偏見就會產生這樣的感知，即黑人的地位不斷得到改善，白人因爲黑人的爭奪而不斷丟掉自己的工作……在面對Horton事件時，本來就心存偏見的人，就越發堅定地反對種族平等了。」

內部效度與外部效度

內部效度邏輯

　　內部效度（internal validity）是指消除其他變數對因變數的替代性解釋的能力。除了實驗干預處理之外，還有其他會對因變數產生影響的變數，將威脅到實驗的內部效度。這些變數將影響研究人員的能力，來確定造成因變數出現變化的眞正原因是來自於干預處理。因此，內部效度的邏輯是通過實驗情境的控制與實驗設計，來排除干預處理以外的變數。接下來，我們將討論威脅內部效度的主要因素。

內部效度的威脅

　　下面是10種常見的影響內部效度的問題。

選擇偏差

　　選擇偏差（selection bias）是受試者未能形成相等組別所產生的問題。這個問題之所以發生，是因爲設計時沒有做好隨機指派，也就是說實驗組中的受試者帶有會影響因變數的特徵。例如，在關於身體攻擊性的實驗中，如果實驗組不經意地包含了橄欖球、美式足球與曲棍球球員，而控制組的組成人員則是音樂家、棋手以及畫家，這時就出現了選擇偏差的問題。另一個例子是關於人們逃避交通堵塞能力的實驗。被分配到同一組的受試者全是來自鄉村地區，而在另一組的所有受試者則都是在都市中長大的人。研究人員可以通過分析前測分數，來避免這個問題的發生，因爲在前測中，我們期望的是組別間不存在有任何差異。

歷史事件

　　這是實驗當中出現了與干預處理無關的事件，因而影響到因變數的一種問題。歷史事件（history effect）常發生在持續一段長時間的實驗，例如，評估受試者對太空旅行

所持態度的為期2週的實驗，進行到一半時，太空船在發射臺上爆炸，所有人員都遇難了。這種歷史事件也可能會發生在前面討論過的菸草稅的例子中（參見間斷時間序列設計的討論），如果民間反吸菸運動或香菸廣告的減少也始於1979年，那麼，我們就很難說是提高菸草稅導致吸菸數量減少。

成熟

成熟（maturation）這個問題是指有與實驗干預處理無關的，來自於受試者本身的生理、心理或情感歷程，隨時間變化而產生改變所致。成熟經常出現在為期較長的實驗之中。例如，在一個推理能力的實驗中，受試者變得煩躁想睡覺，因此得到的分數就會比較低。另一個例子是關於一年級與六年級學生遊戲方式的實驗，隨著孩子年齡的增長，他們的生理、情感與成熟度的改變會影響到遊戲方式，這些改變可能並不是由干預處理造成的，或者除了干預處理之外，還有其他因素在發揮作用。在實驗設計時加上前測和控制組，將有助於研究人員斷定成熟度或歷史事件是否存在，因為這時實驗組與控制組都會隨時間的變化而出現類似的變化。

測驗效應

有時候前測本身會對實驗造成影響。這種測驗效應（testing effect）會破壞內部效度，因為這時影響因變數的不只是實驗干預處理。所羅門四組設計可以幫助研究人員來發現測驗效應。例如，研究人員在第一天上課時對學生做一次測驗，這時課程本身就是一個干預，然後，他在上課的最後一天再以相同的試卷來檢驗學生的學習效果。如果受試者因為記得前測的問題，就會影響他們的學習（即特別關注），或是影響到他們在後測時回答問題的方式，這就出現了測驗效應，如果出現測驗效應，研究人員就不能說是干預處理單獨影響因變數的。測量工具這個問題與穩定性信度有關，發生在實驗的過程中或因變數的測量工具改變的時候。例如，減肥實驗中，體重計的彈簧在實驗期間變鬆了，這就會造成後測時得到較小的數值。另一個例子在Bond和Anderson（1987）所做的不情願傳遞壞消息的實驗中發生過。實驗者要求受試者告訴他另外一個人測驗的結果，並且對測驗結果的分數進行了加工，使之不是高於平均值，就是低於平均值很多。這時的因變數是受試者要經過多久才會將他人的智力測驗的分數告訴其本人，某些受試者還被告知整個過程將會被錄影。實驗中錄影機出了問題，因此有一位受試者的表現並沒有被錄影。如果因為這些設備問題而沒有錄製到一個以上受試者的行為，或者是它只錄到整個實驗過程中的一部分，那麼，這個實驗就有測量工具的問題（順便提一下，受試者花了很長時間，才將壞消息告訴別人，因為他們知道自己的行為是在公開場合進行的，是要被錄影的）。

損耗

損耗（mortality），又叫消耗，指的是受試者不再繼續參加實驗，中途退出的情況。雖然損耗意味著死亡，但是這裡並不是指受試者的死亡，而是指退出實驗。如果有一組受試者半途離開，不繼續參與實驗，研究人員就無法知道最後的結果，與他們留下來繼續參加實驗的結果是否會有所不同。例如，研究人員在減肥計畫開始時有50位受試者，在計畫結束時只剩下30位，他們每一位的體重都減少了5磅，而且也沒有任何副作用。離開的20位與留下的30位有相當大的差異，那就會改變最後的實驗結果。這個計畫對離開的人可能也有效，因此，他們在體重減少25磅後就離開了。也許這個計畫會使受試者得病，因此，那些人被迫離開。研究人員應該留意並且記錄下每組中前測與後測時受試者的人數，以便監測它對內部效度的影響。

統計回歸

統計回歸（statistical regression）並不容易從直覺上來發現，它是極端值的問題，或是隨機誤差導致各組結果接近平均值的趨勢。它出現在兩種情況下，一種情況是發生在受試者就因變數而言，是不尋常的。由於受試者從一開始就不尋常，或者是個極端個案，所以他們的反應就不可能繼續朝那個方向發展下去。例如，研究人員想要檢測暴力電影是否會使觀眾的行動變得比較暴力，他們從戒備森嚴的監獄中選出一組暴力案件犯人，先對他們進行前測，接著播放暴力電影給他們看，然後進行後測。出乎研究人員意料的是，這些犯人的暴力程度要比看電影前略微降低，而沒有看那部暴力片的非犯人的控制組的暴力程度卻比以前要高。因為暴力案件的犯人一開始就是個極端值，所以不大可能會使他們變得更加暴力，由於隨機的緣故，他們在第二次測驗時，就顯出較低的極端情況。

第二種情況涉及測量工具的問題。如果許多受試者在某個專案上的分數非常高（達到最高值），或者非常低（最低值），那麼隨機本身就會造成前測與後測結果的變化。例如，研究人員對80位受試者進行一項測驗，其中75人得到很好的分數。他們再做一種干預處理以提高分數。這時因為受試者已經有了很高的分，所以那些得到高分的人可能會隨機只朝一個方向移動，即答錯題，因此，隨機誤差就會降低這組的平均值。仔細分析前測的分數，將幫助研究人員了解到這個問題對內部效度的影響。

干預傳播

干預傳播（diffusion of treatment）是指不同組別中的受試者會互相溝通，以了解其他受試者受到的干預處理而帶來的問題。為了避免這個問題，研究人員可以通過孤立各組的受試者，或者要求受試者保證不向其他受試者透露有關實驗的任何資訊。例如，受試者參與一個為期一天的關於記憶生詞新方法的實驗，休息時，實驗組的受試者告訴控制組的受試者一些增進記憶生詞的新方法，然後控制組的受試者就使用這個方法。研

究人員需要一些其他的資訊，比如在實驗後與受試者進行訪談，以發現這類問題。

獎賞行為

　　某些實驗提供有價值的東西給一組受試者，而不給一組的受試者，並且公開這種差別待遇。這種不平等可能會產生壓力，造成兩組間的差異，讓兩組成為競爭對手或自暴自棄。所有這些獎賞行為可能會成為干預處理之外影響因變數的因素。例如，有所學校接受一種處理（延長午餐休息時間）以提高學習效果。一旦這種不平等待遇被公開之後，控制組中的受試者可能會要求相同的待遇，會更加努力學習以克服這種不平等。Smith和Glass（1987:136）稱此為約翰·亨利效應（John Henry effect）。另一組可能會因為不平等待遇而感到備受挫折，結果放棄學習。這種問題只有在獲得其他管道資訊（參見前面討論的干預處理傳播）的時候，才會發現。

實驗者的期望

　　雖然實驗者的行為並不會被認為是一個傳統的內部效度的問題，但是實驗者行為確實是影響因果邏輯的一個問題。[9]研究人員可能會間接地把實驗期望告訴了受試者，而並不是別有用心地做出違反職業倫理的方式，來影響內部效度。社會工作研究人員可能會堅定不移地相信某個假設，並且間接地把這個假設或想要看到的結果傳遞給了受試者。例如，研究人員在研究殘障者反應時，相信女性要比男性在對待殘障人士的態度上表現得更加敏感一些。通過目光接觸、談話語調、姿勢，以及其他非語言溝通，研究人員不知不覺地鼓勵女性受試者表示自己對殘障認識有正面的感受；而研究人員的非語言行為對男性受試者，則正好傳遞相反的資訊。

　　有個方法可以發現實驗者的期望，研究人員雇用助手，教會他們檢驗技術，再由助手訓練受試者，檢測他們的學習能力。研究人員提供一份偽造的成績單與記錄，其中顯示一組受試者比較優秀，另一組則不及格，事實上兩組受試者的學業表現完全相同。如果整組假的優秀學生確實表現得比整組假的不及格學生要好，就表示有實驗者期望存在。

雙盲實驗

　　雙盲實驗（double blind experiment）就是用來控制研究人員期望的。這時與受試者直接接觸的人並不知道有關實驗假設或干預處理的細節，這種方法之所以被稱為雙盲法，是因為受試者與研究者雙方都不知道實驗的細節（參閱圖9-3）。例如，研究人員想要研究一種新藥是否有效，他會使用三種顏色的藥丸：綠色、黃色與粉紅色，然後將新藥放入黃色藥丸內，將舊藥放入粉紅色藥丸之內，將安慰劑放進綠色藥丸中，這樣做是為了將假干預裝扮成真的干預（將沒有任何副作用的糖衣藥片放進去）。發藥丸與記錄效應的助手並不知道哪種藥丸中含有新藥，只有不直接對受試者進行處理的第三者知

道哪種顏色藥丸包含哪種藥，也由他來檢查研究結果。

單盲實驗

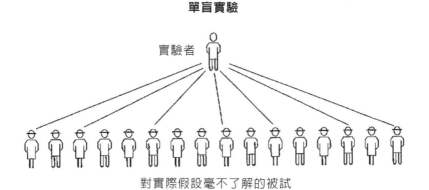

對實際假設毫不了解的被試

雙盲實驗

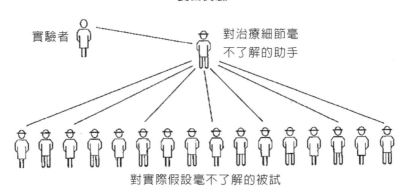

對實際假設毫不了解的被試

圖9-3 雙盲實驗：對單盲實驗或普遍實驗以及雙盲實驗的說明

外部效度與田野實驗

即使實驗者消除了所有影響內部效度的因素，但是還有外部效度的問題。外部效度是將實驗發現類推到實驗之外的事件或情境的能力。如果某項研究缺乏外部效度，它的發現就只對自己的實驗有效，這使得研究本身無論是對基礎科學或是應用科學都沒有什麼用處。

現實性

實驗是現實存在的嗎？有兩類現實性的情境需要討論。[10] 實驗現實性（experimental realism）指的是，某個實驗干預處理或情境對受試者的影響；在當受試者被帶進實驗並且確實受到它的影響之時，實驗的現實性就出現了。如果受試者並沒有受到干預處理的影響，那麼，就表明實驗的現實性很弱，這就是為什麼研究人員會盡一切努力來建立真實的情境。正如Aronson和Carlsmith（1968:25）所指出的：

　　所有實驗程式是「人為設計的」，這是說它們都是被發明出來的。事實上，可以說，實驗藝術主要建立在研究人員判斷實驗程式較能精確地反映自己的概念變數、對受試者產生最大的影響、獲得受試者最大的信任的能力上。

　　現世現實性（mundane realism）問的是：實驗像真實世界嗎？例如，研究學習的研究人員讓受試者記住毫無意義的、由四個字母組成的詞。如果他讓受試者學習真實生活中使用的事實資訊，而不是為了實驗而創造的詞，那麼會有較高的現世現實性。

　　現世現實性直接影響到外部效度，即把實驗推廣到真實世界的能力。[11]實驗有兩個方面可以進行推廣：一是從受試者類推到其他人。如果受試者是大學生，研究人員可以將結果推廣到所有人嗎？當然其中絕大部分不是大學生。另一個方面是從人為處理類推到日常生活，例如，我們可以將在教室中只看了兩小時恐怖電影的受試者身上所得到的結果，推廣到觀看多年暴力電視節目的人群身上嗎？

反應

　　受試者在實驗中可能會做出不同於他們在真實生活中的反應，因為他們知道自己是研究的一部分，這就是反應效應。霍桑效應（Hawthorne effect）就是一種特殊類型的反應效應。[12]這個名稱來自於Elton Mayo在20世紀二三十年代間在伊利諾州霍桑市的威斯汀豪棋電子工廠進行的一系列實驗。研究人員改變了許多方面的工作條件（例如照明條件和休息時間的改變），然後測量生產效率。他們發現，工人的生產效率在每一次修改工作條件後都有所提高。發生這種奇特的結果，是因為工人回應的並不是干預處理本身，而是對自己成為實驗一部分，以及知道有人在觀察自己而表現出的反應。雖然後來的研究懷疑是否確實出現這個現象，但是這個名稱仍被沿用，用來表示受到研究人員的關注而產生的影響。另一個相關的效應是新事物的影響，但是這種效應會隨著時間的推移而淡化。Smith和Glass（1987:148）稱此效應為新奇效應（novelty effect）。

需求特點

　　需求特點（demand characteristics）是另一種類型的反應效應。受試者可能會發現有關實驗目的或假設的線索，而且他們可能會為了取悅研究人員而改變自己的表現，以符合他們認為研究人員希望他們表現的行為（即支持假設）。例如，Chebal和Picard（1988）想要研究單向廣告（只顯示產品積極特性）是否比雙向廣告（同時顯示積極特性和限制）更容易說服民眾。他們製作新肥皂與汽車的專業廣告，兩者都包括單向與雙向的廣告。他們將廣告播給蒙特利爾市魁北克大學434位大學生觀看，然後要求他們填答一份關於廣告資訊接受程度的問卷，問卷包括8題李克特類型的問項。研究人員發現（1988:356），「為了避免任何可能因研究人員出現而引起的潛在偏好，或者實驗需要特點，問卷是由協助研究的研究生來進行發放和回收的。」

最後一種反應效應是安慰效應（placebo effect），這是指當受試者收到的是安慰劑，卻出現似乎接受到真正干預處理的反應時所發生的狀況。例如，在戒菸的實驗中，受試者不是接受藥物處理以降低他們對尼古丁的依賴，就是收到安慰劑。如果接受到安慰劑的受試者也停止吸菸，這意味著，參與實驗與接受某種受試者相信會幫助自己戒菸的藥物，就能產生這種效果。受試者對安慰劑的信任，就會影響到因變數的變化。

田野實驗

本章主要討論了在受到控制的實驗室裡進行的實驗。但是實驗也有可能在真實的生活中或田野情境下進行。這時研究人員對實驗情境的控制能力就比較小。控制程度的變化像是個連續體，一端是高度控制的實驗室實驗（1aboratory experiment），發生在一個特定情境之下，或實驗室之內；另一端則是田野實驗（field experiments），發生在「田野上」，例如，地鐵裡、酒店裡或公共人行道上等自然情境之中。田野實驗中的受試者經常不知道他們正參與到一個實驗中，因此會以很自然的方式做出反應。例如，研究人員讓參加實驗的同伴假裝在地鐵火車內突然心臟病發作，以觀察四周人士的反應。[13]

有個戲劇性的例子是由哈拉裡及其同事們（1985）開展的一個田野實驗。考察男性路人是否會設法阻止一樁蓄意的強姦案。這個實驗是在聖地牙哥州立大學中進行的，蓄意強姦事件被安排發生在夜晚，某條比較偏僻的校園道路上。安排強姦事件刻意讓沒有起疑的、獨自經過或三兩成行的男性受試者能夠清楚地看到。在攻擊事件中，一位女學生被躲在樹叢中的一位高大男生襲擊，當男子拉走她，想要堵住她的嘴巴時，女學生手上的書掉落在地上。她拼命掙脫，並且大叫「不要，不要，救命啊，救命啊，請救救我！」以及「強姦！」躲在暗處的觀察者告訴這兩名表演者，什麼時候開始表演攻擊行動，並且注意受試者的反應。救援行為的測量包括：跑向攻擊地點或跑向在附近停車場旁可以看到的員警。這個研究發現，有85%的三兩成行的男生會做出明確的行動來協助該名女生，而只有65%的獨自行走的男子也會這樣做。

實驗者的控制程度和內部與外部效度有關。實驗室實驗明顯具有較高的內部效度，但是外部效度較低；也就是說實驗的邏輯性較強，控制也較好，但是推廣性較低。田野實驗明顯具有較高的外部效度，但是內部效度較低，就是說它們的推廣性較強，而且無法進行控制。相比之下，準實驗設計更為常用。例如：在涉及安排蓄意強姦的實驗中，實驗者重新創造一個具有較高外部效度、非常逼真的情境，這會把一些人放在實驗情境中，然後問他們假設發生那個情況，他們會怎麼做，要有更高的外部效度。然而，這時沒有辦法隨機指派受試者，任何碰巧路過的男生都成了受試者。實驗者無法精確控制受試者聽到什麼或看到什麼，而且對受試者反應的測量是由躲在暗處的觀察者進行的，他可能會漏掉某些受試者的反應。

實務考慮

　　每一種研究技術都有一些非正式的技巧，它們完全是實用的、根據常識發展處理的，正是對這些技巧掌握程度不同，在有經驗的研究人員能夠制定成功的研究計畫與初出茅廬的新手面臨重重困難之間，畫出了一個明顯的界限。下面我們將討論三種情況。

計畫與試測

　　所有社會工作研究都需要計畫，而大多數的量化研究人員會使用試測。研究人員在實驗研究的計畫階段，會思考其他的替代解釋或影響內部效度的因素，以及如何避免這些問題的方法。研究人員也會發展出簡潔、結構完善的資料編碼系統。此外，他們應該投入相當多的精力對任何在干預處理過程中可能要用到的設施（例如電腦、攝像機、答錄機）進行測試。同時，他們還必須訓練實驗同伴，並且對他們進行試測。試測後，研究人員應該對試測物件訪談，以便找出實驗中需要修正的部分。

給受試者的指示語

　　大部分實驗中都需要給受試者某些說明指示，以保證實驗的順利進行。研究人員應該根據事先準備的文本，仔細講解指示語，使所有的受試者都聽到相同的指示。這個步驟能夠確保信度。在欺騙條件下，指示也對建立真實的開頭故事非常重要。Aronson和Carlsmith（1968:46）指出：「初出茅廬的實驗者最常犯的一項錯誤就是把指導語說得過於簡單。」

實驗後訪談

　　實驗結束時，研究人員應該對受試者訪談，這樣做有三個原因：第一，如果研究採用了欺騙的手法，研究人員必須向受試者做一個簡要的彙報，告訴他們實驗的真正目的，並且回答受試者提的問題。第二，他們可以藉著這個機會了解受試者在想什麼，以及受試者對情境的界定如何影響到他們的行為。第三，他們可以向受試者解釋，不把實驗真實內容透露給其他受試者的重要性。

實驗研究結果：比較

　　比較是所有研究的關鍵。經過仔細比較實驗研究的結果，研究人員會了解到許多影響到內部效度的因素，並且知道干預處理是否會對因變數產生影響。例如，前面討論過的Bond和Anderson（1987）對傳遞壞消息的實驗就發現，在私下與公開的情境中，傳遞較好成績的平均時間分別為89.6秒與73.1秒，而傳遞較差測驗成績的平均時間則分別是72.5秒或147.2秒。經過對上述資料比較後顯示，在公開場合下傳遞壞消息所需的時間最久，而在私下情境中，傳送好消息則需要較長的時間。

　　表9-2顯示了較為複雜的比較情況，該表是使用古典實驗設計，反映了5名社會工作者使用不同的干預方法來幫助年輕的母親（都有1個孩子），設法讓她們的孩子準時上學。在Enrique的實驗中，採用了由母親陪著孩子上學的方法，有30名母親在實驗組中，她們的孩子平均有190天上學遲到的紀錄，在另外30名母親組成的控制組中，她們孩子的平均遲到紀錄是189天。只有1名母親中途退出了實驗，在實驗結束時，實驗組的平均遲到紀錄為140天，而控制組的紀錄則沒有改變。Susan使用的電話提醒方式產生了意想不到的結果，但是，在實驗組中，有11名母親退出了。這是實驗的損耗。在Carl的實驗中，實驗組中的母親，都接受了免費交通，她們都得到了平均152天的分數，但與控制組的189天相比，控制組和實驗組在實驗開始時，有31天的差異。這就是選擇偏好的問題。Natalie的明信片提醒干預方法不存在實驗損耗或者選擇偏好的問題，但是，試驗組中的參與者在實驗結束時，遲到的天數與控制組的一模一樣。看上去干預是無效的。Pauline的干預方法（進行家訪）也避免了選擇偏好和實驗損耗的問題。在她的組中，母親們在實驗結束時，獲得的平均分數是158天，但是控制組的成績也一樣。這表明，成熟性、歷史事件或者干預效果的傳播都可能出現了。因此，Enrique的方法（由母親陪著孩子上學）是最有效的。

表9-2　結果的比較：經典實驗設計，干預實驗

| | Enrique的干預 | | | Natalie的干預 | |
	前測	後測		前測	後測
實驗組	190（30）	140（29）	實驗組	190（30）	188（29）
控制組	189（30）	189（30）	控制組	192（29）	189（28）
	Susan的干預			Pauline的干預	
	前測	後測		前測	後測
實驗組	190（30）	141（19）	實驗組	190（30）	158（30）
控制組	189（30）	189（28）	控制組	191（29）	159（28）

	Carl的干預			比較時採用的符號	
	前測	後測		前測	後測
實驗組	160 (30)	152 (29)	實驗組	A (A)	C (C)
控制組	191 (29)	189 (29)	控制組	B (B)	D (D)

比較

	A-B	C-C	A-C	B-D	(A)-(C)	(B)-(D)
Enrique 的干預	1	49	−50	0	−1	0
Natalie 的干預	1	48	−49	0	−11	0
Susan 的干預	31	37	−8	−2	−1	0
Pauline 的干預	1	1	−3	−3	−1	−1
Carl 的干預	1	1	−32	−32	0	−1

A-B這兩組開始時情況相同嗎？假如不同，那麼就有可能出現選擇偏差。

A-B這兩組結束時情況相同嗎？假如一樣，那麼干預可能就是無效的，或者出現了歷史、成熟或干預擴散效應。

A-B實驗出現了改變嗎？如果沒有，干預可能就是無效的。

(A)-(C)與(B)-(D)實驗組和控制組的組員數量有改變嗎？如果出現人數大量減少，試驗損耗就會影響內部效度。

解釋

Enrique的干預——很明顯沒有出現內部效度威脅，干預有效

Susan的干預——實驗損耗的危險很可能成為問題

Carl的干預———選擇偏差可能是個問題

Natalie的干預——很明顯沒有出現內部效度的危險，但是干預無效

Pauline的干預——歷史、成熟、干預擴散可能出現問題

注：數字為平均遲到天數。括弧內的數位是每組中的母親人數，實驗組和控制組是按照隨機指派確定的。

實驗倫理

倫理問題在社會工作實驗研究中是一個重要議題，因為實驗研究是一種冒犯性的（即它需要干預）。干預處理可能涉及把人放進人為設計的社會情境中，控制他們的感

覺或行為，因變數可能是受試者所說的話或所做的事。研究人員對受試者侵犯的程度與類型，要受到倫理標準的限制，如果研究人員要把受試者放進有生命危險或令人尷尬或會導致焦慮的情境，就必須非常謹慎小心。他們必須盡心盡力監督事件，控制情境的發生。

欺騙曾經在社會工作實驗研究中司空見慣，但是，由於涉及對受試者的誤導和撒謊。社會工作者越來越不傾向採用這類研究方法。

結語

本章中，你學到了隨機指派與實驗研究的方法。隨機指派是指建立相等的、可以進行比較的兩個或多個組別的最有效方法。一般來說，實驗研究能提供精確、相對明確的因果關係的證據。它遵從實證主義的研究取向，創造了可以統計分析的量化結果。

本章還討論了實驗的各個部分，以及如何結合這些部分，產生不同的實驗設計的方法。除了古典實驗設計之外，你還學到了前實驗設計與準實驗設計。你也學到了如何使用符號來表示這些設計。

你學習了內部效度（即實驗內在邏輯的嚴謹程度），這是實驗研究的一個關鍵概念。影響內部效度的因素可能會對干預處理提供其他的解釋。你還學習了外部效度，以及田野實驗如何才能獲得最大的外部效度。

實驗研究的真正長處在於，它建立了因果證據所需要的控制，以及邏輯嚴謹性。一般來講，實驗法比其他技術容易複製，金錢與時間的花費較少。實驗研究當然也有一些限制。第一，社會工作中的某些問題是無法用實驗法來解決的，這是因為在某些情況下，不可能進行控制與實驗操作。另一個限制是，實驗經常一次只檢驗一個或若干個假設，這會打散知識體系，因此必須要採用我們稱為多元分析的策略，來綜合許多研究報告的結果。外部效度是另一個潛在問題，因為許多實驗依賴少數幾個非隨機的小樣本。[14]

方框9-4 運用實驗法來評估研究

在第二章中我們看到的一個研究中，Wysong及其同事（1994）運用實驗法，來評估抵制使用毒品教育計畫（DARE）。既然你們已經學習了實驗方法，讓我們一起來回顧一下它的研究設計。

研究人員研究了兩組學生，他們不是隨機指派到兩個組中，但是是按照隨意方式進行分配的。實驗組的學生在七年級時就參加了DARE計畫，而控制組的組員則沒有參加過。干預就是參加DARE計畫，這個計畫是由訓練有素的員警在學校來組織、領導討論與毒品

有關的問題。

這個計畫宣稱可以幫助學生有效抵制酗酒或吸毒，從而可以提高自尊。因變數包括初次使用毒品的年齡、吸毒的頻率以及學生的自尊。研究人員在干預之後，連續對因變數跟蹤測量了四年，以確定這個計畫是否會對高中階段的學生行為產生持久影響。當研究人員對兩組的因變數測量結果進行比較時，他們發現兩組之間沒有任何差異。他們無法抵制這個虛無假設，即這個計畫毫無影響。

關鍵字

classical experimental design古典實驗設計

compensatory behavior獎賞行為

control group控制組

debrief簡要彙報

deception欺騙

demand characteristics需要特點

design notation設計符號表示

diffusion of treatment干預傳播

double-blind experiment雙盲實驗

equivalent time series相等時間序列

experimental design實驗設計

experimental group實驗組

experimental realism實驗現實性

experimenter expectancy實驗者期望

factorial design因數設計

field experiment田野實驗

Hawthorne effect霍桑效應

history effects歷史效應

interaction effect互動效應

interrupted time series中斷時間序列

laboratory experiment實驗室實驗

Latin square design拉丁方格設計

maturation成熟性

mortality損耗

mundane realism現世現實性

novelty effect新奇效應

one-shot case study design單次個案設計

placebo安慰劑

placebo effect安慰劑效應

posttest後測

preexperimental designs前實驗設計

pretest前測

quasi-experimental designs準實驗設計

random assignment隨機指派

reactivity反應效應

selection bias選擇偏好

Solomon four-group design所羅門四組設計

static group comparison靜態組間比較

subjects受試者

treatment干預處理

複習思考題

1. 實驗的七個組成部分是什麼？

2. 前實驗設計與古典實驗設計的區別是什麼？

3. 哪種設計能夠檢測幾種干預的不同順序？

4. 有研究人員說：「這是一個3×2設計，自變數是恐怖程度（低、中、高）和逃避程度（易、難），因變數是焦慮。」這意味著什麼？如果假定使用前測和隨機指派，研究設計的符號表示什麼？

5. 中斷時間序列與相等時間序列設計有什麼不同？

6. 內部效度的邏輯是什麼？運用控制組怎樣才能符合這個邏輯？

7. 所羅門四組設計怎樣表現出檢測效應？

8. 什麼是雙盲實驗？為什麼要用雙盲實驗？

9. 田野實驗和實驗室實驗中，哪個具有更好的內部效度？哪個具有更好的外部效度？請解釋。

10. 實驗現實性與現世現實性之間的差異是什麼？

注釋

【1】 Cook and Campbell (1979:9-36, 91-94) argued for a modification of a more rigid positivist approach to causality for experimental research. They suggested a "critical-realist" approach, which shares some features of the critical approach outlined in Chapter 4.

【2】 For discussions of the history of the experiment, see Danziger (1988), Gillespie (1988), Hornstein (1988), O'Donnell (1985), and Scheibe (1988).

【3】 See Hornstein (1988:11).

【4】 For events after World War II, see Harris (1988) and Suls and Rosnow (1988). For a discussion of the increased use of deception, see Reynolds (1979:60).

【5】 For a discussion of control in experiments, see Cook and Campbell (1979:79) and Spector (1981:15-16).

【6】 The notation for research design is discussed in Cook and Campbell (1979:95-96), Dooley (1984: 132-137), and Spector (1981:27-28).

【7】 For additional discussions of threats to internal validity, see Cook and Campbell (1979:51-68), Kercher (1992), Smith and Glass (1987), Spector (1981:24-27). and Suls and Rosnow (1988).

【8】 This example is borrowed from Mitchell and Jolley (1988:97).

【9】 Experimenter expectancy is discussed in Aronson and Carlsmith (1968:66-70), Dooley (1984:151-153), and Mitchell and Jolley (1988:327-329).

【10】 Also,see Aronson and Carlsmith (1968:22-25).

【11】For a discussion of external validity, see Cook and Campbell (1979:70-80).

【12】The Hawthorne effect is described in Franke and Kaul (1978), Lang (1992), and Roethlisberger and Dick-

enson (1939). Also, see the discussion in Cook and Campbell (1979:123-125) and Dooley (1984:155-156).

Gillespie (1988,1991) discussed the political context of the experiments and how it shaped them.

【13】See Piliavin and associates (1969).

【14】Sec Graham (1992).

第十章

調查研究

每種資料蒐集的方法，包括調查，都只能是接近知識。每種方法提供的只是現實的不同側面，每種方法單獨使用時，都有自己的局限。在著手進行調查之前，研究人員如果能夠問問自己，採用的這個方法是否是解決自己研究問題最合適的、最有效的方法，那麼他們將會做得更好。調查法在研究諸如公眾輿論之類的問題時，是非常有價值的工具，而對另一些問題，則毫無意義。

—— Warwick and Lininger，《抽樣調查》，5～6頁

有人交給你滿滿一張紙的問題，第一行寫到：「我想知道你對Neuman的《社會工作研究方法》這本教科書的意見，你認爲它是：（1）結構良好，（2）結構適當，（3）結構糟糕？」你通常會很平靜地接受提問，這就是調查的一種形式，而且在我們成年之前，對這樣的調查大多已經習以爲常了。

調查研究是社會工作中最常使用的資料蒐集方法，也是許多其他領域常用的研究方法。事實上，調查法是最普遍使用的研究法。人們有時會說，「做個調查」來蒐集關於這個社會世界的資料，這時，他們應該問的是「什麼是最恰當的研究設計呢？」儘管調查法廣受歡迎，但人們卻很容易便做出一個結果錯誤或毫無價值的調查。高品質的調查需要思考和努力。「調查研究，就像其他科學技術的工具一樣，可能是製作精良的工具，也可能是個粗製濫造的工具；可能恰到好處地運用，也可能會被不當使用」（Bradburn and Sudman, 1988:37）。

所有的調查都是以專業社會工作研究的調查爲基礎。本章中，你將學習高品質調查的構成要素，以及調查法的限制和不足。

適合調查研究的問題

調查研究是在社會科學實證主義視角下所發展的研究方式。[1] 調查研究專家Robert Groves曾說過，「調查會產生一些基本上是統計的資訊。調查是量化的野獸」（1996:389）。調查法詢問很多人（被稱爲回答者），以了解他們的信仰、意見、特徵，以及過去或現在的行爲。

調查法適用的研究問題是關於自我報告（self-reported）的信念或行爲。在人們回答問題的答案是用來測量變數時，調查法的功效最大。研究人員經常在某次單獨的調查中，同時問許多事情，測量許多變數（常用多重指標），檢驗若干個假設。

下面若干個類別雖然有重複之處，但是，還是可以在一次調查中同時提問。

1. 行爲：你多久刷一次牙？上一次市選舉時你有沒有去投票？你最近一次拜訪親戚是什麼時候？
2. 態度／信仰／意見：你認爲市長做的是什麼工作？你認爲別人在你背後說你很多壞話嗎？最近我國遇到的最大問題是什麼？
3. 特徵：你是已婚、未婚、離婚或鰥寡？你有沒有加入工會？你多大了？
4. 期望：你計畫在未來12個月內買新車嗎？你認爲你的子女應該接受多少教育？你認爲這個鎮上的人口會增加、減少，還是維持不變？
5. 自我分類：你認爲你是自由派、溫和派，還是保守派？你認爲你的家庭屬於哪個社會階級？你認爲你是虔誠的教徒，還是沒有宗教信仰？
6. 知識：上一屆選出的市長是誰？這個城市中有多少比例的人是非白人？在這個

國家中，擁有卡爾・馬克思的《共產黨宣言》合法嗎？

學者們指出，在調查中，不要問「爲什麼」的問題（如你認爲犯罪爲什麼會發生？）。[2]

調查研究簡史

現代的調查可以追溯到古時候各種形式的人口調查。[3] 人口調查的資訊包括某個地理區域內全部人口的特徵，它是根據民衆報告政府官員的資訊，或者是政府官員自己觀察到的資訊。例如，《末日裁判書》（Domesday Book）就是1085～1086年征服者威廉（William the Conqueror）所主持的舉世聞名的英格蘭人口調查。早期的人口調查要麼是評估徵稅的財產，要麼就是評估可以徵兵的人口。隨著代議制民主政治的出現，政府官員利用人口調查的資料，以區域內的人口爲基礎，分配應選代表的名額。

調查經歷了一段漫長與變化的歷史。在英美兩國，調查法被用作社會工作研究始於社會改革運動，以及社會服務專業紀錄早期工業化所帶來的城市貧窮狀況。最初，調查法主要通過問卷以及其他資料來獲得對某個地區的整體概況，當時，並沒有採用科學的抽樣方法與統計分析。例如，在1851～1864年，Henry Mayhew根據與市民的談話而對他們的日常生活進行觀察，出版了四卷的《倫敦勞工與倫敦貧民》（London Labour and London Poor）。Charles Booth出版了17卷的《倫敦居民的勞動與生活》（Labour and Life of the People of London, 1889-1902），以及B. Seebohm Rowntree的《貧窮：城鎮生活研究》（Poverty: A Study of Town Life, 1906）也在研究城市貧窮的程度。同樣的研究也在美國出現了，例如《1895年赫爾之家的地圖與報告》（Hull House Maps and Papers of 1895）與DuBois的《費城的黑人》（Philadelphia Negro, 1899）等著作也先後出版。

社會調查同時也演變成現代學術界量化調查研究與質性田野研究。從19世紀90年代到20世紀30年代，社會調查成了加拿大、英國、美國社會工作調查運動中的主要方法。社會調查運動使用系統化的實證調查，來支援社會政治的改革目標。時至今日，這類社會調查被稱爲行動導向的社區調查。在20世紀40年代中期，這類社會調查已大多被現代量化調查所取代了。

早期的社會調查是根據許多量化與質性資料，針對某個地區所進行的詳細的實證研究，大部分都是探索性與描述性的。研究人員希望告訴公衆關於工業化帶來的問題，並且提供社區居民參與社區民衆決策所需要的資訊。有些早期社會調查的領導者，主持赫爾之家安置運動的領袖們，Florence Kelly與Jane Addams以及非洲裔美國人DuBois等人，由於受到種族與性別歧視，無法繼續留在大學內正常工作。社會研究給人們提供印象深刻的社區日常生活圖象。例如，1914年出版的六卷《匹茲堡調查》（Pittsburgh

Survey）就是根據面對面的訪談，根據現成的有關健康、犯罪以及工業傷害的統計資料並直接觀察記錄所撰寫成書的。

從20世紀20年代到第二次世界大戰期間，美國出現了四種力量把社會調查重塑成現代的量化研究。第一，特別是在《文摘》（*Literary Digest*）停刊之後，研究人員把根據統計原理的抽樣技術與精確測量應用到調查之中。第二，研究人員發明了量表與指數，來系統蒐集態度、意見，以及社會生活主觀層面的量化資料。第三，很多其他領域的人士發現了調查的用途，將之稍做修改後，運用到不同的領域。市場行銷研究另立門戶，將調查法用來研究消費者行爲。新聞記者使用調查法來測量民意和廣播的影響力。宗教組織與慈善機構借助調查法來發現需要救助的地區。政府機關使用調查法旨在改進農業與社會計畫所提供的服務。同時，更多的社會工作者也開始運用調查法，爲其基礎研究蒐集實證資料。

此外，大多數實證社會工作研究從非學術方向向著學術方向改變，他們運用多重方法，專注本地的社會問題研究。這種方向性的轉變，創造出仿效自然科學的、令人尊重的「科學」方法。社會工作研究變得越來越專業、客觀，很少帶政治色彩的活動。這種取向上的轉變主要是受到下列因素的影響：（1）研究人員與大學之間相互競爭的地位、聲望與研究經費；（2）在美國政治進步的時代結束之後，研究人員開始放棄自己的社會改革的理想；（3）主要的私人基金會等出錢支持量化的、實證的社會工作研究計畫。[4]

調查研究在第二次世界大戰期間，特別是在美國本土，得到迅速發展並逐漸成熟。學院派社會工作研究人員與產業界的實務工作者彙集在首都華盛頓，爲大戰做研究。調查研究人員研究士氣、消費者需求、生產效率能力、對敵宣傳甚至轟炸的效果。戰時的合作極大地幫助了學院派的社會工作研究人員，同時也爲實務工作者提供了機會，他們通過參與很多大規模的調查研究，了解到準確測量、抽樣統計分析的重要性，而實務人員又幫助研究人員了解組織與進行大規模調查時實務層面的內容。

第二次世界大戰結束後，政府裁減了很多調查研究機構。這樣做部分是出於削減成本的需要。再者，美國國會有些議員也擔心，其他人士可能會利用調查結果進行社會政策宣導，例如幫助失業者或是促進南部各州居住在種族隔離區的美國黑人享有的平等權利等。

許多研究人員回到大學，成立了新的社會工作研究機構。起初，大學不太歡迎自己的員工開展調查研究。調查研究不但費用過高，而且需要許多的人力。此外，傳統的社會研究人員對於量化研究相當謹慎，而且對私人機構所使用的技術，一直持懷疑態度。應用研究人員與商業取向的民意調查的執行者的傳統，與缺乏統計訓練的傳統基礎研究人員之間，出現了衝突和抵觸。儘管這樣，調查研究還是越來越多地被人們所使用。這種發展的勢頭並不僅限於美國。第二次世界大戰結束後的三年內，法國、德國、挪威、

義大利、荷蘭、捷克、英國都先後設立了全國調查研究所（Scheuch, 1990）。

　　儘管調查法在發展初期有不確定性，但到了整個20世紀70年代，調查研究一直處在不斷發展之中。例如，在1939～1940年間，發表在社會學期刊上的論文大約有18%都是使用調查法；這個數字到了1964～1965年間上升到了55%。在20世紀60年代，美國高等教育與社會科學領域的快速發展，也刺激了調查研究的成長。越來越多的人學習調查研究，這個方法也深受歡迎。下列五個因素造成了戰後調查研究的快速發展。[5]

1. 電腦。到了20世紀60年代，社會工作者都已經可以使用到電腦科技，這樣，就第一次使對大規模的調查資料進行複雜的統計分析成為可能。迄今為止，電腦已經成為大部分調查資料分析中不可缺少的一個部分。

2. 組織。以量化研究為主旨的、新的社會工作研究中心在美國各大學紛紛成立。20世紀60年以後，大約有50個左右的這類研究中心先後成立。

3. 資料儲存。到了20世紀70年代，大量資料檔案已經建立起來，儲存大規模調查資料，並開放資料共用、供做二次分析（將在第十一章中加以討論）之用。蒐集、儲存並且共用數以萬計的回答者在數百個變數上的資料，進一步擴大了調查的用途。

4. 經費。將近有十年的時間（從20世紀60年代後期到20世紀70年代後期），美國聯邦政府擴大了社會工作研究的基金。從20世紀60年到20世紀70年代中期經費數額下降以前，聯邦政府花在社會科學研究與發展上的總經費增長了將近十倍。

5. 方法論。到了20世紀70年代，研究人員主持了數目可觀的研究，旨在改善調查的效度。隨著錯誤的發現與更正，調查技術也得到更新和改進。[6]此外，研究人員發明了改進的統計技術，用以分析量化資料，並且將這些方法傳授給下一代的研究人員。

　　今天，量化調查研究在大學內外都是一項主要的產業。專業的調查業僅在美國可能就雇用了超過六萬的從業人員。他們大部分是從事兼職的工人、助理或是半專業人員。大約有6,000名全職的專業調查研究人員負責調查的設計與分析。[7]

　　大學與研究中心的研究人員大多是為了從事基礎研究而進行調查。許多領域的研究人員（大眾傳播、教育、經濟、政治科學、社會心理學）都在主持並分析調查結果。許多美國的大學有調查研究中心。主要的研究中心有：加州柏克萊大學的調查研究中心、芝加哥大學的全國民意調查中心（National Opinion Research Center, NORC）、密西根大學的「社會研究所（the Institute for Social Research, ISR）」。

　　還有一些應用領域也特別需要調查：政府部門、市場行銷、私立的政策研究，以及大眾傳媒。世界各地的中央與地方政府定期舉行調查，以提供政策決定所需的資訊。私人部門的調查研究可分為三種類型：民意調查機構，像蓋洛普（Gallop）、哈裡

斯（Harris）、羅普（Roper）、揚克羅維奇（Yankelovich）等；市場調查公司，像尼爾森（Nielsen）、市場眞相（Market Facts）、市場研究公司（Market Research Corporation），以及非營利的研究機構，例如，馬塞馬地卡政策研究中心（Mathematica Policy Research）、蘭德公司（Rand Corporation）等。[8]

主要的電視臺與報社定期舉行調查。Rossi及其同事們（1983:14）發現，媒體曾經贊助了174次民意調查，他們指出：「民意調查就像漫畫與占星術一樣，是媒體的一項特色。」此外，還有許多特別的內部調查。企業、學校與其他組織都會針對特定的實際問題，對員工、顧客、學生等進行小規模的調查。

調查研究人員也成立了各自獨立的專業組織。1947年成立的「美國民意研究協會（American Association for Public Opinion Research）」贊助出版了一個調查研究的學術期刊《民意季刊》（*Public Opinion Quarterly*）。「美國調查研究組織委員會（Council of American Survey Research Organization）」是從事商業性民意調查公司所組成的一個機構。還有一個國際性的調查研究組織「世界民意調查研究協會（the World Association of Public Opinion Research）」。[9]

在過去30年中，在學院內外，量化調查已經成爲社會工作研究中廣泛使用的技術。雖然關於如何主持一項高品質的調查的知識日新月異，但是調查法爆炸式的廣泛使用，已經超過了調查技術作爲一個以量化方式測量人類社會生活方法所應有的發展。

調查研究的邏輯

什麼是調查研究

在實驗研究中，研究人員把人安排在數個小組中，然後檢驗若干個帶有多個變數的假設。受試者對研究人員所創造出來的干預處理進行回應。研究人員通過觀察實驗處理與因變數的關聯性，以及控制其他可能的解釋等程式來顯示實驗干預處理的時間。

相反，使用調查法的研究人員抽取許多人，來回答相同問題。他們同時測量許多變數，檢驗多種假設，然後從有關過去行爲、經驗與性格等問題中推論出時間先後的順序，例如，受教育年限或回答者的種族是發生在現在態度之前。變數間的關聯性則通過統計技術加以測量。

實驗者則對其他可能的原因進行控制。調查研究人員在計畫一項調查時，就會考慮可能出現的替代解釋，測量代表替代性解釋的變數（即控制變數），然後用統計分析檢驗這些變數的效果，以排除其他可能的解釋。

調查研究常被稱爲相關研究（correlation），調查研究人員使用控制變數，以類似實

驗研究人員對時間順序以及其他可能的替代解釋的控制，從而對因果關係進行嚴格檢測。

進行調查的步驟

調查研究人員遵循演繹的方法。他們從某個理論性或應用性的研究問題出發，最終進行實證測量與資料分析。一旦研究人員決定調查法是適當的方法，他們就會按照圖10-1中展現的基本步驟進行研究。

在第一階段，研究人員先發展出一個測量工具，即調查問卷與訪談計畫，他們運用這些工具來測量變數。回答者閱讀問卷中的問題並進行回答。訪談計畫是一組由訪談員讀給回答者聽的問題，訪談員根據回答者提供的答案加以記錄。為了簡化討論，我們將只討論問卷這個問題。

調查研究人員將變數進行概念化與操作化，使之成為具體問題。研究人員先發展出問題，並且不斷改進，以求清晰、完整，並且根據研究問題、回答者與調查的類型，重新組織問卷上問題的先後順序（調查的類型將在後面詳細討論）。

在準備問卷時，研究人員事先需要考慮他們準備如何記錄、組織資料並進行分析。他們要對一小組與最後的調查對象相似的人進行試調查。如果需要使用訪談員，研究人員要訓練他們如何使用問卷。在試調查中，研究人員詢問回答者問題是否清晰，並了解他們對問題的理解，以此來判斷設計的問題的含義是否明確清楚。[10] 在這個階段，研究人員也會進行抽樣。

計畫階段完成之後，研究人員便準備好要去蒐集資料。這個階段通常比計畫階段要短。他們通過電話或郵寄，找出被抽中的回答者，向回答者提供說明指導語，來完成這份問卷或訪談。問題採用簡單的刺激—反應或問題—回答的模式。研究人員在回答者提供答案或回答後，馬上將之準確地記錄下來。在所有回答者都完成了問卷，研究人員表達了對他們的謝意之後，他們要把這些資料組織起來，以便進行統計分析。

調查研究過程是相當複雜的，需要大量經費支援，也可能牽涉到人員協調問題，需要經歷幾個不同的階段。調查研究的管理要求組織與保管精確的資料。[11] 研究人員要保留每個回答者的資料、每份問卷與每位訪談員的紀錄。例如，研究人員給每位抽到的回答者一個編號，並且在他的問卷上註上這個號碼。然後根據抽到的回答者名單，來檢查填答完畢的問卷。接著，研究人員再瀏覽一遍個別問卷中的答案，把原始的問卷儲存起來，並且將問卷上的資訊轉換成可用作統計分析的格式。細緻的記錄和標籤是最重要的工作。否則，研究人員可能會發現由於草率而失去了許多珍貴的資料，浪費了很多精力。

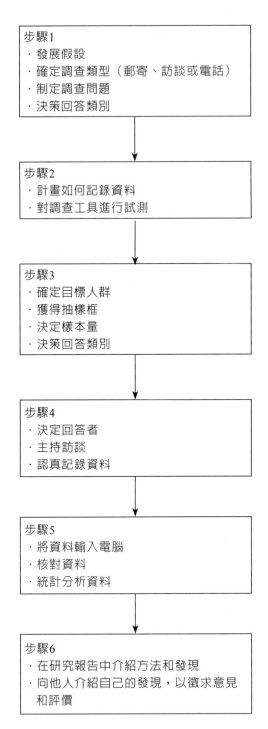

圖10-1　調查研究步驟

設計問卷

優質問題設計的原則

優質的問卷是一個完整的整體。研究人員對問題進行組織編輯，使問卷讀起來一氣呵成，問卷有說明和指導語，通常通過一個或多個問題來測量一個變數。

評判調查問題的好壞，有兩個關鍵原則：避免混淆、記住回答者的觀點。優質的調查問題，給研究人員提供了具有信度與效度的測量工具，也可以幫助回答者覺得自己了解這個問題，覺得他們的回答很有意義。一個無法與回答者觀點配合或使回答者感到混淆不清的問題，就不是好的調查問題。如果回答者是異質的，他們的生活精力與研究人員不同，研究人員在設計問題時，就要特別謹慎。

這時研究人員面臨一個兩難的情況：他們希望呈現給每個回答者的問題，是完全相同的問題，但是每個問題對所有的回答者來說都很清楚，都相關或都有相同意義嗎？如果回答者來自不同背景，有不同的參照物，那麼，相同的字眼可能會產生不同的意義。可是，為個別回答者量身定做問題，幾乎是不可能的事。研究人員無法知道到底是問題的措辭還是回答者的差異，才導致了答案上的差異。

設計問卷問題，實際上是一門藝術而不是一門科學，它需要技巧、實踐經驗、耐心和創造性。設計問題中有10個注意事項，這些原則無法涵蓋所有的錯誤，只是些常見的問題。[12]

1. 避免行話、俚語和簡寫

行話與術語有許多形式。水管工喜歡談蛇（snakes），律師喜歡用「合同」這個詞，心理學家則大談「戀母情結」（oedipus complex）。俚語是某個次文化所使用的行話。例如，都市流浪漢所說的「雪鳥」（snowbird），以及滑雪者所說的「熱狗」。也要避免縮寫。NATO（North Atlantic Treaty Organization）通常指北大西洋公約組織，但是對某個回答者而言，可能會有不同的所指，例如，全國汽車遊客組織（National Auto Tourist Organization）、阿拉斯加本地貿易圈（Native Alaskan Trade Orbit），或者北非茶葉公司（North African Tea Office），這些組織和機構的縮寫也是NATO。除非調查的是某個特殊的群體，否則都要避免使用行話與俚語，儘量使用回答者習慣的辭彙與語法，對一般公眾而言，電視與報紙上所使用的語言（約八年級所用的閱讀辭彙）最合適。調查研究人員要知道，回答者不一定都理解一些基本的術語，例如，1/4的回答者都沒有高中畢業（占美國人口20%，他們都不懂一些性學術語，比如陰道性交）（Binson and Catania, 1998）。

2.避免模稜兩可、混淆不清

模稜兩可與模糊不清是大部分的問題設計者最頭疼的問題。研究人員可能在沒有考慮到回答者的想法的時候，做了潛在的假設。例如，「你的收入有多少？」這個問題可以指週薪、月薪或年薪；家庭收入或者個人收入，稅前或稅後的收入；今年或去年的收入；光指薪水還是指所有的收入來源。這種混淆導致了不同回答者各自對問題提供了不同的解釋，因而也出現了不同的答案。如果研究人員要的資料是去年的稅前家庭收入，那麼，就應該清楚、直接地去提問。[13]

另一個模稜兩可的情況是使用不明確的字眼或答案選項。例如，對「你定期慢跑嗎？」這個問題「是」還是「否」的答案關鍵在於如何理解「定期」的意義。有些回答者把「定期」理解為每天，其他人的定義可能是一週一次。為了減少回答者理解上的分歧，從而得到更多的資訊，應該盡可能使用明確的字眼，如：是否大約一天慢跑一次；一星期數次，以及一週一次等（參見方框10-1中的改進問題）。

3.避免情緒化的語言以及聲望所產生的偏見

文字有表面的意義，也有內涵的意義。同樣，社會上的頭銜和職位（例如總統、專家）帶有聲望或地位。某些帶有強烈情緒化含義的字眼，以及高社會地位的人在相關的議題上所持的立場，都會影響到回答者理解與回答問題的方式。

使用中立的語言。避免使用帶有情感「包袱」的字眼，因為這會引起回答者可能是針對這個帶有情感的字眼的回答，而不是問題本身。例如，「對那些主張用錢安撫兇殘的、威脅要剝奪愛好和平人士自由的恐怖分子的政策，你的看法如何？」這個問題中使用了一系列帶有情緒化的字眼，如「兇殘、自由、剝奪與和平」。

另外，還要避免聲望偏誤（prestige bias），它與某個有名望的個人或團體的陳述有關。回答者可能會根據他們對這個人或團體的感覺，而不是根據那個問題來回答。例如，「大部分的醫生說，香菸的煙霧會使吸菸者周圍的人產生肺病，你同意嗎？」這個問題就會影響那些同意醫生看法的回答者。同樣，諸如：「你贊成總統對科索沃的政策嗎？」之類的問題，對於那些根本沒聽過科索沃的人來說，將會根據他們對總統的看法來回答。

• •

方框10-1　修改不明確的問題

下列這些調查問題都是由有經驗的專業研究人員設計的。他們在經過試調查之後，發現15%的回答者要求澄清一些問題，或者提供了無效的回答（如不知道），他們對原來的問題進行了修改。由此可見，措辭是一門藝術，可以通過實踐、耐心和試調查進行改善。

原來的問題	存在的問題	修改後的問題
你平時經常做運動或者打球嗎？	什麼是運動？	你做運動嗎？或者任何愛好，定期進行身體鍛煉，或者做操，包括散步？
你每週平均幾天吃奶油？	人造奶油能算嗎？	下面的問題是關於奶油，不包括人造奶油。每週你有幾天吃奶油？
（下面的問題是關於雞蛋的）一般一天吃幾次？	一次吃幾個雞蛋？什麼是一般一天？	在吃雞蛋時，一般吃幾個？[7]

	回答者回答		需要澄清的比例	
	原來的問題	修改後的問題	原來的問題	修改後的問題
運動問題（回答是的比例）	48%	60%	5%	0%
奶油問題（回答是的比例）	33%	55%	18%	13%
雞蛋問題（回答是的比例）	80%	33%	33%	0%

資料來源：From *Public Opinion Quarterly*, Volume 56: 218-231 by the American Association for Public Opinion Research. ©1992 All rights reserved. Reprinted by permission of The University of Chicago Press.

4. 避免雙關問題

要讓每個問題只問一個主題。一個雙關問題會把兩個或者更多個問題合成一個問題。這使回答者的答案模稜兩可。例如，如果回答者要回答的問題是：「這家公司有退休金和健康保險的福利嗎？」如回答者所在的公司只有健康保險的福利制度，他可能回答有，也可能回答沒有。這個答案模稜兩可，研究人員無法確定回答者的意向。Labaw（1980:154）指出，「或許問題措辭的最基本原則，也是常被忽略的原則，就是一個問題中應該只包括一個概念、主題或意義。」研究人員如果想要詢問兩件同時發生的事，例如，同時提供年金福利與健康保險福利的公司，就應該問兩個分開的問題。

還有，也不要把回答者認為兩個變數間是有關係存在的想法和實際測量某個關係的變數，混淆在一起。例如，研究人員想要發現學生對課堂上喜歡講笑話的老師，是否給予較高的評價。這兩個變數是「老師講笑話」和「給老師的評價」。錯誤的做法是詢問學生：「如果老師講很多笑話，你會給這個老師很高的評價嗎？」這個問題測量的是，

學生是否相信他們對老師的評價，取決於老師講笑話的多寡，而不是測量變數間的關係。正確的問法是用兩個獨立的問題「你如何評價老師？」以及「老師在課堂上講了多少個笑話？」然後研究人員可以分析這兩個問題的答案，察看兩者間是否存在關聯。相信某種關係存在與這個關係是否實際存在是兩碼事。

5. 避免誘導性的問題

要讓回答者感到，所有答案都是恰當的，不要讓他們感到，研究人員想要的是某個答案。不要使用誘導性問題。誘導性的問題（或另有所指的問題）是通過措辭，來引導回答者選擇某個特定答案的問題。誘導性問題有許多種形式。例如，「你不抽菸，是吧？」這個問題就會誘導回答者回答他們不抽菸。

另有所指的問題按照陳述的方式，可以引導出正面或負面的答案。例如，「市長應該花納稅人更多錢，使道路保持最佳狀態嗎？」會誘導回答者回答不同意，而「市長應該對我們城市中坑坑窪窪的危險街道進行維修嗎？」卻會誘使回答者回答同意。

6. 避免問超過回答者能力的問題

問一些只有少數回答者知道的問題，會使回答者有挫折感，而且會得到很糟糕的答案。回答者並不是總能夠記得起過去事情的細節，而且他們有可能根本不知道許多某些特定的事實資訊。例如，詢問某個成年人「當你六歲時，你覺得你兄弟怎樣？」可能就毫無意義。要求回答者對自己毫無所知的事物做選擇（例如外交事務上的某個技術問題，或是某個組織的內部政策），是可以得到某個答案，但卻是個不可靠的、毫無意義的答案。如果可能遇到有許多回答者對某個問題毫無所知，可以使用一個全過濾題（full-filler question）的形式來處理（下面會討論）。

用回答者思考事物的模式來設計問題。例如，很少有人能夠回答「去年你的車加了多少加侖的汽油？」但是回答者可能可以回答他一週加了多少加侖汽油的問題。研究人員只要把它乘上52，就可以估算出一年的購買量（參見Sudman et al., 1996:197-226）。

7. 避免錯誤的前提

提問時，不要從回答者可能會反對的前提開始，然後再問回答者對這個問題的答案。不同意這個前提的回答者可能會感到挫折，而且不知道該如何回答。例如，問題「郵局營業的時間太長。你覺得郵局應該每天晚四個小時開門，還是早四個小時關門呢？」會使反對這個前提或反對這兩個方案的回答者，找不到一個有意義的選項。

好的問題會直接要求回答者認定某個前提是正確的，然後再問回答者選擇哪個選項。例如，「假定郵局要縮減營業時間，你認為下列哪個方案對你較方便？每天晚四個小時開門，還是早四個小時關門？」對某個假設狀況的答案不是非常可靠，但是語義明

確可以減少回答者的挫折感。

圖10-2　哦。我們還在爭論呢。

8.避免詢問有關未來的意向

避免詢問人們在假設的情況下，他們可能會做什麼事情或決定。即使他們會提供答案，也是相當差勁的行為預測。諸如「假如本街開了一家雜貨店，你會到那裡去買東西嗎？」這類問題，是浪費時間的問題。最好是詢問現在的態度與行為。一般來講，回答者在回答那些對與其經驗有關的特定問題時較容易，回答那些不是他們可以直接經歷到的抽象事物時較困難。

9.避免雙重否定

雙重否定在一般用語中，通常都有語法錯誤，而且語義不清。例如，「我並非一個工作都沒找到」，邏輯上意思指回答者有工作，使用第二個否定是為了強調。這類明顯的錯誤是不多見的，但它是複雜的雙重否定，常常會使人無所適從。它們出現在要求回答者回答「同意」或「不同意」的時候，更是如此。例如，不同意以下敘述的回答者，「不應該要求學生參加一個綜合考試才能畢業」，在邏輯上則表達出一種雙重否定，因為他們不同意不做某件事。

10.避免重疊或不平衡的選項分類

指使回答類屬或選項互斥（mutually exclusive）、窮盡（exhaustive）且保持平衡的一種選項。

互斥是指回答類屬不重疊。數位重疊的答項（例如，5～10，10～20，20～30）很容易可以改變一下（例如，5～9，10～19，20～29）。另一種類型的重疊是指文字選項的模稜兩可，比如，「你對你現在的工作感到滿意嗎？還有哪些令你不盡如意之處？」

窮盡是指每個回答者只有一個選項可以選擇。如這樣的問題：「你在工作？還是失業？」就會使沒有工作但不認為自己是失業的人很難回答（像全職的家庭主婦、度假中的人、學生、殘障人士以及退休的人）。研究人員先要想清楚自己要測量什麼，再考慮回答者可能的狀況。例如，在詢問回答者有關就業的問題時，研究人員需要的是第一份工作，還是所有的工作的資料呢？是要一份全職工作，還是全職與兼職工作的資料都要呢？要的是有工資的工作，還是義務志願性的工作呢？

答項需保持平衡，下面這個問題的答項就不平衡：「市長從事什麼樣的工作？傑出的、出色的、很好的還是令人滿意的？」另外一種類型的不平衡問題是刻意刪除了某些資訊，例如，「五個市長選舉參選人中你最喜歡哪一個？Eugene Oswego還是其餘的任何一位？」

研究人員可以同時提供兩種相反性質的意見的方式，來平衡各個選項。很顯然，誠實和不誠實意義和內涵正好相反。請回答者就市長「非常誠實、有點誠實或不太誠實」進行打分，這種打分跟讓回答者就市長是否不誠實進行打分，不是一回事。如果不是出於特定的目的，一般情況下不要用這種方法提問。最好是給回答者提供兩極對立的選擇（Ostrom and Gannon, 1996）。例如，「你認為市長是：非常誠實、有點誠實、談不上誠實也談不上不誠實、有點不誠實或者非常不誠實？」（參見方框10-2中的偏好類型）。

方框10-2　有偏向的調查問題

下面的問題摘自一份家中收到的郵寄問卷。前兩個問題來自一個議員的問卷，你認為它們有偏向嗎？

1. 有人宣導給予總統權力，來削減大額撥款預算。他們認為這種否決權能夠阻止議會通過浪費的、政治分贓式的支出。你認為這種否決權能夠幫助政府控制浪費支出嗎？a. 是　b. 否　c. 不確定
2. 農業是本國風險最大的職業之一。但是，在很多農業州，農村居民享受基本健康服務，包括醫療服務，受到很多限制。你認為威斯康辛州的農村居民需要更多的機會獲得健康服務嗎？a. 是　b. 否　c. 不確定

下面兩個問題摘自美國一個政黨在1998年4月主持的「1998選舉年重要問題調查」。

它基本上是一個打著調查問卷的旗號，來進行的政治宣傳和籌款運動。

3. 今天一個四口之家平均需要支出年收入的24%給聯邦政府。加上地方稅收，再加上財產稅，稅收的負擔高達40%、50%，甚至達到80%。更加嚴重的是，納稅人還需要應付17,000頁的稅收條款和法規，導致成千上萬的納稅人花費20億美元來雇用專業人士處理自己的稅務。推進稅務系統改革和稅務法規，對你來講非常重要嗎？a. 是　b. 否　c. 不確定

4. 令人尊重的Grace委員會表明，鬆散的採購程式、糟糕的管理、懶散的記錄、漏洞百出的合同管理、官員的濫用以及其他的浪費行為，使我們交納的稅收中，居然有高達3,500億美元的鉅款被完全浪費了。削減政治分贓支出，減少政府的浪費，對你來講很重要嗎？a. 是　b. 否　c. 不確定

　　上述問題都包含了問題設計中應該避免的幾個重要問題：

　　情緒化語言。例如「浪費的、政治分贓的支出」，「本國最危險的職業之一」，「巨額」，「高達3,500億美元」，以及「完全浪費」等。

　　聲望偏好。例子就是Grace委員會。

　　另有所指。這些例子中在提出問題之前，只是提供了單方面的資訊，同時問題的問法也明顯引導人們選擇某個回答。例如，看看第二題中的問題，「你認為威斯康辛州的農村居民需要更多的機會獲得健康服務嗎？」絕大多數人都會選擇同意的，但是，它卻迴避了一個真正的政策問題：應該如何為他們提供健康服務？他們應該享受什麼樣的健康服務？誰來支付這些服務？

　　錯誤前提。問題應該有選擇性資訊。如果讀者質疑或者不同意這個前提，就無法做出選擇。在第一題中，如果回答者認為議會「不會通過浪費性政治分贓支出預算」，那麼他該怎樣回答呢？雙重問題。後面兩個問題問的是，回答者是否覺得這個問題重要，同時他們還想問，回答者是否同意解決問題的辦法（即改革和減少政府浪費）。

　　不平衡的回答。最後兩個問題用了是／否的方式，這意味著回答者認為它要麼重要，要麼不重要，要麼就是不知道。這種格式沒有提供一個表達問題的重要程度，以及支持和反對某個改革。如果回答者感到這個問題有點重要，或者是個小問題，就沒法選擇了。

幫助回答者回憶

　　調查研究人員最近已經研究了回答者在回答調查問題時，是否具有準確地回憶過去行為與事件的能力。[14]這一直都是歷史研究中口述史與回憶錄的關鍵問題，同時，在調查研究中對有關最近發生的事件研究中，也是一個重要問題。準確的回憶，需要回答者花費更多的時間和精力，遠遠要超過簡單地填寫一份問卷。另外，隨著時間的推移，

人的準確回憶能力也會衰退。有關住院治療和犯罪受害經驗的研究顯示,雖然大部分的回答者能夠回憶起過去幾週內發生的重要事件,但要他們回憶一年前的事件,其準確率只有一半。

調查研究人員發現,單靠記憶是極不可靠的,它受到很多因素的影響:主題(威脅性的或社會期望的)、同時發生的或是後來發生的事件、某事件對個人的重要性、情境狀況(問題的措辭、與訪談的方式等),以及回答者覺得需要維持的內在一致性等。「現在所累積的證據表明,要求回答者回憶某事是否發生與何時發生,與調查研究人員直接假定某個情境相比,難度要大很多。真實世界所發生的事件顯然很快就被人們所遺忘」(Turner and Martin, 1984:296)。

要求回答者回憶過去事件,是一個比較複雜的問題,但是,這並不是說,調查研究人員不可以問及過去的事件;相反,它指的是我們必須小心謹慎地設計問題,仔細地解釋結果。研究人員應該給予回答者更多的指導語和更多的時間來思考。他們也應幫助回答者進行回憶,例如,提供一段確定的時間框,或是地點提示。不要問「去年冬天你多久去看一場比賽?」而應該問「我想知道你去年冬天多久去看一場比賽,我們一個月一個月地回憶。想一想12月,去年12月你是買票去看過一場比賽?現在回想1月,你是否在1月分去看過一場比賽?」

Mooney和Gramling(1991)的研究顯示了使用輔助回憶工具的重要性。他們問學生兩類有關喝酒行為的問題,進而發現,標準題像是「一般來講,一個月中你有幾天喝過酒(酒、啤酒、含酒精飲料)?」與「一般來講,你喝酒時,每次大概喝多少?」得到的結果,遠低於問他們同樣問題加上12個地點(例如,酒吧、親戚家、兄弟姊妹聚會等)並總計結果所得到的答案。這類幫助回憶的做法不但可以減少遺漏、增加準確度,而且還不會出現高估的現象。有許多回答者會出現壓縮現象(telescope),這種現象指的是:當被問及頻率時,他們少報過去發生事件的頻率、多報最近發生的事件的頻率。有兩種方法可以減少壓縮現象:提供情境架構(例如要求回答者回憶某個特定的事件,然後再詢問有關的問題),解構(例如詢問許多個特定的事件,然後再把每個事件的答案加總起來,像是問回答者每週喝多少酒,然後算出一年的飲酒量)。詢問過去行為或事件的調查研究人員,就算問的是去年發生的事件,也需要特別小心謹慎。

問題與回答的類型

威脅性與非威脅性的問題

研究人員有時會詢問一些敏感問題,或是對回答者來說覺得有威脅性的問題。[15]許多回答者認為性行為、吸毒或酗酒、偏差行為、心理健康、非法行為,或是有爭論性的公眾問題都是有威脅性的問題。問這類問題的研究人員必須格外留意。

　　威脅性問題是一個廣泛爭論的問題。回答者可能會試圖把自己正面的形象呈現給訪談員或研究人員，而不是據實回答。回答者可能會因羞愧、尷尬或害怕而不願提供真實的答案。相反，他們會提供自己認為是比較合乎社會規範與社會期望的答案。這構成了社會期望性偏差（social desirability bias）。這種社會壓力造成回答者對事實情況要麼就是過高報告，要麼就是過低報告（參見表10-1）。

表10-1　威脅性問題和敏感問題

主題	不自在的比例（%）
手淫	56
性交	42
使用大麻或海洛因	42
使用興奮劑或鎮靜劑	31
喝醉酒	29
擁抱和接吻	20
收入	12
與朋友賭博	10
喝啤酒、白酒	10
幸福與福利狀況	4
教育	3
職業	3
社會活動	2
其他休閒	2
體育活動	1

資料來源：*Improving Interview Method and Questionnaire Design* by Norman M. Bradburn and Seymour Sudman. Copyright ©1979, Jossey-Bass, Inc., Publishers. Reprinted by permission of Norman M. Bradburn.

　　人們也可能在下列問題上出現言過其實的情況：如說自己是個好市民（例如投票、知道某些問題）、消息靈通以及很有文化涵養（例如讀書、參加文化活動）、具有道德責任感（例如有工作、捐錢給慈善機構）、有完美的家庭生活（例如有幸福的婚姻生活與良好的親子關係）。例如，丹佛市的回答者在被問及是否捐錢給慈善機構時，結果發現，有34%的人回答他們曾捐過款，但是，研究人員在查閱慈善機構的捐款紀錄之後發現，他們根本沒有捐款，有34%回答有捐款的人，實際上根本沒有捐款。[16]

　　因為大部分的人希望表現出正面的自我形象，而且希望將自我感覺與社會規範性期

望保持一致。「不實的宣稱或誇大自己的社會期望性的行為出現的次數，遠遠多於言過其實的否認、宣稱、縮小或誇大自己的社會期望性行為」（Wentworth, 1993:181）。研究人員如果懷疑可能會出現社會期望性效果，他們可以詢問若干個特定的問題，並且採用幫助回答者回憶的輔助技術。

人們可能會傾向少報得病或殘疾的情況（例如癌症、心理疾病、性病），涉及違法行為或偏差的行為（例如漏稅、吸毒、喝酒、不正常的性行為），洩露財務狀況（例如收入、存款、債務）等（參閱表10-2）。

表10-2　調查中過度和過少報告的行為

	歪曲或錯答率		
	面對面	電話	自填
低威脅／正常的			
登記投票	+15	+17	+12
參加初級投票	+39	+31	+36
有圖書證	+19	+21	+18
高威脅			
破產	−32	−29	−32
醉酒駕駛	−47	−46	−54

資料來源：From *Improving Interview Method and Questionnaire Design* by Norman M. Bradburn and Seymour Sudman.Corpyright © 1979, Jossey-Bess, Inc. , Publishers.Reprinted by permission of Norman M. Bradburn.

調查研究人員已經發展出了一些技術，能夠提高對威脅性問題回答的真實性。這些技術包括提問的環境與問題的措辭。對於敏感性問題，研究人員應該在與回答者建立關係、產生信任之後，告訴回答者，他們需要得到真實的回答。他們可以使用一個開場白，為回答者提供一個環境，使得回答者感到比較容易給予真實的答案。例如，在向一位異性戀男子提問時，可以這樣開始：「在過去的調查中，很多男性報告說在自己一生的某個時段，自己都與其他男子有過性關係。這種情況可能都發生在青春期之前，青春期之後，或者在成年之後，在你生命的某個階段，你是否與其他男性有過性行為呢？」相比之下，這如果用標準化的方式來提問的話，就變成了「你是否與其他男性發生過性行為？」

訪談員的性別也會影響回答者的回答。Catania及其同事（1996）發現，當被男性訪談員提問時，3.5%的人會就上面標準問題回答說「有過」，8.2%的人在開場白背景下回答「有過」。當女性訪談員提問時，上面的比例分別為3.2%和4.0%。研究人員發

現，「對於初次性交年齡和青少年的貞操問題，我們發現，男性初次性交的年齡在提高，而女性初次性交的年齡在降低，同時還發現，男性保持貞操的人數在增加，而女性保持貞操的人數在減少」（Catania et al, 1996:367）。

另外，也可以把帶有威脅性的問題藏在一些重要的活動中，使之看起來不會那麼過分。例如，如果一開始就問回答者，在商店中是否有過偷竊的行為，他回答時必定很遲疑；但是在問他是否有持槍搶劫以及闖入民宅行竊之後，再問這個問題，他可能比較容易承認在商店中有過偷竊行為，因為相比之下，這就不算是個嚴重的行為。

另一個方法就是，問問題的背景和形式。調查法帶有很強的匿名性，是討論威脅性問題較好的方法。因此，獲得真實性答案的最好方式，是使用郵寄或回答者自行填寫問卷的方式，而不是面對面的訪問或者電話訪問。還有一個新技術，能夠有助於提出威脅性的問題，那就是電腦協助的自行填寫訪談（computer assisted self administered interviews, CASAI）。在使用這個方法時，回答者只需要坐在電腦面前，使用滑鼠來回答電腦屏幕上出現的問題就行了（或者通過耳機）。有研究表明，44%～66%的回答者表示自己曾經抽過大麻，由於問題的形式不同，得到的結果就可能有差別，CASAI得到結果的可信度最高。研究還表明，CASAI的有效性還與回答者的年齡、種族和對他人的不信任度有關。[17]

面對面訪談中，有時會問到具有威脅性的問題，有一項新發明的技術，可以幫助問這些具有威脅性的問題，這就是隨機化答案技術（randomised response technique, RRT）。該技術所使用的統計知識不是本書要討論的內容，但是，它的基本概念就是使用已知的概率來估計未知的比例。隨機化答案技術的操作過程是這樣的：訪談員問回答者兩個題目，一個是帶有威脅性的（例如你吸海洛因嗎？），另一個是不具危險性的（例如你是九月出生的嗎？）。然後用隨機的方法（例如擲硬幣）來選擇要他回答的題目。訪談員並不知道選出的是哪個題目，只需要記下回答者的答案。研究人員使用有關隨機結果的概率知識，以及非威脅性行為出現的次數，來推算敏感行為出現的次數。

知識性問題

有研究顯示，大多數的公眾無法正確地回答基本的地理問題，或是辨別重要的政治文件（例如獨立宣言）。研究人員有時想要知道回答者對某個問題或話題是否了解，但是知識性問題有時可能讓回答者感到很有壓力，因為回答者不願表現出無知的樣子。[18]

在進行觀點調查時，如果能夠先從事實資訊開始，就會得到較好的效果，因為很多人的事實知識本身就不夠準確。例如，Nadeau、Miemi和Levine（1993）發現，大部分的美國人嚴重高估了少數民族占總人口的比例。只有15%的美國成年人能夠準確地答出（大約在正負六個百分點之內）在美國總人口中有12.1%是非洲裔的美國人。有超過

一半的人認為這個比例超過30%。同樣，猶太人占美國總人口的3%，但是大多數的美國人（60%）相信這個比例是10%。其他研究發現，很多美國人反對外援。反對的理由就是他們過高估計了外援計畫的費用。當被問及希望花多少經費來援助外國時，大多數人所給的數字遠超過當今實際花費的數字。

另外還有一個例子，65%的美國人認為，支付孩子上大學的費用，是他們最擔心的問題，但是大部分人對公立大學的費用的估計超出實際費用的一倍，多估了6,500美元（Archibald, 1998）。他們對私立學校學費的估計，也超出了實際費用5,600美元，同時，還低估了大學生在求學過程中，獲得經濟援助的可能性。關於公眾知識的調查問題可以揭露一些嚴重的資訊扭曲的情況，但是，研究人員需要仔細地表達這些問題。

首先，研究人員要對問題進行試測，使所有的問題難度水準適中。如果有99%的回答者無法回答，那麼，就無法得到需要的資料。在設計知識性問題時，可採用那種使回答者能夠坦然回答不知道的措辭：例如，「如果你聽到的話，你聽到多少關於……的資訊？」

回答者可能誇大對某個人或某件事的了解程度。有個方法可以檢查這個問題，即使用冷門問題（sleeper question），給回答者提供一個他不可能知道的問題答案或選項。例如，在測量回答者知道哪一位美國民權領袖的研究中，加入了一個杜撰的人名。約有15%的回答者會選擇「認識」。這意味著只被15%的人認識的實際領袖，事實上可能是公眾所不認識的。另外一個方法是，在回答者提供的他們認識的名單上，挑出某個人，請他們「介紹一下這個人的情況」。

跳躍題或列聯題

研究人員應當避免詢問與回答者無關的問題，可是，有些問題只適合於某些特定的回答者。列聯題是一個含有兩個（或兩個以上）部分的題目。[19] 這個問題第一部分的答案決定回答者接下來要回答不同題目。列聯題篩選出適合回答第二個問題的回答者。有時候，這類題目也被稱為篩選題或跳答題。根據第一個問題的答案，回答者或訪談員依照指示跳到另一個題目或跳過特定的題目。

下面是個列聯題的例子，摘錄自（deVaus, 1986:79）：

1. 你生在澳洲嗎？

　　【 】是（跳答第2題）

　　【 】否

　　　　(a)你出生在哪個國家？

　　　　(b)你在澳洲住了多久？

　　　　(c)你是澳洲公民嗎？

　　【 】是　　【 】否

現在續答第2題

開放式問題與封閉式問題

調查研究中對於開放式問題與封閉式問題的爭論，已經歷史悠久了。[20]開放式問題（無結構性、自由回答）問的問題（例如你最喜歡哪一個電視節目？），回答者可以提供任何一個答案。封閉式問題（結構化、有固定答案的）提出一個問題，並且給予固定的選項，讓回答者從中選答（例如你認為總統的表現很好、好、普通、不好？）。

這兩種問題形式各有利弊（參見方框10-3）。關鍵的問題不是哪種問題形式最好，而是在什麼情況下哪種問題形式最合適。研究人員選擇開放或封閉問題，取決於研究計畫的目的與實際的限制。使用開放式問題需要訪談員逐字記錄，然後還要耗費大量時間加以編碼登錄，這對於某個特定的研究計畫來說，可能不很現實。

方框10-3 封閉式與開放式問題

封閉式問題的優點
—— 回答者回答起來比較快捷
—— 很容易將不同回答者的選擇進行比較
—— 選項很容易編碼，並進行統計分析
—— 選項能夠清楚地將問題的意義傳遞給回答者
—— 回答者很容易回答敏感問題
—— 問題的選項基本上都是相關的，且不容易混淆
—— 口齒不清或文化水準不高的回答者都不會感到不便
—— 容易複製

開放式問題的優點
—— 允許無數答案選項出現
—— 回答者能夠詳細回答，並提供具體、清楚的解釋
—— 可以發現很多意想不到的答案
—— 可以為複雜問題提供足夠多的回答
—— 具有創造性、自我表達、內容豐富
—— 可以反映回答者的邏輯、思維過程和參照物

封閉式問題的缺點
—— 提供的答案可能是回答者沒有想到過的

—— 對某個問題沒有觀點和想法的回答者也必須在選項中做出選擇

—— 當自己期望的答案在選項中沒有出現時，回答者會感到很沮喪

—— 如果出現很多選項（如20個），可能會引起混亂

—— 對問題的誤解不會被發現

—— 不同回答者選項之間的區別不明顯

—— 可能會出現文字錯誤或選項錯誤

—— 會強迫回答者就複雜問題提供簡單的答案

—— 會強迫回答者做出自己在現實中不會做出的選擇

開放式問題的缺點

—— 不同的回答者在回答問題時，會提供不同程度的細節

—— 回答可能跟問題沒關係，容易陷入沒有意義的細節中

—— 不可能進行比較和統計分析

—— 編碼也很困難

—— 口齒清楚和文化水準較高的人很有優勢

—— 對異常的回答者，某些問題可能沒有針對性

—— 回答需要記錄下來，訪談員就比較辛苦

—— 需要回答者投入大量的時間、思維和精力

—— 回答者可能會被問題所嚇倒

—— 問卷中的回答會占據很大的空間

　　大規模的調查使用封閉式的問題，因為對回答者與研究人員來說，操作起來都較為快捷方便。當然，當個人被迫用研究人員所創造的幾個有限的選擇來表達他的信念和感受時，會有很多重要的資訊可能遺漏。要想知道回答者如何思考，了解對回答者來說真正重要的事物，得到某個有很多可能答案的問題（例如年齡），開放式問題可能是最好的選擇。此外，敏感的主題（例如性行為、飲酒消費量）採用封閉式問題或許能夠得到比較準確的測量。

　　在問卷中混合使用開放式與封閉式問題，可以彌補只用一種問題類型的不足。混合使用兩種類型的問題也可以改變訪談的節奏，有助於訪談員與受訪者之間建立關係。不時地對封閉式的問題加以深入探問（即訪談員提出某些跟進問題），可以反映出回答者的推理能力。

　　讓訪談員不時地追問回答者的想法，是一個檢驗回答者是否像研究人員希望的那樣理解了所回答的問題的好方法。儘管這樣，追問並不能代替書面的清晰的問題，或者

代替一個讓回答者理解的框架。除非表述得清清楚楚，否則，當回答者對某個問題沒有想法，或者沒有資訊時，追問會影響他們的回答，或者強迫他們做出回答。當然，靈活的談話式的訪談，會提高某些複雜問題的準確性，尤其是那些回答者不是很清楚的基本術語，或者是當他們很難表達自己的思想時。[21] 例如，在回答「上週你是否去掙錢了？」這個問題時，回答者可能就會猶豫不決，然後回答「是」。訪談員會追問道：「你能否告訴我，你做了什麼工作？」回答者可能會回答：「週二、週三我花了幾個小時幫我的朋友John搬家。他給了我40塊錢，此外，我沒有做過任何掙錢的工作了。」如果研究人員希望了解正常的就業情況，這個追問暴露了誤解的問題。研究人員還可以使用部分開放式問題（即：有一系列選項，最後加上一個「其他」選項），這樣，回答者就有機會提供一個研究人員沒有提供的選項了。

全部使用封閉式的問題，可能會得到扭曲的結果。例如，一份對同一個問題「什麼是國家現在面臨的主要問題？」的開放式版本與封閉式版本的比較研究表明，回答者對國家面臨的重大問題的排序，取決於提問的方式。正如Schuman和Presser（1979:86）所說，「幾乎所有的回答者都是在調查者所提供的優先排序框架內進行排序的，無論這個框架是否符合回答者本人的優先排序」。在另一項研究中，以開放式與封閉式問題，來詢問回答者關於職業中最重要的事物是什麼。有半數回答開放式問題的回答者，所給出的答案完全不在封閉式問題所列出的選項之中。

在研究初期以及探索性研究中，開放式問題非常有意義。對於大型的調查而言，研究人員會在試調查中採用開放式問題，然後根據回答者對開放式問題的回答，來發展出封閉式問題的選項。Glock（1987:50）指出：

調查研究中資料的一個主要來源，就是在研究設計階段開展的質性訪談。這些訪談物件雖然樣本量很小，但是基本上能夠代表總體，這種方法成為了解總體特徵、進行操作化的一個不可缺少的環節。

研究人員在設計封閉式問題時，需要就下列問題做出決定：需要多少個問題答案選項？是否要提供中立性選項？答案的順序是怎樣的？選用什麼樣的選項類型？每個選項測量的方向是什麼？要回答這些問題，可不容易。例如，兩個回答選項可能太少，但是超過五個以上選項可能也不是一個好的選擇。研究人員希望測量有意義的區別，但是又不能將這些區別壓縮在一起。多一點具體的選項能夠幫助獲得更多的資訊，但是太多的選項也會帶來麻煩。例如，將「你對自己的牙醫滿意嗎？」（它只有是／否的回答）變成「你對自己牙醫的滿意度是：非常滿意、有點滿意、有點不滿意、非常不滿意」，就會給研究人員帶來更多的資訊，同時也給回答者更多的選擇。

無態度與中立立場

調查研究人員就是否加入中立、中間與無態度的選項（例如「不確定」、「不知道」或「沒有意見」）有過不少爭議。[22]這樣做可能會出現兩種類型的錯誤：回答者持有非中立的立場時，可能會選擇一個中立或無態度的答案，以及強迫對這個問題沒意見的回答者，必須做出有立場的選擇。研究人員也要避免不實的正面意見（回答者在不知道時，卻不實地選擇某個意見）以及不實的反面意見（回答者持有某個意見時，卻選擇「不知道」的選項），研究人員對不實的正面意見應更加留意（Gilljam and Granberg, 1993）。

許多研究人員擔心回答者會選擇無態度的選項來避免做任何選擇，但是最好還是提供一個無態度的選項，因為人們是會對假想的問題、物體與事件，表示自己的想法的。提供無態度選項（中立或無意見），研究人員可以分識出採取中間立場或無意見的人。無態度的問題可以從三種類型的態度問題來進行處理（參閱方框10-4）：標準題（standard-format）、半過濾題（quasi-filter）與全過濾題（full-filter）。標準題不提供「不知道」這個選擇，回答者要自願選擇。半過濾題提供了「不知道」這個選項；全過濾題是一種特殊類型的列聯題，先問回答者是否同意某個意見，然後再要求那些表示有意見的回答者說明他們的意見。

方框10-4 標準題、半過濾題與全過濾題

標準題

這裡有幾個關於其他國家的問題，你是否同意這個說法？「俄羅斯的領導人基本上是想與美國和睦相處。」

半過濾題

這裡有個關於另一個國家的陳述：「俄羅斯領導人基本上是想與美國和睦相處。」你同意、不同意、還是沒有意見？

全過濾題

這裡有個關於另一個國家的陳述。並不是每個人對這個問題都有自己的意見。如果你沒有意見，請說出來。這個陳述是：「俄羅斯領導人基本上想與美國和睦相處。」你對這個說法有意見嗎？若有，你同意還是不同意？

不同選項形式的結果			
	標準題（％）	半過濾題（％）	全過濾題（％）
同意	48.2	27.7	22.9
不同意	38.2	29.5	20.9
無意見	13.6*	42.8	56.3
*自願選擇			

資料來源：Adapted from Schuman and Presser (1981:116-125). Standard-format is from Fall 1978; quasi-and full-filter are from February 1977.

　　如果沒有列出「沒意見」的選項，很多回答者還是會回答問題，但是如果有這個選項的話，他們會選擇「不知道」的選項，或是如果直接問他們的話，他們會說他們沒有意見。這種回答者被稱爲游離分子（floater），因爲他們游離在有答案與不知道之間。措辭上的稍微改變都會影響到他們的答案，所以研究人員用半過濾題或全過濾題將他們篩選出來。過濾題不會消除對不存在問題的答案，但是可以減低這個問題的嚴重性。

圖10-3　下一個問題：我相信生活就是一個不斷爭取平衡的過程，在一個苦樂迴圈之中，需要持續性地在道德和需要之間進行交換，伴隨著一個酸甜苦辣的回憶，直到走完生命歷程。同意還是不同意？

資料來源：The New Yorker Collection©1989, George Price from cartoonbank. com . All rights reserved. Reprinted by permission.

　　中間選項的游離分子在有中間答項時，就選中間答項，如果沒有中間選項，就會選

其他選項。他們對某個問題的看法不太強烈。這裡有點近因效應（recency effect），即回答者會選擇最後一個選項。近因效應告訴我們，最好是將選項放在一個連續體上，讓中立項放在中間。

研究人員有兩個選擇：為態度模稜兩可或中立者列出中間選項，或者刪除中間選項，強迫回答者選擇其中一個立場，但是需要接著詢問他們，對自己選出的答案感覺有多強烈。後面的方法是研究人員比較常用的，因為態度有兩個方面：方向（贊成或反對）以及強度（強烈地或微弱地支持）。例如，兩位回答者都反對墮胎，但其中有一位堅決反對，全身心投入，而另一位只是稍微反對。

同意／不同意，排序還是評定

測量態度與價值的調查研究人員，長期以來一直就兩個選項存在激烈爭論。[23] 問卷中的問題是否應該先做陳述，然後問回答者同意還是不同意，還是應該提供回答者某些選項？問卷應該包括一系列問題，要求回答者加以評定（例如同意、不同意），還是應該給回答者一系列問題，強迫回答者進行排序（例如從最同意到最不同意）？

最好能給回答者提供一個明確的選項。例如，我們不問「你同意還是不同意這項陳述：男人比較適合……？」而問「你認為男人比較適合還是女人比較適合，或是兩者都適合？」教育程度較低的回答者比較可能同意一個陳述，而強迫他從選項中做出選擇，可以鼓勵他們動腦筋、避免回答定勢偏差，即有些回答者有回答同意的傾向，但是實際上他們並未決定（Narayan and Krosnick, 1996）。

如果選項的措辭引導回答者選擇某個答案，研究人員就會製造偏差。例如，回答者被問道，他們是否支持或反對能源節約法，如果回答者聽到「你支持這個法律嗎？還是因為這個法律難以實施而反對呢？」而不是「你贊成或反對這個法律？」結果就會有所不同。要求回答者根據假想的連續體來評定選項，不如要求回答者從選項排序中選出答案。回答者可能把若干個選項評為相同等級，但是如果要求他們將選項排序，就會排出上下等級順序。[24]

將選項量表上標上數位，能夠幫助回答者，並給他們提供某些暗示來理解問題。如果研究人員根據兩極來概念化變數，採用兩極的正負數（如從+5到-5）是最好的。如他們根據某個變數的連續體來概念化變數，那就使用正向分數（例如0～10分）。[25]

措辭問題

調查研究人員面臨兩個措辭的問題：第一個問題在前面已經討論過了，即要用簡單的辭彙和語法，以免引起不必要的誤解。第二個問題是關於某些特定詞語與短語的效應問題。這是一個更為錯綜複雜的問題，因為研究人員不大可能事先知道某個詞語或短語

是否會影響回答。[26]

文獻中詳細記載了關於使用「禁止」和「不可以」之間差異的討論，這說明了用詞準確的重要性。這兩個詞有相同的意義，但是更多的人比較願意接受不可以做某件事，而不是禁止做某件事。一般而言，教育程度較低的回答者最容易受到極微小的措辭差異的影響。

某些詞可能會引發情緒反應，研究人員不久前開始關注到這類問題。例如，Smith（1987）發現，出現在美國調查問卷答案上的重大差異（例如多出兩倍的支持率），取決於問卷中詢問的是「幫助窮人」還是「提供福利」的支出。他指出「福利」一詞對美國人而言，帶有強烈的負面含義（懶惰的人、浪費與昂貴的計畫等），最好要避免使用這個詞。

我們通過一個沒有爭議的問題選項來展現可能出現的措辭效應（wording effects）。Peterson（1984）研究了四種詢問年齡的方式：「你多大？」「你幾歲？」「你哪一年出生？」以及「你是18～24歲，25～34歲……？」他用出生證明紀錄來檢驗答案，結果發現有95.1%～98.7%的回答者根據問題提問的方式，提供了正確的回答。他還發現錯誤最少的問題形式，有最高的拒答率，而錯誤最多的問題形式，有最低的拒答率。這個例子表明，一個無爭議的事實問題回答的錯誤數量，隨著措辭上微妙的差異，會有不同的變化。增加回答者願意回答的問題形式，可能會提高答案的錯誤率。

有時候，問題的用詞與文字的含義使許多回答者感到無所適從。例如，回答者被問到，他們認為電視新聞是否「公正無私」。研究人員事後發現，大多數的回答者都忽略了公正無私這個詞，這是中產階級、受過高等教育的研究人員認為大家都知道的詞。實際上，不到一半的回答者是照著這個詞的原意來理解的，超過1/4的回答者不是完全不理解這個詞，就是根本不知道這個詞的意思，其他的人賦予這個詞非常奇怪的意義，其中有1/10的回答者對這個詞的解釋與原意完全相反。研究人員應該小心謹慎地選詞，因為措辭效應（如禁止和不允許之間的差異）一直存在，而其他的影響效應可能還會出現。[27]

問卷設計的問題

調查問卷的長度

一份問卷應多長？一次的訪談應該持續多久？[28] 研究人員比較喜歡長的問卷與訪談，因為比較節約成本。一旦抽取並聯絡上了回答者，讓他們完成問卷後，再加上額外的問題，成本就很低了。對問卷來說，沒有絕對合適的長度。問卷的長短取決於調查的形式以及回答者的特點。一份10分鐘的電話訪問很少會有什麼問題，而且通常可以延長到20分鐘。還有一些研究人員會延長到30分鐘以上。郵寄問卷則變化較大。一份簡

短的問卷（3～4頁）適用於一般社會大眾的調查。有些研究人員在面對一般社會大眾時，成功地使用過一份長達10頁（大約100題）的問卷，但較長問卷的回收率比較低。對受過高等教育的回答者進行熱門話題調查，使用15頁的問卷也不會是個問題。持續1個小時的面對面訪談並不罕見。在特別的情況下，也有的面對面訪談進行了3～5個小時。

問題的先後順序

調查研究人員面臨兩個排序的問題[29]：第一是如何組織整份問卷內的所有問題；第二是在回答其他問題之前，應先回答某個特定問題，這就會出現上下文效應的問題。

一般來講，你安排問題的先後順序，盡可能把回答者可能出現的不舒適感和困惑降到最低水準。一份問卷應該有開場、中間與結束部分。在對這次調查做過簡要的解釋之後，最好使開場的問題讀起來愉快、有趣而且容易回答，使回答者對這份問卷感到自在。避免一開始就問一些令人感到厭煩與威脅性的問題。問卷的中間部分要安排與主題有關的問題。將不同主題的問題混合在一起，會使回答者感到困惑。可以將相同主題的問題放在一起，在這個部分的開頭做個簡短的說明（例如「下面我想問你有關住房的問題」），這樣可幫助回答者明確方向。研究人員能夠流暢地、合乎邏輯地呈現問題的主題，系統地組織問題，可以協助回答者運用記憶力自如地回答。不要用一些威脅性的問題來結束問卷，通常我們會用「謝謝你的合作」作為問卷的結尾。

研究人員擔心問卷中問題出現的先後順序，可能會影響回答者的回答。這些順序效應（order effect）對缺乏堅定的意見與教育程度較低的回答者影響最大。他們會把先出現的問題，變成幫助自己回答後出現問題的背景（參閱方框10-5）。你可以採用兩個方法，來處理特殊問題的順序效應：第一個方法就是，使用漏斗序列（funnel sequence）問題，也就是說，在問特殊問題之前先問一般性的問題（例如在詢問某種特殊疾病之前，先問一般健康狀況）。第二個方法是將回答者分成兩半，讓一組回答者按照一種順序回答問題，讓另一組按照另一種順序來回答，然後，驗證問題順序是否有影響。如果發現問題順序效應，那麼到底是哪種順序真正反映了回答者的想法？這個問題的答案是你永遠不可能確定的。

方框10-5　問題順序效應

問題1

「你認為美國應該讓其他國家的共產黨報紙記者進入美國，並將他們在美國的所見所聞傳回本國的報紙嗎？」

問題2

「你認爲像蘇聯這樣的共產黨國家應該讓美國報紙記者進去，然後把自己的所見所聞的報導傳回美國嗎？」

回答「是」的比例

首先	共產黨記者	美國記者
題1	54%	75%
題2	65%	82%

這兩個問題是20世紀70年代在美國調查中用過的。回答第一個問題的背景會影響第二個問題的回答。

資料來源：Adapted from Schuman and Presser (1981:29).

例如，幾年前，我們有一個班的學生就下面兩個問題主持了一個電話訪談：對犯罪的擔心和對一個新的酒後駕駛的法律的態度。隨機抽取的一半回答者，首先聽到的是關於新的酒後駕駛法律，而另一組則先聽到了犯罪的擔心問題。我們需要檢查結果，來看看是否存在由於話題順序而帶來的內容效應。我們發現，那些先聽說酒後駕駛法律的回答者表示，他們對犯罪問題的擔心，不如那些先聽說了犯罪問題的回答者那麼嚴重。同樣，他們對酒後駕駛法律的支援度會超過那些先聽到犯罪問題的回答者。

回答者回答第一個問題時所產生的背景，影響到回答者對第二個問題的回答。在回答者被問到其他犯罪擔心的問題、思考過暴力犯罪之後，酒後駕駛似乎成了較不太重要的問題。相反，當回答者被問到酒後駕駛，並且把這個行爲視爲犯罪之後，他們對其他犯罪問題可能就不太擔心了。

回答者根據先前問題的背景和訪談的環境來回答問題。研究人員需要記住，問題的意義越模糊，背景的影響力就越大，因爲回答者需要利用背景來解釋和理解後面的問題。前面出現過的相同主題的問題，都會對後面的問題產生重要的影響。例如，Sudman 及其同事（1996:90-91）比較了三種不同的方式，來問回答者怎樣參與政治這個問題。當他們單獨問這個問題時，21%的回答者說自己「偶爾」或「根本不」參與政治活動。當他們把這個問題放在問回答者選舉的議員最近都做了些什麼這個問題之後，那些說自己從不參與政治的回答者的比例翻倍，增加到了39%。這道關於選舉的議員的知識性問題，讓回答者感到自己孤陋寡聞。當一個涉及議員「公共關係工作」的問題，出現在上述兩個問題之間時，29%的回答者說自己不參與政治。這個問題爲回答者提供了一個回答不上第一個問題的藉口，他們會批評他們的議員無知。某個問題的背景會產生

重要影響，研究人員需要知道所有的問題：「問題的理解不僅僅發揮表述問題的功能，回答者還需要運用前面問題背景中提供的資訊，來確定它內在的意義」（Sudman et al., 1996:69）。

不作答、拒答與回答率

你曾經拒絕回答調查嗎？人們是否答應做完一份問卷的可能性，會隨著調查型態的不同而有所不同。慈善機構調查期望有1%的回答率，而人口調查則需要95%的回答率。回答率是調查研究中一個非常重要的問題。如果樣本中有很高比例的回答者沒有回答，研究人員在進行結果推廣時就得十分小心。如果未作答者與回答者有很多區別（例如教育程度偏低），那麼低回答率就會帶來偏差，並且削弱效度。

無法獲得樣本抽取到的回答者作答，有幾種情況：無法聯繫到回答者、聯繫上了但無法完成調查（例如回答者說外語、沒有時間或生病了等）、拒絕填寫問卷或拒絕接受訪談或是拒絕回答某些問題。[30]

命令式的表達（如「法律規定必須回答這個問題」）會戲劇性地改變回答的品質，即使是在信封上寫上這樣的話：「請回答這些問題，這對你有好處」（或這是你關心的問題），承諾保密等對回答率沒有什麼影響。很多小因素都會影響回答或拒答。小小的鼓勵（如付給對方1美元）以及訪談前回答者的評論（如「我太忙了」，或「我對此沒有興趣，但是我會接受訪談」）等，都會影響回答者回答和完整填寫問卷的水準。[31]

從20世紀50年代開始，在美國城市地區，公眾參與調查研究的比例就不斷下降。有份報告指出，有38%的美國人拒絕參與調查。[32] 這對調查研究人員來講，是個非常傷腦筋的問題，出現這個現象的原因很多：害怕陌生人和犯罪、社會孤立、太多的調查研究，最重要的是：

拒絕參與調查的人，似乎對調查都持有較負面的態度，與自己的環境比較疏遠，並希望保證自己的隱私不受陌生人的打擾。（Sudman and Bnidhurn, 1983:11）

除了隱私權的問題之外，回答者過去經歷過的不順當的調查，是不作答的主要原因。正當的調查研究的發展，受到調查技術的誤用、不敏感的訪談、低水準的問卷設計，以及對回答者做了不適當的解釋等因素的影響。

調查研究人員對什麼是適當的回答率並沒有一致的看法。適當的判斷視對總體、實際限制、主題，以及個別研究人員感到滿意的回答的情況而定。大部分的研究人員認為低於50%的結果就很糟糕，而90%以上是相當不錯的結果。

如果回答率低於75%，這樣的調查結果可能會和100%的回答率的結果大相逕庭。

例如，一份調查指出，大部分的回答者喜歡某個產品或某項新政策，事實上總體中大多數的人是持反對意見的。可能的情況是，當回答率很低時，那些未回答的人與回答者的意見完全相左（參閱方框10-6）。

方框10-6　回答率問題的例子

假定70%的回答者回答了問題，那麼這些結果總體參數有多大差距？下表中羅列了一系列可能的情況：

問題回答	回答者可觀察到的比例	未答者的假設	總體的回答與總體參數[a]
同意／反對	50(35)[b]/50(35)	60(18)/40(12)	53%/47%
同意／反對	50(35)/50(35)	90(27)/10(3)	62%/38%
同意／反對	20(14)/80(56)	60(18)/40(12)	32%/68%
同意／反對	20(14)/80(56)	90(27)/10(3)	41%/59%
同意／反對	45(31.5)/55(38.5)	60(18)/40(12)	49.5%/50.5%
同意／反對	45(31.5)/55(38.5)	90(27)/10(3)	58.5%/4.5%

a. 這裡假設有一個完美的抽樣框，沒有抽樣或測量錯誤。任何錯誤都會增加或減少觀察到的調查結果與總體參數之間的差異。

b. 括弧中的數位是總體選擇某個答案的真實比例。例如，50%的人選擇了一個有70%回答率的選項，總體中選擇該項的比例就是：50%×70% = 35%。對總體參數的估計，就是加上總體中觀察到的和假設未回答的選項的真實比例之比而得出的。

研究人員會利用下面幾種未回答情況來計算回答率：

── 找不到回答者。

── 找到了回答者，但是無法聯繫上（沒有回答、根本沒時間、不能回答）。

── 找到並聯繫上了回答者，但回答者拒絕參加調查。

── 找到並聯繫上了回答者，回答者也同樣參加調查，但是回答者沒有回答大部分問題，或者沒有填完問卷就交上來了。

找到回答者比例（a location rate），指的是回答者中被找到的回答者的比例。例如，我們想調查某校的600名校友，但是我們只找到了300人的電話和位址。我們的找到回答者的比例就是300/600，也就是50%。聯繫比例指的是從找到的回答者中，可以聯繫上的比例。例如，在我們找到的300名校友中，我們只接到200人的回覆，其他100人從來不接我們的電話，也不回覆我們的問卷，或者無法填寫（如得重病了）。我們的聯繫率就是200/300，即66.7%。拒答率指的是在這些聯繫到的回答者中，拒絕參加

調查的人的比例。例如，我們聯繫到了200人，但是有20人拒絕參加調查，那麼拒答率就是20/200，即10%。完成率指的是參加調查並完成問卷的各項填寫的回答者的比例。例如，在參加調查的180名校友中，150人回答了所有問題，還有30人要麼中途就退出了，要麼跳過和拒絕回答很多問題。我們的完成率就是150/180，83.3%。研究人員需要介紹每一種未回答的情況。

研究人員會報告不同的回答率，有時他們將回答率與找到回答者的比例、聯繫率、拒絕率以及完成率混合在一起。有效回答率是所有找到的回答者中完成問卷的比例。利用上面提到的例子，在找到的300名校友中有150名完成了問卷，所以有效回答率就是50%。未回答包括拒絕參加或沒有回答完所有問題。全部回答率指的是，在所有回答者中全部完成問題填寫的人，在上面的例子中，全部回答率就是150/600，也就是25%。

自填問卷的回答率（如在課堂上發給學生的問卷）或者政府的人口普查接近100%（參見方框10-7），而且不會出什麼問題。面對面訪談的回答率也很高（接近90%），再就是電話訪問，大約有80%。回答率是郵寄問卷最重要的問題。郵寄問卷常見的回答率介於5%～10%之間。

方框10-7　人口普查過低計算與沒有尋找回答者比例

美國的人口調查是由美國政府主持的調查，目的比較多元，如決定地域的選舉代表名額、分配給社會服務的贊助等。美國政府每隔十年就進行一次人口調查。到目前為止，它都沒有採用抽樣方法，而是一個一個地進行計數。它的結果是會出現計數錯誤，在不同的地區，回答率在93%～100%之間。1990年的人口調查中，出現的最嚴重的計數錯誤是在紐約市的South Bronx。估計有40,245人沒有被找到、或者沒有回答調查問題。第二個嚴重的錯誤也發生在紐約市，大約有25萬人沒被找到或者被漏數了。例如，美國每個議會區都應該有55萬人，但是在South Bronx 漏數了第16議會區的7.3%人口。漏數地區一般都是低收入人群、少數民族和新移民集中的地區。相反，在某些地區人們被兩次計數，在某一個地區，估計約有7,448人被兩次計數。多次計數通常發生在高收入、郊區、教育水準較高、擁有多處住房的人群中（參見Holmes, 1998）。

研究人員有幾種方法可以提高回答率。電話訪問中，研究人員通常應在聯絡回答者五次之後仍然沒辦法聯絡上後，才可以決定放棄這位回答者。每次打電話要做一個記錄，以避免都是在同一時間打給回答者。理想的打電話時間很難確定，但是星期日至星

期四早上6點到9點可能是最佳時間。

　　即使聯繫多次，還有20%的人聯絡不上是很常見的。一旦訪談員聯繫到回答者，他們必須說服對方合作。電話訪問時的拒訪率在20%也是常見的。雖然使用隨機撥號不太可能，但是，如果研究人員能夠在三到五天前，先寄信告訴回答者等候自己的電話，那麼，合作的比例會相應提高。訪談員應當告訴回答者自己的姓名、進行調查的機構、調查的主題，以及大約需要花多少時間進行電話訪談，例如，「我叫Larry Neuman，我為調查研究公司進行電話訪談。我想請問你一些有關你看電視習慣的問題。這個訪問應該不會超過十分鐘，而你的回答我們會保密。」

　　訪談員進行面對面訪談的第一個任務就是要找到回答者，常見的方法是事先寫信或打電話安排訪談時間，有時只能採用多次登門拜訪的方法。我們會碰到這樣的情況，已經事先約好了時間，但到事先約好的時間時，回答者還在猶豫是否接受訪談，有時會拒答。訪談員應該帶著貼有照片的身分證明，並且告訴被訪者自己是誰，以及為何會來訪問。一旦聯繫上之後，如果回答者在家門口見到一位受過良好訓練、和藹可親的訪談員，大部分的回答者都會傾向合作。

　　要讓某些人群來填寫問卷，如低收入者、舊城區的少數民族，的確是一大挑戰。Pottick和Lerman（1991）使用新聞報導式的信函，介紹自己的調查，並且事先打通私人電話，提醒回答者自己將會登門拜訪。他們將這個方法和標準做法，即使用學術風格的信函與追訪信的方法，做了一個比較，結果發現他們的方法獲得更為快速的回覆，有更多的回答者樂意參加調查。例如，他們使用這種技巧獲得65%的人參與，而標準方法只有39%的人願意回答問卷。他們的方法也吸引了一般說來比較消極的回答者，以及那些認為政府與社會服務機構不了解自己的回答者。

　　有很多的文獻來討論如何提高郵寄問卷回答率的問題（參閱方框10-8）。[33] Heberlein和Baumgartner（1978）指出，有71個因素影響了郵寄問卷回答率。

方框10-8　提高郵寄問卷回覆率的十個方法

1. 將問卷寄給某個具體的人，不能僅僅是居住者，用一類郵件寄出。
2. 郵件中的措辭要合適，用帶有信紙抬頭的封面信。在信中需有下列內容：請求回答者的合作，保證保密，解釋調查的目的，留下研究人員的名字和電話號碼。
3. 一定要附上一個貼好郵票的、有位址的回信信封。
4. 問卷應該排版整潔、吸引人，長度適中。
5. 問卷應該專業列印，易讀，有清楚的知識語。
6. 對沒有回覆者，再發兩封跟進信。第一封應該在問卷發出一週後，第二封在兩週後發

出。禮貌地請求對方合作，並寄出另一份問卷。

7. 不要在主要假期期間寄出問卷。

8. 不要將問題印在問卷的背面。相反，留出一些空白處，讓回答者提供評論。

9. 贊助方如果是本地的、合法的（如政府機構、大學或大公司等），會得到更好的回答率。

10. 如果可能的話，在郵件中附上一個小額的現金獎勵（1美元）。

有項研究對1940～1988年出版的25本期刊中有關郵寄調查的115篇論文，進行分析（metaanalysis）發現，附有說明信、少於4頁的問卷、郵資已付的回郵信封，以及提供一小筆酬金，都有助於問卷的回覆（Yammarino et al., 1991）。很多技術都採用了整體設計法（後面將詳細討論），這會使得回答者更輕鬆填寫問卷，並且提高對問題的興趣。

格式和排版設計

這裡有兩個格式與排版設計的問題：問卷整體的排列設計，以及問題與選項的格式。

問卷的排版設計

排版設計對訪談員和回答者來說，都是相當重要的一項工作。[34] 問卷應該清楚、整齊與通俗易懂。要給每個問題編號，並且在問卷中加入明確的資訊（例如機構的名稱）。不要把所有問題擠在一起，還要讓問題表達清楚。你如想在郵費和印刷上省下一點小錢，你付出的代價可能就是低回答率，以及把訪談員與回答者都搞得糊里糊塗的問題，並造成資料效度低等。應該為每一次的訪談製作一個封面或首頁，以便於資料的管理。在該頁上列出訪談的時間與日期、訪談員與回答者的編號，以及訪談員的意見與觀察心得。一個高品質的圖表、合適的行距，以及優美排版的專業問卷外觀，不但可提高調查的準確度與完成率，而且有助於回答者流暢地閱讀問卷。

問卷上要提供對回答者與訪談員的指導語，用不同的形式印製這些指導語（例如用不同字體、顏色或是都用大寫字母），將它們與其他部分區別開。這對訪談調查來說，是非常重要的，因為它可以幫助訪談員區別出哪些是問回答者的問題，哪些是給訪談員的指導語。

對郵寄問卷來說，版面設計更是重要，因為這時沒有一位友好的訪談員會與回答者互動，而是全靠問卷的外觀來說服回答者填寫問卷。郵寄調查中，需附上一封印有機構單位公文抬頭、彬彬有禮的專業說明信，交代研究人員是誰，並且提供電話號碼，回答者遇到問題隨時可來電諮詢，這些細節至關重要。如果回答者收到一大包巨額郵資的黃

皮信件，或是問卷裝不進回郵信封，他們通常是不會填寫的。在問卷結尾，一定要記得寫上「謝謝您的參與」。訪談員與問卷都應該讓回答者對這次調查留下正面的感覺，以及非常感謝他們的參與的印象。

問題格式

調查研究人員要決定題目與答案的格式。應該讓回答者圈出答案。圈選空格、將圓圈塗黑還是在空白處打×原則，會使答案明確、容易辨認。選出方格或括弧，以及圈出數位是最清楚的方法。將答案垂直列出，會比將答案水準列出讓人容易閱讀（參閱方框10-9）。如前所述，遇到列聯題時，使用箭頭與說明文字。利用視覺輔助工具也非常有效，例如，用溫度計樣式的圖形，來問回答者對某人的感覺是溫暖還是冷漠。矩陣題或稱方格題（matrix question）同樣也是呈現一系列問題的簡便方法，它不但節省空間，還可以使訪談員或回答者在填寫同一類答案時，比較容易下筆。

方框10-9　問題格式示例

水平式與垂直式答案選項的例子

你認為離婚很容易、很難或是還好？

○很容易　○很難　○還好

你認為離婚很容易、很難或是還好？

○很容易　○很難　○還好

矩陣式問題示範

	非常同意	同意	不同意	非常不同意	不知道
老師說話太快	○	○	○	○	○
這門課我學到很多東西	○	○	○	○	○
考試非常簡單	○	○	○	○	○
老師講了很多笑話	○	○	○	○	○
老師很有條理	○	○	○	○	○

常用答案選項示範

很好、好、一般、不好

贊成、不贊成

同意、反對

非常同意、同意、部分同意、部分不同意、不同意、非常不同意

太多、太少、正好

較好、較差、差不多

定期、常常、很少、從來沒有

總是、經常、有時、很少、從不

很可能、不太可能、沒有差別

非常感興趣、感興趣、不感興趣

Sanchez（1992）研究了由兩位經驗豐富的訪談員，訪談兩份不同的排版設計對宗教問題所產生的效果。她發現，清楚的排版設計使選擇「不確定」選項的比率，由8.8%減少到2.04%。此外，當她把列聯題的格式變得更加清楚時，使用追問來挖掘特定宗教教派的訪談員時，回答的比例由91%增加到99%以上。

整體設計法

Dillman（1987）發展了整體設計法，改善了電話與郵寄調查，這個方法由理論與實務兩個部分組成。理論部分認為，調查是社會互動，其中，回答者以他們期望得到的東西作為自己參與合作的交換。當社會成本低、預期的利益大於自己所知覺的成本時，以及當他們與研究人員建立起信任關係時，回答者會合作。實務部分重複了上述有關完善的措辭與問卷設計的建議。因此，一個好的調查設計，需要包括：試調查、將回答者要付出的個人成本減至最低，以及只需回答者付出最少的時間與精力。這就成為一種無形的回報：做了一件有價值的事，經歷了一次非常重要的感受。

調查的類型：優點與缺點

郵寄和自填問卷

優點：研究人員可將問卷直接交給回答者，或是郵寄給回答者，由他們自己按照問卷上的說明指南與問題，自己填上答案。這種調查類型顯然是最便宜的，而且只要一個研究人員單獨工作就可以完成。研究人員可將問卷寄到廣大的地理區域之內。回答者可利用自己方便的時間完成問卷，而且如果有必要，回答者也可以查閱他個人的資料。郵寄問卷是匿名的，這可以避免訪談員的偏差，這是非常有效的調查方法。如果目標總體受過高等教育，或是對研究主題或調查機構相當感興趣時，回答率可能會很高。

缺點：由於人們並不總是把問卷填完後寄回，所以郵寄問卷最大的問題就是回收率低。大部分的問卷在兩週內會獲得回覆，還有一些問卷約在兩個月之後才會陸續寄回。

如有需要，研究人員可以通過寄給未回覆者一封提醒信，來提高回答率，但這也增加了蒐集資料的時間與成本。

研究人員無法控制郵寄問卷在何種情況下完成。一封在酒宴上、在眾人歡聲笑語中完成的問卷，可能會和一位認真的回答者完成的問卷同時寄回。還有，當回答者的答案不完整時，沒有人在旁為其澄清問題的含義，或是深入挖掘一些資訊。除了被抽到的回答者之外可能有其他人（例如配偶、新住戶），在研究人員不知情的情況下，拆閱郵件並完成問卷。不同的回答者，可能在前後分隔數週的時間內完成問卷，或者用與研究人員原先計畫不同的順序來填寫問卷。問卷的填寫不完整也可能是一個嚴重的問題。

研究人員無法直接觀察回答者的身體特徵、對問題的反應，以及填答的環境。舉例來說，一位窮困潦倒的70歲的白人婦女，獨居在農場裡，可能謊稱她是位富裕的、40歲的亞裔男性醫師，帶著3個孩子，住在一個小鎮上。諸如此類極端的謊言自然非常罕見，而有很多嚴重的錯誤未必能被研究人員發現。

郵寄問卷形式限制了研究人員可使用的問題種類。需要視覺輔助的問題（例如看這張圖片，告訴我你看到了什麼）、開放式問題、很多列聯題，以及複雜的問題，在郵寄問卷中的效果都很差。同樣，把問卷寄給不識字者或近似文盲者是不可能得到回覆的，即使這些問卷被填完而且被寄回，問題極有可能被誤解了，因此提供的答案也沒多少意義（參見表10-3）。

表10-3　調查的類型及其特點

特點	調查的類型		
	郵寄問卷	電話訪談	面對面訪談
管理問題			
成本	最低	中等	昂貴
速度	最慢	最快	慢到中等
長度（問題數量）	中等	最短	最長
回答率	最低	中等	最高
研究控制			
追問的可能性	無	有	有
特定的回答者	無	有	有
問題順序	無	有	有
只有一位回答者	無	有	有
視覺觀察	無	無	有
不同問題的成功率			
視覺輔助工具	有限	無	有

特點	調查的類型		
	郵寄問卷	電話訪談	面對面訪談
開放式問題	有限	有限	有
列聯問題	有限	有	有
複雜問題	有限	有限	有
敏感問題	有限	有些	有些
偏差來源			
社會性期望	無	有些	很差
訪談員偏差	無	有些	很差
回答者閱讀技巧	有	無	無

電話訪問

　　優點：電話訪問是一種非常受歡迎的調查方法，因為大約有95%的人都可以通過電話聯絡上。訪談員打電話給回答者（通常是在家裡）問問題，然後記下答案。研究人員通過名單、電話簿或使用隨機撥號來抽取回答者，並且能夠很快聯絡上許多距離遙遠的公眾。一組電話訪談員能夠在幾天之內訪談全國1,500名回答者，而且經過數次聯絡之後，回答率可達90%。雖然這個方法比郵寄問卷法耗費金錢，但是如有優惠的長途電話費率可以減少些費用。一般而言，電話訪問是種有彈性的方法，具備了大部分面對面訪談的優點，但是成本只有它的一半。訪談員可以控制問問題的順序，而且可以多少做些深入探索。一個特定的回答者被選出之後，極可能會回答完所有的題目。研究人員知道問卷是什麼時候回答的，也可以有效地使用列聯題，特別是電腦輔助的電話訪談（computer-assisted telephone interview, CATI）（後面詳細討論）。

　　缺點：電話訪問的缺點是相對較高的成本與有限的訪談時間，此外，不可能找到那些沒有電話的回答者，而且電話打去的時間，極可能遇上回答者沒空的時候。使用電話訪談員就降低了匿名性，同時也帶來了訪談員的偏差問題。這時很難使用開放式問題，遇到那些需要視覺幫助的問題也很難在電話中使用。訪談員只能夠注意到一些嚴重的打擾（如背景噪音），以及回答者的聲調（如憤怒或輕率無禮）或者是猶豫不決等。

面對面訪談

　　優點：面對面訪談有很高的回答率，並且能夠使用較長的問卷。它具備了電話訪問的優點，訪談員可以觀察環境、使用非語言的溝通以及視覺輔助工具。訓練良好的訪談

員可以問所有類型的問題，可以問複雜問題，並且可以廣泛地進行深入的追問。

缺點：高額的費用是面對面訪談最大的缺點。訪談員的訓練、交通費用、督導，以及人工費用可能會非常昂貴。訪談員偏差在面對面訪談中也是最高的。訪談員的外貌、語氣、問題措辭等都可能會影響到回答者。此外，能夠對訪談員進行督導的能力也不如電話訪問，電話訪問中督導員可利用監聽的方式進行督導。[35]

特殊情況

有許多特殊形式的調查。一種是機構調查（例如企業、學校等），人們也常使用郵寄問卷，但也可用其他的方法，如研究人員設計一些問題來詢問有關機構的情況。他們知道在機構中誰掌握了重要的資訊，因為這必須要由機構中有能力回答的人來回答。然後研究人員必須把調查的重要性交代清楚，因為負責人會收到許多來自方方面面所有資訊的信件，他們不可能一一回覆。

對白領精英進行調查需要特別的方法。[36]在企業、政府部門以及其他機構中有權有勢的領導者，不容易接近，如他們的助手會截留郵寄問卷。面對面的訪談、電話訪問這些有限的聯絡管道都很難走得通。如果能找到一位有名望的人士幫助事先打電話聯繫，或寄封推薦信的話，接近這些領導人的可能性就會增加。一旦研究人員約好了見面時間，研究人員自己而不是訪談員，需要主持這次訪談。使用大量開放式問題的私人性訪談，通常會比封閉式問題的訪談更有成功的可能性。保密是關鍵問題，調查人員應該充分保證保密的問題，因為精英分子的資訊與其他人有所不同。

焦點小組（focus group）是一種特殊的訪談，基本上是非量化的方法。[37]在焦點小組中，研究人員可在一間房間中安排6～12人，由一個人主持，針對一個或更多的問題，進行一兩個小時的討論。主題可以是某個大眾關心的事物、某個產品、某個電視節目、某位政治候選人或某個政策。主持人介紹討論主題，注意不要讓某人支配整個討論。主持人要有彈性，保證討論不脫離主題，並鼓勵參與者加入討論。小組過程需要錄音，由協助主持人的祕書加以整理撰寫。小組成員的同質性要高，以減少衝突的情況，但是不要包括朋友或親戚。焦點小組在探索性研究或產生新的假設、問卷問題以及詮釋結果時，非常有用。

費用

如果把所有的費用都考慮進來，那麼專業水準的調查研究是非常昂貴的。調查類型的不同，費用高低也不一樣。有個簡單的公式就是，如果郵寄問卷要花1美元，電話訪問就要花5美元，面對面訪談則要花到15美元。據Dillman（1983）的估計，一份450名

回答者、12頁的郵寄問卷，以1980年的幣值來算，成本大概超過3,000美元。這個估計值比較低，因為這些費用並沒有包括研究計畫策劃和試調查中的人工費用，以及資料分析的成本。

費用涉及的方面很多。[38] 除了一般的費用支出外，最大的一筆開支就是專業人士的費用，他們需要設計問卷，並進行試調查，還有培訓訪談員的費用，以及辦公室人員和訪談員的工資等。初學者和學生常常會低估調查費用和時間投入。1998年，一份兩頁的郵寄問卷的費用為每份5美元，寄給300名回答者，就是1,500美元，這還不包括支付24小時的人工工資，來進行問卷的編碼、核對，以及整理資料，以便進行電腦處理和資料分析的費用。如果回收率為70%的話，那麼，真正的費用就是每份問卷需要將近7.5美元的支出。

專業的調查機構通常會按50美元完成一個15分鐘電話訪談的標準來收費，面對面訪談的費用會更高一些。專業的面對面訪談的費用為200美元完成一個完整訪談，如果訪談時間過長，費用還會高一些，還需要交通費用。在一個極端情況下，對1,000名地域分布很廣泛的被訪者進行面對面訪談，需要25萬美元，需要1年的時間才能完成。在另一個極端情況下，一份2頁的自填問卷，由老師複印後發放給學生填寫，費用就會很低，只需支付老師的時間費用。老師只需要在一週內完成問卷的準備、發放、回收和結果分析。

訪談

訪談員的角色

在很多情況下，人們會使用訪談法來蒐集資料。例如，雇主面試未來的員工，醫療人員向病人問診，心理健康專業人士與病人面談，社會服務工作者對有需要的當事人進行面談，記者採訪政治人物與其他人，員警訪談目擊者、審問罪犯，脫口秀主持人訪談名人（參閱方框10-10）。調查研究人員的面談是種專業化的訪談形式。與所有訪談者一樣，其目標在於從他人處得到正確的資訊。[39]

方框10-10　不同類型的非研究性訪談

1. **工作面試**：雇主詢問開放式的問題，蒐集求職者對工作看法的資料，並且觀察求職者如何表現自己。求職者（回答者）先發制人，努力表現出正面的自我形象。雇主（面談者）努力發現求職者真正的聰明才智與缺點。由於雇主有權接受或拒絕求職者，所

　　以面談中充斥著嚴肅、判斷的口氣。這個情形經常造成雙方關係緊張、缺乏信任，雙方可能有相互衝突的目標，各自可能使用一些欺騙的手段。結果也不用保密。

2. 協助性訪談：助人性的專業人員（例如顧問、律師、社會工作者、醫生等），就當事人問題尋找有關資訊，包括當事人的背景和目前狀況。專業人士（訪談者）運用資訊來理解當事人（被訪者），並將當事人的問題轉換為專業術語，以便得到解決。訪談中語調比較嚴肅，體現出關懷。通常雙方之間關係不緊張，而且具有高度的互相信任。雙方的共同目標就是解決當事人的問題，很少會出現欺騙，訪談結果通常需要保密。

3. 新聞採訪：記者從名人、製造新聞的人物、目擊者以及幕後人物那裡蒐集資料，用來建構有新聞價值的故事。記者（面談者）使用不同的技巧，試圖挖到新奇的資訊，其中有些可能不是輕易獲得的，是試圖從新聞來源（被訪者）那裡挖到「值得引述的引文」。記者結合其他資訊來源，選擇性地使用所獲得的資訊，這通常就超過回答者所能控制的範圍。在採訪中，語氣、信任程度與雙方關係的緊張程度都會隨採訪的狀況而有很大的變化。當事雙方的目標可能不大相同，各方都可能使用些欺騙的手段。面談結果不需要保密，可能還需要大肆宣傳。

4. 審問與調查訪問：司法官員、審計人員或其他主管嚴屬地向某些被指控的犯人或其他相關人士提問，從中蒐集犯罪行為的資訊。官員（訪談者）會將這類資訊視為證據，成為建立起訴某人的檔案（很可能是被訪者）的主要內容。由於雙方之間相互不信任，他們之間的關係極為緊張。雙方的目標不同，經常會使用欺騙的手法，審問結果很少是保密的，而且可能成為官方公開紀錄的一部分。

5. 娛樂訪問：節目主持人提出自己的評論，向名人或其他來賓提出開放式的問題，而來賓可能偏離主題或來個獨白。這種訪談的主要目標，是激發觀眾的興趣與享受。通常引人注意的是各人展現的風格，而不是訪談中所透露的資料。主持人（訪談者）尋求的是觀眾的立即反應與回應，而來賓（被訪者）則努力提高自己的知名度。訪談中，雙方語氣輕鬆、不緊張、充滿信任感。雙方有相同的目標，他們可能互相欺騙或聯合起來欺騙觀眾。通常結果是不保密的，人們可以混合使用各種不同類型的訪談，而且常常同時使用多種類型。舉例來說，扮演了社會控制角色而不是助人角色的社會工作者，可能會主持一個調查性的訪談。或者一位幫助犯罪受害人的員警，可能使用協助性訪談，而不是審問。

　　調查訪談是一種社會關係，和其他的社會關係一樣，訪談也包括了社會角色、規範和期望。訪談是發生在兩個陌生人之間、為時短暫的二級社會互動，其中一人有明確的目的，想要從對方獲得某些特定的資訊。這個互動中的社會角色，包括訪談者與被訪者或回答者。結構化的交談會帶來資訊的獲得。在這場交談中，訪談者詢問事先準備好的

問題，記錄答案，而回答者進行回答。這場談話在很多方面與一般性談話有所不同（參閱表10-4）。

表10-4　普通談話與結構性調查訪談的區別

普通談話	調查訪談
1. 雙方提問和回答基本平衡。	1. 大部分時候是訪談者提問，被訪者回答。
2. 感受和意見的公開交流。	2. 只有被訪者才表達感情和觀點。
3. 有判斷，雙方試圖說服對方接受某個觀點。	3. 訪談者不做判斷，不會試圖改變被訪者的觀點或信念。
4. 一方可能會表達內在的感情，以獲取同情，或當成治療性的放鬆。	4. 訪談者希望得到被訪者對問題的直接回答。
5. 禮節性的回應很常見（例如：哦，啊，搖頭，你好，很好等）。	5. 訪談者避免使用禮節性回應，這會影響被訪者，訪談者希望獲得真實的答案而不是禮節性的回答。
6. 雙方交流資訊，發現錯誤時會互相糾正。	6. 被訪者幾乎提供了所有資訊。訪談者不會糾正被訪者提供的事實性錯誤。
7. 主題不斷變化，雙方都能引進新話題。焦點會轉移方向，甚至變成閒談。	7. 訪談者控制話題、方向和節奏，讓被訪者保持在「待命」狀態，一些不相干話題也可以接受。
8. 感情性語調可能會從幽默轉向快樂、喜愛、悲傷、憤怒等。	8. 訪談者希望保持一致性的熱情，始終都要認真、客觀。
9. 人們可以對某些問題閃爍其詞，可以提供言不由衷的答案。	9. 被訪者不應迴避問題，經過思考後，給予真實的回答。

資料來源：Adapted from Gorden (1980:19-25), Sudman and Bradburn(1983:5-10).

　　對訪談員來說重要的問題是，很多回答者對調查回答者的角色並不熟悉，而且「回答者對他們被期望做什麼，常沒有清楚的概念」（Turner and Martin, 1984:282）。結果，他們以另一種角色取而代之，從而可能會影響到他們的回答。有些人認為訪談是一種親密的對話，或者是一個治療環節。還有人認為，訪談是徹頭徹尾的官僚作風。還有人說，訪談根本就是一個騙局，其中訪談員試圖欺騙或者設法讓被訪者上套（Turner and Martin, 1984:262-269）。對於那些設計完善的專業調查，在進行追蹤研究之後竟然發現，大約只有半數的回答者，確實是按照研究人員當初設計問題的原意來理解這些問題。回答者要麼是對問題重新加以詮釋使之合乎個人的特殊狀況，要麼就是把問題簡化成非常容易回答的形式（Turner and Martin, 1984:282）。

　　訪談員的角色扮演有時非常困難。他們需要與被訪者建立合作關係和信任，同時，還需要保持中立和客觀。他們占用了被訪者的時間，侵害了他們的隱私，而所有這一切，可能未必會使被訪者受益。他們試圖減少尷尬、恐懼與懷疑，從而使得被訪者感到可以自如地透露資訊。他們可能會解釋調查研究的性質，或許在訪談中會對社會角色

提供某些暗示。高素質的訪談員會掌握好社會互動的節奏和方向，以及答案的內容與被訪者的行為。

在訪談中，調查訪談員必須做到「非判斷」，不能通過語言的或非語言行為（例如驚訝的眼神），來表達他們個人的意見。如果遇上被訪者詢問訪談員的意見，他們有禮貌地把被訪者帶回到原來的問題上，並且告訴他們自己不適合回答這個問題。例如，如果被訪者問：「你有什麼看法？」訪談員可以回答說：「我們希望了解你對這個問題的看法，我怎樣看並不重要。」同樣，如果回答者給你一個驚人的答案（例如我曾經被捕過三次，因為我打我的小女兒，並用香菸頭燙她），訪談員也不能表現出驚訝的表情，或是輕蔑對方，以處理一件事實的態度來記錄答案。訪談員幫助被訪者讓他們感覺，自己可以坦率地提供任何真實的答案。

你也許會問：「如果要調查訪談員保持中立與客觀，為什麼不乾脆使用機器或機器人呢？」機器訪問並不成功，因為它缺乏訪談者所創造的人情溫暖、信任與忠誠。訪談員有助於情況的界定，並且確保被訪者有自己需要的資訊，使回答者了解訪談中對他們的期待是什麼，提供與題目有關的答案，鼓勵被訪者樂意合作，並且認真提供答案。訪談過程是個社會互動，在其中「訪談員與被訪者雙方的行動來自他們的態度、動機、期望與感知」（Cannell and Kahn, 1968:538）。

訪談員的工作不只是對被訪者進行訪談這麼簡單。例如，Moser和Kalton（1972:273）指出，面對面的訪談大約有35%的時間是花在訪談上。有40%的時間是花在找出正確的回答者，15%的時間花在去訪談的路上，有10%的時間是花在閱讀調查資料與處理行政和紀錄的細節工作上。

訪談的階段

訪談有各種不同的階段，通常以自我介紹開始切入。訪談員進門後，出示合法證件，確認回答者的合作，訪談員要準備好應付回答者的各種反應，例如：「為什麼選我？」「這有什麼用處？」「我不知道這件事」，「這究竟是怎麼一回事？」訪談員要耐心解釋為什麼選擇對方作為回答者。

訪談的主要部分是由問問題與記錄答案組成的。訪談員完全根據問卷上的問題，不能隨意增減任何一個字，而且也不能改用另一種表達方式。他們按照規定的順序問問題，不能回到某一題或是跳過某一題，除非問卷上有特別注明。他們用讓人舒適的節奏進行訪談，提供非指導性的回饋，以維持回答者回答的興致。

除了問問題之外，訪談員要準確記下答案。對封閉式問題而言，這是相當容易的，訪談員只要選出正確的方格。但是對開放式問題來說，這就不是件容易的工作。他們要仔細地傾聽，寫下讓人看得懂的筆記，而且要逐字逐句記下回答者所說的內容，不

能更改語法或俚語。更重要的是，訪談員絕對不可以只記錄摘要，因為這樣可能會漏掉某些資訊或扭曲了答案。例如，回答者說：「我真的關心我女兒的心臟問題，她才10歲，爬樓梯就爬得很辛苦。我不知道她老了會怎麼樣。做心臟手術太危險了，而且要花很多錢，她只好帶病生活。」如果訪談員只記下「關心女兒的健康」，那麼就丟掉了很多資料。

　　訪談員還應掌握追問的時機，追問是個中立的要求，請回答者澄清某個模糊的答案或完成未完成的答案。訪談員會使用追問技術，來澄清某個不相關的或不正確的答案。[40]追問的形式有很多種。三到五秒的暫停是很有效的方法。非語言溝通（例如頭稍微傾斜、目光接觸）也很奏效。訪談員可重複一個題目或重複回答者的答案後停頓一下。也可以問一個中立的問題，例如，「有其他原因嗎？」「你能多談一點那件事嗎？」「你能為我再多解釋些嗎？」（參閱方框10-11）

方框10-11　追問與封閉式問題答案的記錄

訪談者問題：你的職業是什麼？

被訪者回答：我在通用汽車公司工作。

追　　　問：你在通用汽車工作做什麼？你從事哪一類工作？

訪談者問題：你失業多久了？

被訪者回答：很久了。

追　　　問：你能具體告訴我，你這次失業是什麼時候開始的？

訪談者問題：從整個國家來看，你認為我們明年的日子是變好呢，還是變差？或者你是怎樣看的？

被訪者回答：可能會好，可能會差，誰知道呢？

追　　　問：你認為會怎樣？

封閉式問題的記錄

訪談員問題：在1～7分之間，你是如何看待極刑或者死刑的？1代表最贊成，7代表最反對。

（同意）1__2__3__4__5__6__7__（反對）

被訪者回答：大約是4。我想所有的殺人犯、強姦犯和其他暴力犯罪分子都該死，但是，對偷汽車這樣的小犯罪，我反對使用極刑。

　　最後一個階段是「離開」，離開指訪談員答謝回答者並離去，來到一個安靜的私

人場所，編輯問卷，趁記憶清晰之時，記錄下其他的細節，包括：訪談的日期、時間與地點；回答者和訪談過程的基本情況；回答者的態度（例如嚴肅、生氣或高興）；任何不尋常的情況（例如在第27題時電話響了，回答者接聽4分鐘的電話之後，又繼續訪談）。他們記下訪談時碰到的任何中斷情況（例如回答者的十三、四歲的兒子進來，坐在另一端，打開電視，聲音開得很大，觀賞一場棒球賽）。訪談員也應該記下個人的感覺以及任何可疑的事項（例如當問到婚姻問題時，回答者變得緊張與慌亂）。Converse和Schuman（1974）提供了很多此類訪談紀要中提到的各種情況的例子。

訓練訪談員

　　大型的調查需要雇用一些訪談員。[41]只有專業調查研究人員才能夠理解訪談員工作的艱難。一個專業水準的訪談，需要仔細選擇訪談員並給予他們良好的訓練。與其他雇用條件一樣，合適的工資與良好的督導，是保證訪談員高品質的工作表現的關鍵所在。

　　不幸的是，專業訪談並不是每次都能得到很好的報酬或穩定的雇用機會，過去，訪談員大部分是由想從事兼職工作的中年婦女中挑選出來的。良好的訪談員需要開朗、誠實、準確、成熟、有責任感、聰慧、穩定、有熱情。他們外表要和藹可親，有和各種類型的人相處的經驗，並且沉著機智。如果調查需要進入高危犯罪地區，訪談員還需要額外的保護。研究人員會考慮到訪談員的外表、年齡、性別、種族、所講的語言甚至聲音。例如，在一次使用受過良好訓練、有相同社會背景女性電話訪談員的研究中，Oksenberg及其同事（1986）發現，回答者一般都不會拒絕接那些音調高、變化多、講話大聲、速度快、口齒清楚、語調抑揚頓挫，並且聲音聽起來很愉快可人的訪談員的訪談。

　　研究人員需花一到兩週的時間，來開設訓練課程培訓專業訪談員，課程通常包括：講課與閱讀、觀察專業訪談員進行訪談、在辦公室或田野進行模擬訪談、錄音，然後進行點評，實際操作訪談，以及角色扮演。訪談員需要了解調查研究的相關事宜與訪談員的角色。他們開始熟悉問卷，清楚每個問題的目的，儘管不知道答案是什麼。

　　雖然訪談員大部分是獨自工作，但是在大規模調查中，研究人員會在若干個訪談員中指派一個督導，督導應對這個領域相當熟悉，能協助訪談員解決問題、監督訪談員，並且確保訪談工作在規定時間內完成。在電話訪問中，督導的工作是協助打電話、記錄訪談員到達與離開的時刻、監督訪談電話。在面對面的訪談中，督導的工作是檢查訪談員是否真的進行了訪談。這意味著需要打電話確認或是寄發確認明信片給抽取的樣本。他們也可以檢查回答率與未完成的問卷，以了解訪談員是否得到回答者的合作，而且他們會從中再抽出一些樣本進行訪問、分析答案或觀察訪談過程，以察看訪談員是否正確

地問問題與記錄答案。

訪談員偏差

　　調查研究人員需要限制訪談員的行為，以減少偏差。最理想的情況是，訪談員的行動不會影響回答者的答案，如果換一個訪談員，回答者的回答也是同樣的。這絕不是訪談員一字不差地宣讀每個題目就能辦到的：「嚴格來講，任何時候只要訪談員在獲取或記錄答案時偏離了『真正』的答案（這視研究目的而定），這時就產生了訪談員扭曲」（Hyman, 1975:226）。

　　訪談偏差有以下六大類：

1. 回答者的錯誤：忘記、尷尬、誤解或是因某人在附近而說謊。
2. 無意的錯誤與訪談員的疏忽：聯絡到不正確的回答者、讀錯問題、漏掉問題、按照錯誤的順序問問題、記錄錯誤的答案或是誤解回答者。
3. 訪談員有意破壞：有意地更改答案、刪掉問題或用不同措辭來問問題、選擇另外的回答者。
4. 訪談員因為回答者的外貌、生活狀況或是其他的答案，而對回答者的答案產生某種期待，從而影響了答案。
5. 訪談員未能追問，或者追問不當。
6. 由於訪談員的外表、語氣、態度、對答案的反應或是在訪談之外所做的評論，影響回答者的答案。

　　調查研究人員仍在對影響調查訪談的因素不斷研究之中。他們知道訪談員期望會產生嚴重的偏差，預期訪談很難進行的訪談員就會遇上舉步維艱的訪談，期望會得到某種答案的訪談員很可能就會得到那種答案（參閱方框10-12）。適當的訪談員行為與準確的宣讀問題可能很難做到，但是這個問題的確非常重要。

方框10-12　影響回答者回答的訪談員的特點

訪談員期望效果的例子

女性訪談員進行訪談時，在被訪者家中	女性回答者回答說自己家大部分家具是先生買的
大部分家具是丈夫購買的	89%
大部分家具不是丈夫購買的	15%

面對面訪談時種族外貌效應的例子

| 訪談員 | 回答「是」的比例訪談員 |
| | 你認為政府職員中猶太人太多嗎？ |
	你認為猶太人權利太多嗎？
看起來像猶太人並有猶太口音	
只是看起來像猶太人	
看起來不像猶太人	
看起來不像，也不是猶太人	

注意：回答者的種族刻板印象會影響他們在訪談中的表現。

資料來源：*Interviewing in Social Research* by Herbert H. Hyman. ©1954, 1975 by the University of Chicago Press. Reprinted by permission of The University of Chicago Press.

　　訪問所處的社會環境也會影響回答，這包括其他人的在場，例如，學生會對同一個問題給予不同的答案，取決於這個問題是在家裡回答，還是在學校裡回答（Zane and Matsoukas, 1979）。一般來說，調查研究人員不希望訪談時有其他人在場，因為他們會影響回答者作答。然而，有其他人在場也不總是會產生影響，特別當其他人是小孩的時候。[42]例如，Aquilino（1993）發現，當配偶在場時，回答者比較可能說離婚或分居會使他們生活變得更糟。當先生在場時，老婆會說先生比較多地做家務事。訪談員的明顯的特點，例如種族、性別等，也常會影響訪談和回答者的回答，特別是在問及與性別和種族有關的問題時。例如，非洲裔美國人和拉丁美洲後裔，會對種族相關的政策問題表達不同的政策態度，這就取決於訪談員的種族特點。這在電話訪談中，當訪談員表現出自己的種族暗示後，也會出現類似的趨勢。總之，與回答者同一種族的訪談員會獲得更為準確的回答。[43]性別也會在某些明顯的問題上影響訪談，諸如性行為、支持性別相關的集體行動或者性別平等。[44]調查研究人員需要同時關注回答者和訪談員的種族和性別。

　　訪談自身的特點也會在很多方面影響回答，例如，當訪談員是一名殘障人士時，回答者就會降低自己報告的「幸福」程度，在自填問卷中，他們卻不會這樣。很顯然，在與訪談員對比時，他們不想把自己說得太好。當回答者填寫自填問卷時，房間裡同時有一名殘障人士，他們報告的幸福水準，會高於自己單獨填寫時的水準。很顯然，回答者看見有殘障人士在場時，與沒有殘障人士在場相比，他們會感到更加滿足（參見Sudman et al., 1996:74-76）。當面對不同種族、性別和身體條件的訪談者時，回答者會就同一個問題提供不同的答案，這樣，訪談的代表信度就受到了威脅。

文化意義與調查訪問

　　深入探討調查錯誤與訪談偏差的研究，推動了學術界對人們如何創造社會意義與獲得文化理解這類問題的思考。[45]當同樣的字眼在不同的社會情境、由不同的人來表達、以不同的方式表達，以及說者與聽者間的社會距離而具有不同的意義與含義時，的確會讓調查研究人員感到困惑。同樣，回答者並不總是了解調查研究的社會情境，可能誤解了社會研究的本質，也可能努力想從問題的措辭或訪談員微妙的行動中找出線索來回答這些問題。更為重要的是，「很重要的是，不要忽略這個事實，即訪談環境本身不同於其他表達態度的環境，因此我們不應該期望訪談中所表達的態度，會與在其他社會脈絡下所表現的態度完全一致」（Turner and Martin, 1984:276）。

　　起初，調查研究是建立在「天真的假設模型」（naive assumption model）基礎之上的（Foddy, 1993:13）。研究人員想通過縮短調查的實際操作與模型假設所表現的理想調查之間的差距，來改善調查研究。該模型的假設如下：

1. 研究人員已經清楚地對所有要測量的變數進行了概念化。
2. 問卷不存在措辭效應、題目順序效應或相關效應。
3. 回答者受到鼓勵，願意回答所有問題。
4. 回答者擁有完整的資訊，可以準確地回憶過去的事件。
5. 回答者理解每道問題，與研究人員的想法並無不同。
6. 如果回答者對假設一無所知，他們會提供更多真實的答案。
7. 如果回答者沒有得到任何的提示與建議，他們會提供更多真實的答案。
8. 訪談情況與特定的訪談員不會影響回答。
9. 訪談過程不會影響被訪者的信念或態度。
10. 訪談中被訪者的行為與口頭回答完全一致。

　　有些調查研究人員質疑這個模型。例如，當訪談員努力做到更為中立與一致時，他們就能減少因個別訪談員行為所造成的缺乏信度的偏差。但是，這種想要減少偏誤的努力，在詮釋或批判社會科學研究人員看來，則會引起其他的問題（參閱方框10-13；也可參閱Devault，1990）。[46]他們認為，意義是在社會脈絡中創造出來的，因此，標準的措辭對所有回答者都不會產生相同的意義。例如，有些回答者通過講故事的方法來表達他們的價值與感受，而不是用某些固定的答案來直接回答問題。

方框10-13　訪談：實證主義與女性主義取向

　　本章中，你已經學習了調查研究中的實證主義取向。在理想的調查訪談中，訪談者要抑制自己的感受和信念，保持中立，以便即使換一個訪談者，也能得出相同的結果。

女性主義研究人員用不同的方式來進行訪談，女性主義訪談與質性訪談比較接近（在第十四章中會細談）。Oakley（1981）批評實證主義調查訪談，是男性典範的重要組成部分。訪談成爲一個社會環境，其中，訪談者通過壓制個人感受的表達而行使了控制和主導。這就是一種操縱，也是一種手段。訪談者和被訪者都成爲獲取客觀資料的工具。

女性主義研究的目標各不相同，但有兩個共同的目標：讓女性主觀經驗昭示天下，以及增加被訪者對研究過程的參與。女性主義訪談的特徵如下：

1. 喜歡採用無結構的、開放式的訪談
2. 偏好對一個人進行多次訪談
3. 建立社會關聯，建立值得信賴的社會關係
4. 訪談員袒露個人經驗
5. 依靠女性開放、接納與理解他人的技巧
6. 放低自己的專業地位，避免控制，促進平等
7. 認眞傾聽，訪談員與被訪者產生情感的交流
8. 以被訪者爲導向，而不是研究人員導向或問卷導向
9. 鼓勵被訪者用其覺得舒適的方法表現自我，例如，講故事或開扯
10. 創造權力提升的感覺，在女性之中培養集體團結精神

在複雜的人際互動中，人們常給簡單的問題添加一些詮釋的意義。例如，你的鄰居問你一個簡單的問題：「你多久修剪一次你的草地？」你可能用下列方式解讀這個問題：

—— 我多久親自修剪一次草地（或我多久找人來割一次草）？

—— 我多久修剪一次草地以清除雜草（或我多久用我的割草機來清除樹葉）？

—— 我多久修剪一次整個草坪（或我多久修剪草長得比較快的部分）？

—— 在整個季節、月分或一週內，我隔多久會修剪草坪？

—— 我大概會多久修剪一次草坪（或去年我的割草機壞了許多次，而且天氣很乾燥，草長得比較慢，所以我沒有常常修剪）？

在短短的幾秒之內，你要對問題做個詮釋，並且給一個答案。但是你與你鄰居之間開放與持續性的互動，使你可以要求澄清、接著追問幾個問題，以幫助你們相互了解。這裡可能出現的一個兩難的情況是，日常的對話包含了某些組織特徵，通過一些特別設計來檢查與矯正人際誤解，並建立相互了解。在訪談過程中，需要對這些特徵進行控制，以確保每個回答者都受到標準化的方式處理。標準化的措辭並不會自動產生標準化的意義。荒謬的是，「爲了保證信度，人們要對社會互動做出種種限制，但這卻在不知不覺中破壞了調查資料的效度」（Suchman and Jordan, 1992:242）。

社會意義並不只是存在於措辭之中，它存在於社會脈絡和人際互動之中，存在於人們生活的文化框架之中（有時是通過性別、種族和地域來進行劃分的）。例如，男性與女性對健康的看法是完全不同的，他們會對同樣的健康狀況做出不同的表述（Groves et al., 1992）。難道這就意味著男性的健康水準會比女性高嗎？即使是那些在調查研究中我們稱之爲客觀的類別，例如，種族或民族都會依據回答者如何主觀地看待這些問題，而提供不同的答案（Smith, 1984）。在訪談中人們提供的各種答案，遠遠要比事先的猜想複雜得多。例如，「不準確的報告不是一個回答趨勢，或者是不眞實的趨勢。在一個場合或者一個問題回答時說了實話的人，未必會在另一個問題上，或另一個場合也說實話」（Wentworth, 1993:130）。

由於上述的複雜性和可能的扭曲，那麼，敬業的調查研究人員應該怎麼辦？調查研究人員至少應該用一些開放式的問題，來對封閉式問題進行補充，並需要進行追問。這需要時間，需要有專業訓練背景的訪談員，這種方法會產生出一些不太標準化的、不易進行量化的答案。建立在天眞假設模式之上的答案固定的問卷，實際上代表了一種比較簡單的、機械化的回答方式，但是，在實際情境下，人們的答案要複雜得多。對訪談員偏差的探討、文化意義的探究，以及將訪談看成是一個社會互動，這些都爲我們提供了一個教訓，告訴我們量化研究是如何與質性研究互相補充的。量化的調查研究人員努力希望減少訪談員的偏差，降低回答者的困惑，他們發現，質性研究人員對人們在不同情境下如何建構意義的見解，是非常有價值的。

電腦輔助的電話訪談

電腦技術的進步與電腦價格的降低，使許多專業調查研究機構引進了電腦輔助電話訪問系統（簡稱CATI）。[47] 有了CATI，訪談員就可坐在電腦終端機前，進行電話訪談。戴上聽筒和麥克風，訪談員看著螢幕，對已接通的回答者念出問題，再通過鍵盤輸入答案。一旦輸入答案之後，螢幕就會顯示出下一題。

CATI提高了訪問速度，減少了訪談員的錯誤，省下了把資料輸入電腦這個原本獨立的步驟，加快了資料處理的速度。當然，使用CATI需要投資購置電腦設備，訪談員要具備使用電腦的知識。CATI對列聯題特別有價值，因爲電腦可顯示出適當的問題，訪談員不必翻頁尋找下一個題目。此外，當訪談員把資料輸入電腦後，電腦會直接檢查資料。例如，如果某位訪談員輸入一個不清楚或不可能出現的答案（例如將H寫成代表「男性」的M），電腦會要求訪談員輸入另一個答案。

有些公司已經爲電腦設計出一些軟體，協助研究人員設計問卷與分析調查資料。這些軟體能夠提供指南，進行問題設計、記錄答案、分析資料並撰寫報告。它們會加速調查研究過程中的一些技術性工作，諸如輸入問卷、組織排版、記錄答案，但是，它們不

能替代對研究方法的理解和不足的認識。研究人員必須清楚地對變數進行概念化，準備措辭恰當的問題，設計問題類型和順序，以及對問捲進行試調查。與回答者之間清楚地溝通，獲取可信的答案，是調查研究中最重要的部分。參見方框10-14中提供的有關調查研究的例子。

方框10-14　調查示例

　　Hagan（1990）研究了加拿大律師之間的性別歧視與收入不平等的現象。他對多倫多地區的律師按照其雇用類型（大公司、中小型事務所或獨立開業）和性別進行了分層。1985年，他寄出了1,609份問卷，還寄出了兩封跟進信。他回收了1,051份回信，回收率為65.3%。問卷要求回答者將自己1984年稅前收入放入26類中的一類，從1萬美元到50萬美元。445名女律師的平均收入是44,210美元，而396名男律師的平均收入為86,756美元。問卷中還包括了一些控制變數：職位類型（經營夥伴、獨立開業）、宗教背景、專業領域（稅務、家庭、犯罪）、工作經驗、工作年限、畢業學校的聲望等。在進行了統計分析之後，Hagan得出結論說，男女律師之間的收入差距大約是1/4，約為10,636美元，是由於性別歧視所致。女律師的收入與過去相比的確是增加了，但是，男律師的收入增加速度更快。男律師擁有某些職業優勢，例如，精英教育或多年的從業經驗等，與資歷相同的女律師相比，更容易將自己的職業優勢變成收入。例如，一名大中型律師事務所合夥人的男律師，能夠比小事務所的男律師多掙84,000美元，而女性之間的差異只是24,000美元。

調查倫理

　　就像所有社會工作研究一樣，人們可以用合乎倫理或不合乎倫理的方法進行調查。調查研究中主要的倫理議題，是對隱私權的侵犯。[48]調查研究人員會因問及親密的行為或是個人的信仰而侵犯到被訪者的隱私。人人都有隱私權。被訪者有權決定在何時或是向誰透露私人資訊。如果是在一個舒適自在、互相信任的情境下，被問到這類問題，或是為了正當的研究目的而需要真實的答案，並且相信他們的答案會受到保密，被訪者可能會提供這些資訊。研究人員應該尊重所有的被訪者，減少他們的焦慮或不適。他們也有責任維護資料的保密性。

　　第二個倫理問題涉及回答者的自願的參與。回答者同意回答問題，同樣也可以在任何時間拒絕參與。回答者出示「知會同意書」（informed consent）來參與研究。研究人員要相信回答者自願合作，所以研究人員需要以敏銳的方式，詢問合適的問題，尊敬

回答者，並小心保密。

第三個倫理問題是調查的非法利用與冒牌調查。由於調查廣泛流行，有些人便利用調查來誤導他人。冒牌調查（pseudosurvey）出現在某人使用調查的形式試圖說服他人去做某事，而對了解回答者所提供的資訊，其實並無真正的興趣。騙子們假借調查來侵犯個人隱私，進入他人房子，不斷「糾纏」（打著調查的旗號來推銷商品）。一項冒牌調查的案例發生在1994年美國選舉期間以「打擊對手為目的的民意調查」。這個案例中，一個不為人所知的調查機構打電話給投票者，問他們是否支持某位候選人。如果投票者支持這位候選人，訪談員接著會問他們，如果他們知道這位候選人有不良的人格特質（例如曾因酒醉駕車被捕，使用非法藥物，提高服刑犯人的工資）是否還會支持這位候選人。這次訪談的目的，不在於測量候選人的支援傾向，相反，目的在確認出某位候選人的支持者之後，試圖以負面的資訊改變他們的支援方向。本書的作者之一就曾接到過這類電話，而這次打擊對手民調目標的市長競選落選人也接到這樣的電話。沒有人因為在選舉中使用這一招而遭到起訴。

另外一個倫理問題就是濫用調查結果，或者使用設計粗糙、具有陰謀詭計式調查結果（參見方框10-15）。人們可能需要調查回答一些調查本身根本無法回答的問題，或者他們根本就不了解調查的局限性。那些設計和準備調查的人，可能缺乏足夠的訓練，來主持一個正當的研究。根據粗製濫造的調查結果而制定的政策，只能帶來浪費和公眾的痛苦。對研究結果的濫用，使得正當的研究人員要開展嚴格的方法論意義上的調查，就變得尤為重要。研究人員應該明白自己的研究結果的局限，並且要如實報告。

方框10-15　民意調查發現更多的人反對菸草規定，不對嗎？

遊說菸草工業的團體公布了一次民意調查，結果顯示「有很大一部分美國人反對擴大聯邦政府關於菸草的限制規定」。一些民意調查機構的專家稱這項調查是一個偏差性調查。1994年12月，該調查受到菸草業委託，調查資料來自隨機抽取的1,000名成年人，並進行了電話訪談。回答者要回答「增加對菸草的限制」，是否是他們的優先考慮的問題、非常重要、有點重要、根本不重要。回答者是否可以將這個問題與其他問題，如稅收、犯罪或教育等進行比較，還不是很清楚。另一個問題是問回答者是否希望有更多的規定、與目前一樣、或者更少。因為大部分人不認為菸草限制規定很重要，菸草業官員就將這個結果解釋成為他們反對限制（Hilts, 1995）。

大眾媒體對調查結果的報導及其所報導調查的品質，助長了調查的濫用。[49] 讀過

研究結果的人很少會記住這個調查，但是研究人員應該包括調查相關的所有細節（參閱表10-5），以便減少調查結果的誤用，並增進公眾對那些未提供這類資訊的調查的質疑。研究人員應該督促媒體報導調查的細節，但是事實上媒體報導很少涵蓋這些細節。媒體報導的調查中，88%以上都沒有透露這項研究是誰主持的，只有18%提供調查如何進行的細節（Singer, 1988）。在媒體報導的大量的調查中，這種狀況還會出現。

表10-5　報導調查結果時應包括的十項

1. 使用的抽樣框（例如電話號碼簿）
2. 調查開展的日期
3. 樣本所代表的總體（例如美國成年人、澳洲大學生）
4. 資料蒐集的樣本規模
5. 抽樣方法（例如隨機）
6. 問題的具體措辭
7. 使用的調查方法（例如面對面訪談，電話訪問）
8. 贊助這次調查的機構（出錢贊助或是自己進行）
9. 回答率或是實際聯絡上而且完成問卷的人數比例
10. 報導某個具體問題的結果時，說明漏失資料與「不知道」選項

　　現在，仍然沒有任何品質監控的標準來規範美國媒體如何報導的民意調查或調查研究（參見方框10-16）。自第二次世界大戰以來，研究人員一直致力於採用科學的方式進行抽樣、對訪談員進行訓練與督導、設計出令人滿意的問卷、大眾都能查閱調查結果，以及控制調查機構的正直性，但是，他們的多次嘗試都未能成功（Turner and Martin, 1984:62）。結果，大眾媒體在報導偏差的、誤導性的調查結果時，與報導嚴謹與專業的調查結果並無差別。媒體報導說，「通常引述的邊際誤差……導致了對調查估計值產生過度的信心。這些數字通常只能說明抽樣變體，並未將調查估計值的其他變體的來源納入考慮」（Turner and Martin, 1984:107）。由此，就出現了公眾的混淆以及對所有調查都不信任的結果。

方框10-16　《金錢》雜誌就「最佳居住地」民意調查中的問題

　　自20世紀80年代末期以來，《金錢》就開始刊登「全美最佳居住地」的調查，將美國300個大都市進行排名，調查結果得到了廣泛傳播。但是，Gutterbock（1997）的一個研究表明，這本雜誌「不幸地濫用了調查研究的美名」（355頁）。《金錢》雜誌的資料來自對訂閱雜誌的250個訂戶進行每年一次的電話訪談，其中有一大部分是新訂戶。回答者按照1～10分對40個選項（如犯罪率、陽光和氣候、財產稅等）進行打分。雜誌並沒有

報告有關調查方法的資訊，Gutterbock只能從雜誌的官員處獲得更多的資訊。在電話調查中，他們只打了幾個電話，也沒有採用戶內抽樣的方法，抽樣框也不清楚，但是，很顯然，他們都是提供了電話號碼的訂戶。估計的回答率為36%。雜誌在報導中並沒有提供具體的問題，只是在過去幾年中，不斷地對問題做些微小的改動。通過將問題綜合，建立了一個指數，但是指數的加權並沒有公示。在40個選項中，很大一部分（10項）是關於經濟方面的，遠遠超過了其他方面（例如3項關於教育，4項關於住房）。Gutterbock指出，這個最佳居住地的民意調查使用了不恰當的調查方法，報告的方法論遠遠低於任何專業標準，展現的結果「從根本上錯誤地代表了公眾的觀點」（535頁）。

結語

　　本章中，你學習了調查研究。調查研究是最廣泛使用的社會工作研究技術。它有一段漫長的歷史，但是在過去30年中，調查研究歷經戲劇化的發展，日臻成熟。你也學到了一系列設計完善的調查問題的原則。設計問題時，有許多事項必須避免，也有許多內容必須包括進來。你也學到了三種類型調查研究的優缺點：郵寄、電話訪問與面對面的訪談。你也看到了訪談，特別是面對面訪談，可能是比較困難的。

　　雖然本章的重點放在調查研究上，研究人員在其他量化研究中（例如實驗法）也會用問卷來測量變數。調查法是一門獨特的技術，常被稱為樣本調查，因為這個方法經常與隨機抽樣法同時使用。它會就相同的問題來問很多人，然後來分析他們的答案。

　　調查是一個過程，研究人員把研究問題轉變成問卷，然後將它用在回答者身上，以蒐集資料。調查研究人員把其他人（回答者）吸收進來，要他們回答問題。從回答者提供的答案中，研究人員創造出量化的資料，在資料分析基礎上討論研究的問題。調查研究人員努力使誤差減到最小，但是調查資料常帶有誤差。調查中的誤差彼此之間互相影響。例如，誤差可能來自抽樣框、來自沒有作答、來自問題的措辭與問題的先後順序，以及訪談員的偏差。不要讓誤差的出現打消了你使用調查法的念頭。相反，應該學習謹慎設計調查研究，小心地推廣調查結果。

關鍵字

closed-ended question封閉式問題

context effect背景效應

computer-assisted telephone interview (CATI)電腦輔助的電話訪談

contingency question列聯問題

cover sheet封面

double-barreled question雙關問題

floaters游離分子

focus groups焦點小組

full-filter question全過濾題

funnel sequence漏斗序列

interview schedule訪談提綱

matrix question矩陣問題

open-ended question開放式問題

order effects順序效應

partially open question部分開放式問題

prestige bias聲望偏差

probe追問

quasi-filter question準半過濾題

questionnaire問卷

randomized response technique (RRT)隨機回答技術

recency effect近因效應

response set回答定勢

sleeper question冷門問題

social desirability bias社會期望偏差

standard-format question標準格式問題

telescoping壓縮

threatening questions威脅性問題

Total Design Method (TDM)整體設計方法

wording effects措辭效應

複習思考題

1. 調查中最常問的六個問題是什麼？提供六個與書上不同的例子。

2. 為什麼調查又被稱為是相關研究的？它們與實驗法的區別是什麼？

3. 20世紀六七十年代發生了哪些變化促進了調查研究的快速發展？

4. 指出在問題設計中應該避免的5～10個注意事項。

5. 什麼樣的話題對回答者來講是威脅性的？研究人員應該用什麼方法來問這類問題？

6. 開放式問題與封閉式問題的優缺點各是什麼？

7. 什麼是過濾式、半過濾和標準格式問題？它們與游離分子有什麼關係？

8. 普通談話與調查訪談有什麼不同？

9. 在什麼情況下，郵寄、電話訪談或面對面訪談是最合適的？

10. 什麼是電腦輔助的電話訪談？它在什麼時候使用最有效？

注釋

【1】 The use of a strict positivist approach within survey research is a source of criticism by those who adopt an interpretive approach. For such criticism see Denzin (1989), Mishler (1986), and Phillips (1971). Also, see Carr-Hill (1984b) for a similar criticism from the critical social work approach.

【2】 "Why" questions require special techniques and such questions or intense questioning may alter respondent beliefs or opinions. See Barton (1995) and Wilson and colleagues (1996).

【3】 The history of survey research is discussed in Converse (1987), Hyman (1991), Marsh (1982:9-47), Miller (1983:19-125), Moser and Kalton (1972:6-15), Rossi and colleagues (1983), Sudman (1976b), and Sudman and Bradbum (1987).

【4】 See Bannister (1987), Blumer (1991a, 1991b), Blumer and associates (1991), Camic and Xie (1994), Cohen (1991), Deegan (1988), Ross (1991), Sklar (1991), Turner (1991), and Yeo (1991).

【5】 See Converse (1987:383-385), *Statistical Abstract of the United States*, and Rossi and colleagues (1983:8).

【6】 As Hyman (1975:4) remarked, . "Let it be noted that the demonstration of error marks an advanced stage of a science. All scientific inquiry is subject to error, and it is far better to be aware of what it is, to study the sources in an attempt to reduce it, and to estimate the magnitudes of errors in our findings, than to be ignorant of errors concealed in the data. " Examples of research on survey methodology include Bishop and colleagues (1983, 1984, 1985), Bradbum (1983), Bradburn and Sudman (1980), Cannell and colleagues (1981), Converse and Presser (1986), Groves and Kahn (1979), Hyman (1991), Schuman and Presser (1981), Sudman and Bradburn (1983), and Tanur (1992).

【7】 See Rossi and associates (1983:10).

【8】 See Bayless (1981) on the Research Triangle Institute.

【9】 For a list of survey organizations, see Bradburn and Sudman (1988).

【10】 For a discussion of pilot-testing techniques, see Bolton and Bronkhorst (1996), Fowler and Cannell (1996), and Sudman and colleagues (1996).

【11】 The administration of survey research is discussed in Backstrom and Hursh-Cesar (1981:38-45), Dillman (1978:200-281; 1983), Frey (1983:129-169), Groves and Kahn (1979:40-78, 186-212), Prewitt (1983), Tanur (1983), and Warwick and Lininger (1975:20-45, 220-264).

【12】 Similar lists of prohibitions can be found in Babbie (1990:127-132), Backstrom and Hursh-Cesar (1981:140-153), Bailey (1987:110-115), Bradbum and Sudman (1988:145-153), Converse and Presser (1986:13-31), deVaus (1986:71-74), Dillman (1978:95-117), Frey (1983:116-127), Fowler (1984:75-86), Moser and Kalton (1972:318-341), Sheatsley(1983:216-217), Sudman and Bradbum (1983:132-136), and Warwick and Lininger (1975:140-148).

【13】 Sudman and Bradburn (1983:39) suggest that even simple questions (e.g, "What brand of soft drink do you usually buy ?") can cause problems. Respondents who are highly loyal to one brand of traditional carbonated sodas can answer the question easily. Other respondents must implicitly address the following questions to answer the question as it was asked: (a) What time period is involved-the past month, the past year, the last 10 years ? (b) What conditions count-at home, at restaurants, at sporting events ? (c) Buying for oneself alone or for other family members ? (d) What is a. "soft drink" ? Do lemonade, iced tea, mineral water, or fruit juices count ? (e) Does "usually" mean a brand purchased as 51 percent or more of all soft drink purchases, or the brand purchased more frequently than any other ? Respondents rarely stop and ask for clarification; they make assumptions about what the researcher means.

〔14〕 See Abelson and associates (1992), Auriat (1993), Bernard and associates (1984), Croyle and Loftus (1992), Krosnick and Abelson (1992), Loftus and colleagues (1990), Loftus and colleagues (1992), Pearson and Dawes (1992), and Sudman and colleagues (1996).

〔15〕 See Bradburn (1983), Bradburn and Sudman (1980), and Sudman and Bradburn (1983) on threatening or sensitive questions. Backstrom and Hursh-Cesar (1981:219) and Warwick and Lininger (1975:150-151) provide useful suggestions as well. Fox and Tracy (1986) discuss the randomized response technique. Also, see DeLamater and MacCorquodale (1975) on measuring sexual behavior with survey research, and see Herzberger (1993) for general design issues when examining sensitive topics.

〔16〕 See DeMaio (1984) and Sudman and Bradburn (1983:59).

〔17〕 For more on surveys with threatening or sensitive topics and computer-assisted techniques, see Aquilino and Losciuto (1990), Couper and Rowe (1996), Johnson and associates (1989), Tourangeau and Smith (1996), and Wright and associates (1998).

〔18〕 For a discussion of knowledge questions, see Converse and Presser (1986:24-31), Backstrom and Hursh-Cesar (1981:124-126), Sudman and Bradburn (1983:88-118), and Warwick and Lininger (1975:158-160).

〔19〕 Contingency questions are discussed in Babbie (1990:136-138), Bailey (1987:135-137), deVaus (1986:78-80), Dillman (1978:144-146), and Sudman and Bradburn (1983:250-251).

〔20〕 For a further discussion of open and closed questions, see Bailey (1987:117-122), Converse (1984), Converse and Presser (1986:33-34), deVaus (1986:74-75), Geer (1988), Moser and Kalton (1972: 341-345), Sudman and Bradburn (1983:149-155), Schuman and Presser (1979; 1981:79-111), and Warwick and Lininger (1975:132-140).

〔21〕 See Foddy (1995), Schober and Conrad (1997), and Smith (1989) for a discussion of probes.

〔22〕 For a discussion of the "don't know," "no opinion,." and middle positions in response categories, see Back-strom and Hursh-Cesar (1981:148-149), Bishop (1987), Bradburn and Sudman (1988:154), Brody (1986), Converse and Presser (1986:35-37), Duncan and Stenbeck (1988), Poe and associates (1988), and Sudman and Bradburn (1983:140-141). The most extensive discussion is found in Schuman and Presser (1981:113-178). For more on filtered questions, see Bishop and colleagues (1983,1984) and Bishop and colleagues (1986).

〔23〕 The disagree/agree versus specific alternatives debate is discussed in Bradburn and Sudman (1988:149-151), Converse and Presser (1986:38-39), Schuman and Presser (1981:179-223), and Sudman and Bradburn (1983:119-140). Backstrom and Hursh-Cesar (1981:136-140) discuss forms of asking Likert, agree/disagree questions.

〔24〕 The ranking versus ratings issue is discussed in Alwin and Krosnick (1985), Krosnick and Alwin (1988), and Presser (1984). Also see Backstrom and Hursh-Cesar (1981:132-134) and Sudman and Bradburn

(1983:156-165) for formats of asking rating and ranking questions.

〔25〕 See Ostrom and Gannon (1996) and Schwarz and associates (1991).

〔26〕 For a discussion of wording effects in questionnaires, see Bradburn and Miles (1979), Peterson (1984), Schuman and Presser (1981:275-296), Sheatsley (1983), and Smith (1987). Hippler and Schwartz (1986) found the same difference between forbid and not allow in the Federal Republic of Germany, suggesting that the distinction is not unique to the United States or to the English language.

〔27〕 See Foddy (1993) and Presser (1990).

〔28〕 The length of questionnaires is discussed in Dillman (1978:51-57; 1983), Frey (1983:48-49), Herzog and Bachman (1981), and Sudman and Bradburn (1983:226-227).

〔29〕 For a discussion of the sequence of questions or question order effects, see Backstrom and Hursh-Cesar (1981:154-176), Bishop and colleagues (1985), Bradburn (1983:302-304), Bradburn and Sudman (1988: 153-154), Converse and Presser (1986:39-40), Dillman (1978:218-220), McFarland (1981), McKee and O'Brien (1988), Moser and Kalton (1972:346-347), Schuman and Ludwig (1983), Schuman and Presser (1981:23-74), Schwartz and Hippler (1995), and Sudman and Bradburn (1983:207-226).

〔30〕 For additional discussion of nonresponse and refusal rates, see Backstrom and Hursh-Cesar (1981:140141, 274-275), DeMaio (1980), Frey (1983:38-41), Groves and Kahn (1979:218-223), Martin (1985:701-706), Nederhof (1986), Oksenberg and associates (1986), Schuman and Presser (1981:331-336), Sigelman (1982), Stech (1981), Sudman and Bradburn (1983), and Yu and Cooper (1983). Also, see Fowler (1984:46-52) on calculating response rates and bias due to nonresponse For a discussion of methods for calculating response rates, see Bailey (1987:169), Dillman (1978:49-51), and Frey (1983:38). Bailar and Lanphier (1978:13) noted that improper calculation of response rates is not uncommon, and in a review of surveys found nonresponse rates of 4 to 75 percent.

〔31〕 Introductions and incentives are discussed in Brehm (1994), Couper (1997), and Singer and associates (1998). Dillman and colleagues (1996) discuss mandatory appeals.

〔32〕 See "Surveys Proliferate, but Answers Dwindle," *New York Times*, October 5, 1990, p. 1. Smith (1995) and Sudman (1976b:114-116) also discuss refusal rates.

〔33〕 More extensive discussions of how to increase mail questionnaire return rates can be found in Bailey (1987:153-168), Church (1993), Dillman (1978, 1983), Fox and colleagues (1988), Goyder (1982), Heberlein and Baumgartner (1978, 1981), Hubbard and Little (1988), Jones (1979), and Willimack and colleagues (1995). Bailey (1987) has given a useful summary of experiments on return rates. Dillman (1978) has given practical advice on sending out a mailing, including examples of follow-up letters and instructions on folding letters into envelopes with questionnaires.

〔34〕 For a discussion of general format and the physical layout of questionnaires, see Babbie (1990), Backstrom and Hursh-Cesar (1981:187-236), Dillman (1978, 1983), Mayer and Piper (1982), Sudman and

Bradburn (1983:229-260), Survey Research Center (1976), and Warwick and Lininger (1975:151-157).

【35】 For additional discussion of comparing types of surveys, see Backstrom and Hursh-Cesar (1981:16-23), Bradbum and Sudman (1988:94-110), Dillman (1978:39-78), Fowler (1984:61-73), and Frey (1983:27-55). For specific details on telephone interviews, see Blankenship (1977), Frey (1983), and Groves and Kahn (1979).

【36】 Elite interviewing is discussed in Dexter (1970). Also, see Galaskiewicz (1987), Useem (1984), Verba and Orren (1985), and Zuckerman (1972). Also, see Chapter 13.

【37】 For additional discussion of focus groups, see Churchill (1983:179-184), Krueger (1988), and Labaw (1980:54-58).

【38】 A discussion of costs can be found in Dillman (1983) and Groves and Kahn (1979:188-212).

【39】 For more on survey research interviewing, see Brenner and colleagues (1985), Cannell and Kahn (1968), Converse and Schuman (1974), Dijkstra and van der Zouwen (1982), Foddy (1993), Gorden (1980), Hyman (1975), Moser and Kalton301 (1972:270-302), and Survey Research Center (1976). For a discussion of telephone interviewing in particular, see Frey (1983), Groves and Mathiowetz (1984), Jordan and colleagues (1980), and Tucker(1983).

【40】 The use of probes is discussed in Backstrom and Hursh-Cesar (1981:266-273), Gorden (1980:368-390), and Hyman (1975:236-241).

【41】 For a discussion of interviewer training and interview expectations, see Backstrom and Hursh-Cesar (1981:237-307), Billiet and Loosveldt (1988), Bradbum and Sudman (1980), Oksenberg and associates (1986), Singer and Kohnke-Aguirre (1979), and Tucker (1983). Sudman (1976b:115) noted that middle class women are less likely nowadays to want to work as interviewers.

【42】 See Bradbum and Sudman (1980) and Pollner and Adams (1997).

【43】 The race or ethnicity of interviewers is discussed in Anderson and colleagues (1988), Bradburn (1983), Cotter and colleagues (1982), Finkel and colleagues (1991), Gorden (1980:168-172), Reese and colleagues (1986), Schaffer (1980), Schuman and Converse (1971), and Weeks and Moore (1981).

【44】 See Catania and associates (1996) and Kane and MacAulay (1993).

【45】 See Bateson (1984), Clark and Schober (1992), Foddy (1993), Lessler (1984), and Turner (1984).

【46】 See Briggs (1986), Cicourel (1982), and Mishler (1986) for critiques of survey research inteviewing.

【47】 CATI is discussed in Bailey (1987:201-202), Bradburn and Sudman (1988:100-101), Frey (1983:24-25, 143-149), Groves and Kahn (1979:226), Groves and Mathiowetz (1984), and Karweit and Meyers (1983), Also, see Freeman and Shanks (1983).

【48】 For a discussion of ethical concerns specific to survey research, see Backstrom and Hursh-Cesar (1981: 46-50), Fowler (1984:135-144), Frey (1983:177-185), Kelman (1982:79-81), and Reynolds (1982:177-185), Kelman (1982:79-81), and Reynolds (1982:48-57). Marsh (1982:125-146) and Miller (1983:47-96) provided useful discussions for and against the use of survey research. The use of informed consent is discussed in Singer and Frankel (1982) and in Sobal (1984).

【49】 On reporting survey results in the media, see Channels (1993) and MacKeun (1984).

第十一章

非反應性研究與二手資料分析

非反應性研究與二手資料分析在某些研究情境中，僅用訪談法或問卷法都無法處理自相矛盾的解釋。這裡強調的不受歡迎的測量課程的主要目的，是彌補這些弱點，提供資訊來解決效度受到影響的問題。使用這些測量工具的回報很高，但是，這個方法對研究人員來講要求非常高。

—— Eugene Webb et al.，《社會科學中的非反應性測量》，315～316頁

　　實驗與調查研究都是反應性的研究，也就是說，研究對象知道自己被研究這個事實。本章中的技術涉及了反應性研究的局限性。你將學到四種非反應性的量化研究技術，即研究物件並不知道自己是某個研究計畫的一部分。非反應性的技術大部分是根據實證主義的原則，但也常被詮釋和批判的研究人員所使用。

　　你要學習的第一種技術不是獨特的技術，而是一群創造性的非反應性測量方法的鬆散的集合，下面要談到的內容分析（content analysis）是建立在量化研究設計的基礎上的，在社會工作中，它是個發展完好的研究技術。最後兩種技術是現成統計資料與二手資料分析（existing statistics and secondary analysis），它是指從政府文獻或以前的調查中蒐集現成的資料。研究人員用新的方法來研究那些資料，探討新的問題。雖然這類資料在第一次蒐集時是反應性的，但是研究人員可以討論新的問題而不致受到反應的影響。

非反應性測量

非反應性研究的邏輯

　　反應性測量始於研究人員注意到某個事物帶有自己感興趣的變數的時候。非反應性與非干擾性測量方法（unobtrusive measures，指測量不會造成干擾或是侵犯）的關鍵一點就是，研究物件不知道有人在研究他們，而是「自然地」留下他們社會行為或行動的證據。觀察研究人員在不打擾研究物件的情形下，根據觀察到的行為或態度，進行推論。未被覺察的觀察也算是一種非反應性的測量方法。例如，McKelvie和Schamer（1988）在不干擾研究物件的情形下，觀察司機是否會在停車標誌前停車。他們白天與晚上都安排了觀察活動，觀察者記下開車的人是男的還是女的，只是司機一人還是有乘客，是否還有其他車同時在場，還有，車子是完全停了下來、慢慢停下來還是根本沒有停下來，等等。

各種類型的非反應性或非干擾觀察

　　非反應性的測量法有很多種，而研究人員創造性地發明了間接測量社會行為的方法（參閱方框11-1中的例子）。

方框11-1　非反應測量的例子

有形痕跡

　　損耗：磨損說明使用次數較多。

　　例子：研究人員檢測日間托兒中心某些同一時間購買的兒童玩具。磨損較多的玩具表示小孩對這個玩具有比較大的興趣。

　　增值：實物證據的累積表示行為的存在。

　　例子：研究人員檢查男女宿舍裡垃圾桶與資源回收桶內的飲料鋁罐廠家。這個結果表明男女兩性喜歡的飲料種類與廠家。

檔案

　　做紀錄：定期出版的公眾紀錄會透露出很多資訊。

　　例子：研究人員檢查婚姻登記上新郎新娘的年齡資料。地區性的差異表明，某些地區的男性，比較喜歡娶本地的年輕女性為妻。

　　其他紀錄：不定期或私人的紀錄也會透露出不少情報。

　　例子：研究人員發現十年內某學院的院長辦公室，學生招生數量穩定時所採購紙張數穩定，用量的大增顯示院內辦公室工作量的增加。

觀察

　　外觀：人的模樣可能反應某些社會因素。

　　例子：研究人員觀察學生從而了解他們在校隊輸贏之後，是否傾向於穿校服、戴校徽。

　　計算行為：計算有多少人在做某事，可能提供很多資訊。

　　例子：研究人員計算看到停止標誌時，把車完全停下來還是慢慢停下來的男女性人數。這些數字表明兩性駕駛行為的差異。

　　持續時間：人們花在做某件事上的時間，可能顯示他們的注意力所在。

　　例子：研究人員測量男人與女人在一幅裸體男像和裸體女像前停留的時間。時間長短可能顯示兩性對同性或異性裸體畫的興趣與困窘。

　　由於這些測量方法除了都是非反應性之外，沒有多少共同之處，因此，最好是通過例子來學習。有些是耗損測量法（erosion measures），以選擇性損耗作為測量值；有些是增值測量法（accretion measures），測量值是過去事物留下的痕跡。[1]

　　研究人員研究過不同歷史時期的家庭畫像，以觀察在畫像中家人就座的模式所反

映出的性別關係。城市人類學家曾經研究過垃圾的內容，試圖從人們所丟的東西中了解人們的生活方式（例如酒瓶數反應了酒的消費量）。根據垃圾研究，民眾過低報告了40%～60%的酒類消費量（Rathie and Murphy, 1992:71）。研究人員曾經通過觀察汽車送修前收聽的電臺頻道，來研究司機的收聽習慣。他們也曾觀察博物館不同展示間內瓷磚磨損情況，以了解人們對不同展覽的興趣。他們還研究高中男校與女校廁所內的塗鴉，從而顯示圖畫主題的性別差異。有些研究人員曾經檢查高中年鑑，從而比較成年後有心理問題的學生與沒有心理問題學生在校活動的情形。研究人員曾經記下汽車保險槓上貼的支持不同政治候選人的貼紙，從而觀察某位候選人的支持者是否比另一位候選人的支持者更可能遵守交通規則。有些研究人員甚至記錄播電視廣告時因上廁所而帶動的水壓變化，來研究電視收視習慣（參見方框11-2）。[2]

方框11-2　從墓碑上尋找資料

　　Foster及其同事（1998）在伊利諾州的一個地區，對10個公墓1830～1989年的墓碑進行了研究。他們從2,028個墓地中選擇了2,000個，對死者的出生和死亡日期以及性別進行了資料蒐集。研究人員了解到，這個地區的人來自不同的國家。他們發現有兩個葬禮高峰期（春季和冬季），10～64歲之間的女性死亡率高於同齡男性。年輕人多死於夏末，而老年人則多死於冬末。

紀錄與文件分類

　　建立非反應性測量工具需要遵循量化測量邏輯，雖然質性研究人員也運用非反應性觀察法。研究人員需要首先將概念進行概念化，然後，將概念與非反應性實證資料，通過測量工具結合起來。變數的操作化定義，包括研究人員如何系統地觀察與記錄。

　　因為非反應性測量間接地表現了一個概念，研究人員需要排除這個概念以外的其他原因的作用。例如，研究人員想要測量某個商店中的顧客流量，他們測量的就是地板上的泥土和磨損。他們首先要明確什麼是顧客流量（如：這條路是通往其他商店的通道嗎？還是這標誌著這裡是陳列商品的最好的地點？）。然後，他會系統地測量泥土和地面磨損程度，並將它們與其他地點進行比較，定期記錄結果（例如每月做一次）。最後，研究人員排除了影響這個觀察結果的其他原因（例如地磚的品質不好、磨損較快或是這個地點離大門出入口很近）等。

內容分析

什麼是內容分析

內容分析是一個蒐集與分析文本內容的技術。內容（context）是指文字、意義、圖片、符號、主題或任何用來溝通的資訊。文本（text）是指任何書面的、可視的和口述的，作為溝通媒介的東西，它包括書籍、報紙、雜誌文章、廣告、演講、官方檔、電影或錄影帶、樂譜、照片、衣物或藝術品。例如，Cerulo（1989）對各國國歌的研究。

內容分析已經有將近一個世紀之久的歷史了，它廣泛應用在許多不同的領域：文學、歷史、新聞學、政治科學、教育學、心理學等等。1910年德國社會學會（German Sociological Society）的首屆年會中，Max Weber建議使用內容分析法來研究新聞報紙。[3]

在內容分析中，研究人員採用客觀系統的計數方法和記錄程序來對某個文本中的符號性內容進行量化描述。[4] 事實上，Markoff及其同事（1974）就指出，「文本編碼登錄」這個概念可能會比內容分析更加名副其實。還有人從質性研究或詮釋角度進行內容分析。本書的重點將放在量化資料的內容分析上。

內容分析是非反應的，因為分析內容的研究人員，不可能影響到原作者透過文本中文字、資訊、符號的安排運用，以及與讀者或接收者溝通的過程。例如，我們作為本書的作者，撰寫文字，畫出範例圖表，向你們的學生傳遞研究方法的內容。本書的寫作方法與你閱讀本書的方法，都不知道是否會被當成內容分析的文本，也沒有意向要這麼做。

內容分析讓研究人員可以通過某種溝通方式（即一本書、一篇文章、電影）來揭示內容（即資訊、意義、符號），讓研究人員以不同於閱讀一本書或觀賞電視節目的一般方式，來深入探索，發掘文本內容。

大多數實證主義研究人員對質性內容分析法並不特別推崇。儘管如此，女性主義研究人員，與其他採用比較批判或詮釋研究取向的社會科學研究人員相比，更偏好這個方法。相關的批評大致反映了第四章所討論的社會科學研究取向間的差異。量化內容分析研究人員有時會基於探索的目的，而包括一部分對內容所做的質性評估，或是出於對質性研究取向的認同，或是出於提高對他們量化測量工具效度的信心。

在進行內容分析時，研究人員還可以對不同的文本內容進行橫向比較，可以用量化技術（如圖表）對內容進行分析。此外，他們還可以揭示文本內容中難以發現的方方面面。例如，你在觀看商業廣告時，會發現很少有白人出現在高檔消費品的商業廣告中（如高檔汽車、皮草、珠寶、香水等）。內容分析可以用客觀的量化的方式，記錄你的

模糊的感受是否真實。它可以對文本提供可重複的、準確的結果。

內容分析需要使用隨機抽樣、精確的測量工具和對抽象概念的操作化定義技術。編碼登錄將內容中的代表變數的內容變成數位，經過內容分析後，與實驗研究和調查研究一樣，研究人員可以蒐集資料，他們把資料輸入電腦，用統計學方法進行分析。

適合內容分析的主題

研究人員使用內容分析的目的各種各樣：研究流行歌曲的主題、詩歌中的宗教象徵、報紙標題的趨勢、報紙社論的意識形態色彩、教科書或電影中性別角色的刻板印象、電視商業廣告與電視節目中不同膚色種族人群出現的方式、開放式調查問卷的答案、戰爭時期敵方的宣傳品、流行雜誌的封面、自殺遺言中反映的人格特徵、廣告詞中的主題、談話時的性別差異等等。Seider（1974）對美國企業高級主管的公開演說進行了內容分析，發現這些高級主管或多或少會強調跟他們公司所屬產業有關的五個意識形態的主題。Woodrum（1984）指出：

內容分析仍然是研究人員很少使用的研究方法，它特別適合於對信仰、組織、態度與人際關係的研究。內容分析在應用與發展上受到了限制，主要原因在於人們對這個方法還不熟悉，以及這個方法的發展歷來就孤立於社會科學主流之外，而不是因為這個方法的內在限制所致。

研究人員根據內容分析的結果所做出的推廣程度，受到文化溝通本身的限制。內容分析不能決定某個斷言的真假或是評估文學作品的美學價值。內容分析可以揭露文本的內容，但不能解釋內容的重要性。研究人員應該直接研究文本。Holsti（1968:602）警告說，「內容分析可以作為主觀研究文獻的輔助手段，但不能取而代之。」

內容分析法對三類研究問題非常有用：第一，內容分析法有助於處理數量龐大的文本。研究人員可能想要用抽樣或多個編碼登錄，來測量數量眾多的文本（例如歷年的報紙文章）。第二，內容分析有助於研究那些發生在「千里之外」的主題。例如，內容分析可以用來研究歷史文獻、過世人物的作品或是某個敵對國家的廣播。第三，內容分析能夠揭露隨意觀察文本時很難發掘的資訊。不論是文本的撰寫者，還是文本的閱讀者，可能都不完全知道文本中所涉及的所有主題、偏差，或者角色。例如，學前圖畫書的作者，或許沒有意識到自己以傳統的性別刻板印象來刻畫小男孩與小女孩，但是經過內容分析之後，結果顯示極高比例的性別刻板印象。[5]另一個例子就是，對男性群體與女性群體的談話進行內容分析。人們或許沒有注意，在同性群體中，女人們談論的話題比較多的是人際關係與社會關係的事務，相反，男人們談論的大多是關於個人成就與攻擊

性的話題。[6]

測量與編碼

一般問題

在內容分析中，非常關鍵的一個環節是「仔細的測量」，因為這時研究人員需要將分散不具體的符號轉變為具體、客觀、量化的資料。研究人員謹慎地設計並且詳細記錄編碼登錄的程式，從而使研究複製成為可能。例如，研究人員想要確定電視劇從負面刻板印象去描繪老人角色的頻率。他們會發展一個測量「負面的老人刻板印象」的建構，這個概念化的過程，或許會產生一個並不能精確地反映老年人形象的刻板印象，或者關於老人的負面特點（比如：年邁、健忘、精神錯亂、體弱、耳背、行動遲緩、疾病纏身、住在托老中心、行動遲緩、保守）。例如，如果有5%年齡超過65歲的老人是住在老人院，但是電視上出現的老人卻有50%被描繪成住在老人院中，這很明顯就是負面印象。[7]

內容分析使用的建構是根據編碼登錄系統（coding system）來進行操作化的，這個編碼系統是一組關於如何觀察文本並且進行內容記錄的指示或規則。根據文本與溝通媒介的類型（例如，電視劇、小說、雜誌上廣告的照片），研究人員需要量身定作一個適當的編碼登錄系統，這個編碼登錄系統的形式，還取決於研究人員所選取的分析單位。

除了分析單位之外，研究人員也使用其他與分析單位相同甚至不相同的單位來進行研究，如記錄單位、內容單位、數量單位。這些單位之間有些差異，而且容易混淆，但是每一種單位都有獨特的作用。只有在簡單的研究計畫中，這三種單位才會被視為同一個單位。

測量什麼

內容分析的測量常採用結構化觀察法（structured observation），它根據一套書面的規則，進行系統、仔細的觀察。這套規則解釋如何將觀察到的事物進行歸類與分類。與其他測量程式一樣，分類用的類別必須互斥與窮盡。制定一套書面規則，有助於複製，並能改進信度。雖然研究人員開始進行內容分析時，常借助於編碼登錄規則，但是，研究人員大多會進行試調查，並根據試調查的結果修改編碼登錄系統。

編碼登錄系統是用來辨別文本內容的四個特徵，即頻率、方向、強度與篇幅。在一次內容分析的研究中，研究人員有可能只測量其中一個特性，或者同時測量四個特性。下面將簡單說明這四個特性。

頻率是指計量某個事件是否發生，如果發生的話，那麼是多久發生一次。例如，在

某個星期中都多少老人出現在電視節目上？他們出現的角色的百分比有多少？他們出現的節目所占的百分比又是多少？

方向是指內容中資訊在一個連續體中的方向（如正面或負面、支持或反對），例如，社會工作研究人員設計一份老年人的電視角色活動方式的單子。有些是正面的（友善的、明智的、體貼的），有些是負面的（例如，讓人討厭的、語言枯燥的、自私的）。

強度是指資訊向某個方向表現的力量或影響力，例如，健忘這個特性可以是輕度的（例如，出門時忘了帶鑰匙，要花時間才想起某位多年不見的友人的名字），或是重度的（例如記不得自己的名字，不認識自己的孩子）。

篇幅研究人員可以記錄下某個文本資訊的大小或篇幅的數量、卷數。文本的篇幅可以通過字數、句子、段落或一頁上的篇幅（例如幾平方英寸）等方式加以計算。錄影帶或錄音帶之類的文本則可以通過播放時間的長度來測量。例如，一段兩個小時的電視節目中，一個角色是出現幾秒鐘，還是不斷在每個鏡頭中都出現。

編碼、效度與信度

顯性編碼登錄

將文本中可以看得見的、表面的內容進行編碼登錄，就是顯性編碼登錄。例如，研究人員計量某個單詞或短語（如紅色）在一個文本中出現的次數，或者在一張照片或錄影帶中某個動作（如接吻）出現的次數。這個編碼登錄系統，列出了在文本中可以找到的詞語或動作，研究人員可以使用電腦軟體，來搜尋文本中的單詞與短語，並用電腦來進行統計。要做到這一點，研究人員需要掌握電腦使用技術，建立一份相當完整的單詞與短語清單，並且將文本轉換成電腦能夠讀的檔形式。[8]

顯性編碼登錄具有高度的信度，因為要編碼登錄的短語或單詞要麼有，要麼就是沒有。很可惜，顯性編碼登錄並不考慮出現的單詞或短語在文本中的含義，相同的字可能因上下文不同而具有不同的意義。那些多義詞就限制了顯性編碼登錄的測量效度（參見圖11-1）。

例如，湯姆讀了一本紅色封面的書，封面上有條紅鯡魚，不幸的是，本書的出版商卻氣得臉紅脖子粗、喝紅墨水了，因為當該書正走紅時，編輯根本不會寫官樣文章。該書講的是一個紅色消防車的故事，該車只有在樹葉變紅後，才會在紅燈前停下來。書中也提到一群紅色共產黨員帶著紅旗來到一所紅色學校。他們遭一群吃紅肉，崇尚紅、白、藍三色的熱血鄉巴佬的反對。主角是個紅鼻子的鬥牛士，他身著紅色披肩，大戰紅狐狸，而不是公牛。紅唇小紅帽也出現在這本書中。她在紅燈區吃了很多紅辣椒後，眼睛變紅了，臉也是紅通通的，結果她被紅頭髮的母親打紅了屁股。

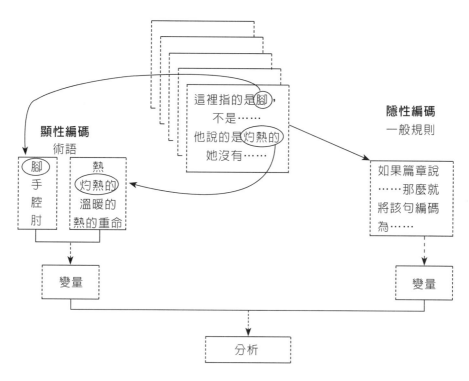

圖11-1　顯性編碼與隱性編碼

隱性編碼登錄

　　研究人員會運用隱性編碼登錄（也稱為語義分析），來尋找文本中隱藏的意義。例如，研究人員閱讀一段文章之後，需要決定該段落中是帶有色情主題還是浪漫主題。研究人員的編碼登錄系統，是一般性的規則，用來協助研究人員詮釋文本內容，決定文本中出現的主題與基調（參見圖11-1）。

　　與顯性編碼登錄相比，隱性編碼登錄的信度低一些。它取決於編碼登錄者對語言與社會意義所掌握的知識程度。[9] 通過培訓、實地操作、將編碼登錄規則書面化等方法都有助於提高信度，但是想要前後連貫地確認主題、基調仍然不很容易。然而，隱性編碼登錄的效度，超過顯性編碼登錄，因為人與人之間的意義溝通在很多情況下，是以隱性的方式表現，這就需要依靠溝通時的上下文，而不是靠特定的文字。

　　研究人員可以同時使用顯性與隱性編碼登錄，如果兩個方法得到的結果具有高度的一致性，那麼，最後發現的結果更有說服力。如果兩種方法得到的結果不吻合，那麼，研究人員可能需要重新檢驗所使用的操作化定義與理論化定義。

編碼登錄員的交互信度

　　內容分析經常需要從眾多的單位中編碼登錄資料。某個研究計畫，可能涉及觀察幾

十本書、上百個小時的電視節目或上千篇報紙上的文章。除了親自編碼登錄這些資料之外，研究人員可以雇用助手來協助編碼登錄。研究人員要指導編碼登錄，如何使用編碼登錄系統，訓練他們如何填寫記錄紙。編碼登錄者應該了解有哪些變數，遵守編碼登錄系統的規則，隨時詢問如何處理不明確的狀況。研究人員記錄下自己處理任何一個新編碼登錄狀況所做出的決定，等到正式編碼登錄開始時，就可以保持前後一致。

研究人員在使用若干個編碼登錄員的時候，一定要檢查不同編碼登錄員之間的一致性。研究人員可以要求登錄員獨立編碼登錄相同的題目，再檢驗他們編碼登錄的結果，看看是否具有一致性。研究人員測量編碼登錄員之間的交互信度（intercoder reliability）是一種等值信度，反映登錄者之間一致性的統計係數。[10] 在報告內容分析的結果時，需要將這個統計係數一併報告。

當編碼登錄過程歷時很久時（如超過3個月），研究人員也要查驗穩定性信度，讓每位編碼登錄員，獨立編碼登錄以前做過的幾份文本樣本。研究人員然後檢查登錄系統是維持穩定不變，還是有所改變。例如，一部6個小時的電視劇在4月已經完成編碼登錄，到了7月，在不讓編碼登錄員翻閱以前的登錄記錄的情況下，要求他們再編碼登錄一次。如果兩者差異過大，那麼就需要重新訓練編碼登錄員，整個編碼登錄必須重新進行。

如何進行內容分析

問題形成

和大多數的研究一樣，內容分析的研究人員，從一個研究問題入手。如果研究問題涉及的是資訊或符號之類的變數，使用內容分析的方式就比較合適。例如，Neuman博士想要研究報紙如何報導某次競選活動。他建構出「篇幅內容」這個概念，它指的是報導的數量、醒目程度，以及報導的內容是否比較偏袒某個候選人。他可以調查民眾對於報紙報導的看法，但是更好的方式，就是直接使用內容分析法來研究報紙。

分析單位

研究人員要決定分析的單位總數（例如編上號碼的文章數量）。以某次競選活動爲例，每份（或每天）的報紙就是一個分析單位。

抽樣

在內容分析中，研究人員經常使用隨機抽樣的方式。首先，他們先界定總體與抽樣要素。例如，總體可能是某段期間內、某種類型的文獻中所有的文字、句子、段落或所有的論文。同樣，它也可以是某段期間內、某種類型的電視節目中的每段對話、場景、

情節、劇情等。例如，你想知道美國的新聞週刊中如何描繪女性與少數民族的形象。你的分析單位是這類文章。你的總體是包括了1979～1998年刊登在《時代雜誌》、《新聞週刊》、《美國新聞與世界報導》中的文章。你先確認這3種雜誌在這些年中有發行，並且準確界定文章的定義。例如，電影評論算不算文章？文章有最小篇幅（兩個句子）的限制嗎？有幾個部分的文章是算一篇文章還是多篇文章呢？

然後，你要研究這3本雜誌，如果你發現雜誌每期平均有45篇文章，每年有52期，以20年時間來計算，總總就超過14萬篇文章（3×45×52×20 = 140,400）。你的抽樣框是所有文章的名單，接下來，你要決定樣本的數目與抽樣的方法。對自己的預算和時間考慮之後，你決定將樣本數限制在1,400篇文章。

因此，抽樣比率是1%。你選好了一個抽樣設計，決定不用系統化的抽樣，因為雜誌的期數是定期出刊的，周而復始（例如一份52期的雜誌，每年是會在相同的一週內出刊）。由於每本雜誌的每一期都很重要，所以你會使用分層抽樣。你以雜誌為層，從每種雜誌中抽取1,400/3 = 467篇文章。你想要文章能夠代表這20年中的每一年，所以你又會按照年分進行分層。結果就是每本雜誌每年大約要抽出23篇文章。

最後，你使用亂數表來進行隨機抽樣。你從表中選出了23個數字，然後根據這23個數字，選取每年中每種雜誌的23篇文章。你要建構一張抽樣架構表，記錄自己的抽樣程序。表11-1是抽樣架構表，該表顯示從140,401篇論文中隨機抽出的1,398篇樣本文章。

表11-1　抽樣框片段

雜誌	期刊號	論文	編號	文章是否是樣本*	抽中的論文編號
《時代》	1976年1月1日～7日	2～3頁	000001	否	
《時代》	1976年1月1日～7日	4頁下面	000002	否	
《時代》	1976年1月1日～7日	4頁上面	000003	是－1	0001
《時代》	1975年3月1日～7日	2～5頁	002101	是－10	0454
《時代》	1975年3月1日～7日	6頁右欄	002102	否	
《時代》	1975年3月1日～7日	6頁左欄	002103	否	
《時代》	1975年3月1日～7日	7頁	002104	否	
《時代》	1995年12月24日～31日	4～5頁	002201	是－22	0467
《時代》	1995年12月24日～31日	5頁下面	002202	否	
《時代》	1995年12月24日～31日	5頁上面	002203	是－23	0468
《新聞週刊》	1976年1月1日～7日	1～2頁	010030	否	
《新聞週刊》	1976年1月1日～7日	3頁	010031	是－1	0469

雜誌	期刊號	論文	編號	文章是否是樣本*	抽中的論文編號
《美國新聞與世界報導》	1995年12月25日～31日	62頁	140401	是－23	1389

注：「是」指的是從亂數表中選出的數字。－後面的數字是指該年選出的文章數。

變數與建構編碼登錄類別

　　舉例來講，你對非洲裔美國女人或西班牙女人被描繪成重要的領導者角色的這個建構十分感興趣，那麼你必須先為「重要的領導者角色」下一個操作性定義，然後定出書面原則，來歸類某篇文章中所提到的人物。例如，如果有篇文章討論到某位已故人物的成就，這位已故人物是否算是重要的角色？什麼算是重要角色？是地方上的一位女童軍領袖，還是一家公司的大老闆？

　　你還必須決定文章中提到的人物的種族與性別。如果文章中或附帶的圖片中，沒有明顯地提到種族與性別，那你該如何決定那個人的種族與性別？

　　由於你感興趣的是正面的領導者角色，你的測量工具就應該指出，該角色是正面還是負面的。你可以用隱性或顯性編碼登錄的方式，處理這個問題。若採用顯性編碼登錄，你要建立一份形容詞與成語名單。如果樣本文章中的某個人被其中一個形容詞描述到，那麼方向也就此決定了。例如，出色的或頂尖的演員之類的名詞是正面的，而毒品王與未開化的則是負面的。採用隱性編碼登錄，你要制定一些規則來幫助判斷。例如，你把某位外交官解決國際戰爭危機、某位企業老總無法使公司賺錢、某位律師打贏官司的故事，分成正面或負面類型（關於如何編碼登錄每篇文章，參閱方框11-3）。

方框11-3　對雜誌文章中關於領導角色研究的顯性問題編碼登錄示例

1. 文章的特點。什麼是雜誌？文章發表的日期？文章的篇幅有多大？主題領域有哪些？這些文章出現在雜誌的什麼位置？是否使用了段落？

2. 文章中的主人公。文章中提到了多少人？其中哪些是重要人物？他們當中的性別和種族是什麼？

3. 領導角色。文章中的重要人物，誰扮演了領導角色？他們涉及的領域或從事的職業有哪些？

4. 正面還是負面角色。對每個領導角色或專業角色，給每個正面或負面角色打分，例如，5＝非常正面，4＝正面，3＝中立，2＝負面，1＝非常負面，0＝不清楚。

　　除了制定編碼登錄的書面規則之外，內容分析研究人員還要製作紀錄表（recoding sheet，也稱爲編碼登錄表，或計分表），將資料記錄其上（參閱方框11-4）。每個分析單位應該有獨立的紀錄表。這張表不一定是普通紙，也可以是一個3×5或4×6的檔案卡片，或是電腦檔案中的文字紀錄。如果每個紀錄單位都有很多資料要記錄，可能需要使用多張紙。在制定研究計畫時，研究人員需要計算大概的工作量。例如，在試調查階段，你發現平均要花15分鐘來閱讀與編碼登錄一篇文章，這還不包括抽樣與找出文章的時間。有近1,400篇文章，要花350小時來編碼登錄，還不包括檢查編碼登錄是否正確的時間。350小時大約是9個星期，每週工作40個小時。因此還應該考慮雇用助手來做編碼登錄的工作。

方框11-4　編碼登錄紙示例

空白示例

編碼者_____

新聞雜誌中少數民族、主流民族代表性研究課題組

文章編號_____　雜誌_____　日期_____　篇幅大小_____
提到名字的人物個數_____　　　領域_____　　照片張數_____
重要角色人數_____　　　　　　　　　　　　　論文主題_____

人物_____種族_____性別_____領導者？_____領域？_____評分_____
人物_____種族_____性別_____領導者？_____領域？_____評分_____
人物_____種族_____性別_____領導者？_____領域？_____評分_____
人物_____種族_____性別_____領導者？_____領域？_____評分_____
人物_____種族_____性別_____領導者？_____領域？_____評分_____
人物_____種族_____性別_____領導者？_____領域？_____評分_____

範例：填寫的編碼登錄紙

編碼者　蘇珊

新聞雜誌中少數民族、主流民族代表性研究課題組

文章編號　0454　雜誌　時代　日期　1995.3.1-7　篇幅大小　14吋專欄
提到名字的人物個數　5　　　領域_____　　照片張數　0
重要角色人數　4　　　　　　　　　　　　　論文主題　外交事物
人物　1　種族　白人　性別　男　領導者？　是　領域？　銀行　評分　5

人物 2	種族	白人	性別	男	領導者？	否	領域？	政府	評分 無
人物 3	種族	黑人	性別	女	領導者？	是	領域？	民權	評分 2
人物 4	種族	白人	性別	女	領導者？	是	領域？	政府	評分 0
人物	種族		性別		領導者？		領域？		評分
人物	種族		性別		領導者？		領域？		評分

　　每張紀錄表都有一個欄目來記錄分析單位的編號，並且要有足夠的空間來記錄每個變數的資料。你要在紀錄表上注明這個研究的標號，以免把這張表擺錯地方，或是和其他相似的紀錄表混在一起。最後，如果你使用多個編碼登錄員，那麼必須在表上記下登錄者的名字或代號，以便檢驗交互編碼登錄者信度，必要的時候，可重新編碼登錄。完成所有的紀錄表、檢查過正確性之後，你就可以開始進行資料分析了。

推論

　　在進行內容分析時，研究人員是否可以根據研究結果來做出推論，這一點非常關鍵。內容分析描述了文本的內容，但不能揭示文本創作者內心的意圖，也無法顯示接收到這些文本資訊的人會受到什麼影響。例如，內容分析顯示，兒童圖書中含有性別刻板印象。這並不必定意味著兒童的信仰與行為會受到哪些刻板印象的影響，這種推理結果，需要通過另一個獨立的、探討兒童知覺的研究來提供。

　　這裡有個例子可以展現內容分析研究計畫（另外一個例子可參閱方框11-5）。Marshall（1986）要研究女性在20世紀初抵制婦女選舉權的反對運動中所扮演的角色。反參政運動（countermovement）是個反對社會變遷的保守運動。有些人指出，反參政運動是出於地位與生活方式的衝突。其他人則認為反參政運動是一種階級衝突。過去的研究表明了女性有支持，也有反對這個爭取選舉權的運動。Marshall的研究問題是：反對婦女選舉權的人有階級或地位的差異嗎？

方框11-5　新聞中的社會科學

　　Evans及其同事（1990）對發表在報刊新聞中的科學結果進行了內容分析。他們研究了1987年9月《紐約時報》（*New York Times*）、《費城調查員》（*the Philadelphia Inquirer*）、《全國調查員》（*the National Enquirer*）和《明星》（*Star*）的每一期內容。前兩份都是很有名氣的都市日報，後兩份是全國性出版的週報，專門報導八卦醜聞。研究人員找出行為科學、生物學、化學、物理學或社會工作的研究中，帶有應用性或基礎

性的研究結果的文章。他們只關注那些報導研究發現的文章。因此，只提到某個科學家的名字是不夠的。研究人員對下列各項進行了編碼登錄：研究領域、研究人員的工作單位（如大學、政府、私人企業等）、研究人員的名字、研究報告的原始形式（如書籍、文章、研討會論文等）、所使用的研究方法、研究背景（如前人研究的背景、研究結果的限制等），以及文章的篇幅。他們一共找到了291篇文章，每篇文章都是由訓練有素的編碼組成員進行編碼登錄。編碼員交互信度為82%。

研究人員發現，報紙刊登比較多的研究（185篇發表在報紙上，106篇刊登在週刊上）。兩種新聞報刊上發表的社會工作研究，都多過其他類型的研究（39%是社會工作研究，44%是其他各類）。有名的報紙刊登的研究，更多的是由政府機構主持的（90%），而八卦週刊刊登的更多的是大學研究機構主持的研究（60%）。這兩類報刊都集中報導了研究結果。只有1/3強的文章涉及了研究過程。這兩類報刊都不把報導的研究與其他研究結合起來報導，也根本不提及研究的限制（如研究的推廣性限制等）。

Marshall首先參考了有關反參政運動的文獻和歷史研究。反參政運動的全盛期處於1911-1916年，有上層與中產解決白人婦女所領導。她也對68期的《女性的抗議》（*The Women's Protest*）雜誌進行內容分析，該刊是「全國反對婦女選舉權協會」（National Association Opposed to Woman Suffrage）在1912～1918年出版的月刊。每篇文章、信件與報告（記錄或「主題單位」）都逐一被編碼登錄。57%的主題都反映了反對婦女選舉權的理念。Marshall總共分析了2,087個單位，發現了21種不同的反對婦女選舉權的修辭主題。她將這些主題分做四類：對社會的負面結果、對婦女的負面結果、對男性會產生負面結果，以及不需要給婦女選舉權的原因。

Marshall發現，害怕地位喪失與階級衝突在反對婦女選舉權的主張中，是兩個明顯的原因，這兩者之間還有相互增強的作用。地位喪失的主題表現在，他們認為，給予婦女選舉權會摧毀社會所安排的有教養的、高尚的女性領域，即在家裡、以家人與子女為中心。這個反參政運動想要以家庭為中心的女人，要遠離骯髒、汙穢、粗俗的男性政治世界。階級衝突的主題則表現在對貧窮、移民以及勞動階級婦女需要走出家庭外出工作的現象的大肆抨擊。上層與中產階級的女性擔心，女性投票者可能會贊成勞工立法、社會福利計畫、提高非白種人與移民者的權利，以及社會平權。

Marshall的研究使文本的意義變得能夠分析，但她不能下結論說，這些文章就代表人們對這個問題的所有思考，甚至說讀過這本雜誌的人的意見，都受到雜誌的影響。她的研究只揭露了某個特殊政治活躍團體對於這個問題所發表的看法的內容。她可以把這個結果與其他資料相結合，進而探討更大範圍的問題。

現成統計／文件與二手資料分析

適合現成統計研究的主題

許多有關社會世界的資訊已經有人蒐集好了，研究人員隨時都可以獲取使用。有些資料是包含了數位資訊的統計文獻（例如書籍、報告等），還有些資料是各種類型的出版物，可以在圖書館或電腦紀錄中找到。不論是統計文獻還是其他出版物，社會工作研究人員可以透過研究問題或變數進行資料庫搜尋，將資料重新組合，以新的方式進行探討。

很難決定哪些具體的研究問題適合於現存的統計研究，因為統計資料的類型太多。只要資料蒐集已經完成，並且對外公開，研究人員就可以任何主題開展研究。事實上，使用現成統計資料的研究計畫，可能不完全符合演繹的研究設計模型。相反，研究人員在發現有哪些資料可用後，可以發揮自己的創造力，把現成的資料重新組合，轉變成某個研究問題的變數。

最適合實驗法的研究題目，就是研究人員可以控制情境、操縱自變數的問題。最適合調查的研究題目，是研究人員提出問題，然後從回答者回答的態度或行為中獲取答案。適合內容分析的主題是那些牽涉到文化溝通中的資訊內容。

最適合現成統計資料研究的主題，是哪些會用到官方機構已蒐集的資訊。公立機構或私人組織會有系統地蒐集許多類型的資料。蒐集這類資料主要的目的，不是出於制定政策的需要，就是提供公共服務的需要。這類資料很少直接是為了某個特定的研究問題而蒐集的。因此，當研究人員想要檢驗假設中涉及官方報告中有關的社會、經濟、政治情況的變數時，就適用現成統計資料研究。這些資料包括了對組織或組織內成員的描述。通常，這些資料是經過長期的蒐集。例如，如果研究人員想要了解20年以來，在150個城市中失業率與犯罪率是否具有相關性，那麼，現成的統計資料就最有用了。

現成統計資料不論是就時間性或跨國性研究，都是相當有價值的資料。Firebaugh和Chen（1995）研究了美國憲法第十九號修正案的影響。這個修正案給予婦女選舉權。他們想要研究長期以來投票行為上的性別差距是否有同期群效應（參閱第二章中的討論）。觀察現成統計資料中在時間序列上兩性的投票率，他們發現在1952～1988年間，在這個修正案通過前的時代裡長大的女性比較少去投票。換句話說，在第十九號修正案前長大的女性，不像在第十九號修正案後長大的女性那樣常去投票。

Brinton及其同事（1995）使用現成的跨國政府統計資料，研究快速工業化國家已婚女性進入勞動市場的模式。他們比較了韓國與臺灣地區，結果發現有許多相似之處。兩地都有強大的父權文化價值，婦女的教育程度也都近似。但是，兩地婦女在勞動力的

比例上有相當大的差異。韓國婦女比臺灣婦女更傾向留在家裡不外出工作。作者發現這個現象源自政府採取了不同的工業化政策，以及兩地工業發展的不同模式。

社會指標

在20世紀60年代，有些社會工作者因為不滿決策者所掌握的資訊，發起了一場「社會指標運動」，來發展一套完整的社會福利指標。很多人希望社會福利指標能夠與廣泛使用的經濟發展指標（如國民生產總值）結合起來，以便使得政府和其他決策官員能夠更好地了解實際情況。這樣研究人員希望能夠測量社會品質，這些資訊能夠對公共政策產生一定的影響。[11]

迄今為止，人們出版了很多論文和專著，討論社會指標，另外還有一個專業刊物《社會指標研究》（*Social Indicators Research*）主要用於發展和評估這些社會指標。美國人口普查局出版了一個報告——《社會指標》，聯合國在不同國家也發展出了很多測量社會福利的工具。

社會指標指的是在政策中使用，以測量社會福利的工具。很多特定的指標就是對福利的操作化。例如，社會指標在下列領域都已發展出來了：人口、家庭、住房、社會保險和福利、健康和營養、公共安全、培訓、工作、收入、文化和休閒、社會流動和參與。

一個更加具體的社會指標的例子，就是美國聯邦調查局統一的犯罪指數。它表明了美國社會中犯罪的數量。社會指標可以用來測量社會生活的消極方面，例如嬰兒死亡率（即在一歲以內嬰兒的死亡比例），或者酗酒者的比例。同樣，社會指標也能反映社會生活中的積極方面，如工作滿意度，或者住房單位帶有室內管道的比例。社會指標通常帶有特別具體的價值判斷（如什麼類型的犯罪是嚴重犯罪，好的社會品質要素是什麼等）。

紐約Fordham 大學的社會政策改革研究所的研究人員，為美國創建了一套名為「社會福利指標」的社會指標體系。這個指標體系根據美國政府現成的統計資料，包含了16個社會問題領域（如虐待兒童比例、青少年自殺率、高中輟學率、酒後駕駛的交通事故率、沒有健康保險的比例等）的測量工具。每年的水準是與1970年以來的最好水準進行比較。它有一個0～100分的量表，100分為最好。美國的社會福利水準在1973年為最好，當時的指數分數為77.5分。然後開始下降，到了20世紀90年代，下降到了38分。這表明，美國目前的社會福利水準明顯比過去要低很多（Ravo, 1996）。

尋找資料

　　尋找資料是指尋找現成的統計資料。現成統計數量的主要來源就是政府或國際機構，以及一些私人機構。目前有成千上萬卷的資料，如果你想要進行現成資料研究，最好是向資訊專業人士諮詢，比如資訊豐富的圖書管理員，他會告訴你準確的尋找資料的方向。

　　許多現成的文獻是免費的，也就是說，都是公開陳列在圖書館裡的，但是要尋找某個特定資料，有時需要耗費大量的時間與精力。要進行現成統計資料分析，研究人員需花費一定的時間在圖書館或網上尋找資料，在找到資料後，要立即將它們記錄在卡片、圖表或紀錄表上，以便日後進行分析。而且，目前已經常常能找到現成的電腦儲存的檔案資料。例如，研究人員完全不需要從書本中抽取有關投票記錄的資料，而是可以使用密西根大學全國社會科學資料檔案中的資料（稍後討論）。

　　這些資料來源非常多，由於篇幅的關係，本節只討論其中的一個小例子。美國社會最有價值的一本統計資料來源是《美國統計摘要》（*Statistical Abstract of the United States*），該書自1878年起每年定期出版（除了少數幾年外）。這本統計摘要全國各地的公立圖書館都有收藏，還可以向美國文獻監管部（U. S. Superintendent of Documents）購買。它是美國政府各機構的官方報告與統計圖表的彙編，該書從數百份相當詳細的政府報告中蒐集重要統計資料。如果你想要研究更加具體的政府文獻，找出政府文獻中有哪些可供自己研究用的詳細資料，是相當傷腦筋的事。例如，你可能會查到1980年新墨西哥州的杜肯卡裡市（Tucumcari City）有兩位超過75歲的黑人女市民。

　　統計摘要中蒐集了200多個政府與私人機構出版的1,400張圖表與統計資料名單。如果你不從頭到尾瀏覽書中的表格，就很難掌握包括的所有內容（參見表11-2）。另外還有上下兩冊合訂本對橫跨數十年的相似資料進行了摘要整理，那就是《美國歷史統計：從殖民時代到1970年》。

表11-2　《美國統計摘要》中的資料類型

各州歷年離婚率
盜竊案件破案件數
機動車事故死亡人數
州政府用於治理水汙染的支出
超過5萬人的城市每月平均氣溫
各州政治候選人得票數
各州採鹽數
農業機械業從業人數
聯邦政府執法費用
被驅逐出境的外國人數量

歷年凍結或破產的銀行家數量

各州教師平均工資以及花費在每位學生身上的費用

歷年合法持有槍械數量

不同種族室內鋪設管道的數量

歷年進出口夾板長度（百萬英呎）

每年最大的170個大企業盈利額（十億）

每年出版歷史類圖書量

南達科他州或其他州擁有狩獵執照人數

美國歷年各州立法院黨派構成

機動車業員工平均工資

優生美地國家公園露營過夜人數

分性別獲得社會工作碩士學位人數

不同年分軍隊中軍士的工資總額

各州死亡率

各州歷年不同種族判死刑人數

國庫收入花在電視網路上的費用（百萬）

阿肯色州或其他州食用豬的數量

不同年分一打雞蛋的平均成本

法國或其他國家潛水艇數量

匈牙利或其他國家生產的電量

歷年每千人中青少年犯罪率

不同規模公司稅後平均淨利潤

市政府稅收來自酒類消費稅的比例

菸草製品零售的比例

各州供水平方英里數

聯邦政府在各州擁有的土地畝數

擁有彩色電視機的比例（按家庭收入）

各州平均農場規模與價值

歷年房地產花在廣告上的費用

不同年分中，每天當地平均電話通話數量

歷年吸塵器總銷售額

在某些大都市中平均房租額

各國每千人擁有醫生數量

美國歷年從加拿大進口石油數量

美國與蘇聯自1957年以來歷年發射太空船成功與失敗的次數

　　大部分的國家出版類似的統計資料年報。澳洲的統計局出版了《澳洲年鑑》（*Yearbook Australia*），加拿大統計部出版了《加拿大年鑑》（*Canada Yearbook*），新西蘭統計局出版了《新西蘭政府年鑑》（*New Zealand Official Yearbook*），英國的中央統計局出版了《年度統計摘要》（*Annual Abstract of Statistics*）[12]，許多國家都出版歷史統計彙編。

　　查找政府統計文獻是一門藝術，有些出版物的編纂，純粹是為了協助研究人員查找資料。例如，《美國統計索引：美國政府統計出版物總索引與目錄》（*American Statistics Index: A Comprehensive Guide and Index to the Statistical Publications of the U. S. Government*）與《統計來源：美國與世界工商社會教育金融暨其他領域資料的主題索引》（*Statistics Sources: A Subject Guide to Data on Industrial, Business, Social Education, Financial and Other Topics for the U. S. and Internationally*）是美國國內兩本相當有用的工具書。[13] 美國政府和國際機構，例如世界銀行，自己都出版不同國家的統計資料（例如，文盲率、農業勞動力的比例、出生率），例如，《人口年鑑》（*Demographic Yearbook*）、《聯合國經濟社會合作組織統計年鑑》（*UNESCO Statistical Yearbook*），以及《聯合國統計年鑑》（*United Nations Statistical Yearbook*）。

　　除了政府統計文獻之外，還有很多其他類型的出版物。其中有不少純粹是出於商業目的而出版的，要獲得這些資料，需要花極高的成本。這些資訊包括消費者支出、高收入地區的分布位置、經濟發展趨勢等諸如此類的資訊。[14]

　　還有很多的出版物彙編企業及其老闆的資料，這些都可以在大型的圖書館中找到。這類的出版物可舉三個例子：

　　《唐與布蘭德街首要產業名錄》（*Dun and Bradstreet Principal Industrial Business*）提供135個國家將近51,000家企業的索引指南，蒐集有關銷售量、員工人數、管理者與產品名單等資訊。

　　《產業實錄》（*Who Owns Whom*）按國別與地區（例如，北美、英國、愛爾蘭、澳洲）分別編輯成冊，蒐集了有母公司、子公司以及相關企業的資料。

　　《Standard和Poor企業、董事與經理全錄》（*Standard and Poor's Register of Corporations, Directors and Executives*）羅列了大約37,000家美國和加拿大的公司，包括：公司、產品、管理者、產業與銷售數位等資訊。

　　許多傳記中也列出名人的名單，並且提供他們的背景資料。當研究人員想要知道這些名人的社會背景、職業生涯或其他特徵時，這些資料是相當有用的。這種出版物的編輯，是通過寄發問卷給那些就某些標準來說算是「名人」的人。它們是大眾資訊的來源，但是這還需要這些被挑選出來的名人的合作，需要他們提供準確的資料。

　　方框11-6中列出的出版物只包括美國名人，但是類似的傳記性出版物許多國家都有。例如，對英國銀行總經理感興趣的研究人員，會去查看《企業傳記辭典》（*Dictionary of Business Biography*）與《英國金融界名人錄》（*Who's Who in British Finance*）；而關於加拿大名人的資料，則可查閱《加拿大名人大全》（*Canadian Who's*

Who）、《加拿大名人錄》（*Who's Who in Canada*），與《加拿大傳記辭典》（*Dictionary of Canadian Biography*）。

方框11-6　自傳性資料來源

《美國名人錄》（*Who's Who in America*）從1908年開始出版，是非常受歡迎的傳記資料。書中陳列了名人的姓名、出生日期、職業、榮譽、作品、所屬機構、教育、職位、配偶和子女的名字等。也有一些專門的版本是分地區出版的，如《美國東部名人錄》（*Who's Who in the East*），或分行業的，如《金融工商界名人錄》（*Who's Who in Finance and Industry*），或者某個特定的人群，如婦女、猶太人和非洲裔美國人等。

《美國人物傳記詞典》（*Dictionary of American Biography*）列出的人物比《美國名人錄》要少些，但是，每位名人的資料更加詳細。它從1982年開始出版，以後陸續出版了一些增訂版。每個增訂版會增加550位名人，每人都有一頁的篇幅，詳細介紹其職業生涯、旅行、出版的作品名稱，以及與其他名人的關係等。

《名人傳記索引總目》（*Biographical Dictionaries Master Index*）是所有名人錄以及其他傳記類出版物中名人目錄的匯總索引（如《曲棍球名人錄》）。如果研究人員知道某個名字，這個索引會告訴你在哪裡可以找到這個人的傳記資料。

政治學有自己特有的出版物。它們可分為兩種基本類型：一種是有關當代政治人物的傳記性資料；另一類是關於投票、通過的法令等等之類的資料。下面是三類美國政治出版物的例子：

《美國政治年鑑》（*Almanac of American Politic*）兩年出版一次，包含了美國政府官員的照片與簡短的傳記，同時還有議員和行政部門領導人的委員會的任命、投票紀錄以及相關的資訊。

《美國選舉：美國當代選舉統計彙編》（*America Votes: A Handbook of Contemporary American Election Statistics*）包括了全國上下大多數的州與國家辦公室的選舉資料，基本的選舉結果詳細到以縣一級。

《美國政治重要統計資料》（*Vital Statistics on American Politics*）提供了大量的政治行為的圖表，例如，每位國會議員候選人的競選費用、他們初選和最後選舉的得票數、不同政治組織意識形態的分數，以及各州選舉人登記規則摘要等。

另一種公眾資料來源是由組織機構名單構成的，其目的就是爲了提供一般性資料。研究人員有時可以取得某個組識的成員名單，也有收錄名人公開演講的出版物。

二手資料分析

二手資料分析是現成統計資料分析的特例，是對已蒐集的調查資料或其他資料再做一次分析。這些調查資料最初是別人蒐集的，與一手研究（例如實驗、調查、內容分析）相比，二手資料分析的重點是在分析而不是在蒐集資料，現在研究人員使用二手資料分析的人數越來越多。二手資料分析相對來說花費較少，而且研究人員可以進行跨團體、跨國或跨時間的比較；它便於複製；研究人員能夠問一些原作者未曾想過的問題。從事二手資料研究的研究人員，應該深思這樣幾個問題（Dale, Arber and Procter, 1988:27-31; Parcel, 1992）：二手資料適用於探討這個研究問題嗎？研究人員可以用什麼理論與假設在這份資料上呢？對於這個領域，研究人員已經相當熟悉了嗎？研究人員了解這份資料原來是怎麼蒐集與編碼登錄的嗎？

大規模的資料蒐集成本高昂，難度很大。使用嚴謹技術的大型全國性調查所需的成本昂貴，大多數的研究人員會望而生畏。幸運的是，大型調查資料的整理、收藏與傳播已大有改善。時至今日，過去調查的檔案，都已開放給研究人員使用（參見附錄C）。

密西根大學「政治與社會研究校際資料庫」（The Inter University Consortium for Political and Social Research, ICPSR）收藏了全世界主要的社會科學資料檔案。它保存了超過17,000份調查研究資料與相關的資訊，研究人員只需支付適當的費用，就能取得這些資料。在美國與其他國家還有不少其他的研究中心都收藏調查資料。[15]

美國有個普遍使用的調查資料來源，這就是「綜合社會調查」（General Social Survey, GSS），這是芝加哥大學「全國民意研究中心」（National Opinion Research Center）在過去差不多每年都會舉行的一項大規模的調查。近年來，這個調查已經涵蓋了其他一些國家。這份資料是開放的，所有想要進行二手資料分析的人都可以支付很低的費用取得（參閱方框11-7）。[16]

方框11-7　綜合社會調查

綜合社會調查是人們最熟悉的、常被社會研究人員用作二手資料分析的調查資料形式。綜合社會調查的任務是「取得方便整個社會科學研究界使用的即時的、高品質的，並且具有科學關聯性的資料」（Davis and Smich, 1992:1）。這些資料以許多電腦可以讀取的檔案形式儲存，並且可以用低廉的成本購得。資料文檔與編碼登錄手冊都沒有版權。使用者不必獲得許可，就可複製或傳播資料。你可能會發現有超過2,000篇研究論文與書籍的研究結果，都引用了全國性社會調查的資料。

自1972年起，全國民意研究中心（The National Opinion Research Center, NORC）幾乎每年都進行全國性的綜合社會調查。典型的年度調查，包含大約有1,500名美國成人居民的隨機抽樣樣本。研究小組選出要納入的研究問題，而個別研究人員可以對要調查的問題提出建議。有些問題與主題每年都會重複詢問，另一些主題則是每隔四年或六年迴圈問一次；在某些特定的年分中，加入一些額外的問題。例如，1988年的特定問題是宗教；1990年的特定問題是團體間的關係。

訪談員是通過面對面的訪談來蒐集資料。全國民意研究中心對選擇訪談員很慎重，並對訪談員進行社會科學方法論與調查訪談的訓練。每年大約會雇用120～140名訪談員從事綜合社會調查。其中有95%是女性，而且絕大多數是中年人。全國民意研究中心也招募會說雙語的以及少數民族訪談員，讓他們去訪談與自己民族相同的被訪者。訪談通常持續90分鐘，大約有500個問題。回答率向來在71%～79%。拒絕參與調查是沒有回答的主要原因。

國際社會調查計畫（The International Social Survey Program）在其他國家也從事相類似的調查研究。最早的有德國的全國大調查（German ALLBUS）與英國社會態度調查（British Social Attitude Survey）參與，後來參與者增加，包括：澳洲、奧地利、義大利、匈牙利、愛爾蘭、以色列、荷蘭、瑞士與波蘭。該中心的目標是定期舉行全國性的普查，所有參與調查的國家都會問某些相同的問題。

信度與效度

採用現成的統計資料與二手資料分析資料時，不能因為原始資料是由政府機關或其他來源所蒐集的，就以為完全沒有問題，研究人員必須關心資料的信度與效度問題，以及這類研究技術所特有的問題（Maier, 1991）。

一個常見的問題就是誤置精確的謬誤（the fallacy of misplaced concreteness）。這種謬誤出現在大量而詳盡地引用統計數字以及相關的細節，而未求證這份資料蒐集的方式，是否保證可以這樣應用，以至於讓人產生一種資料相當精確的錯誤印象（Horn, 1993:18）。例如，為了加深觀眾對自己掌握特殊細節的能力的印象，政治家會說南非有36,075,861人，而不是說3,600萬人口。

分析單位與變數屬性

現成統計資料常見的問題是，找出適當的分析單位。許多統計數字是聚總的，不是個人的。例如，政府檔表格中的資料是以州為單位的統計資料（例如失業率、犯罪率等），但是研究問題的分析單位是個人（例如「失業的人比較可能犯財產方面的罪

嗎？」）。在這種情況下，就很可能會犯生態謬誤。這對二手資料分析來說，應該不是個問題，因為研究人員可以從檔案中取得每位回答者的原始資料。

　　一個相關的問題是現成文獻或調查問題中變數屬性的類別問題。如果蒐集的原始資料，具有許多極為精細的類別，那就不是個問題。但是如果蒐集的原始資料，是較為廣泛的類別，或是不符合研究人員的需要，那麼問題就出現了。例如，如果研究人員想研究亞洲人後裔，而文獻中種族的類別是「白人」、「黑人」和「其他」時，研究人員就面臨問題了。亞洲人與其他種族都被包括在「其他」之中。還有的時候，資料是按照特別詳細的類別蒐集的，但是出版時只提供粗略的類別。所以需要花更多的力氣，尋找該機構是否蒐集了更詳細的資料，或是在哪裡可以獲得這些資料。

效度

　　使用現成資料會產生效度的問題，比如研究人員的理論定義，與蒐集資料的政府機構或組織的理論定義不相符。官方政策與程式，清楚地說明了官方統計的定義，例如，研究人員對工作傷害的定義包括了工作中的小割傷、淤傷、挫傷，但政府報告中的官方定義只包括需要上醫院，或看醫生治療的傷害。許多研究人員界定的工作傷害定義，不會出現在官方文獻當中。另一個例子是，研究人員對失業的定義是，認為如果有好的工作機會就會去工作；如果想要全職工作，卻被迫從事兼職的工作；如果放棄尋找工作的動機，都算失業。但是官方的失業定義，則只包括那些現在正積極找工作（不論是全職還是兼職）的人。官方的統計資料不包括那些已經停止找工作，不得不從事兼職工作，或是那些相信找不到工作而放棄尋找的人。在這兩個例子中，研究人員的定義都與官方的定義（參閱方框11-8）不同。

方框11-8　官方失業率與非失業率

　　在大部分國家，官方的失業率只計算總勞動力中的失業人數（參見下文）所占的比例。如果加上另外兩類非就業人口：非自願性兼職工人和喪志工人（見下文），那麼失業率將增加50%。有些國家（如瑞典和美國）如果將這兩類人口計算在內，他們的失業率將翻一倍。這還沒有將其他非勞動人口、過渡性自雇者和低度就業人口（見下文）納入考慮範圍。每個國家在測量失業率時，碰到的一個共同問題就是概念的理論化和概念化的問題：失業率應該測量什麼建構？為什麼要測量這個建構？

　　經濟政策或者勞動力市場的觀點認為，失業率應該測量那些準備好了即將進入勞動力市場的人。這個觀點把勞動力人口界定為高品質勞動力的補充，是經濟體系中雇主隨時可以使用的輸入部分。與之相對應，社會政策或者人力資源視角認為，失業率應該測量那些現在雖然有工作，但是沒有完全發揮他們潛能的人；失業率應該代表那些有工作，但是沒

有或者無法充分發揮自己的智慧、技術或充分利用工作時間的人。這個觀點把非勞動人口界定為社會問題，因為這些人無法實現自己的能力，為社會創造財富而有所貢獻。

非就業、未充分利用的人力類型

失業人口	符合下列三個條件的人：在家庭之外沒有付薪工作的人；積極尋找工作的人；如果有工作機會，立即上班的人。
非自願性兼職工人	有工作，但是工作時間不定期，比自己願意工作的時間短。
喪志工人	有能力工作，在積極尋找工作一段時間後，仍無法找到工作，目前已放棄找工作。
其他非工作人口	這些人不工作，因為退休、休假、暫時性下崗、半殘疾、家庭主婦、全職學生或在搬家過程中。
過渡性自雇	沒有全職工作的自雇者，因為他們剛剛開業或者經歷了破產。
低度就業	目前從事的暫時性的全職工作，遠遠低於他們的資格能力，尋找能夠充分發揮自己能力與經驗的永久性工作。

資料來源：*The Economist*, July 22, 1995, p. 74.

　　還有效度問題，當官方統計被當成研究人員真正感興趣的建構的替代值時，效度就成為一個問題了，因為研究人員無法蒐集到原始資料。例如，研究人員想要知道有多少人曾經遭到搶劫，就用警方搶劫逮捕案件的統計資料作為替代值，但是這個測量值並非完全有效，因為許多搶劫案並沒有向警方報案，就算報案了也未必都會抓到犯人。

　　另一個例子是，研究人員想要測量奉子成婚的例子。研究人員使用官方紀錄中的結婚日期與小孩出生日期的資料，來評估這椿婚姻是否為奉子成婚的案例。但是這些資料並不能告訴研究人員，懷孕是結婚的動機。一對情侶大有可能已經計畫好了要結婚，與懷孕毫無關係；或是結婚時尚不知道已懷孕。同樣，有些沒有記錄小孩出生日期的婚姻可能被誤判為奉子成婚，或是真的懷孕了，但是可能因流產或墮胎，而沒有將孩子生下來。此外，也有可能是婚後才受孕的，但小孩是個早產兒。如果是以小孩在結婚日期之後不到九個月出生來判斷一門婚姻是不是奉子成婚，那麼會有不少誤判，因而降低了效度。

　　由於研究人員無法控制蒐集資料的方法，所以就產生了第三個效度問題。所有的資料，即使是官方政府報告中的資料，最初也是科層制下的行政人員蒐集的，那是他們工作內容的一部分。研究人員全靠這些人來進行精確的資料蒐集、組織、報告與出版的工作。蒐集原始資料時所產生的系統誤差（例如人口調查員避免貧窮地區、假造資料，或是在駕駛執照上填寫錯誤的年齡），整理與報告資訊時的偏誤（例如員警部門對犯罪報告檔案整理漫不經心，以致漏失一些資料），出版資料時所產生的錯誤（例如打錯表格

中的數位）等，都會降低測量的效度。

　　這類錯誤就發生在美國永久性失業人數的統計資料中，有位大學研究人員認真檢查了美國勞工統計局蒐集資料的方法，發現了一個錯誤。永久性失業的資料來自於一個對5萬人的調查，但是政府機構沒有對高比例的未回答率進行處理。正確的資料應該是，在1993～1996年間失業率沒有改變，而之前報告的失業率下降了7個百分點（Stevenson, 1996）。

信度

　　信度問題也是一個讓二手資料分析研究人員深感頭疼的問題。當官方的定義或是蒐集資料的方法，因不同的時期而有所改變時，穩定性信度的問題就出現了。官方對工作傷害、殘障、失業等的定義，會進行定期的修改。就算研究人員了解這種變遷，也無法進行一致的測量。例如，在20世紀80年代的早期，計算美國失業率的方法有了改變。原來失業率的計算，是把失業的人數除以所有的民間勞動力。新的方法是把失業人口除以民間勞動力與服役人數的總和。同樣，當員警部門把他們的資料電腦化時，呈報的犯罪案件數目就有明顯的增加，這不是因為犯罪率增加了，而是因為紀錄保存的方法改善了。

　　等值信度可能也會是個問題。例如，全國犯罪數量的測量值，取決於各員警部門提供正確的資訊。如果該國某個地區的員警部門紀錄混亂，那麼這個測量值便不具有等值信度。同樣，員警部門的研究表明，要求提高逮捕率的政治壓力與逮捕數字之間有密切的關聯。例如，某個城市的政治壓力可能會增加逮捕率（例如打擊犯罪），而另一個城市的壓力卻可能是減少逮捕率（例如為了要讓政府官員們看起來比較有政績，選舉前的犯罪數字可能會出現暫時性的減少）。

　　代表性信度也是官方統計資料中一個比較嚴重的問題，其表現形式是隱性的。比如，員警常常會盤問那些衣冠不整的人，而那些衣冠楚楚的人則很少被盤問，因此，衣冠不整的、低收入的人出現在被捕統計資料中的比例會很高。例如，美國勞工統計局發現，當他們使用了性別中立的測量程式之後，發現女性失業率上升了0.6%。直到20世紀90年代中期，訪談員問婦女的問題就是：「你是持家還是幹別的什麼？」婦女回答持家的，就被歸類到家庭主婦類別中，而不是失業的類別中。因為婦女沒有被問到這樣的問題，即使婦女有工作的，也會被問及上面的問題。當婦女被問及與男性一樣的問題「你在工作還是幹別的什麼？」時，更多的婦女會回答，自己不在工作，但是在做點別的事，比如找工作。這就表明了政府統計資料形成過程中方法論的重要影響。

　　社會工作研究人員通常使用官方資料來進行國際比較，但是由於各國政府蒐集的資料非常不同，資料蒐集的品質也不盡相同。例如，1994年，美國官方報導的失業率是7%，日本是9.2%，法國是12%。如果各國對失業的定義相同，蒐集資料的方法相同，

包括不情願的工人和兼職工人比例，那麼，美國的失業率就是9.3%，日本是9.6%，法國是13.7%。爲了評估政府官方統計資料的品質，《經濟學家》雜誌請了20名傑出的統計學家，按照不受政治干預、信度、統計方法和涉及的主題等專案，對13個國家的統計資料進行了評估。其中，最好的五國分別是：加拿大、澳大利亞、荷蘭、法國和瑞典。美國、英國和德國並列第六。美國花費在每個蒐集統計資料身上的費用，超過其他國家，僅次於澳大利亞。美國蒐集資料的速度最快。美國統計資料的品質受到了下列因素的影響：高度非中央化，雇用的統計學家人數最少，受政治因素影響而削減資料蒐集的範圍。

國際範圍內蒐集資料，有時很有爭議。聯合國國際勞工組織1998年報告說，有幾個國家有關經濟收益的官方統計資料不準確，因爲它們沒有將性產業包括進去。在某些國家（如泰國和菲律賓），幾百萬工人（主要是年輕婦女）在性產業中就業，成千上萬的稅收來自於賣淫和性產業。這個行業很顯然對經濟產生了重要影響，但是，它並沒有出現在任何國家的官方報告或統計資料中。[17]

漏失資料

漏失資料也是一個讓使用現成統計資料的研究人員頭疼的問題。有的情況是，資料確實蒐集到，但是卻遺失了；更常見的是，根本沒有辦法蒐集到。蒐集官方資料的決策是政府機構制定的。在一份資料日後將公布於眾的調查中，要問哪些問題，則是由研究人員決定的。這兩種情形下，那些決定要蒐集什麼資料的人，可能不會蒐集其他研究人員想要探討的問題的資料。政府機構會因爲政治、預算或其他的原因，而開始或中止資料的蒐集。例如，20世紀80年代初期，美國聯邦政府爲了縮減成本，中止蒐集社會工作研究人員極爲珍視的資料。當研究人員從事的研究涵蓋的時期很長時，漏失資料特別是個問題。例如，對美國停工數與罷工數感興趣的研究人員，能夠取得19世紀90年代迄今的資料，除了1911年之後的五年以外，那段時間聯邦政府並沒有蒐集這類資料。

現成統計資料／檔研究範例

下面我們來看個實例，了解如何使用現成的統計數位與文獻資料，探討一個關於性別不平等理論的研究問題。

Tickamyer（1981）比較兩個解釋美國社會在財富與權力人群中呈現的性別差異的性別不平等理論。她的研究是非反應性研究，是根據公開獲取的資料來進行的。過去的研究發現，美國社會在財富與財產所有權的分配上相當不平均，非常富有的人形成一個特殊的、掌握實權的社會團體。其中有個觀點認爲，自20世紀20年代以來，新的科技與社會組織，已經消除了男性控制財富與權力的途徑。女性的權力與時俱增，時至今

日，造成不平等的主要來源是社會階級，而不是性別。另一個觀點則主張，性別是最重要的因素。父權的規範與結構是比階級不平等更爲重要的因素。與男性相比，只有極少數的女性是富有的，她們財產擁有的形式也與男性不同，而且她們很少有可能利用自己的財富來換取權力。Tickamyer的假設是，富有的女性是少數，她們的財富多半是來自繼承與別人的贈予。她們控制財富的能力比較小（通常是由銀行代爲管理），而且她們使用財富的方法也有所不同（常用在藝術、公共事務與非商業的活動）。

Tickamyer採取兩種做法：第一，她利用一個公式，根據美國國稅局登記的價值在六萬美元以上的房地產統計資料，估計全國民衆的財富。第二，她蒐集富人的傳記資料。她發現，20世紀20年代至70年代，所有頂尖富豪當中，超過一半是男性。頂尖富豪中女性的比例也日漸增加。女性的財富可能是以信託與私人財產（珠寶、汽車）的形式存在。男性的財產則多屬於不動產與抵押貸款。因此，她總結說，女性擁有的是「被動性」的財富，不必做很多的決定，而男性擁有的是「主動性」的財產，財富的產生與生意交易有直接的關係。

她的第二個方法是研究商業出版物，例如，《財富》（Fortune）雜誌，找出擁有至少100萬美元的人。她找到了18位女性和20位男性富翁。然後，她從6本人物傳記參考書（例如《美國名人錄》）中一一查找這些人的名字。至少有一處來源列出了這18位女性中的6位，以及全部20位的男性富豪。與富有的男性相比，女性富豪的教育程度較低，而且在政府、企業或慈善組織中的職位也都很低。此外，Tickamyer檢查了美國最大的25家企業的董事會會員名單，發現93%的董事是男性。

Tickamyer總結說，雖然有錢人中女性的比例逐步增加，但是男性仍居於主宰的地位。另外，和女性相比，男性更會利用自己的財富，主動影響政府、企業與社會其他部門的決策。

推理和理論檢驗問題

非反應性資料的推論

研究人員根據非反應性的資料，進行因果關係推論或驗證理論的能力，是相當有限的。很難使用無干擾測量法建立時間秩序、消除替代性的解釋。就內容分析而言，研究人員無法就內容類推這篇文本中的內容對讀者所可能產生的影響，只能使用調查研究的相關邏輯，來顯示變數間的關係。不像調查研究那般容易，研究人員不是透過直接問回答者問題的方式，而是靠文本中所提供的資料來測量變數的。

倫理問題

在大部分非反應性研究中，倫理問題並不是主要問題，因爲研究物件並沒有直接參與到研究之中。主要的倫理問題是使用別人蒐集資料的隱私和保密問題。另外一個倫理問題是，官方統計資料是社會與政治的產物。特定的理論與價值假設指導著人們進行資料蒐集以及分類。被視爲官方的測量工具或定期蒐集的統計數字，不僅是政治衝突的焦點，而且是政策走向的指導。某個測量工具被界定爲官方之後，就會制定出導致那個結果的公共政策，如果用另一個具有相同效度的指標，結果則完全不同了。例如，許多表示社會狀況（例如在公立精神病院死亡的病人數）的統計數字的蒐集，就是20世紀30年代經濟大蕭條時期政治活動所帶來的結果。在此之前，這個現象從未被視爲重要的，需要得到大眾關注。同樣，不同年齡非白人學生在美國各級學校註冊率的統計資料，也只有在1953年之後才出現，還有不少非白人種族的資料只有在20世紀70年代才有。在20世紀50年代之前，這些資料對公共政策來說，沒多大意義。

官方統計資料的蒐集，刺激民眾關注某個問題，而民眾的關注，又反過來刺激新的官方資料的蒐集。比如，一旦交通事故的統計數字，以及是否酒精是造成事故之因素的資料蒐集之後，酒後駕駛就成了一個新問題。

政治與社會價值，會影響人們決定蒐集哪些現成的統計資料。大部分的官方統計資料，是爲了自上而下的各層組織或行政計畫的目的而設計的，不一定符合研究人員的目的，也無法滿足那些反對各層決策者人士的需求。例如，政府機構統計生產出來的鋼鐵噸數、鋪了多少英里的公路，以及每戶平均的人口數。其他社會狀況的統計數字，像飲用水的品質、上下班交通所需的時間、工作相關的壓力或需要托兒所照顧的兒童人數，可能都沒有蒐集，因爲官員說那是不重要的資訊。許多國家中，國內生產總值被當作測量社會進步的關鍵指標，但是國內生產總值，忽略了社會生活的非經濟面向（例如花在陪伴小孩遊戲的時間）以及無報酬的工作類型（例如家庭主婦）的資料。可取得的資料不但反映了政治爭議的結果，也反映了決定蒐集什麼樣資料的官員的價值。[18]

結語

本章中，你學到了幾種非反應性研究技術，它們是在不影響研究物件的情況下，進行觀察或測量社會生活的方法；這些方法可以得出客觀的、能夠加以分析說明研究問題的資料。這類技術可以與其他類型的量化或質性社會工作研究方法結合，同時探討很多研究問題。

與任何一種量化資料一樣，研究人員需要考慮測量問題。雖然很容易就可從某項調

查或政府文獻中取得資料，但是，這並不意味著，那些資料測量的正是研究人員感興趣的建構。你應該清楚，非反應性研究有兩個潛在問題：第一，現成資料的可取得性，限制了研究人員能夠提出的研究問題。第二，非反應性變數的效度通常比較弱，因為它們測量的不是研究人員感興趣的變數。雖然現成資料與第二手資料的分析是低成本的研究技術，但是，研究人員無法控制和了解資料蒐集過程。這些潛在的錯誤意味著研究人員必須特別提高警覺和謹慎對待。

　　下一章中，我們從研究設計與蒐集資料，轉向資料分析。分析的技術適用於你在前面幾章中所學到的量化資料。到目前為止，你已經看到如何從主題中發展出研究設計與測量工具，然後著手資料蒐集。接下來，你將學習如何讀懂資料，從而了解對某個假設或研究問題，資料能告訴你些什麼。

關鍵字

accretion measures增值測量

coding編碼登錄

coding system編碼登錄系統

erosion measures損耗測量

fallacy of misplaced concreteness誤置精確的謬誤

General Social Survey (GSS)綜合社會調查

latent coding隱性編碼登錄

manifest coding顯性編碼登錄

nonreactive非反應性

recording sheet記錄紙

Statistical Abstract of the United States美國統計摘要

structured observation結構化觀察

text文本

unobtrusive measures非干預性測量

複習思考題

1. 什麼類型的研究問題適合做內容分析？
2. 在編碼登錄時，要被觀察與記錄的內容的四大特徵是什麼？
3. 研究者在使用現有的統計資料時，需要留意的是哪些信度問題？
4. 二手資料分析有哪些優點與缺點？
5. 內容分析的研究者為何使用多個編碼登錄者？這種做法可能會遇到哪些問題？
6. 內容分析法在進行推論時，會受到哪些限制？
7. 進行內容分析時，會用到哪些分析單位？
8. 現成的統計資料會有哪些聚集性問題？
9. 內容分析有哪三個效度問題？
10. 使用現成統計資料時，研究者應該注意到哪些限制？

注釋

【1】 See Webb and colleagues (1981:7-11).

【2】 For an inventory of nonreactive measures, see Bouchard (1976) and Webb and associates (1981).

【3】 See Krippendorff (1980:13).

【4】 For definitions of content analysis, see Holsti (1968:597), Krippendorff (1980:21-24), Markoff and associates (1974:56), Stone and Weber (1992), and Weber (1985:81, note 1).

【5】 Weitzman and colleagues (1972) is a classic in this type of research.

【6】 See Aries (1977) for an example.

【7】 Examples of content analysis studies can be found in Berelson (1952), Carney (1972), McDiarmid (1971), Myers and Margavio (1983), Namenwirth (1970), Sepstrup (1981), Stempel (1971), Stewart (1984), and Stone and colleagues (1966). Also, see Weber (1983) for a discussion of measurement issues in content analysis.

【8】 Weber (1984, 1985) and Stone and Weber (1992) provided a summary of computerized content analysis techniques.

【9】 See Andren (1981:58-66) for a discussion of reliability and latent or semantic analysis. Coding categorization in content analysis is discussed in Holsti (1968b:94-126).

【10】 See Krippendorff (1980) for various measures of intercoder reliability. Also, see Fiske (1982) for the related issue of convergent validity.

【11】 A discussion of social indicators can be found in Carley (1981). Also see Bauer (1966), Duncan (1984: 233-235), Juster and Land (1981), Land (1992), Rossi and Gilmartin (1980), and Taylor (1980). Also, see Ferriss (1988) on the use of social indicators for planning and social forecasting.

【12】 Many other nations also produce yearbooks; for example, Statistiches Jahrbuch for the Federal Republic of Germany, Annuaire Statistique de la France for France, *Year Book Australia for Australia*, and *Denmark. s Statiskisk TiArsoversigt*. Japan produces an English version of its yearbook called the *Statistical Handbook of Japan*.

【13】 Guides exist for the publications of various governments-for example, the *Guide to British Government Publications, Australian Official Publications*, and *Irish Official Publications*. Similar publications exist for most nations. For example, *DOD's Parliamentary Companion for the United Kingdom and the Parliamentary Handbook of the Commonwealth of Australia are both similar to the Almanac of American Politics*.

【14】 See Churchill (1983:140-167) and Stewart (1984) for lists of business information sources.

【15】 Other major U. S. archives of survey data include the National Opinion Research Center, University of Chicago; the Survey Research Center, University of California-Berkeley; the Behavioral Sciences Laboratory, University of Cincinnati; Data and Program Library Service, University of Wisconsin. Madison; the Roper Center, University of Connecticut-Storrs; and the Institute for Research in Social Science, University of North Carolina-Chapel Hill. Also, see Kiecolt and Nathan (1985) and Parcel (1992).

〔16〕 The General Social Survey is described in Alwin (1988) and in Davis and Smith (1986).

〔17〕 See The Economist, "The Good Statistics Guide" (September 11, 1993), "The Overlooked Housekeeper" (February 5, 1994), and "Fewer Damned Lies ? " (March 30, 1996). Also, see "U. N. Urges Fiscal Accounting to Include Sex Trade," *New York Times* (August 20, 1998).

〔18〕 See Block and Bums (1986), Carr-Hill (1984a), Hindess (1973), Horn (1993), Maier (1991), and Van den Berg and Van der Veer (1985). Discussions by Norris (1981) and Starr (1987) are also very helpful.

第十二章

量化資料分析

量化資料分析統計可以看作是一種處理資料的方法。這個定義強調的是，統計是一種工具，它是用來蒐集、組織和分析數位事實和觀察事實的……描述統計的主要任務，就是將資料以一種方便的、可使用的和易懂的方式呈現出來。

—— Richard Runyon and Audry Haber，《行為統計學基礎》，6頁

如果你閱讀一篇量化資料的社會工作研究報告或論文，你可能會發現其中有大量的表格與圖表，請不要被這些數字圖表所嚇倒，研究人員提供圖表，是想給讀者一個濃縮的資料圖象。圖表使你清楚地看到研究人員蒐集的證據，幫助你了解證據的含義。當你自己蒐集量化資料時，你一定也要使用類似的技術，來解讀資料的意義。你需要組織與控制這些量化資料，使它們展現社會世界中有趣的事物。本章中你將學習量化資料分析的基本知識，量化資料分析是個複雜的知識領域。本章並不能取代社會統計的課程，它只涵蓋了基本的統計概念與理解社會工作研究所必需的資料處理技術。

使用前面幾章介紹的技術所蒐集到的資料，都是數位形式的資料。這些數字代表測量受試者、回答者或其他個案特性等變數的數值，這些數位以原始的形式出現在問卷、筆記本或登錄紙上。

為了發現原始資料對研究問題與假設提供些什麼資訊，研究人員會對資料進行處理：重新把它組織成電腦可以讀取的格式，用圖表形式總結資料的特性，並且對結果提出詮釋或賦予理論意義。

資料的處理

資料編碼登錄

研究人員在檢查量化資料，檢驗假設之前，需要先把它們轉換成另一種形式。上一章中，你已經接觸過資料編碼登錄的概念。這裏，資料編碼登錄，是指有系統地把原始資料重新組織，成為機器可以讀取（即便於電腦分析）的格式。如同內容分析中的編碼登錄，研究人員創造了一套規則，並且始終應用這個規則，把資料從一種格式轉換成另一種格式。[1]

如果資料是已經以數位的形式，記錄在有序的登錄紙上，編碼登錄可能是個簡單的文字處理工作。但如果研究人員想要把調查研究中開放問題的回答，登錄成數字，就像隱性內容分析的過程那樣，那就會是一個高難度的工作。

研究人員要使用編碼登錄程式與編碼簿進行資料編碼登錄的工作。編碼登錄程式，是一套用某些數字來代表變數屬性的規則。例如，研究人員把男性編碼為1，把女性編碼為2。變數的各個特徵與漏失資料都需要一個代碼。編碼簿是一份一頁或多頁的檔，以電腦可以讀取的格式來描述編碼程式以及變數資料的位置。

在編碼登錄資料時，一項非常重要的工作就是要先創建一份結構完整、內容詳盡的編碼簿，並且多準備幾份備分。如果你沒有寫下編碼程式的細節，或者你忘記把編碼簿放在哪兒了，你會失去打開這份資料的鑰匙，必須重新把原始資料再登錄一次。

　　研究人員在蒐集資料之前，就要開始思考編碼登錄程式與編碼簿，例如，調查研究人員在蒐集資料之前，會預先對問捲進行編碼。預先編碼是指將代碼類別（例如1是男性，2是女性）編進問卷。有時候爲了降低對編碼簿的依賴，研究人員也會將電腦處理格式，直接放在問卷上面。

　　如果研究人員不預先編碼，在蒐集資料後的第一個工作就是製作一個編碼簿，他們必須給每個個案一個識別碼以作追蹤之用。然後，研究人員再將每份問卷上的資料，轉換爲電腦可以讀取的格式。

資料輸入

　　大部分資料分析的電腦程式，都要求把資料製作成網狀格式（參見附錄F中關於使用SPSS軟體進行資料輸入的基本情況）。在網格中，每一行代表一個回答者、受試者或個案。用電腦的術語來說，它們就是資料紀錄。每一行都是某個個案的資料紀錄，一列或一列組則代表某個特定的變數，從行與列的交會點（例如第7行第5列）可以反推出資料的原始來源（例如第8位回答者在問卷專案婚姻狀況上的答案），被指定給變數的列或列組稱爲資料場（data field），或簡稱爲場（field）。

　　例如，研究人員把3位回答者的調查資料，編碼成電腦格式，如圖12-1所示。一般人是讀不懂這些資料的，而且沒有編碼簿，它們將毫無意義。它把3位回答者對50個調查問題的答案，濃縮在3行或3列之中。許多研究計畫的原始資料，看起來就像這樣，除非原始資料的長度可能超過1,000行，每行可能又超過100列。比如，一份15分鐘、對250位學生做的電話調查，將會形成一個250行與240列的資料網格。

　　圖12-1編碼簿中的前兩個數字是識別碼，因此這些示例資料是來自第一位（01）、第二位（02）與第三位（03）的回答者。請注意，研究人員用0來占據一個位以減少1與01的混淆。1是在第二列；10則是在第一列。編碼簿說明第5列爲性別變數：個案1與個案2是男性，個案3則是女性，第4列告訴我們個案1與個案2是由Carlos訪談的。Sophia訪談的是個案3。

　　研究人員可以用四種方式將問卷、紀錄表或類似的原始資料形式轉換爲電腦可讀取的格式：編碼表、直接輸入、記讀卡，以及電腦輔助電話訪談系統。首先，研究人員可以用圖紙或電腦用的特殊網格紙（稱爲轉換紙或編碼表），將「行」與「列」交會點所對應的代碼寫在方格內，然後再輸入電腦。第二，研究人員可以坐在電腦前面，直接輸入資料。當資料已經是以類似內容分析紀錄表的形式時，使用這種直接輸入法最爲容易。否則，它可能會花費很多時間，而且容易出錯。第三，研究人員可以將資料放在記讀卡上，然後用掃描器這類特殊儀器，從卡上讀取資料存入電腦。你可能已經用過記讀卡，它是用在計算多選題的分數時。它們有特殊的印刷格式，受試者用鉛筆把方塊或圓

圈塗滿的方式，來表示自己的答案。如果研究人員的計畫涉及電話訪談，他們還可以使用最後一種方法。電腦輔助電話訪談系統在第十章中已經討論過。戴著電話耳機的訪談員，坐在電腦前面，將訪談中回答者提供的答案直接輸入電腦。

摘自登錄資料片段
欄位

```
0000000000111111111122222222223333333333444…（以10為單位）
1234567890123456789012345678901234567890 12…（以1為單位）
01 212736302 182738274 10239 18   82 3947461…
02 213334821 124988154 21242 18   21 3984123…
03 420123982 113727263 12345 17   36 1487645…
```

等等

前三個個案，第一列到第42列的原始資料

編碼簿片段

列位	變數名稱	描述
1～2	編號	回答者的識別編號
3	空格	
4	訪談員	蒐集資料的訪談員 1 = Susan 2 = Carlos 3 = Juan 4 = Sophia 5 = Clarence
5	性別	1 = 男性 2 = 女性
6	總統表現	美國總統的表現實在是太棒了 1 = 非常同意 2 = 同意 3 = 沒意見 4 = 不同意 5 = 非常不同意 空白 = 遺漏資料

圖12-1　三個個案的登錄資料與編碼簿

資料清理

準確性是資料編碼登錄中最關鍵的問題（參見方框12-1）。編碼登錄或把資料輸入電腦時所發生的錯誤，會威脅到測量的效度，造成錯誤的結果。研究人員即使有一個完美的樣本、無誤的測量工具、嚴格的蒐集資料過程，但是在編碼程式或把資料輸入電腦時發生錯誤，整個研究計畫可能會因此而毀於一旦。

仔細地編碼登錄之後，研究人員要檢查登錄的正確性，這就是清理資料。研究人員可以隨機抽取10%～15%的資料做二次登錄。如果沒有出現任何登錄錯誤，研究人員就可以繼續進行。但如果發現錯誤，就必須重新檢查所有登錄好的資料。

方框12-1 處理資料示例

自己親自處理資料是個好辦法，下面介紹一個資料準備的例子，取材於本書作者之一的學生主持的一項研究。該大學調查1/3的大學生，想知道校園內大學生對性騷擾的看法和經驗。研究小組抽取了一個隨機樣本，並且設計出自填的問卷，分發給大學生。回答者把答案塗在記讀卡上，就像多選測驗所用的那種答案紙。這個故事始於發出的超過3,000份的記讀卡。

記讀卡回收後，我們用肉眼查看每張卡片，看看有沒有明顯的錯誤。儘管我們告訴回答者，要用鉛筆清楚地塗黑每個圓圈，但是仍然發現，有200位回答者使用鉛筆，另外有200位用很淡的鉛筆塗得不清楚。我們要清理這些卡片，重新用鉛筆再塗一次。同時，我們也發現了有25張不能用了，因為這些卡片不是被弄得面目全非，就是弄破了，要不然就是填答得不完全（例如70道題中只答了前2題）。

接下來，我們用電腦讀取那些可用的記讀卡，讓電腦來計算每個變數出現的次數。查對這些數字，我們發現有幾種錯誤：有些回答者一題填了兩個答案，而題目只要求填一個，或是只可能有一個答案。有些則填了不可能出現的答案編碼（如：在性別的答案上填寫4，而實際上可能的答案只有1為男性，2為女性），還有人在每個題目上都答相同的答案，這表明他們並沒有認真作答。對每個有錯誤的問卷，我們回頭找出原來的那張記讀卡片，看看是否能找出任何線索。如果不能，我們重新把這些問卷歸類為非回答類別，或者記錄為漏失資料。

這份問卷有兩個列聯問題，對於這兩題，只要回答者答案是「否」的，都跳過接下來的5題不必回答。每一題我們都製作一個表格。我們仔細察看，是否所有第1題答「否」的，都跳過接下來的5題，或是接下來的5格都是空格。我們發現大約有35個回答「否」的，接著回答下面5個題目。我們回頭察看每張卡片，設法弄清楚回答者真正的意向。大部分的情形是，回答者確實是說「否」，很顯然，他們沒有看清楚跳答題的說明。

最後，我們檢查每個變數各個屬性的頻率分配，看看是否合理。結果令我們非常驚訝的是，大約有600位回答者圈選「本土美國人」作為種族問題的答案。此外，大約超過半數的選擇這項答案的是大一新生。查對校方紀錄之後發現，校方註冊名單上只有大約20位回答者是本土美國人，即美國印第安人，超過90%的學生是白人、非拉美白人。回答者圈選為黑人、非洲裔美國人或美籍墨西哥人的百分比與校方紀錄相吻合。因此我們得出一個結論，某些高加索白人回答者並不知道「本土美國人」這個詞是指「美國印第安人」。顯然，他們誤把它當成「白人、高加索白種人」，而沒有圈選「白人高加索人」的答案。由於我們只期望樣本中有7位本土美國人，所以我們就把「本土美國人」的答案重新編碼為「白人、高加索人」。也就是說我們重新把樣本中的本土美國人歸類為高加索人。這樣，我們就可以分析資料了。

在把資料輸入電腦之後，研究人員有兩種檢驗登錄的方法。一是後編碼清理（或稱為原始登錄清查），它是指全面檢查所有變數的類別，察看是否出現不可能的代碼。例如，回答者的性別編碼為1 = 男性，2 = 女性。因此如果發現有一個個案在性別變數上的代碼為4，那就表明編碼錯誤。第二種方法為列聯清理（contingency cleaning，或稱為一致性清查），是指將兩個變數交叉分類，然後尋找邏輯上不可能存在的組合。例如，交叉檢查教育與職業分類時，如果某位回答者的紀錄是從來沒有通過八年級的考試，但同時也被記錄為是合法的醫學博士，這時研究人員就檢查出一個登錄上的錯誤。

資料輸入電腦之後，研究人員還可以進行修正。雖然他們不可以使用比蒐集原始資料時更加精確的分類，但還是可以把資料合併或重新分組。例如，研究人員可以將等比的收入資料分成五個次序的資料。同樣，他們也可以把數個指標的資料結合成一個新的變數，或是把數個問題的答案加總起來，變成指數分數。

單變數結果

頻率分布

統計這個名詞有幾個不同的含義，它可以指一組蒐集到的數位（如某個城市的人口數字），也可以是應用數學的一個分支，用來處理與總結數位所代表的特點。社會工作研究人員同時使用這兩種意義上的統計，但是這裡，我們把焦點集中在第二種意義——處理與總結代表研究計畫中所得出的數字資料的方法。

描述統計（descriptive statistics）指的是描述數字資料，它們可以根據所涉及的

變數的數量，而進行不同的分類：單變數（univariate）、雙變數（bivariate）與多變數（multivariate，指一個、兩個以及三個或以上的變數）。單變數統計描述的是一個變數。描述一個變數的數位資料，最簡單的方法就是頻率分布（frequency distribution）。這個方法可以用在名目、次序、等距或等比資料，而且有很多種不同的形式。例如，如果我有400位回答者的資料，我可以用原始計數或百分比的頻率分布的方式，摘要列出回答者的性別資料（參見圖12-2）。同一組資料也可以用圖形來呈現，一些常見的圖示法有矩形圖、長條圖與圓形圖。長條圖常用來描述離散變數。在不同的長條之間存在一個垂直或水準的空間趨勢。有些術語並不十分貼切，例如，矩形圖通常就是用在等距或等比資料，表示筆直而下的長條圖。[2]

原始頻率分布		百分比頻率分布	
性別	頻率	性別	百分比（%）
男性	100	男性	25
女性	300	女性	75
總計	400	總計	100

同一組資料的長條圖

| 男性 |
| 女性 |

分組資料的頻率分布

第一份工作的年收入	頻率
5,000元以下	25
5,000美元～9,999美元	50
10,000美元～15,999美元	100
16,000美元～19,999美元	150
20,000美元～29,999美元	50
30,000美元以上	25
總計	400

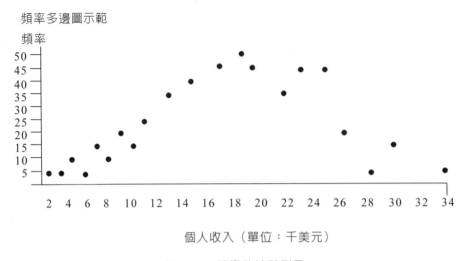

圖12-2　單變數統計例子

　　研究人員經常把等距或等比資料分成不同的類別，分組後的類別應該是互斥的，等距或等比資料常被畫成頻率多邊圖（frequency polygon），圖上個案的數目或稱為頻率，是沿著縱軸指示，而變數的值或稱為分數，則沿著橫軸指示。把各點資料連起來後，就成為頻率多邊圖。

集中趨勢測量

　　研究人員經常想把一個變數總結成單獨的一個數字。他們使用三種集中趨勢的測量，或稱為頻率分布中心點的測量：均值（mean）、中位數（median）與眾數（mode），它們經常統稱為平均值，這是不精確、不清楚的表達方式，它們指同一件事。

　　「眾數」最容易使用，而且不論是名目、次序、等距還是等比資料，都用得上，它就是最常出現的數字，例如，6，5，7，10，9，5，3，5這個數列的眾數就是5。一個分布可能有一個以上的眾數。例如，數列5，6，1，2，5，7，4，7的眾數是5和7。如果數列很長，那麼很容易就可從頻率分布表上找出眾數，只要找出出現次數最多的那個數就是了。至少總會有一個個案的分數會等於眾數。

　　「中位數」是位居中央的那一點，它也是第50個百分位數，也就是說，有一半的個案在這個數值之前，而另一半的個案，處在該數值之後。它可以用於次序、等距或等比資料（但是不能用於名目資料）。你用目測就可以找出眾數，但是算出中位數則需要一點時間。最簡單的計算中位數的方法，是先將分數從高至低排列，然後數出中間的那個點。如果分數的個數是奇數，這就很簡單。有7人在等公車，他們的年齡是12歲、

17歲、20歲、27歲、30歲、55歲、80歲，年齡中位數就是27歲。要注意中位數並不容易改變，如果55歲和80歲的兩人上了公車，換了兩位31歲的人加入等車行列，則中位數仍然沒有改變。如果分數的個數是偶數，那麼就有點複雜了。例如，在公車站等車的六個人年齡分別是17歲、20歲、26歲、30歲、50歲、70歲。中位數就落在26歲與30歲中間的某處。計算中位數的方法是把這兩個處在中間的分數加起來除以2，即26+30 = 56，56/2 = 28。年齡中位數即爲28歲，但是其實沒有一個人是28歲。注意在這六個年齡的數列中沒有衆數，因爲每一個人的年齡都不一樣。

「均值」，也稱爲算術平均數，是最常使用的集中趨勢測量，它只能用於等距或等比資料。[3] 計算均值是將所有分數加總起來，再除以分數的總個數。例如，上例中的平均年齡是17 + 20 + 26 + 30 + 50 + 70 = 213，213/6 = 35.5。在這個數列中沒有一個人的年齡是35.5歲，而且均值並不等於中位數。

均值受到極端值（非常大或非常小的值）改變的影響會很大，例如，如果50歲與70歲的兩人離開，換上兩位31歲的人，這個時候的新數列是17，20，26，30，31，31。均值將會是17 + 20 + 26 + 30 + 31 + 31 = 155，155/6 = 25.8。因此，當若干極大值離開後，均值就會下降很多。

如果頻率分布形成一個「正態分布」或鐘形曲線，那麼這三個集中趨勢測量的值都會相等。如果是一種偏態分布（skewed distribution，即有較多的個案集中在分數較高或較低的那一端），那麼這三個數值就不會相等。如果大部分個案的分數較低，但其中有個案的分數極高，那麼均值會最大，中位數居中，衆數最小。如果部分個案的分數較高，但有些個案的分數極低，那麼均值會最小，中位數居中，衆數最大。一般來講，中位數最適合於偏態分布，雖然其他大部分的統計分布用的是均值（參見圖12-3）。

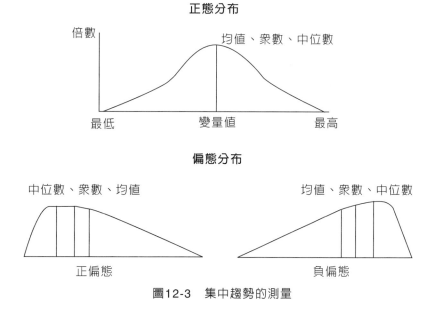

圖12-3　集中趨勢的測量

變異測量

　　集中趨勢測量是用一個數字來總結一種分布，然而，它們只提供了分布的中心點。分布的另一種特性，是它環繞著中心點向外擴展、離散或變異的程度。兩個分布可能有完全相同的集中趨勢測量數，但是各自距中心的離散程度可能完全不同。例如，有家酒吧門前的公車站邊有7個人，他們的年齡分別是25歲、26歲、27歲、30歲、33歲、34歲、35歲。他們的中位數與均值都是30歲。在一家冰淇淋店前的公車站邊也有7個人，他們的年齡則是5歲、10歲、20歲、30歲、40歲、50歲、55歲，這7個人年齡的中位數與均值和前面的7個人完全相同。但是冰淇淋店前7個人的年齡分布離中心的分散程度較遠，或者說這個分布有比較大的變異。

　　變異有重要的社會意義，例如，在城市X，家庭年收入的中位數與均值是25,600元，變異為0。變異為0是指每個家庭的年收入完全等於25,600元。城市Y的家庭年收入也有相同的中位數與均值，但是有95%的家庭年收入是8,000元，5%的家庭年收入是300,000元。城市X有完全相等的家庭年收入，城市Y的家庭年收入則有很大的不同。社會工作研究人員如果不知道這兩個城市家庭年收入的變異程度，可能就會遺漏很重要的資訊。

　　研究人員可以用三種方法測量變異量：全距（range）、百分位數（percentile），以及標準差（standard deviation）。全距是最簡單的方法，由最大的與最小的分數構成。例如，酒店前公車站邊人群的年齡全距是從25歲到35歲，即是35 − 25 = 10（歲）。如果35歲的人上了車，另外來了一位60歲的人，那麼全距就變成60 − 25 = 35（歲）。全距也有限制。例如，下面兩個6人團體的年齡全距都是35歲：30歲、30歲、30歲、30歲、30歲、65；20歲、45歲、46歲、48歲、50歲、55歲。

　　百分位數顯示了在分布中某個特定位置上的分數值。你已經學過的一個百分位數就是中位數，即第50個百分位數。有時候第25個與第75個百分位數，或第10個與第90個百分位數也會被用來描述分布。例如，第25個百分位數，是指在一個分布中有25%的分數，不是等於該值就是小於該值，計算百分位數的過程和計算中位數的方法是一樣的。如果我有100個人，想要找出第25個百分位數，我就先把分數排列出來，然後從下往上數，算到第25位為止。如果總數不是100，我只要把分布調整成百分比就行了。

　　標準差是最難計算的離散測量數，但是，它也是最有意義與最常用的測量。全距與百分位數適用於次序、等距與等比資料，而標準差只能用於等距或等比資料。要用到均值，也就是計算所有分數與均值的「平均距離」。如果個案數目多於10個，一般人很少會動手計算標準差，因為電腦與電腦幾秒鐘就可以完成這項任務了。

　　讓我們看看圖12-4所列的標準差計算過程。如果你把每個分數和均值之間的差異（也就是把分數減去均值）加起來，你將得到0。這是因為均值位於所有分數的正中

間。同時也要注意，與均數差別最大的分數，對平方和標準差都會造成最大的影響。

　　標準差本身的用處是很有限的，它主要是用來進行比較的。例如，A班學生家長受教育年限的標準差是3.317年；B班是0.812年；C班則是6.239年。這些標準差可以告訴研究人員，B班學生家長的教育背景非常近似，但是C班學生家長在受教育年數上則有很大的差異。事實上，在B班中，一位「平均」學生家長的受教育年數只多於或少於該班所有家長受教育年數的均值不到一年的差距，因此，這班同學家長的同質性非常高。然而在C班中，「平均」學生家長的受教育年數都大於或少於均值六年以上，因此這班同學的家長有比較高的異質性。

　　標準差與均值可以被用來創造Z分數（z-scores）。Z分數使研究人員可以比較兩個或兩個以上的分布或團體。Z分數又稱為標準分數，是以與均數相差幾個標準差的數目，來表示在頻率分布上的各個點或各個分數。分數表示的是它們在分布中的相對位置，而不是絕對的數值。

　　舉例來說，A公司的銷售經理Katy每年賺5萬元，而B公司的Mike則賺38萬元。雖然他們兩人在絕對工資上有差距，但是在每家公司中，付給經理的工資則是相同的。相對於其他員工的水準，則是相同的。Katy的工資比她公司中其他2/3的員工要多，而Mike的工資也比他公司中其他2/3的員工要多。

　　下面介紹一個如何使用Z分數的例子。Hans與Heidi是一對雙胞胎兄妹，但是Hans比Heidi矮。和其他同年齡的女孩相比，Heidi的身高等於均值；所以她的Z分數為0。同樣，Hans也是同年齡男孩的平均身高。因此，在這個比較中，這對雙胞胎有相同的Z分數，這就是說他們有相同的相對身高。

　　根據均值與標準差，很容易就能計算出Z分數（參閱方框12-2）。例如，有位雇主對來自國王學院（Kings College）與皇后學院（Queens College）的學生進行面試。她獲知這兩所學院很類似，而且採用的成績都是4.0。然而，國王學院的平均成績是2.62，標準差為0.50；而皇后學院的平均成績是3.24，標準差為0.400。因此雇主就懷疑皇后學院的成績比較寬鬆。從國王學院畢業的Suzette的平均成績是3.62，而從皇后學院畢業的Jorge的平均成績是3.64。兩位學生都選修了同樣的課程，因此，雇主就想根據兩所學院的實際成績分布，來調整兩位學生的成績（即算出標準分數）。她先分別把兩位學生的成績減去均值，再除以標準差來算出Z分數。Suzette的Z分數是3.62－2.62 = 1.00，1.00/0.50 = 2；Jorge的Z分數是3.64－3.24 = 0.40，0.40/0.40 = 1。因此，這位雇主得到Suzette的成績是比他學院平均成績高兩個標準差，而Jorge的成績則只比他學院平均分數高一個標準差。雖然Suzette的絕對成績等級比Jorge低，但是相對於他們自己學院的學生，Suzette的成績則要比Jorge高。

計算標準差的步驟

1. 計算均值
2. 均值減去每個分數
3. 把均值與每個分數的差,加以平方
4. 把這些差的平方加起來,得出平方和
5. 把平方和除以總個案數,得出變異數
6. 求出變異數的平方根,這就是標準差

計算標準差的示範

8位元回答者,變數 = 受教育的年限

分數	分數－均值	平方 (分數－均值)
15	15－12.5 = 2.5	6.25
12	12－12.5 = －0.5	0.25
12	12－12.5 = －0.5	0.25
10	10－12.5 = －2.5	6.25
16	16－12.5 = 3.5	12.25
18	18－12.5 = 5.5	30.25
8	8－12.5 = －4.5	20.25
9	9－12.5 = －3.5	12.25

均值 = 15 + 12 + 12 + 10 + 16 + 18 + 8 + 9 = 100,100/8 = 12.5
平方和 = 6.25 + 0.25 + 0.25 + 6.25 + 12.25 + 30.25 + 20.25 + 12.25 = 88
變異數 = 平方和 / 個案總數 = 88/8 = 11
標準差 = 變異數的平方根 = $\sqrt{11}$ = 3.317年
下面是標準差的公式符號:

X = 個案數　　　$\sum$ = 希臘文的總和符號,把所有分數相加
$\overline{X}$ = 均值　　　N = 個案總數
公式＊:[a]

$$標準差 = \sqrt{\frac{\sum(X-\overline{X})^2}{N}}$$

圖12-4　標準差

[a]公式中出現微妙的差異,取決於研究人員用的是總體資料,還是樣本的資料,或是總體的估計值。

雙變數結果

雙變數關係

　　單變數統計只單獨描述一個變數，而雙變數統計價值更高，它可以使研究人員同時考慮兩個變數，並且描述這兩個變數間的關係，即使是簡單的假設都需要兩個變數。

　　雙變數統計分析向我們展現了變數間的統計關係，也就是說，同時出現的事物。例如，河水汙染與飲水者得病的事實之間，就存在著一種關係。這是一種雙變數間的統計關係：河水汙染與飲水者的健康。

　　統計關係建立在共變（covariation）與自變（independence）這兩個概念之上。共變是指事情一同發生或有關聯，共變指一起發生變化；在某個變數上有某個特定值的個案，在另一個變數上很可能也有某個特定值。例如，在收入變數上有較高值的人，很可能在估計壽命的變數上也會有較高的值。同樣，收入較低的人在估計壽命上也低。通常是以比較簡短的方式來描述這個現象——收入與估計壽命互相關聯，或說收入與估計壽命共變。我們也可以說，了解一個人的收入，就可以告訴我們這個人可能的壽命，或者說壽命取決於收入水準。

方框12-2　計算Z分數計算

Z分數的公式爲：Z分數 =（分數−均值）／標準差，或用符號表示

$$Z = \frac{X - \overline{X}}{\delta}$$

其中，X = 分數，$\overline{X}$ = 均值，δ = 標準差

　　一個簡單的概念圖可以具備Z分數同樣的功能。試想一組學齡兒童年齡的資料，均數爲7歲，標準差是2歲。你應該怎樣計算5歲兒童Miguel的Z分數？或者知道了Yashohda的Z分數是+2，如何知道她的實際年齡呢？首先，你要在−3與+3之間以0爲中心，畫一條線。你把均值放在中心0上，因爲0的Z分數爲均值，並且Z分數測量的是離均值遠或者近的距離。你在3處停止，因爲所有的個案都會落在距離均值3個單位的標準差之內。這個圖看起來就是這樣：

　　現在，你要標示出均值，並將之加上或減去標準差。當均值爲7，標準差爲2歲時，多於均值+1個標準差的值爲7+2，也就是說9歲。就一個值爲-2的Z分數而言，你寫下3歲。這是因爲它等於比均值7歲小兩個標準差，每個標準差等於2歲（共4歲）。你的圖現

在看起來像這樣：

現在很容易看出來五歲的Miguel的標準差是-1，而Yashohda的Z分數是+2，相當於11歲。我們可以從Z分數讀出年齡，也可以從年齡讀出Z分數。至於分數，像是－1.5的Z分數，你只要應用相同的原理把它轉化為年齡，就得到4歲。同樣，年齡為12歲的Z分數為+2.5。

獨立是與共變相對立的，是指變數間沒有關聯或沒有關係。如果兩個變數是獨立的，在某個變數上有某個特定值的個案，在另一個變數上並不會有任何特定值。例如，Rita想知道兄弟姊妹的數目是否和壽命有關聯。如果這兩個變數是獨立自變的，則有多個兄弟姊妹的人將會和獨生子女有同樣的壽命。換句話說，知道一個人的兄弟姊妹數目並不能使Rita了解到那個人的壽命。

大部分研究人員是以因果關係或希望用共變的方式來陳述假設，如果他們使用虛無假設，這個假設就是，變數間的關係是獨立自變的。它用在正式的假設檢驗上，並且常用來進行推論統計（將於下面討論）。

有三種技術可以幫助研究人員決定兩變數之間是否有關係存在：（1）散點圖或關係點圖；（2）交互表或百分比表；（3）相關量數或是用單獨一個數位來表示共變數的統計值（例如相關係數），可以參見方框12-3的圖形資料。

方框12-3　精確畫圖

圖A中的模式反映了急劇的變化。1980年急劇下降後就出現了快速復甦和不穩定局面。圖B中的模式相對穩定。1978～1980年間出現了平穩下跌，其他年分情況基本平穩。這兩個圖表反映了同一份資料，即1975～1992年間美國企業破產率。X軸（底線）是相同的年分。圖A中的Y軸的量值是從60到160，而圖B中Y軸的量值是0～400。圖A的模式看起來變動更加急劇，只是因為Y軸量值的關係。在閱讀圖表時，應當留意度量單位。有人會刻意選擇度量單位，以誇大或縮小資料中的模式。

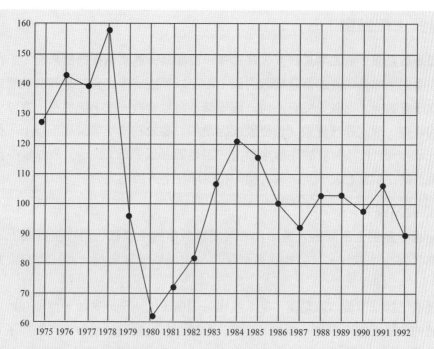

圖A

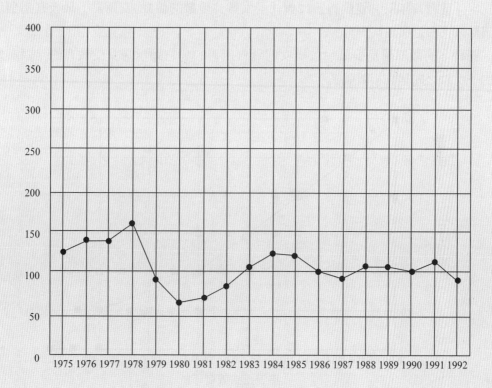

圖B

觀察關係：散點圖

　　什麼是散點圖？散點圖是研究人員將每一個個案或觀察值描繪出來後，所得出的圖形，其中兩個坐標軸代表的都是變數的值，用在以等距或等比資料來測量的變數。它很少用在次序變數上，而且只要有任何一個變數是名目變數，就不能使用。實際上，並沒有固定的規則，規定哪種變數（自變數或因變數）要放在橫坐標或縱坐標上，但是通常自變數（以字母X代表）被放在橫坐標上，因變數（以字母Y表示）放在縱坐標上。每個坐標軸的最小值都在左下角，最大值的位置則在上方或右上方。

如何製作散點圖？

　　從兩個變數的全距開始，畫出代表各變數數值的坐標軸，再在坐標軸上寫上數值（用方格紙寫會比較好）。然後在兩個坐標軸上注明變數名稱，並在圖的上方寫上標題。

　　你現在已經準備製作散點圖了吧，找出每個個案的兩個變數值，然後在圖中對應這兩個數值的位置上畫出記號。例如，研究人員要製作一個關於受教育年限與子女數的散點圖，先看到一個個案的受教育年限（例如12年）與子女數（例如3個），然後就在圖上找出「受教育年限」變數的值12與「子女數」變數的值3的交匯點，最後在這個地方畫個點來代表這個個案資料。

　　圖12-5的散點圖是根據33位婦女的資料所畫的，它顯示婦女受教育的年限與她生育的子女數之間呈負相關關係。

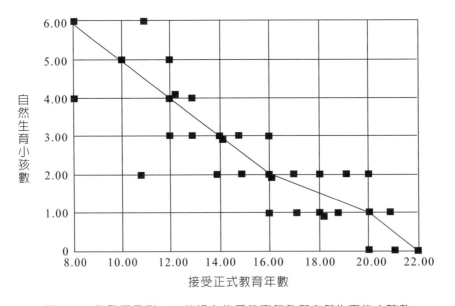

圖12-5　散點圖示例：33位婦女的受教育年數與自然生育的小孩數

　　從散點圖中你可以學到什麼？社會工作研究人員從散點圖中，可以看到雙變數關係的三個層面：形式、方向和精確度。

形式

　　變數關係有三種形式：獨立、直線與曲線。獨立或沒有關係是最容易辨認的，它看起來就像沒有任何模式的隨機散布，或者是完全獨立於橫坐標或縱坐標的一條垂直線。直線關係是指可以從個案的迷宮中，看出一條從某個角落伸展至另一個角落的直線。曲線關係是指個案的迷宮中央會形成像U形、倒U形或S形的曲線。

方向

　　直線關係可以是正相關或負相關。正向關係的圖形，大致上是從左下往右上角延伸的對角線，較高的X值傾向於與較高的Y值一起出現，同樣，較低的X值傾向於與較低的Y值一起出現。收入水準與壽命的例子描述的就是正相關的直線關係。

　　負相關關係的圖形，大致上是從左上角往右下角延伸的直線，就是說，一個變數出現較高的值，會伴隨著另一個變數出現較低的值。例如，學歷較高的人被捕的可能性就比較低。如果我們拿到一張散點圖，其內容是一群男性的受教育的年限（X軸）與被捕次數（Y軸）的資料，就會看到大部分被捕次數較多的個案（或男子），出現在圖中的左上方，因為大部分被捕的人受教育的年限比較短；而大部分被捕次數較少的個案，則出現在圖中的右下方，因為他們大部分受教育的年限比較長。對於這個關係的假想線可能比較平坦、也可能比較陡峭。高等統計學為我們提供了如何精確測量這條斜線的方法。

精確程度

　　雙變數的關係因精確程度不同而不同，精確程度是圖形上各點的散布程度。高精確度指的是各點分布在描述變數關係的直線附近，而低精確度則指的是各點廣泛分布於這條直線的四處。研究人員用目測法可以看出精確度的高低，他們也可以使用高等統計學中一種類似於計算單變數標準差的方式，來測量變數關係的精確度。

雙變數表

　　什麼是雙變數表？雙變數列聯表使用得相當廣泛，它和散點圖展現的是相同的一組資料，但是以更為濃縮的方式呈現。任何一種測量等級的資料，都可以製作雙變數表，但是如果有許多不同的值的等距與等比資料，就要事先分組。這個表是根據交互表製作而成的，這是說在表中的個案是根據發生在同一時間的兩個變數所組成的。

　　列聯表是由兩個或兩個以上變數的交叉形成的，之所以叫列聯，是因為某個變數的

每個類別中的多個個案,都會分配到另一個變數的不同類別中。這個表同時可以將個案按照多變數的類別進行分配,從而表明,按照一個變數類別的分類的變數是如何隨著另一個變數的類別而變化的。

製作百分比表

製作一個百分比表很容易,但是要使它看起來很專業,則需要一些技巧。我們先回顧一下親手製作表所需的步驟,因為電腦製表也是應用相同的原則。我們從原始資料入手,這些資料可以被組織成電腦讀取的格式。它們看起來就像方框12-4中一組假定的調查資料。

方框12-4　原始資料與頻率分布

原始資料範例

個案	年齡	性別	受教育年限	態度	政黨派別
01	21	女	14	1	民主黨
02	36	男	8	1	共和黨
03	77	女	12	2	共和黨
04	41	女	20	2	獨立黨
05	29	男	22	3	民主社會黨
06	45	女	12	3	民主黨
07	19	男	13	2	遺漏資料
08	64	男	12	3	民主黨
09	53	女	10	3	民主黨
10	44	男	21	1	保守黨

態度分數:1 = 同意,2 = 沒意見,3 = 不同意。

兩個頻率分布:年齡與改變飲酒年齡的態度

年齡組	個案數	態度	個案數
30歲以下	26		
30～45歲	30	同意	38
46～60歲	35	沒意見	26
61歲以上	15	不同意	40
遺漏資料	3	遺漏資料	5
總計	109	總計	109

合成頻率分布表：年齡組與對改變飲酒年齡的態度

年齡組	態度	個案數
30歲以下	同意	20
30歲以下	沒意見	3
30歲以下	不同意	3
30～45歲	同意	10
30～45歲	沒意見	10
30～45歲	不同意	5
46～60歲	同意	4
46～60歲	沒意見	10
46～60歲	不同意	21
61歲以上	同意	3
61歲以上	沒意見	2
61歲以上	不同意	10
	小計	101
任一變數遺漏資料		8
總計		109

　　下一步就是建立合成頻率分布表（compound frequency distribution, CFD）。這個表類似頻率分布表，只不過它是兩變數值的配對組合。例如，研究人員想要察看年齡與態度間的關係。年齡是一種等比值，因此必須先把它分組，以使等比變數能被當成次序變數來處理。等比或等距資料在百分比表中，必須被轉換為次序資料，否則一個變數可能會有50個類型，這樣的表根本無法讀懂。

　　合成頻率分布表有每一種類別的組合。年齡有4種類別，態度有3種類別，因此就有3×4 = 12格。建立合成頻率分布表的步驟如下：

　　1. 列出所有變數類別的可能組合；

　　2. 將符合各組合類別的個案標記在該格之內；

　　3. 計算各組合類別的個案數目。

　　如果沒有遺失資料的問題，那麼，就把各類別內的總數加起來（例如所有「同意」的數目或所有「61歲以上」的數目）。在上例中，漏失資料構成一個問題。在合成頻率分布表中的4個「同意」類別加起來為37（20 + 10 + 4 + 3），而不是單變數頻率分布時的38，這是因為38個個案中有一筆漏掉了年齡的資料。合成頻率分布表是製表的一個中間環節，某些電腦程式可以幫助你很快就完成表格的製作。

　　下一個步驟就是建構表格的各個部分（參見圖12-6），要標明行與列的名稱。自變數通常放在列欄中，但也不一定要遵守這個習慣。然後將合成頻率分布表中的每個數位填入表中相對應的變數類別的方格內。例如，在合成頻率分布表中顯示小於30歲而且回答同意者爲20（最上面的數字），圖12-6相對應的方格內也填入一樣的數字（左上方格），它將所有的組合類別中的個案數加總在一起。

　　圖12-6就是一個原始的計數表或者頻率表，它的方格中包含了個案總數。作這樣的表很容易，但是要解釋這樣一個原始的計數表並不容易，因爲表中的行和列中的總計數不同，眞正有意思的是，每個方格的大小都比較一致。

　　研究人員將原始計數表轉換爲百分比表，以察看雙變數間的關係。有三種方式來製作百分比表：按行、按列與按總數的方法。前面兩個方法使用較多，並且能夠顯示出各種關係。

　　是按行還是按列來求得百分比會比較好呢？每一種方法都很適當。讓我們先來看看百分比表的機制。計算各列的百分比時，先要算出每個方格相對於列總和的百分比，這也包括列總和或者變數的列與邊緣列。例如，那一列中第一方格是20（在30歲以下的有26人），所以百分比就是20/26 = 0.769，或者76.9%。或者，按邊緣列的第一個數字來看，37/101 = 0.366，即36.6%（參見表12-1）。四捨五入，總數應該等於100%。

原始計數表（a）

態度（b）	年齡組（b）				總計（c）
	30歲以下	30～45歲	46～60歲	61歲以上	
同意	20	10	4	3	37
沒意見	3（d）	10	10	2	25
不同意	3	5	21	10	39
總計（c）	26	25	35	15	101

遺漏資料（f）= 8　　　　　　　（e）↑

表格的構成部分
(a) 給每個表格一個名稱，以變數的名稱命名，提供背景資料。
(b) 標出行與列變數的名稱，寫上變數每個類別的名稱。
(c) 填上行與列的總計。這些是邊緣格總和，等於該變數的單變數頻率分布。
(d) 每個數字或位置，相對應的每個變數值的交匯點，稱爲方格。
(e) 變數類別內個案數以及總計數值通稱爲表格的主體。
(f) 如果有遺漏資料（回答者拒絕回答，結束訪談，或者說「不知道」等的個案），在表格附近列出遺漏個案的數量，說明原來個案的總數。

圖12-6　不同年齡組對改變飲酒年齡的看法，原始計數表

　　計算各行的比例也是一樣的。計算每個方格內的數值為行的總和的百分比。例如，同樣用數值為20的方格，我們現在想要知道它對於行總數37的百分比，那麼，就是20/37 = 541，即54.1%。對同一個方格而言，按行或按行計算出來的百分比並不會一樣，除非邊緣列的數值相等。

表12-1　不同年齡組對改變飲酒年齡的看法

列百分比表

態度	年齡組				總計
	30歲以下	30～45歲	45～60歲	61歲以上	
同意	76.9%	40%	11.4%	20%	36.6%
沒意見	11.5%	40%	28.6%	13.3%	24.8%
不同意	11.5%	20%	60%	66.7%	38.6%
總計	99.9	100	100	100	100
總個案數	（26）*	（25）*	（35）*	（15）*	（101）*

遺漏個案數 = 8

行百分比表

態度	年齡組				總計	總個案數
	30歲以下	30～45歲	45～60歲	61歲以上		
同意	54.1%	27%	10.8%	8.1%	100%	37*
沒意見	12%	40%	40%	8%	100%	25*
不同意	7.7%	12.8%	53.8%	25.6%	99.9%	39*
總計	25.7%	24.8%	34.7%	14.9%	100.1%	101*

遺漏個案數 = 8

*對百分比表來講，必須提供個案總數，備份比就是根據括弧內的個案總數來計算的，總和接近100%。這樣才能從百分表轉換成為原始計數表，然後再轉換回來。

　　行與列的百分比使研究人員可以討論不同的問題，列百分比表可以回答一些這樣的問題，如具有某種態度的人群中，每一年齡組各占多少百分比等。前面計算出來的資料表明，在同意的回答者中，有54.1%的人是年齡在30歲以下的人群。列百分比表也會回答一些問題。在每一年齡組中，不同態度的人各占多少百分比？由前面資料可知，在30歲以下的那一組中，有76.9%是持同意的態度。從行百分比表中，研究人員了解到在同意的人當中有大約半數多的人年齡是在30歲以下。從列百分比表中，研究人員了解到在30歲以下的人當中，超過1/3是持同意態度的。其中一種把表格百分比化的方式，

告訴我們具有某種態度的人的資料；另一種把表格百分比化的方式，則告訴我們某個特定年齡組的資料。

　　社會工作研究人員的假設可能意味著需要察看行或列的百分比。開始時，需要計算每一種百分比，並且練習解釋或指出每個表的含義。例如，我的假設是年齡會影響態度，因此列百分比會比較有用。然而，如果我的興趣是在描述不同態度的人的年齡組成，那麼行百分比就比較合適。如Zeisel（1985:34）曾經指出，只要交互表中的任何一個因素都能夠被視為是另一個因素的原因，而且又是根據那個原因因素的方向計算各格的百分比，那麼百分比將最具有說明效果。

解讀百分比表

　　一旦你了解了如何製作百分比表，解讀與明白它的意義，就會非常容易了。解讀一個表，首先要看清它的標題、變數名稱，以及任何相關的背景資料來源。接下來，要察看百分表計算的方向——按行還是按列。注意表12-1的百分比表都有相同的標題，這是因為使用的是相同的變數。注意標題中的資料是如何被計算成百分比的，將會幫助我們解讀，只是很少會有這方面的說明。有時候研究人員呈現的是更為簡化的表，省略掉100%的總和值或邊格值，這也會增加解讀的難度。最好包括表的所有部分，並且清楚地列出方格的名稱。

　　研究人員解讀百分比表，是為了方便進行比較，比較的方向與百分比計算的方向相反。一種經驗法則是，如果表是向下求得百分比的（即按列計算的），就跨列比較：如果表是橫向求得百分比（即按行計算的），就比較上下行的差異。

　　例如，表12-1按行計算百分比的部分，就進行各列或年齡組的比較。同意的人中大部分屬於年輕組，而且百分比隨著年齡的增加而減少。大部分沒有意見的人是中年組的人，而不同意的人則出現在歲數較高的年齡組中，特別是46～60歲的群體。閱讀表12-1按列計算百分比的部分，要做跨行比較。例如，年齡最輕的群體大部分持同意的態度，而且他們是唯一同意態度占大部分的團體。與另外兩個年齡最老的群體相比，這個年齡組的不同意的百分比只有11.5%。

　　要看懂百分比表中的關係需要練習，如果表中沒有任何關係，各行或各欄方格中的百分比看起來會相當接近。當有直線關係存在時，對角線上才會有比較大的百分比。如果有曲線性關係，最大百分比值會在各方格中顯示出一種圖形。例如，有最大值的方格可能在右上角、下方中央和左上角。中等大小的表（即有9個到16個方格），其中大部分的方格都有一些個案（至少要有5個個案），而且關係越明顯精確時，就越容易看出關係。

　　解讀散點圖的原則，可以幫助你看出百分比表中的關係。想像一下，有個被分成

12個大小相等區域的散點圖。每一個區域內的個案數,與覆蓋在散點圖表格中方格內的個案數基本相對應,這個表相當於散點圖的濃縮形式。散點圖中雙變數關係線與百分比表中對角線上的方格相對應。因此,察看顯著關係的簡單方法,就是圈出每一行中最大百分比的方格(對按行計算百分比的表而言),或每一列中最大百分比值的方格(對按列計算百分比的表而言),然後再看看是否有直線出現。

挑出最大百分比方格的規則很有效,但要注意的是,在百分比表中的類別必須是次序或等距的,並且要和散點圖中的順序一樣。在散點圖中,變數類別的最小值從左下方開始。如果表中類別的順序不一樣,這個法則就不管用了。

例如,表12-2a看起來像是有正相關關係,表12-2b看起來像是有負相關關係。這兩個表使用的都是相同的資料,也都是按行來計算百分比的,真正的關係是負相關的。再仔細地看一遍,只有表12-2b年齡類別的順序才和散點圖一樣。如果還有疑問,回想一下正相關關係與負相關關係的基本差異,正相關關係是指當一個變數增加時,另一個變數也跟著增加;負相關關係是指當一個變數增加時,另一個變數則會減少。

沒有百分比的雙變數表:研究人員可以利用集中趨勢值(通常是均值),而不用百分比,把資料濃縮成另一種類型的雙變數表。其中有一個變數是名目或次序變數,而另一個變數則以等距或等比尺度加以測量。在名目或次序變數的每個類別中,列出等距或等比變數的均值(或類似的值)。這種類型的表不是利用合成頻率分布表來製作的,相反,所有個案要先分為次序或名目變數,然後在每個變數類別中,根據原始資料計算出所有個案的均值。

表12-3顯示在每個態度類別中回答者的平均年齡,結果表明,不同意的回答者的平均年齡,要比同意或沒有意見的那些回答者的平均年齡大得多。

表12-2a 受教育年限

受教育年限					
年齡	0～11	12	13～14	16⁺	總計
30歲以下	5	25	30	40	100
30～45歲	15	25	40	20	100
46～60歲	35	45	12	8	100
61歲以上	45	35	15	5	100

表12-2b　不同年齡組的受教育年限

受教育年限				
年齡	0～11	12	13～14	16$^+$	總計
61歲以上	45	35	15	5	100
46～60歲	35	45	12	8	100
30～45歲	15	25	40	20	100
30歲以下	5	25	30	40	100

表12-3　對改變飲酒年齡態度：按回答者年齡均數

對飲酒年齡的態度	平均年齡	個案數
同意	26.2	（37）
沒意見	44.5	（25）
不同意	61.9	（39）
遺漏個案數 ＝ 8		

關聯的測量

　　關聯的測量是描述關係的強度，常常是描述關係的方向，它把一個雙變數關係的資料濃縮成單獨的一個數字。

　　有很多種測量關聯的方法，哪種方法正確則要根據測量等級而定。許多測量是用希臘字母來命名的。λ、γ、τ、χ^2和ρ是最常使用的關聯測量值。我們這裡要強調的是對它們的詮釋，而不是計算過程。要了解每一個測量值，你需要修完一門初級統計的課程。參閱方框12-5了解對相關關係的知識。

　　這裏所討論的大部分基礎測量，遵循的是消減比例誤差（proportionate reduction in error, PRE）的邏輯。這個邏輯問的問題是：對某個變數的了解在多大程度上能夠削減在猜測第二個變數時所造成的誤差？獨立是指對一個變數的了解並不會降低在另一個變數上的誤差機會。如果變數間是獨立的，則測量關聯的值會等於0。

●●

方框12-5　相關

　　對大多數的人來說，相關係數（ρ）的公式看起來有點嚇人。特別是當資料有好幾位數時，手工計算可能是件非常辛苦的工作。今天，我們可以靠電腦來完成這項工作，速度快捷、非常精確。依靠電腦來處理這項工作的問題是，研究人員可能並不了解這個係數的

意義。這兒有個簡短、扼要的例子，告訴你相關係數是怎麼來的。

相關係數的目的，是要告訴我們兩個變數一起發生或共變的強度。理想的情況是，變數的等比的測量值（有些人使用等距尺度的變項）。計算這個係數時，我們先把每個變數上的分數轉化為Z分數。這個過程根據變數的均數與標準差而把所有的變數「標準化」了。接下來，我們把每個個案的Z分數乘起來。這告訴我們，變數在每個個案上共變的程度，即在兩個變數上都有高Z分數的個案會變得更大，而兩個變數上Z分數都低的個案會變得更小。最後，我們把Z分數的乘積加總起來，再除以總個案數，結果產生的是一種標準化的平均共變數。簡言之，相關係數就是Z分數乘積的總和，然後除以總個案數。它的值總是介於+1.0與−1.0之間，把散點圖上一個關係的資料總結成單獨的一個數字。

讓我們看看社會工作經歷與5名社會工作者每小時工資之間的相關性。首先，任何勇敢的、沒有數學符號恐懼症的人，可以看一看其中一個常用的相關係數計算公式：

$$(\sum 【Z分數1】【Z分數2】) ／ N$$

其中，$\sum$ = 總和；Z分數1 = 第一個變項的Z分數；Z分數2 = 第二個變項的Z分數，N = 總個案數。

社會工作者	工作經驗年限	小時工資（美元）	（差異）		平方差		Z分數		Z分數
			年齡	價格	年齡	價格	年齡	價格	
A	2	10	−2	−5	4	25	−1.43	−0.70	1.0
B	3	5	−1	−10	1	100	−0.71	−1.41	1.0
C	5	20	+1	+5	1	25	+0.71	+0.70	0.50
D	6	25	+2	+10	4	100	+1.43	+1.41	2.0
E	4	15	0	0	0	0	0	0	0
總計	20	75			10	250			4.50

均值：經驗 = 4；工資 = 15美元

變異數：經驗 = 10/5 = 2；工資 = 250/5 = 50

標準差：經驗 = 2的平方根 = 1.4；工資 = 50的平方根 = 7.1

相關：4.50/5 = 0.90

步驟1：計算每個變數的均值與標準差。（標準差的計算，先把每個分數減去均值，然後將所得的差加以平方，現在把各個差的平方加總起來，然後除以總個數，得出變異數，再求該變異數的平方根。）

> **步驟2：**把變數的每個分數轉化成Z分數。也就是說，把每個分數減去均值，然後除以標準差。
>
> **步驟3：**求每個個案Z分數的乘積。
>
> **步驟4：**把Z分數的乘積加總起來，然後除以總個案數。

如果有強烈的關聯或關係存在，那麼，根據第一個變數的知識來預測第二個變數時，通常誤差很小，或者說降低誤差的比例會很大。正確猜測的次數很多，就意味著如果變數間存在關聯關係的話，關聯的測量值會是個非零的數值。表12-4描述了五種常用的測量雙變數關聯的量值。注意，大部分的值是介於－1到+1之間，負數代表了負相關關係，正數是指正相關關係。測量結果為1.0的意義是誤差降低程度為100%，也就是說是完美的預測。

表12-4　五種對相關性的測量

λ用於名目等級的資料，是建立在縮減以眾數為基礎的誤差上，全距在0（獨立）與1（完美的預測或最強的可能關係）之間。

γ用次序等級的資料，建立在比較成對變數類別的基礎之上，察看個案是否在每個類別上都有相同的順序，γ的全距介於－1與+1之間，0表示沒有關係。

τ也是用於次序等級的資料。是根據不同於計算γ的另一種方法，處理一些可能會發生在τ計算上的問題。實際上，有幾個統計值都稱為τ（是一個非常受歡迎的希臘字母），這裡用的是肯道爾τ值（Kendall's tau）。肯道爾τ值的全距介於－1與+1之間，0表示沒有關係。

ρ也稱為皮爾遜積差相關係數（是以著名的統計學家Karl Pearson之名命名的，它是根據一種積差統計程式來計算的），是最常使用的相關測量值，也是人們使用相關這個詞而沒有提供進一步的說明時所用的相關係數。相關只可以用在以等距或等比等級測量的資料。ρ用在變數的均數與標準差上，表現個案離散點圖上某條關係（或回歸）線的距離有多遠。ρ的全距為－1.0到1.0之間，0代表沒有關聯。如果把ρ平方之後，有時稱為R平方，它在誤差意義上有獨特的比例減低量。R平方告訴你一個變數（例如因變項）有多少百分比被另一個變數（例如自變項）解釋了。ρ只測量直線關係，它無法測量非直線或曲線關係。舉例來說，ρ值為0可能是說沒有關係，也可能是說有曲線關係。

χ^2（卡方）有兩種不同的用途。它可以和這裡所描述的其他數值一樣，作為描述統計中關聯的測量值，或是用在推論統計之中。推論統計將在下節中作簡要的敘述。作為一個關聯的測量值，χ^2（卡方）適用於名目與次序資料中，它的值上限為無限大，下限為零，表示沒有關聯（參閱方框12-8）。

關聯測量值總結

測量值	希臘符號	資料類型	高關聯	獨立關係
Lambda	λ	名目	1.0	0
Gamma	γ	次序	+1.0，−1.0	0
Tau	τ	次序	+1.0，−1.0	0
Rho	ρ	等距等比	+1.0，−1.0	0
卡方	χ²	名目次序	無限大	0

多變數

統計控制

　　顯示兩變數間有關聯或有關係，並不足以證明自變數導致了因變數。除了時間順序與關聯之外，研究人員還必須消除其他的替代性解釋，即那些會使假設關係變成虛假不實的解釋。實驗研究人員採用的方式是選擇一種研究設計，藉此來控制對結果會產生作用的其他可能的替代性解釋（例如對內部效度的威脅因素）。

　　在非實驗研究中，研究人員通過統計方法而對其他的替代解釋進行控制。用控制變數來測量可能的替代解釋，然後，再用多變數表與統計來檢驗控制變數，藉此來判別某個雙變數關係是否虛假，這還能顯示各個自變數對因變數影響的相對大小。

　　研究人員通過引進第三個變數（有時候或許有第四個或第五個），採用多變數分析（多於兩個變數）的方法，來控制其他替代解釋。例如，雙變數表顯示，身高較高的青少年比身高較矮者更喜歡棒球。但是存在於身高與對棒球態度之間的這種雙變數關係可能是虛假的，因為少男比少女長得高，少男本來就比少女喜歡棒球。要檢驗這個關係是否與性別有關，研究人員必須要控制性別，換句話說，必須排除性別在統計上的效果，完成這個處理，研究人員就可以看出身高與棒球態度的雙變數關係是否仍然存在。

　　研究人員可以通過察看雙變數關係是否持續存在於控制變數的各類別之中，來控制第三個變數。例如，研究人員把性別控制之後，身高與棒球態度之間的關係仍然存在，這就意味著高個子的男生與高個子的女生，都比矮個子的男生與矮個子的女生更喜歡棒球。換句話說，控制變數並沒有產生影響。如果這樣的話，這個雙變數關係就不是虛假的了。

　　如果在考慮控制變數後，雙變數關係因而減弱或消失，那就意味著高個子的男生並沒有比矮個子的男生更喜歡棒球，高個子的女生也沒有比矮個子的女生更喜歡棒球。

這表示起初假定的雙變數關係是虛假的，同時也指出是第三個變數，即性別，而不是身高，才是造成對棒球態度差異的真正原因。

統計控制是高級統計技術中的一個關鍵概念。諸如相關係數之類的關聯測量，只暗示有某個關係存在，研究人員只有把控制變數納入考慮之後，才能確定雙變數關係是否是虛假的。研究人員在詮釋雙變數關係時，即使考慮了控制變數，也還需要特別謹慎。

引進控制變數之後，研究人員接著討論自變數的淨效應（net effect），即「純屬」自變數的影響，或是說除了控制變數之外的自變數的影響。引進控制變數的方法有兩個：三變數百分比表與多元回歸分析。下一節將簡要介紹這兩種方法。

百分比表的詳析模式

製作三變數表

為了滿足因果關係所要求的所有條件，研究人員需要「控制」或是察看替代解釋是否能夠解釋因果關係，如果替代解釋可以解釋這個關係，那麼雙變數關係就是虛假的。替代解釋被當成了第三個變數，通稱為控制變數，因為是用來控制替代解釋的。

一種考慮第三個變數並察看它們是否會影響雙變數關係的方法是，利用三變數表對控制變數進行統計處理。這與雙變數表有點不同，它們包括了若干個雙變數表。

三變數表針對控制變數的每一個類別，都會有一個自變數與因變數的雙變數表。這些新表稱為分項表，分項表的數量取決於控制變數的類別數。分項表看起來像是雙變數表，但是它們只使用一部分資料，只有具有控制變數某些特定值的個案才被放進分項表中。因此，都可以將一個雙變數表打散成為若干個分項表，或者將分項表組合成原來的雙變數表。

三變數表有三個限制：第一，如果控制變數有四個以上的類別，那麼就會很難解釋。第二，控制變數可以是任何一種測量等級，但是等距或等比層面的控制變數，必須先進行分組（即轉換為次序資料），而且個案分組的方式也會影響到對效應的詮釋。第三，個案的總數是一個限制因素，因為個案會被分配到分項表中的方格內。在分項表中的方格數，等於雙變數關係的方格數與控制變數類別數的乘積。例如，如果控制變數有三個類別，雙變數表有12個方格，則分項表就有 $3 \times 12 = 36$ 個方格。每個方格平均最好有5個個案，因此研究人員至少需要 $5 \times 36 = 180$ 個個案。

就像製作雙變數表一樣，三變數表也是從合成頻率分布表開始，但是它不是二元而是二元的合成頻率分布表。表12-5和圖12-6中都反映了帶有一個以「性別」作為控制變數的雙變數表的三變數表。

和雙變數表一樣，合成頻率分布表中的每一個組合代表最終完成表（在這裡是指分項表）中的一個方格。每個分項表都帶有最初雙變數表中的變數。

對三個變數來說，製作三個雙變數表在邏輯上是可能的。在上述例子中，變數的組合可能有：（1）性別對態度；（2）年齡組對態度；（3）性別對年齡組。分項表就是根據最初的雙變數關係所製作出來的，每個分項表中，自變數是「年齡組」，而因變數是「態度」，「性別」則是控制變數。這時的三變數表包括一對分項表，每個分項表中所顯示的是在某一種性別下，年齡和態度的關係。

研究人員的理論指出有關最初雙變數關係的假設；也告訴研究人員哪些變數提供有替代解釋（也就是控制變數），因此，控制變數的選擇是根據理論而定的。

就像雙變數表一樣，合成頻率分布表提供了每一個方格（這時是指分項表而言）的原始計數。研究人員再以處理雙變數表同樣的方式，把它們轉換為百分比（即把方格次數除以行總數或列總數）。例如，在女性的分項表中，左上方格中的次數為10，所以按行計算之後，這一格的百分比是10/17 = 58%。

詳析典範（elaboration paradigm）是一個閱讀三變數百分比表的系統。[4]它描述了引進控制變數後所顯現的模式。有五個術語描述了比較分項表與原始雙變數表的方式，或是描述考慮控制變數後，原始雙變數關係改變的情況（參見方框12-6）。上例的結果非常明顯，但是如果差異並不顯著，那就需要使用高級統計技術了。

複製模式（replication pattern）最容易理解，它出現在沒有考慮控制變數時，分項表複製或重現雙變數表中的關係，這意味著控制變數沒有產生任何影響。

具體化模式（specification pattern）是第二容易理解的模式。它發生在當一個分項表重現原始雙變數關係，而另一個分項表沒有重現相同的情況。例如，你發現汽車事故與大學學位之間有強烈的負相關雙變數關係。然後在控制性別後，你卻發現這種關係只存在於男生身上（即男生的分項表顯示出強烈的負相關關係，但是女生的分項表則沒有這項關係），我們稱之為具體化模式，因為研究人員可以具體指出原始關係中存在的控制變數類別。

控制變數對詮釋模式與解釋模式有相當大的影響，在這兩種模式中，雙變數表會顯示出分項表中看不到的關係。換句話說，分項表顯示的是獨立關係。單看表，是無法區別出這兩種模式的。它們的差異受到了控制變數在變數的因果順序中所在的位置的影響。理論上來講，控制變數可能出現的兩個位置，一個是在原先的自變數與因變數之間（也就是說，控制變數形成干預），另一個是在原先的自變數之前。

詮釋模式（interpretation pattern）描述的是控制變數介入原先的自變數與因變數之間的關係。例如，你研究宗教出身與墮胎態度之間的關係，政治意識形態為控制變數。你推論說，宗教出身會影響到目前的政治意識形態與墮胎態度。你提出的理論說，對某個特殊問題的態度，例如墮胎，在邏輯上，政治意識形態是出現在該態度之前的變數。因此，宗教出身構成了政治意識形態的原因，而政治意識形態又影響到墮胎的態度。控制變數是一個中介變數，它幫你詮釋這個完整關係的意義。

表12-5 合成頻率分布表和三變數分析表

三變數的合成頻率分布表

	男性			女性	
年齡	態度	個案數	年齡	態度	個案數
30歲以下	同意	10	30歲以下	同意	10
30歲以下	沒意見	1	30歲以下	沒意見	2
30歲以下	不同意	2	30歲以下	不同意	1
30～45歲	同意	5	30～45歲	同意	5
30～45歲	沒意見	5	30～45歲	沒意見	5
30～45歲	不同意	2	30～45歲	不同意	3
46～60歲	同意	2	46～60歲	同意	2
46～60歲	沒意見	5	46～60歲	沒意見	5
46～60歲	不同意	11	46～60歲	不同意	10
61歲以上	同意	3	61歲以上	同意	0
61歲以上	沒意見	0	61歲以上	沒意見	2
61歲以上	不同意	5	61歲以上	不同意	5
	小計	51		小計	50
遺漏任何變數資料		4	遺漏任何變數資料		4
男性總數		55	女性總數		54

男性分項表

態度	年齡組				總計
	30歲以下	30～45歲	46～60歲	61歲以上	
同意	10	5	2	3	20
沒意見	1	5	5	0	11
不同意	2	2	11	5	20
總計	13	12	18	8	51

遺漏個案 ＝ 4

女性分項表

態度	年齡組				總計
	30歲以下	30～45歲	46～60歲	61歲以上	
同意	10	5	2	0	17
沒意見	2	5	5	2	14
不同意	1	3	10	5	19
總計	13	13	17	7	50

遺漏個案 = 4

　　解釋模式（explanation pattern）看起來與詮釋模式極為近似，兩者的區別在於，控制變數出現的時間順序。在這個模式中，控制變數出現在原來雙變數關係中的自變數之前。例如，原始的關係是宗教出身與墮胎態度間的關係，不過，這次的控制變數是性別。性別出現在宗教出身之前，因為一個人的性別在出生時就已經決定了。解釋模式會改變研究人員解釋結果的方式，它意味原來的雙變數關係是虛假的（參見第六章對虛假關係的討論）。

方框12-6　詳析典範總結

模式名稱	比較分項表與原始雙變數表後看出的模式
複證	分項表與雙變數表中出現相同的關係。
具體化	共變關係只出現在某個分項表中。
詮釋	雙變數關係在分項表中大為減弱，甚至會消失（控制變數形成的干預）。
解釋	雙變數關係在分項表中大為減弱，甚至會消失（控制變數出現在原來的自變數之前）。
壓制	沒有雙變數關係，關係只出現在分項表中。

詳析典範示例

複製模式

雙變數表			分項表					
				控制 = 低		控制 = 高		
	低	高		低	高	低	高	
低	85%	15%	低	84%	16%	86%	14%	
高	15%	85%	高	16%	84%	16%	86%	

詮釋或解釋模式

雙變數表			分項表				
				控制 = 低		控制 = 高	
	低	高		低	高	低	高
低	85%	15%	低	45%	55%	55%	45%
高	15%	85%	高	55%	45%	45%	55%

具體化模式

雙變數表			分項表				
				控制 = 低		控制 = 高	
	低	高		低	高	低	高
低	85%	15%	低	95%	5%	50%	50%
高	15%	85%	高	5%	95%	50%	50%

壓制模式

雙變數表			分項表				
				控制 = 低		控制 = 高	
	低	高		低	高	低	高
低	54%	46%	低	86%	16%	14%	86%
高	46%	54%	高	16%	84%	86%	14%

　　壓制變數模式（suppressor variable pattern）出現在雙變數表中顯示為獨立關係，但是所有的或某一個分項表卻顯示出有關聯的情況。例如，宗教出身與墮胎態度在雙變數表中是獨立的，但是一旦引進「國家地區」這個控制變數，分項表中就出現宗教出身與墮胎態度有關聯的跡象。控制變數是一個壓制變數，因為它把真正的關係給壓了下去，真正的關係出現在分項表之中。

多元回歸分析

　　多元回歸是一種統計方法，其計算過程超出本書的範圍。雖然適當的統計軟體可以很快把它計算出來，但是我們仍需要有點統計背景，以免在計算或解釋時犯錯誤。多元回歸只適用於等距或等比資料。在這裡討論它的原因有兩個：第一，它可以同時控制許多個替代解釋與變數（而百分比表不可能同時處理一個以上的控制變數）。第二，它在

社會工作中的應用很廣，在閱讀研究報告或論文時，你可能會遇上它。

多元回歸的結果告訴讀者兩件事：第一，結果中有一個稱為R平方（R^2）的量，該值告訴你一組變數是如何很好地解釋因變數的。解釋意指根據自變數的資訊來預測因變數上的分數時，所減少的誤差。一個帶有若干自變數的良好模式，可以說明或解釋因變數上變異的比例。例如，$R^2 = 0.50$意味著，知道自變數與控制變數就可以改善50%預測因變數的精確度，或是說減少不知道這些變數時所產生的一半的誤差。

第二，回歸結果測量每個變數對因變數的影響方向與大小。這個效果可以精確測量出來，並用一個數值表示。例如，研究人員通過控制所有變數間的相互作用，可以觀察出五個自變數或控制變數是如何同時對因變數產生作用的。這對檢驗陳述多個自變數是造成某個因變數的理由，特別有價值（參見第三章因果流程圖）。

對因變數的影響是靠標準化回歸係數來測量的。它的符號為希臘字母β，類似相關係數。事實上，兩個變數的β係數就等於相關係數。

研究人員利用β回歸係數來決定控制變數是否具有影響力。例如，X與Y的雙變數相關係數為0.75，然後研究人員對四個控制變數作統計處理。如果β仍維持在0.75，那就是說四個控制變數沒有影響。然而，如果X與Y的β值變小了（例如降低為0.20），那就意味著控制變數發揮了作用。

讓我們來看一個回歸分析的例子，以年齡、收入、教育程度與地區為自變數，因變數是在政治意識形態指標上的分數。多元回歸的結果顯示，收入與做禮拜的次數對因變數有很大的影響，教育與地區的影響次之，而年齡則沒有影響。所有自變數的總效應對預測一個人的政治意識形態有38%的精確度（參見方框12-7）。[5]這個例子說明，高收入、經常做禮拜，以及住在南部地區與保守意見有正相關關聯，而教育程度較高則與自由意見有關聯。收入的影響力超過住在南部地區這個因素的影響力兩倍以上。

方框12-7 多元回歸結果示例

因變數是政治意識形態指數（高分代表非常自由主義）

自變量	標準化回歸係數
地區 = 南部	−0.19
年齡	0.01
收入	−0.44
教育年限（n）	0.23
宗教禮拜次數	−0.39

$R^2 = 0.38$

推論統計

推論統計的目的

到目前為止，本章所討論的統計都是描述統計，但是研究人員想要做的統計，經常會超出描述的範圍，他們想要驗證假設、了解樣本的結果是否在總體中也真實存在，並且判斷結果上所顯示的差異（如說兩群體的平均分數）是否大到足以顯示關係確實存在。推論統計使用概率理論，進行正式的假設檢驗，允許根據樣本資訊推論總體特徵，並且檢驗所描述的結果是否有可能源於隨機因素，還是源於一個真正的關係。

本節解釋推論統計的基本概念，不涉及推論統計的細節，因為這個領域比描述統計要複雜得多，而且需要有統計學的背景知識。

推論統計建立在概率抽樣的原則之上，這就是說，研究人員通過隨機過程（例如亂數表）從整個總體中選取個案。推論統計是一種精確的方法，能夠說明當研究人員根據樣本結果推論總體時，可能有的信心度水準。

如果你讀過或聽過「統計顯著」（statistical significance）或是結果達到「0.05的顯著水準」這樣的術語，這說明你已經與推論統計有過接觸。研究人員靠它來進行各種類型的統計檢驗（例如R檢驗或F檢驗）。統計顯著也用於正式的假設檢驗，它是一種可以決定是否要接受或拒絕虛無假設的精確方法。[6]

統計顯著

統計顯著的意思是說，結果不可能來自於機會因素，它表明了找到一個樣本中有而總體中沒有的關係的概率。由於概率樣本涉及隨機過程，總是有可能出現樣本結果不同於總體參數的時候。研究人員想要估計樣本結果是出於真正的總體參數，還是出於隨機抽樣的機會因素。統計顯著利用概率理論與特殊的統計邏輯，來告訴研究人員結果（例如關聯、兩均值差、回歸係數）是否是隨機抽樣過程中隨機誤差所造成的。

統計顯著只能說明可能的情況，不能提出絕對肯定的證明，它表明，特定結果是比較可能或比較不可能發生。統計顯著與實際、實質或理論顯著不一樣，某個結果可能具有統計顯著，但是可能不具有理論上的意義或價值。例如，兩個變數的關聯有統計顯著，可能是由於同時發生，但是它們之間可能沒有邏輯上的關係（例如指甲長度與講法語的能力）。

顯著水準

　　研究人員經常以水準（如某個檢驗達到某個水準的統計顯著）來表達統計顯著，而不是使用某種概率。統計顯著水準（經常用0.05，+0.01或0.001）是一種方式，說明結果出於機會因素的可能性，也就是說，一個總體不存在的關係出現在樣本中的機會。如果研究人員說結果達到0.05的顯著水準，這是意味著下列可能性：

1. 由機會因素造成類似的結果，100次中只有5次。
2. 有95%的機會樣本結果不是純粹由機會因素造成,而且能夠精確地反映總體性質。
3. 純粹由機會造成這種結果的可能性為0.05或5%。
4. 我們有95%的信心認為結果是出於總體中的真實關係，而不是機會因素造成的。

　　這些都是以不同的方式在說明同一件事情，這聽起來像是抽樣那一章中對抽樣分配與中心極限定理所做的討論，這不是巧合，兩者都是根據概率理論，研究人員藉此可將樣本資料與總體連接起來。概率理論使我們可以預測在隨機過程中，經過長時間多次事件出現後，會發生什麼情形。換句話說，它使研究人員能夠精確預測長時間多次出現的情形，而不是某一次的特定的狀況。由於我們只有一組樣本，而我們又想推論總體，所以，概率理論幫助我們估計那組特殊的樣本代表總體的機會有多少。除非我們有整個總體，否則我們無法肯定知道答案，但是，概率理論可以讓我們表達自己的信心，即相信樣本顯示的在總體中有同樣表現的可能性是多少。例如，樣本顯示大學男生與女生花在讀書上的時間並不相同。這個結果會來自不尋常的樣本嗎？總體中真的沒有差異嗎？還是它真的反映出總體中性別的差異呢？（參見方框12-8關於卡方的討論。）

●●

方框12-8　卡方

　　卡方（χ^2）主要有兩個用途，值得注意的是，在使用中，常常容易混淆，作為一個描述統計值，卡方告訴我們兩個變數關聯的強度；作為一個推論統計值，它告訴我們發現的關係可能源於機會因素的概率。卡方是一種使用普遍、有檢驗力的方法，適用於測量次序等級的變數，是比「目測」更好的方法，卡方能明確地告訴研究人員，雙變數百分比表中是否有關聯存在。

　　邏輯上，我們先計算出表中的「期望值」，完全根據邊格上所提供的資料計算。我們來回想一下，邊格是每個變數各自的頻率分布。可以把「期望值」當成我們沒有察看整個表的主體之前所作的「最佳猜測」。接下來，我們再看看資料與「期望值」的差距有多大。如果差別很大，那麼，變數間可能有關聯存在。如果表中的資料與期望值完全相同或

相當接近，那麼，變數間則沒有關聯，它們是獨立的。換句話說，獨立意味著表中的狀況是我們期望的、完全根據邊格的狀況發生。如果關係是獨立的，那麼，卡方值會等於零，隨著卡方值的變大，關聯也隨之增強。如果表中的資料與期望值不同，就說明表中發生了我們期望之外的、只來自邊格的影響（即變數間有關聯）。下面這個例子是關於身高與成績的關聯。

原始或觀察資料表

學生身高	研究方法的成績			
	C	B	A	總計
高	30	10	10	50
中等	10	30	10	50
矮	30	20	50	100
總計	70	60	70	200

期望值表

期望值 =（行總和×列總和）／（表總和）。例：$(70 \times 50)/200 = 17.5$。

學生身高	研究方法的成績			
	C	B	A	總計
高	17.5	15	17.5	50
中等	17.5	15	17.5	50
矮	35	30	35	100
總計	70	60	70	200

差異表

差 =（觀察值－期望值）。例：$(30 - 17.5) = 12.5$。

學生身高	研究方法的成績			
	C	B	A	總計
高	12.5	－5	－7.5	0
中等	－7.5	15	－7.5	0
矮	－5	－10	15	0
總計	0	0	7	0

卡方 = 各方格差之平方除以該格的期望值的總和。例：12.5的平方 = 156.25，除以17.5 = 8.93。

卡方 = 第一列(8.93+1.67+3.21) +

　　　　第二列(3.21+15+3.21) +

　　　　第三列(0.71+3.33+6.43) = 45.7

　　由於卡方不等於零，資料不獨立，所以就有某種關聯。卡方係數無法告訴我們關聯的方向（如負相關）。就推論統計而言，我們需要用到卡方表或電腦程式來評估這個關聯（如察看這樣一個大的卡方值有多少可能性只是隨機發生的）。不管卡方表的所有細節，這個關聯是相當罕見的。出現的概率比1,000次中出一次都要低。對一個有九個方格的表來說，45.7的卡方值的顯著水準為0.001。

I 型錯誤與 II 型錯誤

　　如果統計顯著的邏輯是根據陳述結果是否由隨機因素造成的，那麼，為什麼要採用0.05的水準呢？這意味著有5%的機會，結果是隨機產生的。為什麼不用更確定的標準，例如，隨機機會的概率是1,000次中的一次呢？不論是隨機還是真正關係造成這些結果，這個決策都會給予他們一個較小的機會。

　　對於這種思考方式有兩個答案。簡單的答案是，採用0.05是出於學術界非正式同意的經驗法則。對結果有95%的信心，是可以接受的解釋社會世界的標準。

　　第二個比較複雜的答案涉及的是犯 I 型錯誤還是 II 型錯誤之間的交換。研究人員可能犯上的邏輯錯誤有兩種類型。I 型錯誤出現在當研究人員說有關係存在，但是事實上並沒有關係存在的情形。這意味著研究人員犯下了拒絕虛無假設的錯誤。II 型錯誤出現在當研究人員說關係不存在，但是事實上它存在的情況下。這意味著，研究人員犯下了接受虛無假設的錯誤（參見表12-6）。當然，研究人員都要避免這兩種錯誤。他們想要在只有當資料中確實有關係存在時，才說有關係；只有當資料中確實沒有關係存在時，才說沒有關係。但是他們可能面臨這樣一個兩難的局面：當某一類錯誤的機會減少時，犯另一類錯誤的機會就增加。

表12-6　I 型錯誤與 II 型錯誤

研究中陳述內容	現實中的真實情況	
	沒有關係	因果關係
沒有關係	沒有錯誤	II 型錯誤
因果關係	I 型錯誤	沒有錯誤

　　剛開始時，你可能會覺得 I 型與 II 型錯誤的概念很難懂，但是，同樣的邏輯兩難

困境,在研究環境之外的情形下也會出現。例如,陪審團可能會做出錯誤的決定,判決事實上無辜的被告有罪。或是做出另一種錯誤的決定,判決事實上有罪的被告無罪。陪審團並不想犯任何一種錯誤,它並不想讓無辜者坐牢,也不想讓犯罪者逍遙法外,但是它必須根據有限的資料做出判決。同樣,制藥廠必須做出是否要出售新藥的決定。藥廠可能說這個藥品沒有副作用,但是事實上有使人失明的副作用,藥廠也可能因過分擔心藥品的副作用而不上市,但是事實上,這個藥品並沒有嚴重的副作用,這兩種錯誤藥廠都想避免。如果藥廠犯了第一種錯誤,藥廠可能得與受害者對簿公堂,並且危害到某些人;如犯第二種錯誤,藥廠就無法出售可能具有療效的藥品造福大眾,同時,藥廠也無法從中獲利。

現在讓我們把統計顯著與這兩類錯誤的概念結合起來討論。過分擔心的研究人員訂出一個高的顯著水準,因此很可能會犯下另一類錯誤。例如,他們可能使用0.0001的顯著水準。他們把結果全歸結到機會,除非結果非常罕見到出現了一萬次中的一次。這種高標準意味著,研究者將非常可能犯下的錯誤,說成是由機會造成的,而事實上並非如此。他們可能會犯了在確實有因果關係的情形之下,接受虛無假設的錯誤(II型錯誤)。相反,勇於冒險的研究人員就會設定一個低的顯著水準,例如,0.10。他們的結果指出,某個關係發生的機會是10次中的一次。他們就可能會犯下錯誤,說某個因果關係存在,但實際上,這個結果只是隨機因素(如隨機抽樣誤差)造成的。研究人員很可能就犯了拒絕虛無假設的錯誤(I型錯誤)。總之,0.05的顯著水準是折中I型和II型錯誤後的結果。

本節大致描述了推論統計的基本概念,統計技術是精確的,並且建立在抽樣誤差、樣本大小以及中心極限定理之上。推論統計的威力在於,它們給予研究人員以某種確定程度,來陳述特定樣本結果在總體中的真實程度。例如,研究人員進行統計檢驗後,發現一種關係存在達到了0.05的顯著水準。他們就可以說,樣本結果很可能並不是由機會因素造成的。事實上,某個真正的關係有95%的機會存在於社會世界中。

推論統計的檢驗是非常有用的,但是也有限制。用於推論統計的資料必須是隨機抽樣的,檢驗時通常只考慮抽樣誤差。非抽樣誤差(如糟糕的抽樣框或設計測量)都不予考慮。不要幼稚地相信這樣的檢驗會提供容易的、最後的答案。

結語

你學到了組織量化資料,做好分析的準備,以及分析資料的方法(將資料組織成圖表,或是用統計測量做出摘要)。研究人員使用統計分析來檢驗假設,回答研究問題。你也看到資料如何先被編碼登錄,然後使用單變數或雙變數統計來進行分析。雙變數關

係可能是虛假的，因此經常需要應用到控制變數與多變數分析。你還學習到推論統計的一些基本概念。

如果自己的研究結果不能支持假設，研究新手有時候會覺得自己做錯了事，但是，拒絕假設並沒有什麼不對。科學研究的目標，就是創造真正反映社會世界的知識，而不是保護不成熟的概念或假設。假設是根據有限知識所做出的理論猜測；它們需要被檢驗。高品質的研究可以找出錯誤的假設，低劣的研究可能支持某個假設，高品質的研究關鍵是使用了高品質的方法論，而不在於支援某個特定的假設。

高品質的研究是指避免錯誤，對社會世界做出真實推論。錯誤可能會從許多不同的地方進入研究過程，而對研究結果產生影響：研究設計、測量、資料蒐集、編碼登錄、統計計算與製作表格，甚至詮釋結果。即使研究人員可以正確地設計、測量、蒐集、編碼與計算，但是研究過程中仍然還存在著另一個步驟，那就是詮釋表格、圖表統計資料，以及回答這個問題：它們到底有什麼含義呢？賦予事實、圖表或統計資料以意義，唯一的方法就是充分利用理論。

資料、圖表或計算結果不能回答研究問題，事實也不會自己開口說話。身為研究人員，你必須回到你自己的理論（也就是概念、概念間的關係、假設、理論定義）中，然後賦予結果以意義。不要只關注研究剛開始時的思路，你有很大的創造空間，你要努力尋找研究結果的真正的意義，並從中產生新概念。在這個過程中，重要的是要仔細地設計研究，認真開展研究，這樣才能使你能看到真正反映社會世界某些層面的結果，而不用擔心它們是出自研究過程本身的錯誤，還是人為造成的結果。

在我們結束量化研究討論之前，最後還要談一個問題。新聞工作者、政治家，以及其他行業的人，越來越常用統計結果來表達他們的意見或者支持他們的觀點。但是，這並沒有給公眾辯論帶來更加正確與更多的資訊。相反，它給我們帶來更多的困惑，也使得我們了解到統計能夠做些什麼，不能夠做些什麼，這一點非常重要。你可以用統計證明一切的這句老話是錯誤的；不過，人們確實能夠，而且也正在誤用統計資料。由於無知或故意的欺騙，某些人利用統計來操縱別人。保護自己不被統計資料誤導的方法，就是不要忽視或逃避那些數字。相反，應當努力去了解研究過程與統計，思考你所見所聞的事，並提出問題。

接下來我們要討論質性研究，質性研究的邏輯與目的，不同於前面各章所講的量化實證主義的研究取向。它不涉及數字、假設與因果關係，比較重視文字、規範與價值以及意義。

關鍵字

bar chart長條圖

bivariate statistics雙變數統計

body of a table表的主體

cell of a table表的方格

code sheets編碼登錄表

codebook編碼簿

coding procedure編碼登錄程式

contingency cleaning列聯清理

contigency table列聯表

control variable控制變數

covariation共變

cross-tabulation交互表

curvilinear relationship曲線關係

data field資料場

data records資料距離

descriptive statistics描述統計

direct-entry method直接輸入法

elaboration paradigm詳析典範

explanation pattern解釋模式

frequency distribution頻率分布

frequency polygon頻率多邊圖

independence獨立

interpretation pattern詮釋模式

level of statistical significance統計顯著水準

linear relationship線性關係

marginals邊緣

mean均值

median中位數

mode眾數

net effect淨效應

normal distribution正態分布

optical scan sheet記讀卡

partials分項表

percentile百分位數

pie chart餅形圖

possible code cleaning後編碼清理

range全距

replication pattern複製模式

scattergram散點圖

skewed distribution偏態分布

specification pattern具體化模式

standard deviation標準差

statistical relationship統計關係

statistical significance統計顯著

suppressor-variable pattern壓制變數模式

Type Ⅰ error Ⅰ型錯誤

Type Ⅱ error Ⅱ型錯誤

univariate statistics單變數統計

Z scoreZ分數

複習思考題

1. 什麼是編碼簿？在研究中如何使用編碼簿？

2. 研究人員如何清理資料並檢查編碼結果？

3. 詳細說明研究人員分析資料時如何使用IBM卡？

4. 研究人員可以用什麼方式來呈現頻率分布資訊？

5. 請描述均值、中位數和眾數的差異。

6. 從散點圖中可以看出一個關係的哪三種特性？

7. 什麼是複合頻率分布？如何使用它？

8. 研究人員什麼時候可以根據散點圖對百分比表的推論，而找出變數間的關係？

9. 討論控制這個概念用在三變數分析時的意義。

10. 當有人說「統計顯著水準為0.001」時是什麼意思？此時比較容易犯哪一類錯誤，Ⅰ型錯誤還是Ⅱ型錯誤？

注釋

【1】 Some of the best practical advice on coding and handling quantitative data comes from survey research. See discussions in Babbie (1998:363-367), Backstrom and Hursh-Cesar (1981:309-400), Fowler (1984:127-133), Sonquist and Dunkelberg (1977:210-215), and Warwick and Lininger (1975:234-291).

【2】 For discussions of many different ways to display quantitative data, see Fox (1992), Henry (1995), Tufte (1983, 1991), and Zeisel (1985:14-33).

【3】 There are other statistics to measure a special kind of mean for ordinal data and for other special situations, which are beyond the level of discussion in this book.

【4】 For a discussion of the elaboration paradigm and its history, see Babbie (1998:388-400) and Rosenberg (1968).

【5】 Beginning students and people outside the social sciences are sometimes surprised at the low (10 to 50 percent) predictive accuracy in multiple regression results. There are three responses to this. First, a 10 to 50percent reduction in errors is really not bad compared to purely random guessing. Second, positivist social science is still developing. Although the levels of accuracy may not be as high as those of the physical sciences, they are much higher than for any explanation of the social world possible 10 or 20 years ago. Finally, the theoretically important issue in most multiple regression models is less the accuracy of overall prediction than the effects of specific variables. Most hypotheses involve the effects of specific independent variables on dependent variables.

【6】 In formal hypothesis testing, researchers test the *null hypothesis*. They usually want to reject the null because rejection of the null indirectly supports the alternative hypothesis to the null, the one they deduced from theory as a tentative explanation. The null hypothesis was discussed in Chapter 6.

質性資料蒐集和分析

第十三章

田野研究

田野研究是對人們在自然背景下的日常生活和行為進行研究。田野工作者進入他人生活，進行探索，以獲取一手資料，來了解他們是如何生活、交談和行為的，了解他們的喜怒哀樂……田野研究還是一種研究方法，它讓研究人員能夠了解他們所觀察到的活動，這些活動對行動者來講，具有什麼樣的意義。

—— Robert Emerson，《當代田野研究》，1頁

　　本章與後面的兩章將從前面幾章討論的量化研究轉向質性研究。你可能還記得，在第六章中，我們談到了質性研究與量化研究的區別，在第四章中，我們談到了非實證主義的社會工作研究方法與質性研究的區別。本章將要討論的田野研究，也叫民族學或者參與式觀察研究，它是一種質性研究方式，研究人員在一個小規模的社會背景中，採用直接觀察和參與研究人員自己的文化。第十五章將討論質性資料的分析。

　　許多學生對田野研究很感興趣，因為田野研究涉及接觸異類人群。這個方法不需要處理冰冷的數學數字或進行複雜的統計，也沒有抽象的演繹假設。相反，它是在自然環境下與「真人」進行直接的面對面互動。

　　田野研究中，單個的研究人員直接與研究物件交談或對他們進行觀察。經過數月或幾年的互動，研究人員對他們有了深入的了解，了解他們的生活史、愛好興趣，以及習慣、希望、恐懼與夢想。研究人員結識了新朋友、建立新的友誼、發現新的社會世界，充滿了樂趣。當然，這要付出很多時間，需要情感投入，有時還得冒生命危險。

適合田野研究的問題

　　什麼時候該使用田野研究法呢？田野研究法一般適合於研究涉及了解、理解或描述某個互動中的人群的具體情況。它最適合回答這樣的問題：「在社會世界中的人們是如何辦到Y這件事的呢？」或是，「X這個社會世界是個怎麼樣的世界呢？」對街頭幫派之類研究，用調查法、實驗法等就不怎麼適用，而田野研究法就較適用。Douglas（1976:xii）曾說過，社會研究人員真正想要知道的大部分內容，只有通過研究人員直接投身田野進行研究才能獲得。

　　田野研究人員是在某個場所或環境中對人進行研究的，也曾經被用來研究整個社區。田野研究的初學者應該從一個相對比較小的群體（30人左右或者更少）開始進行，而且成員都是在相對固定的背景下（例如一個街區、教堂、酒吧、理髮館或棒球場等）進行常規互動。田野研究也常被用來研究無組織、不固定在某個地方的社會經歷，不過這個時候密集的訪談與觀察，是唯一接近那個特定經歷的途徑，例如，被無賴偷襲者或是自殺者配偶的感受。[1]

　　為了術語的一致，我們把田野環境下的研究對象都稱為成員（members）。他們是田野環境下的局內人或是當地人，屬於某個團體、某個次文化或社會環境，而這些團體、次文化乃至社會情境，正是田野研究人員這個「局外人」想要進入和了解的。

　　田野研究人員探索過各種領域，包括各種各樣的社會情境、次文化，以及社會生活的各個層面。本節所列舉的次文化與社會情境例子主要有：自助洗衣店（Kenen，1982）、攝影俱樂部（Schwartz, 1986）、接待室（Gross, 1986; Goodsell, 1983; Lofland, 1972）、受虐婦女庇護所（Wharton, 1987）、社會運動（Downey, 1986;

Snow and Associates, 1986b)、社會福利辦公室（G. Miller, 1983）、電視臺（Altheide, 1976）、飛機乘客（Zurcher, 1979），以及酒吧（Byrne, 1978; LeMasters, 1975）。此外，田野研究人員也曾研究過較大的情境，像小城鎮（Vidich and Bensman, 1968）、退休社區（Hochschild, 1978; Jacob,1974; Marshall, 1975）、工人階級社區（Kornblum, 1974），以及都市內其他民族的鄰里社區（Whyte,1995）。其他的研究可參閱有關田野研究的兩本學術期刊：《當代民族學雜誌》（*Journal of Contemporary Ethnography*）與《質性社會學》（*Qualitative Sociology*）。

　　田野研究對研究兒童的社會世界也是相當有價值的。研究人員曾經研究過少年棒球聯盟（Fine, 1979,1987）、兒童遊戲場（Lever, 1978），以及學童（Corsaro, 1988; Eder, 1981, 1985; May-nard, 1985; Thome and Luria, 1986）。田野研究人員也研究過許多不同的職業，包括醫學院的學生（Becker et al., 1961）、計程車司機（Davis, 1959）、雞尾酒服務生（Hearn and Stoll, 1976; Spradley and Mann, 1975）、捕狗員（Palmer, 1978）、員警（Hunt, 1984; Pepinsky, 1980; Van Maanen, 1973; Weagel, 1984）、上門推銷員（Bogdan and Taylor, 1975:174-186）、社會工作者（Johnson, 1975）、爵士音樂家（Sudnow, 1978）、工廠工人（Burawoy, 1979; Burawov and Lukacs, 1985）、送奶工人（Bigus, 1972）、空服員（Hochschild, 1983）和藝術家（Basirico, 1986; McCall, 1980; Sharon, 1979; Sinha, 1979）等。

　　田野研究人員對醫學社會學也做出了重要貢獻，他們對加護病房（Coombs and Goldman, 1973）、急診室（Kurz, 1987）以及一些重要生命事件，像懷孕、生產（Annandale, 1988；Daniger, 1979; Weitz and Sullivan, 1986）、墮胎（Ball, 1967）和死亡（GlaseI and Strauss, 1968）等進行了深入研究。在偏差行為的研究上，田野研究更是具有特殊的價值。田野研究人員研究過裸體海灘（Douglas and Rasmussen, 1977）、賭博（Hayano, 1982; Lesiuer and Sheley, 1987）、大宗的毒品交易（Adlor, 1985; Adler and Adler, 1983）、吸毒者（Faupel and Klockars,1987）、街頭幫派（Moore et al., 1983）、街上的行人、流浪漢或是遊民（Liebow, 1967; Polsky, 1967; Snow et al., 1986a; Spradley, 1970）、娼妓（Bryan, 1965; Prus and Vassilakopoulos, 1979）、嬉皮群居組織（Cavan, 1974）、色情書店（Karp, 1973; Sudhold, 1973）、神祕現象（Jorgensen and Jorgensen, 1982）與異端邪教（Bromley and Shupe, 1979; Gordon, 1987; Lofland, 1966）。

田野研究簡史

起源

　　田野研究的起源可以追溯到去異域的旅行者報告。[2] 在13世紀，歐洲的探險家與

傳教士描述記載了他們所遇到的陌生文化與他鄉見聞，後人閱讀這些報告得以了解外國文化。到19世紀，當歐洲的貿易與霸權快速向外擴張時，出現了越來越多知識淵博的旅行者，遊記報告的數量也隨之劇增。

學院派的田野研究始於19世紀晚期的人類學。第一代的民族學家唯讀過探險家、政府官員與傳教士的報告，但是與自己要研究的人缺乏接觸。這些報告的焦點集中在外邦人，而且充滿了種族主義與民族自我中心。旅行者很少會說當地的語言，必須依賴翻譯人員。直到19世紀90年代歐洲人類學家才開始赴遠方大陸旅行以了解與自己不同的文化。

英國人類社會學家Bronislaw Malinoski（1844-1942）是第一位從事田野研究的學者，他長期與一群人生活在一起，並且記載整個資料蒐集的過程。20世紀20年代，他把密集田野工作當成一個新方法介紹出來，他主張在直接觀察與當地人的陳述以及觀察者推論之間做出一個明確的界限，他說，社會研究人員應該直接與當地人互動並且和他們生活在一起，學習當地人的風俗習慣、信仰與社會過程。

研究人員也使用田野研究來研究他們自己的社會。在19世紀90年代Charles Booth和Beatrice Webb對倫敦窮人所做的觀察，開創了人類學之外的調查研究與田野研究。Booth和Webb直接觀察在自然情況下的人，使用歸納的資料蒐集方法，參與式觀察可能在1890年就源於德國。Paul Gohre以學徒身分在一家工廠中做工，並且在那兒生活了三個月，每天晚上回到家，都做非常詳盡的筆記，他就是通過這個方式來研究工廠生活。他出版的著作深深地影響到大學校園內的學者，包括社會學家Max Weber。

芝加哥學派

美國的田野研究始於芝加哥大學的社會學系，也就是眾所周知的社會學芝加哥學派。芝加哥學派對田野研究的影響分為兩個階段。第一階段始於1910年到20世紀30年代，該學派使用了以個案研究或生活史為基礎的各種方法：直接觀察、非正式訪談，以及查閱文獻或官方紀錄。這期間重要的影響主要是來自於Booker T. Washington, William James, John Dewey。1916年Robert E. Park（1864-1944）草擬了一份研究計畫，進行芝加哥市的社會調查。由於受到他出身記者這個背景的影響，他認為，社會研究人員應該走出圖書館，到街頭、酒吧、豪華飯店的大堂中進行直接觀察，找人攀談，去「熟悉了解」。早期的研究，例如，《遊民》（*The Hobo, Anderson*, 1932）、《輪鞋少年》（*The Jack Roller*, Shaw, 1930），與《幫派分子》（*The Gang*, Thrasher, 1927）等，建立了早期芝加哥學派專門描述研究街頭生活、很少分析的研究風格。

新聞記者與人類學的研究模型在第一階段結合起來了。新聞記者的方法使研究人員能夠挖掘到幕後的事物，利用資訊提供者，尋找衝突，並且將「真相」曝光。在人類學模型中，研究人員讓自己長期加入某個小團體，報導該團體成員對世界的看法。

第二個階段始於20世紀40年代至60年代，芝加哥學派把參與式觀察發展成為一個獨特的技術，它用應用人類學模型來探究研究人員自己社會內的團體與情境。於是，形成了三個原則：

1. 在自然狀況或情況下研究人群。
2. 通過直接與人群互動的方式來研究他們。
3. 獲得對社會世界的了解，並且對成員的觀點做出理論的陳述。

隨著時間的推移，研究人員更多地從事田野工作，這個方法也從嚴格的描述走向了理論分析。

第二次世界大戰之後，田野研究面臨著與調查法與量化研究的競爭。戰後到20世紀70年代之間的這段時期，田野研究在社會工作研究中的比例已經下降。然而，在20世紀70年代與80年代，一些變化使得田野研究再度活躍起來：第一，田野研究從認知心理學、文化人類學、民俗學與語言學那裡，借來了不少概念與技術。第二，研究人員重新檢視社會工作認識論上的根基與哲學假定（參見第四章）。第三，田野研究人員對他們使用的技術與方法更加敏感，他們撰寫了很多方法論的論著，把田野研究變成一門系統的研究技術。

時至今日，田野研究已經有一套獨特的方法論。田野研究人員直接觀察在自然情境中的成員並與之互動，以便進入他們看世界的視角。他們採用行動主義者或社會建構主義者的觀點來看待社會生活。他們認為人不是中立的媒介，社會力量可以通過這個媒介來運作，認為社會意義並非「就在那裡」等著我們去觀察，相反，他們認為人們通過互動來創造與界定社會意義。

人類經驗要接受個人的主觀現實感受的過濾，這個主觀的現實感受左右著人們看待事物與採取行動的方式。因此，他們放棄實證主義對「客觀事實」的強調，取而代之的是把焦點集中在日常的、面對面的協商、討論及磋商，以建構社會意義的社會過程中。

田野研究人員認為研究既是對社會世界的描述，同時又是社會世界的一部分。作為社會情境的一部分，研究人員出現在田野之中本身就不可能只是個中立的資料蒐集過程。

民族學與民族方法學

田野研究的兩個現代延伸學科，即民族學（ethnography）與民族方法學（ethno-methodology），它們都建立在社會建構主義者的視角之上，兩者都不斷地在界定如何開展田野研究。由於它們都不是田野研究的核心，所以本節只對這兩個學科作個簡要的介紹。

民族學源於文化人類學。[3] 「民族」（ethno）意指人類或種族，而「學」（graphy）意指描述某件事。因此，民族學意指描述某種文化，以及從當地人的觀點來理解另外一

種生活方式。正如Franke（1983:61）所說，「文化，即我們描述的物體，存在於當地人的思想當中。」民族學假定人們在做推論，也就是說，超越可見、可表達的事物，得出其中的意義或含義。人們通過某個特定社會情境脈絡下的行為（例如，演講、行動）來表現他們的文化（人們想什麼、考慮什麼、相信什麼）。行為的表現不會賦予意義，相反，意義是推論或推測出來的。從所見所聞進入實際的含義是民族學的核心。舉例來說，當某位學生收到「啤酒會」的邀請時，該學生會根據他的文化知識推論，這是個非正式的聚會，有其他同年齡的學生參加，而且有啤酒供應。文化知識包括了象徵符號、唱歌、說話、事實、行為方式與物品（例如，電話、報紙）。我們通過看電視、父母的教誨、觀察他人等來學習文化。

　　文化知識包括了「顯性知識」（explicit knowledge），包括我們知道的、談論的知識，還有「隱性知識」（tacit knowledge），指的是我們很少明說的知識。舉例來說，顯性知識包括社會活動（例如啤酒會）。大部分的人能輕而易舉地描述在啤酒會上發生的一切。隱性知識包括像和他人之間應當保持適當的站立距離之類、未曾明說的文化規範。人們一般很少意識到自己在使用這種規範。當違反這類規範時他們會感到不舒服，但又說不出他們不舒服的原因。民族學者描述成員所使用的顯性與隱性的知識。他們的詳細描述與仔細分析，把描述的事物分解開、再恢復原樣。

　　人類學家Clifford Geertz說，民族學的主要部分是深度描述（thick description）[4]，即對特定事件進行豐富、詳細的描述（而不是進行摘要、標準化、推廣化或變數）。對某個三分鐘事件的深度描述可能會長達好幾頁，它抓住發生事件的整個感覺與事件的戲劇性，因此，會提供多種解釋。它把事件放進情境脈絡之中，所以讀者可以從一份民族學的報告中推論出文化意義。

　　民族方法學是20世紀60年代發展出來的一個獨特的研究方法，有自己的一套專門術語。[5]它將理論、哲學與方法融為一體。有些學者認為它不是社會工作的一部分。Mehan和Wood（1975:3, 5）主張：

　　　　民族方法學不是一堆研究發現，不是一個方法，也不是一個理論，更不是一個世界觀。我把民族方法學看做一種生活形態……民族方法學是努力想要去展現超出社會學層面之上的現實……它不同於社會學，就如社會學不同於心理學一樣。

　　民族方法學有個簡單的定義，就是對常識知識的研究。民族方法學者通過觀察在自然情況下人們對常識的創造，在持續不斷的社會互動中使用常識的方式，來研究常識。民族方法學是個激進或極端的田野研究形式，它建立在現象學的哲學基礎以及社會建構主義取向之上。它涉及專門化的、非常詳細的微觀情境分析（例如，簡短對話的紀錄或社會互動的錄影帶）。與芝加哥學派的田野研究比較，它更關注方法，主張研究發現來

自所使用的方法，同樣也來自所研究的社會生活。

民族方法學假定社會意義是脆弱、流動的，而不是固定不變的或堅固的，意義是在持續的過程中不斷地被創造與再創造。因此，民族方法學者分析語言，包括談話中的停頓與講演的情境。他們認為，人們通過遵循隱性的社會文化規範，來「完成」常識的理解，社會互動是個現實建構的過程。人們使用文化知識與社會脈絡提供的線索，來詮釋事件的意義。民族方法學者研究普通人在日常生活的情境下，如何使用隱性規則，來理解社會生活的意義（例如，知道某人是否在開玩笑）。

民族方法學者非常詳細地研究日常的社會互動，以確認建構社會現實與常識的規則，了解在日常生活中是如何使用這些規則的，以及新規則又是如何被創造出來的。例如，他們認為，標準化的測驗或調查訪談測量的是個人發現隱藏線索、運用常識的能力，而不是對客觀的事實的測量。

民族方法學者有時使用破壞規則（breaching）的實驗，來顯示日常生活中人們默認的簡單規則（也可參見下文中關於脫節的討論）。研究人員刻意地違反某項默認的社會規範。這個破壞規則的行為通常會招來非常強烈的社會反應，由此來表現規則的確實存在，顯示社會現實的脆弱，同時還表明這些隱性規則的存在是使日常生活得以順暢運作的根本。例如，民族方法學的創始人Harold Garfinke派學生到商店去，把顧客「誤認」為店員。剛開始，顧客被弄得糊里糊塗、結結巴巴地進行解釋。但是如果學生執意錯認，那些被弄得不知所措的顧客要麼不太情願地接受新的情境定義，並狼狽地扮演起店員的角色，要麼就是「氣壞了」、「失去冷靜」。這個破壞規則的例子顯示了社會現實是如何根據默認的知識來進行運作（例如店員與顧客的區別）。電影製片人使用類似的情況來製造喜劇效果：來自不同文化、無法共用相同一套默認規則的人們，或是不了解什麼是默認的合適行為的人們，都被視為是幽默。[6]

田野研究邏輯

什麼是田野研究

很難為田野研究定下一個明確的定義，因為與其說田野研究是一套固定的應用技術，還不如把它當成一種研究取向。[7] 田野研究人員使用不同的方法來取得資料，如Schatzman和Strauss（1973:14）所說，「田野方法比較像一把活動傘，傘下的任何一項技術都可以被用來獲得想要的知識，理解這些資料的過程」。田野研究人員是一位「方法論上的實用主義者」（Schatzman and Strauss, 1973:7），一位足智多謀、才華洋溢的人，具有能夠在田野中進行獨立思考的才能。

　　田野研究是以自然主義（naturalism）為基礎的，而自然主義也被用來研究其他現象（例如海洋、動物、植物等）。自然主義涉及的是在自然情境下，而不是在故意設計的、或人造的、或研究人員製造的情境下，對日常事物的觀察。社會研究發生於田野之中，在辦公室、實驗室或教室之外的情境中。Reiss（1992）曾經說過，研究人員在自然情境下對事件進行直接觀察，對社會學的科學的地位十分重要，如果社會學脫離了自然主義，自身的地位將會受到威脅。

　　田野研究人員研究自然情境下的社會意義，捕捉多元的觀點。他們先進入成員的意義體系，然後再回到局外人的觀點或研究的觀點。例如，Van Maanen（1982:139）指出，「田野工作意味著全心投入，也意味著置身事外；要求忠實也要求背離；要求公開也要求保密；最重要的就是既要愛又要恨」。研究人員常常轉換立場，同時從多種不同的角度來審視情境。「研究人員一方面保留著自己成長的文化傳統，另一方面則與他們研究的那個群體建立關係；他們正接受另一個文化的社會化」（Burgess, 1982a）。

　　讓我們看看實務田野研究人員在做些什麼（見方框13-1），小組比較有效，而田野研究通常是由一位研究人員獨自進行的。也就是說，研究人員直接投入，成為自己研究的社會世界的一部分，所以他們的個人特徵與自己的研究是密不可分的。Wax（1979:509）指出：

　　非正式的與量化的方法通常不太關注研究人員的個人特徵。電腦在處理資料時，不會注意研究主持人的年齡、性別或種族。但在田野工作中，這些個人身分的基本方面就顯得十分重要，它們將對田野研究的過程產生重大的影響。

研究人員直接投身田野，常會產生情感影響。田野研究人員可能會感到有趣、興奮，但是也可能會影響個人的正常生活，危及人身安全和精神健康。比起其他類型的社會工作研究，田野研究更可能會結交新的朋友，重新塑造家庭生活以及研究人員的自我認同或者個人價值觀。

　　從事田野工作的代價很高（田野研究的費用低於其他類型的研究），這個代價不是指金錢，而是指身體與心理上的消耗。這是一個勞心勞力的工作，同時過兩種生活常會令人筋疲力盡。（Bogdan and Taylor, 1975:vi）

方框13-1　田野研究人員做些什麼

田野研究人員要做的工作如下：

1. 除了要留意不尋常的狀況之外，要觀察發生在自然狀態下的日常事件與每天的活動。
2. 直接與被研究的人接觸，親身經歷田野環境下每日生活的過程。
3. 在保持分析性觀點、局外人的距離的同時，獲得局內人的觀點。
4. 如果環境需要，靈活使用各種不同的技術與人際溝通技巧。
5. 蒐集的資料形式多為長篇的書面筆記、圖表、地圖或照片，盡可能提供詳細的描述。
6. 從全方位的角度（例如整個單元、而不是片段）來認識事件，並重視社會脈絡的個別差異。
7. 對田野環境下的人物給予理解和同理，並不僅僅是記錄冷冰冰的客觀事實。
8. 不僅注意到文化外在的內容（為社會所認識到的、意識到的、說出來的），也注意到文化默認的內容（較不為社會所承認的、內隱的、不說出來的）。
9. 觀察持續進行的社會過程，不去打擾、打斷對方，或者將局外人的觀點強加在觀察現象上。
10. 應對高度的人際壓力、不確定性、道德困境與模糊不清的局面。

田野研究的步驟

　　自然主義與直接投身指的是，田野研究比量化研究具有更多的彈性，更少結構化。這對研究人員來講，重要的就是需要對田野工作做好完善的組織和充分的準備工作。這也意味著，計畫的步驟未必全部是事先能夠決定的，但是，這些準備工作稱為田野工作的一個大概的指南或路線圖（參見圖13-1）。

靈活性

　　田野研究人員很少遵循固定的步驟。事實上，靈活性是田野研究的一個關鍵優勢，它使研究人員可以改變方向、隨時調整。出色的田野研究人員懂得發現機會，掌握機會，「隨機應變」，及時調整自己，以適應複雜的社會情境。Douglas（1976:14-16）認為，田野研究的技術與其他類型的調查研究，諸如調查新聞與偵探工作有異曲同工之處。

田野研究的步驟：

1. 做好準備，閱讀文獻，並且拋棄焦點。
2. 選擇進行田野研究的地點，獲得進入田野現場的管道。
3. 進入田野，與田野成員建立社會關係。
4. 找到一個社會角色，熟悉內幕，和田野成員融洽相處。
5. 觀察、傾聽、蒐集高品質的資料。
6. 開始分析資料，發展評估工作性假設。
7. 聚焦在田野環境中某些特定的方面，並且使用理論抽樣。
8. 對田野知情人進行訪談。
9. 從田野環境中抽身，離開田野環境。
10. 完成分析並且撰寫研究報告

注：每個步驟各需要多少時間，並沒有固定的規定。大略估算，Junker（1960:12）指出，一旦進入
　　田野，研究人員應該用大約1/6的時間進行觀察，1/3的時間紀錄資料，1/3的時間分析資料，以及
　　1/6的時間來寫報告結果。也可參閱Denzin（1989:176）提出來的田野研究的八大步驟。

圖13-1　田野研究的步驟

　　田野研究人員不是從一套方法或是檢驗假設開始的。相反，他們是根據自己對提供資料所持的價值取向而選擇使用什麼樣的技術。在研究初期，研究人員對資料不要做太多的控制，焦點也不集中。一旦他們進入情境之後，田野研究人員就會對自己的研究逐漸聚焦，並對資料進行控制。

做好完善的組織工作

　　人為的因素與個人因素，在任何研究計畫中都是重要的影響因素，但在田野研究中顯得尤為關鍵。田野計畫常始於機遇或個人興趣。田野研究人員可以從個人經驗出發，比如自己從事的某項工作、個人的喜好，或者自己是個病人、是個社會活動家等。[8]

　　田野研究人員運用細心觀察與傾聽、短期強記與定期做筆記等技術。在進入田野之前，沒經驗的研究人員要練習觀察日常情境的細節，並將之記錄下來。對細節的留意與短暫的強記的能力，會隨著不斷的練習而熟能生巧。同樣，養成記日記或私人記事的習慣，也是練習寫田野筆記的很好的方式。

　　和所有的社會工作研究一樣，認真閱讀學術論文，能夠幫助研究人員學到概念、彌補自己潛在的不足、學習資料蒐集的方法，以及解決衝突的技術。此外，田野研究人員會發現讀日記、小說、新聞報導與自傳，都有助於熟悉狀況，做好進入田野的心理準備。

　　田野研究人員通常從一般性的主題開始，沒有特定的假設，研究人員不會讓自己受到最初錯誤概念的禁錮。他們需要廣泛接觸各種資訊，但同時也開放自己，接受一切新概念。當然，要找到合適的田野研究問題，的確需要時間。

　　研究人員首先要拋開自己的偏見和預設，做到去焦（defocus）。去焦有兩種方

法[9]：第一是撒下一張大網，以了解到更廣範圍的情境、人物與背景，在決定該研究什麼之前，對整個田野背景有個深入了解。第二個去焦的方法是，不要把焦點完全集中在研究人員的角色上。正如Douglas（1976:122）所說，把個人經驗擴展到嚴格的專業角色之外，是相當重要的經驗。研究人員應該走出自己感到舒適的社會小環境，在不違背身為研究人員的基本承諾下，盡可能地去感受田野經驗。

　　田野研究的另一個準備是自知之明。田野研究人員需要對自己有所了解，並且對自己的私人經驗有所反省。他們可能預想在田野中會出現焦慮、自我懷疑、沮喪與不確定性。尤其在開始階段，研究人員可能覺得自己蒐集的都是錯誤的資料，而且會感到情緒起伏不定、孤立無援與失措。他們常感到自己好像是被雙重邊緣化：在田野環境下是個局外人，而且與自己的朋友、家人及同事又變得很疏遠。[10]研究人員擁有合適的情緒性格、個人閱歷與文化經驗都非常重要，因為它們能讓研究人員個人意識到自己投入的程度與內在的衝突（參見下文討論壓力的部分，也可參見方框13-2）。

方框13-2　田野研究人員在西部鄉村的研究

　　Eliasoph（1998:270）在加州的一個社區中對幾個團體進行了田野研究，以理解美國人是怎樣迴避表達自己的政治觀點的。團體通常是社交俱樂部。Eliasoph是這樣描述自己的，「一個城市、海邊長大的、戴眼鏡的、猶太人、博士學位候選人，帶有一系列頭銜諸如共產主義者、運動員、自由主義者、讀書人、思想家和辯論者」。這種社交俱樂部對她來講是非常陌生的，這個社交俱樂部名為「水牛」，設在一個名為Silverado俱樂部的酒吧中。她是這樣描述的：

Silverado坐落在一個泥濘的、寬廣的停車場邊，這裡曾經是溼地，現在是貨車停車場，離Amargo鎮1.5英里路程，那裡有個核戰艦基地。季節性開放的香蒲花開滿了路邊和加油站四周。停車場上停滿了巨大的四輪貨車，這使得我那輛本田車看上去像個玩具車……在沒有窗戶的Silverado酒吧內，在灰暗之中，有一面巨大的聯邦旗幟高高地掛在牆上，到處掛著霓虹燈的啤酒招牌和鏡子，男人們戴著牛仔帽，穿著牛仔襯衫和牛仔褲，女人們頭髮鬈曲著，穿著帶花邊的襯衫或者藍色斜紋工裝褲，或者牛仔褲，背上帶有繡著自己名字的牌子。（1998:92）

　　Eliasoph向人們介紹自己是個學生。在她兩年的研究中，她經歷了忍受烏煙瘴氣的房子，買了很多昂貴的啤酒和瓶裝礦泉水，參加了一個婚宴，還上了很多次舞蹈班的課程，與很多人談話，聽到了無數個種族歧視和性別歧視的笑話。她靜靜地聽著，提問，觀察，

> 然後到廁所裡寫筆記。當她在俱樂部待了很久之後，回到了家中。俱樂部對她這樣一個來
> 自大學的人來講，是個全新的領域。對俱樂部的人來講，人們談話很風趣，這樣大家就不
> 至於太悶。這些俱樂部的成員更多地使用非語言溝通，有時候不說話，靜靜地坐著，什麼
> 也不幹也是件不錯的事。這個研究迫使Eliasoph開始重新審視自己一直自以為是的觀點和
> 習俗。

　　田野工作對研究人員的自我認同與對事物的看法都會產生影響，田野經驗可能改變
研究人員的人格。有些研究人員接受了新的價值、興趣與道德承諾，或是改變了他們的
宗教信仰，或是政治意識形態。[11] Hayano根據他從事賭博研究的經驗，這樣說：

　　到目前為止，我覺得坐在賭桌上比坐在學院會議桌邊或是課堂上，要感覺舒適得
多。我的社會生活大部分都集中在玩撲克牌上，特別在大贏之後，我常常會產生一種強
烈的欲望，要放棄大學教授的職位，以便有更多的時間花在牌局上。（1982:148）

選擇地點與進入田野

　　雖然田野研究計畫不是按照固定的步驟進行的，但是，在研究初期，還是有研究人
員共同關心以下事情：選擇田野地點、獲得進入該田野的管道、進入田野，以及與田野
中的成員建立關係。

選擇地點

去哪裡觀察

　　田野研究人員談的是在某個地點或田野地點（field site）做研究，「地點」這個
名詞可能會造成誤導，這裡的地點是指事件或活動發生的情境脈絡，這是一個社會界定
的、界線變動不定的地理空間。社會團體進行的互動，可能跨越幾個地理區域。例如，
某個大學橄欖球隊可能在球場、在更衣室、在宿舍裡、在集訓場或本地的住所中的某個
地方，進行人際互動。這支球隊的田野地點包括上述5個地方。

　　田野地點與研究問題是密不可分的，但是選擇一個田野地點與把重點放在某個研
究個案是完全不同的。個案是指一個社會關係或活動，它可能會擴展到田野地點界線之
外，與其他的社會背景發生聯繫。研究人員選擇某個地點，然後確定出該田野地點中需
要研究的個案數，例如，橄欖球選手與權威人物是如何聯繫在一起的。

選擇田野地點是個重要的決定，在選擇田野地點的過程中，研究人員需要做筆記。在選擇田野研究地點時，需要考慮三個相關因素：資料的豐富性、不熟悉的程度，以及合適性。[12] 有些地點可能比其他地點能夠提供更加豐富的資料。帶有一張社會關係網路、充滿各種各樣的活動以及隨時有不同事件發生的田野地點，會提供比較豐富與有趣的資料。田野研究新手們應該選擇自己不熟悉的田野地點。在一個新的地點，研究人員比較容易發現文化事件與社會關係。Bodgan和Taylor（1975:28）說過，「我們建議研究人員選擇這樣的地點，田野中的成員對他們來說都是陌生人，他們對這個地點沒有特別專業或專門的知識和了解。」選出可能的田野地點之後，研究人員必須考慮一些實際的問題：像研究人員的時間與能力、田野地點中的人物是否有重大的衝突、研究人員個人的性格與感情以及進入這個地點的管道等。

研究人員的歸屬性特點可能會限制研究人員進入田野的管道。例如，非洲裔美國研究人員不可能有希望去研究三K黨（Ku Klux Klan）或新納粹黨徒（neo-Nazis），雖然有些研究人員已經成功地突破歸屬性特點帶來的限制。[13] 有時「局內人」與「局外人」可以組成團隊一起合作。例如，局外人Douglas與一位局內人成員Flanagan組成研究團隊，一起研究裸體海灘（Douglas and Rasumussen, 1977）；還有，白人Rainwater與黑人Yancey聯手合作研究黑人住房計畫問題（Yancey and Rajnwater, 1970）。

實際進入地點可能也是一個問題，地點是個連續體，一端是開放的與公共的場所（例如公共的餐廳、機場的候機室等），而另一端是封閉與私人的場所（例如私人公司、俱樂部、某人家中的活動等）。研究人員可能會發現，田野不歡迎他們或不允許他們進入，或是法律或政治上的障礙限制了他們的進入。某些機構（例如學校、醫院、監獄）的法律和規章也限制了研究人員的進入。此外，機構的評審委員會可能以倫理為由限制田野研究的進行。

把關人

把關人（gatekeeper）是指擁有某種正式或非正式的權威，控制他人進入田野的人。[14] 他們可能是站在某個街角的人、醫院的行政人員或是某個企業的老闆。非正式的公共場所（例如人行道、公共等候室）很少會有把關人，正式組織都有是否批準該機構開放田野研究的主管。

田野研究人員期望與把關人協商、爭取進入田野從事研究的機會，把關人可能無法體會對概念距離或倫理平衡的需求。研究人員為了維護研究的完整性，必須制定出妥協的底線。如果一開始有許多限制，那麼過了一陣子之後，研究人員常會與把關人再次協商，而且隨著雙方培養互相信任之後，把關人很可能會忘掉了最初所定的要求。從倫理與政治的角度來看，和把關人打交道需要精明狡點的手段。研究人員不要期望把關人會聽自己敘述自己研究關注的問題，也不要期望把關人會關心研究的發現，除非這些發現

會成為他人批評這些把關人的證據。和把關人打交道是研究人員進入新的領域時不斷會
碰到的問題。此外,把關人也可能會影響、重塑研究的方向:

　　甚至大多數最友好、最合作的把關人或贊助者,都會對研究的開展與發展造成影
響。從某種程度來說,民族學學者被引導走向與現有的友情與仇恨的網路、勢力範圍、
相應界限相一致的方向。(Hammersley and Afkinson, 1983:73)

　　在某些田野地點,把關人的同意授權可能會成為某種汙點(stigma),而阻止了成
員的合作。舉例來說,如果監獄中的犯人知道典獄長批準研究人員進入監獄做田野研
究,他們可能會做出不合作的行為。正如West(1980:35)對少年犯所做的評論,「我
相信,這些接近少年犯的途徑,幾乎總是阻礙了甚至阻斷了與少年犯建立信任關係,這
在某些例子中已經得到了證實。」

進入的策略

　　進入田野地點需要靈活的策略、有行動計畫;協商進入田野的途徑,發展與成員的
關係;以及決定向田野成員或把關人透露多少研究內容等。

計畫

　　進入或是取得進入某個田野地點的授權,取決於研究人員的常識判斷與社交技
巧。田野地點通常有不同的層級或領域,進入的是哪個層級或領域都會面臨問題。進入
田野,猶如剝洋蔥一樣,剝開一層又有一層,而不像開門那麼簡單。其次,進入的協商
與承諾可能會有變化,研究人員需要做好退卻的準備,可能需要日後重新開始協商。由
於研究的特定焦點可能在研究後期才浮現出來,或者到了研究後期特定的研究焦點可能
會改變,所以,研究人員最好盡可能避免在某些特定問題上,被把關人鎖住,進退不
得。

　　我們可以把進入田野與取得進入許可比喻成為一個梯子(參見圖13-2)。研究人員
都是從最底層的梯階開始,這層很容易進入,研究人員在這裡是個蒐集公共資訊的局外
人。上一個階梯需要一定的方法才能進入,一旦開始進入田野地點進行觀察之後,研究
人員就變成了被動的觀察者,對成員的表述都不會主動發問。在田野裡的這段時間,研
究人員能觀察一些較為敏感的特定活動,並且對其所見所聞提出詢問,並向成員澄清困
惑,要達到這個階段比較困難。最後,研究人員可能去影響互動的方向,以便從中獲得
特定的資料,或是設法獲取比較敏感的資料。這是階梯中最高的層次,很少有人能夠達
到這一層,它需要高度的信任。[15]

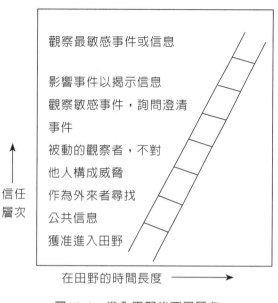

圖13-2　進入田野的不同層次

協商

　　社會關係是協商出來的，並且是在田野工作過程中形成的。[16] 研究人員需要與新成員進行協商，直到雙方發展出穩定的關係，才取得進入田野的途徑，培養出信任關係，得到資料，並且減少了敵對性反應。研究期間，研究人員還會反覆進行協商，向田野中的成員解釋自己在田野中做些什麼（下文將進行社會工作研究正常化的討論）。

　　Bart（1987）指出，身為女性主義活動分子的出身背景與非專業的背景，使她具備了進入某個女性主義墮胎診所的基本條件。[17] 接近精英分子或專業人士常要靠運氣或私人關係（參見Lofland and Lofland, 1995:12）。Hoffman-Lange（1980）動用她家人的關係，並且通過私人推薦信要求訪談的方式，得以接近董事會中的富人。Ostrander（1984）得以接近上流階層女士的網路，全靠他大學同事的安排，有機會巧遇一位著名的上流階層女士。Danziger（1979）因她的父親是一名醫生而得以接觸到醫生的活動。Johnson（1975）之所以能夠接觸一個社會工作機構，是因為他提到該機構中的某某人是他太太的朋友。

袒露

　　研究人員必須決定要透露多少關於自己與研究計畫的內容。透露一個人的生活、愛好、興趣與背景，可以建立信任的、親密的關係，但是研究人員也將因此而喪失了隱私權，此外，他們還需保證研究焦點與田野中的事件不脫離。

　　研究人員也要決定準備透露多少關於研究計畫的內容，透露是個連續體，一端是完全機密的研究，田野中沒人知道有人正在進行某個研究；而另一端，所有人都知道研究

計畫中的具體內容。公開內容的時機全靠研究人員的判斷與當時情境下的具體細節。研究人員越是感到安全，就越可能進行袒露。

　　一般情況下，研究人員需要將研究計畫告訴把關人或其他有關的人。也有一些例外，例如，把關人會以不當的理由限制或禁止田野研究（例如隱藏貪贓枉法）。在這種情況下，研究人員要透露自己研究人員的身分，但是始終需要表現出順從、安全、感興趣的態度，問一些沒有威脅性的問題等。

進入田野

　　在選定田野地點與取得進入的許可之後，研究人員必須弄清內幕，與成員建立信任的關係，選擇一個田野角色，並且維持社會關係。在面對上述問題之前，研究人員應該問：我要如何展現自己？對我而言，做個「測量工具」（measurement instrument）意味著什麼？我如何呈現「陌生人的態度」？

展示自我

　　「展現自我」指的是人們或明或暗地把自己展示在他人面前，通過外貌特徵、談吐以及行為舉止，向他人顯示自己是哪種類型的人，或是想要成為什麼樣的人。自我展示傳遞一種象徵性資訊，這種資訊可能是「我是個認真勤奮的學生」，「我是個熱心關懷別人的人」，「我是個酷小子」，或「我是叛逆者，舞棍」。同時也可能會呈現多個自我形象，自我的展示可能因場合的不同而有所不同。

　　田野研究人員要非常清楚應該如何在田野中展現自己，例如，在田野該穿些什麼？最好的做法是尊重自己的同時也尊重研究對象。不要過分講究穿著，以免冒犯他人或過分顯眼，但也不必模仿研究對象的穿著。一位研究街頭遊民的教授，不必穿得和遊民一模一樣，也不必表現出和遊民一樣的言談舉止，可以是休閒的穿著，正常的舉止。同樣，當研究企業總經理或高層政府官員時，需要穿著比較正式的服裝，表現出比較專業的舉止。[18]

　　研究人員必須清楚，自我展現會影響田野關係，很難表現出一個完全不實的自我，或者與真正的自己差別極大的自我。

　　亮出身分、透露自己是猶太人的私人背景，使Myerhoff（1989）得以進入猶太人老人院，並與院中的老人們建立了信任的關係。同時，她自身對猶太人的了解與認識也因田野互動而有所改變。Stack（1989）開始時是個局外人，一名研究低收入黑人工業社區的白人婦女，最後，她被所研究的婦女接受，視為親人，並為她取了小名「白色卡洛琳」，這就是接納與親密的象徵。她常施些小惠，如：駕車送人上醫院和社會福利中心；或是帶他們去購物，探望生病的小孩等等。她就是通過與其他人互動、她的

開朗性格及她樂意與他人分享她的感受的方式，跟他們建立了信任關係。還有一個例子，研究者Anderson（1989）自己曾經是在舊城酒吧中工作的一名黑人，他發現社會階級是個障礙，他選擇的地點是芝加哥南部貧窮的黑人社區中的一家街角酒吧與售酒店。Anderson建立了他人信任的社會關係，並且頗受「照顧」。這發生在當他結交上Herman這個朋友之後，那是個在這個地盤上機智而又神通廣大的人物。Anderson成功「扮演一個低調、無足輕重的角色……不去破壞這個背景下對社會秩序的共識定義」（Anderson, 1989:19）。

研究人員作為工具

研究人員是測量田野資料的工具，這句話有兩個含義：第一，要求研究人員敏銳地觀察田野上所發生的事件，嚴格地進行資料記錄。第二，發揮個人的影響力。田野工作涉及社會關係與個人情感，田野研究人員對於把什麼納入資料範圍有相當大的彈性，並且允許他們帶入自己的主觀見解與情感，或稱為「經驗性資料」（experiential data）。[19]個人的主觀經驗是田野資料的一部分，這些經驗不但本身價值非凡，而且對詮釋田野事件也極為重要。田野研究人員不會試圖做到客觀、排除個人反應，相反，他們會把自己對田野事件的感覺也當成資料。例如，Karp（1973, 1980）在研究色情書店時感到很緊張，這成為自己資料的關鍵部分。在田野中他所感受到的不自在，反映了這個背景中存在的某些動態張力。「如果我們迴避我們的反應，就無法研究它。如果不讓我們主觀感受帶入其中，就無法完全融入田野研究中」（Kleinman and Copp, 1993:19）。

田野研究能夠使研究人員意識到自己的個人感覺，例如，只有自己置身於某個支持裸體主義的團體之中，研究人員才能完全意識到自己對裸體的感覺；只有置身於人人都借東西這個背景中，研究人員才能夠知道自己對私人財物的理解。研究人員自身所感受到的驚訝、憤慨、質疑，都可能成為反省與獲得頓悟的條件。[20]

陌生的態度

我們很難知道我們會遇到什麼事物，我們所居住的日常世界由數以萬計的細節組成，如果我們總是注意每一件事，那將會因為資料太多而苦不堪言。要避免資料太多的負擔，我們需要學會忽略周圍部分的事物，養成習慣性的思考。不幸的是，我們很難把自己熟悉的東西當成特別的東西，我們無法假定他人的經驗現實和我們的經驗現實完全相同，我們都會認為自己的生活方式是自然的或正常的。

在熟悉的環境中從事田野研究並不容易，由於熟悉的緣故，會使研究人員對很多資料視而不見。事實上，「對自己文化的熟悉，使得研究人員失去很多產生洞察力的機會」（McCracken, 1988:12）。通過研究其他文化，研究人員對於什麼是重要事件、人們做事的模式等，會產生截然不同的假設。這種文化對抗，或稱文化衝擊，至少有

兩個好處：一方面使研究人員比較容易認清文化要素；另一方面有助於自我探索。研究人員利用「陌生態度」來獲得這兩個好處。陌生態度意指質疑與留意普通細節，或者通過陌生人的眼睛來察看普通事物。陌生感幫助研究人員提高研究興趣，提高觀測的敏銳性，有助於研究人員使用新的角度看待普通事物，使他們能夠看到成員平常不易察覺的方方面面。

　　人們往往對自己的習慣視而不見，例如，當某人送給我們一份禮物時，我們會道謝，並且對這份禮物讚美一番。相反，送禮的習俗在許多文化中表現不同，有的文化中會抱怨禮物送得不適當。陌生的態度有助於把默認的文化規範變得清晰可見，例如，送禮者期望聽到「謝謝」和「這份禮物真好」，否則就會感到不開心。這時，田野研究人員就需要同時採取陌生人與局內人的視角來進行分析。陌生人把事件的發生看成一個特定的社會過程，局內人則把事件的發生看成相當自然的過程。Davis（1973）把這兩個角色稱為火星人與皈依者。火星人認為所有的事物都陌生新奇，質疑所有的假設；而皈依者接受每一件事，一心只想要成為信徒。研究人員同時要有這兩種觀點，並且有能力在這兩種觀點之間不斷轉換。[21]

　　陌生感也會鼓勵研究人員重新思考他們自己的社會世界，完全沉浸在不同的背景中，能夠幫助研究人員破除思想與行為上的舊習慣。面對不熟悉的狀況時，不論是遇到不同的文化，還是用陌生人的眼光來審視熟悉的事物，研究人員都會發現這時不但比較容易進入反省與自省，而且是比較深層次的反省與自省。

建立信任關係

　　田野研究人員通過與田野成員和睦相處來建立信任的關係，研究人員與成員培養友情，講同樣的語言，與他們一起歡笑一起流淚。這是建立關係的第一步，是獲得成員了解，從了解走向同理心，也就是從另一人的觀點來觀察與體會事物的第一步。

　　建立信任關係並不總是那麼輕而易舉。社會世界並不全部都是和諧的，充滿了熱情與友善的人們。環境中可能包括了恐懼、緊張與衝突，可能有不開心、不值得信任或不誠實的成員，他們可能做出打擾研究人員或讓研究人員覺得煩心的事。有經驗的研究人員準備好面對一系列的事件或關係。然而，他們會發現不可能進入田野中的每個角落，與每一位成員都發展出親近的關係。進入不可能發展出合作、同情與協作的環境，需要不同的技巧。[22]同時，研究人員也有可能就此接受他們所見所聞的表面意義，但也不會因此而受騙上當。誠如Schatzman和Strauss（1973:69）所說的，「研究人員會『什麼都信』，但同時也會『什麼都不信』」。

魅力與信任

　　田野研究人員需要用社交技巧與個人魅力，來與田野成員間建立相互的信任關係，信任、友善與被人喜愛的特點，不但能夠促進溝通，並且有助於研究人員了解他人

的內在感受，沒有任何高招可以做到這一點。對他人表現出眞誠的關心、有興趣、誠實與分享感受都是不錯的策略，但也不是誰都會的技巧，這取決於個別環境與不同的對象。

信任與被信任關係的建立受到許多因素的影響，例如，研究人員如何呈現自己，如何選擇扮演的角色，以及田野中所發生的具有鼓勵、限制，甚至無法取得信任的事件等，都可能會影響信任關係的建立。信任關係不是一次就能獲得並永久有效的東西。它是個逐步發展的過程，是長期內經歷了許許多多細枝末節的社會事件（例如個人經驗的分享、說故事、姿勢、暗示、面部表情）後，一步步建立起來的。信任需要不斷地重建，而且信任一旦建立起來，與建立相比，似乎更容易失去。

建立信任很重要，但是，有了信任之後，並不表示田野成員把所有的資訊都會透露給你。信任可能局限在某些層面，例如，在談論金錢事務時，可以建立起信任，但是，在涉及有關親密約會行爲時，信任可能就不存在了。可能不同的調查領域，都需要重新創造起信任感，而且還需要經常不斷地肯定與確認。

「冷臉應人者」（Freeze Outs）指的是那些表現出不合作態度或是明顯不樂意參與的田野成員，我們不能指望所有的成員都那麼開放、樂於合作，而溫暖關切的關係可能出現於長期的堅持之中。

理解

信任的關係幫助研究人員理解成員，但是理解是發展深度關係的先決條件，而理解本身並不是目的。研究人員剛進入田野時，會對新的、不尋常的語言與社會意義體系顯得手足無措，只有克服了這些現象後，信任的田野關係才會慢慢發展起來。一旦研究人員對成員的視角有所了解之後，下一步便是學習從成員的視角進行思考與行動，這就是同理心，或者是站在他人立場來看問題。同理心不一定指同情、同意或贊同，它指的是研究人員能夠對田野成員感同身受。[23]

信任關係有助於建立理解，最後會產生同理心，而同理心的發展又會有助於信任關係。小說《殺死一隻知更鳥》（*To Kill a Mockingbird*）中有一段話點出了信任與同理心式的理解之間的關係：

他說，「如果你能夠學到一招半式的簡單把戲，史考特，你會和所有人都處得很好。你絕不可能眞正了解一個人，除非你從他的觀點來思考世事。」

「什麼？」

「直到你鑽進他的皮膚，跟著他走。」（Lee, 1960:34）

田野中的關係

你在日常生活中充當許多社會角色：女兒／兒子、學生、顧客、運動迷，並且與他人維護著各種社會關係。有些角色是你可選的，有些角色是他人為你安排的。扮演兒子或女兒的角色，是沒有選擇的。有些角色是正式的（例如銀行出納員、警官），還有些角色則是非正式的（例如調情者、老公民與哥兒們等）。你可以轉換角色，扮演多重角色，用某種特別的方式來扮演某個角色。同樣，田野研究人員在田野中也要扮演不同的角色，此外，他們還要弄清內幕，與成員維持關係。

田野中的角色

先前存在的角色與創造出來的角色

有時候，研究人員採用某個現成的角色進入田野內所有區域進行觀察，與所有成員進行互動。有時候，研究人員創造一個新的角色或修正某個現成的角色。舉例來說，Fine（1987）研究青春期之前的男孩時，創造了一個「成年朋友」（adult friend）的角色，並且在扮演這個角色時，幾乎不帶一點成人權威。通過這個角色，他能夠觀察到這個青少年文化與行為中的許多內容，而那些在正常情形下是觀察不到的。選擇扮演某個田野角色是很花時間的，而且隨著事件的推移，研究人員有可能會扮演幾個不同的角色。

角色選擇上的限制

研究人員可以選擇的田野角色，受到研究人員的歸屬性因素與體型外貌的影響。研究人員可以改變一部分的外貌，例如，衣著服裝與髮型；但無法改變歸屬性特徵，例如，年齡、種族、性別與吸引力。儘管如此，這些因素在獲得進入田野的途徑時非常重要，而且還會對研究人員能夠扮演的角色有所限制。Gurney（1985）認為，身為女性，在男性主宰的環境下，需要額外的協商與「爭辯」。儘管如此，她的性別給予她不少見識，並且創造了男性觀察者所無法創造出來的情況。

既然許多角色有性別分類，所以性別就成了一個重要的考慮因素。在危險醜惡的、由男性掌控的環境中（例如員警、消防隊員的工作），女性研究人員常會遇上較多的困難。她們可能迴避或被推入性別刻板印象的框架之中（例如「可愛的小孩」、「福神」、「喧嘩者」等）。男性研究人員在男性控制的、例行性與行政工作的田野場所（例如法院、大型辦公室），同樣也會遇到很多問題。在女性主宰的田野場所中，男性研究人員可能也不被接受。在兩性混合的場所，男性與女性研究人員可能都能進入，並且都會被接受。[24]

投入程度

　　田野角色可以根據研究人員對成員的關心是全心投入還是置身事外的程度，以連續體的形式加以排列。在一端，田野角色是置身事外的局外人；在另一端，田野角色則是一個全身心投入的局內人。Junker、Gans和Adiers夫婦分別發展出三個體系來描述這種投入。

　　Junker（1960。同時參見Denzin, 1989; Gold, 1969; Roy, 1970）描述了四個角色的範圍。這個範圍從完全的觀察者（例如研究人員站在單面鏡後面，或者是一個「看不見的角色」，諸如偷聽的把關人），到參與式觀察者（例如從一開始研究人員就被人了解，但是接觸很少），到觀察者身分的參與者（observer participant）（例如研究人員身分是公開的，也是被研究對象的一個親近的朋友），最後是完全的參與者（例如研究人員像成員一樣行動，並與局內人分享祕密資訊）。這個範圍與Gans（1982）提出的範圍比較接近，他將中間的兩個類別合併成為研究人員身分的參與（researcher participant）。他強調研究在每個層面上投入／情感投入或置身之外的程度。

　　Adler和Adler（1987）提出了三個角色：一是周邊成員身分（peripheral membership），指的是在自我與研究對象之間保持一定的距離，或者說由研究人員自身的信念或對成員活動的不舒適感來設定界限。二是活躍的成員身分（active membership），指的是研究人員假設自己有個成員角色，並經過某種感應而進入成員身分，像成員一樣參與活動。研究人員能夠保持高度信任，並能夠不時進出田野。三是完全成員身分（complete membership），是指研究人員完全轉換成為「真正的本地人」。作為一個全身心投入的成員，研究人員像其他成員一樣經歷同樣的情感，並必須離開田野，恢復研究人員的身分。

　　田野研究人員的投入程度，取決於他們與成員間的協商、田野的特點、研究人員的舒適度以及在田野扮演的角色的細節。很多人從局外人轉變成局內人花了很多時間。每個層面都有各自的優缺點。不同的田野研究人員會提倡不同層次的投入。例如，Adler夫婦提出的完全成員的角色被某些人批評說，投入過度而失去了研究人員的視角。還有人認為，Adler夫婦的方法才是真正能夠了解成員社會生活的唯一方法。

　　連續體局外人那端的角色，減少了尋求成員接受的時間，也使過度信任的關係成為一個不大的問題，而且有時還可以幫助成員放開自己。它們有助於研究人員置身事外、保持自我認同。另一方面，研究人員會感覺到自己被邊緣化。雖然這不涉及「變成本地人」的風險，但是研究人員也可能不知道局內人的經驗，而且會出現較多的錯誤解釋的機會。

　　相對地，在連續體局內人這端的角色，促進同理心的發展與成員經驗的分享，能夠實現充分體驗成員的親密社會世界的目標。儘管如此，這很可能出現與成員間的距離感

消失了、對成員太多同情和過分投入的問題。研究人員的報告可能會遭受質疑,資料蒐集可能會變得困難,對研究人員的自我可能造成強烈的影響,可能在資料分析時所需保持的距離也難以控制。[25]

要真正能夠了解被研究對象的社會意義,田野研究人員必須像其他的成員一樣參與這個情境。Holy(1984:29-30)觀察到:

研究人員並不是為了觀察被研究物件而參與他們的生活,相反,研究人員通過與被研對象住在一起,充分參與他們的生活……同時進行觀察。在主動參與他們的社會生活的過程中,她逐漸與被研究對象共用相同的意義……就這個層面而言,研究意味著社會化,慢慢接受了被研究對象的文化。

其他的考慮

任何一個角色都會限制研究人員接觸到田野的某些部分。例如,酒吧中酒保的角色限制了他對顧客的親密行為,或是聚集在其他角落顧客的觀察機會。田野研究人員在選擇角色時需要慎重,同時也要明白所有的角色都有利弊。

社會環境指的是派系、非正式團體、上下層級與敵對關係等。角色有助於研究人員得到某個派系的接受或排斥,受到權威的禮遇,或是被視為下屬,或被某些成員當成朋友或敵人。研究人員知道,通過某個角色,他可能結交到有助研究進行的朋友,也可能碰到限制研究進行的敵人。

弄清內幕

當研究人員在田野上弄清內幕時,他們也學習到如何處理壓力、如何使社會研究正常化,以及如何做個「可接受的不合格者」(acceptable incompetent)。

壓力

田野工作可以令人感到很有收穫、精神振奮、充實滿足,但也可能會相當棘手:

田野工作當然是屬於那種不太舒適的、獨樹一幟的活動。經常會感到不方便,至少有時會造成身體上的不舒適,常令人感到尷尬,就某種程度來說,總是讓人覺得緊張。(Shaffiretal, 1980:3)

研究新手會面對尷尬窘境、不舒適的經歷,以及產生被田野中煩瑣細節所吞噬的壓迫感。例如,備受尊重的田野研究人員Rosalie Wax(1971)指出,自己在研究第二次

世界大戰期間美軍爲日裔美國人變動軍營位置時，她忍受著華氏120度的高溫，生活環境汙穢骯髒，到處是蚊子，人們得痢疾，她感到孤立無助，哭過好多次，而且患上了下意識強迫性進食症，以致體重增加了30磅。進入田野後的幾個月中，她覺得她是徹頭徹尾的失敗者，她不被信任，甚至還和營地的行政人員打起架來。

維持一個「邊緣化」地位要承受相當大的壓力。特別是當研究的背景充滿了濃厚的情緒時（例如政治競選活動、宗教皈依），要當一個不投入的局外人是相當困難的。田野工作的寂寞與孤立無援，可能與想要發展信任與同理心的欲望交織在一起，會導致研究人員的過度投入。研究人員可能融入田野，拋棄專業研究人員的角色，而成爲被研究團體的合格成員。或者，研究人員可能覺得在成員消除戒備之心後，獲知他們的親密細節令他覺得充滿了罪惡感，從而促使他過度倒向成員的一邊。[26]

田野研究中受到某種情緒壓力是無法避免的。田野研究人員與其壓抑情緒反應，還不如敏銳地觀察自己的情緒反應，他們可以通過寫日記、情感記錄、內心感受記錄的方法，或是向田野之外的同情人士傾訴等方式，來應付田野研究的緊張壓力。[27]

社會研究正常化

田野研究人員不僅觀察與調查田野中的成員，同時也被田野成員所觀察與調查：「當田野工作者開始研究他人之時，他人也開始了對田野工作者的研究」（Van Maanen, 1982:110）。正如Wax（1979:363）所說：田野工作不是由一個孤立的個人所從事的工作，而是田野中每一位成員所共同創造的成果。

在公開的田野調查中，剛開始時成員通常對研究人員的出現感到不自在。他們大多對田野研究沒有什麼概念，分不清楚社會學家、心理學家、諮詢師與社會工作者的區別。他們可能把研究人員當成外來的批評者、間諜，要不就把研究人員當成救世主或無所不知的專家。

公開身分的田野研究人員必須要把社會研究正常化（normalize social re-search），也就是說，協助成員重新界定社會研究，使他們對社會研究的認識從一無所知、害怕，到認識到社會研究是正常的、可以預期的。在田野中，他們可以通過向成員展現自己的傳記、分期分批地解釋研究計畫的內容、顯示社會研究不帶有威脅性、接受一些小過失（例如違反政府的小規定）等方法，來幫助成員適應社會研究。[28]

另一個把研究正常化的方法，是用成員聽得懂的語言來向他們解釋什麼是社會研究。有時，讓成員知道他們會被寫進一本書裡去，是相當有效的方法。好像Fine和Glassner（1979）以及LeMasters（1975）的發現，在對威斯康辛州一間街坊酒店的研究時，LeMasters成了該酒店五年內的常客，每週有幾個夜晚他都會待在該酒店的酒吧裡，LeMasters（1975:7）說明了他是如何向成員解釋他在做什麼的：

開始的時候，我扮演顧客的角色：不過是一個喜歡喝酒與打撞球的人，最後很難再裝扮下去，因為我花在酒店的時間太多，開始引起人們的懷疑。後來我才知道，有些常客認為我一定是州政府酒類委員會派來的間諜……當我在酒店被問到我為什麼會來到酒吧時，我這樣回答：社會學家必須要對各個層面的美國社會都有點了解，才能做個好老師；而且我發現綠洲酒店裡的男男女女有助於我了解藍領階層對美國社會的感覺；還有，我對經常接觸到的白領感到厭煩，在酒吧內所接觸的人和事讓我有新鮮感。以上的陳述句句屬實。

可接受的不合格者

研究人員是來田野中學習，而不是去做專家。視田野情境不同，研究人員可以是個友善天真的局外人，可以是個可接受的不合格者，他們有興趣學習田野中的社會生活。一個可接受的不合格者，是指一位在田野中有部分能力（例如有才能或知識），但是被田野成員接受為一位不具威脅性，而且需要教育的人物。[29] 誠如Schatzman和Strauss（1973:25）所說，「研究人員應該儘量低調處理自己的專業能力，或者是那些當地人可能會自認為是專家的領域所擁有的深奧知識，研究人員是而且應該表現得像個學生，不能對當地人的活動評頭論足。」

剛開始的時候，田野研究人員可能對田野環境或次文化一無所知，他們可能會被當成可以欺騙的傻瓜，也可能因為不熟悉當地的環境而被眾人所嘲笑。即使研究人員知識淵博，他們也應該有所保留，以便拋磚引玉，了解成員的看法。當然，研究人員也可能表演過當，顯得無知，而得不到田野成員的重視。

維持關係

社會關係

隨著時間的流逝，田野研究人員發展了一些社會關係，並修正這些關係。剛開始顯得冷漠的成員後來可能變得很熱情，也可能一開始表現得非常友善的成員，後來才表現出擔心與疑心。研究人員處在一個非常微妙的地位。在計畫初期，對田野上的一切事物沒有充分了解，研究人員就不會形成任何信任的關係，因為情況可能有所變化。然而，如果他們真的交上了親密的朋友，這些成員可能會成為幫研究人員講話、替他們爭取進入途徑的盟友。

田野研究人員的行為和外貌都會影響到成員，例如，某位外形頗具吸引力的研究人員與異性成員的互動可能會引起田野成員的迷戀、挑逗與嫉妒。研究人員需要明白這些關係，並且要學習如何應付。[30]

除了培養社會關係之外，田野研究人員也要能夠切斷或從這些關係中退出。要想培養與其他人的關係、深入探索田野的其他層面，可能需要切斷與某個成員的關係。隨著友誼關係的結束，研究人員的社會性退出所帶來的情緒悲痛，可能對研究人員和成員產生重大的影響。研究人員必須在社會敏感度與研究目標之間建立某種平衡。

幫小忙

田野中會發展出交換關係，交換的內容包括贈送小禮物和幫小忙，也包括尊重和尊敬。[31] 研究人員通過幫小忙而獲得成員的接受，當接近敏感性問題的管道受到限制時，這種幫小忙式的交換就非常有用。研究人員可以提供一些小忙，不要讓成員感到有所虧欠或需要回報的感覺。當研究人員與成員分享共同的經驗，再次見面時，成員會想到那些小恩惠，於是會打開方便之門，當成報答。例如，Fine（1987:242）表示，當他把幫小忙當成「成年朋友」角色的一部分時（例如開車帶小男孩去看電影），他真的學到許多東西。

田野中的衝突

打架、衝突與意見不合都有可能在田野中出現，研究人員也可能研究立場截然對立的幾個團體。在這種情況下，研究人員會碰到支持某一方的壓力，並且接受成員是否值得信任的考驗。在這種場合裡，研究人員通常應保持中立的立場，小心翼翼地處理雙方的關係，因為研究人員一旦支持某一方，就等於得罪了另一方。[32] 還有，研究人員會以某一方的觀點來判斷形勢。儘管這樣，有人（例如Van Maanen, 1982:115）指出，保持中立是不可能的，隨著研究人員與成員聯繫在一起，捲進了由關係與承諾所編織的網中時，研究人員的中立幾乎就是不可能的了。

表現出感興趣

田野研究人員在田野中應保持感興趣的樣子，有經驗的研究人員會通過自己的言談與舉止（例如面部表情、喝咖啡、組織小聚會），表現出對田野事件的興趣與關切，即使他們並不是真的那麼感興趣。這是因為如果田野研究人員表現出厭煩或一副事不關己的樣子，可能會破壞自己辛苦建立起來的田野關係。暫時戴上一副關心的面具，是日常生活中常見的小騙術，也是一種禮貌的表現。[33]

當然，選擇性的忽視（即不盯著看或表現出沒有注意到）也是一種禮貌。如果某人犯了一個社交性錯誤（如不經意地用錯一個字、放了個屁等），禮貌的做法是當作沒注意到。在田野中使用必要的忽視，可以讓機警的研究人員有機會不經意地聽到或看到當事人不願意公開的事件。

社會性脫節

社會性脫節（social breakdown，簡稱脫節）發生在兩種文化傳統或社會假設無法

搭配的情況中。脫節突出社會意義,在出現故障時,平日所隱藏的期望與假設變得清楚明瞭。這個情況常出現誤解或不知所措,因為幾個潛在的規則都適用。例如,你走進一家餐廳,坐好,等服務員來提供服務,等了20分鐘後,還沒有見到服務員,你就生氣了,你環顧四周,看不到服務員,只看到顧客從另一扇門進來,手裡拿著自己的食物,你這才明白是你自己弄錯了。你潛在的期望是這家餐廳有服務員到桌邊點菜服務,事實上,這是家要求顧客到櫃檯點菜、自取食物的餐廳。一旦你了解到適用於這個情境的規則,你就可以處理這種脫節了。

脫節會造成尷尬,因為文化意義的誤解會使人看起來像個傻瓜、無知或沒有教養。例如,你接到一張參加聚會的邀請函,聚會8點開始,你穿上你平日的服裝,舊牛仔褲和一件皺巴巴的毛衣。8點開始的聚會你卻8:30才到。門正開著,你走了進去,結果你驚訝地發現每個人都衣著整齊地坐在餐桌前,而晚餐早在30分鐘前就已經上桌了。所有的人看著你,你覺得無地自容。你的文化期望(這是個非正式的學生聚會,伴有吵人的音樂聲,有跳舞、啤酒,以及非正式的服裝)並不符合這個情況(這是個正式的晚宴,來這裡的人都準備用餐,進行高雅的談話,表現出專業的形象)。這種脫節使所有的人都知道的或都假定的、未曾明說的社會規則變得十分明確。

這種脫節可能是無法預期的,也可能是故意製造出來,以檢驗工作性假設。就像民族方法論者的破壞性實驗,研究人員可能以違反社會規則的方式,呈現出默認規範的存在及其重要性。研究人員觀察沒有事先計畫的脫節的情境,或是他們製造脫節的情況,觀察人們的反應,以便明確地發現其中隱含的社會期望。

觀察與蒐集資料

本節將討論如何獲得高品質的田野資料。田野資料是研究人員經歷過或者記憶的東西,以及田野筆記所記下可用於系統化分析的資訊。

觀察與傾聽

觀察

社會工作研究人員在田野中絕大部分工作是全神貫注、仔細地觀察與傾聽。他們使用自己的所有感官,集中精神去看、去聽、去聞、去嘗、去摸。研究人員成了吸收所有資料的工具。

田野研究人員需小心翼翼地察看實地環境,以掌握氣氛。他們會問:「地板、牆壁與天花板是什麼顏色?房間有多大?窗戶及閘在哪裡?家具是如何擺置的?情況怎樣

（例如新的還是舊的和磨損的，乾淨的還是骯髒的）？用的是什麼樣的電燈？是否有標誌？是圖畫或植物嗎？有什麼聲音或味道？」

　　為什麼要留意這些細節呢？你可能已經注意到了，商店與餐廳都會特別設計燈光、顏色。播放流行音樂，以創造某種氣氛。你可能知道，二手車的推銷員都在車內噴灑新車用的香水。購物中心的商店會故意將新鮮出爐的糕點的香味散發出來。這些微妙的、無意識的信號都會影響人類的行為。

　　在田野環境中進行觀察，是一個具體的煩瑣的工作。Silverman（1993:30）指出，「如果你到電影院去看動作片（汽車追逐、攔路搶劫等），那麼你可能會覺得做個好的觀察者不是件易事。」田野研究的動機來自對詳盡細節的高度好奇，而不是一閃而過的念頭。出色的田野研究人員會通過仔細的傾聽和觀察，特別關注細節，以揭示「正在發生」的細節。田野研究人員相信，社會生活的核心是通過平凡的、瑣碎的與日常的小事來進行溝通的。這就是常被人們所忽視的，但卻是田野研究人員需要學習如何留意觀察的資訊。

　　除了實地環境之外，研究人員還要觀察田野中的人及其行動，注意每個人身上的外形特徵：年齡、性別、種族與身材。人們社會互動的差異性，取決於與其互動的對象是18歲、40歲，還是70歲；男人還是女人；是白人還是非白人；矮小、瘦弱，還是高大、魁梧。留意這些特徵時，也把研究人員包括在內了。例如，陌生的態度顯示出對某個團體的種族的敏感度。在一個多種族的社會裡，沒有人留意某個白人團體的種族組成，是因為研究人員也是白人，所以研究人員對種族差異缺乏敏感度。同樣，「當研究參與者的性別被忽視時，就是缺乏性別的敏感度」（Eichler, 1988:51）。研究人員需要將這些情況記錄下來，因為從中可能會透露一些重要資訊。研究人員要注意，寧願犯錯誤將所有的事情都蒐集進來，也不要犯錯誤將重要資訊遺漏。

　　研究人員要記錄諸如一些外表上的細節，例如整潔、衣著、髮型等，因為它們表達了一些能夠影響社會互動的資訊。人們花很多金錢和時間來選擇衣服、髮型、化妝、刮鬍子、熨衣服、使用除臭劑或香水，這些都是自我展現的重要部分。即使那些從來不修飾自己、不刮鬍子、不用香水的人，也會展現自己，通過自己的外表來傳遞某種資訊。沒有人是穿著「正常」或看起來「正常」的。這類說法等於在說，研究人員並沒有以陌生人的眼光來觀察社會世界，或是說研究人員對社會資訊缺乏敏感度。

　　人們的行為也很重要。田野研究人員要關注人們坐在哪裡，站在哪裡，走路的節奏，以及他們的非語言溝通。人們通過非語言溝通，例如姿態、面部表情、站姿和坐姿（如僵硬地站著，懶散地坐著）等，來表達社會資訊、感受和態度。人們通過如何在一個群體中定位自己和眼神交流來表達社會關係。研究人員通過觀察人們站在一起的距離、放鬆的表情和眼神交流，來解讀人們的社會溝通。

　　田野研究人員還要留意事件發生的情境脈絡：誰在現場？誰剛到？誰才離開？屋子

很熱很悶嗎？這些細節有助於研究人員發現意義，理解何以會出現某種狀況。如果不在意這些，不但細節遺漏了，也無法完整理解整個事件的經過。

傾聽

田野研究人員需仔細傾聽短語、口音與語法上的錯誤，不但要傾聽說了什麼，還要聽人們是怎麼說話的，以及推測出背後的含義。例如，人們常使用這樣的口頭語：「你是知道的啦」或「當然啦」或「等等」。田野研究人員應當知道這些口頭語背後的含義。研究人員要努力傾聽每一件事，但是當許多對話同時進行或偷聽時，要聽到所有的內容，就不是那麼容易了，好在人們會反覆提起重要的事件與重要的主題。

暗語

經過一段時間互動的人們會發展出共同的符號與用語。他們創造新的辭彙，或者為平常的用語賦予新的意義。新辭彙的發明源於某些特定的事件、假設或關係。熟悉與使用這個語言表明自己的某個特殊次文化的身分。田野研究人員要學習這類專門化的語言，或稱為暗語（argot）。[34]

研究人員必須從前提開始，那就是他們自己世界所使用的文字與符號具有的意義可能不同於他們研究物件的世界。他們必須適應這些新辭彙，以及那些不同於他們熟悉的情境下的措辭。（Bogdan and Taylor, 1975:53）

田野研究人員應發現暗語反映社會關係或意義，暗語給研究人員提供了許多線索，幫助他們了解什麼是成員所重視的事物，以及他們看待世界的方式。例如，Douglas（1976:125）在其裸體海灘的研究中發現了「蒼蠅」一詞，這是成員對那些圍繞在迷人的裸體女郎身邊的男性的稱呼。Katovich和Diamond（1986）在對度假村公寓房推銷的研究中，他們兩人一個以正式雇員、另一個以實習生的身分，進行為期6個月的觀察與非正式訪談。他們以售樓處作為分析的中心，在那裡發生了一連串針對潛在購買客戶的事件，他們還討論了常用的暗語。例如，當售樓員與潛在買主之間的討論提到「降價」時，當財務經理進門時，就會出現「降價」的情況。這種表演性事件的目的是在刺激購買，他們提供的常見的降價解釋是：一家已經買了20套的大公司最後決定只需要15套，所以突然間出現了5套特價；原先的客戶無法籌足款，所以低價出售他的財產；或是說只有少數特許會員才能享受特價方案等。

做筆記

大部分的田野資料是以田野筆記的形式出現，高品質的筆記是田野研究的「磚瓦石灰」（Feeterman, 1989）。完整的田野筆記包括：地圖、圖表、照片、訪談紀錄、

錄音帶、錄影帶、備忘錄、從田野上帶回來的物品、重點摘要，以及離開田野後所做的詳盡筆記。田野研究人員期望能填滿許多筆記本與檔案櫃，或將同樣的資料輸入電腦。他們花在寫筆記上的時間比花在田野上的時間還多。有些研究人員三小時的觀察就寫出40頁、單行行距的筆記。經過練習之後，研究新手在田野每一個小時就可做出數頁的筆記。

　　寫筆記常是無聊、沉悶的工作，需要自律。筆記包括描述記憶中的大量細節。研究人員應該養成每天記日記，或是強迫自己在離開田野後立刻記筆記的習慣。筆記必須要簡潔、有系統，因為研究人員會反覆回頭查閱筆記。筆記一旦寫下，就成了私人物品，非常珍貴，應該妥善收藏，注意保密。不應透露田野成員姓名，在筆記中，研究人員也可使用假名。敵對的當事雙方，勒索者或執法官員對田野筆記都相當感興趣，所以有些研究人員用密碼來撰寫田野筆記。

　　研究人員的心理狀態、注意力集中的程度，以及田野中的情況都會影響做筆記。在做筆記之前，研究人員通常會先花上一到三個小時在田野中進行簡短的觀察。Johnson（1975:187）指出：

　　觀察紀錄的質與量，因田野工作者感覺到想要休息或筋疲力盡的程度、對特殊事件的反應、與他人的關係、飲酒量，以及簡短觀察的數量等因素的不同而有不同的變化。

田野筆記的類型

　　田野研究人員有很多種不同的記筆記的方式。[35]這裡推薦幾種方法（參見方框13-3）。完整的田野筆記有幾種類型或等級。下面我們將介紹五種不同類型的筆記。最好的做法是把一次觀察期間內所做的筆記全都集中在一起，分別以不同的紙張來區別筆記的類型。有些研究人員的筆記還包括直接觀察後所做的推論，但是以明顯的標記標出，像括弧或用別的顏色標出的。不同類型的筆記，數量也有所不同。例如，6個小時的田野觀察，可能包括1頁的隨筆紀錄、40頁的直接觀察紀錄、5頁的研究人員推論，以及2頁包括方法、理論與私人的筆記。

　　隨筆紀錄在田野中要做好筆記幾乎是不可能的事，即使是一眼就看出來是在進行觀察的人，在公共場所裡揮筆疾書，看起來也比較彆扭。更為重要的是，如果研究人員低頭記錄，他們可能就看不見、聽不到發生的事件。研究人員只關注記筆記，可能就會忽視田野觀察了。特定的背景，決定了是否需要當場記錄。研究人員可能可以做些記錄，如有需要，他們也可躲藏起來記筆記（例如到洗手間去記）。

　　隨筆紀錄是在田野中記下的，是簡短的、暫時的記憶，不經意記下的字詞、短語或圖畫，常是寫在隨手可得的東西上面（如餐巾或火柴盒上）。通常研究人員應把這些隨

筆紀錄合併到直接觀察的筆記之中，但這些絕不能替代觀察筆記。

方框13-3　記筆記時應注意的事項

1. 在每次田野調查時期結束後儘快記下筆記，在觀察未被記錄下來之前不要與他人交談。

2. 每一次田野訪問的筆記都從新的一頁開始，並記錄下時間與日期。

3. 把隨筆紀錄用來幫助記憶，配合關鍵字、詞，或說過的第一件或最後一件事。

4. 在記錄紙上兩邊留下較寬的空白，以便隨時添上新的重點，如果事後想起什麼，隨時再記下。

5. 計畫將筆記輸入電腦，並且將不同層次的筆記分開，以方便將來查找。

6. 按照順序將發生的事件記下，並記下事件持續的時間（例如等了15分鐘，坐了1小時的車）。

7. 記下的重點盡可能具體、完整和詳盡。

8. 常用分段符號與引號。最好確實記住用到的成語，用雙引號圈出；用單引號代表改寫後的用語。

9. 記下當時並不十分重要的、很瑣碎的談話或例行性的談話，也許後來這些談話會變得很重要。

10. 「跟著感覺走」，並且快速將之記下，不要擔心寫錯或「想法是否實際」。確保沒有人會看到你的筆記，儘量用假名。

11. 絕對不要完全用錄音帶來代替田野筆記。

12. 包括圖表或情境地圖，並且概略地敘述在觀察期間，你自己與其他人的行動路線。

13. 記錄下研究人員自己的話語與行為，另以單獨篇幅記下個人的情緒反應與想法。

14. 避免使用評價性的、概括性用字，舉例來說，儘量避免寫下「水槽真讓人噁心」之類的話，改為「水槽裡充滿了鐵銹，好像好久都沒有人清洗過。食物殘渣、髒碗筷好像被擱在這裡有好幾天了。」

15. 定期重新閱讀筆記，記錄下閱讀時產生的新的感想。

16. 總是要保留幾份備份，將它們收藏好，放在不同的地方，以防火災。

　　直接觀察筆記田野資料最基本的來源是研究人員在離開田野後，立刻寫下的筆記，日後他們還可以慢慢增添。這些筆記應該按照日期、時間以及每次進入的地點整理出先後的順序，這是研究人員將其所見所聞用具體特定的語言而做的詳細描述。就某種

程度來說，它們是特殊的詞語、短語或行動的精確記錄。

研究人員的記憶因練習而不斷改善。初學的研究人員能夠很快就想起田野中所聽到的實際用字用詞。逐字的陳述應該用雙引號，將之與改寫的話區別開來。對話的附屬專案（非語言溝通、小道具、語氣、速度、音量、手勢）也應加以記錄。研究人員記錄下原始說過的話，不做任何的整理修改。筆記中包括了不合語法的談話、俚語與錯誤的用詞用字（例如如果原句是「我回家，莎」，就不應寫「我要回家了，莎莉。」）

研究人員在筆記中應記下具體詳盡的細節，而不是摘要。例如，研究人員不應寫下「我們談到了運動」，而會寫下「Anthony與Sam和Jason發生爭執，Anthony說幼獅隊下一週會贏，因為它高價請來一位新射手Chiappetta。他說幼獅隊比麥磁隊強，因為麥磁隊的內場手很臭。他指出上週幼獅隊以8比3擊敗波士頓隊」。研究人員要記下有誰在場、發生了什麼狀況，發生在哪裡，以及在什麼時間、在什麼狀況下發生。初學者可能會什麼也沒記下，因為「沒有發生什麼重要的事」。有經驗的研究人員知道在「沒有事情發生」時，事件也能透露不少資訊。例如，成員即使在瑣碎的對話中，也能傳達情感，把對方按照親疏遠近進行分類。

田野研究人員要認真傾聽成員，只有這樣才能做到「設身處地」或「從他們的立場出發」。[36] 這裡有三個步驟需要遵循：（1）研究人員不需要帶有任何分析類別來傾聽對方；（2）他們要比較自己現在聽到的和在其他場合聽到的，以及其他人所說的；（3）研究人員要運用自己的解釋來推論或推測這些資訊背後的意義。在正常的互動中，我們要同時做這三件事，並盡快進行推論。田野研究人員需要學習在觀察和傾聽之前，不要推論或強加任何解釋。不帶任何推論的觀察就成為直接觀察筆記。

研究人員的推論筆記研究人員把自己的推論紀錄附加在直接觀察之後，就成為一個獨立部分。人們無法看到社會關係、情感或意義，但他們可以看到特定的外在行動並且聽到說出來的話語，然後根據文化背景的知識、社會情境脈絡所提供的線索，以及行動或言語，從而賦予社會意義。例如，人們無法看到愛與恨，只是看到、聽到具體的行為（臉紅、大聲說話、粗野的動作、猥褻），然後根據這些動作做出推論（這個人生氣了）。

研究人員要把推論的意義與直接觀察記錄分開，因為行動的意義並不總是顯而易懂的。有時候，人們試圖欺騙他人，隱瞞些東西。例如，一對男女在汽車旅館內登記為Smith夫婦，其實根本就不是Smith夫婦。我們常見的情形是，社會意義是模稜兩可的，或是充滿多重意義的。例如，你看到一對白人男女，兩人都快30歲了，同時下車一同進入餐廳。他們找了一張桌子坐下，點餐，以嚴肅的表情小聲地談話，有時會將身體向前傾去聽對方說話。在他們站起來準備離開時，這位女性帶著悲傷的表情，似乎快要哭了出來，那位男性則給了她一個簡單的擁抱，之後他們便一起離開。你看到的是一對要分手的情侶嗎？他們在談論第三者嗎？還是兩人正在討論該怎麼辦，因為他們兩人

都發現自己的配偶與對方的配偶有染？還是一對姐弟他們的父親剛過世不久呢？將推論分開記錄，使研究人員在重新閱讀直接觀察筆記時，可以想到多個不同的意義。如果研究人員不把推論獨立處理，他們可能就會喪失其他可能的意義。

　　分析性筆記研究人員進入田野之後，要決定如何開展研究的程序。有些行動是有計劃的（例如進行訪問、觀察特殊的行動），而有些行動則是無法計畫的。田野研究人員在分析性筆記中保留方法論的概念，要記錄自己的計畫、所用的技巧、倫理上與程序上的決定，以及對技巧所提出的自我批評。

　　理論出現在田野研究的資料蒐集過程中，研究人員通過整理田野筆記，理論會變得越來越清晰。分析性筆記持續性地記載了研究人員賦予田野事件意義的嘗試經過。研究人員通過建議想法與想法間的關聯、創造假設、提出猜測與發展新概念等方式，仔細思考和理解筆記內容。

　　分析性備忘錄是理論筆記的一部分，是有系統地偏離主題進入理論環節的重要過程，研究人員利用這個過程深入闡釋概念，對在田野中發展出來的概念進行擴展，通過對備忘錄的反覆閱讀和思考，發展出更加複雜的理論。

　　個人筆記如上所述，個人的感覺與情緒反應成為資料的一部分，它們渲染了研究人員在田野中的所見所聞。研究人員在筆記中保留了一個個人日記，記錄自己個人的生活事件及感受。（「我今天很緊張，我想可能因為昨天和某某打架有關。」「這個陰沉的日子讓我腦袋疼。」）

　　筆記有三個功能：提供研究人員對田野反應的方式、處理個人壓力的管道、個人反應的資料庫。記筆記使研究人員有機會日後重讀筆記時，可以對自己做的直接觀察或推論進行評價。例如，如果研究人員在觀察期間的好心情很能感染到研究人員所見所聞（參見圖13-3）。

地圖和圖表

　　田野研究人員時常製作地圖並且繪製田野地點的特徵圖。[37]這樣做有兩個目的：幫助研究人員組織田野事件；幫助他人想像田野地點的狀況。例如，研究人員觀察一家有15張凳子的酒吧時，可以畫出15個圓圈代表，並且把每個圈圈編上號碼，以簡化記錄（例如「藤田進來坐上12號凳子，這時Phoebe已經坐在10號凳子上」）。田野研究人員發現三種類型的地圖非常有用：空間圖（spatial）、社交圖（social）與時間圖（temporal）。空間圖幫助解讀資料的位置；社交圖和時間圖構成資料分析的初步形式。空間圖依據物體所在的地理空間，定出人、設備以及其他事物的位置，以顯示活動發生的地域空間位置（圖13-4A）。社交圖顯示在場的人數與類型，以及他們之間的權力、影響、友誼和分工等關係狀況（圖13-4B）。時間圖顯示人、物品、服務與溝通或計畫的動向和流程（圖13-4C）。

直接觀察	推論	分析	私人記事
10月4日，星期天，下午3點。Kay的咖啡館。一位高大的、年紀約40歲的肥胖白人男子走了進來。他身穿棕色套裝，坐在2號桌上。Kay上前問道：「要什麼？」男子答道：「先來杯黑咖啡。」她走開了，胖男人點燃了香菸，看菜單。3點15分，Kay打開了收音機。	Kay看上去很友好，一直哼著小曲。開始時，她表情嚴肅，有警覺，我想她緊張的時候就會打開收音機。	自從發生了搶劫之後，女人對單身男子進門都有點害怕。	是個雨天。與Kay在一起，我感到很舒服，但是今天很無聊。

圖13-3　田野筆記的類型

A空間圖

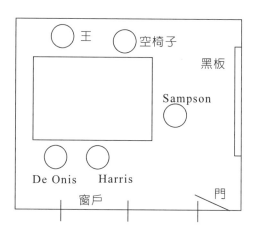

B社交圖

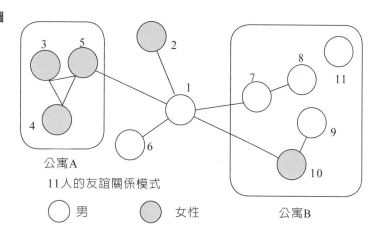

11人的友誼關係模式

C時間圖

Buzz酒吧工作表

	周一	周二	周三	周四	周五	周六
開門10：00	老顧客	老顧客	老顧客	老顧客	不上班或提前下班	釣魚
5：00 關門1：00	足球觀眾	鄰居和打橋牌者	壘球隊（男士夜場）	年輕人聚會	喧鬧的音樂，聚會	單身者，沒有約會

圖13-4　田野研究中運用的各種圖表

輔助記憶的機器記錄

　　錄影帶與錄音帶是田野研究中非常有用的輔助工具，不過，它們絕對無法取代田野筆記或研究人員的親自到場研究，也不可能運用在所有的田野地點，只有當研究人員與田野成員發展出信任關係之後，方可使用。答錄機或錄影帶提供非常接近事實狀況，具有永久性，有助於研究人員回想發生了什麼事件、未發生什麼事件，或是一些容易遺漏的細節。儘管如此，這些輔助手段的使用會對被訪者造成干擾，增加被訪者被監視的感受。使用這些設備的研究人員，必須提防其他相關的問題（例如確定電池是否有電，是否有足夠的空白磁帶等）。另外，重聽錄音帶或重看錄影帶是相當消耗時間的。例如，可能要花超過100小時的時間去聽50小時的田野錄音。整理轉寫錄音帶費用很高，而且總是不夠準確；它們並不能傳達微妙的背景意義或是喃喃自語的情況。[38]

訪談筆記

　　如果研究人員準備進行田野訪談（下面討論），就需要獨立處理訪談筆記。[39]除了記錄問題與回答外，研究人員還需要製作訪談筆記的封面頁，上面列出日期、訪談地點、被訪者的特徵、訪談的內容等等。這有助於訪談者下次再閱讀到這些紀錄時，能夠了解其中的含義。

資料的質量

質量的意義

　　田野研究中所謂的高品質資料到底意味著什麼？研究人員如何取得這種資料呢？[40]對量化研究人員而言，高品質資料是指有信度與效度的資料；對於同一個「客觀」事件，它們提供給所有研究人員的是精確、一致的測量值。詮釋研究取向重視的是不同類型的資料品質。田野研究人員假定沒有單一客觀眞相的存在，他們主張，田野成員在某

個社會脈絡範圍內主觀地對經驗進行詮釋。田野成員認定爲眞實的事物，實際上是社會互動與解釋的結果。因此，高品質的田野資料捕捉的是這些過程，並且能夠提供一個理解成員的視角。

　　田野研究人員不會放棄主觀觀點以換取高品質的資料，相反，高品質的資料包括了研究人員的主觀反應與經驗。高品質的田野資料，產生於研究人員全然投入到成員的社會世界，所獲得的眞實經驗的詳盡描述。【41】

田野研究的信度

　　田野資料的信度涉及這樣一個問題：研究人員對田野成員或事件的觀察具有內在與外在的一致性嗎？內在一致性（internal consistency）是指排除常見的欺騙形式之後，就對某個人或某件事已知的全部內容而言，資料是否可靠可信。換句話說，這些片段拼湊起來能構成一個完整連貫的圖畫嗎？例如，在不同的時間與社會環境下，某個成員的行動前後一致嗎？

　　外在一致性（external consistency）是通過其他不同資料來源的交叉檢證而獲得的。換句話說，它與整個背景相符嗎？例如，其他人能夠證明研究人員對某位成員的觀察嗎？有其他證據證明是研究人員的觀察嗎？

　　田野研究的信度也包括了沒有說過或做過，但卻期望會出現或預期會發生的事。這種遺漏或虛擬資料非常重要，但是很難檢測。例如，當研究人員觀察到有位出納員下班的時候，沒有算抽屜中有多少錢，只有在換班之前其他出納員來算抽屜裡有多少錢，這個細節上的遺漏，只有研究人員才有可能注意到。

　　田野研究的信度取決於研究人員的洞察力、意識和質疑，研究人員從不同的角度（法律、經濟、政治、個人）來觀察成員與事件，並且在心中暗問：「這些錢是從哪裡來的？那些人整天在做什麼？」

　　田野研究人員是依靠成員提供的資訊來進行研究的。這使成員的可信度及其陳述成爲信度的一部分。爲了檢驗成員的可信度，研究人員會問：這個人有理由說謊嗎？他能夠了解這件事嗎？這個人的價值觀是什麼？這種價值觀如何影響她說的話？他這麼說純粹是爲了取悅我嗎？有什麼東西會限制他的能動性？

　　田野研究人員評估信度時，會考慮主觀性與情境脈絡。他們知道個人的陳述或行動受到主觀知覺的影響。陳述是根據某個特殊觀點，並且受到個人經驗的渲染。田野研究人員不會去判斷每個陳述的眞僞，他們認爲陳述本身都有用處。從研究人員的觀點來看，即使是不準確的陳述與行爲都有可能透露某些資訊。

　　如前所述，行動與陳述會受到當時情境的影響。在某個情境中所說的話的意思，放在其他的情況下其含義可能有所不同。例如，當被問到「你跳舞嗎？」在一個高手雲集的舞場中，某人可能回答不會，但是在某個大家都不大會跳舞的、不同音樂背景的半私

人場合中，此人可能回答說他會跳舞。在這種情況下，這並不意味著此人在說謊，而是他的回答受到情境的影響。

信度的其他一些障礙包括誤導研究人員的行為：誤報、規避、謊言與偽裝。[42]誤報是因生活上的不確定性與複雜性所引起的無意的不實報導。例如，一家醫院的護士可能說到像「醫院的官方政策」之類的東西，但是事實上沒有任何這類書面的政策。

規避是刻意躲避或不想透露某些資訊的舉動。常見的規避包括不回答問題、答非所問、轉移話題或以故意曖昧與模稜兩可的話語回答。例如，當晚宴上出現利用應召女郎招攬客戶這個話題時，會使得某位推銷員顯得很不自在。他說：「是的，很多人使用應召女郎」，但是後來，在單獨一個人的時候，經過小心翼翼的追問，該推銷員會透露他自己也使用這個方法。

謊言是有意誤導或刻意提供錯誤觀點。例如，某個幫派的成員提供給研究人員假名字與假地址，或教堂的執事為使自己的傳教工作看起來成就非凡，而誇大教徒的人數。Douglas（1976:73）說，「在我了解的大部分研究環境中，說謊是相當常見的，那些成員對研究人員說謊，尤其是在那些對成員真的很重要的事情上。」

偽裝是大家心知肚明的謊言與欺騙。這可能包括使用實務道具與同謀。例如，酒吧事實上是非法下注的場所。表面上看，該酒吧似乎是合法的，它是在販售飲料，但是它真正的生意只有在仔細調查之後才能發現。另一個例子就是聖誕老人，這也是一種欺騙小孩子的「偽裝」。

田野研究的效度

田野研究的效度是指研究人員的分析與資料，是否能準確地代表田野中的社會世界所具有的信心。可複製性不能作為一個測量標準，因為田野研究事實上是無法複製的。田野的基本面貌會改變：社會事件與情境會改變，成員會有所不同，具體的研究人員也會有所不同，等等。有四種類型的效度可檢驗研究精確性的方法：生態效度（ecological validity）、自然歷史（natural history）、成員確認（member validation）和勝任的局內人表現（competent insider performance）。

生態效度是研究人員描述的社會世界符合成員世界的程度。生態效度涉及的問題是：「研究所描述的自然狀況是否不受研究人員的存在與程式的干擾？」如果沒有研究人員在場，事件仍然會發生，那麼該研究計畫就具有生態效度。

自然歷史是指對計畫執行的整個過程所做的詳細描述。開誠佈公地介紹研究人員的行動、假設與程式，以方便他人進行評估。從自然歷史的觀點來看，如果局外人能見到並且接受那個田野地點和研究人員的行動，該研究計畫就具有效度。

成員確認指的是當研究人員將田野結果帶回來給成員看時，由他們來判斷研究的合適性。如果成員認可並且理解研究人員的描述，認為這些結果能夠反映自己的親密的

社會世界，那麼，這個研究就具有成員效度。成員確認也有一定的限制，因爲在田野中會有相互衝突的觀點存在，這些會產生不同意研究人員觀察的結果的觀點，而且如果結果中沒有呈現對某個團體有利的一面時，就可能出現成員反對的情況。此外，也有可能成員不認可這個描述，因爲這不是從他們的觀點出發所做的陳述，或是不符合他們的目的。[43]

　　勝任的局內人表現是指非成員有能力像成員那樣有效地進行互動，非成員能像成員一樣進出田野，這些人甚至能理解局內人所說的笑話。有效的田野研究報告，能夠給人十足的田野社會生活的味道，並且提供讀者足夠的細節，讓局外人可以表現得像個局內人。不同的是，非成員不可能對每個情境下的社會規範都瞭若指掌，還有，局外人能夠出入自由，可能純粹是因爲局內人出於客氣禮貌，不想指出局外人社交上的失禮之處而已。[44]

聚焦和抽樣

聚焦

　　研究人員先得到整體圖象，然後再把焦點集中在少數特定的問題或議題之上（見圖13-5）。[45]研究人員只有在田野中生活一段時間獲得第一手經驗之後，才能夠決定研究問題，發展假設。開始時，研究人員見到的所有的事件都具有相關性，後來，研究人員開始將重點集中在某些具體問題和某些主題上。

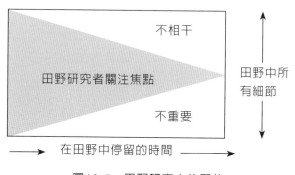

圖13-5　田野研究中的聚焦

抽樣

　　田野研究的抽樣不同於調查研究。雖然有的時候兩者都會使用滾雪球抽樣（參見第八章）。[46]田野研究人員抽樣，是從所有可能的觀察人群中抽取一個小樣本，選擇性地進行觀察。這也稱爲「理論抽樣」（theoretical sampling），因爲研究人員是根據自己正在發展的理論而進行抽樣的。田野研究人員根據時間、情境、事件類型、地點、人

物類型或感興趣的情境進行抽樣。

例如，研究人員對時間抽樣，就是在不同的時段對某個背景進行觀察。他們進行全天候觀察，一週內的某一天的觀察，或者一年四季，以獲得田野是否變化的感受。進行時間抽樣時，最後採用重疊的時段（如抽樣的時間為上午7點～9點，8點～10點，9點～11點等）。

如果研究人員只集中在一個地點，可能有了深度，但可能得到的只是狹窄的、非全面的觀點。研究人員進行地點抽樣的長處是，坐在或站在不同的地點有助於研究人員掌握整個田野。例如，學校教師的同事行為常發生在教師休息室裡，但也可能發生在老師們聚集的酒吧，或在舉行臨時教師會議的教室裡。因此，研究人員就需要追蹤成員進入不同的田野地點。

田野研究人員對人物抽樣的做法是，把注意力集中在不同的人物身上，或是與不同的人物進行互動（前輩與新人、老人與年輕人、男人與女人、領導與下屬）。這時因為研究人員將人們分成了不同的類型，將他們分成持有不同觀點的派別，研究人員試圖與所有類型的人物都有所互動和了解。

例如，研究人員抽取了三種田野事件：例行性、特殊性與非預期性的事件。例行性事件（例如開店做生意）每天都會發生，不應該因其例行性而認為它們不重要。特殊性事件（例如公司年度聚會）是事先計畫的、公開宣布的。這類事件引起了成員的關注，並且揭示了其他方式無法觀察到的社會生活的內容。非預期性事件是研究人員在場時突然發生的事件（例如當管理者生病，一天無法監督店內的工人，就出現了沒有上司督導的工人）。在這種情況下，研究人員會看到某些不尋常的、未事先計畫的、很少有機會看到的場面。

田野研究訪談

目前為止，你已經學到了田野研究人員如何進行觀察與做筆記。他們也要對田野成員進行訪談，但是田野訪談不同於調查訪談。本節介紹田野訪談。

田野訪談

田野研究人員使用非結構化的、無既定方向和深度的訪談，這與正式調查研究的訪談在很多方面都不同（參見表13-1）。[47]田野訪談包括：問問題，傾聽，表現出興趣，以及記錄被訪者說過的話。

田野訪談是研究人員與成員的聯合創作過程。成員是主動的參與者，他們的洞

見、感覺和合作，構成了討論過程中反映主觀意義的核心部分。「研究人員的存在與參與的形式，即研究人員如何傾聽、關注、鼓勵、打斷、偏離主題、提起新的話題以及結束回答，與被訪者的敘述構成一個完整的整體」（Mishler, 1986:82）。

　　田野研究訪談有過許多不同的名稱：非結構化的、深度的、民族學的、開放的、非正式的和長時間的。一般來講，田野訪談涉及一個或更多在場的人，可能發生在田野中，也可能是非正式的無固定方向的（也就是說，被訪者可以把訪談引導到許多不同的方向，參見Fontana and Frey, 1994）。

　　田野訪談還包括相互分享經驗。研究人員可能向成員介紹自己的背景，取得他們的信任，鼓勵他們開放自己，而不強迫對方回答或是使用引導性的問題。研究人員鼓勵被訪者，引導出一個雙方相互發現的過程。

　　在田野訪談中，成員按平時的方式來說話、思考與組織生活事實，來表達他們自己。研究人員原原本本地記下成員說的笑話與故事，不把它們重新包裝成為標準化的格式。訪談的焦點在於成員的觀點與經驗。為了能接近成員的經驗，研究人員以具體的例子或情況來問問題——例如，「可以告訴我什麼事情造成你在6月的辭職嗎？」而不要問「你為何辭職？」

表13-1　調查訪談與田野研究訪談

典型的調查訪談	典型的田野訪談
1. 有個明確的開始與結束。	1. 沒有一個明確的開始和結束，訪談可以後來隨時繼續。
2. 使用一個標準化的問題，用相同的順序來問所有的回答者。	2. 問的問題和順序都可以根據不同的人和情境而有所不同。
3. 訪談員始終保持中立。	3. 訪談者對回答表現出興趣，鼓勵被訪者進一步深入闡述。
4. 訪談者提問，回答者回答。	4. 訪談更像一個朋友間的交流，但是帶有很多訪談問題。
5. 每次只面對一個回答者。	5. 也可能發生在小組中，或有他人在場的情況下，以具體情況而定。
6. 使用專業的語調，做生意一樣的焦點，偏題的話一律省去。	6. 可以穿插笑話、故事、離題的話和奇聞軼事，都會被記錄下來。
7. 封閉式的問題是常見的題型，很少會追問。	7. 常見的問題類型是開放式問題，常用追問。
8. 訪談者單獨控制訪談的節奏和方向。	8. 訪談者與被訪者一起控制訪談的節奏和方向。
9. 訪談發生的社會情境常被忽略，被認為是不相干的。	9. 訪談的社會背景受到關注，當成了解釋被訪者話語意義的重要手段。
10. 訪談者希望用一個標準框架來影響所有的溝通模式。	10. 訪談者要適應被訪者的規範和語言。

資料來源：Adapted from Briggs(1986), Denzin(1989), Douglas(1985), Mishler(1986) and Spradley(1979a).

田野訪談是在一段期間內發生的一系列的訪談活動。研究人員從建立信任關係開始，引導談話小心避開評論性的或敏感性的話題。除非研究人員與被訪者已經建立起親密關係，否則研究人員都要儘量避免深入探索成員內心感受的問題。在幾次會面之後，研究人員也許可以深入地進入敏感議題的探詢，澄清一些不太敏感的問題。日後的訪談中，研究人員可以用一種非判斷的語氣，重新談論以前談過的主題，對比答案，做出確認，例如：「上次我們談話時，你說自從這家店扣了你薪水之後，你就開始偷拿店裡的東西，是嗎？」

田野訪談是一種「言語事件」（speech event），比較接近朋友之間的談話，而不像調查研究訪談中的刺激—反應模式（參見第十章）。你和熟悉的朋友間的對話，有其非正式的規則，並且包含了下列的成分：（1）有問候句（「嗨，真高興再見到你。」）；（2）沒有明顯的目的或目標（我們不會說「現在讓我們來討論我們上個星期做了些什麼。」）；（3）避免重複（我們不會說「你可以再說一遍你剛才說的話嗎？」）；（4）問問題（「你昨天看那場比賽了嗎？」）；（5）表示興趣（「真的嗎？我真希望當時我在那裡。」）；（6）表現不知情（「沒有，我錯過了。結果怎樣？」）；（7）輪流說話，所以問答情況平衡（不是一個人總是在問問題，另一個人總是在回答）；（8）使用簡略語（「我錯過了Derby賽馬會，但我要趕著去看Indy那場」，而不是說「我錯過Kentucky Derby的賽馬會，不過我會去看Indianapolis的汽車賽。」）；（9）當雙方的話都不可接受時，有一個暫停或短暫的沉默：（10）有個結尾（我們不會說「我們結束這次談話吧」，而是在要離開時，先口頭表達說「我必須要回去工作了，明天見。」）

田野訪談與朋友間的對話也有所不同。田野訪談有個明確的目的即了解知情人與田野背景。研究人員在訪談中會涉及一些與朋友談話完全不同的解釋與要求。例如，研究人員可能會說「我想問你關於……」或是「你可以看看這個嗎？看我寫得對嗎？」。田野訪談在話題提出上是比較不平衡的。大量的問題是來研究人員提出的，他表現出更多的不知情和興趣。也包括重複詢問，研究人員會要求成員詳細說明一些模糊不清的簡略說法。[48]

田野研究人員要留意線索標記（marker）。田野中的線索標記是被訪者所提到的一個瞬間即逝的、對某個重要事件或感覺狀態的參考線索（Weiss, 1994:77）。例如，在訪談一位年約45歲的醫生時，他敘述了高中時代的生活，偶爾提到那段日子並不好過，「那大約是在我姐姐在車禍中受了重傷的時候」。或許這個人從來沒有提到他的姐姐和那次的意外車禍，順便提到這事，被訪者實際上是指出這在那段時期是件重要的事。研究人員應該記下這一線索，稍後可以進行追問：「剛才，你提到你姐姐在車禍中受傷，你可以多談談那件事嗎？」更重要的是，訪談者要傾聽。研究人員不應經常打斷被訪者的話語，不要重複述說被訪者的話語，也不要提供聯想（例如「噢，那就像

是……」），更不要堅持要說完一個被訪者已經開始回答的問題，不要費力控制訪談過程，固執己見而忽略新的線索（參見Weiss, 1994:78）。

生活史

　　生活史或是傳記性的訪談是田野訪談的一種特殊類型。它與口述歷史有重疊的地方。[49] 想知道過去故事的目的是多種多樣的，它們都可能影響不同的訪問類型（參見Smith, 1994）。在生活史的訪談中，研究人員對某個特定人物進行訪談，從而蒐集他的生活文獻資料，通常這個人年事已高。「生活史的概念是用來指代一些回憶性的資訊，在生活史概念背後隱藏著的這些資訊是無法證實的」（Tagg, 1985:163）。研究人員問開放式的問題，以捕捉人們如何理解他們的過去。故事的精確程度不如故事本身重要。研究人員知道當事人有可能重建整個故事，或是在過去的歷史中添進現在的解釋；當事人有可能「重寫」自己的故事。不過，研究的主要目的是在捕捉被訪者／成員如何看或者記錄過去的事件，而不只是呈現某種客觀的事實（參見方框13-4）。

方框13-4　生活史和生活史訪談

　　生活史或者生活史訪談通常包含2～6個開放式的訪談，錄音的時間為60～90分鐘不等。這些訪談的目的主要有這樣幾個方面：首先，它們幫助被訪者根據訪談的資訊，來重新建構自己的記憶。以敘述的方式來重述和回憶自己的生活事件，對當事人來講，具有治療效果，並且能夠藉此向下一代人傳遞自己的生活智慧。第二，這些訪談能夠幫助建立生命週期中的質性資料，能發展自我，人們的生活經歷能夠被記錄下來，以充實某些資料庫（如南緬因州立大學的生活史中心就有這樣的資料庫）。第三，生活史訪談可以讓訪談者對他人的生活有進一步深入的了解。這個豐富的人生經歷能夠幫助建立親密的人際關係，增加人際和諧。生活史訪談的過程包括以下步驟：

1. 研究人員要進行背景資料查閱，不斷提高自己的訪談技巧，與被訪者聯絡，獲得被訪者的許可，並保證要做到匿名性。

2. 研究人員要進行一系列的訪談，並進行聲像錄製。訪談者不要中斷被訪者的表述，給對方完全的自由，對他們的敘述表現出極大的興趣。研究人員要問一些開放式的問題，要靈活、寬鬆，不強迫對方回答任何問題。訪談者的角色就是一個嚮導，要知道在什麼時間提問會引導對方滔滔不絕地講述自己的故事，極度關注對方，做到不判斷，提供情感支援。有時訪談者還可以提供一些照片等實物，以幫助被訪者進行回憶。

3. 研究人員按照四個階段，對錄音磁帶進行轉寫：（1）給每盤磁帶寫一個總結；（2）

對磁帶做逐字逐句的轉寫，幾乎不要進行編輯（如加上句子、段落等），只加上指導性內容（如笑、咳嗽等）；（3）對轉寫內容進行審閱，以澄清意義，並做一些編輯和重組；（4）讓被訪者看轉寫內容，以便糾正和澄清。

4. 研究人員給被訪者發出一封感謝信，給資料準備一份主題評論，並將資料送給檔案館。

資料來源：Adapted from Atkinson, 1998.

　　研究人員有時使用生活故事「棋盤方格」，在這個棋盤方格中，他們詢問當事人在不同的日期裡，數個生活層面上所發生的事件。棋盤方格代表了個人生命中每隔12年發生的重要事件，例如遷移、求職、就學、家庭事件等分類的事件。研究人員常用物件（例如舊照片）作為訪談資料的補充，並且在訪談過程中，拿出這些物件以幫助討論與回憶。「作為一種經驗式的習作，撰寫個人生活需要大量的資料：信件、檔與訪談紀錄」（Smith, 1992:20）。McCraken（1988:290）給我們舉了個例子，來說明一個物件如何幫助他了解被訪者看事物的觀點，進而協助其訪談進行。McCraken在這位75歲左右的女士家的客廳中進行訪談，剛開始時他認為這個客廳中堆滿了亂七八糟的物品。在要求這位婦女解釋每個物件的意義之後，可以很清楚地看出，每一件物品對她來說都是一段難忘的回憶。這個房間記錄了這位女士生命中關鍵事件。作者只有從這個新的角度來審視這些物品，他才開始不再把這些物品與家具視為毫無生命的物品，而是充滿了特殊意義的東西。

　　有時候，研究人員找得到現成的關於某人的檔檔案；還有時候，研究人員必須到處尋找相關檔，建立一個新的檔案。找出這些文獻資料是個浩大工程，需要仔細審查、分類並組織資料。訪談與文獻資料共同構成了生活史的基礎。

田野訪談中的問題類型

　　田野研究人員在田野訪談中，常常會問三種類型的問題：描述性的（descriptive）、結構性的（structural）與對照性的（contrast）問題。所有的問題都要一併詢問，在研究的不同階段問不同類型的問題，每類問題提問的多少也不一樣（參見圖13-6）。早期階段，研究人員主要問的是描述性的問題。然後研究人員逐漸增加結構性問題，直到中間階段、進入分析之後，結構性問題占的比例就越來越大。對照性問題出現於田野研究中期之後，而且數量一直增加，直到結束階段，對照性問題的數量都會多於其他兩類問題。[50]

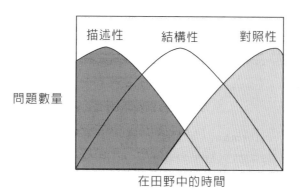

圖13-6　田野研究訪談中的問題類型

　　研究人員問描述性問題的目的，是要了解背景，獲得成員的資料。描述性問題可能是關於時間或地點的問題，例如，「洗手間在哪裡？」「送信的卡車什麼時候會到？」「星期一晚上發生了什麼事？」等，也可能是關於人物與活動的問題：「誰坐在窗戶邊？」「你叔叔的長相怎樣？」「開幕式上出了什麼狀況？」也可能是關於物件的問題：「你何時使用軍用鋸？」「在處理緊急漏水事件中，你會攜帶哪些工具？」要求被訪者舉個例子、通過個人經驗來回答描述性的問題，例如，「你可以給我舉個例子來說明很棒的約會嗎？」「你在郵局工作時的情況怎樣？」描述性的問題可以詢問假設的情況：「如果有學生在考試時翻書，你會如何處理？」另一個描述性的問題，會詢問成員有關這個背景情況的暗語：「你把副警長叫做什麼？」（答案是「縣頭」）

　　研究人員進入田野一段時間並開始分析資料之後，就可以問結構性問題，尤其是在做領域分析時（將在第十五章討論）。研究人員在完成了把特殊的田野事件、情況與對話組織成概念類別之後，才可以詢問結構性問題。例如，研究人員在高速公路上卡車休息餐廳的觀察紀錄顯示，餐廳員工非正式地把光顧卡車休息餐廳的顧客分成了不同的類別。經過初步分析之後，研究人員對顧客種類創造了一個概念類別，然後使用結構性問題請員工來確認這些類別。

　　提出結構性問題的一個方法是，詢問員工某個類別除了研究人員提出的這些要素之外，是否還包括其他要素，例如，「除了常客、白吃客、廁所客與大貨車司機之外，還有其他類型的顧客嗎？」此外，研究人員還要追問問題來加以求證：「白吃客是你服務的一類顧客嗎？」「你會將什麼樣的客人稱為白吃客呢？」「廁所客會吃一份三道菜的晚餐嗎？」

　　對照性問題建立在完成了對結構性問題的分析之上。當研究人員要求成員確認相似性與差異性時，對照性問題的焦點集中在構成類別的成分之間或不同類別之間的相似性或差異性：「你這裡似乎有許多不同類型的顧客，我曾聽你稱呼一些客人為『常客』，有一些為『廁所客』。常客與廁所客有什麼相似之處？」或者問「長途客與白吃客之間

的差異，在於白吃者不付小費嗎？」或問「有客人停下來，只是為了上廁所，有幾個是全家人，另一個是獨自開車的男子，你會統稱他們為廁所客嗎？」

知情人

田野中的知情人（informant）或關鍵行動者是與田野研究人員發展出緊密關係的成員，他會告訴研究人員田野上發生的故事和資訊。[51] 什麼樣的人會是個好的知情人呢？理想的知情人有四個特點：

1.　好的知情人指的是對田野文化瞭若指掌，而且身處的地位能夠目睹所有重要事件的成員。知情人生活在這個文化之下，呼吸這裡的氣息，在這個背景下進行活動，但從不做深入的思考。這個人對於田野文化有著多年的親身經驗，他不是個新進入成員。

2.　好的知情人是目前正置身於田野中的成員。過去是但現在不是成員了，若這些人能回想反省田野事物，可能會提供對研究人員有用的見識，但他們離開直接參與田野的時間越久，越有可能重新建構他們的回憶。

3.　比較好的知情人通常願意花時間與研究人員相處。訪談可能要花上好幾個小時，有些成員就沒空接受長時間的訪談。

4.　非分析性的成員會是個比較好的知情人。非分析性的成員熟悉而且懂得使用當地的民俗理論或實用性常識。這正好與分析性成員相反，分析性成員事先分析背景，他們會使用一些從媒體或學校學到的分類。即使受過社會科學教育的成員，也可以學習以非分析性的模式作答，但是這時他們必須將自己受到的教育擱置一旁，採用成員觀點。

田野研究人員可以訪談多種類型的知情人。提供有用觀點的知情人還包括新進者與老前輩、位居事件中心或邊緣的人、地位最近有所變動（例如升官）或地位穩固的人、受到挫折或者需要幫助的人、快樂的人或安定的人、大權在握的領導者與聽命行事的隨從。當研究人員對不同類型的知情人進行訪談時，他們期望得到各種不同的資訊。

訪談環境

田野研究人員知道在擁擠的餐廳中，要想進行像在私人辦公室中那樣的對話，是不可能的。[52] 訪談時常是在被訪者的家中進行，這樣被訪者會覺得舒適自在。但這並不總是最好的方法，如果被訪者能夠全神貫注，或者訪談不涉及隱私權，研究人員通常會移到另一個場所進行訪談（例如餐館或大學的辦公室）。

訪談的意義受它的形態或者研究人員與被訪者互動的整個背景的影響。例如，研究

人員會注意到非語言溝通（例如聳肩、手勢等）也會提供某些意義：

　　調查者應該留意不會出現在訪談紀錄上的重要因素，無論這個紀錄是錄影帶、錄音帶，還是一組筆記。關於場所背景、參與者、日期時間、正在進行的社會或儀式活動等等的詳細筆記，應該再加上研究人員對互動過程的感知。（Briggs, 1986:104）

離開田野

　　田野工作可能持續幾個星期，也可能持續幾年之久。[53]不論怎樣，在某個時點，田野工作總是要結束的。有些研究人員（例如Schatzman和Strauss）指出，當理論建構已經完成，或者到了終結階段時，田野工作自然就結束了；其他學者（例如Bodan和Taylor）覺得，田野工作可以無休止地做下去，因此需要在某個時段，毅然決然地切斷各種關係。

　　有經驗的田野研究人員會預先設計好離開與退出田野的程式。根據投入的強度與待在田野的時間長短，這個過程對研究人員與成員而言，都是相當具有破壞性的、令人痛苦的。研究人員在離開田野時可能會經歷到切斷親密友情的痛苦，有時，研究人員在離開前後會有罪惡感和沮喪感。研究人員可能發現很難就這樣離開，因為有太多的私人感情。如果投入田野的時間越長、越密集，田野的文化越不同於研究人員本身的文化，那麼，研究人員回到自己原來文化的適應期就越長，可能需要幾個月，才會有回家的感覺。

　　研究計畫要結束了，研究人員決定要離開田野，那就不太能夠蒐集到什麼新資訊，或是因為外在因素強迫研究到此為止（例如工作期限已滿，把關人命令研究人員離開等），研究人員會選擇退出田野方法，可以快速離開（突然就一去不回），也可以慢慢地退出，減少每星期投入的次數。研究人員也需要決定如何以及何時告訴成員自己要離開。

　　退出的程式取決於個別的田野情境以及所發展出來的關係，一般來講，研究人員在快要離開時才告訴成員。他們在離開前，要實現自己早先的承諾，然後清清白白地離開。有時候，可以舉行個歡送會之類的儀式，或是和每個人握手道別。離開田野後，與田野成員保持朋友關係是可以的，這是女性主義研究人員所偏愛的一個方法。

　　田野研究人員知道，自己的離開會影響成員。有些成員可能感覺受到傷害或遺棄，因為親密的關係就此結束了。他們的反應可能是試圖把研究人員拉回田野，繼續充當他們中的一員，成員也可能會發怒或怨恨。當田野成員意識到田野研究人員實際上是個局外人，這可能會使田野成員變得冷漠，與研究人員保持距離。不論如何，田野工作

結束的標誌是完成離開或脫離田野的程序。

田野研究的倫理困境

　　田野研究人員直接走進他人的社會生活，引起了許多道德上的難題。這個兩難困境始於研究人員獨自一人在田野上、沒有時間去做道德決定的時候。雖然研究人員在進入田野之前，對一般性的倫理問題都有所考慮，但是，這些問題都是不知不覺地出現在田野的互動與觀察過程之中。我們將討論田野研究中的五個倫理問題：欺騙、保密、涉及非法行為、有權有勢者、發表田野研究報告。[54]

欺騙

　　田野研究有幾種不同的欺騙形式：在暗中進行研究、假角色，使用名字或身分在某些方面對成員有所誤導。討論最熱烈的倫理問題就是欺騙和暗中研究是否違背倫理。[55]有些學者（Douglas, 1976; Johnson, 1975）支持欺騙，並且認為欺騙是進入田野獲得對社會生活許多層面充分了解的必要手段。也有學者（Erikson, 1970）反對使用欺騙，認為欺騙會破壞研究人員與社會之間的信任關係。雖然欺騙手法涉及的道德問題的確令人質疑，但是某些田野場所或行動只能進行暗中研究。

　　暗中研究絕對不是較好的方法，而且絕不會比公開研究更容易操作，因為對研究人員來講，很難長時間偽裝，而且他們心裡總是擔心有朝一日會被識破。Lofland和Lofland（1995:35）指出，「就像自然主義研究中遇到的倫理兩難問題一樣，我們相信道德意識高的、有思想的和知識淵博的調查者，是最佳的裁判，應該由他們自己來決定是否從事暗中研究。」

保密

　　研究人員從田野中獲得私人知識，而這類知識通常是需要保密的，研究人員在道德上有義務對資料保密。這包括了保守資料的祕密不讓田野上的其他成員知道，在田野筆記中用假名來代替成員的真實姓名。

涉及非法的次文化

　　對從事非法行為的偏差者進行田野研究的研究人員，會面對更多的困境。他們知道而且有時也參與一些非法活動。Fetterman（1989）稱這類知識為「問心有愧的知識」

（guilty knowledge）。這種知識不僅執法官員感興趣，其他次文化的成員也同樣感興趣。研究人員面對一種兩難局面，一方面要與這些人建立信任的關係，另一方面又要注意，不要涉入太深，以致違反了自己做人的基本道德標準。通常，研究人員會在這些次文化成員之間達成某種明確的協定。West（1980:38）評論說：

　　我表示我不想積極參與相對有高風險、會涉及傷害他人的犯罪活動（例如竊盜、攻擊），並且會解釋說，這種行為是如何不值得我去冒這個風險，或是表示個人非常厭惡這類的行為：我拒絕接受邀請參加「攔路搶劫」的活動。雖然我曾有幾次出現在有受害人的場合，的確給了我許多珍貴的資料，但是我的意願一般都會受到尊重，我明顯流露出的不自在，也促使田野成員在下次碰上類似的情況時，事先會向我提出警告。

有權勢者

　　田野研究人員傾向研究社會上沒權沒勢的人（例如貧民窟的人、窮人、兒童、科層制度下的下層工人）。有權有勢的精英分子會切斷你接近他們的途徑，他們會雇用有效的把關人。研究人員因為忽視這些有權有勢的人而常遭到批評，有權有勢者也指責研究人員偏袒那些無權無勢的人。Becker（1970c）以信用層級（hierarchy of credibility）這個詞來加以解釋，這個觀點認為，那些研究窮人或低下階層的研究人員被認為是有偏差的，而那些研究有權有勢的人則被認為是值得信賴的研究人員。在層級結構的團體或組織當中，大部分的假定位居頂端或接近頂端的人，才有權界定事物應該是什麼樣子，那些掌握大權的人有較廣的眼界，可以大有作為。當田野研究人員投身於無權無勢者的世界，了解這些人的觀點時，他們表達的是一個不被聽到的觀點。他們可能會就此遭到不公正的指控，因為他們給了社會上某部分人發言權，而這些人的聲音在社會上根本不可能聽到。

發表田野報告

　　研究人員蒐集和報告出來的都是一些私人資訊，這就產生了隱私權與知識之間的兩難問題。研究人員不會公開宣傳成員的祕密，違反保密的原則，做出傷害他人名譽的事。可是，如果研究人員不能出版任何對某人會造成冒犯或傷害的論文，對研究人員所知所聞的某些事必須保密，一些重要環節被刪除，那麼研究人員所發表的東西，必然得不到他人的信任。有些研究人員提議讓成員閱讀報告，以確認其準確性並取得他的同意而出版。對於邊緣團體（例如上癮者、娼妓、吸毒者等）可能做不到。但是，研究人員仍然必須尊重成員的隱私權。另一方面，評審和自我審查制度也可能有風險。有個妥協

的方式就是，只在關係到研究人員主要論點證明時，才能刊登那些真實無誤、不帶有任何奉承意味的資料。[56]

結語

在本章中，你學到了有關田野研究與田野研究的過程（選擇一個地點、取得進入的途徑、建立田野中的關係、觀察與蒐集資料以及田野訪談）。田野研究人員在資料蒐集階段便開始分析資料，進行理論化的過程。

你現在能夠體會這句話的深刻含義，即開展田野研究，研究人員在自然的背景中直接與研究物件建立關係，並且把整個人投身進去。從事田野研究與從事其他類型的研究相比，對研究人員的情感、個人生活與自我意識都會造成較大的衝擊。田野研究不容易做，但是，用這個方法來研究社會世界，可以對某些層面進行深入的研究，而這一點則是其他方法無法做到的。

當研究人員想要研究目前發生的小團體中的人際互動時，田野研究法是最有優勢的方法。這個方法對微觀層次或小團體中面對面的互動最有價值。如果研究人員關心的是宏觀的過程與社會結構，那麼這個方法就沒有太多的優勢。對發生在遙遠的過去，或是穿越數十年的過程，這個方法幾乎也是毫無用處。

關鍵字

acceptable incompetent可接受的不合格者

access ladder進入層次

analytic memos分析性備忘錄

appearance of interest表現出感興趣

argot暗語

attitude of strangeness陌生的態度

breakdown脫節

competent insider performance合格的局內人表現

contrast question對照性問題

defocusing分散焦點

descriptive question描述性問題

direct observation notes直接觀察筆記

ecological validity生態效度

ethnography民族學

ethnomethodology民族方法學

external consistency外部一致性

face sheet封面

field site田野地點

freeze outs冷臉應人者

fronts偽裝

gatekeeper把關人

go native當成當地人

guilty knowledge問心有愧的知識

hierarchy of credibility信度層級

jotted notes隨筆紀錄

life　history interview生活史訪談

marker標記

member validation成員確認

natural history自然歷史

naturalism自然主義

normalize social research社會研究正常化

pseudonyms假名

separation of inference推論分離

structural question結構性問題

thick description深度描述

複習思考題

1. 芝加哥學派發展的兩個主要階段是什麼？什麼是新聞模式與人類學模式？

2. 列出「方法論實用主義」的田野研究人員會做的10件事中的5件。

3. 對田野研究人員來說為何在開始進行田野研究之前，做好文獻回顧是件重要的事？這與分散焦點有何關係？

4. 指出對於初次從事田野調查的研究人員而言，合適的田野研究地點的特徵。

5. 「自我展現」會如何影響到田野研究人員的工作？

6. 什麼是「陌生的態度」？它為什麼重要？

7. 在選擇田野角色時需要考慮哪些問題？研究人員的決定會如何影響他們的投入程度？

8. 指出三種確保田野研究資料品質的方法。

9. 比較田野訪談與調查訪談的異同，以及田野訪談與朋友間談話的異同。

10. 田野筆記有哪些不同類型和層次？每種類型的目的是什麼？

注釋

【1】See Lofland and Lofland (1995:6,18-19).

【2】For a background in the history of field research, see Adler and Adler (1987:8-35), Burgess (1982a), Douglas (1976:39-54), Holy (1984), and Wax (1971:21-41). For additional discussion of the Chicago school, see Blumer (1984) and Faris (1967).

【3】Ethnography is described in Agar (1986), Franke (1983), Hammersley and Atkinson (1983), Sanday (1983), and Spradley (1979a:312; 1979b:316).

【4】See Geertz (1973,1979) on "thick description" Also, see Denzin (1989:159-160) for additional discussion.

【5】For more on ethnomethodology, see Cicourel (1964), Denzin (1970), Leiter (1980), Mehan and Wood (1975), and Turner (1974). Also, see Emerson (1981:357-359) and Lester and Hadden (1980) on the relationship between field research and ethnomethodology. Garfinkel (1974a) discussed the origins of the term ethnomethodology.

【6】The misunderstandings of people resulting from the disjuncture of different cultures is a common theme.

The disjuncture of class cultures is also a common theme. The most famous example is George Bernard Shaw's play *Pygmalion*, which was later made into the musical *My Fair Lady*.

〔7〕 For a general discussion of field research and naturalism, see Adler and Adler (1994), Georges and Jones (1980), Holy (1984), and Pearsall (1970). For discussions of contrasting types of field research, see Clammer (1984), Gonor (1977), Holstein and Gubrium (1994), Morse (1994), Schwandt (1994), and Strauss and Corbin (1994).

〔8〕 See Georges and Jones (1980:21-42) and Lofland and Lofland (1995:11-15).

〔9〕 Johnson (1975:65-66) has discussed defocusing.

〔10〕 See Lofland (1976:13-23) and Shaffir and colleagues (1980:18-20) on feeling marginal.

〔11〕 See Adler and Adler (1987:67-78).

〔12〕 See Hammersley and Atkinson (1983:42-45) and Lofland and Lofland (1995:16-30).

〔13〕 Jewish researchers have studied Christians (Kleinman, 1980), Whites have studied African Americans (Liebow, 1967), and adult researchers have become intimate with youngsters (Fine, 1987; Fine and Glassner, 1979; Thorne and Luria, 1986). Also, see Eichler (1988), Hunt (1984), and Wax (1979) on the role of race, sex, and age in field research.

〔14〕 For more on gatekeepers and access, see Beck (1970:11-29), Bogdan and Taylor (1975:30-32), and Wax (1971:367).

〔15〕 Adapted from Gray (1980:311). See also Hicks (1984) and Schatzman and Strauss (1973:58-63).

〔16〕 Negotiation in the field is discussed in Gans (1982), Johnson (1975:58-59, 76-77), and Schatzman and Strauss (1973:22-23).

〔17〕 Entering and gaining access to field sites is discussed in Becker (1970a:31-38), Lofland and Lofland (1995:31-41), and West (1980). Elite access is discussed by Hoffman (1980) and Spencer (1982). Also, see Hammersley and Atkinson (1983:54-76).

〔18〕 For more on roles in field settings, see Barnes (1970:241-244), Emerson (1981:364), Hammersley and Atkinson (1983:88-104), Warren and Rasmussen (1977), and Wax (1979). On dress, see Bogdan and Taylor (1975:45) and Douglas (1976).

〔19〕 See Strauss (1987:10-11).

〔20〕 See Georges and Jones (1980:105-133) and Johnson (1975:159). Clarke (1975) noted that it is not necessarily "subjectivism" to recognize this in field research.

〔21〕 See Gurevitch (1988), Hammersley and Atkinson (1983), and Schatzman and Strauss (1973:53) on "strangeness" in field research.

〔22〕 See Douglas (1976), Emerson (1981:367-368), and Johnson (1975:124-129) on the question of whether the researcher should always be patient, polite, and considerate.

〔23〕 See Wax (1971:13) for a discussion of understanding in field research.

【24】For discussions of ascribed status (and, in particular, gender) in field research, see Adler and Adler (1987), Ardener (1984), Ayella (1993), Denzin (1989:116-118), Douglas (1976), Easterday and associates (1982), Edwards (1993), Lofland and Lofland (1995:23), and Van Maanen(1982).

【25】Roy (1970) argued for the "Ernie Pyle" role based on his study of union organizing in the southern United States. In this role, named after a World War Ⅱ battle journalist, the researcher "goes with the troops" as a type of participant observer. Trice (1970) discussed the advantages of an outsider role. Schwartz and Schwartz (1969) gave a valuable discussion of roles in participant observation and the effects of various roles.

【26】See Gans (1982), Goward (1984b), and Van Maanen (1983b:282-286).

【27】See Douglas (1976:216) and Corsino (1987).

【28】For discussion of "normalizing," see Gans (1982:57-59), Georges and Jones (1980:43-164), Hammersley and Atkinson (1983:70-76), Harkens and Warren (1993), Johnson (1975), and Wax (1971). Mann (1970) discussed how to teach members about a researcher's role.

【29】The acceptable incompetent or learner role is discussed in Bogdan and Taylor (1975:46), Douglas (1976), Hammersley and Atkinson (1983:92-94), and Lofland and Lofland (1995:56).

【30】See Warren and Rasmussen (1977) for a discussion of cross-sex tension.

【31】Also, see Adler and Adler (1987:40-42), Bogdan and Taylor (1975:35-37), Douglas (1976), and Gray (1980:321).

【32】See Bogdan and Taylor (1975:50-51), Lofland and Lofland (1995:57-58), Shupe and Bromley (1980), and Wax (1971).

【33】See Johnson (1975:105-108).

【34】See Becker and Geer (1970), Schatzman and Strauss (1973), and Spradley (1979a, 1979b) on argot.

【35】For more on ways to record and organize field data, see Bogdan and Taylor (1975:60-73), Hammersley and Atkinson (1983:144-173), and Kirk and Miller (1986:49-59).

【36】See Schatzman and Strauss (1973:69) on inference.

【37】See Denzin (1989:87), Lofland and Lofland (1995:197-201), Schatzman and Strauss (1973:34-36), and Stimson (1986) for discussions of maps in field research.

【38】See Albrecht(1985), Bogdan and Taylor (1975:109), Denzin (1989:210-233), and Jackson (1987) for more on taping in field research.

【39】See Burgess (1982b), Lofland and Lofland (1995:89-98), and Spradley (1979a, 1979b) on notes for field interviews.

【40】For additional discussion of data quality, see Becker (1970b), Dean and Whyte (1969), Douglas (1976:7), Kirk and Miller (1986), and McCall (1969).

【41】Douglas (1976:115) argued that it is easier to "lie" with "hard numbers" than with detailed observations of natural settings, especially if the field data were collected with others and have extensive quotes presented in context.

【42】Adapted from Douglas (1976:56-104).

【43】See Bloor (1983) and Douglas (1976:126).

【44】For more on validity in field research, see Bogdan and Taylor (1975), Briggs (1986:24), Douglas (1976), Emerson (1981:361-363), and Sanjek (1990).

【45】See Lofland (1976) and Lofland and Lofland (1995:99-116) for an especially valuable discussion of focusing. Spradley (1979b: 100-111) also provides helpful discussion.

【46】See Denzin (1989:71-73, 86-92), Glaser and Strauss (1967), Hammersley and Atkinson (1983:45-53), Honigmann (1982), and Weiss (1994:25-29) on sampling in field research.

【47】Discussion of field interviewing can be found in Banaka (1971), Bogdan and Taylor (1975:95-124), Briggs (1986), Burgess (1982c), Denzin (1989:103-120), Douglas (1985), Lofland and Lofland (1995:78-88), Spradley (1979a), and Whyte (1982).

【48】For more on comparisons with conversations, see Briggs (1986:11), Spradley (1979a:56-68), and Weiss (1994:8).

【49】See Atkinson (1988), Denzin (1989:182-209), Nash and McCurdy (1989), Smith (1994), and Tagg (1985) on life-history interviews.

【50】The types of questions are adapted from Spradley (1979a, 1979b).

【51】Field research informants are discussed in Dean and associates (1969), Kemp and Ellen (1984), Schatzman and Strauss (1973), Spradley (1979a:46-54), and Whyte (1982).

【52】Interview contexts are discussed in Hammersley and Atkinson (1983:112-126) and in Schatzman and Strauss (1973:83-87). Briggs (1986) argued that non-traditional populations and females communicate better in unstructured interviews than with standardized forms of expression.

【53】Altheide (1980), Bogdan and Taylor (1975:75-76), Lofland and Lofland (1995:61), Maines and colleagues (1980), and Roadburg (1980) discuss leaving the field.

【54】See Lofland and Lofland (1995:26, 63, 75, 168-177), Miles and Huberman (1994:288-297), and Punch (1986).

【55】Covert, sensitive study is discussed in Ayella (1993), Edwards (1993), and Mitchell (1993).

【56】See Barnes (1970), Becker (1969), Fichter and Kolb (1970), Goward (1984a), Lofland and Lofland (1995:204-230), Miles and Huberman (1994:298-307), and Wolcott (1994) on publishing field research results.

第十四章

評估研究

開展評估有一系列原因：評價正在進行的服務計畫，估計它的有效性並加以改進；評價創新性計畫的效用；提高服務計畫管理和行政管理的有效性；以及滿足計畫出資方的問責性要求。

——Rossi P, Freeman, H., and Lipsey, M.(1999)，13頁

　　你去見保健醫生，醫生可能給你稱體重、量體溫、心率和血壓等，並進行記錄。為什麼呢？答案很簡單，保健醫生希望獲得我們身體狀態的基本測量資料，他們希望能夠對每次檢測結果進行比較，以了解我們身體狀態的變化，同時，這些資料還能讓醫生和病人都知道治療方法是否有效。作為社會工作者，我們感興趣的是我們當事人的「健康」，我們的職業要求我們需要進行評估，以發現我們的服務計畫、治療和提高他人的能力、幫助他人的努力是否奏效。如果不能按照高標準來評估當事人改變的情況，在必要的時候，不能選擇合適的治療方案，無法監督干預過程，不了解我們的努力與當事人或當事人系統的結果之間的關係，我們就是在怠忽職守。[1]美國社會工作者協會出版的《倫理守則》中的5-02節鼓勵我們要評估干預的有效性，並要求我們具備研究的相關知識和技術，理解實務干預、服務計畫和政策，具體參見方框14-1。

方框14-1　美國社會工作者協會《倫理守則》5.02節關於評估和研究

a. 社會工作者應監察和評估政策、項目實施和實際的干預工作。

b. 社會工作者應推動評估和研究工作，並為之提供方便，為知識發展做貢獻。

c. 社會工作者應批判性地審視正在湧現出的與社會工作有關的知識，跟上當前知識的步伐，並在專業實踐中充分運用評估和研究成果。

d. 社會工作者在進行評估和研究時應仔細考慮可能產生的後果，並遵循已有的保護評估和研究參與者的指導原則開展工作。社會工作者還應找適當的機構評審委員會諮詢。

e. 社會工作者在進行評估或研究時，若情況適合，應獲得參與者知會同意的書面授權，而不得對拒絕參與的人有任何暗示的或實際的剝削或處罰，不得用不正當手段誘使其參與，應充分考慮參與者的福祉、隱私和尊嚴。獲得參與者的知會同意，應包括讓其了解研究的性質、範圍和參與的期限，以及參與研究會有的風險和收益。

f. 當評估或研究的參與者沒有能力提供書面知會同意書時，社會工作者應做適當的解釋工作，讓參與者按自己的能力所及給予授權，並從適當的監護人處獲得書面授權。

g. 社會工作者不得策劃或從事不徵求參與者意見的評估或研究，諸如從事某種形式的自然觀察研究和檔案研究，除非經過嚴格、負責的評審發現這一研究有正當的理由，會有科學、教育或應用方面的價值，並且除非其他同樣有效的徵詢參與者意見再開展研究的方法行不通。

h. 社會工作者應告訴參與者，他們有權在任何時候退出評估和研究而不受處罰。

i. 社會工作者應採取適當措施，確保評估和研究的參與者可以獲得適當的支援性服務。

j. 社會工作者在進行評估或研究時，應確保參與者的身心不會遭遇無端的苦惱、傷害、危險或盤剝。

k. 從事服務評估的社會工作者，在討論蒐集到的資料時，只應用於專業上的目的並限於在專業上與這一資料有關的人員。

l. 社會工作者進行評估或研究時，應確保參與者是匿名的或者能爲其保密，從參與者那裡獲得的資料也要確保匿名性或機密性。社會工作者應告知參與者所有的保密限度，將會採取的保密措施，以及銷毀所有調查記錄的時間。

m. 除非獲得適當的授權，否則社會工作者在報告評估和研究的結果時，應保護參與者的隱私，刪除能辨識其身分的資料。

n. 社會工作者應準確無誤地報告評估和研究的結果，不得捏造或虛報。成果發表後如發現任何錯誤，應採取措施，通過正規出版物予以更正。

o. 社會工作者進行評估或研究時，應警惕和避免與參與者發生利益衝突和雙重關係。一旦眞的發生利益或有可能發生利益衝突時，社會工作者應告知參與者，並應本著參與者利益至上的原則採取措施，解決問題。

p. 社會工作者應訓練自己、學生和同事負責地開展研究工作。

資料來源：摘自《全國社會工作者協會倫理守則》1999年版。全國社會工作者協會。

什麼是評估

爲什麼要評估機構

　　社會工作者應該關注社會服務計畫該怎樣對特定的當事人有效。社會工作及其相關的專業近年興起了關注證據爲本的實務的運動，或稱爲EBP（Gam-hrill, 1999; Geyman, Deyo and Ramsey, 2000; Katz, 2001; Webb, 2001）。例如，作爲一個職業，我們的關注點應該是運用最好的證據，來證明我們的干預是有意義的（Witkin and Harrison, 2001）。贊助方可能想知道，用在服務計畫上的費用是否合理；管理者也想知道，服務計畫是否有效，投入與產出是否合適，是否滿足了自己服務的人群的需要。當事人和服務使用者可能感興趣的是，他們的需求在多大程度上得到滿足。評估者可能會及早發現問題，在不同的服務計畫之間進行比較。所以，服務提供者能夠有機會來慶祝自己的成功，幫助提升當事人的能力，增加他們需要的資源，取代那些被證明無效的服務計畫。[2]

為什麼不評估機構

　　如果一個機構的目標或服務計畫的目標很不現實，或者干預策略缺乏實踐智慧、理

論或證據，那麼，這時候開展評估就很不明智。我們需要知道現存什麼樣的資料，還需要什麼樣的資訊，以及可以從多少當事人那裡蒐集資料（Logan and Royse, 2001）。在可能的情況下，我們就應該努力充分利用現存的當事人紀錄或機構的檔案，只要這些資料中包含了有效的（準確的）重要概念的指標，而且這些指標是可信的（隨著時間的推移保持一致性），那麼，這些資料就可以用來進行評估。如果關於當事人或服務計畫的重要資訊不充分，那麼，就要確定需要多長時間、多少精力才能獲得需要的資料。

根據Tripodi（2001）的看法，如果評估者僅被用來作為工具，以保護機構或機構服務的正面資料，或者作為政治工具，來延緩決策，那麼，這種評估最好應該推遲或取消。此外，如果沒有足夠的資訊來進行全面的評估，那麼，最好不要進行評估。最後，如果服務計畫不夠成熟，或者當事人還沒有接受足夠的服務，以致無法看到服務計畫的有效性，這個時候進行評估也不太合適。換言之，這時候的評估，要說服務計畫是否能夠像預期那樣發揮作用，就為時過早了。

機構何時適合評估

評估性評價是一套程式，是用來決定機構是否合適開展評估，評估是否可行，是否能夠提供有益的資訊。在進行評估性評價過程中，需要考慮的問題包括：機構或服務的使命、目標、目的是否可行，是否有足夠的資源，是否具備專業知識背景。與此相關的另一個問題是，在機構的檔和報告中，或者社會工作文獻中或網路資源中，包含了相同的或相關的機構服務或干預計畫記載了多少相關的資訊。評估者最關心的兩個關鍵問題就是：是否先前社會工作機構所做的努力會產生很有用的模式，可以在實務服務中進行複製；是否先前失敗的案例，能夠給現在的評估提供足夠的資訊（Weiss, 1972）。

在計畫階段早期，評估者需要面對的一個問題，就是是否能夠提供一個初步評估報告給機構職員，以便讓他們改進提供服務的過程，發展其他的服務（Beck and Rossi, 1990）。初步的分析結果，能被有效地運用到發現操作性問題、發揮機構職員的能力，以開展自己的持續性評估和日常的監督工作。但是，這樣運用持續性評估結果，在第二章中被稱為「形成性評估」（Herman, Lyons-Morris and Fitz-Gibbon, 1987），實際上會給評估者帶來挑戰，要評估正在進行的服務計畫的影響，對評估者來講，就是一個非常困難的任務。當服務計畫在執行過程中，本身處在一個持續的改變之中，測量服務計畫的影響，就需要持續測量提供的服務類型和服務水準（Mohr, 1992）。評估中遇到的困難就是不容易劃清不同服務計畫之間的界限，因此，評估會變得很不清晰。在形成性評估中，需要有額外的努力和資源才能進行影響分析，而評估者需要對這些努力和資源進行測量，並在改善後的服務計畫的結果，以及最後的評估結果的廣泛使用之間進行比較。

在評估性評價中一個重要的問題就是，是否有足夠的資源和財力來配合評估，例如，職員的時間和專業，以及一些附帶設備，例如所需物質、設備配置、硬體、軟體，以及這些系統提高支援的能力等。評估性評價中的最後一個問題就是，評估是否能夠有一個時間框架，使得評估結果能夠在制定計劃和政策中發揮作用。[3]

機構應該使用外部評估者還是內部評估者

機構需要決定是使用自己的職員（內部評估者），還是使用外人（外部評估者）來進行評估，還是同時使用這兩類評估者。內部評估者的優點是，他們對機構非常熟悉，能夠改進服務計畫，因為他們自己就是機構的一個部分。他們有更高的可信性，對機構的這種情況都很了解，因此，不要再去花時間尋找檔案紀錄。他們還記得為什麼做出一些決策，他們中間的很多人，可能還在機構中占據一定的地位，這些條件使得他們能夠監督和跟進評估後提出的建議實施的情況，因為他們對機構有很多的投入。使用內部評估者的缺點是，他們可能缺乏獨立性，會帶有主觀偏見，可能還會遇到倫理問題，因為他們認識很多當事人，還認識機構中的每一位職員，有些人甚至他們還非常熟悉。評估工作作為額外的任務，會增加他們的工作負擔。是否具有權威性也是一個問題（Sonnichsen, 1999）。外部評估者的優點是，他們的評估技術可能比較專業，可能會有一些新的想法和新的視角。他們會保持獨立性和客觀性。他們所處的地位，還可以幫助服務計畫具有更好的問責性。外部評估者的缺點是，他們對機構的了解不多，對某些資訊和關鍵人物的接近途徑有限。他們的費用很貴。另外，他們沒有能力進行跟進（Sonnichsen, 1999）。

機構評估的範圍是什麼

根據Boyle，Lemaire和Rist（1999）的觀點，機構評估者面臨的一個嚴峻的問題就是評估研究的範圍是什麼。也就是說，評估要集中進行，由一個權威系統按照等級制的方法來進行決策嗎？或者機構中的每個部門都必須負責各自的評估工作嗎？集中進行評估可能會節約資源，它還可以將不同部門的人團結起來，在不同的部門同時進行；同時，它還可以提供一個概念性的保護傘，幫助各個部門發現成功的經驗。然而，集中進行評估可能會使某些人的權力超過另一些人，它還可能會在小部門中壓制人們的創造力，增強人際關係的依賴性。分開的各部門獨立的評估，可能會提高各部門之間的競爭，費用會更高，同時還會導致某些缺乏權威的群體邊緣化。

另一個關鍵問題就是涉及的範圍的問題。也就是說，什麼樣的行動、努力和選擇應該納入或排除？難道評估應該包羅萬象，需要發現所有的因素如何運作、如何互相配

合嗎？還是說，將範圍控制在一個大機構的某個有限的範圍內，選擇一個輸入、過程和輸出呢？社會工作近年來發展的一個重點，被稱爲轉化性研究（Hudgins and Allen-Meares, 2000），試圖將評估者和實務工作者結合起來，這樣，研究結果能夠很快運用到實務當中去。

　　另外一個範圍問題就是時間，評估研究的干預和結果是短期的、中期的還是長期的？這裡關注的重點是，評估是否提供了最大的可能性，讓干預發揮功效。例如，在干預發揮作用之前，可能在時間上出現一個滯後。如果評估者過早測量干預計畫的成功結果，很可能這個干預或者服務計畫會無效，因爲治療需要足夠的時間才能表現出效果。這好像你頭疼的時候，吃了兩顆阿斯匹林，兩分鐘後，有個朋友問你，是否感覺好一點，你可能會說，頭還在疼，等15分鐘或20分鐘之後，你可能就會說感覺好多了。

　　在確定評估範圍時，另一個考慮是應該將什麼樣的目標人群包括進來。一個簡單的測量干預有效性的方法（Rosen and Proctor, 1978），就是看那些希望接受干預的人，在多大程度上接受了這些服務。第二個問題就是，是否會有這樣的情況，即原先並沒有包括在目標人群中的人，是可能接受部分或全部的服務，也就是說是否有服務人口過多效應（spillover effect）。最後一個問題就是補差效應問題。即：當事人在干預開始之前的狀態與當事人接受干預之後的理想狀態之間的關係或差距是怎樣的，干預如何縮小了這個差距（參見圖14-1）？

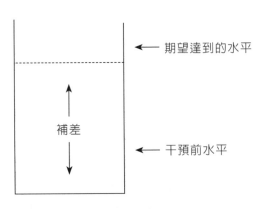

圖14-1　補差有效性

　　評估者還需要吸收決策者、專業人士、當事人和其他相關人士參與。那麼誰應該參與評估的計畫、執行和評估呢？根據Mayne，Divorski和Lemaire（1999）的觀點，服務的使用者基本上會對干預是否能夠解決問題、減少痛苦或者縮小差別這樣的事情感興趣。社會工作者和服務提供者們關心的是當事人接受服務的情況，以及當事人對服務的滿意程度。管理者感興趣的是，怎樣使得服務更加具有效率和效應。機構的總管關注的是，大規模的計畫是否能夠按計劃執行，是否能夠實現戰略性目標。很多外部的人士，

例如資格認定理事會和執照管理機構，可能會問是否遵循政策和程序，這些政策和程序是否符合倫理規範，是否體現平等的原則，是否合理。社會工作專業人士會關心干預是否奏效，什麼樣的研究能夠記錄服務計畫的有效性。

評估需要查看現存資料還是重新開始資料蒐集

　　Herman，Lyons-Morris和Fitz-Gibbon（1987）描述了一些基本的、組織機構評估的方法。一個方法就是總結性評估（我們在第二章中討論過），它從不同領域的現存的資料中尋找資料，以了解現存系統是怎樣發揮功能的。服務計畫是怎樣發揮效果的？服務計畫實現了什麼目標？總結性評估是按照回憶性的方式，從現在追溯過去進行回顧性研究，它的研究問題是，計畫的服務專案是否按計劃執行？服務計畫的費用怎樣？誰贊助了這個服務計畫？誰是執行者？誰是決策者？總結性評估者希望了解有哪些資料記錄了干預計畫的結果。總結性評估的適用領域是有限制的，它關注的是已經提供的服務計畫。總結性評估通常會由外部評估者來開展。他們常會使用量化的方式來進行測量和評估，最後會向有關部門提供一個正式的報告。

　　Herman，Lyons-Morris和Fitz-Gibbon（1987）提出的另一個組織評估的方法，就是在形成性評估中開展一些展望性工作，即根據現在的情況來推測未來。這種評估的重點是改進現存的服務，並使得現存的服務更加有效率和效用，這種評估常問的問題是：可以用別的方式來開展服務嗎？形成性評估研究的問題包括：服務計畫或干預中最重要的因素是什麼？有什麼問題？那些問題解決了嗎？形成性評估者希望了解有哪些資料記錄了服務計畫和干預的效果。形成性評估適用的領域比較廣泛，可以用來評估所有的服務專案。這類評估通常由內部評估者執行，也可以由外部評估者執行，他們會使用質性研究和發展性的測量和評估工具，會涉及比總結性評估更多的對檔、專業人士和服務相關人士的非正式的回饋。

發展邏輯模式

　　思考服務計畫評估的一個很好的思路，就是使用圖表將服務計畫的目標和計畫的順序展現出來，從而可以清晰地看出服務計畫的企圖和期望的結果之間的聯繫。這就是服務計畫的邏輯模式，它幫助我們明確服務計畫各個組成要素之間的關係（Unrau，1993）。這種邏輯模式常常是由不同的社會服務機構之間、服務機構與贊助方之間，在深入討論機構的使命、目標和目的基礎之上發展出來的。圖14-2就是一個示例，它顯示了密蘇里州的聖路易斯城為無家可歸的人提供健康照顧的服務計畫中的當事人流程圖。邏輯模式是自左向右流動的，通過不同的方塊，反映了服務計畫的進程，以及不同

的服務計畫發生的地點和效果。

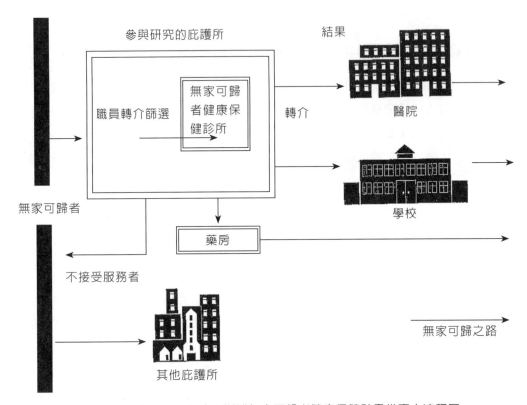

聖路易斯城無家可歸者健康保健模式

圖14-2　密蘇里州聖路易斯城無家可歸者健康保健計畫當事人流程圖

　　邏輯模式用圖示的方式來展現服務計畫的內容、期望的產出和期望的結果。服務計畫的特點包括服務物件、需要利用的資源、服務類型和不同層面的服務要素。一般來講，產出指的是內部的項目執行帶來的直接結果，例如按計劃提供的服務。例如，為無家可歸的兒童提供的服務的產出包括篩選的兒童數量、成功返回校園的兒童數量或為有需要的兒童提供眼鏡的數量等。這些產出成為創造服務計畫期望的結果的重要載體，例如，居住在庇護所中的兒童感染傳染病和長蝨子的比例的下降。這裡需要關注的是期望的結果出現的順序性，例如，短期結果比較容易發現，也比較容易測量，因此，也用來展現服務計畫在短期內的有效性。

　　第二個邏輯模式的例子，來自於一個非營利的兒童福利機構對年輕的母親及其子女提供的服務計畫，這個模式是由專案評估者發展出來的。這個模式展現了投入、干預性行動、產出和三個層面的結果：初期、中期和長期的結果。邏輯模式成為展示服務計畫活動的視覺工具。它們還可以幫助服務提供者理解一系列的服務計畫活動相互之間的

關係，服務計畫的努力與產出之間的關係，以及這些要素如何導致不同層面的結果的出現，參見圖14-3。

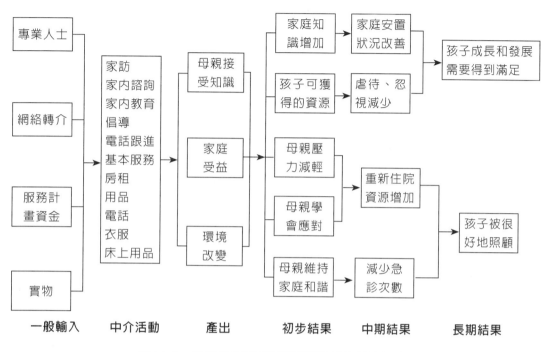

圖14-3　非營利性兒童福利服務計畫的邏輯模式

社會工作評估主要類型

評估工作的起點，就是要確定什麼樣的當事人。服務過程中各方參與者和機構閱讀評估結果會發現，他們需要知道什麼，以及什麼時候需要等。這些問題伴隨著不同類型的評估執行的整個過程。在社會工作評估中，有五種基本的類型。

影響／結果評估

社會工作中一種主要的評估就是影響評估，有時也稱為結果評估。它關注的是解釋服務計畫或干預，是否能夠表現出期望的結果或效應。服務計畫如何出現期望的結果？誰接受了幫助？服務計畫中的哪些活動或特點能夠導致或產生這樣的結果？服務計畫中是否會出現意想不到的結果？正面的還是負面的？長期的還是短期的？除了評估的服務計畫外，還有哪些其他服務計畫或環境因素影響了結果？服務計畫和干預必須通過某種服務提供的機制來執行。這就必定會包括干預努力或干預活動與當事人或者服務接受者

之間的交流和互動，參見圖14-4。

　　Tripodi（2001:27-29）認爲，計畫評估中一個關鍵問題就是：「誰對誰、爲誰、跟誰一起做了些什麼，從而產生了一些期望的改變？」這裡的第一個誰指的是爲當事人提供服務的社會工作職員的數量、職業資格和特點。做了些什麼指的是社會工作者與當事人之間互動的內容、互動的地點、頻率和持續時間。第二個誰指的是目標人群，也就是社會工作干預的物件。一般來講，通常會有一些資格規定，來界定什麼樣的人可以接受不同的社會工作機構提供的服務。期望改變指的是與下列四個問題相關的改變：期望改變的內容是什麼？改變的程度是怎樣的？改變預計會在哪裡出現？如果預期的改變會出現，這些改變會持續多久？

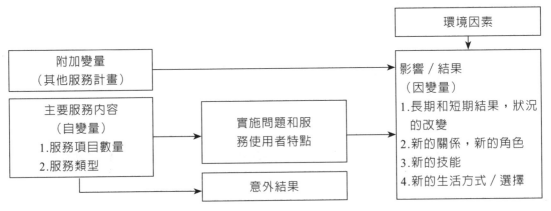

圖14-4　計畫評估中基本的影響／結果模式

影響／結果評估設計

　　在影響評估中，有三種基本的設計，即實驗設計、準實驗設計和非實驗設計。這些設計的基本策略，就是將服務計畫的結果，與沒有提供服務的情況結果進行比較。解釋性（實驗）設計是最有說服力的設計，它的結果提供了最強有力的證據。當這個設計無法奏效時，可以採用其他兩種設計（準實驗設計或非實驗設計）。

實驗（解釋性）評估

　　在第八章中，我們學習了基本的實驗設計知識。實驗性（解釋性）服務計畫評估設計可以回答基本的「爲什麼」的問題（Campbell and Cook, 1993）。要確定某項服務是否有效，實際上是個比較直接的實證性問題，通過一般的結果測量和統計分析就可以得到答案。而解釋某項服務爲什麼會發揮作用，則需要一系列的推理，也就是我們稱之爲「反問法」的問題。在反問式推理中，需要提出三類問題（Haack, 1980）：第一個問題相對比較簡單，它問的是「主題是什麼？」我們可以說我們對這個問題感興趣：

「亞當為什麼要吃這個蘋果？」在全面回答這個問題之前，我們必須建立一個主題。也就是說，我們這裡要談的是原罪嗎？我們要討論善還是惡的問題？我們可以說，為了將事情簡單化，我們要討論的是吃水果的主題。

在確立了主題之後，第二個問題就是：「對比的類別是什麼？」也就是說，亞當吃蘋果（與什麼進行對比，或者是取代了什麼其他食品）僅僅是為了解決饑餓的問題嗎？他吃蘋果是因為蘋果是唯一可以食用的東西嗎？他吃蘋果是因為他吃膩了橘子嗎？對比類別的問題幫助我們來界定我們到底要比較什麼。在這個例子中，我們確定對比的類別是橘子，那麼我們就可以得出結論說，亞當吃蘋果是為了代替橘子。

反問推理中的第三個也是最後一個問題是，「相關的關係是什麼？」也就是說，前面兩個問題的答案（主題和對比類別）給我們提供了什麼樣的關於世界的知識？而這些知識又與自己的研究有什麼關係？我們是否能夠從中得到什麼經驗教訓？我們能否將這裡觀察到的東西推廣到其他時空不同的背景中？亞當吃蘋果就是為了把它當成水果來取代橘子，來解決自己的饑餓問題，我們是否會向別人推薦這個有用的發現？這些都是與相關性關係有關的問題。

從理論上來講，在實驗性服務計畫的評估設計中，治療組被指派接受服務，而這些服務又是需要產生某些預定的結果的。如果在設計中安排了多個治療組，那麼，不同治療組的結果可進行比較（互為對照類別），評估者可以藉此來測量不同服務計畫的效果，或者是對控制組的影響。控制組（對照類別）要麼接受舊的干預服務和治療，要麼不接受服務。我們將治療組的結果與控制組的結果進行比較，就可以看到干預的影響。如果採用隨機指派和隨機分類，那麼，評估者就可以假定，是機遇決定誰來接受服務的。我們可以假定這兩個組在所有可能會影響結果測量的因素方面的特點上是相似的。原則上來講，治療組和控制組（對比組）之間的差異都可以歸因於服務計畫的有效性。

人們常認為，實驗性計畫評估設計是社會服務評估中最有說服力的評估設計，但是，它在社會服務機構中運用時卻困難重重。實驗要求單個當事人或者一組當事人，例如住在庇護所中的家庭，或者州立醫院的病人等，在接受正式的干預之前，要被隨機指派參加一個或多個小組。但是，在社會服務機構中，要這樣做就比較困難，因為我們需要謹慎地提供服務，同時因為我們強調當事人自決的原則。在不斷強調鼓勵當事人參與決策過程的時候，我們怎樣可以指派部分當事人接受A服務，而指派另一部分當事人來接受B服務呢？我們又怎樣可以隨機將當事人指派在不同的服務計畫中呢？因為這不是我們常規服務中的做法嗎？也就是說，作為社會工作者，我們不能從實驗控制的角度，在干預A和B之間做出一個決定。相反，我們要根據當事人的需要，來決定我們的干預內容。

這裡有一個設計的變體，即根據隨機原則在服務提供期間來選擇時間段。例如，在新的服務提供過程中，可以隨機選擇某幾週或某幾天。這個方法的一個具體改進方式

就是使用「上一天、休一天」的指派方式。雖然不是隨機的，如果當事人的特點不會出現系統性的每天差異，這個方法大概接近隨機指派。它的主要優點是，服務提供者會發現很容易操作，他們不需要採用扔硬幣的方式來決定何時進行服務計畫。第二個設計變體是交叉排列的方式。目標人群中的某些人被隨機抽取接受服務，而剩下的人也會在後面接受服務（例如在庇護所中的家庭或醫院中的病人，他們會在下週或下個月接受服務）。

　　我們的另一考慮就是隨機指派帶來的倫理問題，它是否被我們的專業所接納。全國社會工作者協會的職業倫理守則中反對用扔硬幣的方式來選擇當事人，它認為，隨機指派是對弱勢當事人的剝削。認眞設計的隨機程式，也許會避免這個批評。一個策略就是，當資源不足，無法為所有需要幫助並且符合接受服務條件的人提供服務時，我們可以將這些人列在一個名單上，採用隨機的方式進行抽取。本書的作者之一曾經參加過一個幫助犯罪受害者計畫，這個計畫就是為那些遭受罪犯人身攻擊或財產攻擊的受害者提供服務。服務對象是那些在過去幾天內受到傷害的人。這個計畫提供心理輔導和其他支援性服務。那些在等候名單上的人，就成為對照組了。這種抓鬮的方式，基本上是本著「先來先接受服務」的原則的，在很多情況下，這個方法都被當成是比較公平的方式。遲些時候為某些當事人提供服務（如下個月或者盡可能快的）這樣顯得更公平，同時，也會與服務計畫是否具有足夠的資源保持一致。全國社會工作者協會的職業倫理守則建議，需要由一個人類研究物件評估組來評審這樣的研究設計，按照既定的原則，來保護研究的參與者。

　　另一個考慮就是給治療和控制組的組員提供的資訊，可能無法進行比較。個案工作者已經從當事人處蒐集了資料，為治療組的組員提供了聯繫資訊，因為他們必須與當事人之間建立連續性的接觸。從還沒有接受服務的控制組的組員那裡蒐集可供比較的資訊，可能是個問題，因為這些當事人未必能夠找到（Royse and Thyer, 1996）。還有一個考慮就是在不同的時段，服務計畫的連續性的問題。也就是說，在一段時間中，很難確定什麼層次或類型的干預，會產生測量到的改變結果。一個解決方法就是，社會工作者可以在自己的服務計畫執行中，完整地記錄主要的改變，並把這個當成自己的日常操作程式的一個組成部分，他們可以利用這些資訊來界定不同的參與者所接受的「服務計畫的類型」會有什麼樣的變化，並進行影響／結果分析。[4]

　　實驗性影響／結果評估的典型例子就是藥物治療監測評估專案（medication monitoring evaluation project）。退伍軍人管理局（Veterans Administration）提供的藥物治療依賴監測評估專案，是一個為期18個月的服務計畫，目的在於檢測帶有電子藥物治療裝置的當事人，與服用傳統的盒裝藥物的當事人相比，是否療效更好。研究者隨機抽取了某家城區醫院的一個高血壓門診部就醫的300名退伍軍人，這些人被邀請自願參加一個為期18個月的研究。在經過6個月的基線期後，這期間血壓（因變數）和其他相

關的健康照顧行為都被測量了，病人們被分成了3個組：第一組是按照傳統的方式服用盒裝降壓藥的控制組，第二組是通過佩戴一個電子藥物治療裝置而接受藥物治療的實驗組（這個裝置只有可攜式計算器大小），裝置上還可以輸出一些資料，讓退伍軍人管理局的醫生和護士進行檢查，第三組是第二個實驗組，他們接受電子藥物治療裝置，但是，不帶有資料輸出（Eisen, Hanpeter and Kreuger, 1983）。設計第二個實驗組的目的是確定資料輸出的重要性，也就是說，要檢查在日常生活中佩戴一個電子藥物治療裝置，是否能提醒按時服藥，資料輸出提供的資訊（這些資訊提示在上個月中已經服用了多少片藥）是不是必需的，那麼，服務計畫的成本就會比使用資料輸出要低得多。評估者必須仔細決定對比組的構成，請參見圖14-5。

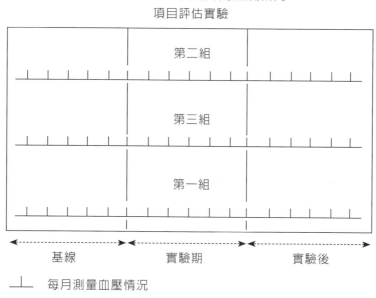

圖14-5　對影響／結果評估實驗實例

準實驗的評估設計

　　和實驗設計一樣，準實驗設計是將服務計畫的參與者的結果或那些接受干預者的結果，與那些沒有接受服務或干預的對照組進行比較。實驗組和準實驗組之間的最主要的差異在於，決定選擇接受服務或干預的人，不是通過隨機的方法來獲得的。當服務進行隨機指派時，比較組是由目標人群中的成員組成的，他們與接受服務的人群在很多會影響選擇結果的因素上有很大的相似性。評估者可以採用複雜的多變數統計技術，來控制這兩個組之間的差異。

　　評估者通常會利用現存的人群來進行比較，例如，這些生活在相同地區的人進行比

較；接受不同機構提供的相同的服務的人進行比較；在同一機構中的不同時間段接受相同服務的人進行比較。有時，評估者不需要有一個與目標人群完全不同的對照組。在這種情況下，評估者在設計合理的可用來進行比較的小組時，可以發揮自己的創造力。例如，研究人員曾經使用在等待名單上的人來作為對照組，與那些已經接受服務的人進行對比。

不同的準實驗設計，在服務計畫結果測量中蒐集資料的數量和時間上各不相同。選擇測量工具的種類和時間長短，受到了自相矛盾的假設及其相關的危險因素的影響，而這些危險因素是比較法也無法克服的。在很多情況下，最有說服力的設計就是，蒐集服務前的測量結果和危險因素，運用這些資訊來分析，強調個人接受服務之後出現的變化。這些變數還可以用來分辨從服務專案中受益最大的人群。一個設計的變體是，採用更多的測量點（除了前測和後測之外）就能測量出更加準確的資料。當服務接受者在參與服務計畫前的資料蒐集（例如開展一個關於知識和態度的檢測），這個經歷可能會「教會」這個人群在接受服務之後測量改變時，如何回答相關的問題。這樣就會扭曲對服務影響的測量。這時我們還有另一個方法，這個方法會幫助改善這種扭曲的情況，它將對某些組別的資料蒐集放在服務結束之後，然後，用這組後測資料就能夠與參與了組前測量的組員的後測資料進行對比。

非實驗評估設計

非實驗影響評估研究的重點，是在服務計畫參與個人或者小組中發生改變的水準或危險水準，但是不包括對照組或其他沒有參加服務計畫的個人或小組。非實驗設計有四種基本類型：（1）服務接受者在接受服務前後的比較；（2）接受服務前後的多次重複測量的時序設計；（3）對同一組員進行小樣本多次訪問研究法（panel studies），並反覆檢測結果；（4）對不同組別參與者進行服務後測比較。

前兩個設計是建立在綜合資料分析之上的。在前測後測比較中，服務使用者小組（各組成員在某個時間段進入服務，並按照同樣的時間框架參加所有的服務）在干預前後接受測量，從這些不同時段的資料的對比中發現差異，從而可以推論出服務的影響。這種簡單的設計常用來評估組員的知識、態度或行為在參加服務之後是否有改變。而時序設計是前後測設計的延續，它採用了在干預前對結果變數進行多重測量，然後，在干預開始後，繼續進行多重測量。如果在結果中出現發現趨向性改變（如方向或程度上），或者改變發生在干預開始之後的短期內，觀察到的改變就可以用統計的方法進行檢測。時序測量可能需要大規模的小組或單位，包括服務的參與者。例如，鄰里地區的大部分青少年參與了一個青少年犯罪預防專案，本地區的犯罪率就可用來評估本地區參與犯罪活動的減少。評估不同學校系列預防輟學活動，可以檢測入學者在經過幾年後畢業的百分比。當評估者很難找到服務接受者，或者當評估的預算無法支援從服務接受者

那裡蒐集資料時，就可以使用時序設計。儘管新的統計技術提高了這些設計的統計分量，但是，使用這種方法，還是不能剔除非服務計畫事件所帶來的潛在影響。

下面兩個設計研究的是個人層面的改變。截面比較（cross-sectional comparisons）就是對接受服務的小組成員在服務結束後進行調查。這種設計可用來估計結果和接受服務的持續時間、類型和服務的密度之間的相關關係，從而得出結果和服務之間存在的可能的聯繫，但是，無法得出準確的結論來解釋因果關係。小樣本多次訪問設計，採用了針對單個的個案進行多次測量變數的方法。在這個設計中，同一組的結果要多次測量，通常測量始於服務接受者第一次進入時，並隨著時間的推移而將持續下去。例如，健康計畫和推廣專案（health planning and promotion）的評估中，生活計畫教育採用了前後測的方式從服務接受者那裡蒐集資料，評估者測量參與者在學習了最好的避孕方法後到底有多少收穫。這個設計將個別參與者的個人特點用來進行分析，以確定不同的改變模式與服務接受者的個人特點是否有關，同時，還可以控制可能會影響他們改變的一些事件。

如果評估者服務獲得個人接受服務的紀錄，他們可以採用接受服務的綜合性統計資料，或者從其他社區機構中獲得的有關的服務接受者的資訊。例如，犯罪率、平均的升職率、少年母親的生育率等，都可以從現存的紀錄中獲得。在使用這類資料進行影響評估時，評估者需要明白這樣一個主要的問題，即：它們未必適用於某個特定的目標人群、某個區域的人群。因為，這些資料通常是由機構以自己的服務對象或者一般性的地域為單位來蒐集資料的（如員警的轄區或診所的服務區域）。某些個案的負面結果的比例可能會與目標人群中的兒童和青少年的比例完全不同，因此，與小範圍的統計資料相比，這類資料就不太準確。

非實驗性評估還有另一種比較昂貴的蒐集資料的方式，這就是在服務計畫結束後，對接受服務者進行調查。這些調查能夠提供證明長期效果的資訊，例如，就業率、收入或者學校的畢業率等。正如其他調查研究一樣，這些結果的品質受到了回答率的影響，而不是樣本規模的影響，同時，還受到問卷中問題的信度和效度的影響。

非實驗性影響／結果評估的例子：對庇護所爲無家可歸者提供服務的評估

社會工作服務計畫評估面臨的一個主要任務就是對「成功的結果」的定義。要解決這個問題，先要決定什麼是理想的結果，然後反過來想一想服務計畫到底做到了什麼。如果主題是無家可歸的服務，那麼，符合邏輯的考慮就是先看看什麼是有家可歸，失去住所會有什麼危險，會產生什麼結果。方框14-2展現了家的基本功能，以及失去住所之後的一系列後果。

方框14-2 家的意義、失去住所所引發的後果與危險

家的功能	失去住所的危險	引發的後果
庇護	生計	無家可歸
歸屬地	安全	攜帶行李，身體壓力
恢復	舒適	疲勞，判斷力下降
天堂／保護	隱私	人身、財產犯罪
初級關係	關愛、穩定	分離焦慮
自治	對環境的控制	焦慮、不安、憂鬱
隱私	私人空間的控制	無人性、偏見／歧視
成長	家人互動	發育遲緩、分離焦慮
娛樂	生活狀況	疲勞、睡眠差
尊嚴	自尊	無法決策、判斷力下降

資料來源：Huttman (1993) and Jahiel (1992).

在服務計畫評估中，第二個需要考慮的問題是，要確定目前服務提供的原因是什麼。也就是說，現存服務計畫的目的是什麼？或者機構提供服務的理念是什麼？提供一系列服務之後，希望出現什麼樣的結果？庇護所為無家可歸者提供服務的理念（Stretch and Kreuger, 1993）包括：

1. 庇護所提供的夜間住所是一個比睡在橋下或紙板房中更好的選擇。

2. 庇護所為低收入者提供暫時性的緊急住所，通常是少數民族，或者那些無力支付住房費用的家庭，那些遭受不可預見的突發事件的人，例如火災、天災或者其他政治經濟事件，如喪失贖回權、被房東趕走和犯罪等。

3. 庇護所可以為那些失去住所的人提供短期的解決生計問題的辦法，如食品、衣服和睡覺的地方。

4. 庇護所能夠為那些可能成為街頭暴力犯罪的受害者提供保護，例如強姦、槍擊和其他環境性悲劇等。

5. 庇護所為低收入者提供了一個方便離開的、路過的住所，否則他們將露宿街頭。

6. 庇護所為試圖尋求幫助的受虐婦女和受虐（受忽視）的青少年提供了一個心滿意足的目的地。

7. 庇護所通過安置、補助和補助金券的方式，提供了一個條件較好的住處。

8. 庇護所提供了一個底線，以保護那些因為某些卑鄙的政治家所推行的經濟政策、貪婪的經濟體制而導致大量的低收入者喪失住所所帶來的經濟政治困難。

9. 庇護所爲執法官員提供了間接的支持，他們能夠爲一些醉酒的人安置個住處，從而可以不用將他們送進醫院或監獄中。

10. 庇護所爲有色人種提供了一個保護底線，因爲他們在租房子、貸款、修房子時常常會受到排斥，並受到制度性歧視。

背景

有家擁有54張床位的庇護所提供了一個60天的服務計畫，目的在於通過個案管理的方式，來預防、改進和糾正在安置無家可歸的家庭中出現的非預計性後果。研究人員追蹤了過去5年間的服務情況，選擇了875個無家可歸的家庭接受服務的結果。一組資料庫和現存的機構紀錄提供了有關服務提供的資訊、居住的時間，以及30天、60天和90天的追蹤情況。機構還需要建立第二組資料庫，也就是說，這些家庭在離開庇護所後的5年中，庇護所提供的服務會出現什麼樣的長期效果？要建立這個資料庫，需要進行搜尋。

目標人群和樣本

875個接受服務的家庭中，曾經在庇護所居住過的450個家庭被抽取作爲合格的目標人群，並接受訪問。適合評估的人群被限制爲450個案，因爲這些家庭接受了永久性安置服務（住進了聯邦政府的公共房屋、租房或買房，以及其他永久性的住房安排）。因此，875個家庭中只有450個家庭被認爲是可能接受了最好服務的家庭。通過州政府的資料庫的搜尋、市縣住房辦公室的資料以及電話號碼簿的資料，研究者最後從450個家庭中確定了256個家庭進行聯絡、訪談。在256個家庭中，201個家庭（78.5%）在目前自己的住所中接受了訪問。

研究者經歷了上述搜尋過程和聯絡訪談過程，以及在無家可歸的家庭中接受了最好服務家庭的選擇，最後得出了201個帶有某些系統偏差的樣本。這201個家庭是通過非概率抽樣的方式來決定的，這樣，要將結果推廣到目標人群中的450個接受最好服務的家庭，以及推論到875個家庭，研究者都要謹慎處理。

結果發現

201個家庭的訪談資料表明，離開庇護所的平均時間爲1,294天（平均爲1,331天），或者大約爲3年半。大約37%的家庭（76個）報告說，自己住在永久性住房中，這些都是庇護所在自己離開的時候幫助安排的。大約1/3（37%）的被訪者報告說自從離開庇護所後，一直住在同一個住處。

1. 過去的無家可歸的曾經接受過庇護所服務的家庭，在過去5年中，他們住在哪裡？

→201個家庭的資料表明，大約64%的家庭（129個）住在聯邦政府補助的房屋

中，17%（35個）居住在私人租賃的房屋或自己購買的房屋中，2%（4個）
住在無家可歸者的庇護所中，其餘的人還是住在不同類型的公共援助性住房
中。

2. 離開庇護所後，那些接受了庇護所服務的人有多少還在無家可歸？

→從這組資料中發現，還有1/6的人（33/201）仍然飽受無家可歸之苦。

3. 那些有固定住所的人是否比那些仍然無家可歸的人接受了更多的服務？

→不是。在接受庇護所服務數量與目前無家可歸的狀況之間沒有一個直接的關
係（t = 0.859, df = 187, p = 0.39）。

4. 接受庇護所服務時間的消逝長短會影響家庭重新進入無家可歸狀態嗎？

→是的。至今仍然無家可歸的家庭接受庇護所服務已經過去的時間都超過3年
半以上，而那些有了穩定住所的人，平均年頭為一年半（t = 4.23, df = 199,
p = 0.004）。

5. 是否有一個因素能夠將那些依然無家可歸的人與有固定住所的人區別開？

→是的。資料顯示，那些接受了聯邦政府補助的住房的人，與那些沒有接受這
類補助房屋的人相比（33%），有較少機會成為無家可歸的人（6%）。

	成功安置	搬家次數	曾經無家可歸	服務數量	接收補貼嗎
搬家次數	0.453*				
曾經無家可歸	0.054	-0.093			
服務數量	-0.072	0.161	0.045		
接收補貼嗎？	-0.363*	-0.333*	-0.074	0.212	
在庇護所停留時間	0.202	0.344*	0.061	-0.434	-0.499

* = 顯著性水準為0.05。

圖14-6　成功安置主要變數與因數相關性

6. 有哪些其他因素導致曾經無家可歸的人現在不再無家可歸了？

→家庭支持包括教育水準、就業狀況、參加就業培訓，以及收入水準和有子
女家庭補助等都是重要因素。但是這些因素似乎與重新進入無家可歸狀態無
關。有穩定住所的貧困家庭，與那些經歷了多次搬家的家庭相比，也不太容
易再次進入無家可歸狀態（chi-square = 11.45, df = 1, p<0.001）。

7. 如果居無定所與無家可歸密切相關，那麼住房補貼會對穩定的住所有影響嗎？

→是的。那些接受了聯邦政府補助的住房的家庭，與那些沒有接受這類補助的
家庭相比，搬家的可能性要小（chi-square = 10.94, df = 1, p<0.001）。他

們搬家的次數也很少（t = 4.98, df = 199, p<0.001）。

這個非實驗計畫影響評估是人們早期進行的一個評估研究，希望了解庇護所給無家可歸者提供的服務的長期影響（Kreuger and Stretch, 1994）。這個研究發現，很多曾經無家可歸的家庭成功地擺脫了這個狀態，而那些重新進入無家可歸狀態的家庭，主要是沒有一個穩定的住所，同時還與缺乏住房補貼有關，參見圖14-7。

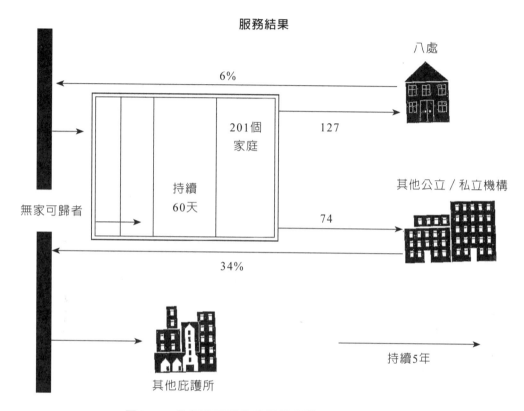

圖14-7　為無家可歸家庭提供庇護服務的邏輯模式

與當初的期望相反的是，研究人員發現，接受庇護所服務的數量與後來回到無家可歸狀態之間沒有相關性，反而是接受住房安置的類型是一個預防的重要因素（特別是接受了聯邦政府補貼的住房）。最後，他們還發現庇護所服務的有效性很顯然，只在短期內發揮作用（極個別的家庭在短期內重新進入無家可歸狀態），但是，服務的影響似乎不會持續很久（Fogel, 1997）。這些資料都表明，有必要對那些重新進入無家可歸狀態的家庭提供住房支援，這樣才能預防他們重返無家可歸行列（Schmitz, Wagner and Menke, 2001）。這些資料並不支援這種觀點，即：使用全面的庇護所的服務，是防止這些無家可歸者重返無家可歸狀態的主要方法。

監測服務計畫的執行

　　服務計畫執行的監測爲我們提供回饋資訊，了解服務計畫或干預的運作過程，以及預計的目標在多大程度上可以得到實現。服務提供者、決策者、服務物件以及其他人士可以利用監測結果作出決定，是繼續提供有效的服務，還是對服務計畫進行修訂，或者推翻不現實的、過時的服務計畫。

　　社會工作者也可以利用服務計畫的執行監測，來了解系統或服務計畫是如何運作的，服務計畫的目標在多大程度上得到了滿足和實現（例如與目標人群相比，有多少無家可歸的家庭得到了服務，在離開福利系統之後，有多少家庭找到了工作等），還可以了解到要實現計畫目標可能會遇到的挫折和失敗。社會工作者要發展執行過程的指標，來監測干預品質，他們要就服務對象的基本狀態蒐集資料，通過評估資源投入（計畫投入）與產出和結果指標之間的關係，來評價計畫的有效性。

　　經常定期地開展計畫執行監測，就能夠給服務機構的管理者定期提供回饋，使得他們能夠發現問題，及時採取行動，並評定自己的行動是否能夠帶來預期的改進和變化。計畫執行的測量還可以促進社會工作者、管理者、公眾和受益者之間，就計畫目標、實施的障礙以及進展等問題進行充分的溝通。他們會集中關注預期的結果，實現目標的更好的途徑，通過強調成果和干預的價值，能夠提高機構的可信度。

　　在選擇計畫執行測量指標時，評估者和社會服務提供者需要考慮設計一些相關的測量指標，來測量服務計畫的使命、目標和目的。這些不同的指標能夠測量出機構的使命中反映處理的干預策略和行動嗎？計畫的預期結果中反映了機構使命中提出的目標嗎？這些指標抓住了不同側面干預的重點嗎？

　　另一個問題就是，計畫執行測量是否涵蓋了投入、產出、服務品質和結構，它們是否包含對當事人和受益人群具有重要性的問題。某個機構或服務計畫是否能夠控制指標所測量的產出或結果？如果某個計畫只對測量的產出或結果產生有限的影響，這個指標就不能公正地反映計畫執行的全貌。那麼，這些指標能夠測量出干預的全部結果，或者說是計畫希望能夠產生的結果嗎？這些測量指標有效度（測量出它們想測量的東西）和信度（隨著時間的推移保持一致性）嗎？

　　一般來講，有信度的測量工具可能有效度，也可能沒有效度。例如，浴室的體重計可能持續在不同時間報告同樣的體重，但是，這是一個不準確的體重（它可能「有信度地」把你的體重顯示多5磅）。另一方面，有效度的測量工具至少有一定的信度。一個能夠準確測量你體重的秤，在一兩分鐘前後也會秤出同樣的體重來（因此，要「有效度地」報告你的體重，這個秤就必須具有一致性，即信度）。

　　最後，我們需要知道，要發展出一個測量工具，需要投入多少精力和資源。僅僅由於某個費用特別昂貴的測量工具對我們比較重要，我們就應該不惜一切代價地使用嗎？

一組計畫執行指標必須是直截了當的，與關注的結果直接相關聯。太多的指標會延長資料蒐集和資料分析的時間，同時，會導致社會工作管理者很難理解和使用這些蒐集的資訊。

在上面的例子中我們可以看出，大多數計畫執行監測資料來自社會工作者保留的紀錄。今天，我們運用電腦來蒐集和分析這些紀錄，因此也節約了很多時間和精力。外部評估者就需要採用設計完善的測量手段，對過去的當事人進行評估，或者，可以在服務結束時以及跟進階段，使用自己填寫的問卷，讓當事人填寫。

使用計畫執行測量進行評估的例子：對CARE計畫的執行評估

CARE（career awareness related experiences，職業意識相關體驗）是一個就業準備服務計畫，在暑假為那些高危青年提供有意義的工作經驗，進行就業技術培訓和職業生涯指導。這個計畫旨在將就業技術培養和職業生涯興趣結合起來，服務對象是那些在社會、經濟和學業上處於劣勢的青年，通過一個教育性計畫，希望推動他們繼續接受教育，也許是繼續學業。CARE計畫的資金來自地方政府，還得到了公立學校、商會及其他機構的支援性服務。該計畫的贊助方希望知道：（1）CARE計畫的目標在多大程度上得到實現？（2）根據目前來自兩個管道的資料（一個是受訓者，一個是雇主），怎樣可以反映出CARE的計畫內容是否合適、當事人如何獲得、如何接受，以及是否足夠？（3）這個計畫執行評估怎樣能夠保證CARE計畫內容會帶來什麼改變、需要對這個計畫做哪些增減？

在評估初期，評估者與計畫者和來自贊助方的管理者以及市政府官員和CARE計畫的主任和職員們召開了多次討論，討論的內容包括回顧計畫建議書、目標陳述、前期評估，以及CARE計畫蒐集的受訓者和雇主方面的資料，最後人們認為還需要回顧研究下列四個方面的資料：（1）在目前計畫執行階段所有的個案紀錄，（2）隨機對受訓者及其領導進行保密的訪談，（3）對CARE計畫管理者和職員進行保密的討論，（4）由一名外部評估者進行觀察。

背景 市政府的公園和娛樂部通過自己的鄰里服務處主持了CARE計畫，所有的服務設施都安置在市內，會產生很大影響力的地區。還有一個由公立和私立機構的專業人士組成的督察理事會，會對計畫執行提供回饋並進行督察。

申請參加CARE計畫是從學校的冬末和春初開始的。CARE計畫的職員們對申請者進行了嚴格的篩選，選定的申請者將會最大限度地接受CARE計畫服務。

除了暑期就業和職業生涯體驗之外，受訓者還需要參加一個計畫導入工作坊和六天的教育培訓。這些活動幫助那些弱勢的、處在危險期的受訓者去參加就業技術培訓、職業生涯探索和生命規劃指導。所有培訓內容是由本地公立學校認定的教育協調員來發展、制定的。此外，教學內容還要經過州教育部官員以及地方公立學校的專家的共同審

核和批準。

　　在計畫週期結束時，計畫主辦方舉辦了一個晚宴，讓CARE的參與者感受到了計畫的完結。每年的機構都開展內部的計畫評估，他們會從雇主和受訓者那裡蒐集資料，並由CARE計畫主任提交給不同的督察和贊助機構。

　　計畫贊助方和督察機構希望每年在暑期計畫結束時，開展計畫執行評估，重點放在評估選擇性的計畫投入與選擇性的計畫內容之間的關係上。這種方法的一個缺點就是，限制了結論的範圍。這種短期外部評估的一個基本優點就是，它們的成本較低，可以比較客觀地回答幾個與目前計畫運作有關的主要問題。

　　這裡採用的評估方法，是一次性事後回顧現存的計畫投入和結果資料。在這種情況下，當計畫週期結束時進行的評估，資料蒐集程式基本上集中在現存的紀錄和服務提供者及服務使用者的自我報告的資料。

　　目標人群和樣本　由於聯絡受訓者及其督導、安排訪談和計畫訪談的時間非常有限，本評估主要集中在分析20名受訓者及其督導的資料，最後的資料共有40個訪談。

　　最初參加CARE計畫的人共有131人，他們都被篩選了一遍，最後研究者把目標界定在選擇在一個計畫週期中，始終參與了整個計畫活動的受訓者，他們被選擇作為樣本進行研究。除去15名中途退出的受訓者，還有8人因為違規而退出，還有10人報了名，但是沒有參加計畫活動，最後還剩下一個98人的樣本框，因此，樣本就是按照總體的20%（20/98）的比例抽取的。

　　樣本抽取的過程採用了一個隨機抽樣的方法，沒有使用置換的方式，因此，選中類似隨機選擇任何20個個案的概率是0.2014。這種抽樣程式將資料蒐集階段的誤差降到了最低點，從而保證結論推論到其他78個個案，可以在已知的誤差極限中進行。

　　評估者還對現存CARE的辦公室紀錄進行研究，與CARE管理人員和職員的討論，從而產生了三類資料。第一，來自CARE辦公室的對98個個案完整的人口資料和參加計畫的基本資訊。第二，經過與CARE計畫主任討論後，聘用了兩位實習導師來進行面對面訪談。從受訓者處蒐集資料的工具，就是向受訓者詢問CARE參加者參與計畫的情況，他們學到了什麼技術，去工作地點的交通安排和進入該職業的管道，自我評估一系列個人層面的努力，對工作中領導的評價，對就業技術培訓老師的評價，以及培訓內容的評價等。同時，還引出了對自我報告的工作習慣和對CARE計畫不同方面的評判等。第三，他們還設計了一個對就業場所督導的資料蒐集工具。它與受訓者是平行的，主要是從督導的角度詢問同樣的問題。此外，還要求督導給受訓者的態度和表現打分。

　　將對20名受訓者及其督導的訪談的資料綜合之後，最後評估者共有40份訪談和觀察的資料用於分析。他們雇用了兩名實習導師，在對一名受訓者及其導師進行了試訪談之後，主持了資料蒐集的工作。CARE主任給被訪者及其督導們發了一封說明信，清楚地介紹了研究的目標，並邀請這些被隨機抽取的人參加研究。

在早期的CARE計畫書中沒有包含的內容，在本次評估中被排除在資料蒐集之外了。例如，評估小組的成員並沒有會見CARE的理事會成員、公園和娛樂部的決策者和策劃者、鄰里服務處的官員，也沒有找那些曾經給CARE計畫實施提供了很多意見和建議的相關人士。評估者之所以沒有將上述人員納入評估範圍，是因為本次評估的時間限制，以及本次評估的重點是從外部評估者的角度來蒐集和研究資料。

主要發現 人口資料顯示，大約40%的受訓者（40人）在進入CARE計畫前，都有一些犯罪紀錄。大約49%（48人）的受訓者符合上高中的資格，其中女性（51人）比例超過男性（47人）4%。受訓者的年齡從14歲到18歲不等，平均年齡為15～65歲。大約有20%的受訓者（20人）是第二次參加CARE計畫，其餘80%的人（78人）是第一次參加該計畫。大約55%的受訓者（54人）是非洲裔美國人，39%是白人（39人），其餘的5人是亞裔美國人、西班牙裔或拉美美國人，或者其他種族背景的人。

受訓者報告了目前從事的很多領域的工作內容，包括清潔、掃地、修草坪、搬運、貨艙、食品配料、電話接線員以及照顧孩子的工作等。還有一些教學和操場督導、文字處理、資料輸入和查找、木工、複印以及相關的辦公室工作。

在給督導表現打分時，受訓者給自己的督導評價都很高，其中評分最高的是尊重受訓者，其次是幫助受訓者學習工作技能，最低的評分專案是傳授特別的工作技能和提供指導。受訓者給督導的總分中包括58%的A，23%的B，11%的C和6%的D。大約70%的受訓者對自己的工作安排表示非常滿意，17%表示一般，6%表示不滿意。在問到自己是否想做另一份工作時，64%表示自己對目前的工作感到滿意，剩下的36%表示願意做另一份工作。大約有40%的受訓者說他們曾經參加過一些專門的與自己的工作有關的小組活動，在參加過小組活動的人員當中，對這些活動的有效性的評價，毀譽參半。

總之，受訓者報告經歷了一系列的就業職位，涉及了不同的體力、人際關係和技術層面的要求。受訓者基本上都很順利地找到了工作，在交通上基本沒有什麼太多的花費。他們平均的工作時間是一週30個小時（每天6.7個小時），每週平均工資為594美元。絕大多數受訓者報告說自己在暑期的工作收入都有一些節餘。

差不多一半的受訓者表示，在CARE計畫結束後，他們將找一份兼職工作，大多數人表示，自己已經有能力可以找到一個工作。總體上來看，受訓者感到，CARE的工作體驗幫助他們遠離犯罪，他們對自己的督導非常滿意，並表示會推薦自己的朋友來參與CARE計畫。

督導們描述了一系列公共和私人的工作類型，以及從事相關工作需要的技能。差不多所有的督導給受訓者的評價是，在暑期工作期間，技能得到了提高。督導們表示，受訓者完全能夠找到工作，他們有時會遲到或者沒有完成工作，但是都可以提出一個可以接受的理由，只有少數的人出現不可原諒的遲到或曠工，但這些都可以通過就業教練的幫助來得到解決。這些被訪者在下列幾個方面給受訓者的評分很高：與他人合作、應對

批評和服從指揮的能力。督導給自己的評價最高的方面包括尊重受訓者；向他們傳授一般的工作技能。給自己評分較低的方面包括：寬容對待建設性批評以及傳授專業技能。督導給就業教練的評價是：容易聯繫；非常有幫助；隨叫隨到；可以幫助自己解決大部分問題。當問及CARE的計畫官員的表現時，督導們表示他們很容易找到官員，對計畫的運作比較滿意，對人員改變沒有提出任何建議。

　　總之，督導對自己的受訓者很滿意。有人表示，如果受訓者的技能水準高一點會好一些，有人認為這些受訓者太年輕、不夠成熟。幾乎所有的督導都表示，CARE計畫幫助這些青少年們遠離了犯罪。此外，受訓者在行為舉止和禮貌、對待工作的態度、修飾和自我照顧和成熟度等方面都得到了督導的好評。 特別是在注意力集中和工作狀態方面，受訓者的得分超過了平均分，但是，在語言溝通、閱讀和文化程度方面，他們的得分較低。大約80%的督導指出，如果有職位空缺的話，他們會推薦自己督導的受訓者求職，24%的督導說自己的企業或機構明年還會參與這個計畫，並給受訓者付薪水。

　　通過對131名最初申請了CARE計畫，但是並沒有參加完CARE計畫的青少年的研究，評估者給我們提供了資訊來理解該計畫執行初期的目標人群的一些狀況。在15名離開該計畫的青少年中，有人退出是因為學習能力缺陷，有人因為搬家，有的是因為法庭要求他退出，有的出於健康原因，還有的是父母要求他退出的。被開除的8名青少年中，主要原因是緩刑期間有違反行為、連續無理由曠工，還有雇主退出該計畫等。至於10名報名參加計畫但是沒有完成計畫的青少年，有的因為在培訓階段有搗亂行為，或者是從來不參加培訓等。

過程評估

　　過程評估回答了這樣的問題，即計畫怎樣運作，是怎樣記錄了在服務提供過程中的程式和活動的。這類評估可以發現服務過程中面臨的問題，以便制定解決問題的策略，幫助實務工作者和服務提供者複製計畫或修訂計畫。

　　過程評估中的一個關鍵要素，就是評估者需要有一個系統的、重點突出的計畫，來蒐集資料，從而可以：（1）決定某個服務模式是否可以貫徹執行，如果否，應該用什麼樣的與計畫不同的方式來運作；（2）發現無意識的結果和非預期的產出；（3）從不同的受益人群的角度來理解計畫運作的方式。

個案研究

　　個案研究需要評估者詳細分析被評估計畫的背景或當事人，以決定干預或計畫是怎樣運作的，在執行過程中會遇到哪些障礙，有哪些策略能夠有效地克服這些障礙，還需

要哪些能力和資源等。個案研究可以爲受益人群、贊助方和計畫策劃者提供指導，幫助他們發現計畫的關鍵要素，發展出計畫影響的假設，以便後來進行研究，個案研究還可以用來比較預測服務結果截然不同的假設。

在個案研究中所採用的當事人或者機構背景，應該能夠代表不同領域的背景、計畫模式和當事人。評估者先要確定一個邏輯模式，然後，要在某個背景中尋找樣本，確定訪談主題和主要的資料要素。在個案研究中，除了半結構式訪談或對計畫運作的觀察獲得的質性資料，評估者還需要獲得對計畫運作和執行的量化資料，這些量化資料可以從紀錄和報告中獲得。個案研究可採用幾種不同的方式來蒐集評估所需要的質性資料。最常使用的方法就是半結構式訪談、焦點小組和研究人員的實地觀察。半結構式訪談可以幫助我們發現很多意想不到的情況，它們與計畫的解釋和結果密切相關。半結構式訪談的提綱包括某些特別問題或計畫實施的問題。這些訪談之所以是「半」，是因爲被訪者可以提供自己希望的對問題的詳盡的複雜的回答，以及所有他們認爲能夠傳遞計畫實施過程中完整的事實內容。如果某些問題有一些典型的類別，訪談過程中，研究人員會追問被訪者，從而可以了解更多類別的資訊。

在個案研究中，觀察計畫的執行過程也是一個證明訪談資訊可信度的方法。觀察通常會有一個結構式或半結構式的提綱。這個提綱保證了訪談中提到的主要內容能夠得到證實，同時，還能夠保證在不同的時間和地點，使用一致性的評估計畫執行的程式。

焦點小組

在第十章中我們簡單地介紹了焦點小組。社會工作中焦點小組並不是一個新的計畫評估的方法，因爲小組的形成和小組的實踐過程，就包含了社會工作的治療因素。在商業界，焦點小組被廣泛採用，用來反映消費者的需要、試驗新產品以及其他用途上（參見Krueger and Casey, 2000）。焦點小組在社會工作者的引導下，通過一系列小組討論，可以幫助我們理解當事人的感受和信念，這個技術是社會工作者最擅長的技術之一。有時在焦點小組中，一名社會工作者主持，另一名社會工作者做記錄。在小組討論中，需要選擇一些開放式的問題，討論的時間可以是幾分鐘，也可以長達2個小時。評估討論的目的可以是獲得組員對干預或計畫的某種共識，也可以是強調某些分歧。討論的過程可以進行錄音或錄影，但是，基本的資料需要社會工作者進行現場記錄。有時候，焦點小組的協調者可以使用投影儀或黑板或圖示的方式，讓組員參與討論所有的觀點。焦點小組的關鍵性特點是，描述了組員自己發展出來的什麼樣的問題，對小組最具重要性，這些問題是小組的一致意見還是有不同意見。

民族學方法

在前面幾章中，你們已經學習了民族學方法。它們主要以觀察和非結構式訪談爲主來研究自然情境（Guba, 1987）。擅長民族學方法的評估者，常常對機構或團體在某

個計畫點中的機制很感興趣。一般來講，民族學方法的評估者會研究計畫開展的社區大的環境，以及計畫活動與社區內其他活動之間的關係，他們尤為關心的是誰擁有權利，誰使用權利。

民族學評估者試圖從計畫參與者和實施者的角度來了解計畫，他們特別感興趣的是本地文化和亞文化的觀點。民族學學者可能會以非反應性方法，以公開的或隱蔽的參與式觀察者的身分，來評估某個計畫或者一系列干預。質性研究的很多技術都能幫助我們記筆記，然後進行撰寫和編碼，從而發現主題和趨勢，或者可以將資料輸入質性研究資料分析軟體，進行分析處理。評估的目的是抓住個人觀點和當事人以及實施者的敘述，以確定計劃目標是否得以實現。

民族學採用靈活的程式來進行資料蒐集，因此，民族學可以幫助我們蒐集一些無意識的結果或非預期性的結果的資訊。這些無意的觀察，可能會幫助我們建立對計畫實施的一個全新的認識和概念。在最近一個對高危青年開展的服務整合計畫的評估中，研究人員發現，觀察資料幫助人們澄清了服務整合需要跨越正式的界限和書面的協定，並幫助人們認識到非正式過程如何將不同的服務綜合在一起，從而對社區內的高危青年帶來了重要影響。民族學研究的觀察可能是質性資料中最難分析的資料，因為他們蒐集了大量的資料資訊，其中很多內容未必與評估目標有關，在不同的地方蒐集的資料也沒有可比性。

蒐集質性資料需要研究人員經驗豐富，技術全面（Denzin, 1993）。研究人員要分析這些資料，詳細記錄筆記，以保證被訪者的答案得到準確的紀錄，並幫助解釋這些答案（Miles and Huberman, 1994）。訪談員必須有很好的訓練，被訪者可能提供的各種回答，訪談員需理解每個問題的意圖，懂得如何追問問題，以保證蒐集的資訊完整。

質性資料的分析需要對計畫、被訪者及其回答，特別是評估的背景有深入的理解。分析者要對不同的回答的重要性和相關性做出判斷，這需要分析人員能夠有一個非偏向性的評判，可以決定被訪者的回答是支持還是反對計畫運作方向和有效性的假設。

處理質性資料的一個方法就是，把訪談資料和觀察資料當成文本進行分析，然後，使用特定的電腦軟體進行文本分析，可以從中找出相關的主題或內容。質性資料分析軟體可以幫助我們從浩瀚的文本中找出我們需要的資訊（Richards and Richards, 1991）。這種軟體使用起來成本很高，因為要將大量的文本資料輸入電腦中。另外，文字表達必須準確，還需將文本全部標注，這樣才能夠找到自己想要的主題。研究人員常常可以通過訪談資料、焦點小組的資料、系統的錄音、經過編碼的田野資料，從而得到與電腦軟體處理類似的甚至是更好的效果（Silverman, 1993）。

成本研究和生產率

　　我們在第二章中談到過成本—效益分析，成本評估可以回答計畫或計畫活動的成本是多少的問題，與之相關的就是如何運用同樣的資源，可以產出更好的效果。在經費預算受到限制的時候，服務計畫必須保證自己的資金專款專用。根據Yates，Delany和Dillard（2001）的觀點，成本分析需要全面分析提供服務計畫所需要的資源類別和數量。成本分析通過蒐集諸如Brinkerhoff和Dressier（1990）稱之為不同形式的生產率方面的資料，來研究對計畫的投資情況。

　　生產率的評估包括一些非常直接的內容，例如，計畫的結果與計畫投入的比例，投入帶來的直接的產出等。例如，對生產率的測量方式就是，在為無家可歸的整個家庭提供服務的庇護所中，接受服務的家庭數量等於社會工作者接的個案數量除以住在庇護所中的家庭數量。Brinkerhoff和Dressier（1990:20）指出，社會服務機構不斷增長的生產率不僅僅是一個努力工作的問題，更是一個如何更加有效工作的問題。

　　例如，機構評估者面臨的一個嚴重的問題就是，怎樣界定「成功」這個概念。有時候，繁忙的機構管理者可能會想出一些新的服務方法，可以最大限度地獲得成功，當然要做到這一點是非常不容易的。有個靈活的處理方法就是擴展定義。例如，我們不測量機構的汽車在運送老年人接受健康服務時每加侖汽油所跑的公里數，而測量當事人安全抵達目的地時每加侖汽油所跑的公里數，這樣，成本就變成了成功服務的衡量指標。

　　測量生產率主要出於幾個原因，第一，它可以作為一個評估機構有效性或效率的一個方法。根據Tripodi（1983:34-35）的觀點，「有效性是社會工作目標實現的程度」，而「效率可以通過將目標的實現與社會工作者所花費的時間、經歷和資源的相關分析來進行評估」，「努力則指的是開展的計畫或實務活動，目的在於實現那個階段的目標。」

　　Brinkerhoff和Dressier（1990）從幾個不同的方面界定了生產率這個概念，這些定義對社會工作者具有指導意義。生產率包括一些非常簡單的東西，例如干預或計畫的結果除以實現這些結果所付出的努力，產出與投入之比，例如，我們可以看某個計畫所幫助的家庭數量除以社會工作者所做的個案訪問的總數。對生產率的評價可能幫助我們發現新的問題領域，或者在干預或計畫早期發現不足。生產率研究可以幫助管理者對員工安排做出決定，幫助計畫策劃者對新的方法做出評估。[5]

投入

　　投入一般指的是可以消耗的資源（物質性的資源）、支援性的服務（熱能、電燈、空間、房租、電腦、時間等）和社會工作者，以及利用這些資源創造產出（辦公室祕書的時間、工作時間、資本設備、服務諮詢和管理時間等）所花費的經歷和勞動。

評估者經常關心的是投入與產出之間的關係：（1）如果投入減少了，產出是否也會減少；（2）同樣的投入，是否會造成產出的增加；（3）投入增加帶來產出的增加，投入的減少帶來相應的產出的減少。

產出

產出通常指的是一些用數位表示的單位，如在為無家可歸家庭提供服務的庇護所中，在接受了庇護所提供的服務離開庇護所之後，有多少家庭成功地在社區內得到了重新安置的數量。談到產出，需考慮的重要問題不僅僅是數量問題，而且是產出的品質問題。我們需要特別關注準確無誤地為個人、家庭和社區提供高品質的服務。換言之，這些服務既應該包括小規模的干預（一次電話訪問或一次跟進訪問），也應該包括大量的電話訪問和跟進訪問。有時，我們在計算這些訪問和服務時給人的感覺是提供了完整的服務，但實際上只有很少一部分服務才真正提供給了我們的當事人。有時我們測量了錯誤的物件，或者一次測量涉及了多個物件。例如，測量在校生的閱讀能力，可能需要測量他們父母的關心程度、一般性智商和辭彙量，另外還需要看某個孩子在標準化閱讀能力測量表中的得分。

典型的產出

1. 成功完成的接案總數量
2. 成功完成社會史的數量
3. 家訪的次數
4. 學生每週完成報告的數量
5. 正確理解新當事人經歷的數量
6. 當事人親屬和家人表達滿意度的數量
7. 特殊教育轉介個案被正確處理的數量
8. 家庭成功被安置的數量

單一個案設計

20世紀後半葉一個重要的發展，就是臨床社會工作與社會工作研究方法中的各種實驗設計的融合（Bloom, Fischer and Orme, 1999）。這種融合差不多同時期出現在臨床心理學、諮詢和社會工作中（Herson and Barlow, 1976）。它為社會工作提供了一個研究方法，這個方法運用到臨床社會工作中，就是單一當事人或單一個案設計。單一個案設計的基本要素就是，將臨床實務中的最好的思路與實驗方法中的基本成分結合起來，發展出了一個「研究—實務」測量，從而使得臨床實務工作者能夠有效實施自己的干預計畫。與此同時，他們也進行觀察，為自己判斷干預的有效性提供資訊，通常是

一次進行一個個案（Biythe and Briar, 1985）。

單一個案的基本設計

單一個案設計有幾個不同的方法（Thyer, 1998），一個最基本的方法，就是對當事人認可的目標行為在某個時間段中，進行基線觀察，這就是A或者基線段。這裡當事人的目標行為（因變數）需要非常明確（Nelsen, 1984），然後在整個基線段，重複測量目標行為，從而在干預之前，能夠對目標行為自然發生的頻率有一個比較準確的測量。在這個階段沒有任何的干預行動。A階段類似於實驗設計中的對照組。

在這個設計中的第二階段，我們稱之為B或治療階段，我們引進了干預或治療（實驗變數X），同時對目標行為進行觀察（因變數Y）。這就類似於實驗設計中的實驗條件（Berlin, 1983），參見圖14-8。

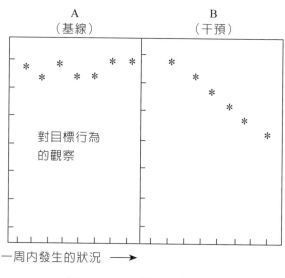

圖14-8　A-B單一個案設計

在這個例子中，在基線階段沒有開始干預之前，當事人的問題或目標行在七個星期的基線A中，有一定的改變。我們記錄下在干預前的目標行為的頻率。通常簡單的方法就是將需要改變的行為進行計數。在這個個案中，我們以抽菸為例。星號就代表每週抽幾盒菸的數量。這個時期就是控制組，這時的干預和治療還沒有開始。在治療階段B，當事人接受干預（實驗條件），我們要對目標行為（抽菸的盒數）進行觀察和記錄。我們發現在這個例子中，在B階段，抽菸的數量在減少，當事人似乎對干預有所反應，因為我們注意到了在整個治療階段，當事人的抽菸數量呈現下降趨勢。

這時，你可能會這樣想，在治療的七個星期中（B）是否有其他因素會影響當事人的抽菸數量的減少，而不是干預的結果？干預在治療期（B）結束後，到底會發生什

麼？當事人的目標行為在干預停止後是否會出現反彈呢？上述問題的回答是肯定的，這些解釋都是可能會發生的。的確，可能我們還需要找出一些相反的解釋，來說明隨著時間的推移，當事人目標行為可能會出現的改變是怎樣的。我們很難說，觀察到的抽菸數量的減少，是與治療有關、與其他因素有關，還是治療與其他因素同時發揮作用的結果。儘管這樣，那些推崇單一個案設計的研究人員，都可以從這個個案中找出有兩三個因果關係（假定的原因在時間上先於結果出現，還可以在假定的原因與結果之間建立實證性關係），並在這個個案中找到證據。第三個因果關係，即相反的對因變數改變的解釋已經被排除在外，因此，這裡沒有出現，因為這是一個對社會服務機構的研究和評估。因此，方法論學者們還發展出了其他一些A–B設計的替代方式。

A-B-A設計（撤出式設計）

在A-B-A設計中，先引進治療變數，然後再將其撤出。如果在A1階段基線測量之後，在B階段使用了治療，產生了改進效果，而在A2階段停止治療之後，又出現行為倒退，我們就可以堅定地說，治療變數就是目標行為改變的動因，參見圖14-9。

A-B-A設計的一個問題就是，干預計畫在一個測量階段結束後，當事人可能還需要進一步的干預。由於第一個A階段之前沒有干預，而在第二個A階段又有干預，因此，A1的測量結果與A2的測量結果是不同的，因此，我們很難嚴格區分這兩種之間的差異。

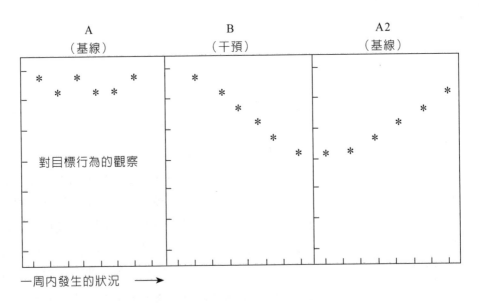

圖14-9　A-B-A單一個案設計

A-B-A-B（類似於時間一樣本設計）

在A-B-A-B設計中，干預計畫在一個治療週期之後結束了，而治療週期還可以繼續進行，這樣，實務工作者可以有更多的選擇。兩個分開的治療階段，讓實務工作者有計劃展現干預的有效性，從而可以得到肯定的關於有效性的結論。參見圖14-10。

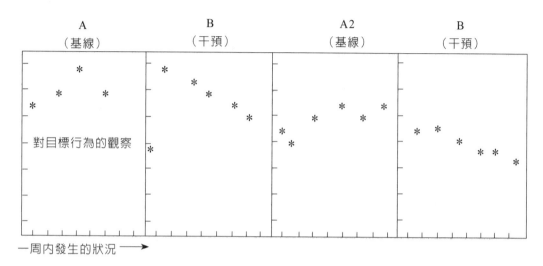

圖14-10　A-B-A-B單一個案設計

B-A-B（無基線階段）

有時在臨床實踐中，在干預開始階段，或者在臨床處理某個當事人時，人們很難測量因變數（目標行為），因為有些干預是即時開始的，例如在一個危機干預中，這時就沒有一個基線測量的過程。在這種情況下，當無法進行基線資料蒐集（Bloom, Fischer and Orme, 1999）時，社會工作者要利用一些回憶性資料，來對基線進行近似的測量。這樣，我們需要向當事人了解一些記憶性資訊，例如，在過去某段時間中，目標行為出現的頻率、密度或持續時間等。我們必須記住，人的記憶很快就會消失的，因此，我們建議根據記憶建立的一個基線資料，最好不要過去的時間太久，因為人們的記憶只能追溯到幾個星期之前（Bloom, Fischer and Orme, 1999）。

在B-A-B設計中，基線被跳過了，整個過程是從治療B階段開始的，參見圖14-11。

B-A-B設計缺乏一個基線測量，這個設計可以用在評估危機情況下實施的干預計畫，在這個設計中，沒有一個類似控制組的測量（即控制組沒有接受實驗干預）；而停止干預，進行目標行為的基線測量，又是不可能的。比較現實的做法就是，採用一個B-A-B的設計。

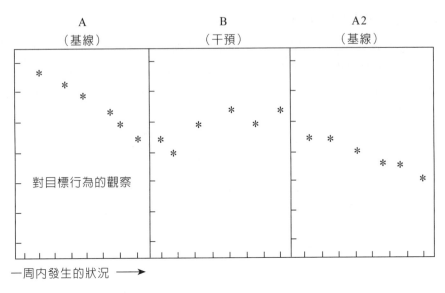

圖14-11　B-A-B單一個案設計

社會工作中傳統的量化分析，需要涉及對一組當事人或參與者的評估，所以，常常需要有一個比單一個案設計中規模更大的人群。因此，很難將單一個案設計與其他大規模的研究設計進行比較，因為它們涉及的個案在數量上存在很大的差異。儘管這樣，單一個案設計中運用統計分析的方法還是非常有用的（Marsh and Shibano, 1984），具體的操作方法已經超出了本書的內容。還有一些非常出色的電腦軟體，可以幫助我們進行單一個案設計，輸入資料並進行分析，產生圖表和其他報告。[6]

單一個案設計的優點

Grinnell（1999）認為，單一個案設計可用來評估小規模的實務干預。單一個案設計為我們提供了工具，通過蒐集當事人在接受干預後持續性改變（收益性改變）的資訊，來評估干預的有效性。儘管我們很難將一個個案的結論進行推論和推廣，單一個案設計的宣導者們還是認為，這種臨床評估的方法，對社會工作者來講非常重要，因為它可能與實務高度整合起來，它不太需要外部評估者的參與，同時，它操作起來比較容易（Slonim-Nevo and Anson, 1998）。另外，Bloom，Fischer和Orme（1999）指出，單一個案設計為實務工作者提供了豐富的資訊，幫助他們了解當事人和治療的進展，而這些資料通過其他方法是無法得到的。[7]

單一個案設計的缺點

目前興起的推動健康和精神健康實務工作，正向著管理化照顧運動發展（Corcoran and Gingerich, 1994），它特別強調治療的速度，這種趨勢使得單一個案設計更加難以推廣和運用（Balassone and Ruckdeschel, 1994）。很多機構需要在短期內開始一

個干預計畫，並在一定的時段內完成干預，這也使得單一個案設計（與其他形式的臨床評估一樣）無法實施。Bloom，Fischer和Orme（1999）建議，單一個案設計的延伸程式，可以用來評估一個壓縮的治療和評估。例如，傳統的治療計畫需要16次治療，需要16個星期，然而，由於管理化照顧的要求，整個干預需要壓縮到8次治療。單一個案設計的延伸計畫就是在16個星期中進行8次干預治療，這樣就保持了整個干預的時間長度不變，但是治療的次數壓縮了。

　　Bloom，Fischer和Orme（1999）總結了一些從哲學的角度對單一個案設計的批評（Heineman, 1981; Ruckdeschel and Farris, 1981）。有些批評建立在這樣的前提下，即單一個案設計基本上是一個量化的研究，它不可避免地帶有很多實證主義研究的累贅。人們關注的重點在於，實證主義的科學方法很難將當事人的利益放在首位考慮。批評家們指出，單一個案設計蒐集的資料可能比較空泛，缺乏更加深入的質性的內涵。有人批評說，單一個案設計要求行為是可以被測量的，這會出現行為主義的理論導向，也就是說，在社會工作中非常重要的內容（Thyer, 2001），而在其他學科則被當成了不重要的內容。[8] 最後，當研究人員試圖把量化研究放進自己的日常臨床實務中時，他們還會面臨更大的危險。這些危險並不只出現在單一個個案設計中，它們還會出現在其他的臨床評估策略中。儘管這樣，臨床的單一個案評估所面臨的問題，與其他傳統研究人員面臨的問題沒有什麼本質性的區別，也就是說，研究人員不可能與當事人或者參與者特別親近。例如，在傳統的臨床結果研究中，研究人員必須清楚，自己背後深藏的典範如何以一種微妙的方式來影響自己的觀察。脫離實踐的科學家們很容易上當受騙，對那些未被證明的東西進行推論（Pickering, 1995）。因此，評估小組需要了解大量的局外人的觀點，這些往往是使用單一個案設計的實務工作者自己掌握不到的資料。

　　另外一個問題就是，在傳統的研究中，研究專案的負責人基本上不負責設計研究、蒐集資料以及進行統計分析等工作（McGrath, Martin and Kulka, 1982）。這種角色分工的劃分，在研究中常常受到批評，因為研究人員有太多的機會在研究過程中犯錯誤，這些錯誤可能會改變研究結果。在單一個案設計中，研究過程中的多元角色，基本上都是由實務工作者一個人來承擔的。在傳統的結果研究中，個人的性格特徵和研究人員的喜好都可能是出問題的原因。它們可能會系統性地歪曲資訊和觀察，所以，它們常常會依賴雙盲實驗方法。在雙盲實驗中，研究人員和臨床工作者都不知道誰會接受新的干預或治療，誰在控制組中，誰在對照組中。然而，這些情況在單一個案設計中，都不存在。

　　所有這些批評都不足以用來反對使用上述任何一個方法來進行臨床實務評估。相反，我們需要了解這些方法的優缺點。我們永遠都不能夠滿足我們目前已經發現的黃金規則，或者自己喜歡的策略，來展現我們的助人活動的有效性。

賦權評估

賦權評估是社會工作評估中的一個新的趨勢，它將多元性的價值觀（Rodgers-Farmer and Potocky-Tripodi, 2001）、優勢視角（Saleebey, 2002）和後現代主義（Chamhron and Irving, 1994）整合在一起了。

社會工作中的賦權方法（Holmes, 1992; Lee, 1994; Gutierre, Parsons and Cox, 1998）融合了很多建構主義的策略（Fisher, 1991; Dean, 1993; Rod-well, 1998）、生態主義觀點（Germain and Gitterman, 1996）、女性主義和批評視角等，併發展出了一個研究取向，體現了這樣的一個概念，即：幫助他人實現社會經濟公正（Flynn, 1995; Gil, 1998; Appleby, Colon and Hamilton, 2000; Pelton, 2001; Longres and Scanlon, 2001）。賦權評估者相信，世界上並不存在一種絕對客觀的、無私的評估。Green（1997:25）解釋說，「計畫評估者不可避免地會站在某人一邊，反對另一部分人。評估者選擇的立場，可以通過研究中提出什麼樣的問題清楚地反映出來，因此，我們也就可以看出在評判服務計畫品質時，評估者會採用什麼樣的標準了。」

賦權評估者認為，自己特別適合與社會工作當事人一起工作，因為這些人是被主流社會和傳統的「歐洲中心」社會邊緣化的人群。Lee（1994）指出，在與非白人群體工作時，需要考慮五個問題：

1. 評估者必須從歷史的角度，來理解評估物件所受到的壓迫；
2. 評估者必須具備生態學的視角，特別需要理解這些長期受壓迫的群體、他們的功能性能力以及對壓力的反應；
3. 評估者要承認不平等的權利分配，以及壓迫被內在化的過程（受壓迫群體常常會因為自己的處境而自責）；
4. 強調社會經濟、階級、種族和性別的影響；
5. 擁有批評性視角，用來分析個人痛苦與改變策略之間的聯繫。[9]

Rodgers-Farmer和Potocky-Tripodi（2001）主張，在賦權框架中，社會工作者和當事人應該分享權利，當事人應該被稱為「合作研究者」。此外，評估任務應該是相互性的，也就是說，評估活動應該是迴圈的、多次重複的，這樣當事人就能獲得更多的權利（Lee, 1996）。Appleby 等人（2000）指出，當事人和評估者共同分擔責任涉及了三個步驟：（1）承認並尊重他們的自我意識，包括自尊、自我方向感和能力；（2）協助發展當事人的解決人際問題的潛能；（3）關注環境因素，因為環境中包含很多資源，可以協助目標的實現（Gutierrez, Parsons and Cox, 1998; Lee, 1996）。

Rodwell（1998）在她稱為結構主義的研究中，將很多質性研究的傳統策略，特別是很多社會結構主義工作，與賦權方法結合起來。Rodwell認為，結構主義（賦權取向）評估者是從自然背景中開始的，把人當成了基本的資料蒐集工具。結構主義評估者

採用了很多質性研究方法中發展出來的默認的／直觀的理論。結構主義評估者使用了目的性抽樣、扎根理論、個案研究、嘗試性的應有研究結果，他們依靠自己以獲得可信度和眞實性。

　　Rodwell認爲，在結構主義的評估中，語言和非語言資料並不是了解事實的唯一方法。直覺和其他直覺性的方法也是非常重要的、了解事實的途徑。當研究人員知道下一個問題是什麼，爲了提高共同結構的品質，下一步應該做什麼的時候，直覺就出現了。隱性知識的作用在於幫助我們反思。只有通過資料蒐集，才能夠眞正理解我們的研究物件。[10]

　　社會工作的主要關注點應該放在評估結果，能夠爲受壓迫人群，以及那些被社會工作評估和研究長期忽視的人群所運用並有所幫助。方框14-3中提供了一些主要來源。

方框14-3　社會工作研究和實務中有關賦權、多元化和社會公正的主要來源

Balgopol, P. (2000). *Social work practice with immigrants and refugees*. New York: Columbia University Press.

Blount, M. (1996). Social work practice with Native Americans. In D. Harrison, et al., *Cultural Diversity and Social Work Practice*. Springfield, IL: Charles C. Thomas.

Bullis, R. (1996). *Spirituality in social work practice*. Washington, D. C. : Taylor and Francis.

Chow, J. (1999). Multiservice centers in Chinese American immigrant communities: Practice principles and challenges. *Social Work*, 44 (1), 70-81.

Coe, A., and D. Elliott. (1999). An evaluation of teaching direct practice courses in a distance education program for rural settings. *Journal of Social Work Education*, 35 (3), 353-365.

Cowger, C. D., and C. A. Snively. (2002). Assessing client strengths: Individual, family and community empowerment. In *The Strengths Perspective in Social Work Practice*, 3rd ed., edited by D. Saleebey, pp. 106-123. NY: Addison-Wesley Longman.

Devore, W., and E. Schlesinger. (1996). *Ethnicsensitive social work practice*, 4th ed. Boston: Allyn and Bacon.

Dungee-Anderson, D., and J. Beckett. (1995). A process model for multicultural social work practice. *Families in Society*, 78, 459-468.

Flynn, J. (1995). Social justice and social agencies. In *Encyclopedia of Social Work*, 19th ed., edited by R. L. Edwards, pp. 2173-2179. Washington, DC: NASW Press.

Fogel, S. (1998). Sexual harassment in BSW field placement students: Is it a problem? *Journal of Baccalaureate Social Work*, 3 (2), 17-29.

Freire, P. (1991). Pedagogy of the oppressed: New revised 20th anniversary edition. New York: Continuum.

Gil, D. (1998). *Confronting injustice and oppression: Concepts and strategies for social workers*. New York: Columbia University Press.

Gitterman, A. (Ed.) (2001). *Handbook of social work practice with vulnerable and resilient populations*. New York: Columbia University Press.

Green, J. (1999). *Cultural awareness in the human services: A multi-ethnic approach*, 3rd ed. Boston: Allyn and Bacon.

Gross, E. (1995). Deconstructing politically correct practice literature: The American Indian case. *Social Work*, 40 (2), 206-214.

Ho, M. (1976). Social work with Asian Americans. *Social Casework*, 57, 195-201.

Holmes, G. (1992). Social work research and the empowerment paradigm. In *The Strengths Perspective in Social Work Practice*, edited by D. Saleebey, pp. 158-168. New York: Longman.

Imrie, R. (1996). *Disability and the city: International perspectives*. New York: St. Martin's Press.

Kelly, M., and M. Lauderdale. (1999). Globalization, technology and continued professional education. *Professional Development: The International Journal of Continuing Social Work Education*, 2 (1), 4-9.

Kim, Y. O. (1995). Cultural pluralism and Asian Americans: Culturally sensitive social work practice. *International Social Work*, 38, 69-78.

Lee, J. (2000). *The empowerment approach to social work practice*. New York: Columbia University Press.

Levine, J. (2001). Working with victims of persecution: Lessons from Holocaust survivors. *Social Work*, 46 (4), 350-360.

Lieberman, A. (1990). Culturally sensitive intervention with children and families. *Child and Adolescent Social Work*, 7, 101-120.

Longres, J. (1997). The impact and implications of multiculturalism, pp. 38-47. In M. Reisch and H. Gambrill, *Social work in the 21st century*. Thousand Oaks, CA: Pine Forge Press.

Longres, J., and E. Scanlon. (2001). Social justice and the research curriculum. *Journal of Social Work Education*, 37 (3), 447-463.

Lum, D. (2000). Social work practice and people of color: A process-stage approach. Belmont, CA: Brooks/Cole.

McMahon, A., and P. Meares. (1992). Is social work racist? A content analysis of recent literature. *Social Work*, 37, 533-539.

Mills, L. (1996). Empowering battered women transnationally: The case for postmodern interventions. *Social Work*, 41 (3), 261-268.

Mokuau, N., and J. Matsuoka. (1995). Turbulence among a native people: Social work practice with Hawaiians. *Social Work*, 40 (4), 465-472.

Mondros, J., and S. Wilson. (1994). *Organizing for power and enhancement*. New York: Columbia University Press.

Morales, A. (1981). Social work with third world people. *Social Work*, 26, 45-51.

National Association of Social Workers (1997). Lesbian, gay and bisexual issues. Social Work Speaks: NASW Policy Statements. Washington, DC: NASW.

Normal, A. E., ed. (2000). *Resiliency enhancement: Putting the strengths perspective into social work practice*. New York: Columbia University Press.

Pelton, L. (2001). Social justice and social work. *Journal of Social Work Education*, 37 (3), 433-439.

Pinderhughes, E. (1989). *Understanding race, ethnicity and power: Key efficacy in clinical practice*. New York: Free Press.

Reinharz, S. (1996). *Feminist methods for social research*. New York: Oxford University Press.

Rooney, R. (1992). *Strategies for work with involuntary clients*. New York: Columbia University Press.

Saleebey, D. (1990). Philosophical disputes in social work: Social justice denied. *Journal of Sociology and Social Welfare*, 17, 29-40.

Saleebey, D. (2001). The diagnostic strengths manual? *Social Work*, 46 (2). 183-187.

Saleebey D., ed. (2002). *The strengths perspective in social work practice*. New York: Allyn and Bacon.

Schiele, J. (1996). Afrocentricity: An emerging paradigm in social work practice. *Social Work*, 41 (3), 284-294.

Simon, R., and R. Rhodes. (2000). *In their own voices: Transracial adoptees tell their stories*. New York: Columbia University Press.

Tully, C. (2000). *Lesbians, gays and the empowerment perspective*. New York: Columbia University Press.

Vacc, N., S. DeVaney, and J. Wittmer. (1995). *Experiencing and counseling multicultural and diverse populations*, 3rd ed. Bristol, PA: Taylor and Francis.

Van Warmer, K., J. Wells, and M. Boes. (2000). *Social work with lesbians, gays and bisexuals: A strengths perspective*. Boston: Allyn and Bacon.

Wares, D., K. Wedel, J. Rosenthal, and A. Dolbrec. (1994). Indian child welfare: A multicultural challenge. *Journal of Multicultural Social Work*, 3 (3), 1-15.

Weaver, H. (1999). Indigenous people and the social work profession: Defining culturally competent services. *Social Work*, 44 (3), 217-225.

直覺是否有作用

　　你是否有過這樣的經歷，你感受到某些事情正在發生，但是卻不知道原因和過程？當某些人發誓自己講了實話，你還是感覺他們在撒謊？你隱隱約約感到要發生什麼事，然後就真的發生了？你是否發現了一些模式，但是卻不知道這些模式是怎樣出現的？這些都說明了直覺是什麼（Roberts, 1989）。在直覺性的社會工作知識背後有哪些哲學問題，社會工作研究中可信的有效的知識構成是什麼，所有這些問題都與採用的不同的研究方法有關。與此相關的還有建立在長期以來指導傳統量化研究（非直覺性的）、白人典範基礎之上的知識的準確性的問題。

　　Heineman-Piper（1985），Ruckdeschel（1981）和Imre（1984）都認為，主流的社會工作量化研究人員長期以來一直對實證主義的哲學堅信不疑，他們認為，直覺性的經驗不能成為研究結果的基礎。另一方面，質性研究方法論者則認為，研究人員某種程度上對研究物件的「生活世界」的參與，是蒐集和解釋資料的關鍵步驟。Lofland（1984）指出，這一點在田野觀察中尤為重要。在田野中，研究人員必須參與研究物件的生活，與研究物件互動。我們相信，田野研究與社會工作研究極為相似，因為社會工作者與當事人要經歷無數次的面對面的互動（Moustakas, 1990）。因此，社會工作者在研究中最適合採取質性研究的態度，使用直覺資訊。

　　Lofland（1984）和Patton（1990）都認為，記錄下觀察者的自我感覺、態度和感受，是資料蒐集的重要組成部分。Denzin（1990）也同樣提出，我們應該使用多元資料來源，其中有一種來源應該包括研究人員自己的經驗。Imre（1984）堅持認為，社會工作實務知識不應該僅僅局限在傳統實證主義方法獲得的資訊。在Imre看來，主觀性知識在社會工作實踐中的人際互動中，既是內含的知識，又是外顯的知識。因此，在研究中運用主觀性知識也非常有意義。

Rein和White（1981）提出，社會工作中研究人員習慣對客觀的、推廣性的知識的依賴，這樣做是有問題的。他們建議這個職業需要與情境有關的知識，這就包括要將觀察者—實務工作者—研究人員自身放進知識中去。Heineman-Piper（1985）對自己界定為傳統的社會工作科學模式提出的主要批評就是，傳統的模式具有很強的指令性，它排除了主觀性的、直覺性的資料。她還指出，傳統的科學觀已經過時了，它制約了我們的專業發展。最後，Heineman-Piper提出了一個方法論的立場，她稱之為「啓發式」的立場，這個立場不會將某種方法凌駕於其他方法之上，而是從各自的解決問題實用能力的角度，來看待每種方法的作用（參見Siegel, 1994）。

我們相信，社會工作實務和研究都包含了直覺性資料，由於社會工作者和研究人員都經歷了同樣的反思過程，所以，結果必定如此。社會工作專業的特點就是重視「人—環境」的互動，因此，社會工作者必須對多面向的知識本質保持高度的敏感度，包括直覺，而不是片面強調「客觀」知識，並把它當成評估或實務的唯一基礎。[11]

直覺為本的社會工作評估是幹什麼的？

從直覺—接受的視角來看（Carew, 1987; Allen-Meares and DeRoos, 1994），社會工作研究人員必須包括研究人員的內省過程，也包括蒐集關於他人的資訊。儘管重視直覺的研究人員也承認傳統、主流的、量化分析的重要性，他們自己也生活在朋友和親人、當事人和同事的現實世界中，這些是我們這個專業中的重要組成部分，因此，也成為我們研究日程的一個部分。

直覺性研究人員除了嚴格遵守外部的、普遍性的研究規則之外，他們還重視在研究過程中，內部的（認知和情感上）意識構成。直覺性研究人員隨時準備走出傳統的量化研究角色，以滿足豐富完整的外部世界的要求。

直覺性研究人員重視內在意識的理想化及其實現。從這個角度出發，就不存在什麼純粹簡單的事實。實際上，事實是研究人員通過自己的大腦活動有意識的選擇。因此，事實常常解釋了意識的某些特點，從這個意義上來講，很大程度上是依賴於直覺的。

直覺性研究人員反對傳統的實證科學邏輯提出的數理普遍性原則，它聲稱，世界可以用數學的方法來加以認識和預測。直覺性研究人員為了能夠反思對直覺的批評，會階段性地質疑世界的本質。這種質疑可能會以以下的方式出現：

1. 隨著研究的展開，學習吸收研究經驗，並從經驗中獲得意義。根據現象學者的觀點，只有在經歷了一些事件之後，才能夠真正理解它們。

2. 不要給所謂的「研究」經驗加上嚴格的、牢固的界限。你可能還不知道，至少從短期來看，一段經歷或事件是否都可以看作是偶然的，或者它們是否會對研究日程產生重要後果。因此，你必須要有耐心。

3. 學習對思想、感受和經歷做一些反思性筆記。隨身攜帶一些小筆記本、錄音筆，或者便箋，這樣有新的想法時可以隨時記錄下來。

4. 在培養直覺時沒有固定的規則或程式，你的經歷就是你自己的嚮導。

5. 錄音記下自己經歷中的想法和反思，傾聽自己的聲音，當你自己傾聽自己對自己經驗的描述時，你可以質疑自己的意識。問問自己感受怎樣，在當時頭腦中在想什麼。

6. 將自己的生命經歷和事件記錄下來，列出一個清單，這樣會幫助你培養自己直覺性思考的能力。

7. 與他人一起開始自己的工作。集體蒐集和分析資料，會提供個人單獨思考時容易遺漏的見識。

Braud和Anderson（1998）認為，直覺性研究人員在很多方面都需要進一步改進。首先就是社區建設技巧和在每個研究過程中涉及三個以上參與者時的分享的可能性：研究人員，參與者或研究對象，以及讀者或消費者。按照Braud和Andersen的看法，這些人都應該有機會參與研究過程的逐步展開過程。因此，研究者需要關注自己的感受和價值觀，同時，還要關注研究對象或當事人的感受和價值觀、其他研究人員的感受和價值觀，以及有機會看到或使用研究結果的人的感受和價值觀。

Brand和Andersen提出，第二個領域需要改進的是，需要學習深入徹底地探索人類經驗中的每個面向。研究人員不僅僅有責任使用自己的五官，他們還需要敏銳地發現，自己意識層面改變帶來的一些微妙的見識（Ballenger, 2000）。一切事件都是需要深入研究的原始資料：關係、夢、滯銷品、報紙文章、偶遇、因果談話以及同時發生的事件，如親屬的順路拜訪等。

Brand和Andersen認為，最後一個技術就是他們所稱的「魔術師手法」，它包括展現矛盾、似是而非的論點和困惑的能力。在大多數人看來，故意的、非理性和誇大差異的觀點是很不正常的，但實際上，這就是魔術師的工作。此外，記錄夢境、畫畫、講故事以及他人對自己的經驗的表達，都可以幫助研究人員擴展自己的理解。比方說，一個大人物，例如教授，告訴你說與他人相處的最重要的祕訣就是你的表達同感的能力。魔術師的做法是，他們會接受這個觀點，但是不會直接運用，他們會採取相反的方式，試試看不表達同感會出現什麼局面。然後，來看看不按照大人物的建議行事會怎樣，再看看如果你假定（至少目前這樣）大人物完全錯誤時，你是否會加深對大人物的認識和理解。

研究自己的社區：需求評估及其他

除了機構服務的有效性之外，社會工作者面臨的第一個關鍵問題是，在多大程度上，社區內的個人、家庭需要服務，得不到服務的情況又是怎樣的（Gregoire and Snively, 2001）。需求評估能夠蒐集資訊，幫助社會工作者回答上述問題。[12]

Kuh（1982）羅列了五個理由，來說明為什麼社會工作者需要採用需求評估來評估社區：確定社區內的需求是否得到了滿足；了解當事人對服務的滿意度；監測服務提供者如何看待不同的問題，並相應發展出一些服務計畫和政策；證明現行政策和服務的必要性，以及從多種選擇中挑選出最有利的服務計畫和政策。

界定需求

Lenning（1980）把滿足需求界定為提供了現實中需要的、希望的條件。在另一方面，沒有滿足的需求被Lenning界定為「希望的狀態與現實之間存在差異」時，需求沒有滿足就產生了。滿足了的需求和未被滿足的需求都成為需求評估的重點。Witkin和Altschuld（1995）把需求當成了現實狀態與理想狀態之間的差距和空白。

Bradshaw（1972）提出了四種不同的需求：第一種是「標準需求」（normative need），這種需求指的是社會工作者、主要資訊提供者或社區專家都明白的狀態、條件或環境，他們能夠發現，在現存服務和次文化人群需求之間存在的差異。例如，社區組織者可能需要知道，通過對中央資訊交流所蒐集的、關於對無家可歸的人提供的服務資料發現，目前社區學校招收的來自庇護所的兒童，遠遠不能滿足無家可歸家庭子女的上學需要。社會工作者可能會建議提供更多的交通服務，從而使得那些居住在庇護所的無家可歸家庭的兒童可以上學。

第二種需求是「感受到的需求」（felt need），這裡也涉及了傳統意義上的通過研究真正的當事人，而確定他們的需求。大部分關於需求評估的文獻為我們在某個社區內提供了方法論上的策略，來概念化並蒐集資料了解與當事人的觀點和信念有關的需求（Davenport and Davenport, 1999）。

第三種需求是「表達出來的需求」（expressed need），表達出來的需求可能指的是那些真正的當事人或潛在的當事人，他們申請享受服務，或者是已經真正接受了服務的。它也指那些在等候服務的名單上的人。

第四種需求是「比較需求」（comparative need），這種需求是一種對需求量的估計，這種需求量的評估是根據接受服務人群的特點，來判斷在一般性人群中，有多少人與接受服務的人群具有相同的特點，因此可能會從現存的服務中獲益。

誰應該參加需求評估

　　需求評估蒐集的資訊主要是看現實與理想之間的差距，了解這些差距存在的原因，可以做什麼，所有這些都需要放在社區的信念背景中進行考察，同時還需要了解改變所需要的資源。需求評估一般來講會把三個組別當成資料來源。第一個組別是目標人群（當事人和潛在的當事人），他們是我們需求評估的物件，需了解他們的需要（Danis, 1999）。然而，那些難以接近的人，可能不習慣讓人來評估自己的需求，他們可能缺乏必要的語言表達技能和其他技巧。第二個組別是由主要資訊提供者組成（社區領袖、服務提供者），這些人可能會碰巧了解社區需要，並且能夠反映社區需要。通常他們是教區牧師、少數民族領袖、報社主編和記者，這些人對社區事務有很多的了解和掌握。但是，這裡的危險性在於，這些資訊提供者可能會過高估計目標人群在某個計畫中的利益，也可能會過高估計社區改變中感受到的需求。[13]

　　社區居民組成了第三個組別，這包括整個社區的居民，也包括目標人群，以及非目標人群中的個人與家庭。找到社區中的每個人獲取資訊的優點就是，可以顯示需求的基礎面很廣泛，而不是將需求界定在目標人群層面。這裡出現的一個問題就是，整個社區居民未必會清楚社區內被邊緣化的居民的需求到底是什麼。

需求評估的方法

調查和標準化的需求評估測量工具

　　這裡工具指的是跨領域特殊用途的問卷（郵寄或者發放、電話訪問等），它們可用來蒐集基本的資訊。這裡的主要問題包括：調查對象是誰，抽樣方法怎樣，問什麼問題，選擇什麼樣的問題類型（開放式、多選、同意程度的量表等），確定發放問卷的方式（郵寄或電話）等。

　　標準化的調查，採用了相對比較便宜的方法，它能夠蒐集大量的資料。調查的一個缺點就是，回答者在填寫問卷時，可能提供選擇的資訊比較有限，而且缺乏靈活性。也就是說，採用標準化工具的優點是便於操作，但是，他人發展的專業化的工具（例如標準化工具測量的是住在舊城的庇護所中的無家可歸的人的需求），可能對生活在不同社區中的居民，不具有地域相關性。

研究現存的統計資料和二手資訊

　　現存的紀錄、統計資料和二手資訊都可以從服務提供者、機構檔案、圖書館和政府官員處獲得，這樣，就可以節約研究人員很多時間蒐集初步資料。二手資訊的缺點是，二手資料會將資料局限在原先的分類之中，還有，現存資訊還會反映政府決定或者原先管理者的妥協，而所有這些內容，目前的評估者可能毫無所知。

Payne（1999）指出，研究者在運用現存資訊的時候，需要先問六個問題：（1）這些資訊涉及哪些地域？公共和私立機構和服務提供者常常很難界定地域和涉及的領域。（2）現存的界限改變了嗎？由於地域界限和管界常常變更，因此不同時間的資訊可能無法比較。（3）資訊發表多長時間了？這些資訊過時了嗎？很多預測是根據可能是十年前的人口統計自己制定的，人口統計是每十年進行一次的，在兩次人口統計之間蒐集的資訊一般來講比較新，但是有時也是預測，或者從樣本中推算出來的。如果這樣的話，這樣估計準確嗎？你能夠估計出抽樣誤差值嗎？（4）隨著時間的推移，定義有所改變嗎？在改變的定義中，是否會有一些共同的要素還是完全不同的要素？（5）這些資訊完整嗎？如果資訊是分類的，由於資料的分組，有多少類型遺漏了？如果有平均數，它們合適嗎？例如，是使用平均數合適，還是使用中位數或眾數來測量集中趨勢呢？研究人員報告的平均收入通常會使用中位數而不是平均數，如果使用平均數的話，太大或太小的收入會歪曲整個分布。（6）遺漏了什麼資訊？在現存資料中，常會出現漏洞或者空缺。認真回顧一下你自己的研究領域，就可能會發現什麼樣的資料被遺漏了。

個別訪談

面對面的訪談和電話訪談都能提供關於人們需求的大量資訊，因為評估者能夠通過跟進和追問的方式，進一步發掘新的資訊。研究人員與研究物件之間的信任關係能夠幫助提供有效的、可信的資訊。

焦點小組

焦點小組實際上是一個非結構式的小組訪談（8～12人參加）。焦點小組的組員通常都是同質性的，他們有共同的經歷或興趣，小組過程一般持續一兩個小時（Morgan, 1988）。一開始，小組主持需要向組員介紹小組的目的，然後提出一個問題，就他們的需求進行資料蒐集。參與者常常會寫下自己的想法，再與其他組員分享。小組主持會記錄組員的想法，寫出總結，並保證組員同意錄音。焦點小組的優點是組員可以提供一些他們平時沒有機會思考的想法，同時也有一個缺點，即他們可能會對說出自己內心的想法而感到不安。

具名小組

具名小組（nominal groups）是一個更加結構化的、更加聚焦的小組，通常規模會更大。每個人可能會按照輪流的方式，將問題或需要羅列出來，然後，不斷往清單上添加。接著，將清單上的問題進行排序，在進行最後的排序時，可能會進行加權或匯總。

社區論壇

社區論壇（community forums）一般是由大型公開會議或社區聚會組成，用來蒐

集社區內各種人群的不同需要,與市政廳會議類似。社區論壇可能會持續幾個小時,參加者人數比較多,在這類會議上蒐集資料,需要掌握一些特別的技巧。這種方式的一個缺點就是不能保證參與者的代表性。常常會出現這樣的情況,即善於表達的人會得到充分的展現,而那些不善於表達的人,就容易被人忽視。

其他資訊蒐集策略

社區研究人員發現,研究社區的一個非常有用的方法,就是畫出社區的地域圖。你可以選擇畫出機構、圖書館的地理分布區域圖,或者利用網路上現成的製圖方法,然後,標出你希望研究的地區。另一個方法叫做「認知圖」。這本身就是一種非常有用的資訊,這個方法要求當地居民在一張白紙上畫上一個地圖。你可以叫居民畫一個他們開車或坐車購物的地圖,你也可以叫青少年畫一個自己的鄰里地區圖,畫他們在哪裡玩耍,在哪裡與朋友見面等。這種自由發揮畫出的地圖在激發新的思想和新資訊方面,非常有幫助,特別是當居民被問到自己有哪些需求沒有得到滿足時,畫圖的方式會幫助激發新的想法和資訊。

另一個資訊來源就是地方報紙,報紙出版商會保留自己出版的不同年代的報紙,把它們裝訂起來保存,或者製成幻燈片、電腦資料儲存碟等。根據報紙的規模和所要研究的社區的大小,我們可能從地方報紙上就能夠蒐集到所需的資料。報紙的記者和主編也是重要的資訊提供者,他們不僅可以提供一些歷史性資料,還可以提供一些目前正在發生的事件和有爭議的事件的資訊。另外還有一些有用的管道,包括圖書館、本地學校教師、教會的教友、博物館工作人員、地方大學教師和社區老居民等。

另一個在社區內蒐集資料的方法就是拍照片,並對照片進行分析,或者對他人拍攝的照片進行分析。報紙、圖書館、學校、教堂、廟宇、猶太教會堂、博物館和歷史性組織等都成為這類資料的主要來源。你會發現,請居民自己拍攝自己最喜歡和最不喜歡的地方,如街區、公園和商業區等,照片可以傳遞非常豐富的資訊,幫助我們深入了解某個社區。圖14-12提供了一些網址,你可以從中發展出自己如何進行社區研究的方法。

多元化在評估中的作用

為了執行全國社會工作者職業倫理守則,以及社會工作教育協會關於重視多元性和多元文化意識的規定,我們在評估中,需要特別關注對不同文化視角的敏感性。Robinson和Howard-Hamilton(2000)歸納出了一系列區別美國主流群體的特點,這可以幫助我們了解美國和世界其他地方的傳統文化。我們將他們的分析擴大,並用來反映研究和評估中的「白人—男性」文化和「非白人—男性」文化。圖14-13中展現了一個研究

和評估中的白人男性取向，它更多地強調個人主義和個人自治，而非白人－男性取向則重視整個群體和社區。白人－男性取向重視實證主義科學研究，重視實證性和神聖的男性形象，而非白人－男性取向更關注自然主義和精神性的多元性別觀點。白人－男性視角代表了西方文明的資本主義角色，它強調的是產品、競爭、表現和成就，而非白人－男性視角更關注的是過程、合作、擴大家庭的責任包括善行和分享。資本主義的價值觀爲白人－男性取向奠定了基礎，強調單一時間框架，即認爲全球範圍內的機構化在同一時間，按照市場迴圈的規律來實行的。相反，非白人－男性視角則強調多元時間框架（包含了很多不同的時間線），由此反映出了重視生活的節奏。最後，白人－男性取向比較重視正式的規則和文字內容，所有這些都是對權威系統和控制中心的支援。而非白人－男性視角更加喜歡採用人際溝通的方式，包括口頭傳統的方式和口語表達，這些方法能夠給人以更多的尊重，讓那些從來不發聲的人有機會說話。

Sustainable Communities Network	www. Sustainable. org
Asset Based Community Development	www. nwu. edu/IPR/abcd. html
Center for Excellence on Sustainable Development	www. Sustainable. doe. gov
Community Health Status Indicators (CHSI)	www. communityhealth. hrsa. gov
Community Indicators on the Web	www. rprogress. org/resources/cip/links/cips_web. html
National Civic League (NCL)	www. ncl. Org
National Neighborhood Indicators Partnership	www. urban. org/nnip
Redefining Progress	www. rprogress. org
Sustainable Measures	www. sustainablemeasures. com
U. S. Interagency Working Group on Sustainable Development Indicators	www. sdi. gov/reports. htm
Measuring Community Success	www. ncrcrd. Iastate. edu
The Resource Guide to Indicators	www. gmied. org/PUBS/papers/inddocs/irguide. html
Building Neighborhood Indicators	www. urban. org/nnip/pdf/guidebk. pdf
Building Healthy Rural Communities	www. ruralaction. org/build_indicators. Html

圖14-12　與社區研究有關的網址

白人—男性取向	非白人—男性取向
個人主義（自我參照）	部落文化（群體參照）
自治	社區
實證主義：尊重科學	自然主義：尊重大地
男性精神性	母為地父為天的精神性
產品導向	過程取向
競爭	合作
團隊表現	擴大家庭
成就豐富	善行—分享
單一時間框架（市場節奏）	多元時間框架（生活節奏）
正式規則	口頭傳統
書面文字	口頭文字
權威控制	尊重—讓他人表達

圖14-13　兩種不同文化取向的比較

Tran和Aroian（2000）指出，在跨文化背景中，評估者要採用質性研究的深入訪談的方法，而不用標準化的量化量表或指數，來蒐集評估性資料。他們還建議，在發展評估工具過程中，需要運用當地居民，以個別的方式或者以焦點小組的方式，來對工具進行前測，以獲得準確性。這個方法能夠幫助我們準確地概念化研究問題，同時，還可以幫助評估者重新改寫自己的問題，因為，在一個文化中適用的問題，在另一個文化中可能就不適用了。Tran和Aroian（2000:46）特別重視在多元文化評估中語言的重要地位：

研究人員在計畫和開展跨文化研究時，必須考慮跨文化的問題。有必要發展出一個系統的、有效的、可信的程式或將研究工具用一種語言翻譯成另一種語言。評估研究需要在不同文化群體中，發現社會、信賴和健康干預的合適性、效能和結果。

結語

本章中，你學習了評估研究的基本程式，了解了機構評估和臨床實務評估。你學習了在機構評估中，需要詢問的問題，以確定機構是否合適做評估，是採用內部評估者還是外部評估者，評估的範圍，是總結性評估還是形成性評估，以及採用一個邏輯模式的重要性。

現在，你可以欣賞社會工作實務背景中不同類型的評估方法，包括採用實驗方法、準實驗方法或非實驗設計的影響評估。你也學習了監測評估實施、過程分析、成本

效益和生產率評估、單一個案設計、賦權性評估、直覺的作用，以及如何研究自己社區的基本方法。

關鍵字

A-B designA-B設計

A-B-A-B designA-B-A-B 設計

case study個案研究

comparative need比較性需求

contrast class對比組

cost analysis成本分析

effectiveness有效性

empowerment賦權

erotetic reasoning反問推理

ethnographic民族學評估

evaluation評估

evaluability assessment評估性評價

expressed need表達出來的需求

felt need感受到的需求

focus group焦點小組

formative evaluation形成性評估

gap effectiveness補差有效性

impact evaluation影響評估

inputs投入

intuition直覺

logic model邏輯模式

needs assessment需求評估

normative need標準化的需求

output產出

performance evaluation表現評估

productivity assessment生產率評估

relevance relation相關關係

single-case design單一個案設計

stakeholders服務過程參與者

summative evaluation總結性評估

target population目標人群

trickstering魔術師

複習思考題

1. 社會工作者為什麼需要評估自己的干預和服務？全國社會工作者協會的倫理守則上有些什麼規定？

2. 在評估性評價中，社會工作者通常做些什麼？

3. 假設一個「為什麼」的例子，可以通過反問推理來解決。在你的例子中，指出什麼是主題、對比組和相關性關係。

4. 使用內部評估者和外部評估者的優缺點分別是什麼？

5. 形成性評估和總結性評估之間的差異是什麼？

6. 在一個假設的社會工作機構中，設計一個計畫或干預的邏輯模式。

7. 簡單描述三種類型的影響評估，各舉一個例子。

8. 在社會服務中，為什麼進行計畫實施監測非常重要？

9. 用一個假設的例子，來說明你怎樣進行單一個案設計。

10. 單一個案設計的優缺點是什麼？

11. 賦權性評估與其他傳統性評估方法的主要區別是什麼？

12. 社會工作者怎樣運用直覺來幫助他們理解和評估社會服務機構？

13. 簡單描述表達出來的需求、感受到的需求、比較性需求和標準化的需求之間的差異。

注釋

【1】 For more background on both clinical and program evaluation in social work and the human services see Chelminski and Shadish (1997), Chen and Rossi (1992), Herman, Lyons-Morris, and Fitz-Gibbon (1987), Jordan and Franklin (1995), Logan and Royse (2001), Patton (1990), Rossi, Freeman, and Lipsey (1999), Slonim-Nevo and Anson (1998), Tripodi (2001), and Weiss (1972).

【2】 For a discussion of a variety of issues regarding science and social work evaluation of practice see Alter and Evens (1990), Beck and Rossi (1990), Bloom,Fischer, and Orme (1999), Blythe and Tripodi (1989), Fink (1993), Fischer (1973, 1978a, 1978b), Grinnell (1999), Thyer (1986), and Wodarski and Thyer (1998). For more on the advantages of evidence-based practice see Gambrill (1999), Katz (2001), and Webb (2001). For a review and critique of evidence-based practice see Trinder and Reynolds (2000) and Witkin and Harrison (2001). Finally, evidence-based medicine is discussed in Geyman, Deyo, and Ramsey (2000) and Sackett, Straus, Richardson, Rosenberg, and Haynes (2000).

【3】 For more discussion of the readiness of an agency for evaluation see Boyle and Lemaire (1999), Herman, Lyons-Morris, and Fitz-gibbon (1987), and Smith (1989).

【4】 Impact evaluation and experimental design methods in the human services are discussed in Auslander, Haire-Joshe, Houston, Williams, and Krebill (2000), House (1993), and Mohr (1992).

【5】 Cost studies and productivity in social work are reviewed by Edgar, Friedman, and Zimmer (1990), Ell (1996), Jackson, Olsen, and Schafer (1986), Robertson and Knapp (1988), Yates (1996), and Yates, Delany, and Dillard (2001); find discussions of managed care in Bloom, Fischer and Orme (1999), Corcoran and Gingerich (1994), and Watt and Kallmann (1998).

【6】 See, for example, the Computer Assisted Social Services 【CASS】 program (Hudson, 1996) and SING-WIN program (Bloom, 1999).

【7】 Examples of single-case designs can be found in Berlin (1983), Bloom, Fischer, and Orme (1999), Blythe (1999), Carrillo, DeWeaver, Kilpatrick, and Smith (1993), Corcoran (1993), Downs and Rubin (1994), Gambrill and Barth (1980), Herson and Barlow (1976), Howe (1974), Kagle (1983), Kazdin (1982), Nelson (1993, 1994), Nugent (1991, 1993a,1993b). Rabin (1981), Robinson, Bronson, and Blythe (1988), Thyer (1993, 1998), and Tripodi (1994).

〔8〕 For more on the debate about single case design from its critics see Balassone and Ruckdeschel (1994), Heineman-Piper (1985), Mattaini (1996), and Ruckdeschel and Farris (1981).

〔9〕 For more on empowerment evaluation and related social justice issues see Braud and Anderson (1998), Cowger (1994), Cowger and Snively (2002), Fetterman (2001), Florin and Wandersman (1990), Green (1997), Gutierrez, Parsons, and Cox (1998), Holmes (1992), Lather (1991), Lee (1994, 1996, 2000), Markward (1999), Mermelstein (1999), Newman and Brown (1996), Normal (2000), Pollio, McDonald, and North (1996), Pomeroy, Demeter, and Tyler (1995), Stufflebean (1994), and Zimmerman (1990).

〔10〕 Constructivist issues and qualitative evaluation methods are discussed by Appleby, Colon and Hamilton (2000), Carpenter (1996), Cowger and Menon (2000), Germain and Gitterman (1996), Imre (1984), Moustakas (1990), Parker-Oliver (2000), Reid (1994), Rodwell (1998), Saleebey (2002), and Scott (1989).

〔11〕 For more on intuition in research and evaluation see Allen-Meares and DeRoos (1994), Braud and Anderson (1998), Carew (1987), Denzin (1990), Goldstein (1992), Kahneman and Tversky (1979), Ruckdeschel (1981), and Siegel (1994).

〔12〕 For more on needs assessment in social work and related fields see Burke, Dannerbeck, and Watt (1999),Chen and Marks (1998), Davidson (1997), Gregoire and Snively (2001), Hall, Amodeo, Shaffer, and Bilt (2000), Neuber (1983), Payne (1999), Percy-Smith (1996), Tutty and Rothery (2001), Weiner (1996), and Witkin and Altschuld (1995).

〔13〕 See for example, Hardcastle, Wenocur, and Powers (1997) on special skills needed to study your community. Hardcastle, D. , Wenocur, S. , and Powers, P. (1997). *Community Practice. Theories and skills for social workers*. New York: Oxford University Press.

第十五章

質性資料分析

社會學中有很多傑作都是使用質性研究的方法獲得的，而不是使用統計檢驗獲得的。這些傑作涉及的領域從機構和社區研究，到微觀的面對面的研究和宏觀的世界系統研究。這些傑作從來不會被人看成是不牢固的或者初步的探索性研究。

—— Randall Collins，《統計數位與文字》，340頁

質性研究資料是以文本、文字、短語或符號的形式，來描述或反映社會生活中的人物、行為和事件。除了偶爾使用內容分析方法，質性研究人員很少使用統計分析的方法，這並不是說，質性研究資料分析完全依賴思考或模糊的印象。它們雖然與量化或統計分析完全不同，但是實際上它是非常系統的，邏輯嚴密的。

過去，質性研究人員很少解釋自己是怎樣進行資料分析的。實際上，對質性研究的一個最常見的批評就是，資料分析過程不清楚，無法進行檢查。實際上，質性資料分析過程已經建立了一個更加清楚的、系統的、按部就班的程式。[1]

然而，在質性資料分析中，人們不會只使用某一種方法。本章中，你將要學習一系列質性分析技術。其中某些技術較多地運用在「歷史──比較」研究中，而另一些技術則會更多地運用在田野研究中。

量化和質性分析

量化研究的資料分析形式與質性資料分析的形式既有相同點，也有不同點。

相同點

第一，這兩種類型的資料分析形式中都涉及了推論。研究人員從社會生活的實證細節中進行推論。推論指的是根據證據，運用推理的方法，從判斷出發得出結論。在這兩類資料分析中，研究人員通過小心地檢查實證資訊得出結論。也就是說，結論是通過推論，並將複雜性的資料簡單化而獲得的。這裡面會出現一些對資料的抽象或者會與資料有一定的距離的情況，但是，這個過程需要依據研究方式的不同而不同。這兩種形式的資料分析，都通過對社會世界進行足夠的調查（即忠實於資料）而得出相關的論點。「在質性研究中，足夠性指的是資料蒐集的數量，而不只是量化研究中的被試的數量。當資料出現飽和狀態時，資料就是足夠的，這樣就達到了足夠性了」（Morse, 1994:230）。

第二，這兩種形式的資料分析都涉及開放的方式和過程。研究人員系統地記錄或蒐集資料，並允許他人使用自己的資料。這兩類研究人員都蒐集大量的資料。他們對資料進行描述，並記錄自己蒐集和分析資料的過程。這些方法都是標準化的、顯而易見的，其標準化的程度是有所不同的，但是，所有的研究人員都會以某種方式來揭示自己的研究設計。「質性研究中的研究設計不一定總是非常明確，但是，就每個具體的研究過程而言，它們是不容置疑的」（King et al, 1994:118）。

第三，在量化和質性資料分析中，比較是一個核心的過程。所有的社會工作研究

人員都會比較自己蒐集的證據的內在特徵。研究人員會清楚地界定證據中的多元過程、原因、特徵或機制。然後，他們會尋找模式，即異同點，特別是相似與不相似的方方面面：

　　質性研究人員跨個案檢驗異同模式，試圖了解它們的多元性……量化研究人員也檢驗個案間的差異，但是重點不同。他們的重點是解釋一個變數與另一個變數之間的共變關係，通常他們會檢查很多個案……量化研究人員基本上比較熟悉這些個案。（Ragin, 1994:107）

　　第四，在量化研究和質性研究資料分析中，研究人員都努力避免犯錯誤、做出錯誤的結論，或進行誤導推論。研究人員會特別關注可能會出現的謬誤和幻覺。他們會盡力找出各種可能的解釋、討論、描述，對各種不同的觀點進行評估，以從中發現最真實、有效和有價值的東西。

不同點

　　質性研究的資料分析與量化研究資料分析的不同點有四個方面：

　　第一，社會工作量化研究人員選擇了一系列具體的、標準化的資料分析技術。在不同的社會工作研究課題或自然科學與社會科學不同領域中，人們使用的假設核對總和統計方法基本一致。量化分析是發展完善的領域，主要以應用數學為基礎。相反，質性資料分析沒有標準化的問題。由於資料分析的角度不同，人們會採用不同的資料分析方法。社會工作質性研究常採用歸納的方法。研究人員在開始某個課題研究時，對資料分析的具體內容基本上一無所知。Schatzman和Strauss（1973:108）指出：「質性研究人員很少能夠像量化研究的同行們那樣，享受操作化的快樂，因為操作化能夠幫助人們預測分析過程，因此，質性研究人員無法根據研究設計發展出一套提煉和安排原始資料的操作化程式。」

　　第二，社會工作量化研究人員只有在資料蒐集完成，並將它們轉換為數字之後，才開始資料分析。他們通過對數字的分析控制，從中發現模式或各種關係。社會工作質性研究人員也會尋找模式和關係，但是，他們的資料分析過程始於研究初期的資料蒐集階段。早期資料分析的結果，會指導下一步的資料蒐集。這樣，分析就不是一個明確的研究的最後階段的工作，而是一個貫穿研究各個階段的一個過程。

　　第三，與社會理論的關係不同，社會工作量化研究人員通過分析控制反應實證事實的數位，以檢驗帶有若干個變數概念的假設。而社會工作質性研究人員通過將實證證據和抽象概念綜合起來，以創建新的概念和理論。質性研究人員不會檢驗某個假設，他們

希望展現或描述證據，以此來說明理論、概括或解釋是有道理的。

第四，抽象的程度以及與社會生活的差距在程度上存在的差異。在各種資料分析中，研究人員都會將原始資料放進不同類別中，以發現不同的模式，得出某些可推廣的原則。在量化分析中，這個過程與統計、假設和變數結合在一起。社會工作量化研究人員使用統計關係中的數位語言，來討論變數間的因果關係。當他們根據統計原則來處理數位時，這些數位能夠反應社會生活的特徵。

質性分析抽象程度不如統計分析，質性分析比較接近原始資料。質性研究不依靠大樣本的、建立在數學統計資料之上的知識，而是以文字形式出現的，特點是不夠嚴密、比較分散，具有很強的情境特徵，並包含了多重意義：

> 文字不僅僅從本質上來講充滿了理性，我們還可以發現，它們在學科的社會結構上比數字有更多的優勢。因為文字是一種開放性的表達方式，它擁有更多的空間可以展開爭論和體驗，可以讓更多的聽眾參與進來。（Collins, 1984:353）

解釋與質性資料

質性解釋有許多形式。社會工作質性研究人員不必在嚴格的表意／普遍性規律規則（ideographic/nomothetic）的二分法之間做出選擇。也就是說，是描述特徵還是驗證普遍法則。相反，研究人員發展出接近具體資料與情境的解釋或通則，但是不僅限於簡單的描述。他們通常使用層次較低、不太抽象、根據具體細節發展出來的理論。他們可能會建立新理論來建構社會生活的實際圖象、進而促進理解，而不是在檢驗某個因果假設。解釋的目的在於提供豐富的細節，符合具體情境，並能夠證明社會生活的複雜過程或是先後順序。這種解釋可能會是因果的，但是也並不總是表現因果關係的。研究人員的目的在於把大量的特殊細節組織成一幅前後一致的圖象、模式或一組互相關聯的概念。

社會工作質性研究人員很少試圖記載普遍法則，相反，他們把解釋分為兩大類型：極不可能與可信可靠的。研究人員滿足於完成個案的建構或提供支援性證據。經過深思熟慮，研究人員可能排除某些理論解釋、增加其他解釋的可靠性，因為只有少數的解釋能夠符合資料所展現的模式。質性分析可以通過呈現一系列的資料都與某個解釋互相矛盾，因而將這個解釋排除掉。資料可能會支援若干個解釋，但是，不會所有的解釋都和那個可靠性的解釋相吻合。在排除不可靠的解釋之後，質性資料分析有助於證實事件出現的先後順序，或是過程的前後步驟。這種時間上的先後順序是發現變數間關係的基礎，也有助於支持因果論證。

質性研究的分析與理論化形式，使得研究人員有時候很難發現概括化趨勢。有些社

會工作質性研究人員基本上都是在進行描述性工作，完全迴避了理論分析。其實最好的做法是把理論與概念交代清楚。如果研究人員對於自己使用的分析性詮釋或理論不提供清楚的說明，質性研究的讀者可能會自行使用他們日常生活中視爲理所當然的觀念，加以解釋；而讀者的常識框架，可能包含源自主流文化價值的隱藏性假設、偏見、民族優越感，以及缺乏合適定義的概念。[2]

概念形成

本節中，你將學到主題或概念、質性資料的編碼登錄，以及分析性備忘錄的寫法。質性研究人員有時候會使用變數，但是他們更多地使用一般性的想法、主題、概念作爲獲得推廣化的分析工具。非變數的概念、簡單的名目變數常常出現在質性分析中。

社會工作質性研究中的概念化

量化研究人員把變數的概念化與概念的提煉作爲資料蒐集或分析之前變數測量過程的一部分。相反，質性研究人員形成新的概念或是從資料中提煉概念。概念形成是資料分析中不可缺少的一個部分，而且在蒐集資料的過程當中就已經開始了。因此，概念化是質性研究人員組織資料並賦予資料以意義的一種方式。

質性研究人員分析資料的方式是根據主題、概念或類似特徵而把資料組織成一些類別的程序來進行分析。他們發展新的概念、形成概念定義，並且檢驗概念間的關係。最後他們再根據時間順序、對立組別（X爲Y的對立）或者一組相似的、已被他們轉換成理論陳述的類別，把概念串起來。質性研究人員在閱讀完整的書面資料（例如田野筆記、歷史文獻、二手資料等）提出批判性的問題的同時，他們也完成了概念化或概念形成的工作。他們提出的問題可能來自於某個學科（如社會學）的抽象辭彙，例如，這是個階級衝突的例子嗎？在那個背景中，是角色衝突嗎？這是個社會運動嗎？問題也可能是邏輯式的，例如，這整串事件的順序會是什麼？這裡發生的事件與那邊發生的事件進行比較會出現什麼情況？是相同的還是不同的個案？一般性的還是特殊性的個案？[3]研究人員對質性資料進行編碼時，經常需要進行概念化的工作。

在社會工作質性研究中，看法與證據是相輔相成的。這個情況特別適用於個案分析，個案不是事先存在的現成的經驗單位或理論類別，它們是被資料與理論所界定的。在分析情境時，研究人員同時進行資料的組織與觀念的應用，以創造個案或將個案具體化。製造或創造個案，被稱爲個案化（casing），這個過程是將資料與理論結合在一起，然後，研究人員要決定把什麼當成個案處理的方式，這就緩解了存在於研究人員

所觀察到的事物與自己主觀想像之間的緊張與壓力。「從方法論的角度來看，個案化可以出現在研究過程中的任何一個階段，不過它常常出現在研究計畫開始和結束的時候」（Ragin, 1992b:218）。

質性資料編碼登錄

社會工作量化研究人員要在完成資料蒐集之後，才進行資料的編碼登錄工作。他們會將數位形成出現的變數的測量結果，變成機器可以閱讀的形式，以便進行統計分析。在質性研究中，編碼登錄工作的含義不同，作用也不盡相同。研究人員要將原始資料組織成爲概念類別，從中發展出主題或概念，並用它們來進行資料分析。質性資料的編碼，遠遠不是一項簡單的文字處理工作，它是資料分析中一個不可缺少的工作。它受到研究問題的引導，並從中發展出新的研究問題。它可以將研究人員從原始資料的千頭萬緒中解放出來，並鼓勵研究人員進行深層次的思考。這個過程還可以幫助研究人員一步步走向理論化和推廣化：

編碼是一種標籤，用來將意義單位指派給研究中所蒐集的描述性或推論性資料。編碼通常被附加在與某個特定情境有關，也可能無關的大小不同的「對象」上，例如文字、短語、句子或者整個段落。（Miles and Huber man, 1994:56）

編碼登錄涉及兩個同時進行的活動：機械的縮減資料，以及對資料進行分析性的主題分類處理。研究人員把資料排出順序（參見方框15-1），「與花好幾個星期的時間來進行機械處理的過程不同，眞正的分析出現在頓悟發生的時候，出現在從資料中發現模式的時候」（Wolcott, 1994:24）。資料編碼登錄是項相當辛苦的工作，要把堆積如山的原始資料縮減成可以處理的檔，除了要使大量的資料成爲可以處理的資料之外，編碼登錄也使研究人員可以快速找到相關的資料，當然，對大量的質性資料或檔案進行編碼登錄，是相當繁瑣無趣的工作，因爲研究人員常常處在高度緊張和精神振奮的狀態中。Plath（1990:375）評論說，這個過程有著「那種面對畫紙卻苦於無處下筆的戲劇性壓力」，她還指出：

處理如此大量的資料確實令人望而怯步，好幾週甚至好幾個月的努力可能毫無所得……歸檔工作是我們大多數人爲了解某個特定的群體而奮鬥不懈所許下的內在誓言的外在表現。（Plath, 1990:374）

Strauss（1987）界定了三種類型的質性資料編碼登錄法，下面我們將描述這三種

方法。研究人員在三種情況下檢驗資料，每一次使用不同的編碼登錄，而且對同一組原始資料進行三次編碼。Strauss（1987:55）警告說，「對經驗不足的研究人員來說，了解並且靈活運用編碼登錄是最困難的一個工作。」[4]

方框15-1　主題與質性資料的編碼

　　「一個好的主題編碼，能夠抓住研究現象的質性豐富性特徵，它在研究的分析、解釋和結果展現過程中非常有用」（Boyatzis, 1998:31）。爲了將資料編碼成爲主題，研究人員首先需要學習如何從資料中「看出」或發現主題。發現主題需要具備四種能力：（1）從資料中發現模式；（2）以系統的方式和概念來進行思考；（3）具備需要的知識或者深厚的背景知識（即要理解Shakespeare戲劇，必須具備希臘數學知識）；（4）處理相關資訊（即如果要對一場搖滾音樂會資料進行編碼，必須了解搖滾音樂和搖滾音樂家，參見Boyatzis, 1998:78）。編碼由5個部分組成：一至三個片語成的名稱或「標籤」；對主要特徵的「定義」；如何從資料發現編碼的「標誌」性描述；排他性或「條件限制」；「示範」。讓我們來看下面的例子：

　　標籤：社會性別角色爭論是一個例子。

　　定義：人際語言分歧是個例子，例如關於什麼是男性或女性合適的或可以接受的行爲的爭論，或者是關於男性與女性的互動是一起的還是分開的（因爲他們性別不同），這一爭論。

　　標誌：例子就是關於男性和女性應該是怎樣的（因爲他們是不同性別的人），而出現的諷刺性的評論、笑話或者分歧（從溫和的到憤怒的）。

　　條件限制：只有在同樣性別中出現的爭論才包括進來。任何行爲（語言或非語言的）都可以是爭論的靶子。同性戀之間的互動以及跨性別的人不包括在內。

　　例子：在教室外，16歲的Sara和Jessica正在談論她們昨晚的約會。Sara說：「我們出去吃比薩了，當然是他買單的。」Jessica 回應道：「當然，你是說你期望那個傢伙付費？」Sara答道：「算了，不說了。」

　　在編碼時需要避免三類錯誤（參見Schwandt, 1997:17），它們是只停留在描述層面（沒有分析性），把編碼當成一個純粹的機械過程，同時還將編碼變成一成不變的、缺乏靈活性的過程。

開放式編碼

　　開放式編碼（open coding）是對剛蒐集到的資料進行處理的第一關，研究人員應

找出主題並且給資料貼上最初的編碼或標籤,把大量的資料濃縮成若干個類別。他們慢慢地閱讀田野筆記、歷史資料或其他資料,尋找關鍵字、關鍵事件或主題,並且做下紀錄。然後,他們在筆記卡或電腦紀錄卡的兩邊記下初步的概念或標籤,並用色彩鮮明的筆或其他類似的方法,使它們突顯出來。接下來的分析中,研究人員應開動腦筋,創造新的主題,改變早期想出來的符碼。如果能夠靈活地應用理論架構,也將有所幫助。

　　開放式編碼使主題能夠從深厚的資料中浮現出來。這時的主題抽象層次較低,大多來自於研究人員剛開始的研究問題、文獻中出現的概念、社會情境中成員使用的名詞,或因閱讀資料而激發出來的新思想。正如Schatzman和Strauss(1973:121)所提出的警告,對研究人員而言,從具體的資料中發現抽象的概念,在抽象概念與特定細節之間進行反覆不斷的思索,是非常重要的:

　　初學者偶爾會(有時也是經常性的)被自己試圖利用實質工具(即某個學科的概念)的企圖所絆倒,這多半是因為他們誤把那些實質工具當成實際存在的形式。有經驗的研究人員與學者,常常能夠看透代表這些抽象設計的日常經驗事實,所以他們掌握概念的靈活能力就比較高。因此,我們鼓勵初學者在分析時,把相對無生命的抽象概念轉變為故事,甚至是帶有情節的故事。

　　這類的例子就是LeMasters(1975)對一家工人階級酒店所進行的田野研究。在研究中,他發現婚姻這個詞不斷出現在許多的對話中。如果他對田野筆記進行開放式編碼,他可能把一大堆田野筆記都歸進婚姻這個主題之下。下面是一個可以對婚姻這個主題進行開放式編碼的假設性田野筆記範例。

　　由於剛參加完一個晚會,星期四我打了條領帶來到了酒吧,Sam立刻就注意到了,並且說,「該死,我曾經戴過這種東西一次,就是我結婚的時候,然後看看我發生了什麼事!上帝呀,下一次將是由殯葬化妝師替我戴上。」我點了一杯啤酒,然後問他,「你為什麼要結婚呢?」他對我微笑、眨了下眼睛回答說,「要不然你要做什麼?你總不能一生都在換同居的女人吧,我單身時,這樣的經驗已經夠多了。」他停下來又叫了杯啤酒,點了根香菸,然後繼續說,「男人遲早會喜歡有自己的家、有一群小孩,要有這些你必須結婚。毫無例外,它們完全把你套住了。」我說,「Helen(他的太太)似乎是個不錯的人。」他回答說,「哦,她不是個壞人,但是她是個討厭的女人,有時讓我深惡痛絕,簡直把我給氣瘋了。如果你要去一個舞會,當你正開始玩得起勁時,太太卻說『我們回家吧。』」(摘自LeMasters, 1975:36-37)

　　歷史比較研究人員也使用開放式編碼。例如,研究勞工武士(這是19世紀美國的

一個追求經濟與政治改革的運動）的研究人員，閱讀某個城鎮裡該運動分支機構相關活動的二手資料。當研究人員在閱讀資料、做筆記時，他注意到禁酒黨在當地選舉中扮演重要的角色，而且當地分支機構的成員對禁酒運動發生過爭論。研究人員的主要興趣是勞工武士運動的內部結構、意識形態及其發展過程，禁酒運動是個非預期的新類別。研究人員以禁酒運動的標籤對筆記進行編碼登錄，並且把它當成一個可能出現的主題，包括在整個研究之內。

雖然有些研究人員（例如Miles and Huberman, 1994:58）指出，研究人員是先從一連串概念開始，就這些概念進行編碼登錄，但大部分編碼登錄的主題是在研究人員閱讀資料筆記的過程中產生的。不論研究人員開始時是否有這些一連串的主題，他在開放式編碼之後都會製作一個主題單子。這類主題單子會滿足三個目的：

1. 它幫助研究人員一眼就看到凸顯的主題。
2. 它刺激研究人員在後來的開放式編碼時，能夠找出主題。
3. 研究人員使用這個清單來建構這次研究的全部主題總匯，在進一步分析資料時，他可以將這個單子進行重組、篩選、刪除或擴展。

不同的社會工作質性研究人員在編碼的完整性與細節程度上有很大的差異。有些人對每一行或每個字都給予編碼；另一些人對整個段落進行編碼，並認為絕大部分的資料都不必編碼，它們只是一些渣滓或垃圾。編碼的詳細程度取決於研究問題、資料的「豐富程度」，以及研究人員的目的。

開放式編碼可以運用到研究人員蒐集資料時，自己所寫的分析性筆記或備忘錄中。研究人員應該根據自己的編碼方式，撰寫備忘錄（參見下面對分析性備忘錄的討論）。

主軸編碼

這是處理資料的第二道關卡。在開放式編碼時，研究人員的注意力集中在資料本身，並且針對主題加上編碼標籤。這時他們並不重視建立主題之間的關聯性或詳細描述主題所代表的概念。反之，在主軸編碼時，研究人員從一組有組織的初步標籤或初始概念入手。在第二關的處理中，他們比較重視初步編碼主題，而非資料本身。新的標籤或新的概念可能在這個時候出現，同時研究人員也會做下紀錄；但是他們的主要工作是回顧與檢驗初步編碼，他們的方向是組織概念或主題，並且標出分析時關鍵概念的主軸。

Miles和Huberman（1994:62）曾經提出警告：

編碼的建構與修訂是先做還是後做，並不重要，反而符碼間是否存在有某些概念性和結構的順序比較重要。編碼應該以前後一致性、對研究的重要性等方式連接起來；它們應該是某個主導性結構的一部分。

在主軸編碼時，研究人員詢問有關因果、條件與互動、策略與過程的問題，並且搜尋具有群聚性特點的類別或概念。他們會問這樣的問題：我能將既有的概念再分成次面向或次類別嗎？我能將某些緊密相關的概念結合成一個較為概括性的概念嗎？我能以一種先後順序（例如A，然後B，然後C）排列嗎？或以它們的地理位置（例如它們在哪裡發生），或是以它們與某個主題的關係而加以分門別類嗎？例如，一位研究工人階級生活的田野研究人員，將婚姻的一般性議題分成若干個次部分（例如訂婚、結婚）。他們標示出所有涉及婚姻部分的筆記，然後把婚姻連結到性、家務分工、對子女的看法等主題。當主題在不同地方重複出現時，研究人員就進行比較，以便看出新的主題（例如男人與女人對婚姻持有不同的態度）。

在勞工武士的歷史研究中，研究人員尋找與禁酒運動有關的主題。他們找出關於酒店、飲酒或醉酒，以及這個運動與支持或反對禁酒的政黨之間關係的討論。圍繞著禁酒運動而群集的主題可能包括：以喝酒為一種休閒形式、以喝酒為民族文化的一部分，以及男人與女人飲酒行為的差異。

主軸編碼不僅刺激研究人員對概念或主題之間的關聯性進行思考，而且也引發新的問題。它可能會建議揚棄某些主題，更深入探究另外一些主題。此外，它能增強證據與概念之間的關聯性。當研究人員要確定編碼、找出證據時，他們會在許多地方發現有關核心主題的證據，而且在質性資料中建構起支援這些主題的密集的網路。這與描述信度與變數測量時的多重指標觀念很相似，在主題與資料之間的連接，會因經驗性證據中有多重實例的支援，而得到增強。[5]

選擇性編碼

當研究人員已經準備好對資料進行最後處理時，他們已經發現了研究計畫的主要主題。選擇性編碼涉及的是對資料與先前的編碼的瀏覽。研究人員選擇性地查閱突顯主題的個案，並且在大部分或所有的資料蒐集完成之後進行比較對照。研究人員在發展出成熟的概念，開始圍繞若干個核心的概括或觀念，籌畫整體性的分析之後，就要開始進行選擇性的編碼。例如，研究工人階級社區酒店生活的研究人員，決定以性別關係作為首要主題。在進行選擇性編碼時，研究人員瀏覽自己的田野筆記，找出男人與女人在談論約會、訂婚、結婚、離婚、婚外情或夫妻關係時的差異，然後比較男人與女人在這個婚姻主題上每個部分的態度。

同樣，勞工武士的研究人員決定以這個運動無法與其他政治團體形成聯盟作為首要主題。研究人員閱讀自己的筆記，找出勞工武士與包括禁酒團體和禁酒黨在內的其他政治黨派之間的妥協與衝突。在進行主軸編碼時，與禁酒運動有關的一系列概念與主題，可以幫助研究人員找出禁酒問題如何促進或壓制結盟的形成。

在進行選擇性編碼時，首要主題或概念最後將引導研究人員在資料中開展搜尋工

作。他們重新組織先前編碼時所發現的特定主題，並且詳細說明一個以上的首要主題。例如，在工人階級社區酒店生活的研究中，研究人員深入研究不同的人對婚姻的意見，以便了解性別關係主題與生活中不同階段的主題，採取這個作法，主要是因為婚姻可以從這兩個方面來理解。同樣，在勞工武士的研究中，研究人員可以使用禁酒運動結盟失敗的主要主題，也可以了解另一個主題，也就是說組成運動成員的不同來源，即運動內部成員之間基於種族或宗教的差異性。

分析性備忘錄撰寫

質性研究人員常常需要記筆記，他們將資料記錄在筆記上，寫下對自己使用的方法或研究策略的意見。他們必須養成做筆記的習慣，同時要將筆記製成檔案，並且經常要進行不同類別的資料的分類工作，並且進行歸檔：如方法論議題的檔案（例如，資料來源的出處），地圖檔案，最後報告或章節的提要，某個具體人物或事件的檔案等。

分析性備忘錄（analytic memo）是一種特殊類型的筆記。[6]它是個關於編碼程式的想法與觀念的備忘或討論，是研究人員寫給自己看的。每一個編碼主題或概念構成一篇獨立的備忘錄，而備忘錄包括概念或主題的討論，粗略的理論筆記構成分析備忘錄的開始。

分析性備忘錄構成了具體資料或原始證據與抽象的理論思考之間的連接（參見圖15-1），它包括了研究人員對資料與編碼的反省與思考，研究人員不斷增加備忘錄的內容，當他們在進行每種類型資料的編碼時都會用到它，備忘錄成為研究報告中分析資料的基礎。事實上，高品質的分析性備忘錄經過改寫之後，可成為最後報告中的章節內容。

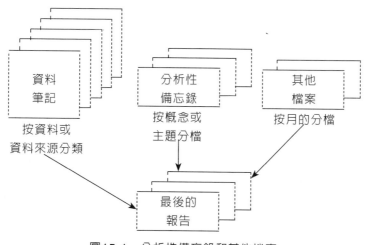

圖15-1　分析性備忘錄和其他檔案

撰寫分析性備忘錄非常簡單，需要：筆和紙、幾個筆記本、一疊檔案夾和筆記的影本。有些研究人員會使用電腦，但這並不是必需的。寫分析性備忘錄有許多方式，研究人員可以發展自己的風格或方法。方框15-2提供了一些根據其他研究人員經驗積累的具體建議。某些研究人員製作許多份筆記的影本，然後進行剪剪貼貼，把影本的各個部分放入分析性備忘錄的檔案中，這個方法很好用。如果檔案的體積很大，可以把分析性備忘錄獨立出來，另立一個部分歸併在整個檔案之中（例如用不同顏色的紙張或是擺在整份檔案的開頭）。還有一些研究人員會在分析性備忘錄中列出某個主題出現在資料檔案中的頁碼和行數，然後，研究人員就可以很容易地在分析性備忘錄與資料之間來回穿梭。因為資料筆記包含了刻意標示或特別加圈的主題，我們可以很容易地在資料中找到特定的部分。一個中間策略是隨時更新首要主題在資料中的位置，同時也包括幾份關鍵部分的筆記的影本，以供參考。[7]

方框15-2　撰寫分析性備忘錄的建議

1. 在開始資料蒐集之後，就開始撰寫備忘錄，不要中斷，直到最後的研究報告完成。

2. 在備忘錄上記上日期，以便能夠看出研究的進展和思路的發展。在閱讀長而複雜的備忘錄的時候，需要定期修改自己的備忘錄，隨著研究的深入，還會增加內容，所以，記下日期是非常有益的。

3. 中斷編碼或資料記錄工作，先寫備忘錄。不要等待，馬上就寫，不要讓一些創意火花或新的見解在瞬間消失。

4. 定期閱讀備忘錄，比較編碼相似的備忘錄，看看是否可以將它們合併，或者是否能夠搞清楚它們之間的差異。

5. 每個概念或主題要單獨建檔，將所有相同主題或概念的備忘錄都放在一起，放在同一個檔案中、同一個筆記本中。將那個概念或主題作為檔案的名稱或標籤，以便今後查找。隨著分析的推進，你要馬上篩選或重組備忘錄，這很重要，因此，你應該以某種方式來將備忘錄進行篩選和分類。

6. 將分析性備忘錄和資料分開存放，因為它們的目的不同。資料是證據，而分析性備忘錄具有一個概念性的、理論建構的目的。它們不是報告資料，而是對如何將資料進行總和，是對某些資料如何證明某個主題或概念的評論。

7. 在分析性備忘錄中要提及其他概念。在撰寫備忘錄時，要考慮概念間的異同點和因果關係。把這些想法記錄在分析性備忘錄中，以便日後進行備忘錄的整合、綜合和分析。

8. 如果同時出現兩個想法，將它們分開記錄。試著將不同的主題或概念放在不同的備忘

錄和檔案中。

9. 如果沒有新東西放進備忘錄中，這表明你在就某個主題或概念的資料蒐集中，已經達到了一種飽和狀態，把這一點寫進你的備忘錄中。

10. 製作一個備忘錄編碼或標籤清單，這可以幫助你通過這個清單看到所有的備忘錄。當你定期篩選、重組備忘錄時，同時也在對與篩選有關的備忘錄標籤進行重組。

資料來源：Adapted from Miles and Huberman (1994:72-76), Lofland and Lofland (1995:193-194), and Strauss (1987:127-129). Also, see Lester and Hadden (1980).

當研究人員查閱與修正分析性備忘錄時，他們可與同事討論某些觀點，並且帶著新的關注點，重新回到文獻中進行搜尋。分析性備忘錄可能有助於發展出可能的假設，這完全根據需要而增添或刪除，同時還有助於發展新的主題或編碼系統。

質性資料分析方法

上面討論過的編碼和撰寫備忘錄的技術都是一些一般性的技術，這些技術可以運用在大部分的資料分析中，還有一些特定的質性資料分析技術。在本節中，你將學會六種分析方法：逐次近似法、例證法、分析性比較、領域分析、理想類型和事件—結構分析。質性研究人員有時會將各種方法綜合起來使用，或者將這些方法與量化方法結合起來使用。

一般來講，資料分析指的是從資料中尋找模式的過程，這些模式包括不斷出現的行為、物體或一些知識系統等。一旦發現了一個模式，質性研究人員就要用社會理論，或者是在模式產生的社會情境中加以解釋，逐步從對一個歷史事件或社會背景的描述，發展到一個普遍性的意義描述。

在質性資料分析中，常遇到的問題就是，在質性研究的不同階段，質性資料表現出了不同形式。例如，田野研究資料就是原始的感性資料，記錄了研究人員的經歷、田野筆記以及在最後的報告中出現的精選的資料（參見圖15-2）。資料分析涉及對編碼後的資料進行檢驗、篩選、歸類、評估、比較、綜合和深思熟慮，並回顧原始資料。

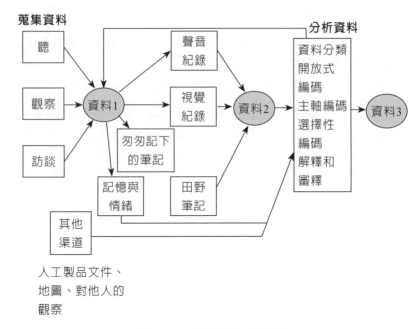

圖15-2　田野研究中的資料

注：資料1 = 原始感受資料，研究人員的經歷；資料2 = 記錄的資料，對經歷的記錄；資料3 = 篩選和
　　處理過的資料。

資料來源：節選自Ellen（1984a:214）。

逐次近似法

　　這個方法指的是重複各種步驟，逐步完成最後的分析。隨著時間的流逝，或是經過
一再重複之後，研究人員從資料中的模模糊糊的概念與具體的細節，逐步接近帶有推廣
化的全面分析，這與前面討論的三種編碼類型相似。

　　社會工作研究人員從研究問題與一個充滿假設與概念的框架出發，然後研究資
料，詢問有關證據的問題，藉此來檢驗概念與證據的符合程度，並且顯示資料的特徵。
他們也會通過證據抽象化過程來建立新的概念，並且調整概念使之與證據更加吻合。研
究人員接著會蒐集額外的證據，以便對第一階段尚未解答的問題進行討論，然後再重複
這個過程。在每一個階段中，證據與理論互相塑造、互相影響。這種方法稱為逐次近似
法，因為修正後的概念與模式會更為接近完整的證據，並且在一次次反覆修正後，變得
更加準確。

　　接近證據經歷的每個步驟都是臨時性的或是不完全的。概念是抽象的，但它們卻是
植根於具體的證據，並且反映情境脈絡。當分析進入概括，並受到特定條件與意外事件
的限制時，研究人員也就會提煉更能反映證據的概括和連接的證據[8]，例如，歷史比
較研究人員相信，歷史事實不是均等的，也不是線性的，相反，它具有不連續的階段或

組的個案中在b（數個實力相當的社會經濟階級）上出現的規律性。因此，他們會假設b對a的發展是一個關鍵性的原因。

　　現在看方框15-3中的第二部分——取異法。注意個案1與個案2在5個特徵上是相似的，除了f之外，它們與個案5或個案6，或與這兩個個案在其他所有的特徵上都不同。想要解釋造成a（活躍的當事人小組）條件的研究人員，如果沒有個案5或個案6，可能會無法得出這樣的解釋。他們可能無法分辨出b、c、o和f對當事人小組的形成有什麼樣的重要性。使用取異法並且把個案4與個案5包括進來進行比較時，研究人員注意到儘管出現某些常見的當事人小組的特性，仍會導致x（非常活躍的不同宗教信仰的委員會）的出現。因此，研究人員得出結論：某些特徵例如c（少數非營利社區社會服務提供者）、o（起作用的學校理事會），以及f（公私合營的藥物依賴治療系統）等，對於a而言可能並不是關鍵的。另外，它卻顯示出b是關鍵性的原因特徵，因為它是介於個案1與個案2這一組個案，和個案5與個案6的那一組個案之間的一項重要差異（參見方框15-4中的另一個例子）。

方框15-3　取同法和取異法的示例

取同法				取異法			
個案1	個案2	個案3	個案4	個案1	個案2	個案3	個案4
a	a	a	a	a	A	x	x
b	b	b	b	b	B	z	q
c	c	d	e	c	C	d	c
f	f	g	h	f	F	f	f
i	j	k	k	i	J	k	k
l	m	l	n	l	M	l	n
o	o	p	q	o	O	o	q

關鍵：每個字母代表社區的一個特點。

a = 活躍的當事人權利小組

b = 由若干個勢力相當的社會階級組成的社會經濟結構

c = 少數非營利社區服務提供者

d = 強大的有效率的非營利社會服務機構

e = 大型的國營公共福利辦公室

f = 公私合營的藥物依賴治療系統

g = 大量的娛樂設施

h = 具有歧視少數民族住房問題的歷史

i = 具有住房改善歷史

j = 獲得合格社會工作者面臨的問題

k = 過高的個人財產稅

l = 活躍的工會

m = 一所大型州立大學

n = 一所小型私立大學

o = 一個起作用的學校理事會

p = 活躍的三K黨

q = 不足的公共交通系統

x = 一個活躍的不同宗教背景組成的委員會

方框15-4　分析性比較運用到爲無家可歸者提供服務的機構成敗的研究

　　Cress和Snow（1996）運用分析性比較，來分析他們蒐集的15個社會運動機構，在美國8個城市爲無家可歸者提供服務的田野研究資料（有1,500頁田野筆記）。他們將運動中出現的資源分成了四種類型，即道德性、物質性、資訊和人力方面的。他們根據機構是否具備14種資源，其中至少需要有上述四類中的兩類，來測量該機構。例如，一種特定的道德性資源，指的是一種由外部機構所做出的公衆陳述性的支援，物質支援包括物質提供，例如提供紙張、電話服務等，資訊支援包括那些有召開會議的經驗的人，人力支持包括那些志願者個人按照常規來貢獻自己的時間，服從機構的規章。

　　研究人員對機構是否能夠生存的問題進行了分類（其中7個可以生存，8個難以生存），這就是說，這些機構是否能夠設法生存一年以上，其間每月至少開2次會。他們發現其中有9類資源是必須的，另外，還需要將其他5類資源結合起來，否則機構就會關門。15個機構的發展，遵循了根據9類必須的資源與其他5類資源的綜合的三種途徑中的一種。

領域分析

　　民族學學者James Spradley（1979a, 1979b）發展了領域分析的方法，這是分析質性資料的創造性的全面的方法。下面我們來看看他的系統中的一個關鍵性的內容，這是

一個完備的質性資料分析的結構。

　　Spradley把文化情境中的基本單位界定爲一個領域，即一個進行組織資料的觀念或概念。他的系統建立在領域分析上，領域被綜合成比類別和範圍更爲廣闊的主題，以便對文化場景或社會情境提出整體性的解釋。領域有三個部分：一個主概念或短語，一種語義關係，以及若干個內含概念。主概念只是領域的名稱；內含概念是領域之下的次類型或部分；語義關係說明內含概念在邏輯上如何與領域相符。例如，在法院情境中證人這個領域，主概念是「證人」，兩個次類型或內含概念是「被告證人」與「專家證人」。語義關係是「某個種類」。因此，專家證人或被告證人是證人的一個種類，其他的語義關係都列在表15-1中。

　　Spradley的系統是從民族學田野研究中分析成員的暗語而發展出來的，但是也可以擴大應用到其他的質性研究中。例如，Zelizer（1985）通過回顧19世紀末討論兒童死亡的態度與行爲的文獻，來研究兒童社會價值的變遷。她可能就是使用領域分析法，其中「對兒童死亡的態度」便是一個領域，而在文獻中發現的各種不同態度敘述則是內含概念，那些態度可以用語義關係「屬於某個種類」而進行組織歸類。

　　Spradley指出了三種類型的領域：民俗性領域、混合性領域與分析性領域。民俗性領域包括某個社會情境下成員暗語中的用詞，在使用這些詞語時，研究人員需要非常留意語言及其用法。這類領域通過從次文化暗語或是歷史行動者的使用的語言中發現的關係，來發現文化的意義。

　　混合性領域包括民俗用詞，但是研究人員也會加入自己的概念。例如，賽跑者的種類是以賽跑者的術語（例如，長跑者、徑賽選手等）來命名的，但是研究人員觀察到其他類型的跑步者，對於這些人在暗語中並沒有特定的用詞存在，他們就給予這些人一些標籤（例如不常來的訪客、新手、業餘運動員等）。

表15-1　領域中關係的形式

語義關係	運用示例
種類	巴士是一種汽車（車輛的種類）
部分	輪胎是汽車的一部分（汽車的部分）
方式	作弊是在學校獲得高分的一種方式（學生得高分的方式）
用於	火車是用來運輸貨物的（運輸貨物的功能）
理由	高失業是造成社會不安的理由（社會不安定的理由）
階段	進攻是戰爭的一個階段（戰爭的階段）
結果／原因	火力發電廠是造成酸雨的原因（酸雨的原因）
地點	城鎮廣場是亂民聚集地（亂民聚集地點）
特徵	留著又高又尖、染成彩色頭髮是龐克族的特徵（龐克族的特徵）

分析性領域包含了來自研究人員與社會理論的術語。當情境中的意義是心照不宣的、內隱的，沒有被參與者辨認出來的時候，這些用詞最有助於研究人員從自身的觀察以及人為事物中推論出有意義的類別，確定一些模式，然後再賦予它們不同的名稱。

領域是從資料筆記中建構出來的，也是隱藏在筆記之中的。想要把這些領域找出來，研究人員要研讀自己的筆記，尋找共有的語義關係（例如某個地點、某種類型的人、某種感覺等）。研究人員從中可以辨別出一個主概念清單。從上面的例子中，法院中的證人或是對兒童死亡的態度都是某個領域的主概念，一旦研究人員掌握主概念之後，研究人員接著就可以把筆記中的資料組織成內含概念。他們對每個領域關係都要準備一份工作清單，這些工作清單包含：主概念、內含概念清單，以及語義關係。方框15-5提供了一份工作清單的範例。

方框15-5　領域分析工作單示範

1. 語義關係：嚴格的內含
2. 形式：X是Y的一種形式
3. 示範：一棵橡樹是（一種）樹

內含觀念	語義關係	主概念
自動洗衣店　旅館大堂 汽車箱　果園 廉價旅館　地下道 貨車　巷子 公共廁所　蒸氣壁爐 結構性問題：你會說巷子是個敗筆嗎？	是主概念的一種類型	敗筆
內含概念	**語義關係**	**主概念**
受到優待的囚犯　守林員 兇悍的廚師　拖地工人 囚犯頭　監獄 笨蛋　拖地工人 修草地工人　囚犯理髮師 結構性問題：你會把受到優待的囚犯稱為某種類型的牢友嗎？	是主概念的一種形式	牢友

接下來，研究人員從自己的筆記中找出領域關係的例子。他們會繼續進行分析，直到把所有相關的領域都辨別出來為止。然後，研究人員會比較這些領域的異同之處，並

據此進行組織整理。最後，研究人員重新把領域組織成一些類型學或分類學的結構，接著，再次檢視這些重組後的領域，從而建立範圍更加廣泛的、能夠把其他領域吸收成為內含概念的新領域。

Spradley的領域分析正式總結出了六個步驟，它們適用於大部分類型的質性資料分析。研究人員第一步，要重新閱讀包含所有細節資料的筆記；第二步，在腦海裡重新把細節歸類到用來組織資料的觀念之中；第三步，從記錄主觀意義的筆記中或研究人員用來組織資料的觀念中，建構新觀念；第四步，找出觀念間的關係，並且根據邏輯相似性將它們分成不同的組別；第五步，藉此對各組概念進行比較對比，把它們組成較大的類別；第六步，重新組織並且結合各個類別，使之成為更為廣泛的整合性領域。這個過程的建構是從筆記中的特定細節出發，進而發展出一組整體性的邏輯關係。

理想類型

Max Weber 的理想類型被許多社會工作質性研究人員所採用。理想類型是社會關係或過程的模型或抽象的精神產物，是完美的標準，依據這個標準，資料或「事實」可以進行對照比較。理想類型是一種用於比較的工具，因為沒有任何事實會完全與理想類型相符。例如，研究人員發展一個理想的民主制度或一個理想的大學啤酒俱樂部的精神模型。這些抽象建構有許多特徵，它並不僅僅是描述任何一個特定的民主制度，或啤酒俱樂部的細節；不過，當把這些建構用到許多特定的個案以察看每個個案符合理想類型的程度時，將會非常有用。這個階段可以和前面討論過的例證法一同使用。

Weber的理想類型方法也可以與Mills的「取同法」互補。我們提到過，當研究人員使用取同法時，通常把注意力集中在跨個案間的共同處，他們從帶有某個共同結果的個案中找出共同的原因。取同法本身就隱含著對實際個案作比較，這種個案比較也可以轉換成以某個理想模型為對象。研究人員可以發展一個社會過程或關係的理想類型，然後再拿特定的個案和它進行比較。

質性研究人員在運用理想類型時，主要有兩個方式：用來對比情境的影響力和用來作類比。

對比的情境

採取強烈詮釋研究取向的研究人員，或許會以一種對情境脈絡與成員的文化意義特別敏感的方式，運用理想類型來詮釋資料。他們並不是在檢驗假設，或是產生可推廣化的理論，而是用理想類型來顯示每個個案的特點，強調獨特情境脈絡的影響力。[12]

進行情境脈絡對比的研究人員經常挑選對比鮮明，或是具有獨特特徵的個案。例如，在《產業界的工作與權力》（*Work and Authority in Industry*）一書中，Reinhard

Bendix（1956）比較了截然不同的情境脈絡下的管理關係，比較沙皇時期的俄國以及工業化中的英國。

當進行情境脈絡的比較時，研究人員不是使用理想類型來證明某個理論在不同個案中的適用狀況，相反，他們強調的是特殊與獨特之處。其他的分析方法著重在一般性的特徵，而忽略特殊性。然而，使用理想類型的研究人員，卻能夠顯示出特性如何影響一般過程的運作。Skocpol和Somers（1980:178）是這樣解釋的：

> 最重要的是，對比是對兩個個案或多個個案的比較。通常這類的對比，是通過參照比較廣泛的主題或引導性的問題，或是理想類型的概念來進行的。主題與問題可能作為辨別個案間差異的框架，理想類型可能被當作敏感性工具，作為建立每個個案特性的基準。

因此，理想類型的用途之一，是顯示特殊的環境、文化意義，以及某些特定個人的觀點，以幫助人們了解某個社會情境或過程中的重要性。理想類型成為一種襯托，藉此我們可以很容易地發現獨特情境脈絡的特徵。

類比

理想類型被當作組織質性資料的類比，類比是一種陳述，它說明了兩個物體、過程或事件彼此相似。研究人員用類比來表達觀念，促進邏輯比較。通過提到某些已知的事物或者讀者所熟悉的經驗，類比傳遞的資訊，反映了存在於資料之中的模式。類比可以幫助我們描述隱藏於許多細節中的關係，也是察看潛伏在特定事件迷宮中的模式的簡捷方法。它們使比較不同個案或情境下的社會過程，變得非常容易。[13]例如，研究人員說，X說話後屋內頓時一片寧靜，「像冷氣團的寒意」彌漫其中。這並不意味著這個屋子的氣溫突然下降，或是感覺有陣風吹過，但是，它簡捷地表達了情感語氣上的迅速變化。同樣，研究人員報告說，在Y社會中，性別關係顯現出女性「被當作財產，當作奴隸」。這當然也不是說兩性間的法律與社會關係，就完全和奴隸主與奴隸之間的關係一樣。這意味著奴隸與主人關係的理想類型如果應用到Y社會時，可以用來表現理想類型與Y社會中反映出來的兩性關係有重要的相似之處。

用作類比時，理想類型就像是種啟發性的工具，即能夠幫助人們學習或觀察事物的工具。它可以代表某些未知的事物，研究人員通過參照某個深層的結構或基本的機制，而使資料變得比較容易理解時，類比就顯得特別有價值。[14]理想類型並不會明確檢驗一個解釋。相反，它們指導對大量細節的概念性重建，使之成為一個有系統的形式。

事件─結構分析

很多質性研究人員按照年代先後，以敘述文講故事的方式來組織資料。事件─結構分析（Event-structure analyst, ESA）是一種新的資料分析方法，它可以幫助研究人員按照事件順序來組織事件，從而可以幫助人們發現因果關係。這個方法還要一個相關的電腦程式（被稱為ETHNO），它最初是用來處理田野研究資料的，當然，它也可以用來處理歷史資料。在事件─結構分析研究中，研究人員首先要將資料變成事件，然後按照時間順序來排列這些事件。[15]

事件結構分析與敘述完全不同，因為研究人員不需要復述故事，但是，需要將事件間的聯繫摘出來，他們要將先後發生的事件區別開。電腦程式強迫研究人員回答一些反映事件間邏輯關係的問題。例如，某個情境中發生了A、B、C、X和Y事件。研究人員需要回答的問題是：「A事件一定發生在X事件之前，從而導致Y事件發生嗎（即事件A是X：Y因果關係的一個先決條件嗎）？」如果是，A必須出現在X再次影響Y之前。這個過程迫使研究人員解釋兩個事件之間的應該關係是否是獨特的，是一次關係，還是多次關係，可以多次重複，或者帶有某些有限的循環。

事件─結構分析也有限制。它不會提供理論或因果邏輯：研究人員必須彌補這個不足。在電腦程式的幫助下，它只會提供地圖或圖表，這些可以幫助我們發現各種關係。當研究人員對某種可能的邏輯關係做出判斷時，事件結構分析澄清了一個事件鏈，同時凸顯了不同的特徵。事件結構分析無法解釋影響事件順序的社會結構，研究人員需要採用更多的傳統的分析方法。

Griffin（1993）對私刑的分析展現了事件結構分析的過程。根據很多口述史、書籍和新聞報導，他對圍繞1930年發生在密西西比州波里瓦縣的David Harris私刑案前後發生的事件，進行了重新排序。在回答了無數個是與否的問題，以及一系列事件之間的聯繫和對這些聯繫的分析之後，Griffin得出結論說，其中的決定因素就是地方代表的不作為，因為他原本是可以制止事件的發生的。圖15-3中顯示了事件─結構分析圖示的簡短的總結。

其他技術

社會工作質性研究人員還要使用許多其他的分析方法。這裡我們簡要回顧其中的四種來說明方法的多樣性。

網路分析

社會網路的觀念已經在第三章的網路理論，以及第八章中的滾雪球抽樣時討論過。質性研究人員經常「以地圖的方式標出」一組人、組織、事件或場所之間的關聯。使用社會關係圖與類似的製圖技術，他們可以發現、分析並且呈現一組關係。例如，有

家公司中Harry向Sue下達一個命令；Sue與Sam彼此商量，互相幫助；Sam從Sandra處取得資料，Sandra與Mary交往。研究人員發現到這個網路可以幫助他們察看與了解複雜社會關係的結構。[16]

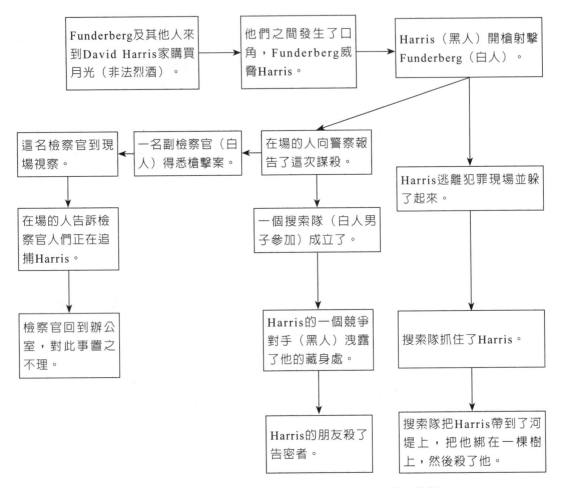

圖15-3　對David Harris酷刑進行的事件—結構分析示例

資料來源：摘自Griffin（1993）。

時間分配分析

　　時間是一種重要的資源。研究人員研究人們或組織花費的時間或投入的時間，藉此來展現行為的內隱規則或優先順序。研究人員記錄投入在各種活動上的持續時間或時間總量。人們往往不太注意自己花在某個活動上的時間（或不太清楚某些活動的重要性）。例如，研究人員注意到，有些人在見某人時，需要等候，但是另一些人則不需要等候。研究人員可以分析等候的時間、誰需要等候、等候時會做些什麼事情，以及他們

是否覺得等候接見是公平的。或者研究人員記錄下某人說，公司的某項慶祝活動並不重要。然而，每個人卻都要參加，而且每次都要花上兩個小時。在忙碌一週後，在該慶祝活動上集體花費兩個小時的時間，顯示出它在公司文化中的潛在或內隱的重要性。[17]

流程圖和時間序列

除了投入在各種活動的時間總量之外，研究人員還會分析事件或決策的順序。歷史研究人員傳統上把焦點集中在記載事件發生的先後順序上，不過，比較研究人員和田野研究人員也研究流程或順序。研究人員使用決策樹或流程圖的方法，除了能顯示事件何時發生之外，同時還能指出決策的先後順序，並且能夠藉此了解某個事件或決策，如何與其他事件或決策發生關聯。例如，像做蛋糕之類的簡單活動可以給你提供一個略圖（參見圖15-4）。用圖描繪出步驟、決策或事件，然後察看它們之間的關係，一直是許多情境研究中所採用的方式。例如，Brown和Canter（1985）對買房子的行為發展出一種詳細的流程圖，他們根據時間路線與許多行動者（例如，買方、財務官員、測量員、買方律師、廣告商與代理人賣方、賣方律師），而把這個行為分成50個步驟。[18]

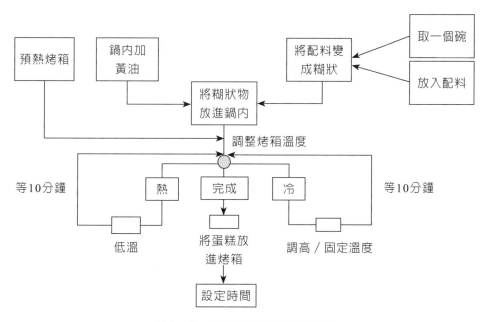

圖15-4　蛋糕製作的部分流程圖

多重篩選過程

多重篩選是一種類似領域分析的技術，研究人員常用在田野研究或口述歷史研究中。這個技術的目的，是發現人們如何將自己的經驗分類，或是將一些事物劃分成相同

或不同的系統。認知人類學家與心理學家常使用多重篩選的方法，用來蒐集、檢驗或分析資料。下面我們將介紹它的操作方式。研究人員給研究物件一份名詞、照片、地點、人名等內容的清單，然後，要求他們將清單的內容分成類別，研究物件使用他們自己設想出來的類別。當分類完成後，研究人員詢問他們使用的標準，然後再給研究物件一份清單，要求他們用自己可以想得到的另一種方式來進行分類。這種做法有點像瑟斯頓量表，因為研究物件同樣是在做專案篩選的工作，但是所不同的是，這裡要求分出的類別並不一樣。更重要的是，分類的目的不是要建構完整同一的量表，而是要發現人們了解世界的各種不同方式。例如（參見Canter et al., 1985:90），有位賭徒對一份8個賭場的名單進行5次分類，每次分類都出現三到四個類別。一種分類是根據「賭場等級」（從高到低）來分組，其他的分類有的是根據「賭場裝潢」、「賭資大小」、「贏錢程度」與「個人喜好」。在研究這些分類時，研究人員可以看出別人是如何組織他們的世界的。[19]

遺漏的資料與反面證據的重要性

你已經了解了質性研究人員分析資料的一些方法，分析的重點是找出模式、分析事件，並用模式來呈現資料中發現的事物。在這一節中，我們要察看資料中所不存在的事物，可能會對分析具有什麼樣的重要性。

反面證據

尋找沒發生過的事似乎很古怪，但是，沒有出現過的某個狀況可能會透露很多東西，提供有價值的見解。許多研究人員強調正面資料，而忽略了資料中沒有明確出現的事物。然而，關注未發生事物也是很重要的，例如，有位田野研究人員注意到，某些人在某個情境中從來不曾出現（例如老人、男性），或是某些預期的活動並沒有發生（例如沒有人在酒吧裡抽菸）。歷史比較研究人員會問，為什麼證據中從來不曾出現某些事情（例如沒有看到虐待兒童的報導），或是為什麼某些社會情況竟然被大眾忽視了（例如作為工業社會，美國的嬰兒死亡率很高，但是這個問題並沒有引起公眾的關注）。

再次閱讀筆記與編碼資料時，研究人員經常會忘記沒有出現過的事物，要學會如何思考資料中並不明顯但很重要的事物，是件不容易的事。有種方法是進行一種思維訓練。例如，如果美國的南北戰爭是南方獲勝，那麼，今天所有的情況會有何不同？另一個技術是分析資料時，考慮如果事件沒有發生，那會怎樣？例如，為什麼四下無人時，他沒有撿起地上的五元鈔票？運用比較的方法也會有幫助，例如許多底層階級的年輕人

常因某個特定罪行而遭到逮捕，這意味著中產階級的年輕人不會犯這種罪嗎？如果不是，那麼為什麼呢？

Lewis和Lewis（1980）提出七種需要思索的反面證據。

未曾發生的事件

根據過去的經驗，某些事件可以預計發生，但是實際上並沒發生。例如，對美國歷史上改良時代的研究發現，大公司並沒有否決溫和的勞工改革立法。在大型企業對勞工表現出多年的敵意之後，便出現了對這種否決票的預計。然而，大型企業實際上卻鼓勵這種改革，因為它可以平息日漸發展的勞工騷亂。

同樣，當有權有勢的團體不直接參與某些事件時，也可能發生從未出現的某類決策出臺，因為這類團體的強勢地位，會影響哪些問題會出現在議事日程上。例如，一個有嚴重空氣汙染的城市，但是卻沒有出現抗議這個問題的公共行動。這可能是因為「每個人」默認了汙染工業對工作機會、國庫稅收與社區經濟的影響力。汙染工業的企業並不違背當地法律，因為這些法律根本就沒出臺過。

沒有注意到的事件

有些活動或事件是不會被情境中的當事人或研究人員注意到的，例如，曾經有許多雇主認為，高學歷的女性只適合從事文書工作這個事實，並沒有被社會當成一個問題而給予關注。直到性別主義與性別平等的社會意識逐漸發展之後，才有一些人認為，這種狀況限制了女性的工作機會。另一個例子是，西部鄉村歌曲的作曲者拒絕按照固定的格式來創作歌曲。雖然他們沒有注意到，研究人員對歌曲進行內容分析之後，很明顯就會得出一個特別的格式。[20] 情境中的成員或參與者沒有覺察到某個問題，這並不意味著研究人員也應該忽視它或不去研究這個問題的影響力。

人們想要隱藏的某些事件

人們可能曲解某些事件來保護自己或他人。例如，精英分子經常拒絕討論違背倫理的行為，他們可能會銷毀或扣留某些檔，使公眾在很長一段時間內不知實情。同樣，多年以來，未曾有亂倫案件的報導，部分原因是因為亂倫違背了一個非常嚴肅的禁忌，以致完全被祕而不宣。

忽略了平常的事件

每天例行性的事件給人們定出了一定的期望，培養了一種習以為常的態度。例如，某個電視節目出現在日常談話中的次數很多，但是，很少有人注意到這個現象，因為大部分的人都有電視機，也經常看電視，所以只有很少看電視的人或細心的分析家可能會注意到這個話題。又例如，研究人員觀察了一段時期，發現吸菸在這段期間中是件非常平常的事。唯有當他們自己不抽菸時，或是他們正生活在一個抽菸構成公共健康問

題的時代裡,他們才會注意到抽菸這個問題的特點。

研究人員先入為主看法的效應

　　研究人員必須小心,不要讓自己受到先前的理論架構或預設立場所蒙蔽,而看不到在社會情境中的反面事件。對於該看什麼和什麼資料是與預設有關的,可能會使研究人員忽略掉其他相關的或是不具支持性的證據。例如,研究人員期望吸毒者與他們的孩子間會有強烈的衝突,由於研究人員馬上就注意到了這個問題,因此,他們就看不見吸毒者在努力建立親情關係的言行了。[21]

下意識的未記錄

　　某些事件在研究人員看來似乎並不重要,也沒有記錄的價值。然而,如果對細緻的觀察進行詳細記錄,以批判的角度重新閱讀筆記內容、尋找負面的個案,研究人員可能會發現被忽略掉的事件。例如,剛開始時,研究人員沒有想到公司野餐有任何重要性,然而,在重新閱讀資料筆記、仔細思考之後,他們覺得公司野餐在建立群體意識上發揮了相當重要的象徵性作用。

有意識的未記錄

　　研究人員可能省略情境或事件的某些層面的內容,以保護該情境下的個人或某些親屬。例如,研究人員發現牽扯到某位名人的婚外情,但是他希望能夠保護這位名人的良好名聲與形象。更嚴重的問題,是違反倫理的行為,當研究人員拿不出反對他對資料所提出的論證或詮釋的證據的時候,這個問題就出現了。研究人員應該同時呈現支持與反對某個詮釋的證據,然後,讀者才能夠權衡這兩種類型的證據,然後判斷它們是否支持自己的詮釋。

遺漏帶來的限制

　　質性研究人員需要對種族、性別與年齡的差異以及其他主要的社會分化因素保持高度的敏感度。例如,從事田野或歷史比較研究的白人,在一個多元種族社會的研究中,只研究白人,他們就必須認識到自己的分析是有限的。如果研究人員能夠包含所有的觀點,他們的詮釋可能會有所不同。在從事資料分析時,研究人員需要問的問題是:「哪些觀點沒有被考慮到?從社會各階層的觀點來看,這些事件將會是什麼樣子?」

　　同樣,性別在大部分的社會情況下,一直是重要的社會類別。例如,過去的歷史研究人員常常會對「領袖」進行研究,從而對一般社會生活進行描述,而所有的領袖全都是男性。同樣的事件(例如婚姻、休閒或工作)可能對不同的性別會有截然不同的意義與含義。Eichler(1988:160)指出,「詮釋資料時,對社會性別缺乏敏感性有兩種基

本的形式：不是忽略了性別是個具有社會顯著性的變數，就是忽略了與性別差異相關的社會情境」。這並不意味著，單一性別或單一種族的研究沒有價值，相反，當研究人員詮釋資料時，他們需要留意其他的觀點，而且不要被他們所隸屬的特定社會團體或所研究的物件的限制而蒙住了雙眼，使他們無法看到更加全面的視野。

　　與反面證據相關的概念是反面個案方法（Becker and Geer, 1982; Emigh, 1997），它將極端個案分析與分析性比較綜合起來。在田野研究中，它凸顯了某個背景的複雜性，展現了在某個背景中，替代性意義系統的運作方式。在歷史比較研究中，研究人員重點放在一個（或少數幾個）、不符合廣泛的經驗模式或理論預測的個案中，這使得他們能夠研究為什麼這些個案不符合經驗模式，從而可以發展更多的理論理解。反面個案方法從分析性比較的角度，豐富了取異法，因為它的重點是關注個案間的差異。重視一個或幾個個案為什麼不同，這就能夠幫助研究人員發現重要的決定因素，這些因素可能在其他地方被人們所忽視。例如，雖然先決條件一樣，義大利的工業化方式與西歐同時期其他國家有所不同，認真研究在義大利到底有哪些具體的因素導致這種差異，可能幫助研究人員解釋這個反面個案（即同時期無法實現工業化）。這可以幫助研究人員深入理解一般的因果過程。

其他工具

　　今天的電腦的祖先源於19世紀80年代的大型的機械化工具，它能夠處理帶有小孔的硬卡片。實踐證明這些機器速度很快，並且可信，很快它就取代了紙筆方法。例如，在19世紀90年代，新技術使得美國的人口統計局將處理資料的時間從9年縮減到了6個星期！[22] 在20世紀50年代和60年代，美國的軍事和航太技術的發展，推動了電腦技術的發展。社會工作量化研究人員很快就開始使用電腦，到了20世紀60年代末，電腦被用來進行統計分析。到了70年代，電腦技術有了長足發展，80年代的微電腦革命，極大地縮減了電腦的體積和費用。60年代需要花費整個大樓來放置的、需要花費上百萬元的電腦，到了今天就成了一個小公文箱大小，只需1,000美元。

質性資料軟體

　　在過去30年中，量化研究人員用電腦來繪製圖表，對數位資料進行統計分析。相反，質性研究人員只是在過去的5~10年中，才開始使用電腦。[23] 現在，研究人員只需將筆記輸入文字處理程式，就能很快尋找字詞和短語，然後進行資料編碼，並且將編碼與分析性備忘錄聯繫起來，文字處理程式能夠幫助研究人員修改和移動編碼和田野比較

的內容。下面我們將討論一些專門用來處理質性資料分析的軟體，很多軟體都是新開發的，並且更新很快。Weitzman和Miles（1995:4）指出，「情況變化得如此之快，以至於很多質性研究人員感到『跟不上形勢』」。下面我們對目前流行的主要的軟體作一個簡單的回顧。文本尋找有些程式可以對文本進行尋找，它們的功能與文書處理軟體比較相似。專門的文本回復程式速度很快，可以迅速找到相近的同義詞、錯誤的拼寫、同音詞或同義字等。例如，當研究人員需要尋找關鍵字「船」時，程式可以辨別出是否會出現下列詞：大船、戰艦、護衛艦、小舟、帆船、遊艇、汽船、遠洋客輪、拖船、獨木舟、小船、小汽艇、航空母艦、小舢板、平地船、軍艦、方舟、巡洋艦、驅逐艦、旗艦和潛水艇等。此外，還有些程序部分能夠運用邏輯術語（和、或者、不是等）進行字詞的綜合，也就是邏輯查詢。例如，研究人員以大學生、飲酒和抽菸為關鍵字，來搜索大段的文字，以發現它們同時出現在四句以上段落中的頻率，條件是這些句子中沒有出現「博愛」這個詞。這種邏輯搜索使用了「和」與「或者」，並指出在邏輯搜索中，不包括「博愛」一詞的出現，以尋找大學生與這兩種行為中的一種是否交叉。

　　大部分程式都會顯示關鍵字、短語和前後相關的文件。這些程式可能還讓研究人員能夠寫出分開的備忘錄，或者向文件增加筆記。有些程式還可以計算出關鍵字出現的次數，標出它們所處的位置。大部分程式都能夠按照研究人員感興趣的術語，給文件建一個索引，這些程式包括Metamorph和ZyIndex。

文件管理

　　文件管理與文件搜尋程式比較接近，與文件搜尋程式的主要區別就是，文件管理能夠對搜索結果進行組織或資訊分層。很多程式都能將文件資料的次類別的筆記分類，使得研究人員可以進行比較和對比。它們還使研究人員按照一個關鍵概念對筆記進行分類，或添加事實性資訊。例如，資料是一些詳細的訪談筆記，研究人員可以加上訪談的日期和長度、被訪者的性別、訪談地點等資訊。研究人員然後就可以對關鍵字和添加的資訊進行匯總，對每一個訪談或訪談筆記進行篩選和組織。

　　此外，有些程式還具備了超文本的能力，超文本能力是一種將關鍵字與其他資訊連接的方式，具體操做方法是：在某個關鍵字上點擊滑鼠，會出來一個新的視窗（帶有相關資訊的）。研究人員可以確認關鍵字和主題，然後將它們在文件中聯繫在一起。例如，有位田野研究人員希望研究 Susan 這個人和頭髮這個主題（包括理髮、髮型、染髮、帽子或髮套）。研究人員可以使用超文件能力將所有出現Susan名字的地方與談論頭髮的地方聯繫起來。通過對Susan名字點擊滑鼠，一段段的文件就會出現，研究人員就可以發現Susan名字出現的地方與談論頭髮的話題聯繫起來了。

　　有些文件管理軟體能畫出交互表，或者用分散圖的方式來交互顯示文件中的資訊。例如，學生對一個課程做了日誌。他們使用四種類別（煩悶、激動、挑戰性或創造

性），記錄了自己每天的感受。學生還要記錄每天的主要活動（如小組活動、討論、看電視、講座或展覽）。研究人員可以根據活動來交叉分辨學生的感受。通過增加其他的資訊（如男性或女性），研究人員可以發現不同性格的學生是如何對不同活動的感受的，以研究這些感受是否會隨著話題的出現或不同的時段而發生變化。這種程式的代表就是「問Sam」（ask Sam）和Folio觀點（Folio VIEWS）。

編碼和搜索程式

研究人員常常將編碼或抽象的術語添加在質性資料上（文本的田野筆記、訪談記錄、視聽音像資料的轉寫），編碼和搜索程式使得研究人員能夠給每一行、每個句子、段落或整段文本加上編碼，這些程式還能使研究人員給同樣的資料賦予多重編碼。除了加上編碼之外，大部分程式還能讓研究人員組織這些編碼。例如，一個程式能幫助研究人員對編碼做出概要或聯繫「樹」（如主幹、分支和末梢），標出編碼所指代的資料。質性資料可以根據研究人員的編碼和研究人員明確的編碼間的關係，在程式中進行重組。這類程式的代表就是Kwalitan和Ethnograph。

編碼為本的理論建構器

質性研究人員對評估和發展理論非常感興趣，編碼為本的理論建構器（code-based theory builders），要求研究人員首先對資料進行編碼。這些程式提供了一些方法可以對編碼進行控制和比較、對比。編碼中出現的關係就成為研究人員核對總和發展理論的基礎。

不同的程式會發展出不同的編碼間的關係，某些程式可以運用在事件結構分析中，產生「如果、那麼」類型的邏輯關係。例如，Corsaro和Heise（1990）描述了他們將自己的田野研究資料中的小孩編進了不同的獨立事件中。然後，他們研究了事件中的順序和關係，以尋找原則或隱藏規則「語法」。他們尋找指導事件順序排列、綜合和分類的規則。電腦軟體ETHNO尋找的就是事件間的邏輯聯繫（如時間順序、必要的先決條件、同現等），然後才能顯示事件間的模式。

與質性程式不同的是，編碼為本的理論建構器在控制編碼對於發現模式，或者表現資料中並不明顯的關係方法特別有用，它使得研究人員能夠比較容易地進行比較和辨別資料類別。

質性比較分析（Qualitative Comparative Analysis）程式運用取異法和取同法，採用邏輯或代數方法，研究人員可以分析幾個個案的特點，它進行代數運算來發現幾個個案間的共性和個性。代數運算不太困難，但是可能很花時間，沒有程式的話，可能會出現人為的錯誤，NUDIST就是這類程式中的一種。

概念網路建構器

這種程式可以幫助研究人員通過圖表顯示網路的方式來建構和檢驗理論。這些顯示不僅僅是對資料進行圖表化處理，還可幫助研究人員組織自己的概念和對資料的看法。這些程式採用研究人員從資料中發現的節點或關鍵觀念，然後顯示這些節點之間的聯繫和關係。大部分的程式會使用圖表展現的方式，用小方塊或圓圈，用箭頭將它們連接起來。這些結果看起來像一個流程圖，將概念間的關係用網路的方式展現出來。例如，這些資料可能是一個家庭樹，顯示幾代家庭成員間的關係。家庭成員間的關係（X是Y的兄弟，Z與Y結婚了，G是X的後代）可以用來分析和討論這個網路的特點，MetaDesign 和SemNet都屬於這類程式。

圖表和質性資料

質性研究人員也試著用圖表的方式來呈現自己的資料分析總結，他們採用多種方式來展現自己的資料分析結果。圖表幫助他們組織思想，系統地研究資料中的各種關係，並且與讀者進行很好的溝通。研究人員首先使用時空圖（參見第十三章）、分類法（參見第三章）或社會關係圖。例如，在對小壘球聯盟的研究中，Fine（1987）運用了社會關係圖來顯示小選手的社會關係。同樣，Spradley（1979a, 1979b）的領域分析也廣泛使用分類法。

量化研究人員已經發展出許多圖表與表格等工具來呈現資訊，而事件結果分析只是一個例子。Miles和Huberman（1994）認為，展現資料是質性研究中的一個非常重要的部分。除了分類、地圖和名單之外，他們還建議使用流程圖、組織圖、因果圖，以及各種清單與網格來顯示分析（參閱圖15-5）。輔助質性分析的圖表範例可在Broadbent（1989a; 1989b）對日本環境政治的研究中見到。他製作了一組24個方格的表，來分析與呈現他的結果。6個不同的政治團體（例如政黨、工會、商業利益團體、立法機關）分別放在表的第一行中，四個發生政治衝突的層級或領域（全國性、地區性、城鎮、鄰近地區）則由上而下排列在表的列欄中，於是構成24個方格的表。因此，每個方格代表一個政治團體在某個政治層級或領域中的行為。Broadbent在方格之間畫上了箭頭來指示根據某個事件或政治行動，各個團體在不同層級下出現形成聯盟、政治衝突，或是求取政治影響力的順序。

例1

人	上學前是否工作	大學期間是否有兼職	是否懷孕	是否有自己的車
John	是	是	不適用	否
Mary	是	不知道	否	是
Martin	否	是	不適用	是
Yoshi	是	否	是	是

例2

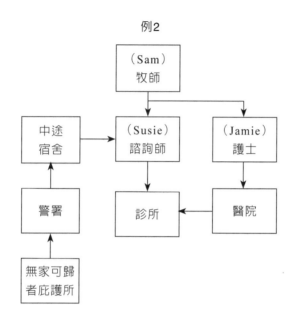

圖15-5　質性資料分析中運用圖表實例

由表及裡

　　許多社會工作質性研究人員都建立在假設之上，那就是他們蒐集的實證證據，同時和他們的理論觀念以及可觀察事實背後的結構有某種程度的關聯。這種關係如圖15-6所示，研究人員從可觀察的表面事實中所得到的資料，只是在我們看得見的表面層次下所發生事件的樣本，研究人員使用這些資料進行理論的建構與評估。同時，他們假定在事實的外表下，存在著較為深層的社會結構或關係。

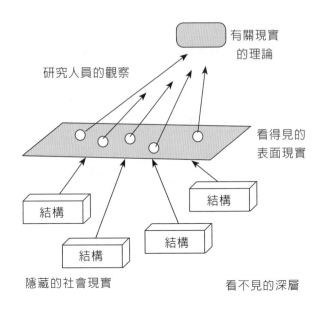

圖15-6 理論、表面現實和隱藏的社會現實

我們所看見的表面事實只能部分地反映出那些看不見的、存在於表面下的事物。表面上的事件是些「由表及裡」的事件（outcroppings），這是借用地質學的一個名詞（參見Fetterman, 1989:68）。地質學上，outcroppings指的是暴露於地表、人們看得見的那個部分。它是陸地上固定的、特性的外顯表象，地質學家研究露出地表部分以取得地表之下為何物的線索。社會世界中有許多事物是我們無法直接觀察到的，如我們看不見兩個人之間深深的愛情關係，但我們可以從一個親吻、某種愛意的動作、親切的行為中看到外顯的表象。同樣，我們無法直接觀察到像社會階級之類的社會結構，而是從人們的言行舉止、他們的生涯表現、他們的物質財產等差異中看到外顯表象。有時候，我們會被外部的觀察所誤導。研究人員使用質性資料分析來檢視並且組織可觀察的資料，使得這些關於社會世界的觀念與理論不僅能夠反映事實的表層，而且更重要的是，反映出那些在表面之下看不見的、可能比較深層的結構與勢力。

結語

本章中，你已經學到了研究人員如何分析質性資料。在許多方面，質性資料要比數字形式的資料更難處理。數字有數學的特性，研究人員可以利用統計程式來進行處理。質性分析需要研究人員花更多的時間不斷地閱讀資料筆記、反省讀到的東西，並且根據邏輯與判斷來進行比較。

　　大部分質性資料分析的形式都需要編碼登錄與撰寫分析性備忘錄，這兩項工作都需消耗研究人員相當多的時間與精力來詳細地閱讀資料，並進行認真的思考。此外，你還學到了研究人員在分析質性資料時所使用的方法，不過那些都只是質性資料分析的眾多方法中的一小部分。同時你還學會了考慮未曾出現在資料之中的反面證據與事件的重要性。

　　本章結束了這本書討論研究設計、資料蒐集與資料分析的部分。社會工作研究還需要準備一份研究計畫的報告，處理倫理問題。這些問題將會在下一章中進行討論。

關鍵字

analytic comparison分析性比較

analytic domain分析領域

axial coding主軸編碼

domain領域

domain analysis領域分析

empty boxes空盒子

event-structure analysis (ESA)事件結構分析

folk domain民俗領域

illustrative method例證法

method of agreement取同法

method of difference取異法

mixed domains混合領域

negative evidence反面證據

open coding開放式編碼

outcropping由表及裡

selective coding選擇性編碼

successive approximation逐次近似法

複習思考題

1. 指出量化與質性資料分析之間的四大差異。

2. 概念化過程在社會工作質性與量化研究中有何不同？

3. 資料編碼在量化與質性研究中有何不同？質性研究人員常用的三種編碼方法是什麼？

4. 在質性資料分析時，撰寫分析備忘錄的目的是什麼？

5. 描述逐次近似法。

6. 在例證法中，什麼是空盒子？它們如何使用？

7. 取同法與取異法之間的差別是什麼？研究人員可以同時使用它們嗎？說明為什麼。

8. 什麼是一個領域的組成部分？它們在領域分析中如何使用？

9. 由表及裡如何幫助研究人員進行研究？

10. 為什麼尋找「反面證據」或資料中沒有出現的事物，對完整的分析而言，是一個重要的環節？

注釋

【1】 See Miles and Huberman (1994) and Ragin (1987). These should not be confused with statistical techniques for "qualitative" data (see Haberman, 1978). These are sophisticated statistical techniques (e.g. , logit and log linear) for quantitative variables where the data are at the nominal or ordinal level. They are better labeled as techniques for categorical data.

【2】 Sprague and Zimmerman (1989) discuss the importance of an explicit theory.

【3】 See Hammersley and Atkinson (1983:174-206) for a discussion of questions.

【4】 See Boyatzis (1998), Lofland and Lofland (1995:192-193), Miles and Huberman (1994:57-71), Sanjek (1990:388-392), and Wolcott (1994) for additional discussions of coding.

【5】 See also Horan (1987) and Strauss (1987:25) for multiple indicator measurement models with qualitative data.

【6】 For more on memoing, see Lester and Hadden (1980), Lofland and Lofland (1995:193-197), Miles and Huberman (1994:72-77), and Strauss (1987:107-129).

【7】 Also, see Barzun and Graft (1970:255-274), Bogdan and Taylor (1975), Lofland and Lofland (1984:131-140), Shafer (1980:171-200), Spradley (1979a, 1979b), and Schatzman and Strauss (1973:104-120) on notes and codes.

【8】 For more on successive approximation and a debate over it, see Applebaum (1978a), McQuaire (1978, 1979), Paul Thompson (1978), Wardell (1979), and Young (1980).

【9】 For a discussion of empty boxes, see Bonnell (1980) and Smelser(1976).

【10】 For a discussion of the illustrative method, see Bonnell (1980) and Skocpol (1984). Bogdan and Taylor (1975:79) describe a similar method.

【11】 For a discussion of methods of difference and agreement, see Ragin (1987:36-42), Skocpol (1984), Skocpol and Somers (1980), and Stinchcombe (1978:25-29).

【12】 See Skocpol (1984) and Skocpol and Somers (1980).

【13】 For a discussion of analogies and models, see Barry (1975), Glucksmann (1974), Harré (1972), Hesse (1970), and Kaplan (1964).

【14】 For a discussion of the importance of analogies in social theory, see Lloyd (1986:127-132) and Stinchcombe (1978).

【15】 For a more in-depth discussion of event-structure analysis, see Abbott (1992), Griffin (1993), Griffin and Ragin (1994), Heise (1991), and Issac and colleagues (1994).

【16】 See Sanjek (1978) and Werner and Schoepfle (1987a).

【17】 See Gross (1984) and Miles and Huberman (1994:85, 119-126).

【18】 See Lofland and Lofland (1995:199-200) and Werner and Schoepfle (1987a: 130-146).

【19】See Canter and associates (1985) and Werner and Schoepfle (1987a:180-181).

【20】See Blee and Billings (1986) for a discussion of analyzing "silences" and unnoticed features in ethnographic or historical text.

【21】See Becker and Geer (1982) for a discussion of negative cases and preconceived notions.

【22】For a discussion of computer use in social work research, see Cozby (1984), Grosof and Sardy (1985:191-206), Heise (1981), Karweit and Meyers (1983), and Norusis (1986).

【23】See Weitzman and Miles (1995) for a comprehensive review of 24 software programs for qualitative data analysis. Also, see Fielding and Lee (1991) and Richards and Richards (1994).

第五部分

社會工作研究與交流

第十六章　文獻回顧和報告撰寫

文獻回顧和報告撰寫

我們的工作就是：按照理性的方式來梳理我們的想法，這樣他人就能從中發現意義。我們需要處理兩個層面上的問題，我們需要按照邏輯和實證的方法，用理論或者敘述的方式來理順思路、描述原因、展現條件，引導出我們想要解釋的結果……最後，我們希望我們的文章能夠清晰地表達我們的思想，希望我們的文章不會給讀者的理解帶來任何的不良影響，這兩項工作是密不可分的。

—— Howard Becker，《社會科學家的撰寫技巧》，133頁

　　社會工作研究是公共的活動，它常常以文字的形式與他人溝通。在第一章中我們提到過，共有原則強調研究人員有責任向公眾介紹自己是如何開展研究的，自己的研究結果是什麼，發現是什麼。一個研究計畫直到與他人分享研究結果時，才算真正結束。本章中，你們要系統地學習寫研究報告的格式，以及儲存、尋找和參考他人研究報告。

　　高品質的研究需要你在開始自己的研究之前就要大量地閱讀他人的研究報告，這些報告會啓發你的思路，幫助你確定自己的研究主題和重點，同時，作爲一個觀念和理論的寶貴的來源，它們會指導你聚焦研究重點，提供一些對你非常有用的、具體的資料蒐集方法和分析技術。對於研究新手來講，更應該在研究開始之前和研究進展中，閱讀大量的公開發表的論文，從而對相關的研究課題有深入的了解，發現自己可以採用的研究技術，同時，還可以學習使用什麼形式來寫自己的研究報告。高品質的研究意味著，在整個研究過程中，研究人員一直在思考如何撰寫自己的最後的研究報告。本章就要討論研究報告的構成，怎樣尋找並閱讀研究文獻和相關的資料來源，充分利用互聯網，以及如何撰寫研究報告。

文獻回顧

　　文獻回顧的假設在於，知識需要積累，我們學習別人建構的知識，並將自己的知識創造建立在他人知識的基礎之上。科學研究是一群研究人員的集體活動，他們共同分享自己的研究成果，共同追求知識創造，雖然其中某些研究非常重要，個別的研究人員因此而出名，但是，具體的研究課題只是整個知識創造過程中的一個細小的環節。今天的研究是建立在昨天的研究基礎之上的。研究人員閱讀他人的研究報告後，就可以進行比較、複製或者對研究的不足之處提出批評。

　　文獻回顧有不同的領域，深度的要求也不一樣，文獻回顧有四個主要目標，不同類型的回顧可以從不同的角度來滿足不同的目標（參見方框16-1）。研究人員可能需要一年的時間，來完成一個大問題的、深入的專業文獻的回顧，而同一個研究人員可能在幾週內就可以完成一個主題比較集中的文獻回顧。在開始文獻回顧時，研究人員需要決定從哪些領域或主題入手，需要做多深，做什麼類型的回顧。方框16-2中羅列了不同類型的回顧。一個特定主題的回顧常常是幾種不同回顧的綜合。

方框16-1　文獻回顧的目標

1. 展現自己對某個知識系統的熟悉度，建立自己研究的可信度

   文獻回顧可以告訴讀者研究人員對某個領域的研究情況，並且知道目前的主要問題是什麼。優秀的文獻回顧會提高讀者對作者的專業能力、研究能力，以及增強信心。

2. 顯示了過去研究的路徑，目前的研究與過去研究的聯繫是怎樣的

   回顧能夠概括描述對某個研究問題的方法，展現知識發展的過程。全面的回顧應把研究放進某個情境中，通過與知識系統的聯繫，展現跟目前研究的相關性。

3. 整合並總結某個領域中現成的知識

   回顧會綜合不同的研究結果，一個高品質的回顧，會指出過去的研究中比較一致的觀點是什麼，爭議是什麼，沒有解決的問題是什麼等等。它還會蒐集目前人們已經了解的知識，並對未來的研究指出方向。

4. 向他人學習，激發新的想法

   文獻回顧告訴我們他人的研究發現，研究人員可以從他人的研究中獲益。高品質的文獻回顧能夠明確指出，哪裡是研究的盲點，提出可以複製的假設。文獻回顧會支援值得複製的程式、技術和研究設計，這樣研究人員就能找到研究焦點，獲得新的見識。

方框16-2　六種形式的文獻回顧

1. 「自學式回顧」可能提升讀者的信心。
2. 「情境回顧」把某個具體的研究放進了一個更大的背景中。
3. 「歷史性回顧」對某個問題的研究發展進行了追蹤。
4. 「理論性回顧」比較不同的理論是怎樣處理同一個問題的。
5. 「整合性回顧」針對某個時段某個問題中的主要觀點和發現。
6. 「方法論回顧」指出了在研究中如何使用不同的方法。

所有的回顧在某種程度上，都需要滿足第一個目標，即顯示研究人員對研究的熟悉情況，建立自己的研究的可信度。這也是教師要求學生撰寫學期論文的主要原因。文獻回顧如果只是僅僅向讀者展現自己對某個領域的熟悉程度，雜誌通常不會發表此類文章，但是，它可以成為自己學習計畫的一個部分。把這個目標與第四個目標結合起來，

這就是自學性回顧。除了幫助讀者了解回顧者對相關領域把握的資訊，回顧還可以幫助回顧者建立自信心。

文獻回顧是爲了滿足第二個目標：將自己的研究與發展知識體系聯繫起來，這就是背景或情境回顧。這樣的文獻回顧通常出現在報告或論文的開頭，介紹研究報告的其他部分內容，強調研究的重要性，以及與研究問題的相關性。它告訴讀者自己的研究如何與整個知識建構聯繫在一起，以及對知識領域有什麼樣的啓發。文獻回顧還會強調自己的研究如何持續思路，或者回答過去研究沒有涉及或無法回答的問題。

還有一種回顧將第二個目標和第三個目標結合起來了，這就是歷史性回顧。歷史性回顧追溯了某個觀點的發展過程，顯示了某個特別問題或理論是怎樣隨著時間的推移而演變的。研究人員只會對本領域中的一些重要問題進行歷史性回顧，這些回顧也常用在思想史研究中。有時，特別是當學生剛進入某個領域時，這樣的回顧會幫助我們了解某個學科觀點發展的進程。它們還可以展現在知識發展過程中，過去一個觀點如何演變成爲不同的部分，或者分散的觀點如何變成了一種思想。

理論性文獻回顧基本上是滿足第三個目標，它反映了不同的理論如何解釋同一個事物的，然後，它還會評估每個理論的發現是怎樣的。除了研究這些理論發現預測的一致性之外，理論性文獻回顧還會比較每種理論假設的公正性、邏輯聯繫性和理論的解釋範圍。研究人員還可運用文獻回顧來整合兩個理論，或者將某個理論運用到新問題研究中。有時，也可以形成一種新的文獻回顧，即歷史—理論文獻回顧。

整合性回顧展現了目前的知識狀態，將快速發展的不同的研究報告的結果綜合在一起。研究人員可以將這類的文獻回顧當成論文發表，爲其他研究人員提供方便。方法論的回顧是一種特別的整合性回顧，在其中，研究人員會對過去的研究的優缺點做出評價，展現不同的研究結果，顯示不同的研究設計、樣本、測量工具等如何支持不同的結果。例如，研究人員會發現所有以男性爲被試的實驗結果，會與以兩性爲被試的研究結果完全不同。

在整合性回顧和方法性回顧中，研究人員常使用一種特殊的技術，即整合分析（meta-analysis）。[1] 研究人員會蒐集關於某個研究課題的詳細資料（例如，樣本規模，什麼時候發表的，變數的規模等），然後，對這些資料進行統計分析。例如，Armstrong和Lusk（1987）對回寄調查問卷的郵資進行了整合分析。他們深入地進行了文獻搜索，發現有34個研究談到了帶有回寄郵資的問卷調查的影響，這些回寄郵資是快遞郵資還是廣告回函郵資，是紀念郵票還是標準郵票等。他們研究了這些郵資的類型，以確定哪種郵資會讓被訪者最容易回寄問卷。對每一種類型的研究，他們查看了問卷寄出的數量、回收的比例和使用的郵資類型等。研究人員發現，特快郵資的回寄率比商函郵資的回寄率高出9%。

Cox和Davidson（1995）運用整合分析來分析研究結果，來看選擇性教育計畫是

否能幫助犯罪青少年改變。這些非傳統式計畫是專門爲這些問題青少年設計的，採用了低師生比、非結構式的環境和個別化的學習方式。研究人員首先介紹了電腦搜尋的三個來源：1966～1993年間的教育資源資訊圈 ERIC（Educational Resources Information Circuit）、心理學文獻中心（PSYCHLIT）和全國犯罪司法參考服務（National Criminal Justice Reference Service, NCJRS）上的資訊。他們搜尋了所有的提及青年選擇性教育計畫的引語，發現了241個資訊。然後，他們逐條閱讀了這些資訊，來看它們是否符合下面三個標準：（1）提高一個獨立的課程設置；（2）是在單獨的校園或教學樓中進行的；（3）包含了量化測量的計畫結果。在241個資訊中，只有87個符合這三個條件。研究人員仔細研究了這87條資訊，來檢查學生們是否採用特定的統計測量或測驗，他們發現57個研究中有統計資料。在對這57個研究進行統計分析之後，研究人員發現，這些計畫能夠略微改進學生們的學業表現和自尊水準，但是並不能夠減少他們的犯罪行爲。

從哪裡尋找社會工作研究文獻

　　研究人員以不同的方式來呈現自己的研究結果，最常見的一個方法就是在大學的圖書館中找這些文獻。研究人員會以出版專著、學術雜誌論文、學位論文、政府檔案或者政策報告的方式來出版自己的研究成果，他們也會在自己學術界的研討會上展示自己的成果。本節將簡單介紹每種結果展現的方式，幫助你了解一個大概的線路圖，以獲得這些資訊。

　　你還可以從教科書、報紙、通俗雜誌（如《時代週刊》、《新政治家》、《經濟學家》等），以及廣播和電視新聞上找到有關研究，但是，這些都不是嚴格意義上的科學研究報告，它們只是研究報告的濃縮和總結。記者和作者們之所以選擇這些研究結果，是爲了迎合大眾的需要、教學的需要或者是給一般性讀者的一個大致的介紹。這樣的普及性的介紹缺乏本質性的內涵，而這些正是學術界用來評估嚴肅的研究、建構知識基礎的必要條件。

學術雜誌

　　研究人員在進行完整的文獻回顧時，需要回顧所有的研究途徑。不同類型的研究報告，需要採用不同的方式來尋找。我們首先從學術雜誌開始，因爲學術雜誌是刊登研究報告的最主要的地方，也是最重要的研究出口之一。在第一章中，我們提到過，學術雜誌是科學交流系統中的最重要部分。

　　有批評家指出，隨著大量的學術雜誌的出現，造成了任何研究，無論其品質如何，都有機會得到出版，其結果是，有些論文實際上根本就沒有人會去讀。但是，實際

情況並不支持這個論點。Hargens（1988）發現，雜誌的論文退稿率是社會科學高於自然科學，現在的退稿率高於20年前。

　　你的大學圖書館裡可能收藏了很多學術雜誌和通俗雜誌，有時，它們可能會跟一般的書籍混在一起。你應先去看看圖書館的指示圖，或者問問圖書館管理員，學術雜誌放在哪裡。新出版的雜誌，不管是薄薄的平裝本，還是厚厚的雜誌，通常會放在「當前期刊」中。它們會暫時性放在這個類別中，等到一整卷的各期雜誌都到齊了，圖書館會將一卷的各期雜誌裝訂成為一冊，然後進行永久性收藏。

　　不同學科的學術期刊會與通俗雜誌放在一起，它們都屬於期刊類，或者用圖書館的行話來說，都是定期刊物。因此，你可以發現通俗性雜誌（如《時代週刊》、《世界主義者》、《大西洋月刊》等）與學術性的天文學、化學、數學、文學、哲學、社會學、社會工作和教育學的雜誌放在一起。某些領域中的學術雜誌比其他領域的學術雜誌會更多一點，「純粹」的學術領域會有一些「應用性」或實務性的領域，如市場行銷和社會工作。學術雜誌的名單都會列在卡片目錄系統，或者電腦系統中。圖書館通常都有一個自己訂閱的期刊目錄（參見方框16-3中的期刊目錄）。

方框16-3　社會工作和相關領域的學術雜誌

Addictive Behaviors

Administration in Social Work

Adolescence

Advances in Behavior Research and Therapy

Affilia: The Journal of Women and Social Work

Aggression and Violent Behavior

AIDS Education and Prevention: An Interdisciplinary Journal

Alcohol Health and Research World

Alcoholism Treatment Quarterly

American Journal of Community Psychology

American Journal of Drug and Alcohol Abuse

American Journal of Family Therapy

American Journal of Mental Deficiency

American Journal of Orthopsychiatry Areté

Asia Pacific Journal of Social Work

Behavior Modification

Behavior Therapy

Behaviour Research and Therapy

British Journal of Social Work

Canadian Social Work Review

Child Abuse and Neglect: The International Journal

Child and Adolescent Social Work Journal

Child and Family Social Work

Child and Youth Services

Child Care Health and Development

Child Maltreatment

Child Welfare

Children and Society

Children and Youth Services Review

Children Today

Clinical Social Work Journal

Crime and Delinquency

Crisis Intervention and Time-Limited Treatment

Drug and Alcohol Dependence

Ethnic and Racial Studies

Evaluation and Program Planning: An International Journal

Families in Society (Social Casework)

Families in Society: The Journal of Contemporary Human Services

Family Planning Perspectives

Family Process

Family Relations: Interdisciplinary Journal of Applied Family Studies

The Gerontologist

The Hastings Center Report

Health and Social Care in Community

Health and Social Work

Hispanic Journal of Behavioral Sciences

Hospice Journal

Human Services in the Rural Environment

Indian Journal of Social Work

Information and Referral: The Journal of the Alliance of Information and Referral Sys-

tems

International Journal of Aging and Human Development

International Journal of the Addictions

International Social Work

Journal of Aging and Social Policy

Journal of Analytic Social Work

Journal of Applied Gerontology

Journal of Applied Psychology

Journal of Applied Social Psychology

Journal of Child and Adolescent Substance Abuse

Journal of Community Psychology

Journal of Criminal Justice

Journal of Divorce and Remarriage

Journal of Family Issues

Journal of Family Social Work

Journal of Family Therapy

Journal of Family Violence

Journal of Gay and Lesbian Social Services

Journal of Gerontological Social Work

Journal of Gerontology

Journal of Homosexuality

Journal of Independent Social Work

Journal of Marital and Family Therapy

Journal of Marriage and the Family

Journal of Multicultural Social Work

Journal of Progressive Human Services

Journal of Research in Crime and Delinquency

Journal of School Psychology

Journal of Social Policy

Journal of Social Service Research

Journal of Social Work Education

Journal of Social Work Practice

Journal of Sociology and Social Welfare

Journal of Studies on Alcohol

Journal of Substance Abuse Treatment

Journal of Teaching in Social Work

Journal of Women and Aging

Journal of Youth and Adolescence

Marriage and Family Review

Mediation Quarterly: Journal of the Academy of Family Mediators

Omega: Journal of Death and Dying

Personality and Individual Differences

Policy and Practice (formerly Public Welfare)

Professional Development: The Journal of Continuing Social Work Education Public Administration Review

Qualitative Social Work

Research on Social Work Practice

Research, Policy and Planning: The Journal of the Social Services Research Group

Residential Treatment for Children and Youth

School Social Work Journal

Smith College Studies in Social Work

Social Forces

Social Policy

Social Problems

Social Psychology Quarterly

Social Service Review

Social Work

Social Work Abstracts

Social Work in Education

Social Work in Health Care

Social Work Research

Social Work with Groups

Suicide and Life Threatening Behavior

Youth and Society

很多圖書館不保留過期期刊的原件，為了節約空間和費用，它們只保留微縮影像

軟片或者電子版。在大多數的學術領域中，有成千上萬種學術雜誌，每年的訂閱費用為50美元～1,500美元，一般來講，只有大型的研究型圖書館才會訂閱所有的學術雜誌。你可以借閱這些雜誌，通過館際借閱服務（這是一個圖書館之間互相提供借閱服務的系統）來複印某篇學術文章。大部分圖書館的當前期刊是不能外借的，你只能在圖書館內查閱。現在越來越多的學術雜誌都有了電子版，可以在電腦和互聯網上閱讀。

　　你一旦找到了放有關期刊的書架，就需要仔細查看各個書架，看看有些什麼雜誌，你會發現有很多有關雜誌，刊登了無數篇研究報告。每一本學術雜誌和圖書館的藏書一樣，都有一個圖書編目號碼。圖書館通常會按照字母順序進行編排，因為雜誌經常改名字，如果還把更名後的雜誌放在原來的地方，常常會給讀者帶來不便。

　　學術雜誌隨著領域和類型的不同而不同，很多雜誌基本上刊登的就是本領域的研究報告。因此，數學類的學術雜誌刊登的就是最新的數學方面的研究論文，文學類雜誌刊登的就是當地文學作品的評論和文學批評類的論文，社會工作雜誌刊登社會工作研究論文。有些雜誌涉及的領域比較寬泛（如社會工作、心理學、教育學、政治科學），它們就會刊登本領域的各類研究論文。還有一些雜誌集中在一些專業領域中（如家庭、犯罪學、兒童早期教育、比較政治學等），還有一些雜誌是一些交叉型的雜誌，它們會把學術雜誌和通俗雜誌集為一體（如《今日心理學》和《社會》）。另一類雜誌關注的是，如何在某個領域中傳授知識或運用知識。有些雜誌既刊登研究報告，也刊登書評等，而某些雜誌只刊登研究報告。還有些雜誌只刊登書評文章、文獻回顧、政策分析和理論文章。

　　學術雜誌的出版一般不會一年一期，或者一週一期，一般是一年出版四期至六期。為了幫助讀者尋找論文，圖書管理員和學者們發明了一種尋找學術雜誌及其刊登的論文的系統，每一期雜誌都被編上日期、卷號和期號。這些資訊幫助我們去尋找論文所在地。這類資訊，以及作者、題目、起始頁碼等，都成為文章的出處資訊，通常會出現在書目中。如果雜誌首發，那麼，它的編號就是第1卷第1期，依次往後排列。儘管大多數雜誌都遵循類似的系統，但也還是有一些雜誌是例外的，所以要特別注意看它們的出處資訊。大多數的雜誌每年出版一卷。如果你看見一本雜誌有52卷，這意味著這本雜誌已經存在52年了。大部分雜誌的出版迴圈期是從每年的一月開始的，但不是所有的雜誌都這樣。

　　大多數雜誌是按照卷編頁碼的，不是按照期來編頁碼的。每卷的第一期是從第1頁開始的，頁碼在同一卷中連續編碼。例如，52卷第4期可能會編頁碼至547頁。大部分雜誌每卷會有索引，每期都會有目錄表，包含了論文題目、作者名字和論文的開始頁碼。每期刊登的論文數量有一兩篇的，也有50篇的。大多數雜誌刊登論文數量是8篇～18篇。這些論文通常都有摘要，在論文的第一頁上有簡單的總結，或者是所有論文的摘要都集中放在每一期的開頭。

每篇論文的出處是尋找這篇論文的關鍵資訊，假定你想找一些關於非洲裔美國人的膚色與分層的資訊。如果你去查找教科書的書目，你會看到這樣的資訊：

Keith, Vema M., and Cedric Herring. (1991). Skin tone and stratification in the black community. American Journal of Sociology, 97:760-778.

這個資訊告訴你，你能在1991年出版的《美國社會學》雜誌上找到這篇論文。這個出處資訊沒有告訴你雜誌出版的月分和期號，但是，它提供了卷號是97卷，起始頁碼是760～778頁的資訊。

還有很多其他的方法可以幫助你尋找文獻，引文出處資訊的格式很多，有的是標明作者的姓，並將出版日期放進括弧中，這些都是非常常見的方式。完整的出處資訊通常列入單獨的書籍提要中，書籍和其他形式的出版物格式也各不相同。在引出論文的出處時，最好先跟老師核實一下哪種格式最好。幾乎所有的格式都會列出作者的姓名、文章的題目、雜誌名字、卷號和頁碼，除了這些基本資訊外，還有一些不同的處理方式。有的加上作者的名字，有的用一個縮寫字母代替，有的包括所有的作者，有的則只寫上第一作者。有的還加上期號或者出版的月分，有的則不加。

出處資訊格式有時也讓人感到迷惑，比如，與社會工作專題有關的兩本參考工具書是《芝加哥文體手冊》，它用了80頁來介紹關於文獻和出處格式，另一本就是美國心理學會（APA）的《出版手冊》，該書也用了60頁的篇幅來介紹相關內容。社會工作基本遵循了APA的格式。

書籍

書籍傳遞各種資訊，提供了新的思想，給我們帶來和樂趣。書籍的類型很多：圖畫書、教材、短篇小說、小說、流行小說和散文、宗教書籍、兒童讀物等等。我們關心的書籍是帶有研究性的專著或研究論文集，圖書館會收藏這些書籍，並給它們編上圖書編號，跟其他書籍編號一樣。在圖書館的目錄上，可以找到相關的出處資訊（如書名、作者和出版商等）。

實際上，要區分研究性書籍和其他類書籍是很不容易的事。你可能會在大學圖書館裡找到這樣的書籍。有些出版社，例如大學出版社就是專門出版這種研究性書籍的。儘管這樣，我們還是不能保證在沒有閱讀內容的情況下，就能準確地找到這類書籍。

某些社會研究特別容易以書的形式出版。例如，與心理學家和經濟學家相比，人類學家和歷史學家更喜歡出版專著。當然，也有一些人類學家和歷史學家發表論文，經濟學家和心理學家也出版專著。在教育學、社會工作、社會學、政治科學中，大型的複雜研究結果既會以論文的形式發表，也會以專著的形式出版。那些涉及了詳細的臨床或民族學描述以及複雜的理論和哲學討論的，通常會以專著的形式發表。最後，那些希望與

學術同行交流,並教育大眾的研究人員,會出版專著,以希望將學術風格與大眾散文風格結合起來,例如James Hunter的《文化戰爭》(*Culture Wars*, 1991)。

從書籍中尋找研究論文是件很困難的事情,因為沒有專門的系統羅列相關的資訊。有三類書籍包含了研究報告或論文集,第一類是用於教學目的的,通常稱為讀本或文選,包含了很多原始的研究報告。在讀本或文選中,學術刊物上的某個專題的論文通常蒐集在一起,這樣,非專業人士比較容易閱讀和理解。

第二類是專為學者閱讀的文集,它會就某個專題蒐集學術論文,或者蒐集一些原始的研究或理論文章。某些文集還會蒐集一些比較難找到的雜誌上的文章,按照某個研究專題蒐集一些原始的研究文章。目錄中包含了論文題目和作者。圖書館會將這類書與其他的書放在一起,有些圖書館的分類系統中也有這類書籍介紹。

最後一類是年度研究報告,它蒐集的研究報告在其他地方是找不到的。這類報告介於學術論文和論文集之間,它們每年都出版,每年的卷號不同,但是又不是雜誌論文。這類年度報告,例如《政治社會學研究評論》和《比較社會研究》,也和其他書籍一起收藏在圖書館中。這類書就沒有像學術雜誌那樣的清單,對一個研究新手來講,要找到這類報告,需要在圖書館裡花很多時間,或者你們可以向一個熟悉某個領域的人請教。

書籍或者參考書的出處資訊一般比文章的出處要簡短,它們包含作者的名字、書名、出版年代和出版社地址以及出版社名稱。

學位論文

所有攻讀博士學位的學生都要完成一項自己的原創性研究,然後,寫成學位論文,這些學位論文需要裝訂,並保存在學生就讀的大學圖書館中。差不多一半以上的學位論文會以書籍或論文的方式發表,因為學位論文報告的是原創性研究,它可能會是重要的資訊來源。有些攻讀碩士學位的學生也要主持一些原創性研究,完成碩士學位論文,但是大部分碩士論文的研究並不那麼嚴格,尋找這些論文的難度就比博士論文要大一些。

專業的索引系統會將某些大學學生完成的學位論文列出清單,例如,《社會工作摘要》就會列出一些大學的學位論文,包括作者、論文題目和大學名稱等。這種索引中包括了論文的主題以及論文摘要。你可以通過大學圖書館的館際借書服務系統,來借閱學位論文。還有一個方法就是,從國家學位微縮影像軟片中心購買一個影本,裡面會包含其他圖書館收藏的一些學位論文。

政府文件

　　美國聯邦政府、其他國家的政府或州政府、聯合國、其他國際組織例如世界銀行等，都會贊助一些研究、出版研究報告。很多大學圖書館都會開闢一個專門的「政府文件」項目來收藏這些檔。這些報告在圖書分類目錄中是找不到的，要找到這些檔，你需要一個專門的出版清單和索引，或者要在圖書管理員的幫助下，找到這些檔。大多數大學圖書館只保留最新的政府文件和報告。

政策報告和會議論文

　　要進行全面的檔回顧的研究，需要研究這兩個方面的資料，這兩個方面的資料對很多人來講是很困難的，但是對訓練有素的專家來講並不困難。研究所和政策中心（例如布魯金斯研究所、貧困研究所、蘭德公司等）也出版論文和研究報告。一些大規模的研究性圖書館會購買收藏這類論文和研究報告。要確定它們到底出版了哪些報告，一個直接的方式就是給研究所寫信，索取它們的出版物清單。

　　學術界的專業協會（如社會工作、政治科學和心理學）每年都會舉行年度會議，成千上萬的學者們聚集在一起，宣讀自己的研究結果，傾聽他人的報告，討論最新的研究趨勢等。所有這些宣讀的論文對與會者來講，與書面論文一樣有用。那些沒有參加年會的會員們，也會收到年會的會議程序，上面會介紹宣讀的論文題目、作者以及作者的工作單位。它們可以給作者寫信，索要他們的論文。很多這些宣讀的論文後來都會以論文的形式發表，這些論文可能會羅列在索引或摘要服務系統中（後面會進一步討論）。

怎樣進行系統的文獻回顧

界定和提煉主題

　　正如研究人員在開始某項研究時，需要計畫和清楚地界定研究主題和研究問題一樣，在進行文獻回顧時，也需要首先從一個明確的界定研究問題和研究計畫開始。一個出色的回顧主題，應該像研究問題一樣具體、集中。例如，「離婚」或者「犯罪」都是一個非常寬泛的主題。一個比較合適的回顧主題可能是「繼子女家庭的穩定性」或者「全國經濟不平等和犯罪率」。如果你要對一個研究課題做情境回顧，那麼，要選擇一個比研究主題相對寬泛一些的主題。一般來講，研究人員只有在完成了文獻回顧之後，才能確定具體的研究問題。文獻回顧可以幫助研究人員縮小自己的研究領域，確定研究問題。

設計文獻搜索

在確定了集中的研究問題進行文獻回顧之後，第二步就要確定文獻搜索的方法。文獻回顧者需要決定自己的回顧類型、範圍和需要查找的資料的類型。這裡的關鍵就是，需要仔細、系統和組織完備，給你的文獻搜索設定一個參照物：需要花費多少時間，最少需要多少研究報告，要去多少個圖書館等等。

另外，你還要決定如何記錄圖書館的出處資訊，如何做筆記（如使用筆記本還是用3×5的卡片，還是直接使用電腦等），要制定一個計畫，因為有時需要多次訪問同一個圖書館。你可能需要建立一個新的檔案，來記錄自己的新的想法和新的資料來源。隨著回顧的深入發展，主題就會越來越清晰。

查找研究報告

尋找研究報告取決於報告類型或者尋找的研究出口的類型。一般來講，要採用不同的方法來進行搜尋，以彌補單一方法的不足。

學術雜誌上的論文

前面提過，大部分社會工作研究成果都會刊登在學術性雜誌上，這些雜誌就成為學術溝通的主要載體。在開始搜尋之前，先找一本你熟悉的學術雜誌，瀏覽一下目錄。學術雜誌的數量很多，有的雜誌有很多年的歷史，每本雜誌上又刊登了很多論文，要找到自己想要的論文是一項費時的工程。幸運的是，專業出版物幫助我們減少了工作量。

你可以利用一些出版物的索引，例如《期刊文獻讀者指南》。很多學術領域都有學術文獻的「摘要」和「索引」（如《社會工作摘要》、《心理學摘要》、《社會科學索引》、《社會學摘要》和《老年學摘要》）。教育學相關的主題，教育資源資訊中心（the Educational Resources Information Center, ERIC）系統特別有用。這類出版物超過100種，你可以在圖書館的資料室中找到這些資料。很多摘要和索引在電腦上也可以找到，這樣就會大大縮短搜尋的時間。

這些摘要和索引一般都是定期出版的（月刊、雙月刊等），這樣讀者可以根據作者的名字或論文題目進行搜尋，摘要和索引中會羅列出論文所刊登的雜誌和索引，例如《社會科學索引》只提供出處資訊，而摘要例如《社會工作摘要》除了出處資訊外，還會提供一個論文摘要，摘要不會提供研究課題的所有發現和細節。研究人員可以利用摘要來篩選參考論文，然後找出更相關的論文。摘要可能會包括那些在學術會上宣讀的論文。

現在，聽起來似乎是你只需要在圖書館的資料室中，找到索引，然後找到主題就行了。不幸的是，實際操作遠比這個過程要複雜得多。為了保證自己的回顧能夠涵蓋很

多年，你可能需要查找很多期的摘要和索引，而這些摘要和索引中涵蓋的主題又是非常廣泛的，而你感興趣的題目，可能只是其中很小的一部分。你需要一期一期地查閱。例如，就高中生非法吸毒這個問題，你要尋找這樣的主題：吸毒成癮、濫用毒品、藥品濫用、毒品法、非法吸毒、高中和中學等。在某個主題下的很多論文，未必能夠與你的文獻回顧有關。還有，一個論文從發表到被收入摘要或索引中，需要3～12個月的時間。除非你在一個大型的研究性圖書館中，否則，你無法找到這些最新的、最有用的論文。你可能就需要使用館際借閱服務，還有，如果這些論文是外語的，你根本就無法閱讀。

大部分研究型的圖書館都會訂購科學研究所的《社會科學引文索引》（Social Science Citation Index, SSCI），還有很多圖書館採用了SSCI的網路版。這是一個非常有價值的資訊資源，蒐羅了1,400多個學術刊物。它與其他的摘要和索引功能接近，但是需要慢慢學習如何使用這個資源。公開出版的SSCI共有四冊，一冊是索引，提供了完整的學術論文的出處資訊。其他三冊就是索引中羅列的論文。這些內容是按照主題、研究人員所在的大學或研究所，或者其他論文中引用的作者進行排列的。

你可以用下列三種方法中的一種來搜尋SSCI：（1）主題搜索（如兒童酗酒）；（2）著名的研究中心（如紐澤西州立大學的拉特傑斯酗酒研究中心）；（3）他人的文章（如1980年《社會學年度評論》中刊登的Kandel的「青年中的吸毒和酗酒行為」）。第一種搜尋方法可以幫你找到一系列最新研究的作者。第二種方法可以幫你找到在同一個研究中心，不同學者發表的研究論文。第三種方法可以幫你找到過去發表的論文中涉及的所有引文出處資訊。這種方法對那些希望了解某個研究是否對他人研究有影響時，特別有用。例如，你找到了一篇有關的1980年發表的文章。SSCI提供的資訊表明，自1980年以來所有發表的、參考文獻裡列出這篇文章的所有論文。如果你的圖書館沒有SSCI索引或網路版本，還有一個好方法，那就是查找論文的參考文獻，來尋找更多的相關主題的論文或書籍。

尋找論文的另一個方法就是，通過電腦進行文獻檢索，其操作原則與摘要和索引搜尋一樣。研究人員用不同的方式來排列電腦搜尋系統：按照作者、文章題目、主題或者關鍵字。關鍵字是關於主題的關鍵術語，可能幫助我們找到一個題目。在電腦搜尋系統中，你可以使用6～8個關鍵字，同時還可以選擇同義詞進行搜尋。電腦搜尋的方法很多，大多是尋找主題或摘要中的關鍵字。如果你的關鍵字太少或者太窄，你可能就會丟失很多相關的論文。如果你的關鍵字太多或太廣泛，你會找到太多的不相干的論文。最好的方法就是經過多次嘗試之後，選擇一些合適的領域和字數的關鍵字。

在一項對學生如何界定性騷擾的研究中（Neuman, 1992），研究人員採用了下列這些關鍵字來進行搜尋：性騷擾、性侵害、騷擾、性別平等、性別公正和性別歧視等。後來研究人員發現，有一些非常重要的研究文章中，都沒有出現上述關鍵字，他們又試著用大學生和強姦這兩個關鍵字進行搜尋，接著又出現了一大堆與這項研究無關的文

章。

現在，還有很多電腦資料庫或系統可以幫助我們進行文獻檢索。有些是光碟，有些是圖書館的網路系統上，還有一些就是在互聯網上，或者遠端連結上（後面會討論）。有電腦，能夠上網就能夠搜尋一些文章索引、圖書館書目和網路上有的世界各地的資訊。

有時，同一篇文章會出現在不同的學術資料庫中，但每個資料庫都會有一些其他資料庫中沒有的文章。這就提出了一個關鍵問題：「不要只依靠電腦來進行文獻檢索，依靠摘要系統，或者某一個學科的文獻，或者任意選擇一個時間段」（Bausell, 1994:24）。

專著

尋找某個主題的專著可能比較困難。圖書館的主題類別系統通常是不完整的，使用起來比較廣泛。此外，這些圖書館只會在某些特別的圖書館系統中列出這些專著，當然，你也可以使用館際借閱系統，來查詢其他圖書館的藏書。圖書館是按照主題的索引號來組織排列書籍的。同樣，主題的類別並不能夠反映你感興趣的主題，或者某個主題相關的書籍。一旦你了解了自己圖書館的系統，你就會發現，某個主題相關的書籍，它們的索引號的主要部分是相同的。此外，圖書管理員還可以幫你從其他圖書館找到類似的專著。例如，議會圖書館的全國聯合類別羅列了美國議會圖書館收藏的所有書籍，圖書管理員能夠了解其他圖書館的藏書情況，或者你也可以借助互聯網來進行查詢。當然，沒有一個可靠的方法可以百分之百找到某本書。因此，需要使用多種方式來進行搜尋，包括：查找那些刊登書評的學術雜誌，以及論文的參考書目等。

學位論文

有份叫做《國際學位論文摘要》的雜誌羅列了差不多所有的學位論文，與一般的索引和論文摘要的格式一樣，這個雜誌按照大的學科類別、作者和發表日期進行分類。研究人員可以從學科領域中尋找相關的主題論文。可惜的是，即使你找到了論文的題目和摘要，要真正找到這個論文還需要花很長的時間、花很多的費用。

政府文件

圖書館的「政府文件」類別中收藏了各類政府檔。美國聯邦政府出版的一個非常有用的檔索引就是《政府檔目錄月刊》，這個月刊在電腦上可以查詢到，儘管此刊1885年開始出版，資格很老，但是近十幾年來，人們也開始使用其他資料來進行政府文件研究。《政府檔目錄月刊》收錄年度索引，刊登主題、題目和作者的索引。另一個有用的資料是《議會聽證索引》，蒐集了自20世紀30年代以來的聽證會和主題的內容。《議會紀錄》收錄了美國議會辯論、議案大綱、投票紀錄，以及議案的修改等。《美國條

例》中按照年代和主題，收錄了美國聯邦法律。美國政府的每日出版物《聯邦登記》蒐集了各種法律、法規、聯邦政府的通知，它也有一個每月和每年的索引。還有一些索引收錄了公約和通知等內容。

其他國家政府也出版類似的出版物，例如，英國政府的《政府出版物索引》刊登了一年中政府公佈的檔。《議會檔》蒐集了過去200年中的官方的社會經濟研究結果。在使用這些專業的索引時，最好是向圖書館的專家進行諮詢。索引中使用的主題，未必能夠滿足你的研究問題的需要。

政策報告和宣讀的論文

最難查找的資料就是政策報告和宣讀的論文，在發表的論文的參考文獻中可以見到這些報告和論文，有些也會出現在摘要和索引中。要找到這些報告和論文，你需要採取不同的方式，例如，給網路中心發電郵，索要出版物清單，索取某個專業會議的宣讀論文的清單等等。一旦你找到了某個研究報告，就可以試著與作者或機構取得聯繫。但要記錄什麼？你找到某個論文後，你應該記錄下參考文獻的全部細節（作者的全名、論文題目、期刊號、頁碼等）。要構成一個資料來源的出處，需要記錄更多的資訊，大多數研究人員會使用卡片紀錄，或者在電腦上建立一個檔案，記錄完整的參考文獻的資訊，同時，還要對研究報告做一些筆記。要給每張卡片或者電腦檔案編碼或標記，例如，將第一作者的名字、專著或論文發表的年代寫在卡片上或電腦檔案上。這樣，你就很容易從一系列帶有作者名字和出版日期的卡片和電腦檔案上找到完整的資料。你可能會發現，將筆記記在相同的卡片上，比隨便找張紙片或卡片記筆記要容易。研究人員需要想清楚在閱讀論文、專著或檔時，需要記錄什麼內容。寧可多記一些沒用的東西，也不要少記一些有用的東西。一般來講，需要記錄下論文檢驗的假設，關鍵的概念是如何測量的，主要的研究發現，研究的基本設計，使用的樣本，以及對未來研究的建議（參見方框16-4）。還需要仔細看看參考文獻，記下那些能夠對你的研究有用的文獻來源。

方框16-4 怎樣閱讀論文

1. **帶著一個明確的目的或目標來閱讀。** 你閱讀論文是為了獲得基本知識還是為了回答某個具體問題？

2. **在閱讀論文前要進行篩選。** 你從某些論文的題目、摘要、結論和小標題中能夠獲得什麼資訊？它們的主題、主要發現和主要結論是什麼？

3. **考慮自己的關注點。** 你對主題、方法和論文來源的關注點是什麼？這些關注點會影響你的閱讀。

4. **將表面知識進行排列。** 你對某個主題或方法已知的知識是什麼？論文來源的可靠性是

> 怎樣的？
> 5. 在閱讀論文時要進行評估。文中出現了哪些錯誤？結果與資料一致嗎？這篇論文與自己採用的假設是否一致？
> 6. 將論文的主題、方法和主要發現作一個總結。對研究發現的準確性進行評估，並把論文的研究問題摘出來。
>
> 資料來源：Katzer, Cook, and Crouch (1998:190-196).

　　將所有相關的論文或報告複印，這樣就節約了你記筆記的時間，同時，也保留了完整的論文。你可以在複印的論文上記筆記，你一定要注意幾個事情：第一，進行大規模的文獻檢索，要對所有的論文進行複印，費用很高；第二，在複印時要遵循版權法，美國版權法容許出於個人研究目的而進行的複印；第三，要記得複印整篇論文，包括資料出處；第四，將所有的論文進行分類是非常麻煩的事情，特別是你需要採用某些文章中的幾個不同部分時；最後，在閱讀論文過程中，要將重點標出，筆記需做得很仔細，否則，你還需要重新閱讀論文。

組織筆記

　　在蒐集到了大量的資料和筆記之後，你需要對這些資料進行比較和組織。一個方法就是，將不同的研究和發現進行分組，建立一個大概的意境圖。可以試著用不同的方式來對資料進行分類，組織資料就是一個需要通過實踐不斷提高的技術。例如，將筆記分放在不同主題的檔案盒中，或者用圖表的方式來比較，不同的研究報告是如何對同一個問題進行表述的，指出相同點和不同點。

　　在組織筆記的過程中，你會發現某些文獻或筆記並不能滿足自己的研究需要，因此，可以將它們剔除。同樣，你也會發現某些與自己研究有關的主題或領域還沒有找到，因此，有必要再去一趟圖書館。

　　資料組織的方法有多種，最好的方法取決於文獻回顧的目的。情境回顧意味著就某個特定的研究問題來組織最近的研究報告，歷史性回顧需要按照主題和出版日期來組織研究，整合性回顧需要按照某個領域的主要發現和假設檢測來組織研究結果，方法性回顧需要按照主題、研究設計和方法來組織研究結果，理論性回顧需要按照理論和主要思想來組織研究。

文獻回顧撰寫

文獻回顧需要結構完整、表達清楚，同時需要反覆修改。這個步驟通常與比較的組織結合在一起，完美的撰寫規則（如結構清晰、有導言和結論、段落之間的轉換明確等）也適用於文獻回顧的撰寫。在撰寫文獻回顧的時候，需要記住自己的目的，要用通俗易懂、明確的語言。

要完成高品質的文獻回顧，需要批判性地閱讀他人的論文和文獻。記住，懷疑主義是一個科學規範，這意味著，你不能簡單接受權威們在論文中的所有觀點，要對閱讀的論文提出質疑並進行判斷。在這裡，需要首先克服的障礙，就是不要認爲發表的東西都是完美的。

批判性地閱讀研究報告的能力，需要不斷地實踐和鍛鍊。儘管論文需經過同行評審程式，退稿率很高，但是，發表的論文中存在錯誤和邏輯不嚴密的問題很難杜絕。在閱讀論文時，要認眞仔細查看引言和題目是否與整個論文相符。有時候，論文的題目、摘要或引言文不對題，它們沒有清楚地說明作者的研究方法和結果。論文需要邏輯嚴密，各個部分要有機結合在一起。各個論點之間要存在明確的內在邏輯關係。品質不好的論文在邏輯上會出現跳躍，或者省略了轉換步驟。同樣，很多論文都沒有明確地展現自己的理論或方法。因此，要多讀幾遍論文，以發現論文背後包含的理論和方法（參見方框16-5關於如何對論文做筆記）。

方框16-5　論文筆記示例

論文的全文摘要

Pierce, John C., M. A. E. Steger, N. P. Lovrich, B. S. Steel, 1988 "Public Information on Acid Rain in Canada and the United States." Social Science Quarterly, 69:193-202.

筆記卡片

> **Pierce et al. 1988**
> **題目**：影響人們了解公眾問題的因素：酸雨、自我利益，美國和加拿大
>
> 　　根據前人的研究，研究人員發現公眾教育本身，不會提高公眾對公共政策問題的了解。對這些問題的了解取決於個人因素（如性別、收入和教育等），不管公共政策的類型或者政策與個人利益的關係如何。研究人員希望了解對公共問題的了解與個人獲得資訊的動機是如何聯繫在一起的。他們以一個公眾問題，例如酸雨為例，然後問：在以集體主義為特點的加拿大文化中，個人動機會影響人們對知識的了解嗎？在以個人主義為特點的美國文化中，人們會成為美國政策的犧牲品嗎？

> **假設**　當人們認為對某個公共問題的了解會影響自己的利益時，就會去瞭解這個問題。
>
> **方法**　研究人員分別給密歇根州的1,000名居民和安大略省的1,000名居民郵寄了問卷。超過一半的人填寫了問卷，並寄回問卷。他們用四種方法來測量瞭解程度，他們也研究了動機性變數，包括一般性個人特點和敏感性，以及自己與問題的相關性。
>
> **發現**　通過使用統計和百分率表，他們發現是動機性因素而不是一般性個人因素（如個人敏感性和相關性），導致人們去了解有關酸雨的知識，儘管這兩個方面的因素都會產生影響。在加拿大動機比個人相關性更加重要，在這個方面，加拿大人有更高的敏感性。

在閱讀論文時，一個最重要的部分是研究方法和結果部分，所有的研究都不是完美的研究，研究人員並不會仔細地描述自己的研究方法。有時圖表中展現的結果，與論文中研究人員的描述之間出現了差距。例如，研究人員會忽視某個表格中的一個重要結果，而花了大量的篇幅來描述一個不重要的結果。細心的讀者要評估研究人員是如何開展這個研究的，又是如何展現自己的研究結果的。常見的情況就是，研究人員只會提供某個解釋，而忽視了其他的可能的解釋。在閱讀結論時需要小心，不要假定結論一定與資料吻合，你也需要核對資料。

優秀的文獻回顧是怎樣的

在寫文獻回顧的時候，作者應該通過文獻回顧的結構，向讀者傳遞自己的研究目的。錯誤的做法就是將各種研究報告羅列出來，將每個研究內容進行總結，這就不能有效地向讀者傳遞自己的目的。這樣的文獻回顧讀起來，就像是一系列的筆記堆砌在一起。也許作者很粗心，忽視了文獻回顧撰寫中的重要步驟。正確的撰寫文獻回顧的方法就是將相同的研究結果和觀點組織在一起。一個常用的方法是，先提出重要的問題，然後按照邏輯關係來將論點和研究結果聯繫在一起，同時還要指出研究的差異或者不足之處（參見方框16-6）。

方框16-6　差的和好的文獻回顧的例子

差的文獻回顧的例子

性騷擾會帶來很多後果。Adams、Kottke和Padgitt（1983）發現，有些女學生表示自己不會選修某些教授的課程，因為可能受到性騷擾。他們還發現，男女學生的反應是完全不同的。他們的研究是對1,000名男女本科生和研究生進行的調查。Benson和Thomson

（1982）在《社會問題》上的研究羅列了很多由於性騷擾而帶來的問題。在他們的傑作《好色的教授》中，Dziech和Weiner（1990）列出了很多受害者面臨的困境。研究人員從不同的方面研究了這個問題。Hunter和McClelland（1991）在一所小規模的藝術院校開展了一項對本科生的研究。他們的樣本數有300名學生，被試學生聽了不同的受害者對性騷擾的反應和背景介紹。Jaschik和Fretz（1991）在東中部一所大學中給90名女生看了一段錄影，這是一段一名助教製造的經典的性騷擾案例。在人們沒有給這個現象標上性騷擾的標籤時，很少有人稱之為性騷擾。當被問到這是不是性騷擾時，98%的人說這是性騷擾。Weber-Burdin和Rossi（1982）複製了原先的一個研究，他們使用了麻塞諸塞州大學的學生作為被試。他們讓59名學生對40個假定的情境進行了打分。Reilley、Carpenter、Dull和Bartlett（1982）對加州大學聖芭芭拉分校的250名女生和150名男生進行了研究，他們還邀請了52名教師參加了研究，所有這些被訪者填寫了一份問卷，問卷中展現了不同的性騷擾情境，並讓他們打分。Popovich及其同事（1987）創建了一個9條的性騷擾量表，他們在一所中等規模的大學，研究了209名本科生，年齡介於15歲～25歲之間。他們發現學生當中就性騷擾問題存在分歧和困惑。

好的文獻回顧的例子

　　性騷擾的受害者遭受了一系列的後果，從自尊降低、喪失自信，到從社會互動中退縮，改變自己的職業目標，以及抑鬱症等（Adams, Kottke and Padgitt, 1983; Benson and Thomson, 1982; Dziech and Weiner, 1990）。例如，Adams、Kottke和Padgitt（1983）指出，13%的女生反應她們不願選修某些教授的課程，因為可能會受到性騷擾。對校園性騷擾的研究採用了幾種不同的方式。除了進行調查研究外，很多研究人員還進行了實驗研究，展現了一些情境描述和假設的情境（Hunter and McClelland, 1991; Jaschik and Fretz, 1991; Popovich et al., 1987; Reilley, Carpenter, Dull and Bartlett, 1982; Rossi and Anderson, 1982; Valentine-French and Radtke, 1989; Weber-Burdin and Rossi, 1982）。受害者的語言反應和情境因素，似乎會影響觀察者是否會界定某個行為是騷擾行為。對將某些不合適行為界定為性騷擾，似乎在被訪者中還存在一些困擾。例如，Jaschik和Fretz（1991）發現，只有3%的女生在看完一段由一名助教進行的一個經典的性騷擾事件錄影時，會將這個事件定義為性騷擾。相反，大多數人會稱之為「性別歧視」、「粗魯」、「非專業的」或者「道德敗壞」。當被問到這是不是性騷擾時，98%的人認為是。Roscoe及其同事（1987）也報告了類似的界定困難。

利用互聯網進行社會工作研究

　　互聯網的出現，給社會工作研究帶來了革命性的改變（參見方框16-7）。幾年前，人們很少使用互聯網，但是，今天大部分社會工作者，經常使用互聯網來進行文獻搜尋和回顧，與其他研究人員進行溝通。互聯網還在以令人驚訝的方法繼續擴大和發展。互聯網給社會工作研究人員帶來了福音，但是，它也並不像人們所想像的那樣，是靈丹妙藥。互聯網的確能夠以新的重要的方式，幫助人們找到資訊，但是，它只是眾多查找資訊的方法中的一個。它可以在瞬間幫助我們找到特定的文獻，例如，利用家裡的電腦，人們能夠進入美國聯邦監獄局的網站，在不到三分鐘的時間內，就能夠發現，在1970年，16.3%的囚徒是因為犯下了與毒品有關的罪行而入獄的，而在1997年（目前最新的資料），這個資料上升到了60.3%。互聯網是對傳統的上圖書館查閱資料方法的補充，而不是取代。在社會工作研究中，利用互聯網既有好的一面，也有不好的一面。

方框16-7　互聯網

　　互聯網不是某個地方特有的事物，相反，它是連接世界各地電腦網路的一個系統，它的變化速度極快。我們無法詳細介紹互聯網上的每一個部分，有很多專著介紹了這方面的情況。即使我們試圖介紹互聯網上的所有部分，六個月後，我們提供的資訊也會過時了。互聯網以令人吃驚的方法，在改變著人們的溝通和交流資訊。在過去的幾年中，使用互聯網的人數每隔6個月就會翻一倍。

　　互聯網的優點是費用低廉（通常是免費的）、全球範圍通用、人際通過電腦快速溝通，或者兩個人在機構之間（大學、政府機構和企業）進行資訊交流。它們有一些硬體和軟體要求，互聯網可以傳遞電子文檔、整本書，以及照片、音樂、錄影和其他資訊。

　　要連上互聯網，人們需要在電腦上開設一個帳戶，與互聯網連結。大部分大學中心機房與互聯網有連結，很多企業和政府機構的電腦也與互聯網有連結，帶有數據機的個人電腦可以向某些私人公司購買使用電話線路的上網權。除了一台微電腦之外，人們還需要一點如何使用電腦的知識。由於越來越多的人在學習使用電腦，電腦的威力越來越大，互聯網為越來越多的人接受，互聯網具有很大的潛能，加速了全球各地各種形式的資訊交流和溝通。

優點

1. 互聯網容易操作，快捷，費用低。互聯網的使用很廣闊，在很多不同的地方都能夠使用。這種低成本的方法，使得人們能夠在各種背景中獲得資料，如公共圖書館、家裡、實驗室或教室，或者其他一切有互聯網系統的地方。還有，互聯網一週7天、一天24小時都開放。在經過簡單的培訓之後，大部分人都能夠進行操作，並能夠從電腦螢幕上獲得自己需要的資訊，這些資訊在幾年前，可能需要在大型圖書館中花費大量的時間才能獲得。

   通過電腦搜尋大量資訊並不難，並且比人工搜尋速度要快，同時互聯網極大地擴展了資料來源的數量和範圍。越來越多的資訊（如美國統計局）也在網上公布了。此外，一旦找到了資訊，研究人員就能把它存成電子文檔，或者列印出來。

2. 互聯網的一些連結，能夠幫助我們尋找更多的資訊來源。很多網址和網站以及其他互聯網資源系統，都有「熱點連結」，只要輕輕一點擊，就能幫助人們與相關網址連結，獲取需要的資料（通常有一個按鈕，或者一個用其他顏色強調的單詞或短語）。這就將人們與更多的資訊源頭聯繫在一起了，使得人們能夠立即找到自己想要的資料。這些連結很容易就將某個資訊源頭與一系列相關的資訊網路結合在一起。

3. 互聯網加速了全球資訊流通，發揮了「民主化」效應。它提供了遠途的、國際性的資訊的快速傳遞（如文件、消息、資料或照片）。互聯網根本不需要等上一個星期才能接受到某個報告，不需要等上一個月才能拿到國外的出版物，互聯網上傳遞資訊只是幾秒鐘的事，且成本很低。至於誰能夠將資料放在互聯網上，或者互聯網上會出現什麼樣的資料，基本上沒有什麼限制，因此，對於那些無法出版、傳播自己的作品的人來講，利用互聯網就能輕而易舉地做到這些。由於互聯網的開放性，互聯網強化了全球化的規則。

4. 互聯網提供了大量的資訊來源，有些資訊的形式非常生動、有趣。它不僅能夠傳送和儲存黑白文件，就像傳統的學術刊物一樣，還可以傳遞彩色文件、圖示、動畫和音像（如音樂、聲音等）、圖片和錄影片斷等。資訊的創造者們在展現自己的資訊時非常具有創造力。

缺點

1. 對於什麼能夠放在互聯網上，沒有品質上的控制。與標準的學術出版物不同的是，互聯網上的學術資料，沒有經過同行評審或者其他形式的審定過程。

任何人都能將自己的作品放在網上。有些東西可能品質很差、記錄不完整、嚴重偏差，或者完全是編造的，它具有很大的欺騙性，因此，網上有很多的垃圾產品。我們在網上搜尋資料時，一項重要的工作，就是需要辨別什麼是垃圾資訊，什麼是真正有用的資訊。人們在分辨網址時，也需要有這樣的警覺，同樣，我們在大街上接受他人的傳單時，也需要這種警覺，它可能是有用的資訊，也可能是浪費時間。另一個問題就是彩色字體、音樂和動畫的炫目，常常會分散年輕人的注意力。這些華麗的表面，常常會使得他們只關注這些形式，而忽視它們的內容，他們甚至會誤把這些炫目的資訊，當成了有價值的資訊。互聯網的特點就是讓人快速瀏覽，瞬間關注，而不是對內容慢慢地、認真地、細緻地進行閱讀。

2. 在互聯網上，很難找到社會工作研究所需要的最好的、最重要的資料來源（如研究報告和資料，以及一些資料庫和最新的研究論文）。這些資料只有通過訂閱雜誌才能夠獲得，當然，這樣費用就比較昂貴。互聯網並不像公眾所想像的那樣，它所提供的資訊並不都是免費的，也不是什麼資料都有。它所提供的免費資訊是非常有限的，而那些詳細的資料都需要付費才能獲得。事實上，很多圖書館重新調整了自己的經費預算，他們購買了電腦，以便可能使用互聯網，削減了買書和雜誌的費用，互聯網的總體影響可能就是，限制了某些人獲取資訊的來源。

3. 在互聯網上尋找資訊可能比較困難，而且需要大量的時間。有時要找某些特定的資料，可能非常不容易。還有，不同的「搜索引擎」會搜索出完全不同的結果。最好的方法，就是採用不同的引擎進行搜索（如Yahoo，Excite和Alta Vista），因為這些引擎是不同的。大部分引擎在搜索時，只在那些短短的網址名稱中，尋找某個特定的詞語。而這些名稱未必能夠全面說明這個網址的內容，正如書名或文章名，不能完全反映書或文章的內容一樣。此外，引擎包含了成千上萬的資訊來源，很難一個一個地查詢，因此，人們通常只是查詢那些排在最上面的資訊源，因為它們是最近加入互聯網的，或者因為它們的網址中帶有與搜索詞相同的內容。如果引擎找到了150條相關資訊，最好的、最相關的資訊可能會被淹沒其中。同時，人們還會發現搜索出來的資訊中，還有大量的商業廣告，只有一條條過濾，才能找到「真正」的資訊。

4. 互聯網來源可能很不穩定，有時也很難記錄下來。比如，我們在網上進行搜尋，並找到了一些網站，我們應該注意到具體的網址（通常是以www開頭的），這個位址代表了某個電子文檔在電腦中的位置。如果網址上的這個電腦文檔六個月後變動了，那麼，同樣的地址你也找不到這個檔了。這就與通過書架或微縮影像軟片的方式來儲存的論文完全不同，這種方法儲存的檔案，在若

干年後都會保持不變，而網站時常變化，有很多檔會消失的。也就是說，要核對某人的網路參考文獻，查對引用的網路檔，或者查找讀過的網路文獻，都是不太可能的。當然，要複製、修改或歪曲某些資訊來源，然後進行複製，卻是輕而易舉的事。例如，人們可以改變文本段落或者圖象，然後建立一個新的網站來傳播錯誤的資訊。這就涉及了版權保護和資料來源的真實性的問題。

理解互聯網、它的行話（參見方框16-8），以及如何確定網站是否有價值，都需要時間和實際操作。很少有規則來指導人們如何在互聯網上尋找最適合的能夠提供有用的、真實資訊的網站。由大學、研究機構和政府部門創建的網站，基本上是對研究會有幫助的，而那些個人創辦的網站、商業機構或政治社會問題宣導團體創辦的網站就會遜色一些。除了上面提供的網站上的資訊會消失之外，網站還不能為我們提供完整的資訊，以便於引用。有用的網站會提供詳細的資訊，包括作者、日期、出處等。方框16-9羅列了有關社會工作、政府、論文寫作和寫作風格的網站的資訊。

方框16-8　一些有用的互聯網行話

與其他行業一樣，互聯網也有自己的一套專用語言。剛開始接觸這些東西，會感到難以掌握。我們來看看一些用語的發展，記得我們開始使用電話時，使用過的一些術語（如撥號音、忙線提示、電話號碼、區號、接線員服務等），確實讓人感到不安。這些術語放在一起的時候才有意義，因此，要了解這些用語，最好是一起了解，而不是學習一個個單獨的詞語。

Broken Link（斷線）指的是一種超文本銜接，出現了一個不正確的統一資源定位器（URL），或者指的是連結到了一個根本不存在的位址上。它可以防止用戶從一個位址轉移到另一個位址上。

Download（下載）是一個動詞，指的是從遠端或者伺服器上向自己的電腦傳送電腦檔。

Email（電子郵件）是一個系統，從技術上來講，它是獨立於互聯網的，它使得用戶可以很快地傳送資訊、檔、圖象。它要求接受者需要有一個電子位址和電子儲存空間。

FTP（file transfer protocol）（文檔傳輸協議）是一個可以快速從一個電腦向另一個電腦上傳或下載檔（數位資料或文本）的系統。進入並使用某個電腦儲存的文檔，常常是有條件的，有些文檔是向公眾開放的（稱為匿名檔案傳輸程式）。

HTML（hypertext markup language）（超文本排版語言）是一個系統，說明了如何給網址進行排版格式的指南，包括格式、字體、顏色、圖象等，但是，它本身不會顯示在

頁面上。

HTTP（hypertext transfer protocol）（超文本傳輸協定）是統一資源定位器的一個格式識別系統。

Hyperlink（超連結）是某個網址上的一個標記性位置（常常是一個視覺明顯的按鈕，對某個詞突出的標誌），它使用戶只要快速點擊，就可以連結到其他網頁。

Hypertext（超文本）指的是帶有超連結的文本或文字資料，這些文本或文字資料一旦啓動，用戶就很容易從一個網頁跳到另一個網頁（如註腳、另一章、不同的檔或不同的網址等）。

LAN（local area network）（本地局域網）是一個地方性的網路。

Link（連結）是與另一個網頁或互聯網資源連結的縮寫。

LISTSERV是一個電子資訊配發系統。用戶登錄之後，就可以按照主題通過電子郵件來接受資訊，這些資訊可以是通訊式的資訊，也可以是電子郵件形式，它可以在訂戶之間進行發送。

MetaSearch Engine（高級搜尋引擎）是一個搜尋軟體，帶有多元個人搜尋引擎，可以同時進行仔細、細緻的搜尋（如Dogpile，Meta-crawler，Debriefing和Hotbot）。

Modem（數據機）是一個設備（裝在電腦內部，或與電腦分離的），通過電話線或其他線路，用來傳輸電子資訊，它具備了不同的傳遞速度。

Network（網路）是一個電子溝通系統，它允許資源分享（如軟體），與微電腦之間的快速溝通。網路可能限於一個房間、一座大樓中或很多地方（如大公司中的各個辦公室）。它的溝通是通過一個或幾個伺服器來協調的。

Network Card（網卡）是微電腦中裝配的一個設備，它使得網路內部快速溝通，它常常可以替代調製調解器。

Search Engine（搜索引擎）是一個專業化的軟體，使用在網頁瀏覽器上，根據關鍵字來搜索網頁，查找結構就是出來一系列可能的帶有統一資源定位器的網址清單（如Yahoo，Excite和Lycos）。

Server（伺服器）是一個快速、容量極大的電腦，它使得外部用戶可以進入自己電腦上的網頁，它可能是一個網路中心。

Telnet（遠端登錄）是一個遠端登錄通過電話線或互聯網連結的電腦的系統，它使得用戶在某個地方擁有一台電腦，就可以進行操作而登錄互聯網。

Upload（上傳）指的是從本地電腦向遠端電腦（通常是一個伺服器）傳輸檔。

URL（uniform resource locator）（統一資源定位器）是一個互聯網位址（常常以是www開頭的）。

Web（網頁）是互聯網的縮寫（參見www）。

Web Browser（網頁瀏覽器）是在環球網上的航行工具，是一個可以解讀統一資源定

位器的專業軟體（如Netscape和Explorer）。

　　Webpage（網頁）是環球網中最主要的成分和位址，網頁就是一個展現在用戶面前的電腦檔，是以電腦螢幕上一個整版資訊的形式出現的。

　　WWW（World Wide Web）（萬維網）是一個網頁上用於資源分享的超文本配發系統，它裝配在世界各地不同的伺服器上。

方框16-9　包含了社會工作資訊的網頁和網址精選

提供社會工作資訊的網站

Child Welfare League of America	www. cwla. org/default. htm
Council on Social Work Education	www. cswe. org
Federal Interagency Forum on Child and Family Statistics (ChildStats)	www. childstats. gov
International Federation of Social Workers	www. ifsw. org
National Association of Social Workers	www. socialworkers. org
National Center for PTSD	www. Dartmouth. edu/dms/ptsd/pilots. html
National Coalition for the Homeless	www. nationalhomeless. org
National Data Archive on Child Abuse and Neglect	www. ndacan. cornell. edu
Research Forum on Children, Families, and the New Federalism	www. researchforum. org
Social Work Action Network (SWAN)	www. sc. edu/swan
Social Work Examination Services, Inc	www. swes. net
World Wide Web Resources for Social Workers	www. nyu. edu/socialwork/wwwrsw

提供政府資訊的網站

Bureau of Justice Statistics, U. S. Department of Justice	www. ojp. usdoj. gov/bjs
Catalog of Federal Domestic Assistance	http://aspe. hhs. gov/cfda/index. htm
Federal Government Agencies Directory	www. lib. lsu. edu/gov/fedgov. html
Federal Web Locator	www. inforctr. edu/fwl

FedStats (Federal Statistics)	www. fedstats. gov
Office of the Assistant Secretary for Planning and Evaluation, U. S. Department of Health and Human Services	http://aspe. hhs. gov
State and Local Governments	www. lcweb. loc. gov/global/state
U. S. Census Bureau	www. census. gov
U. S. Congress	http://thomas. loc. gov
U. S. Department of Health and Human Services	www. hhs. gov
U. S. Department of Housing and Urban Development	www. hud. gov
U. S. Depository Libraries	www. lib. uidaho. edu/govdoc/otherdep. html
U. S. Government Information Locator Service	www. access. gpo. gov/su_docs/gils/index. html
U. S. Government Printing Office	www. access. gpo. gov/sudocs
U. S. House Committee on Ways and Means	http://waysandmeans. house. gov
U. S. House of Representatives	www. house. gov
U. S. Senate	www. senate. gov
U. S. White House	www. whitehouse. gov

提供寫作及寫作風格資訊的網站

APA Publication Manual	www. apastyle. org
Center for Democracy and Technology	www. cdt. org
Critical Evaluation of Resources on the Internet	www. library. ualberta. ca/guides/criticalevaluation/index. cfm
Educational Resources Information Center (ERIC)	www. eric. ed. gov
Electronic Privacy Information Center	www. epic. org
Encyclopedia Britannica	www. britannica. com
How to Search the Internet	www. brightplanet. com/deepcontent/index. asp
Merriam-Webster Dictionary	www. m-w. com/cgi. bin/netdict
Online Writing Lab	http://owl. english. purdue. edu

| Reference Desk | www. refdesk. com |
| Roget's Thesaurus | http://humanities. uchicago. edu/ forms_unrest/ ROGET. html |

提供研究和評估資訊的網站

Annie E. Casey Foundation Family to Family Tools	www. aecf. org/familytofamily/tools. html
Bureau of Justice Assistance Evaluation Web Site	www. bja. Evaluationwebsite. org/index. html
Inter-University Consortium for Political and Social Research	www. icpsr. umich. edu
Fetterman: Collaboration, Participatory, and Empowerment Evaluation	www. stanford. edu/~davidf/ empower-mentevaluation. html
Fetterman: Web Resources	www. stanford. edu/~davidf/webre-sources. html
Innovation Network (InnoNet) Participatory Evaluation Resources	www. innonet. org
Inter-University Consortium for International Social Development	www. iucisd. org
Kellogg Foundation Evaluation Handbook	www. wkkf. org/pubs/Pub770. pdf
Knowing Your Community / Showing Your Community	www. communityresources. org/know-showpresenta. html
Walmyr Assessment Scales	www. walmyr. com/scales. html
National Academy of Sciences	www4. nationalacademies. org/nas/ nashome. nsf
National Association for Welfare Research and Statistics	www. nawrs. org
NSF Handbook for Mixed Methods Evaluation	www. nsf. gov/cgi. bin/getpub? nsf97153
NSF User-Friendly Handbook for Project Evaluation	www. her. nsf. gov/ehr/red/eval/hand-book/handbook. html
NWU Asset-Based Community Development Institute	www. nwu. edu/ipr/abcd. html
NWU Mapping Community Capacity	www. nwu. edu/ipr/publications/commu-nity/mcc. html

Pitfalls of Data Analysis	www. execpc. com/~helberg/pitfalls
Research Methods Knowledge Base	http://trochim. human. cornell. edu/kb
Social Justice Research	www. kluweronline. com/issn//0885-7466
Social Research Update	www. soc. surrey. ac. uk/sru/sru. html
Society for Social Work and Research	www. sswr. org
StatSoft Electronic Statistics Textbook	www. statsoftinc. com/textbook/stathome. html
The Qualitative Report Online	www. nova. edu/ssss/QR

撰寫過程

讀者群

專業的作者認為：在撰寫論文時，要很明確你的讀者對象。因為如果了解自己的聽眾或讀者是誰，我們就會有的放矢，保證溝通更加有效。讀者是老師、學生、專業社會科學研究人員、實務工作者，還是一般公眾，不同的讀者會影響你的寫作方式。一般來講，人們需要遵循的一個原則，就是行文需要清晰、準確、結構完美。

出於很多原因，老師給學生安排一篇論文寫作，他們會提出一系列的寫作要求。一般來講，老師希望看到一個能夠反應清晰、符合邏輯的論文和結構。學生的論文中，需要表現出對實務概念和方法概念的扎實掌握。一個好的方法就是，在合適的地方準確使用合適的技術術語，不能過度或錯誤地使用這些術語。

如果讀者是學生，最好要界定所有的技術術語，並且給論文的每個部分加上標題。論文的討論需要按照邏輯的、按部就班式的方法進行，並要提供很多案例。採用直接的語言來解釋自己是如何按步驟開展研究的，並解釋為什麼。策略就是從研究問題開始的，然後將整篇論文當成對問題的回答。

如果讀者是學者，不需要對技術術語進行定義，也不需要解釋為什麼使用標準化程式（如隨機抽樣）。學者們感興趣的是，研究是如何與抽象理論或者文獻中的過去研究結果之間聯繫起來的。他們想看的是一個濃縮的、詳細的研究設計的描述。他們關注的是，變數是如何測量的，以及資料蒐集的方法。學者比較喜歡一個緊湊的、深入的資料分析和對結果認真討論的論文。

對實務工作者來講，他們更加喜歡對研究過程的總結，並且將研究結果通過圖表的方式來展現的論文。他們希望看見研究結果對行動的啟發性的可能方式，並能指出各種

方式的實務性結果。需要提醒實務工作者，不要將研究的結果進行過度推廣化。最好在附件中加上研究設計和結果的詳細內容。

如果讀者是一般公眾，需要使用簡單的語言，提供特別具體的案例，要特別指出研究結果對解決社會問題的啓發是什麼。不要介紹太多的研究設計和結果，注意不要提出站不住腳的論點。讓公眾了解資訊是一個非常重要的任務，這些資訊能夠幫助公眾對公眾問題做出正確的判斷。

風格和語調

寫作研究報告的風格類型並不多，語調也是很明確的，它們的目的在於清晰地傳遞自己的研究方法和發現。

風格指的是作者選擇的詞語類型，所使用的句子和段落的長度和形式。語調指的是作者對主題的態度或者關係。非正式的、談話的風格（如口語、成語、陳詞濫調和未完成的句子等）以及個人的語調（如這些是我的感受），比較適合用來給朋友寫信，但不適合用來撰寫研究報告。研究報告應具有正式的、簡潔的風格（用幾個字來表達很多內容）。語調表達了作者與主題的距離，這是非常專業的、認眞的表達。田野研究人員有時採用非正式的風格和個人的語調來展現自己的研究結構，但是這種方式比較特別。要避免使用訓導性語言和花俏的語言，因爲寫作的目的是提供資訊，並不是宣導一種立場或者娛樂讀者。

研究報告應該客觀、準確、清晰，要檢查、再檢查寫作細節（如引文中的參考文獻頁碼等），要全面介紹你主持研究的過程。如果讀者發現了論文寫作中的疏忽，他們會對研究人員產生質疑。研究計畫的過程可能比較複雜，複雜意味著可能會讓讀者產生困惑。這樣，清晰的寫作就顯得非常重要了。清晰的寫作需要對研究問題和設計進行反覆思考，準確地界定術語，使用簡短的陳述句，結論需要建立在證據之上。

組織思路

寫作並不是將筆放在紙上，就能夠魔法般地、流暢進行的事情，儘管很多人都有這樣的幻想。相反，寫作是一個艱鉅的工作，它涉及一系列步驟和不同的行動，最後才能形成一個作品。撰寫研究報告從本質上來看，與其他類型的寫作是沒有分別的。儘管這些寫作的步驟不同，複雜程度也不同，但是，在寫信、寫詩、寫指令或短篇小說中適用的原則，在研究報告撰寫中都是適用的。

首先，寫作者需要知道寫什麼。研究報告中需要寫的東西包括：題目、研究問題、研究設計和測量工具、資料蒐集技術、結果和啓發意義。由於有這麼多的內容需要

寫，如何組織就顯得非常重要。最基本的組織工具就是概要。概要幫助作者確定所有的想法都能包括在論文中，這些想法之間的關係非常清楚。概要是由主題（詞語或短語）或者句子組成的。我們大多數人都熟悉概要的基本形式（參見圖16-1）。

　　概要可以幫助作者組織自己的寫作，但是，如果使用不當，也會成為寫作的障礙。概要只是一個幫助作者組織思想的工具，它能夠幫助作者：（1）將想法變成一個序列（如先說什麼，再說什麼，接下來再說什麼等）；（2）將相關的思想放在一起（如這些想法是相近的，但是與其他的想法是不同的）；（3）將更加概括的或高一層次的思想，與具體的思想區別開，同時也能將具體的思想與具體的細節區別開。

　　有些學生發現，他們在寫作前需要一個完整的概要，一旦概要形成了，就不可能有改變了。人們在寫作時，很少會有一個很完整的概要。最初的概要基本上是很粗略的，你只有完成所有的寫作，否則都不太可能將所有的思想形成序列，將它們分類，或者將抽象的觀點與具體的觀點區別開。對大部分作者來講，新思想的發展、清晰化是在寫作過程中實現的。

I. 第一個主要主題	最重要的主題之一
A. 次主題1	二級重要
1. 次主題A	三級重要
a. 次主題1	四級重要
b. 次主題1	同上
（1）次主題b	五級重要
（2）次主題b	同上
(a)次主題(2)	六級重要
(b)次主題(2)	同上
i 次主題(b)	七級重要
ii 次主題(b)	同上
2. 次主題A	三級重要
B. 次主題1	二級重要
II. 第二個主要主題	另一個最重要主題之一

圖16-1　摘要的形式

　　寫作初期的概要與後期的概要有很大的區別，最大的差別在於後者的完整性遠遠超過前者。寫作過程本身不僅僅能夠幫助作者展現或者澄清一些觀點，而且能幫助作者激發新的觀點，發現觀點間的關係，發展一個新的序列，或者抽象觀點與具體觀點之間的關係等等。此外，寫作過程還能激發作者對文獻或自己的研究結果進行重新分析或反

思。這並不意味著一切需要從頭開始，相反，這意味著作者需要對新的見解保持開放接納的心態，並且公正地對待研究課題。

重返圖書館

在沒有完成研究項目之前，研究人員的文獻回顧的工作就沒有結束。研究人員在開始自己的研究前，就需要熟悉相關的文獻，在完成資料蒐集後，還需要重新回到文獻中去，這樣做主要出於以下幾個原因：第一，從研究專案開始到結束之間經歷了一段時間，可能會有一些新的研究結果發表出版。第二，在完成了一項研究之後，研究人員應該更加清楚研究中什麼重要，什麼不重要，在重新閱讀文獻時，會提出新的問題。第三，在撰寫研究報告時，研究人員可能會發現筆記不夠完整，或者引文中某些細節丟失了（參見方框16-10）。在完成資料蒐集後，重回圖書館，不需要像研究初期那樣廣泛蒐集資料，只要進行一些選擇性的、重點明確的資料蒐集就可以了。

方框16-10　引文要素

美國心理學會出版的《風格手冊》中要求引文的要素包括下列內容。需要一個完整的清單和對這個規則的解釋，請與美國心理學會手冊出版機構聯繫。通常在大學的書店、圖書館裡都能找到這個手冊，或者在www. apa. org中可以進行線上訂購。

雜誌論文	Baker, D., and Wilson, M. (1972). An evaluation of the scholarly productivity of doctoral graduates. Journal of Social Work Education, (28) 2. 204-213.
書籍（獨著）	Dean, R. (1993). Constructivism: An approach to clinical practice. New York: Harper and Row.
書籍（合著）	Alter, C., and Evans, W. (1990). Evaluating your practice: A guide to self-assessment. New York; Springer.
集體作者	Everyday Corporation. (1999). Title of Document. New York: Betty Warren.
主編	Barker, R. (Ed.) (1999). The social work dictionary (3rd Ed.). Silver Spring, MD: The National Association of Social Workers.
主編書中一章	Bellack, A., and Herson, M. (1977). Self-report inventories in behavioral assessment. In J. D. Cone and R. P. Hawkins (Eds.). Behavioral assessment: New directions in clincial psychology(pp. 52-76). New York:Bruner/Mazel.

雜誌文章	Public, J. (1999, April). Title of the article. Magazine Name, 5, 15-25.
雜誌上論文 按期標頁碼的	Blakely, T. (1992). Strategies for distance learning. Journal of Continuing Social Work Education, 6(1), 4-7.
雜誌上論文 按標籤頁碼的	Blakely, T. (1994). A model for distance education delivery. Journal of Social Work Education, 28, 214-221.
印刷中的論文 （主編證明信）	Public, J. (in press). Title of article. Title of Journal. Ephross, P. (1995). [Letter to the editor]. Journal of Social Work Education, 31(1), 130.
私人溝通	J. Q. Public (personal communication, March 2, 1999).
診斷性和統計手冊	American Psychiatric Association (200X). Diagnostic and statistical manual of mental disorders (xxth ed.). Washington, D. C. Author.
百科全書	Barker, R. (2001). The social work dictionary (3rd ed.). Silver Spring, MD: The National Association of Social Workers.
詞典中的詞條	Gillespie, D. (1999). Ethical issues in research. In R. Edwards (Editor-in-Chief), Encyclopedia of Social Work, (19th ed., Vol. 1, pp. 884-893). Washington, D. C.:National Association of Social Workers.
互聯網雜誌上論文	Public, J. (2001, April 15). Title of the article. Title of the Periodical, Volume, Retrieved June 15, 2001 from: http://www. journals. website/organization/xxxx. html
互聯網上發表的無作者或日期的論文 在學校或大學網站 發表的文件	Title of the document. (n. d.) Retrieved. June 20, 2001 from:http://www. website/organization/xxxx.html. Public, J. (1998). Title of the document. Retrieved July 12, 2001, from University of Missouri, School of Social Work website: http://www. Missouri. edu/publications/document. html

互聯網來源

（注意：這裡的日期指的是作者找到這篇文章的日期。）

| 通知或者個人網站 | American Sociological Association 1999. Journals and Newsletters, Retrieved January 16, 1999. http://www. asanet. org/Pubs/publicat. html |
| 線上雜誌論文 | Sosteric, Mike, Mike Gismondi and Gina Ratkovic, 1998. "The University, Accountability, and Market Discipline in the Late 1990s." Electronic Journal of Sociology April 1988, Vol. 3. Retrieved January 16, 1999. http：//www.sociology.org/ content/vol003.003/sosteric.html |

| 報紙文章 | Lee, Don. 1999. "State's Job Growth Hits Unexpected Cold Spell." LosAngeles Times(January 16). Retrieved January 16, 1999. http://www. latimes. com/HOME/BUSINESS/topstory. html |
| 雜誌摘要或書評 | Grills, Steven. 1999. Review of Missing Persons: A Critique of Personhood in the Social Science by Mary Douglas and Steven Ney. Canadian Journal of Sociology on line. Retrieved January 16, 1999. http://www. Alberta. ca/~cjscopy/reviews/persons. html |

在撰寫研究報告時，研究人員常常會放棄一些在完成研究之前蒐集的研究筆記或資料。這並不是說，早期的圖書館工作和文獻回顧是浪費時間、沒有意義的。隨著研究焦點的確定，研究人員在研究初期做的某些筆記（如25%左右）會變得沒有用了。因此，這些內容就不應放在研究報告中，因爲這些資料會破壞作者觀點的連續性，降低清晰度。

重新回到圖書館，核實和擴大參考文獻，能夠幫助觀點的聚焦，它還可以幫助作者避免剽竊。剽竊是一種嚴重的欺騙行爲，很多大學都對有剽竊行爲的學生作開除處理。如果專業人士在學術刊物上有剽竊行爲，大家會把這種行爲當成一種嚴重的犯罪。[2]認眞做筆記，確定準確的短語或觀點的出處，都可以避免無意的剽竊行爲。對於那些直接引用，要將引文中的頁碼出處全部標記出來。

引用了別人的文字而不對作者表示感謝是不對的，但是，如果是採用大意歸納的方式就不是引用他人的文字了，這就是用自己的話對他人觀點的復述，同時也是對他人觀點的濃縮。研究人員常常會採用大意歸納的方式，高品質的大意歸納需要對歸納的內容有一個全面深入的理解。這意味著，這並不僅僅是用同義詞對他人的原話進行替換，大意歸納就是借用一個觀點，歸納出它的精髓，並將功勞歸於作者，列出觀點的出處。[3]

撰寫過程

寫作是一個過程，學習寫作的方式就是親自進行寫作。[4]這就需要投入時間和精力，在實踐中能力會得到提高。寫作的方式多種多樣，但是，某些方法能夠創造出優秀作品。這個寫作過程包含了三個步驟：

1. 寫作前的構思。在準備階段，要在文獻上做筆記，並整理這些筆記，將各種觀點羅列出來，做概要，完成文獻資料出處，對資料分析的評論進行總結歸納。
2. 寫作。將自己的觀點寫出來，作爲初稿，你可以隨便寫，草擬出文獻資料出處

和註腳，準備要展現的資料，寫出引言和結論。

3. 重寫。通過改善前後一致性、校對技術性錯誤、核對引文出處、檢驗語態和用詞等方式，來評估一下自己的報告，並進行潤色。

很多人發現開始寫作是很困難的。新入門的作者通常是從第二個步驟開始，並在這個步驟結束，這樣就可能產生品質很差的作品。寫作前的構思指的是，作者首先從一個裝滿了筆記、概要和觀點的清單的檔案盒開始，你必須要深思熟慮，認真考慮自己的報告形式和讀者群。花時間思考是非常重要的，在開始真正寫作前，花時間思考常常會帶來豐富的思路。

很多人在坐下來開始寫作時感到一種莫名的痛苦。這就是眾所周知的「作者阻滯」—— 一種暫時性無力寫作的狀態。出現這種狀態時，作者會腦子一片空白，手指僵硬，感到恐慌。從初學者到專家都曾經歷過這種狀態。如果你也遇到這種情況，首先要冷靜下來，設法克服這個狀態（參見方框16-11）。

方框16-11　結束「作者阻滯」的建議

1. 早點動手。不要拖到最後一刻才開始。早點動手不僅能夠讓你有更多的時間反覆修改，而且還可以減輕壓力，因為你會有足夠的時間來完成一個品質不高的初稿，然後有時間慢慢修改。Shafer（1980:205）指出，「寫作是一個艱鉅的工作，作者們常常會找很多藉口，不斷推遲寫作進度，這是一個常見的情況。」給自己訂個初稿的截止日期，至少這個日期應該比最後的期限要早一個星期，按照這個計畫堅持下去！

2. 適當休息，然後繼續工作。有些作者發現，如果他們能夠出去散散步，睡個午覺，或者去看看報紙，半小時後再回來工作，他們會發現，作者阻滯現象可能就消失了。小小的休閒或轉移注意力，有時會幫助消除這個現象。

3. 從中間部分開始。在寫作時，你不一定要從頭開始，你可以從中間部分開始，即使中間部分的內容跟整個論文沒有太大的關係。一旦思考／寫作過程開始了，切入主題就會很容易了。

4. 按照個人的習慣開始寫作。有些人在寫作前會有一個個人的習慣或固定的方式（如洗碗碟、清理書桌、削鉛筆等），這些行為都是你寫作的前奏曲，只要能夠幫助你寫作，不妨都去試一試。

5. 分成小部分寫作。不要覺得你必須坐在桌前，從頭至尾一氣呵成地完成整篇文章。你可以從想到什麼就寫什麼開始，然後再將這些部分整合在一起。

6. 不要追求完美。先寫草稿，這就意味著你可以隨時把它們丟進紙簍中、修改或者重寫，對一個粗略的草稿進行修改，會比一開始就寫出精品要容易得多。

　　很多作者就是從隨筆開始研究報告撰寫的，他們會坐下來，將自己腦子裡所想到的東西都寫下來，隨筆幫助我們在活躍的思路與寫作之間建立了有機聯繫。當你隨便寫的時候，你通常不會停下來重讀自己寫了什麼，不會咬文嚼字，不需要考慮語言、拼寫或者標點符號的問題，你只是盡可能快地將自己的想法寫下來，讓自己的創造性思路順暢流淌。你可以過後再清理自己寫的東西。

　　寫作和思考是密不可分的兩個重要過程，我們很難分清何時在寫作，何時在思考。這就是說，當你決定坐下來，盯著牆壁、電腦、天空或者其他東西，直到你想清楚了要寫什麼之前，你基本上什麼都寫不出來。同樣在寫作過程中，也常常會出現思想火花。

重寫

　　也許只有百萬分之一的作者是個寫作天才，能夠在初稿時就能準確、清晰地表達自己的觀點。對大部分作者來講，寫作意味著重寫、不斷地重寫是必不可少的步驟。例如，有報導說，Ernest Hemingway重寫了《再見吧，武器》的結尾達39次之多。[5]作為專業研究人員，重寫十來次自己的研究報告，是很平常的事，不要因此而氣餒。如果需要重寫的話，重寫能夠幫助減少壓力，這就是說你很快就能開始寫作，先寫出一個初稿，日後可以發表的。你要計畫至少將初稿重寫三至四次。初稿就是一個完整的報告，應該有頭有尾，不能只是幾行筆記或一個概要。

　　重寫使得作者有機會用更加清楚、順暢、準確和簡潔的文字，梳理自己的思想。在重寫時，重點在於清楚地表達，而不是使用華麗的或者複雜的語言。Leggett及其同事（1965:330）指出，「絕不要不好意思用簡單的語言，來表達簡單的思想。請記住，使用複雜的語言本身就不是一個智慧的標誌。」

　　重寫需要仔細閱讀自己的草稿，如果可能的話，可以大聲朗讀自己的作品，聽聽是否有問題。還有一個好辦法就是，與他人分享自己的作品。專業作者通常都會請別人來看自己的作品，並提出批評指正。新手們很快就會發現，友善的、建設性的批評是無價之寶。一開始把自己的作品與他人分享是比較困難的，這意味著你要將自己的思想暴露給他人，並歡迎他人的批評。此外，請求他人批評，實際上是幫你澄清自己的思想，他人的批評是幫你提高。

　　重寫有兩個步驟：修改和編輯。修改是加上新的想法，增加一些支持性證據，刪節或改變一些觀點，前後調整句子，以便更清楚地表達自己的思想，或者強調各種觀點之間的聯繫和轉換。編輯指的是從技術層面清理，加強寫作的品質，例如拼寫、語法、習慣用法、動詞時態、句子長度和段落組織等。在重寫時，你需要回顧草稿，進行修改，以提高品質。如果在初稿完成後，等上一段時間再進行重寫，效果會好一些。在草稿

中看來很好的句子，在兩週後的重寫時就可能覺得不明確或者不合適了（參見方框16-12）。

方框16-12　重寫的建議

1. **結構構成**。檢查語法錯誤、拼寫、標點、時態一致性、動詞時態以及動詞與主語的分離錯誤等。請記住，每次加上新的內容時，可能都會出現新的錯誤。結構性錯誤不僅使讀者出現誤解，而且會降低讀者對你的觀點的信任度。

2. **習慣用法**。在重寫時，要重新檢查術語、特別是關鍵字，要特別小心，看看這些詞是否真正反映了你要表達的意思。不要採用一些技術性術語，或者很冗長的詞，採用那些最能夠表達意思的簡單的詞語。去找一個分類辭彙集，並用這些詞語。分類辭彙集時非常重要的工具書，類似一個詞典，裡面蒐集了大量的同義詞，它能夠幫助你選擇一些準確表達思想的辭彙。準確的思維和表達需要準確的語言。當你想表達中位數時，不要用平均數這個詞。當你想表達人或警察局官員時，不要用人類或者員警。不要將校長（principal）寫成了原則（principle）。

3. **語態**。研究報告的作者，常誤用被動語態來代替主動語態，被動語態可能更有權威性，但是，它常常將行動者或主語的行動變得非常模糊。例如，被動語態的句子「學校年級與明確的職業規劃之間的相關性被一些資料所證實」，遠不如主動語態的表達「資料證明了學校年級與明確的職業規劃之間的相關性」。被動語態句子「被訪者對墮胎的態度被訪問員記錄下來了」，遠不如主動句「訪問員記錄了被訪者對墮胎的態度」要簡單易懂。另外，還要避免使用一些限定性表達，例如看起來，或者似乎之類的表達。

4. **一致性**。序列、步驟和轉換都應該符合邏輯地組合在一起。試著一次讀一段報告內容，這個段落中是否包含了一致性的觀點？是否有主題句？段落之間是否有轉換？

5. **重複**。刪去重複的觀點、詞語和不必要的短語。觀點最好充分地表達一次就夠了，不要反覆重提。在修改時，需要將累贅的詞語（那些根本沒有意義的詞語）、冗長的語言（當一個詞能夠說清楚時卻採用好幾個詞）去掉，採用直接表達，不要囉唆，囉唆的例子是，「根據資料，我們的結論是，X對Y的出現，會產生一個非常重要的積極作用，儘管事實是Y的出現是非常罕見的」，而更好的表達是：「總之，X對Y有正相關性，雖然Y的出現很少見」。正如Selvin和Wilson（1984）指出，囉唆冗長的詞語和修飾詞，使得人們難以理解你的觀點。

6. **結構**。研究報告需要有一個透明的結構。需要認真考慮將內容的各部分放進這個結構中，可以使用大標題和小標題，這樣，讀者在閱讀研究報告時，就能夠順著作者的邏

輯結構往下走。

7. **抽象性**。一份優秀的研究報告，能夠將抽象觀點和具體案例結合起來。如果報告中充滿了抽象的觀點，而沒有具體的實例是很難讀懂的，同樣，充滿了具體實例而沒有抽象觀點的研究報告，也不會有很多讀者的。

8. **隱喻**。很多作者使用隱喻來表達自己的觀點。有些短語諸如切削刀、底線、穿心等常用來表達觀點，就是從其他情境中借來的一些形象化的比喻。隱喻可能會是一個非常有效地表達方式，但是，在使用時需要特別小心。一些精心挑選的隱喻能夠快捷有效地傳遞觀點，但是，過多使用這些隱喻，特別是濫用某些隱喻（如底線），會成為一種沒有想像力的、陳詞濫調式的表達方式。

如果你不會打字，我們還是建議你要學會打字。如果你使用的是文字處理系統，要在定稿前，把草稿列印出來，因為在列印稿上，很容易看出錯誤和結構上的問題。在列印稿上可隨意剪貼、刪去字詞或移動短語。

在寫作研究報告時，有熟練的打字技術，能夠使用文字處理系統，是非常重要的。一些專業人士發現，他們花費了大量的時間，來學習打字和使用電腦，後來得到了很大的回報。文字處理系統不僅使得編輯過程非常簡單，而且能夠自動查對拼寫，提供同義詞替換。此外，還有一些電腦程式，可以幫助檢查語法錯誤。當然，你不能依靠電腦來完成所有的工作，但是，它的確減輕了你的寫作負擔。文字處理系統所帶來的速度和方便是非常令人驚訝的，那些會使用電腦的人，再也不願意用手寫的方式來進行寫作了。

最後一個建議。在完成了草稿之後，需要重寫引言部分，並修改論文題目，使得它們真正反映論文中心。[6]論文題目必須短小精悍。它們必須能夠將主題呈現給讀者，可以是描述某種類型的研究（如「對……的實驗研究」），用詞和短語需要準確（如「對……的調查研究」）。

量化研究報告

高品質的寫作原則，適用於所有的報告撰寫，但是，報告的具體部分的撰寫，會根據研究是量化的還是質性的而有所不同。在撰寫報告之前，需要認真閱讀同樣研究類型的報告，並以此作為範文。

我們先來看社會工作量化研究報告的撰寫，報告各個部分是按照研究步驟的序列展開的。[7]

摘要或過程總結

　　量化研究報告通常是以一個總結和摘要開始的。摘要的規模各異，有的是50個英文單詞（本段落就有75個單詞），有的是滿滿一張紙。大部分學術雜誌論文要求摘要列印在論文的首頁上，摘要中要包含這些資訊：主題、研究問題、主要發現以及特殊的研究設計或者資料蒐集中的特點。

　　寫給實務工作者閱讀的應用性研究報告，一般都會有一個比較長的總結，成爲研究實施總結。它的內容比一般性研究摘要更豐富，包括研究結果的啓發，以及主要的建議。儘管它比一般摘要要長，某個研究的總結很少會超過四五頁。

　　摘要和研究總結，會有這樣幾個作用：對那些興趣不大的讀者而言，通過摘要就可以了解報告的主要內容，對那些希望尋找資訊的讀者而言，摘要會幫助讀者決定是否需要將整個報告讀一遍；讀者會利用摘要或總結來篩選資訊，以決定是否閱讀整篇報告；它幫助準備閱讀全文的讀者，建立一個初步的印象和認識，這樣接下來的閱讀就會容易、便捷得多。

展現問題

　　研究報告的第一部分需要界定研究問題是什麼。這一部分的題目可以是「引言」、「問題界定」、「文獻回顧」、「假設」或者「背景假設」等。儘管可以有不同的題目，這一部分的內容要包括：對研究問題的描述，以及對研究現象的理念的說明。在這裡，研究人員需要解釋研究的重要意義，給研究問題提供一個背景知識。他們通過說明對研究問題的不同的解決辦法、如何帶來不同的應用結果或理論結論，並以此來解釋研究的重要性。引言部分通常包括：文獻回顧以及所研究的問題與理論的關係，引言部分還要界定關鍵概念，提出概念性假設。

描述研究方法

　　下面一個部分描述了研究人員是如何設計自己的研究，以及如何蒐集資料的。這一部分還可以分成不同的小標題（如方法、研究設計或者資料），也可以分成小節（如測量、抽樣或操作過程）等。這個部分是最重要的，是能夠評估整個研究方法論的部分。它能回答讀者以下幾個問題：

1. 這個研究是什麼類型的研究（如實驗，調查等）？
2. 資料是怎樣蒐集的（如研究設計、調查類型、資料蒐集的時間和地點、採用了什麼樣的實驗設計）？

3. 是怎樣測量變數的？這些測量工具可信有效嗎？

4. 抽樣方法是什麼？研究中有多少被試或被訪者？他們是怎樣抽取的？

5. 研究設計中需要處理什麼樣的倫理問題或者有什麼其他考慮？

結果和圖表

描述了資料如何蒐集、抽樣方法和測量工具之後，你就需要展現資料了。這個部分需要展現資料，在這裡不需要討論、分析或解釋資料。研究人員有時可能會將結果展現與下一部分「討論」或「發現」綜合起來。

研究人員需要選擇如何展現自己的資料。[8]在分析資料時，他們需要認真觀察單變數、雙變數和多變數表格和統計資料，以便從中找到一些感覺。這並不意味著每個統計資料和表格，都會應用在最後定稿的研究報告中，相反，研究人員需要選擇最少的、最能夠給讀者提供足夠的資訊的圖表，他們通常不會展現原始資料。資料分析技術應該能夠總結資料，檢驗假設（如頻率分佈、中位數表和標準差、相關和其他統計資料）。

研究人員希望給讀者提供一個完整的圖例來反映資料，不應有太多的細節，也不應有不相干的資料，讀者能夠做出自己的解釋，詳細的總結性統計資料可以放在附件中。

討論

在討論一節中，研究人員要給讀者一個準確的、無歧義的對研究結果的解釋。討論不是選擇性的強調或者偏袒性的解釋，相反，而是對研究結果的一個公眾的討論。討論一節與結果展現是分開的，這樣，讀者可以自己研究資料，並得出自己的解釋。Grosof和Sardy（1985:386）指出，「如何安排自己的結果展現，反映了研究人員嚴格地區分了資料（你的觀察紀錄）和總結，他們將分析放在一邊，而在另一邊，他們會放上解釋、結論和評論。」

研究新手們常常會發現，很難組織討論這一節。解決的辦法之一就是：根據假設來組織討論：討論資料與假設之間的關係。此外，研究人員還要討論一些意外的結果、對結果其他可能的解釋以及研究的弱點和局限。

提出結論

在結論部分，研究人員會重申研究問題，總結研究發現。其目的在於總結報告，有時候這個部分的題目是「總結」。

總結後面的部分常常是參考文獻和附錄。參考文獻部分，包含了文中或注釋中引文的出處，附錄通常要包含有關資料蒐集方法的附加資訊（如問卷的內容）或結果（如描述性統計資料）。量化研究報告中的註腳或者章節附註，會詳細介紹文中涉及的一些資

訊，研究人員利用附錄給讀者提供二手資料，進一步澄清文中資料，但是如果放在文中就會影響讀者的閱讀。

質性研究報告

與量化研究相比，撰寫社會工作質性研究報告要困難得多，它沒有什麼規則和結構。儘管這樣，兩者的目的是相同的，即清楚地介紹研究過程和資料蒐集的過程。正如Bogdun和Taylor（1975:142）所說：「質性研究的報告、論文或專著不會是，也不應該是個人對某個情境的即興的看法。相反，它應該是對自己辛辛苦苦系統蒐集來的資料，進行描述性和分析性的展現和解釋。」

量化研究報告按照邏輯的、濃縮的方式來展現假設和證據。相反，質性研究報告常常是很長的、專著式的報告。它們的篇幅很長，主要有以下五個原因：

1. 質性研究資料很難壓縮。質性資料通常是以文字、圖畫、句子的形式出現，還包括很多的引文和例子。

2. 質性研究人員可能希望，除了展現事實證據和分析性解釋之外，在讀者中創造一種主觀的認同和理解。對特定背景和情境的詳盡的描述，能夠更好地幫助讀者理解和認識背景，研究人員希望將讀者帶進某個社會情境中、主觀的世界觀和意義系統之中。

3. 質性研究人員會採用一些不太標準的技術來蒐集資料、發展分析範疇和組織證據，他們所採用的技術可能取決於研究者的個人特點或特定的背景。因此，研究人員需要解釋自己的研究過程以及原因，因為自己的研究是前人沒有做過的。

4. 在質性研究中，一個共同的目標，就是探索新的背景或者建構新的理論。發展新的概念以及研究概念間的關係，就增加了研究報告的長度。理論產生於證據，詳細的描述能夠說明研究人員是怎樣建立解釋的。

5. 質性研究人員可能會採用多元的寫作風格，這些都會增加報告的長度。他們在寫作過程中空間比較大，可以採用各種方式來講故事或者敘述一個傳說。

田野研究報告很少會遵循一個固定的格式，有一些標準化的部分構成，理論推廣和資料都不會分散在不同的部分來展現。[9]推廣性通常與證據交織在一起，因此在報告寫作中，會以詳細的描述和大量的引文的形式出現。

研究人員會平衡資料展現和資料分析之間的分量，以避免將資料與分析分裂開，這種分裂就是隔離錯誤。當研究人員將資料與分析分離開，從而導致讀者看不到兩者之間的聯繫時，就出現了隔離錯誤。[10]

　　田野研究報告聽起來不那麼客觀、正式，而且更加個人化。田野研究報告可能會以第一人稱的方式來撰寫（即用代詞），因爲研究人員直接參與了現場，與自己的研究物件直接互動，自己承擔了「測量工具」的角色。研究人員的決定與猶豫不決、感受、反映以及個人經歷，都成爲田野研究過程中的重要組成部分。

　　田野研究報告比量化報告會遭到更多的質疑，這就需要我們評估讀者需要什麼樣的證據，來評價我們研究的可信度。這裡關鍵一點就是，要爲讀者提供足夠的證據，讓他們相信我們敘述的事件，並接受我們對事件的解釋。在田野研究中，某種程度的選擇性觀察也是可以接受的，但關鍵問題在於，是否其他類型的觀察也能得出相同的結果。[11]Schatzman和Strauss（1973:133）特別強調了建立可信度：

　　要幫助讀者建立對我們研究的可信度的一個關鍵前提就是，研究人員要充分相信自己所說的和所寫的，眞實反映了現實。這種堅信，建立在研究過程中遵循的必要的、可信的步驟，以及研究人員確信觀察者眞正看見了自己所描述的事實。

　　田野研究人員在展現資料時，面臨資料壓縮的兩難困境。大多數資料是以無數分田野筆記的形式出現的，但是，研究人員不可能將自己所有的資料與讀者分享。例如，在對醫學院學生的研究中，White、Becker和Geer（1961）蒐集了5,000頁的田野比較材料。田野研究人員只能將自己5%的田野筆記，放進自己的研究報告中。剩下的95%並不是浪費的，只是報告中沒有足夠的地方來展現而已。因此，作者選擇引文，要間接地將剩下的資料傳遞給讀者。

　　田野研究報告沒有一個固定的組織結構，儘管在報告的開始，都會有一個文獻回顧，有很多方式都可以用來組織田野研究報告。Lofland（1976）建議可以包括下列這些內容：

1. 引言
   a. 研究情境中最一般性內容
   b. 一般性情境中的主要輪廓
   c. 是如何蒐集資料的
   d. 研究背景的詳細情況
   e. 研究報告的結構
2. 研究情境
   a. 分析範疇
   b. 本研究情境與其他情境之間的對比
   c. 隨著時間推移，情境發生的變化
3. 策略

4. 總結和啓發

用什麼方式來組織證據和分析，因情境不同而不同。[12]例如，作者可以用自然史的方式來組織自己的報告，按照你發現的順序，來展現事件發生的過程，或者按照編年史的方式，根據發展的情節或者某個情境或情境中的人的不同生活方面來展現。另外一個方法就是，按照鏡頭伸縮的方式來組織你的報告，先展現廣闊的畫面，再聚焦在一個特定的題目上。你可以先從泛泛的關於所有文化的陳述開始，然後再集中在某個具體的文化上，再集中在一個特定的文化場景，然後再具體描述一個文化特徵的一個側面，再描述這個特定文化中的特定事件。[13]

田野研究人員會按照主題來組織自己的報告，作者可以選擇用抽象的分析性主題來組織報告，也可以採用研究對象所採用的範疇主題。後一種方法能讓讀者生動地了解背景，展現有關語言、概念、範疇以及研究物件的信仰系統相關的知識。[14]

田野研究人員在報告中要討論自己使用的研究方法，但是，在報告中什麼地方、以什麼形式來討論這些內容，沒有一個具體的規定。一個方法就是，將對研究地點的描述、如何進入現場、研究人員的角色、研究人員—研究對象之間的關係等內容，與證據和分析的討論交織在一起。這就是被Van Maanen（198S:73）稱爲「自白式」的寫作風格。按時間順序或主題組織行文的方法，通常會將資料蒐集方法放在論文的開頭或結尾，在專著長度的報告中，方法論的討論通常會放在單獨的附錄中。

田野報告還可以包含錄音的轉寫資料、地圖、照片或反映分析範疇的圖表，這些資料能夠補充說明討論，通常會放在討論的後面。質性田野研究可能採用一些創造性的格式，可能與常見的帶有田野筆記的文件方式不太一樣。Harper（1982）的書中包含了很多帶有照片的文件，這些照片用研究物件的語言，生動地再現了文件中所描述的背景的情形。例如，田野研究文章還有完全以照片形式來報告結果的（Jackson, 1978），或者用戲劇的一個片段來報告結果的（Becker et al, 1989）。就研究地點做一個紀錄片也是資料展現的另一個方式。[15]

在對研究地點的社會性細節描述上，有直接的個人層面的內容，有時會涉及一些倫理問題。相關倫理問題的討論可以與方法論的討論放在一起，也可以分開討論。研究人員在寫作中，要對研究物件的個人隱私進行保密。在論文發表之後，不能給研究物件帶來任何的傷害。[16]他們常常會在報告中使用化名，在田野研究中，如果涉及研究人員個人層面的內容，可以加上一個自己的簡歷。例如，在《街角社會》的附錄中，作者William Foote Whyte（1982）提供了一個詳細的簡歷，介紹自己父親、祖父的職業，自己的興趣、愛好，自己的工作，上學的情況，以及自己的婚姻如何影響自己的研究等內容。

研究計畫書

什麼是計畫書

　　研究計畫書是一個能夠展現一個研究計畫、讓評審者進行評估的文件。它既可以是學生在老師的指導下完成的、作為申請學位的一個部分（如碩士論文或博士論文），也可以是向一個贊助機構提交的研究項目的計畫。計畫書的宗旨就是讓評審者相信，你作為研究人員，有能力成功主持計畫中的研究專案。如果計畫寫得好，結構合理，如果你能夠仔細地策劃整個研究，那麼，評審者才會有信心，認為這些項目能夠順利進行。

　　計畫書與研究報告基本相似，但是，它是在研究計畫開始之前撰寫的。計畫書中需要描述研究問題、重要性，詳細介紹研究方法，用什麼方法，以及為什麼選擇這些方法。

　　社會工作量化研究的計畫書中，包含了研究報告中的所有內容：題目、摘要、問題陳述、文獻回顧、研究方法和設計，以及參考文獻。計畫書中沒有結果、討論和結論章節。計畫書要有一個資料蒐集和分析的計畫（如有什麼樣的統計分析方法），它還包括研究開展的步驟，以及對每一個步驟的時間安排。

　　社會工作質性研究的計畫書撰寫起來比較困難，因為研究過程本身就是缺乏結構性，很難事先計畫的。研究人員需要研究問題陳述、文獻回顧和參考文獻。他們需要從兩個方面來展現自己有能力完成這樣一個質性研究項目：第一，計畫書要全面，包括對文獻的深入討論、問題重要性的論述以及資料來源。這就是向評審者展現自己對質性研究的熟悉程度，以及採用本研究方法的合適性。第二，計畫書要描述一個質性研究的試調查。這個試調查會揭示自己對研究技術的熟悉程度，以及把握一個非結構性研究報告的能力。

申請研究經費的計畫書

　　申請研究經費的計畫書的目的在於，提供完成一個有意義的研究課題所需要的各種資源。如果研究人員的基本目的，是利用贊助經費來獲得個人名利，逃避其他活動，或者建立自己的「王國」，那麼，這樣的計畫書常常是得不到經費支持的。計畫書撰寫的和獲得經費的策略已經發展成為一種產業，這就是設法獲得經費的本領。

　　研究經費的來源很多，大學、私人基金會和政府機構，都有專項經費來支持研究，這些經費可用來購買設備、支付你的或他人的工資、支付研究的費用、蒐集資料的費用，或者資助出版研究結果等。申請經費的競爭程度很難說取決於經費來源，有的機構提供經費的比例是3/4，還有的是1/20。

　　贊助社會研究的機構很多，但是，有很多機構不會贊助一個具體的專案。研究人員需要對基金會機構進行深入調查，並學會提問題：他們贊助什麼樣的研究？基礎性研究還是應用性研究？具體問題？或者需要某些特定的研究技術？申請的截止日期是什麼時候？需要什麼樣（長度或內容詳細程度）的計畫書？經費額度是多少？經費不包括哪些支出（如設備、雇用人員、旅行等）？對於贊助機構的資訊非常多。最好是去圖書館查詢，或者找到大學主管研究經費申請的官員進行諮詢。例如，私人基金會都會出版一個年報，《基金會指南》、《社會科學聯邦基金指南》等都會列出美國政府的經費資助資訊。在美國，還有很多通訊會刊登研究經費資助資訊，還有兩個全國性的電腦資料庫（SPIN和IRIS）也介紹類似的資訊。另外，還有一些基金會定期出版刊物，就某個具體問題，進行計畫書招標。研究人員需要了解經費贊助機構的資訊，因為把計畫書遞交給一個合適的機構，是獲得贊助的重要環節。[17]

　　研究人員需要提供紀錄，證明自己過去曾成功申請過研究經費，特別是當他們自己要主持某個項目申請的時候。主持研究專案的人，就成為專案負責人（PI）或者是項目主任。計畫書中包括個人簡歷，同行的支持信，過去研究的紀錄。如果申請人是一個有經驗的研究人員而不是一個新手時，評審人就會比較願意投資贊助。在承擔專案負責人或專案主任之前，最好能夠先申請一些小的項目，或者給有經驗的研究人員充當助手，以此來積累經驗。

　　評審者在評估研究計畫書時，通常會按照這個指標來評判：研究計畫是否與基金會的目標一致。大多數贊助機構都有一個指南，表明自己贊助的研究類型。例如，贊助基礎研究的機構，會把推動知識傳播作為自己的目標，而贊助應用型研究的機構，會把改進服務品質作為一個目標。這些機構都會出版一些指南，來說明申請書的長度、複印多少分、遞交的截止日期等內容。要嚴格遵循指南的要求。如果你連遵循指南中的規定，計畫書不超過多少頁都做不到，評審者憑什麼要給你成千上萬的美元來主持一項複雜的研究呢？

　　計畫書的封面要看上去整齊、專業。申請指南中通常會要求提供一個詳細的時間安排計畫、做什麼以及人員安排等內容。所有這些內容需要陳述清楚，同時要比較現實、易實現。過高或過低的估計、累贅重複，或者缺乏一些核心內容等，都會降低評審者對你的計畫書的評價。做研究計畫的預算，是一項複雜的工作，通常需要專業人士的協助。例如，工資額度、工資外的補貼等都是需要計算的，最好是向大學負責研究基金的官員或有經驗的研究人員進行諮詢。此外，了解相關的授權和許可規則也是非常重要的（如IRB的許可，參見第五章）。計畫書中還需要包括具體的傳播研究結果的計畫（如出版物、在專業團體中的發言等），還要有項目如何進行、專案是否達到目標的評估計畫。

　　計畫書實際上是研究人員與贊助機構之間，就如何完成一個研究計畫而簽訂的合

同。贊助機構通常要求有最終報告，包括經費如何使用的詳細情況、研究發現、對專案是否實現其目標的評估等。如果不能正確使用經費、無法按照計畫書的安排完成項目、不能提交最後報告，會使得研究人員面臨法律訴訟，或者會被禁止將來申請經費贊助。任何對經費的濫用，都會導致某個贊助機構，今後不再對濫用者所在機構的其他人提供任何的贊助。

評審計畫書的過程可能需要幾個星期，或者一年的時間，各個機構的情況不同。在大多數情況下，評審者會給計畫書進行排名，排名靠前的計畫書才有機會獲得經費支持。計畫書首先要經過一個匿名評審，評審者通常也是研究人員，他們會從申請材料中了解申請人的情況，但是，申請人並不知道評審人是誰。有時候，評審人也可能是非專業人士或研究人員。在申請指南中，通常會指明計畫書的讀者是專業人士還是普通公眾。有時，評審人是一組人。一般來講，申請數額較大的計畫書，需要特別認真的評審。如果你的計畫書得到了資助，需要小小慶祝一下，如果你的計畫書被槍斃了，也不要失望。大多數計畫書在第一次提交時被槍斃了，第二次提交還被槍斃了，很多贊助機構會請評審人提供書面評審意見，如果有書面評審意見，最好向他們要來看看。有時候，與贊助機構的工作人員通一個禮節性的電話，就會知道自己的計畫書爲什麼被槍斃了。

可以根據評審人的意見對計畫書進行修改，並再次提交。很多贊助機構接受修改後反覆提交的計畫書，這些計畫書在後面的競爭中，具有一定的實力。

如果計畫書提交給了合適的機構，計畫書的寫作是嚴格按照指南進行的，那麼，評審人就是按照下列因素進行排名：

1. 它提出了一個非常重要的研究問題。它建立在前人知識基礎之上，反映了基礎研究能夠推動知識發展的方向，它記錄了一個重要的社會問題，對應用性研究解決問題提出了假設。
2. 它嚴格遵循指南規定，文字表述很好，清晰易懂，目標描述準確。
3. 完整地描述了研究過程，高標準的研究方法，採用的研究技術，能夠最好地回答研究問題。
4. 它提出了具體的傳播研究結果的計畫，還有明確計畫，對研究是否實現其目標進行了評估。
5. 研究專案設計完備，計畫嚴謹，預算和時間安排合理、實際。
6. 研究人員具備了足夠的研究背景和經驗，可以成功完成這個研究項目。

結語

　　本章有兩個主題：社會工作研究過程中一個重要的環節就是溝通，社會工作研究是一個集體行為，它建立在很多人的工作之上。這些主題在第一章中我們已經進行了討論，但是，它們的重要性在本章中表現得特別清晰。社會工作研究人員發展的知識，是建立在對他人研究的吸收和學習基礎之上的。這就是文獻回顧的重要性所在，同時，也說明了研究人員為什麼特別重視圖書館的作用，重視圖書館收藏的各種學術雜誌和工具書。互聯網給研究人員的研究也帶來了改變，但是，它不能取代圖書館的基本功能。

　　研究、閱讀他人的研究報告的另一個作用，就是幫助撰寫自己的研究報告。本章提出了很多如何寫作的建議，這些建議與其他領域內的寫作原則，沒有根本性的區別。我們在這裡提出的最重要的建議就是，不斷實踐，一定能出好作品。要想成為一個出色的研究人員，最好的方法也是唯一的方法，就是要學習寫作高品質的論文。這就需要作者直接參與研究過程，然後寫作，再多次重複這個過程。對初學者來講，第一步就是要採取科學的態度，尊重研究倫理，認真閱讀他人的研究報告。第二步就是要設計、主持研究，並將研究報告中的精華部分傳遞給他人。在這個過程中，研究人員需要跨越看不見的戰線，從一個旁觀者，變成一個社會工作研究中的參與者。

關鍵字

abstract摘要	paraphrasing總結大意
citation引文	principal investigator (PI)研究負責人
context review情境回顧	request for proposals (RFP)徵求計畫書
download下載	rewriting重寫
error of segregation分離錯誤	search engine搜索引擎
executive summary實施總結	self-study review自學式回顧
freewriting隨筆	theoretical review理論性回顧
historical review歷史性回顧	Uniform Resource Locator (URL)統一資源定位器
integrative review整合性回顧	
keyword關鍵字	upload上傳
meta-analysis整合分析	web browser網頁瀏覽器
methodological review方法論回顧	writer's block作者阻滯

複習思考題

　1. 文獻回顧的四個主要目標是什麼？

　2. 什麼樣的研究出口最容易尋找？什麼樣的研究出口最難？

　3. 你怎樣查找一篇博士論文？

4. 在開始系統性文獻回顧時，第一個步驟是什麼？

5. 好的與差的文獻回顧的區別是什麼？

6. 運用互聯網進行社會研究的缺點是什麼？

7. 如果你遇到了作者阻滯的情形，該怎樣辦？

8. 量化研究報告中方法論一節應該放在哪裡？

9. 爲什麼說質性研究報告比量化研究報告在篇幅上要長？

10. RFP是什麼？它的目的是什麼？

注釋

【1】 See Hunter and associates (1982).

【2】 See "Plagiarism Case Documented," in American Sociological Association *Footnotes*, 17(2) (February 1989), p. 2, or "Noted Harvard Psychiatrist Resigns Post after Faculty Group Finds He Plagiarized," in *Chronicle of Higher Education*, 35 (15) (December 7, 1989), p. 1.

【3】 From Sociology Writing Group (1991).

【4】 For suggestions on writing, see Donald and colleagues (1983) and Leggett and colleagues (1965).

【5】 From Sociology Writing Group (1991:40).

【6】 See Fine (1988) for this and other suggestions on writing.

【7】 See Mullins (1977:11-30) for a discussion of outlines and the organization of quantitative research reports. Also, see Williams and Wolfe (1979:85-116) for good hints on how to organize ideas in a paper.

【8】 Grosof and Sardy (1985:386-389) have provided suggestions on how to explain quantitative findings.

【9】 Lofland (1974) inductively discovered what he identifies as five major writing styles for reporting field research generic, novel, elaborated, eventful, and interpenetrated) and discusses how they are evaluated.

【10】 The error of segregation is discussed in Lofland and Lofland (1984:146).

【11】 See Becker and Geer (1982:244) and Schatzman and Strauss (1973:130) for a discussion of this and related issues.

【12】 See Hammersley and Atkinson (1983) and Van Maanen (1988).

【13】 Discussed in Spradley (1970:162-167).

【14】 See Van Maanen (1988:13).

【15】 See Dabbs (1982) for a discussion of graphic and other visual forms of analyzing and presenting qualitative data.

【16】 For a discussion of ethical concerns in writing field research reports, see Becker (1969), Punch (1986). and Wax (1971).

【17】 For more on writing proposals to fund research projects, see Bauer(1988), Locke and associates (1987), and Quarles (1986). A somewhat dated but useful short introduction to proposal writing is Krathwohl (1965).

作者序

　　這是一本寫給社會工作專業學生的新書，它整合了教材《社會科學研究》的第四版內容，同時，增加了一些社會工作實務研究的最新案例。本書涵蓋了方法論的基本內容，包括科學和知識建構中社會工作者需要遵循的原則，社會工作理論與實務的結合，實證主義、詮釋學和批評的觀點。它還深入討論了倫理、政治、機構評審委員會的規則，以及社會工作多元性和賦權式研究的案例和練習。

　　本書將量化研究和質性研究的比較分別放在了有關研究設計、測量、抽樣、資料蒐集和資料分析（包括SPSS）的章節中。這樣的安排是出於這種考慮，即：學生不會在真空中來學習研究和評估，他們會真正參與社會工作研究，處在一個臨床的、機構的或者社區的環境中，而這種環境又會影響他們的當事人、干預以及干預的結果。所以，本書還包括了實驗研究方法、田野研究、非反應性研究、二手資料分析和社會工作干預。社會工作研究的創造者和結果的使用者需要反思的是，大的社會環境是如何影響我們的研究活動的，現有的社會工作知識又是怎樣反過來影響臨床和社區實務，以及政策層面的。出於這個目的，本書的作者還增加了一章，專門回顧了網路文獻和傳統文獻，介紹如何進行文獻回顧，如何對質性和量化研究報告進行綜述，以及如何寫基本的計畫書。

　　社會工作者需要時刻提防種族中心主義或者狹隘的本地觀，這些都會影響他們的假設、價值觀和信念。我們相信，深入探討適用於某種文化或多種文化的觀點與研究技術之間的相互關係，將有助於我們發現開展社會工作實務的新的、創造性的方法。隨著全球化的交往和聯繫的加強，社會工作專業學生應該清楚地意識到社會工作研究活動何時，以何種方式超越了國界，了解賦權中的問題，也許還需要聽到更多不同的聲音。最後，我們不僅希望學生能理解社會工作的量化研究和質性研究具有同等價值，還希望學生能夠明白，兩者的結合將會產生更大的效果。我們堅信，保持多元化的觀點，採用多種研究技術，將會在社會工作實務界最大限度地推動知識的傳播。

　　拉里·克羅伊格衷心感謝下列各位：感謝Jan Kreuger多年來的理解；感謝密蘇里－哥倫比亞大學社會工作學院的Charles Cowger, Michael Kelly和Carol Snively的鼓勵和建議；感謝休士頓大學的Howard Karger幫助兩位作者聯合起來；感謝俄亥俄大學的Rodney Elliott、北方州立大學的Jerome Rosonke、聖路易斯大學的Roy Ruck-Deschel和Buford Farris，密蘇里州哥倫比亞大學的Roland Meinert所提供的教學法。還要感謝Carrie Clark, Melissa Kleffner, Lisa Norton, Kathleen Claxton, Dawn Prough和Jessie Miller在成書的不同階段所提供的幫助。

勞倫斯・紐曼「感謝在過去20年學習研究方法的學生，他們教會了我很多東西」。本書的作者還要感謝下列評審者提出的寶貴意見：佛羅里達國際大學的Arlene K. Brown；北艾奧瓦大學的Jim Hanson；堪薩斯大學的Steve Kapp，以及南康涅狄格州立大學的Todd W. Rofuth博士。

譯者序

談論社會工作專業的特點時，學者們喜歡用三角形來形容，即教育、研究和實務，也就是說，社會工作專業是一個集教育、研究和實務爲一體的學科。研究在社會工作專業和知識體系中占據著不可或缺和無可替代的地位。

社會工作研究對中國的社會工作專業人士來講，是一個既熟悉又陌生的概念。說它熟悉，是因爲大多數社會工作專業的學生都或多或少地學習過一些研究方法；說它陌生，是因爲在絕大多數的社會工作的專業課程中，沒有社會工作研究這方面的內容。本書的作者使用簡明的語言回答了這樣一系列問題：什麼是社會工作研究？社會工作研究與社會學研究的區別是什麼？社會工作研究與我們的日常生活的關係如何？社會工作研究中的倫理與權利關係是怎樣的？社會工作研究的方法是什麼？社會工作研究的結果如何呈現？

圍繞這些問題，本書共分爲5個部分：

第一部分「基礎」，包括：科學與社會工作研究、社會工作研究維度、理論與研究、方法論的意義、社會工作研究的倫理和政治。作者通過具體的社會工作實務領域的研究案例回答了社會工作研究中的基本的方法論的問題，如：社會工作者在知識建構中的作用、不同的研究取向、理論與研究的關係、研究倫理等問題。

第二部分「計畫和準備」，主要內容有：質性研究與量化研究設計、量化研究與質性研究的測量、質性研究與量化研究的抽樣。作者系統介紹了質性研究與量化研究中的研究設計、測量工具和抽樣等基本問題，詳細介紹了研究的邏輯、概念的操作化、信度和效度問題、概率抽樣和非概率抽樣技術等。

第三部分「量化資料蒐集和分析」，包括：實驗研究、調查研究、非反應性研究與二手資料分析、量化資料分析。在這一部分中，作者通過實例介紹了實驗研究的設計邏輯和具體方法、調查研究的具體方法和步驟、非反應性研究的類型和方法，以及如何進行量化資料分析。

第四部分「質性資料蒐集和分析」，主要內容有：田野研究、評估研究、質性資料分析。在這裡，作者系統介紹了質性研究的研究邏輯、具體步驟和操作性技術，此外，作者還特別介紹了評估研究的類型、過程和具體步驟，需要關注的問題和研究倫理等。

第五部分「社會工作研究與交流」，主要涉及文獻回顧和報告撰寫。這一部分中，作者具體介紹了如何查找文獻、文獻回顧的撰寫、量化和質性研究論文的撰寫，以及如何撰寫研究計畫書。

　　從總體上來看，這是一本很好的了解社會工作研究的教科書，就像兩位作者在書中反覆強調的那樣，本書的目的是幫助讀者了解如何開展社會工作研究，理解社會工作研究的過程和技術，如何讀懂社會工作研究論文。爲了達到這個目的，兩位作者在保證科學性和學術性的前提下，提供了很多研究案例，幫助讀者更好地理解一些深奧的理論和複雜的技術。

　　當時之所以選擇本書作爲社會工作經典譯叢之一，主要是發現本書具備了這樣幾個特點：研究方法的系統性、操作性和適用性。我們希望本書的出版能夠幫助讀者更好地理解社會工作研究，希望更多的社會工作專業能夠開設社會工作研究課程，從而可以培養更多的具備了社會工作研究能力的實務工作者，爲中國社會工作專業化、職業化發展，爲中國社會工作專業知識建構，做出應有的貢獻。

　　由我個人獨立完成這樣一部內容豐富的著作的翻譯，應該說是一個龐大的工程，前前後後差不多用了三年整的時間。在翻譯過程中，我對某些術語的翻譯進行了反覆斟酌，力求準確，簡單易懂。

　　現在本書終於要面市了。我非常感謝我的丈夫和女兒對我這項翻譯工作的支持和協助，沒有他們的愛和關心，我根本無法完成本書的翻譯。

劉夢

2008年5月7日於望京花園

國家圖書館出版品預行編目資料

社會工作研究方法：質性和量化方法的應用／勞倫斯.紐曼(W. Lawrence Neuman)，拉里.克羅伊格(Larry W. Kreuger)著 ; 劉夢譯. －－初版. －－臺北市：五南，2016.09
面 ； 公分
譯自：Social work research methods: qualitative and quantitative approaches
ISBN 978-957-11-8781-5 (平裝)

1.社會工作 2.研究方法

547.031 105015305

1JC6

社會工作研究方法──
質性和量化方法的應用

作　　者 ─ 勞倫斯‧紐曼（W. Lawrence Neuman）
　　　　　　拉里‧克羅伊格（Larry W. Kreuger）

譯　　者 ─ 劉夢

發 行 人 ─ 楊榮川

總 編 輯 ─ 王翠華

主　　編 ─ 陳姿穎

封面設計 ─ 陳翰陞

出 版 者 ─ 五南圖書出版股份有限公司

地　　址：106台北市大安區和平東路二段339號4樓

電　　話：(02)2705-5066　　傳　　真：(02)2706-6100

網　　址：http://www.wunan.com.tw

電子郵件：wunan@wunan.com.tw

劃撥帳號：01068953

戶　　名：五南圖書出版股份有限公司

法律顧問　林勝安律師事務所　林勝安律師

出版日期　2016年9月初版一刷

定　　價　新臺幣850元

中文版序

　　這是一本寫給國際社會工作學生的教材，它涵蓋了社會工作研究中的各種方法，同時，也整合了社會工作實務領域的最新的研究案例。本書涉及基本的研究方法論的內容，如社會工作者在科學和知識建構過程中的角色和作用，社會工作理論和研究之間的關係，同時介紹了實證主義、詮釋主義和批判的觀點。書中還包含了關於研究倫理和研究過程中的權利關係的分配問題，內部評審委員會的作用，社會工作多元觀點的實踐案例，以及賦權研究等。

　　在研究設計、測量工作、抽樣、資料蒐集和分析（包括SPSS）等章節，我們還對量化研究和質性研究進行了對比。我們的假設是，學生們並不是在真空中學習研究和評估的。現實生活中活生生的人參與了社會工作研究，人們會在臨床的、機構的和社區背景中開展研究，而這些背景會反過來影響他們的當事人、干預過程和結果。此外，本書中的章節還包括實驗研究方法、田野研究、非干預式研究、二手資料分析和社會工作評估。社會工作研究的創造者和結果的使用者需要不斷反思，外部大的環境是如何影響我們研究活動的，社會工作知識是如何創造的，這些又是如何反過來影響臨床實務、社區實踐和政策。因此，我們還專闢一章，探討如何查找、回顧網路資源和傳統的文獻資料，如何撰寫文獻回顧，如何撰寫量化和質性研究報告，以及如何撰寫研究計畫書。

　　社會工作者必須時刻警惕種族中心主義，或者狹隘的本地觀，因為它們會限制社會工作者的假設、價值觀和信念。我們相信，創造性地開展社會工作研究，關鍵的一點，就在於不斷探索研究觀點和研究技術之間的關係，不斷發現這些技術和觀點是只適用於某一個文化，還是適用於所有文化。經過全球性溝通和接觸，社會工作學生應該對如何和何時開展國際性社會工作研究保持高度的敏感，要隨時清楚哪些問題涉及對不同人群的賦權和能力提升。最後，我們提醒大家的是：量化研究方法和質性研究方法都是非常重要的研究方法，只有在靈活、綜合運用這些方法時，才能使研究結果最大化。我們相信，保持一個多元的研究觀點，採取多元的研究技術，才能在社會工作實務界更好地推動社會工作知識創造。

社會工作研究方法
質性和量化方法的應用

勞倫斯·紐曼（W. Lawrence Neuman）、
拉里·克羅伊格（Larry W. Kreuger）◎著
劉 夢◎譯

五南圖書出版股份有限公司